Handbook on
Judicial Practice Involving China's
Hong Kong and Macao

涉港澳
司法实务手册

最高人民法院
港澳司法事务办公室 编

人民法院出版社

图书在版编目（CIP）数据

涉港澳司法实务手册 / 最高人民法院港澳司法事务办公室编. -- 北京 : 人民法院出版社, 2022.7
ISBN 978-7-5109-3520-6

Ⅰ. ①涉… Ⅱ. ①最… Ⅲ. ①司法－中国－手册 Ⅳ. ①D926-62

中国版本图书馆CIP数据核字(2022)第101222号

涉港澳司法实务手册

最高人民法院港澳司法事务办公室　编

策划编辑　孟　晋
责任编辑　陈晓璇
执行编辑　白　鸽
封面设计　鲁　娟
出版发行　人民法院出版社
地　　址　北京市东城区东交民巷 27 号（100745）
电　　话　（010）67550662(责任编辑）　67550558（发行部查询）
　　　　　　65223677(读者服务部）
客 服 QQ　2092078039
网　　址　http://www.courtbook.com.cn
E - mail　courtpress@sohu.com
印　　刷　天津嘉恒印务有限公司
经　　销　新华书店

开　　本　787 毫米×1092 毫米　1/32
字　　数　706 千字
印　　张　30.25
版　　次　2022 年 7 月第 1 版　2022 年 7 月第 1 次印刷
书　　号　ISBN 978-7-5109-3520-6
定　　价　138.00 元

前　言

香港、澳门回归以来，在“一国两制”的成功实践下，内地与港澳人员交往日益频繁密切，经贸合作不断拓展深化，互涉法律纠纷数量不断增加，类型日益多元。为有效化解纠纷、维护公平正义、增进人民福祉，最高人民法院不断完善制度建设，先后发布了一系列司法解释和规范性文件。为便于从事涉港澳法律工作人员以及两地民众查询、掌握、理解有关司法解释和规范性文件，及时总结涉港澳法律制度和司法实践最新发展，最高人民法院港澳司法事务办公室组织编写了这本《涉港澳司法实务工作手册》。《手册》共分三编。

第一编为“宪法及港澳基本法”。宪法和基本法共同构成特区的宪制基础，港澳特区的制度和政策均以基本法规定为依据。按照法律规定，基本法的解释权属于全国人民代表大会常务委员会，在基本法实践中，全国人民代表大会常务委员会适时作出过一系列立法解释和决定。本编对上述法律规范进行了全面收录，以期帮助使用者更全面、深刻地认识和理解宪法及港澳基本法。

第二编为“内地与港澳特别行政区司法协助安排”。为贯彻落实“一国两制”方针，最高人民法院与港澳特区在司法领域积极开展相互协助，先后与香港特别行政区签署 7 项民商事司法协助安排，与澳门特别行政区签署 3 项民商事司法协助安排，基本实现内地与港澳民商事领域司法协助的全面覆盖，创造性地构建起中国特色区际司法协助体系。本编除收录上述司法解释文本外，还特别收录了相关司法解释的理解与适用、最高人民法院有关负责人答记者问以及有关办理涉港澳司法协助案件的文书样式等，希望能够加深使用者对相关安排的理解，更好地指导司法实践。

第三编为“涉港澳案件审判相关法律规定”。本编以涉港澳民商事审判为主，收录了涉港澳案件审判相关法律、行政法规、司法解释以及最高人民法院发布的各类规范性文件，包括通知、会议纪要，以及具有指导意义的个案答复等。同时，本编还收录了涉外案件审判相关法律规范，便于使用者全方位了解涉港澳审判工作，充分满足审判实践需要。

《手册》收录的相关法律、司法解释和规范性文件等均为现行有效文本。

希望本书的出版能够进一步促进人民法院涉港澳司法协助和案件审判工作，更好地服务从事涉港澳法律工作的各位同仁，更深入推进港澳融入国家发展大局，更有力推动“一国两制”事业发展新实践。

最高人民法院港澳司法事务办公室

2022 年 7 月

目 录

第一编 宪法及港澳基本法

第二编　内地与港澳特别行政区司法协助安排

第三编　涉港澳案件审判相关法律规定

第一编

宪法及港澳基本法

中华人民共和国宪法

（1982年12月4日第五届全国人民代表大会第五次会议通过　1982年12月4日全国人民代表大会公告公布施行　根据1988年4月12日第七届全国人民代表大会第一次会议通过的《中华人民共和国宪法修正案》、1993年3月29日第八届全国人民代表大会第一次会议通过的《中华人民共和国宪法修正案》、1999年3月15日第九届全国人民代表大会第二次会议通过的《中华人民共和国宪法修正案》、2004年3月14日第十届全国人民代表大会第二次会议通过的《中华人民共和国宪法修正案》和2018年3月11日第十三届全国人民代表大会第一次会议通过的《中华人民共和国宪法修正案》修正）

目　录

序 言

中国是世界上历史最悠久的国家之一。中国各族人民共同创造了光辉灿烂的文化，具有光荣的革命传统。

一八四〇年以后，封建的中国逐渐变成半殖民地、半封建的国家。中国人民为国家独立、民族解放和民主自由进行了前仆后继的英勇奋斗。

二十世纪，中国发生了翻天覆地的伟大历史变革。

一九一一年孙中山先生领导的辛亥革命，废除了封建帝制，创立了中华民国。但是，中国人民反对帝国主义和封建主义的历史任务还没有完成。

一九四九年，以毛泽东主席为领袖的中国共产党领导中国各族人民，在经历了长期的艰难曲折的武装斗争和其他形式的斗争以后，终于推翻了帝国主义、封建主义和官僚资本主义的统治，取得了新民主主义革命的伟大胜利，建立了中华人民共和国。从此，中国人民掌握了国家的权力，成为国家的主人。

中华人民共和国成立以后，我国社会逐步实现了由新民主主义到社会主义的过渡。生产资料私有制的社会主义改造已经完成，人剥削人的制度已经消灭，社会主义制度已经确立。工人阶级领导的、以工农联盟为基础的人民民主专政，实质上即无产阶级专政，得到巩固和发展。中国人民和中国人民解放军战胜了帝国主义、霸权主义的侵略、破坏和武装挑衅，维护了国家的独立和安全，增强了国防。经济建设取得了重大的成就，独立的、比较完整的社会主义工业体系已经基本形成，农业生产显著提高。教育、科学、文化等事业有了很大的发展，社会主义思想教育取得了明显的成效。广大人民的生活有了较大的改善。

中国新民主主义革命的胜利和社会主义事业的成就，是中国共产党领导中国各族人民，在马克思列宁主义、毛泽东思想的指引下，坚持真理，修正错误，战胜许多艰难险阻而取得的。我国将长期处于社会主义初级阶段。国家的根本任务是，沿着中国特色社会主义道路，集中力量进行社会主义现代化建设。中国各族人民将继续在中国共产党领导下，在马克思列宁主义、毛泽东思想、邓小平理论、“三个代表”重要思想、科学发展观、习近平新时代中国特色社会主义思想指引下，坚持人民民主专政，坚持社会主义道路，坚持改革开放，不断完善社会主义的各项制度，发展社会主义市场经济，发展社会主义民主，健全社会主义法治，贯彻新发展理念，自力更生，艰苦奋斗，逐步实现工业、农业、国防和科学技术的现代化，推动物质文明、政治文明、精神文明、社会文明、生态文明协调发展，把我国建设成为富强民主文明和谐美丽的社会主义现代化强国，实现中华民族伟大复兴。

在我国，剥削阶级作为阶级已经消灭，但是阶级斗争还将在一定范围内长期存在。中国人民对敌视和破坏我国社会主义制度的国内外的敌对势力和敌对分子，必须进行斗争。

台湾是中华人民共和国的神圣领土的一部分。完成统一祖国的大业是包括台湾同胞在内的全中国人民的神圣职责。

社会主义的建设事业必须依靠工人、农民和知识分子，团结一切可以团结的力量。在长期的革命、建设、改革过程中，已经结成由中国共产党领导的，有各民主党派和各人民团体参加的，包括全体社会主义劳动者、社会主义事业的建设者、拥护社会主义的爱国者、拥护祖国统一和致力于中华民族伟大复兴的爱国者的广泛的爱国统一战线，这个统一战线将继续巩固和发展。中国人民政治协商会议是有广泛代表性的统一战线组织，过去发挥了重要的历史作用，今后在国家政治生活、社会生活和对外友好活动中，在进行社会主义现代化建设、维护国家的统一和团结的斗争中，将进一步发挥它的重要作用。中国共产党领导的多党合作和政治协商制度将长期存在和发展。

中华人民共和国是全国各族人民共同缔造的统一的多民族国家。平等团结互助和谐的社会主义民族关系已经确立，并将继续加强。在维护民族团结的斗争中，要反对大民族主义，主要是大汉族主义，也要反对地方民族主义。国家尽一切努力，促进全国各民族的共同繁荣。

中国革命、建设、改革的成就是同世界人民的支持分不开的。中国的前途是同世界的前途紧密地联系在一起的。中国坚持独立自主的对外政策，坚持互相尊重主权和领土完整、互不侵犯、互不干涉内政、平等互利、和平共处的五项原则，坚持和平发展道路，坚持互利共赢开放战略，发展同各国的外交关系和经济、文化交流，推动构建人类命运共同体；坚持反对帝国主义、霸权主义、殖民主义，加强同世界各国人民的团结，支持被压迫民族和发展中国家争取和维护民族独立、发展民族经济的正义斗争，为维护世界和平和促进人类进步事业而努力。

本宪法以法律的形式确认了中国各族人民奋斗的成果，规定了国家的根本制度和根本任务，是国家的根本法，具有最高的法律效力。全国各族人民、一切国家机关和武装力量、各政党和各社会团体、各企业事业组织，都必须以宪法为根本的活动准则，并且负有维护宪法尊严、保证宪法实施的职责。

第一章 总 纲

第一条 中华人民共和国是工人阶级领导的、以工农联盟为基础的人民民主专政的社会主义国家。

社会主义制度是中华人民共和国的根本制度。中国共产党领导是中国特色社会主义最本质的特征。禁止任何组织或者个人破坏社会主义制度。

第二条 中华人民共和国的一切权力属于人民。

人民行使国家权力的机关是全国人民代表大会和地方各级人民代表大会。

人民依照法律规定，通过各种途径和形式，管理国家事务，管理经济和文化事业，管理社会事务。

第三条 中华人民共和国的国家机构实行民主集中制的原则。

全国人民代表大会和地方各级人民代表大会都由民主选举产生，对人民负责，受人民监督。

国家行政机关、监察机关、审判机关、检察机关都由人民代表大会产生，对它负责，受它监督。

中央和地方的国家机构职权的划分，遵循在中央的统一领导下，充分发挥地方的主动性、积极性的原则。

第四条 中华人民共和国各民族一律平等。国家保障各少数民族的合法的权利和利益，维护和发展各民族的平等团结互助和谐关系。禁止对任何民族的歧视和压迫，禁止破坏民族团结和制造民族分裂的行为。

国家根据各少数民族的特点和需要，帮助各少数民族地区加速经济和文化的发展。

各少数民族聚居的地方实行区域自治，设立自治机关，行使自治权。各民族自治地方都是中华人民共和国不可分离的部分。

各民族都有使用和发展自己的语言文字的自由，都有保持或者改革自己的风俗习惯的自由。

第五条 中华人民共和国实行依法治国，建设社会主义法治国家。

国家维护社会主义法制的统一和尊严。

一切法律、行政法规和地方性法规都不得同宪法相抵触。

一切国家机关和武装力量、各政党和各社会团体、各企业事业组织都必须遵守宪法和法律。一切违反宪法和法律的行为，必须予以追究。

任何组织或者个人都不得有超越宪法和法律的特权。

第六条 中华人民共和国的社会主义经济制度的基础是生产资料的社会主义公有制，即全民所有制和劳动群众集体所有制。社会主义公有制消灭人剥削人的制度，实行各尽所能、按劳分配的原则。

国家在社会主义初级阶段，坚持公有制为主体、多种所有制经济共同发展的基本经济制度，坚持按劳分配为主体、多种分配方式并存的分配制度。

第七条 国有经济，即社会主义全民所有制经济，是国民经济中的主导力量。国家保障国有经济的巩固和发展。

第八条 农村集体经济组织实行家庭承包经营为基础、统分结合的双层经营体制。农村中的生产、供销、信用、消费等各种形式的合作经济，是社会主义劳动群众集体所有制经济。参加农村集体经济组织的劳动者，有权在法律规定的范围内经营自留地、自留山、家庭副业和饲养自留畜。

城镇中的手工业、工业、建筑业、运输业、商业、服务业等行业的各种形式的合作经济，都是社会主义劳动群众集体所有制经济。

国家保护城乡集体经济组织的合法的权利和利益，鼓励、指导和帮助集体经济的发展。

第九条　矿藏、水流、森林、山岭、草原、荒地、滩涂等自然资源，都属于国家所有，即全民所有；由法律规定属于集体所有的森林和山岭、草原、荒地、滩涂除外。

国家保障自然资源的合理利用，保护珍贵的动物和植物。禁止任何组织或者个人用任何手段侵占或者破坏自然资源。

第十条　城市的土地属于国家所有。

农村和城市郊区的土地，除由法律规定属于国家所有的以外，属于集体所有；宅基地和自留地、自留山，也属于集体所有。

国家为了公共利益的需要，可以依照法律规定对土地实行征收或者征用并给予补偿。

任何组织或者个人不得侵占、买卖或者以其他形式非法转让土地。土地的使用权可以依照法律的规定转让。

一切使用土地的组织和个人必须合理地利用土地。

第十一条　在法律规定范围内的个体经济、私营经济等非公有制经济，是社会主义市场经济的重要组成部分。

国家保护个体经济、私营经济等非公有制经济的合法的权利和利益。国家鼓励、支持和引导非公有制经济的发展，并对非公有制经济依法实行监督和管理。

第十二条 社会主义的公共财产神圣不可侵犯。

国家保护社会主义的公共财产。禁止任何组织或者个人用任何手段侵占或者破坏国家的和集体的财产。

第十三条 公民的合法的私有财产不受侵犯。

国家依照法律规定保护公民的私有财产权和继承权。

国家为了公共利益的需要，可以依照法律规定对公民的私有财产实行征收或者征用并给予补偿。

第十四条 国家通过提高劳动者的积极性和技术水平，推广先进的科学技术，完善经济管理体制和企业经营管理制度，实行各种形式的社会主义责任制，改进劳动组织，以不断提高劳动生产率和经济效益，发展社会生产力。

国家厉行节约，反对浪费。

国家合理安排积累和消费，兼顾国家、集体和个人的利益，在发展生产的基础上，逐步改善人民的物质生活和文化生活。

国家建立健全同经济发展水平相适应的社会保障制度。

第十五条 国家实行社会主义市场经济。

国家加强经济立法，完善宏观调控。

国家依法禁止任何组织或者个人扰乱社会经济秩序。

第十六条 国有企业在法律规定的范围内有权自主经营。

国有企业依照法律规定，通过职工代表大会和其他形式，实行民主管理。

第十七条 集体经济组织在遵守有关法律的前提下，有独立进行经济活动的自主权。

集体经济组织实行民主管理，依照法律规定选举和罢免管理人员，决定经营管理的重大问题。

第十八条 中华人民共和国允许外国的企业和其他经济组织

或者个人依照中华人民共和国法律的规定在中国投资，同中国的企业或者其他经济组织进行各种形式的经济合作。

在中国境内的外国企业和其他外国经济组织以及中外合资经营的企业，都必须遵守中华人民共和国的法律。它们的合法的权利和利益受中华人民共和国法律的保护。

第十九条　国家发展社会主义的教育事业，提高全国人民的科学文化水平。

国家举办各种学校，普及初等义务教育，发展中等教育、职业教育和高等教育，并且发展学前教育。

国家发展各种教育设施，扫除文盲，对工人、农民、国家工作人员和其他劳动者进行政治、文化、科学、技术、业务的教育，鼓励自学成才。

国家鼓励集体经济组织、国家企业事业组织和其他社会力量依照法律规定举办各种教育事业。

国家推广全国通用的普通话。

第二十条　国家发展自然科学和社会科学事业，普及科学和技术知识，奖励科学研究成果和技术发明创造。

第二十一条　国家发展医疗卫生事业，发展现代医药和我国传统医药，鼓励和支持农村集体经济组织、国家企业事业组织和街道组织举办各种医疗卫生设施，开展群众性的卫生活动，保护人民健康。

国家发展体育事业，开展群众性的体育活动，增强人民体质。

第二十二条　国家发展为人民服务、为社会主义服务的文学艺术事业、新闻广播电视事业、出版发行事业、图书馆博物馆文化馆和其他文化事业，开展群众性的文化活动。

国家保护名胜古迹、珍贵文物和其他重要历史文化遗产。

第二十三条 国家培养为社会主义服务的各种专业人才，扩大知识分子的队伍，创造条件，充分发挥他们在社会主义现代化建设中的作用。

第二十四条 国家通过普及理想教育、道德教育、文化教育、纪律和法制教育，通过在城乡不同范围的群众中制定和执行各种守则、公约，加强社会主义精神文明的建设。

国家倡导社会主义核心价值观，提倡爱祖国、爱人民、爱劳动、爱科学、爱社会主义的公德，在人民中进行爱国主义、集体主义和国际主义、共产主义的教育，进行辩证唯物主义和历史唯物主义的教育，反对资本主义的、封建主义的和其他的腐朽思想。

第二十五条 国家推行计划生育，使人口的增长同经济和社会发展计划相适应。

第二十六条 国家保护和改善生活环境和生态环境，防治污染和其他公害。

国家组织和鼓励植树造林，保护林木。

第二十七条 一切国家机关实行精简的原则，实行工作责任制，实行工作人员的培训和考核制度，不断提高工作质量和工作效率，反对官僚主义。

一切国家机关和国家工作人员必须依靠人民的支持，经常保持同人民的密切联系，倾听人民的意见和建议，接受人民的监督，努力为人民服务。

国家工作人员就职时应当依照法律规定公开进行宪法宣誓。

第二十八条 国家维护社会秩序，镇压叛国和其他危害国家安全的犯罪活动，制裁危害社会治安、破坏社会主义经济和其他犯罪的活动，惩办和改造犯罪分子。

第二十九条　中华人民共和国的武装力量属于人民。它的任务是巩固国防，抵抗侵略，保卫祖国，保卫人民的和平劳动，参加国家建设事业，努力为人民服务。

国家加强武装力量的革命化、现代化、正规化的建设，增强国防力量。

第三十条　中华人民共和国的行政区域划分如下：

（一）全国分为省、自治区、直辖市；

（二）省、自治区分为自治州、县、自治县、市；

（三）县、自治县分为乡、民族乡、镇。

直辖市和较大的市分为区、县。自治州分为县、自治县、市。

自治区、自治州、自治县都是民族自治地方。

第三十一条　国家在必要时得设立特别行政区。在特别行政区内实行的制度按照具体情况由全国人民代表大会以法律规定。

第三十二条　中华人民共和国保护在中国境内的外国人的合法权利和利益，在中国境内的外国人必须遵守中华人民共和国的法律。

中华人民共和国对于因为政治原因要求避难的外国人，可以给予受庇护的权利。

第二章　公民的基本权利和义务

第三十三条　凡具有中华人民共和国国籍的人都是中华人民共和国公民。

中华人民共和国公民在法律面前一律平等。

国家尊重和保障人权。

任何公民享有宪法和法律规定的权利，同时必须履行宪法和法律规定的义务。

第三十四条 中华人民共和国年满十八周岁的公民，不分民族、种族、性别、职业、家庭出身、宗教信仰、教育程度、财产状况、居住期限，都有选举权和被选举权；但是依照法律被剥夺政治权利的人除外。

第三十五条 中华人民共和国公民有言论、出版、集会、结社、游行、示威的自由。

第三十六条 中华人民共和国公民有宗教信仰自由。

任何国家机关、社会团体和个人不得强制公民信仰宗教或者不信仰宗教，不得歧视信仰宗教的公民和不信仰宗教的公民。

国家保护正常的宗教活动。任何人不得利用宗教进行破坏社会秩序、损害公民身体健康、妨碍国家教育制度的活动。

宗教团体和宗教事务不受外国势力的支配。

第三十七条 中华人民共和国公民的人身自由不受侵犯。

任何公民，非经人民检察院批准或者决定或者人民法院决定，并由公安机关执行，不受逮捕。

禁止非法拘禁和以其他方法非法剥夺或者限制公民的人身自由，禁止非法搜查公民的身体。

第三十八条 中华人民共和国公民的人格尊严不受侵犯。禁止用任何方法对公民进行侮辱、诽谤和诬告陷害。

第三十九条 中华人民共和国公民的住宅不受侵犯。禁止非法搜查或者非法侵入公民的住宅。

第四十条 中华人民共和国公民的通信自由和通信秘密受法律的保护。除因国家安全或者追查刑事犯罪的需要，由公安机关或者检察机关依照法律规定的程序对通信进行检查外，任何组织或者个人不得以任何理由侵犯公民的通信自由和通信秘密。

第四十一条　中华人民共和国公民对于任何国家机关和国家工作人员，有提出批评和建议的权利；对于任何国家机关和国家工作人员的违法失职行为，有向有关国家机关提出申诉、控告或者检举的权利，但是不得捏造或者歪曲事实进行诬告陷害。

对于公民的申诉、控告或者检举，有关国家机关必须查清事实，负责处理。任何人不得压制和打击报复。

由于国家机关和国家工作人员侵犯公民权利而受到损失的人，有依照法律规定取得赔偿的权利。

第四十二条　中华人民共和国公民有劳动的权利和义务。

国家通过各种途径，创造劳动就业条件，加强劳动保护，改善劳动条件，并在发展生产的基础上，提高劳动报酬和福利待遇。

劳动是一切有劳动能力的公民的光荣职责。国有企业和城乡集体经济组织的劳动者都应当以国家主人翁的态度对待自己的劳动。国家提倡社会主义劳动竞赛，奖励劳动模范和先进工作者。国家提倡公民从事义务劳动。

国家对就业前的公民进行必要的劳动就业训练。

第四十三条　中华人民共和国劳动者有休息的权利。

国家发展劳动者休息和休养的设施，规定职工的工作时间和休假制度。

第四十四条　国家依照法律规定实行企业事业组织的职工和国家机关工作人员的退休制度。退休人员的生活受到国家和社会的保障。

第四十五条　中华人民共和国公民在年老、疾病或者丧失劳动能力的情况下，有从国家和社会获得物质帮助的权利。国家发展为公民享受这些权利所需要的社会保险、社会救济和医疗卫生事业。

国家和社会保障残废军人的生活，抚恤烈士家属，优待军人家属。

国家和社会帮助安排盲、聋、哑和其他有残疾的公民的劳动、生活和教育。

第四十六条 中华人民共和国公民有受教育的权利和义务。

国家培养青年、少年、儿童在品德、智力、体质等方面全面发展。

第四十七条 中华人民共和国公民有进行科学研究、文学艺术创作和其他文化活动的自由。国家对于从事教育、科学、技术、文学、艺术和其他文化事业的公民的有益于人民的创造性工作，给以鼓励和帮助。

第四十八条 中华人民共和国妇女在政治的、经济的、文化的、社会的和家庭的生活等各方面享有同男子平等的权利。

国家保护妇女的权利和利益，实行男女同工同酬，培养和选拔妇女干部。

第四十九条 婚姻、家庭、母亲和儿童受国家的保护。

夫妻双方有实行计划生育的义务。

父母有抚养教育未成年子女的义务，成年子女有赡养扶助父母的义务。

禁止破坏婚姻自由，禁止虐待老人、妇女和儿童。

第五十条 中华人民共和国保护华侨的正当的权利和利益，保护归侨和侨眷的合法的权利和利益。

第五十一条 中华人民共和国公民在行使自由和权利的时

候，不得损害国家的、社会的、集体的利益和其他公民的合法的自由和权利。

第五十二条 中华人民共和国公民有维护国家统一和全国各民族团结的义务。

第五十三条 中华人民共和国公民必须遵守宪法和法律，保守国家秘密，爱护公共财产，遵守劳动纪律，遵守公共秩序，尊重社会公德。

第五十四条 中华人民共和国公民有维护祖国的安全、荣誉和利益的义务，不得有危害祖国的安全、荣誉和利益的行为。

第五十五条 保卫祖国、抵抗侵略是中华人民共和国每一个公民的神圣职责。

依照法律服兵役和参加民兵组织是中华人民共和国公民的光荣义务。

第五十六条 中华人民共和国公民有依照法律纳税的义务。

第三章 国家机构

第一节 全国人民代表大会

第五十七条 中华人民共和国全国人民代表大会是最高国家权力机关。它的常设机关是全国人民代表大会常务委员会。

第五十八条 全国人民代表大会和全国人民代表大会常务委员会行使国家立法权。

第五十九条 全国人民代表大会由省、自治区、直辖市、特别行政区和军队选出的代表组成。各少数民族都应当有适当名额的代表。

全国人民代表大会代表的选举由全国人民代表大会常务委员

会主持。

全国人民代表大会代表名额和代表产生办法由法律规定。

第六十条 全国人民代表大会每届任期五年。

全国人民代表大会任期届满的两个月以前，全国人民代表大会常务委员会必须完成下届全国人民代表大会代表的选举。如果遇到不能进行选举的非常情况，由全国人民代表大会常务委员会以全体组成人员的三分之二以上的多数通过，可以推迟选举，延长本届全国人民代表大会的任期。在非常情况结束后一年内，必须完成下届全国人民代表大会代表的选举。

第六十一条 全国人民代表大会会议每年举行一次，由全国人民代表大会常务委员会召集。如果全国人民代表大会常务委员会认为必要，或者有五分之一以上的全国人民代表大会代表提议，可以临时召集全国人民代表大会会议。

全国人民代表大会举行会议的时候，选举主席团主持会议。

第六十二条 全国人民代表大会行使下列职权：

（一）修改宪法；

（二）监督宪法的实施；

（三）制定和修改刑事、民事、国家机构的和其他的基本法律；

（四）选举中华人民共和国主席、副主席；

（五）根据中华人民共和国主席的提名，决定国务院总理的人选；根据国务院总理的提名，决定国务院副总理、国务委员、各部部长、各委员会主任、审计长、秘书长的人选；

（六）选举中央军事委员会主席；根据中央军事委员会主席的提名，决定中央军事委员会其他组成人员的人选；

（七）选举国家监察委员会主任；

（八）选举最高人民法院院长；

（九）选举最高人民检察院检察长；

（十）审查和批准国民经济和社会发展计划和计划执行情况的报告；

（十一）审查和批准国家的预算和预算执行情况的报告；

（十二）改变或者撤销全国人民代表大会常务委员会不适当的决定；

（十三）批准省、自治区和直辖市的建置；

（十四）决定特别行政区的设立及其制度；

（十五）决定战争和和平的问题；

（十六）应当由最高国家权力机关行使的其他职权。

第六十三条　全国人民代表大会有权罢免下列人员：

（一）中华人民共和国主席、副主席；

（二）国务院总理、副总理、国务委员、各部部长、各委员会主任、审计长、秘书长；

（三）中央军事委员会主席和中央军事委员会其他组成人员；

（四）国家监察委员会主任；

（五）最高人民法院院长；

（六）最高人民检察院检察长。

第六十四条　宪法的修改，由全国人民代表大会常务委员会或者五分之一以上的全国人民代表大会代表提议，并由全国人民代表大会以全体代表的三分之二以上的多数通过。

法律和其他议案由全国人民代表大会以全体代表的过半数通过。

第六十五条　全国人民代表大会常务委员会由下列人员组成：

委员长，

副委员长若干人，

秘书长，

委员若干人。

全国人民代表大会常务委员会组成人员中，应当有适当名额的少数民族代表。

全国人民代表大会选举并有权罢免全国人民代表大会常务委员会的组成人员。

全国人民代表大会常务委员会的组成人员不得担任国家行政机关、监察机关、审判机关和检察机关的职务。

第六十六条 全国人民代表大会常务委员会每届任期同全国人民代表大会每届任期相同，它行使职权到下届全国人民代表大会选出新的常务委员会为止。

委员长、副委员长连续任职不得超过两届。

第六十七条 全国人民代表大会常务委员会行使下列职权：

（一）解释宪法，监督宪法的实施；

（二）制定和修改除应当由全国人民代表大会制定的法律以外的其他法律；

（三）在全国人民代表大会闭会期间，对全国人民代表大会制定的法律进行部分补充和修改，但是不得同该法律的基本原则相抵触；

（四）解释法律；

（五）在全国人民代表大会闭会期间，审查和批准国民经济和社会发展计划、国家预算在执行过程中所必须作的部分调整方案；

（六）监督国务院、中央军事委员会、国家监察委员会、最高人民法院和最高人民检察院的工作；

（七）撤销国务院制定的同宪法、法律相抵触的行政法规、决定和命令；

（八）撤销省、自治区、直辖市国家权力机关制定的同宪法、法律和行政法规相抵触的地方性法规和决议；

（九）在全国人民代表大会闭会期间，根据国务院总理的提名，决定部长、委员会主任、审计长、秘书长的人选；

（十）在全国人民代表大会闭会期间，根据中央军事委员会主席的提名，决定中央军事委员会其他组成人员的人选；

（十一）根据国家监察委员会主任的提请，任免国家监察委员会副主任、委员；

（十二）根据最高人民法院院长的提请，任免最高人民法院副院长、审判员、审判委员会委员和军事法院院长；

（十三）根据最高人民检察院检察长的提请，任免最高人民检察院副检察长、检察员、检察委员会委员和军事检察院检察长，并且批准省、自治区、直辖市的人民检察院检察长的任免；

（十四）决定驻外全权代表的任免；

（十五）决定同外国缔结的条约和重要协定的批准和废除；

（十六）规定军人和外交人员的衔级制度和其他专门衔级制度；

（十七）规定和决定授予国家的勋章和荣誉称号；

（十八）决定特赦；

（十九）在全国人民代表大会闭会期间，如果遇到国家遭受武装侵犯或者必须履行国际间共同防止侵略的条约的情况，决定战争状态的宣布；

（二十）决定全国总动员或者局部动员；

（二十一）决定全国或者个别省、自治区、直辖市进入紧急状态；

（二十二）全国人民代表大会授予的其他职权。

第六十八条 全国人民代表大会常务委员会委员长主持全国人民代表大会常务委员会的工作，召集全国人民代表大会常务委员会会议。副委员长、秘书长协助委员长工作。

委员长、副委员长、秘书长组成委员长会议，处理全国人民代表大会常务委员会的重要日常工作。

第六十九条 全国人民代表大会常务委员会对全国人民代表大会负责并报告工作。

第七十条 全国人民代表大会设立民族委员会、宪法和法律委员会、财政经济委员会、教育科学文化卫生委员会、外事委员会、华侨委员会和其他需要设立的专门委员会。在全国人民代表大会闭会期间，各专门委员会受全国人民代表大会常务委员会的领导。

各专门委员会在全国人民代表大会和全国人民代表大会常务委员会领导下，研究、审议和拟订有关议案。

第七十一条 全国人民代表大会和全国人民代表大会常务委员会认为必要的时候，可以组织关于特定问题的调查委员会，并且根据调查委员会的报告，作出相应的决议。

调查委员会进行调查的时候，一切有关的国家机关、社会团体和公民都有义务向它提供必要的材料。

第七十二条 全国人民代表大会代表和全国人民代表大会常务委员会组成人员，有权依照法律规定的程序分别提出属于全国人民代表大会和全国人民代表大会常务委员会职权范围内的议案。

第七十三条 全国人民代表大会代表在全国人民代表大会开

会期间，全国人民代表大会常务委员会组成人员在常务委员会开会期间，有权依照法律规定的程序提出对国务院或者国务院各部、各委员会的质询案。受质询的机关必须负责答复。

第七十四条　全国人民代表大会代表，非经全国人民代表大会会议主席团许可，在全国人民代表大会闭会期间非经全国人民代表大会常务委员会许可，不受逮捕或者刑事审判。

第七十五条　全国人民代表大会代表在全国人民代表大会各种会议上的发言和表决，不受法律追究。

第七十六条　全国人民代表大会代表必须模范地遵守宪法和法律，保守国家秘密，并且在自己参加的生产、工作和社会活动中，协助宪法和法律的实施。

全国人民代表大会代表应当同原选举单位和人民保持密切的联系，听取和反映人民的意见和要求，努力为人民服务。

第七十七条　全国人民代表大会代表受原选举单位的监督。原选举单位有权依照法律规定的程序罢免本单位选出的代表。

第七十八条　全国人民代表大会和全国人民代表大会常务委员会的组织和工作程序由法律规定。

第二节　中华人民共和国主席

第七十九条　中华人民共和国主席、副主席由全国人民代表大会选举。

有选举权和被选举权的年满四十五周岁的中华人民共和国公民可以被选为中华人民共和国主席、副主席。

中华人民共和国主席、副主席每届任期同全国人民代表大会每届任期相同。

第八十条　中华人民共和国主席根据全国人民代表大会的决定和全国人民代表大会常务委员会的决定，公布法律，任免国务院总理、副总理、国务委员、各部部长、各委员会主任、审计长、秘书长，授予国家的勋章和荣誉称号，发布特赦令，宣布进入紧急状态，宣布战争状态，发布动员令。

第八十一条 中华人民共和国主席代表中华人民共和国，进行国事活动，接受外国使节；根据全国人民代表大会常务委员会的决定，派遣和召回驻外全权代表，批准和废除同外国缔结的条约和重要协定。

第八十二条 中华人民共和国副主席协助主席工作。

中华人民共和国副主席受主席的委托，可以代行主席的部分职权。

第八十三条 中华人民共和国主席、副主席行使职权到下届全国人民代表大会选出的主席、副主席就职为止。

第八十四条 中华人民共和国主席缺位的时候，由副主席继任主席的职位。

中华人民共和国副主席缺位的时候，由全国人民代表大会补选。

中华人民共和国主席、副主席都缺位的时候，由全国人民代表大会补选；在补选以前，由全国人民代表大会常务委员会委员长暂时代理主席职位。

第三节 国务院

第八十五条 中华人民共和国国务院，即中央人民政府，是最高国家权力机关的执行机关，是最高国家行政机关。

第八十六条 国务院由下列人员组成：

总理，

副总理若干人，

国务委员若干人，

各部部长，

各委员会主任，

审计长，

秘书长。

国务院实行总理负责制。各部、各委员会实行部长、主任负责制。

国务院的组织由法律规定。

第八十七条 国务院每届任期同全国人民代表大会每届任期相同。

总理、副总理、国务委员连续任职不得超过两届。

第八十八条 总理领导国务院的工作。副总理、国务委员协助总理工作。

总理、副总理、国务委员、秘书长组成国务院常务会议。

总理召集和主持国务院常务会议和国务院全体会议。

第八十九条 国务院行使下列职权：

（一）根据宪法和法律，规定行政措施，制定行政法规，发布决定和命令；

（二）向全国人民代表大会或者全国人民代表大会常务委员会提出议案；

（三）规定各部和各委员会的任务和职责，统一领导各部和各委员会的工作，并且领导不属于各部和各委员会的全国性的行政工作；

（四）统一领导全国地方各级国家行政机关的工作，规定中央和省、自治区、直辖市的国家行政机关的职权的具体划分；

（五）编制和执行国民经济和社会发展计划和国家预算；

（六）领导和管理经济工作和城乡建设、生态文明建设；

（七）领导和管理教育、科学、文化、卫生、体育和计划生育工作；

（八）领导和管理民政、公安、司法行政等工作；

（九）管理对外事务，同外国缔结条约和协定；

（十）领导和管理国防建设事业；

（十一）领导和管理民族事务，保障少数民族的平等权利和民族自治地方的自治权利；

（十二）保护华侨的正当的权利和利益，保护归侨和侨眷的合法的权利和利益；

（十三）改变或者撤销各部、各委员会发布的不适当的命令、指示和规章；

（十四）改变或者撤销地方各级国家行政机关的不适当的决定和命令；

（十五）批准省、自治区、直辖市的区域划分，批准自治州、县、自治县、市的建置和区域划分；

（十六）依照法律规定决定省、自治区、直辖市的范围内部分地区进入紧急状态；

（十七）审定行政机构的编制，依照法律规定任免、培训、考核和奖惩行政人员；

（十八）全国人民代表大会和全国人民代表大会常务委员会授予的其他职权。

第九十条 国务院各部部长、各委员会主任负责本部门的工作；召集和主持部务会议或者委员会会议、委务会议，讨论决定本部门工作的重大问题。

各部、各委员会根据法律和国务院的行政法规、决定、命令，在本部门的权限内，发布命令、指示和规章。

第九十一条 国务院设立审计机关，对国务院各部门和地方各级政府的财政收支，对国家的财政金融机构和企业事业组织的财务收支，进行审计监督。

审计机关在国务院总理领导下，依照法律规定独立行使审计监督权，不受其他行政机关、社会团体和个人的干涉。

第九十二条 国务院对全国人民代表大会负责并报告工作；在全国人民代表大会闭会期间，对全国人民代表大会常务委员会负责并报告工作。

第四节 中央军事委员会

第九十三条 中华人民共和国中央军事委员会领导全国武装力量。

中央军事委员会由下列人员组成：

主席，

副主席若干人，

委员若干人。

中央军事委员会实行主席负责制。

中央军事委员会每届任期同全国人民代表大会每届任期相同。

第九十四条 中央军事委员会主席对全国人民代表大会和全国人民代表大会常务委员会负责。

第五节 地方各级人民代表大会和地方各级人民政府

第九十五条 省、直辖市、县、市、市辖区、乡、民族乡、镇设立人民代表大会和人民政府。

地方各级人民代表大会和地方各级人民政府的组织由法律规定。

自治区、自治州、自治县设立自治机关。自治机关的组织和工作根据宪法第三章第五节、第六节规定的基本原则由法律规定。

第九十六条 地方各级人民代表大会是地方国家权力机关。

县级以上的地方各级人民代表大会设立常务委员会。

第九十七条 省、直辖市、设区的市的人民代表大会代表由下一级的人民代表大会选举；县、不设区的市、市辖区、乡、民族乡、镇的人民代表大会代表由选民直接选举。

地方各级人民代表大会代表名额和代表产生办法由法律规定。

第九十八条 地方各级人民代表大会每届任期五年。

第九十九条 地方各级人民代表大会在本行政区域内，保证宪法、法律、行政法规的遵守和执行；依照法律规定的权限，通过和发布决议，审查和决定地方的经济建设、文化建设和公共事业建设的计划。

县级以上的地方各级人民代表大会审查和批准本行政区域内的国民经济和社会发展计划、预算以及它们的执行情况的报告；有权改变或者撤销本级人民代表大会常务委员会不适当的决定。

民族乡的人民代表大会可以依照法律规定的权限采取适合民族特点的具体措施。

第一百条 省、直辖市的人民代表大会和它们的常务委员会，在不同宪法、法律、行政法规相抵触的前提下，可以制定地方性法规，报全国人民代表大会常务委员会备案。

设区的市的人民代表大会和它们的常务委员会，在不同宪法、法律、行政法规和本省、自治区的地方性法规相抵触的前提下，可以依照法律规定制定地方性法规，报本省、自治区人民代表大会常务委员会批准后施行。

第一百零一条　地方各级人民代表大会分别选举并且有权罢免本级人民政府的省长和副省长、市长和副市长、县长和副县长、区长和副区长、乡长和副乡长、镇长和副镇长。

县级以上的地方各级人民代表大会选举并且有权罢免本级监察委员会主任、本级人民法院院长和本级人民检察院检察长。选出或者罢免人民检察院检察长，须报上级人民检察院检察长提请该级人民代表大会常务委员会批准。

第一百零二条　省、直辖市、设区的市的人民代表大会代表受原选举单位的监督；县、不设区的市、市辖区、乡、民族乡、镇的人民代表大会代表受选民的监督。

地方各级人民代表大会代表的选举单位和选民有权依照法律规定的程序罢免由他们选出的代表。

第一百零三条　县级以上的地方各级人民代表大会常务委员会由主任、副主任若干人和委员若干人组成，对本级人民代表大会负责并报告工作。

县级以上的地方各级人民代表大会选举并有权罢免本级人民代表大会常务委员会的组成人员。

县级以上的地方各级人民代表大会常务委员会的组成人员不得担任国家行政机关、监察机关、审判机关和检察机关的职务。

第一百零四条　县级以上的地方各级人民代表大会常务委员会讨论、决定本行政区域内各方面工作的重大事项；监督本级人民政府、监察委员会、人民法院和人民检察院的工作；撤销本级人民政府的不适当的决定和命令；撤销下一级人民代表大会的不适当的决议；依照法律规定的权限决定国家机关工作人员的任免；在本级人民代表大会闭会期间，罢免和补选上一级人民代表大会的个别代表。

第一百零五条 地方各级人民政府是地方各级国家权力机关的执行机关，是地方各级国家行政机关。

地方各级人民政府实行省长、市长、县长、区长、乡长、镇长负责制。

第一百零六条 地方各级人民政府每届任期同本级人民代表大会每届任期相同。

第一百零七条 县级以上地方各级人民政府依照法律规定的权限，管理本行政区域内的经济、教育、科学、文化、卫生、体育事业、城乡建设事业和财政、民政、公安、民族事务、司法行政、计划生育等行政工作，发布决定和命令，任免、培训、考核和奖惩行政工作人员。

乡、民族乡、镇的人民政府执行本级人民代表大会的决议和上级国家行政机关的决定和命令，管理本行政区域内的行政工作。

省、直辖市的人民政府决定乡、民族乡、镇的建置和区域划分。

第一百零八条 县级以上的地方各级人民政府领导所属各工作部门和下级人民政府的工作，有权改变或者撤销所属各工作部门和下级人民政府的不适当的决定。

第一百零九条 县级以上的地方各级人民政府设立审计机关。地方各级审计机关依照法律规定独立行使审计监督权，对本级人民政府和上一级审计机关负责。

第一百一十条 地方各级人民政府对本级人民代表大会负责并报告工作。县级以上的地方各级人民政府在本级人民代表大会闭会期间，对本级人民代表大会常务委员会负责并报告工作。

地方各级人民政府对上一级国家行政机关负责并报告工作。全国地方各级人民政府都是国务院统一领导下的国家行政机关，都服从国务院。

第一百一十一条　城市和农村按居民居住地区设立的居民委员会或者村民委员会是基层群众性自治组织。居民委员会、村民委员会的主任、副主任和委员由居民选举。居民委员会、村民委员会同基层政权的相互关系由法律规定。

居民委员会、村民委员会设人民调解、治安保卫、公共卫生等委员会，办理本居住地区的公共事务和公益事业，调解民间纠纷，协助维护社会治安，并且向人民政府反映群众的意见、要求和提出建议。

第六节　民族自治地方的自治机关

第一百一十二条　民族自治地方的自治机关是自治区、自治州、自治县的人民代表大会和人民政府。

第一百一十三条　自治区、自治州、自治县的人民代表大会中，除实行区域自治的民族的代表外，其他居住在本行政区域内的民族也应当有适当名额的代表。

自治区、自治州、自治县的人民代表大会常务委员会中应当有实行区域自治的民族的公民担任主任或者副主任。

第一百一十四条　自治区主席、自治州州长、自治县县长由实行区域自治的民族的公民担任。

第一百一十五条　自治区、自治州、自治县的自治机关行使宪法第三章第五节规定的地方国家机关的职权，同时依照宪法、民族区域自治法和其他法律规定的权限行使自治权，根据本地方实际情况贯彻执行国家的法律、政策。

第一百一十六条　民族自治地方的人民代表大会有权依照当

地民族的政治、经济和文化的特点，制定自治条例和单行条例。自治区的自治条例和单行条例，报全国人民代表大会常务委员会批准后生效。自治州、自治县的自治条例和单行条例，报省或者自治区的人民代表大会常务委员会批准后生效，并报全国人民代表大会常务委员会备案。

第一百一十七条 民族自治地方的自治机关有管理地方财政的自治权。凡是依照国家财政体制属于民族自治地方的财政收入，都应当由民族自治地方的自治机关自主地安排使用。

第一百一十八条 民族自治地方的自治机关在国家计划的指导下，自主地安排和管理地方性的经济建设事业。

国家在民族自治地方开发资源、建设企业的时候，应当照顾民族自治地方的利益。

第一百一十九条 民族自治地方的自治机关自主地管理本地方的教育、科学、文化、卫生、体育事业，保护和整理民族的文化遗产，发展和繁荣民族文化。

第一百二十条 民族自治地方的自治机关依照国家的军事制度和当地的实际需要，经国务院批准，可以组织本地方维护社会治安的公安部队。

第一百二十一条 民族自治地方的自治机关在执行职务的时候，依照本民族自治地方自治条例的规定，使用当地通用的一种或者几种语言文字。

第一百二十二条 国家从财政、物资、技术等方面帮助各少数民族加速发展经济建设和文化建设事业。

国家帮助民族自治地方从当地民族中大量培养各级干部、各种专业人才和技术工人。

第七节　监察委员会

第一百二十三条　中华人民共和国各级监察委员会是国家的监察机关。

第一百二十四条　中华人民共和国设立国家监察委员会和地方各级监察委员会。

监察委员会由下列人员组成：

主任，

副主任若干人，

委员若干人。

监察委员会主任每届任期同本级人民代表大会每届任期相同。国家监察委员会主任连续任职不得超过两届。

监察委员会的组织和职权由法律规定。

第一百二十五条　中华人民共和国国家监察委员会是最高监察机关。

国家监察委员会领导地方各级监察委员会的工作，上级监察委员会领导下级监察委员会的工作。

第一百二十六条　国家监察委员会对全国人民代表大会和全国人民代表大会常务委员会负责。地方各级监察委员会对产生它的国家权力机关和上一级监察委员会负责。

第一百二十七条　监察委员会依照法律规定独立行使监察权，不受行政机关、社会团体和个人的干涉。

监察机关办理职务违法和职务犯罪案件，应当与审判机关、检察机关、执法部门互相配合，互相制约。

第八节　人民法院和人民检察院

第一百二十八条　中华人民共和国人民法院是国家的审判

机关。

第一百二十九条 中华人民共和国设立最高人民法院、地方各级人民法院和军事法院等专门人民法院。

最高人民法院院长每届任期同全国人民代表大会每届任期相同，连续任职不得超过两届。

人民法院的组织由法律规定。

第一百三十条 人民法院审理案件，除法律规定的特别情况外，一律公开进行。被告人有权获得辩护。

第一百三十一条 人民法院依照法律规定独立行使审判权，不受行政机关、社会团体和个人的干涉。

第一百三十二条 最高人民法院是最高审判机关。

最高人民法院监督地方各级人民法院和专门人民法院的审判工作，上级人民法院监督下级人民法院的审判工作。

第一百三十三条 最高人民法院对全国人民代表大会和全国人民代表大会常务委员会负责。地方各级人民法院对产生它的国家权力机关负责。

第一百三十四条 中华人民共和国人民检察院是国家的法律监督机关。

第一百三十五条 中华人民共和国设立最高人民检察院、地方各级人民检察院和军事检察院等专门人民检察院。

最高人民检察院检察长每届任期同全国人民代表大会每届任期相同，连续任职不得超过两届。

人民检察院的组织由法律规定。

第一百三十六条 人民检察院依照法律规定独立行使检察权，不受行政机关、社会团体和个人的干涉。

第一百三十七条 最高人民检察院是最高检察机关。

最高人民检察院领导地方各级人民检察院和专门人民检察院的工作，上级人民检察院领导下级人民检察院的工作。

第一百三十八条　最高人民检察院对全国人民代表大会和全国人民代表大会常务委员会负责。地方各级人民检察院对产生它的国家权力机关和上级人民检察院负责。

第一百三十九条　各民族公民都有用本民族语言文字进行诉讼的权利。人民法院和人民检察院对于不通晓当地通用的语言文字的诉讼参与人，应当为他们翻译。

在少数民族聚居或者多民族共同居住的地区，应当用当地通用的语言进行审理；起诉书、判决书、布告和其他文书应当根据实际需要使用当地通用的一种或者几种文字。

第一百四十条　人民法院、人民检察院和公安机关办理刑事案件，应当分工负责，互相配合，互相制约，以保证准确有效地执行法律。

第四章　国旗、国歌、国徽、首都

第一百四十一条　中华人民共和国国旗是五星红旗。

中华人民共和国国歌是《义勇军进行曲》。

第一百四十二条　中华人民共和国国徽，中间是五星照耀下的天安门，周围是谷穗和齿轮。

第一百四十三条　中华人民共和国首都是北京。

中华人民共和国香港特别行政区基本法

（1990年4月4日第七届全国人民代表大会
第三次会议通过　1990年4月4日中华人民共和国
主席令第二十六号公布　自1997年7月1日起施行）

目　录

序　言

香港自古以来就是中国的领土，一八四〇年鸦片战争以后被英国占领。一九八四年十二月十九日，中英两国政府签署了关于香港问题的联合声明，确认中华人民共和国政府于一九九七年七月一日恢复对香港行使主权，从而实现了长期以来中国人民收回香港的共同愿望。

为了维护国家的统一和领土完整，保持香港的繁荣和稳定，并考虑到香港的历史和现实情况，国家决定，在对香港恢复行使主权时，根据中华人民共和国宪法第三十一条的规定，设立香港特别行政区，并按照“一个国家，两种制度”的方针，不在香港实行社会主义的制度和政策。国家对香港的基本方针政策，已由中国政府在中英联合声明中予以阐明。

根据中华人民共和国宪法，全国人民代表大会特制定中华人民共和国香港特别行政区基本法，规定香港特别行政区实行的制度，以保障国家对香港的基本方针政策的实施。

第一章　总　则

第一条　香港特别行政区是中华人民共和国不可分离的部分。

第二条　全国人民代表大会授权香港特别行政区依照本法的规定实行高度自治，享有行政管理权、立法权、独立的司法权和终审权。

第三条　香港特别行政区的行政机关和立法机关由香港永久性居民依照本法有关规定组成。

第四条　香港特别行政区依法保障香港特别行政区居民和其他人的权利和自由。

第五条　香港特别行政区不实行社会主义制度和政策，保持原有的资本主义制度和生活方式，五十年不变。

第六条　香港特别行政区依法保护私有财产权。

第七条　香港特别行政区境内的土地和自然资源属于国家所有，由香港特别行政区政府负责管理、使用、开发、出租或批给个人、法人或团体使用或开发，其收入全归香港特别行政区政府支配。

第八条　香港原有法律，即普通法、衡平法、条例、附属立法和习惯法，除同本法相抵触或经香港特别行政区的立法机关作出修改者外，予以保留。

第九条　香港特别行政区的行政机关、立法机关和司法机关，除使用中文外，还可使用英文，英文也是正式语文。

第十条　香港特别行政区除悬挂中华人民共和国国旗和国徽外，还可使用香港特别行政区区旗和区徽。

香港特别行政区的区旗是五星花蕊的紫荆花红旗。

香港特别行政区的区徽，中间是五星花蕊的紫荆花，周围写有“中华人民共和国香港特别行政区”和英文“香港”。

第十一条　根据中华人民共和国宪法第三十一条，香港特别行政区的制度和政策，包括社会、经济制度，有关保障居民的基本权利和自由的制度，行政管理、立法和司法方面的制度，以及有关政策，均以本法的规定为依据。

香港特别行政区立法机关制定的任何法律，均不得同本法相抵触。

第二章　中央和香港特别行政区的关系

第十二条　香港特别行政区是中华人民共和国的一个享有高度自治权的地方行政区域，直辖于中央人民政府。

第十三条　中央人民政府负责管理与香港特别行政区有关的外交事务。

中华人民共和国外交部在香港设立机构处理外交事务。

中央人民政府授权香港特别行政区依照本法自行处理有关的对外事务。

第十四条　中央人民政府负责管理香港特别行政区的防务。

香港特别行政区政府负责维持香港特别行政区的社会治安。

中央人民政府派驻香港特别行政区负责防务的军队不干预香港特别行政区的地方事务。香港特别行政区政府在必要时，可向中央人民政府请求驻军协助维持社会治安和救助灾害。

驻军人员除须遵守全国性的法律外，还须遵守香港特别行政区的法律。

驻军费用由中央人民政府负担。

第十五条 中央人民政府依照本法第四章的规定任命香港特别行政区行政长官和行政机关的主要官员。

第十六条 香港特别行政区享有行政管理权，依照本法的有关规定自行处理香港特别行政区的行政事务。

第十七条 香港特别行政区享有立法权。

香港特别行政区的立法机关制定的法律须报全国人民代表大会常务委员会备案。备案不影响该法律的生效。

全国人民代表大会常务委员会在征询其所属的香港特别行政区基本法委员会后，如认为香港特别行政区立法机关制定的任何法律不符合本法关于中央管理的事务及中央和香港特别行政区的关系的条款，可将有关法律发回，但不作修改。经全国人民代表大会常务委员会发回的法律立即失效。该法律的失效，除香港特别行政区的法律另有规定外，无溯及力。

第十八条 在香港特别行政区实行的法律为本法以及本法第八条规定的香港原有法律和香港特别行政区立法机关制定的法律。

全国性法律除列于本法附件三者外，不在香港特别行政区实施。凡列于本法附件三之法律，由香港特别行政区在当地公布或立法实施。

全国人民代表大会常务委员会在征询其所属的香港特别行政区基本法委员会和香港特别行政区政府的意见后，可对列于本法附件三的法律作出增减，任何列入附件三的法律，限于有关国防、外交和其他按本法规定不属于香港特别行政区自治范围的法律。

全国人民代表大会常务委员会决定宣布战争状态或因香港特别行政区内发生香港特别行政区政府不能控制的危及国家统一或安全的动乱而决定香港特别行政区进入紧急状态，中央人民政府可发布命令将有关全国性法律在香港特别行政区实施。

第十九条 香港特别行政区享有独立的司法权和终审权。

香港特别行政区法院除继续保持香港原有法律制度和原则对法院审判权所作的限制外，对香港特别行政区所有的案件均有审判权。

香港特别行政区法院对国防、外交等国家行为无管辖权。香港特别行政区法院在审理案件中遇有涉及国防、外交等国家行为的事实问题，应取得行政长官就该等问题发出的证明文件，上述文件对法院有约束力。行政长官在发出证明文件前，须取得中央人民政府的证明书。

第二十条 香港特别行政区可享有全国人民代表大会和全国人民代表大会常务委员会及中央人民政府授予的其他权力。

第二十一条 香港特别行政区居民中的中国公民依法参与国家事务的管理。

根据全国人民代表大会确定的名额和代表产生办法，由香港特别行政区居民中的中国公民在香港选出香港特别行政区的全国人民代表大会代表，参加最高国家权力机关的工作。

第二十二条 中央人民政府所属各部门、各省、自治区、直辖市均不得干预香港特别行政区根据本法自行管理的事务。

中央各部门、各省、自治区、直辖市如需在香港特别行政区设立机构，须征得香港特别行政区政府同意并经中央人民政府批准。

中央各部门、各省、自治区、直辖市在香港特别行政区设立的一切机构及其人员均须遵守香港特别行政区的法律。

中国其他地区的人进入香港特别行政区须办理批准手续，其中进入香港特别行政区定居的人数由中央人民政府主管部门征求香港特别行政区政府的意见后确定。

香港特别行政区可在北京设立办事机构。

第二十三条 香港特别行政区应自行立法禁止任何叛国、分裂国家、煽动叛乱、颠覆中央人民政府及窃取国家机密的行为，禁止外国的政治性组织或团体在香港特别行政区进行政治活动，禁止香港特别行政区的政治性组织或团体与外国的政治性组织或团体建立联系。

第三章 居民的基本权利和义务

第二十四条 香港特别行政区居民，简称香港居民，包括永久性居民和非永久性居民。

香港特别行政区永久性居民为：

（一）在香港特别行政区成立以前或以后在香港出生的中国公民；

（二）在香港特别行政区成立以前或以后在香港通常居住连续七年以上的中国公民；

（三）第（一）、（二）两项所列居民在香港以外所生的中国籍子女；

（四）在香港特别行政区成立以前或以后持有效旅行证件进入香港、在香港通常居住连续七年以上并以香港为永久居住地的非中国籍的人；

（五）在香港特别行政区成立以前或以后第（四）项所列居民在香港所生的未满二十一周岁的子女；

（六）第（一）至（五）项所列居民以外在香港特别行政区成立以前只在香港有居留权的人。

以上居民在香港特别行政区享有居留权和有资格依照香港特别行政区法律取得载明其居留权的永久性居民身份证。

香港特别行政区非永久性居民为：有资格依照香港特别行政区法律取得香港居民身份证，但没有居留权的人。

第二十五条 香港居民在法律面前一律平等。

第二十六条 香港特别行政区永久性居民依法享有选举权和被选举权。

第二十七条 香港居民享有言论、新闻、出版的自由，结社、集会、游行、示威的自由，组织和参加工会、罢工的权利和自由。

第二十八条 香港居民的人身自由不受侵犯。

香港居民不受任意或非法逮捕、拘留、监禁。禁止任意或非法搜查居民的身体、剥夺或限制居民的人身自由。禁止对居民施行酷刑、任意或非法剥夺居民的生命。

第二十九条 香港居民的住宅和其他房屋不受侵犯。禁止任意或非法搜查、侵入居民的住宅和其他房屋。

第三十条 香港居民的通讯自由和通讯秘密受法律的保护。除因公共安全和追查刑事犯罪的需要，由有关机关依照法律程序对通讯进行检查外，任何部门或个人不得以任何理由侵犯居民的通讯自由和通讯秘密。

第三十一条 香港居民有在香港特别行政区境内迁徙的自由，有移居其他国家和地区的自由。香港居民有旅行和出入境的自由。有效旅行证件的持有人，除非受到法律制止，可自由离开香港特别行政区，无需特别批准。

第三十二条 香港居民有信仰的自由。

香港居民有宗教信仰的自由，有公开传教和举行、参加宗教活动的自由。

第三十三条 香港居民有选择职业的自由。

第三十四条 香港居民有进行学术研究、文学艺术创作和其他文化活动的自由。

第三十五条 香港居民有权得到秘密法律咨询、向法院提起诉讼、选择律师及时保护自己的合法权益或在法庭上为其代理和获得司法补救。

香港居民有权对行政部门和行政人员的行为向法院提起诉讼。

第三十六条 香港居民有依法享受社会福利的权利。劳工的福利待遇和退休保障受法律保护。

第三十七条 香港居民的婚姻自由和自愿生育的权利受法律保护。

第三十八条 香港居民享有香港特别行政区法律保障的其他权利和自由。

第三十九条 《公民权利和政治权利国际公约》、《经济、社会与文化权利的国际公约》和国际劳工公约适用于香港的有关规定继续有效，通过香港特别行政区的法律予以实施。

香港居民享有的权利和自由，除依法规定外不得限制，此种限制不得与本条第一款规定抵触。

第四十条 “新界”原居民的合法传统权益受香港特别行政区的保护。

第四十一条 在香港特别行政区境内的香港居民以外的其他人，依法享有本章规定的香港居民的权利和自由。

第四十二条 香港居民和在香港的其他人有遵守香港特别行政区实行的法律的义务。

第四章　政治体制

第一节　行政长官

第四十三条　香港特别行政区行政长官是香港特别行政区的首长，代表香港特别行政区。

香港特别行政区行政长官依照本法的规定对中央人民政府和香港特别行政区负责。

第四十四条　香港特别行政区行政长官由年满四十周岁，在香港通常居住连续满二十年并在外国无居留权的香港特别行政区永久性居民中的中国公民担任。

第四十五条　香港特别行政区行政长官在当地通过选举或协商产生，由中央人民政府任命。

行政长官的产生办法根据香港特别行政区的实际情况和循序渐进的原则而规定，最终达至由一个有广泛代表性的提名委员会按民主程序提名后普选产生的目标。

行政长官产生的具体办法由附件一《香港特别行政区行政长官的产生办法》规定。

第四十六条　香港特别行政区行政长官任期五年，可连任一次。

第四十七条　香港特别行政区行政长官必须廉洁奉公、尽忠职守。

行政长官就任时应向香港特别行政区终审法院首席法官申报财产，记录在案。

第四十八条　香港特别行政区行政长官行使下列职权：

（一）领导香港特别行政区政府；

（二）负责执行本法和依照本法适用于香港特别行政区的其他法律；

（三）签署立法会通过的法案，公布法律；

签署立法会通过的财政预算案，将财政预算、决算报中央人民政府备案；

（四）决定政府政策和发布行政命令；

（五）提名并报请中央人民政府任命下列主要官员：各司司长、副司长，各局局长，廉政专员，审计署署长，警务处处长，入境事务处处长，海关关长；建议中央人民政府免除上述官员职务；

（六）依照法定程序任免各级法院法官；

（七）依照法定程序任免公职人员；

（八）执行中央人民政府就本法规定的有关事务发出的指令；

（九）代表香港特别行政区政府处理中央授权的对外事务和其他事务；

（十）批准向立法会提出有关财政收入或支出的动议；

（十一）根据安全和重大公共利益的考虑，决定政府官员或其他负责政府公务的人员是否向立法会或其属下的委员会作证和提供证据；

（十二）赦免或减轻刑事罪犯的刑罚；

（十三）处理请愿、申诉事项。

第四十九条 香港特别行政区行政长官如认为立法会通过的法案不符合香港特别行政区的整体利益，可在三个月内将法案发回立法会重议，立法会如以不少于全体议员三分之二多数再次通过原案，行政长官必须在一个月内签署公布或按本法第五十条的规定处理。

第五十条　香港特别行政区行政长官如拒绝签署立法会再次通过的法案或立法会拒绝通过政府提出的财政预算案或其他重要法案，经协商仍不能取得一致意见，行政长官可解散立法会。

行政长官在解散立法会前，须征询行政会议的意见。行政长官在其一任任期内只能解散立法会一次。

第五十一条　香港特别行政区立法会如拒绝批准政府提出的财政预算案，行政长官可向立法会申请临时拨款。如果由于立法会已被解散而不能批准拨款，行政长官可在选出新的立法会前的一段时期内，按上一财政年度的开支标准，批准临时短期拨款。

第五十二条　香港特别行政区行政长官如有下列情况之一者必须辞职：

（一）因严重疾病或其他原因无力履行职务；

（二）因两次拒绝签署立法会通过的法案而解散立法会，重选的立法会仍以全体议员三分之二多数通过所争议的原案，而行政长官仍拒绝签署；

（三）因立法会拒绝通过财政预算案或其他重要法案而解散立法会，重选的立法会继续拒绝通过所争议的原案。

第五十三条　香港特别行政区行政长官短期不能履行职务时，由政务司长、财政司长、律政司长依次临时代理其职务。

行政长官缺位时，应在六个月内依本法第四十五条的规定产生新的行政长官。行政长官缺位期间的职务代理，依照上款规定办理。

第五十四条　香港特别行政区行政会议是协助行政长官决策的机构。

第五十五条　香港特别行政区行政会议的成员由行政长官从行政机关的主要官员、立法会议员和社会人士中委任，其任免由行政长官决定。行政会议成员的任期应不超过委任他的行政长官的任期。

香港特别行政区行政会议成员由在外国无居留权的香港特别行政区永久性居民中的中国公民担任。

行政长官认为必要时可邀请有关人士列席会议。

第五十六条 香港特别行政区行政会议由行政长官主持。

行政长官在作出重要决策、向立法会提交法案、制定附属法规和解散立法会前，须征询行政会议的意见，但人事任免、纪律制裁和紧急情况下采取的措施除外。

行政长官如不采纳行政会议多数成员的意见，应将具体理由记录在案。

第五十七条 香港特别行政区设立廉政公署，独立工作，对行政长官负责。

第五十八条 香港特别行政区设立审计署，独立工作，对行政长官负责。

第二节 行政机关

第五十九条 香港特别行政区政府是香港特别行政区行政机关。

第六十条 香港特别行政区政府的首长是香港特别行政区行政长官。

香港特别行政区政府设政务司、财政司、律政司和各局、处、署。

第六十一条 香港特别行政区的主要官员由在香港通常居住连续满十五年并在外国无居留权的香港特别行政区永久性居民中的中国公民担任。

第六十二条 香港特别行政区政府行使下列职权：

（一）制定并执行政策；

（二）管理各项行政事务；

（三）办理本法规定的中央人民政府授权的对外事务；

（四）编制并提出财政预算、决算；

（五）拟定并提出法案、议案、附属法规；

（六）委派官员列席立法会并代表政府发言。

第六十三条　香港特别行政区律政司主管刑事检察工作，不受任何干涉。

第六十四条　香港特别行政区政府必须遵守法律，对香港特别行政区立法会负责：执行立法会通过并已生效的法律；定期向立法会作施政报告；答复立法会议员的质询；征税和公共开支须经立法会批准。

第六十五条　原由行政机关设立咨询组织的制度继续保留。

第三节　立法机关

第六十六条　香港特别行政区立法会是香港特别行政区的立法机关。

第六十七条　香港特别行政区立法会由在外国无居留权的香港特别行政区永久性居民中的中国公民组成。但非中国籍的香港特别行政区永久性居民和在外国有居留权的香港特别行政区永久性居民也可以当选为香港特别行政区立法会议员，其所占比例不得超过立法会全体议员的百分之二十。

第六十八条　香港特别行政区立法会由选举产生。

立法会的产生办法根据香港特别行政区的实际情况和循序渐进的原则而规定，最终达至全部议员由普选产生的目标。

立法会产生的具体办法和法案、议案的表决程序由附件二《香港特别行政区立法会的产生办法和表决程序》规定。

第六十九条 香港特别行政区立法会除第一届任期为两年外，每届任期四年。

第七十条 香港特别行政区立法会如经行政长官依本法规定解散，须于三个月内依本法第六十八条的规定，重行选举产生。

第七十一条 香港特别行政区立法会主席由立法会议员互选产生。

香港特别行政区立法会主席由年满四十周岁，在香港通常居住连续满二十年并在外国无居留权的香港特别行政区永久性居民中的中国公民担任。

第七十二条 香港特别行政区立法会主席行使下列职权：

（一）主持会议；

（二）决定议程，政府提出的议案须优先列入议程；

（三）决定开会时间；

（四）在休会期间可召开特别会议；

（五）应行政长官的要求召开紧急会议；

（六）立法会议事规则所规定的其他职权。

第七十三条 香港特别行政区立法会行使下列职权：

（一）根据本法规定并依照法定程序制定、修改和废除法律；

（二）根据政府的提案，审核、通过财政预算；

（三）批准税收和公共开支；

（四）听取行政长官的施政报告并进行辩论；

（五）对政府的工作提出质询；

（六）就任何有关公共利益问题进行辩论；

（七）同意终审法院法官和高等法院首席法官的任免；

（八）接受香港居民申诉并作出处理；

（九）如立法会全体议员的四分之一联合动议，指控行政长官有严重违法或渎职行为而不辞职，经立法会通过进行调查，立法会可委托终审法院首席法官负责组成独立的调查委员会，并担任主席。调查委员会负责进行调查，并向立法会提出报告。如该调查委员会认为有足够证据构成上述指控，立法会以全体议员三分之二多数通过，可提出弹劾案，报请中央人民政府决定。

（十）在行使上述各项职权时，如有需要，可传召有关人士出席作证和提供证据。

第七十四条 香港特别行政区立法会议员根据本法规定并依照法定程序提出法律草案，凡不涉及公共开支或政治体制或政府运作者，可由立法会议员个别或联名提出。凡涉及政府政策者，在提出前必须得到行政长官的书面同意。

第七十五条 香港特别行政区立法会举行会议的法定人数为不少于全体议员的二分之一。

立法会议事规则由立法会自行制定，但不得与本法相抵触。

第七十六条 香港特别行政区立法会通过的法案，须经行政长官签署、公布，方能生效。

第七十七条 香港特别行政区立法会议员在立法会的会议上发言，不受法律追究。

第七十八条 香港特别行政区立法会议员在出席会议时和赴会途中不受逮捕。

第七十九条 香港特别行政区立法会议员如有下列情况之一，由立法会主席宣告其丧失立法会议员的资格：

（一）因严重疾病或其他情况无力履行职务；

（二）未得到立法会主席的同意，连续三个月不出席会议而无合理解释者；

（三）丧失或放弃香港特别行政区永久性居民的身份；

（四）接受政府的委任而出任公务人员；

（五）破产或经法庭裁定偿还债务而不履行；

（六）在香港特别行政区区内或区外被判犯有刑事罪行，判处监禁一个月以上，并经立法会出席会议的议员三分之二通过解除其职务；

（七）行为不检或违反誓言而经立法会出席会议的议员三分之二通过谴责。

第四节　司法机关

第八十条　香港特别行政区各级法院是香港特别行政区的司法机关，行使香港特别行政区的审判权。

第八十一条　香港特别行政区设立终审法院、高等法院、区域法院、裁判署法庭和其他专门法庭。高等法院设上诉法庭和原讼法庭。

原在香港实行的司法体制，除因设立香港特别行政区终审法院而产生变化外，予以保留。

第八十二条　香港特别行政区的终审权属于香港特别行政区终审法院。终审法院可根据需要邀请其他普通法适用地区的法官参加审判。

第八十三条　香港特别行政区各级法院的组织和职权由法律规定。

第八十四条　香港特别行政区法院依照本法第十八条所规定的适用于香港特别行政区的法律审判案件，其他普通法适用地区的司法判例可作参考。

第八十五条　香港特别行政区法院独立进行审判，不受任何干涉，司法人员履行审判职责的行为不受法律追究。

第八十六条　原在香港实行的陪审制度的原则予以保留。

第八十七条　香港特别行政区的刑事诉讼和民事诉讼中保留原在香港适用的原则和当事人享有的权利。

任何人在被合法拘捕后，享有尽早接受司法机关公正审判的权利，未经司法机关判罪之前均假定无罪。

第八十八条　香港特别行政区法院的法官，根据当地法官和法律界及其他方面知名人士组成的独立委员会推荐，由行政长官任命。

第八十九条　香港特别行政区法院的法官只有在无力履行职责或行为不检的情况下，行政长官才可根据终审法院首席法官任命的不少于三名当地法官组成的审议庭的建议，予以免职。

香港特别行政区终审法院的首席法官只有在无力履行职责或行为不检的情况下，行政长官才可任命不少于五名当地法官组成的审议庭进行审议，并可根据其建议，依照本法规定的程序，予以免职。

第九十条　香港特别行政区终审法院和高等法院的首席法官，应由在外国无居留权的香港特别行政区永久性居民中的中国公民担任。

除本法第八十八条和第八十九条规定的程序外，香港特别行政区终审法院的法官和高等法院首席法官的任命或免职，还须由行政长官征得立法会同意，并报全国人民代表大会常务委员会备案。

第九十一条　香港特别行政区法官以外的其他司法人员原有的任免制度继续保持。

第九十二条　香港特别行政区的法官和其他司法人员，应根据其本人的司法和专业才能选用，并可从其他普通法适用地区聘用。

第九十三条 香港特别行政区成立前在香港任职的法官和其他司法人员均可留用，其年资予以保留，薪金、津贴、福利待遇和服务条件不低于原来的标准。

对退休或符合规定离职的法官和其他司法人员，包括香港特别行政区成立前已退休或离职者，不论其所属国籍或居住地点，香港特别行政区政府按不低于原来的标准，向他们或其家属支付应得的退休金、酬金、津贴和福利费。

第九十四条 香港特别行政区政府可参照原在香港实行的办法，作出有关当地和外来的律师在香港特别行政区工作和执业的规定。

第九十五条 香港特别行政区可与全国其他地区的司法机关通过协商依法进行司法方面的联系和相互提供协助。

第九十六条 在中央人民政府协助或授权下，香港特别行政区政府可与外国就司法互助关系作出适当安排。

第五节 区域组织

第九十七条 香港特别行政区可设立非政权性的区域组织，接受香港特别行政区政府就有关地区管理和其他事务的咨询，或负责提供文化、康乐、环境卫生等服务。

第九十八条 区域组织的职权和组成方法由法律规定。

第六节 公务人员

第九十九条 在香港特别行政区政府各部门任职的公务人员必须是香港特别行政区永久性居民。本法第一百零一条对外籍公务人员另有规定者或法律规定某一职级以下者不在此限。

公务人员必须尽忠职守，对香港特别行政区政府负责。

第一百条 香港特别行政区成立前在香港政府各部门，包括警察部门任职的公务人员均可留用，其年资予以保留，薪金、津贴、福利待遇和服务条件不低于原来的标准。

第一百零一条　香港特别行政区政府可任用原香港公务人员中的或持有香港特别行政区永久性居民身份证的英籍和其他外籍人士担任政府部门的各级公务人员，但下列各职级的官员必须由在外国无居留权的香港特别行政区永久性居民中的中国公民担任：各司司长、副司长，各局局长，廉政专员，审计署署长，警务处处长，入境事务处处长，海关关长。

香港特别行政区政府还可聘请英籍和其他外籍人士担任政府部门的顾问，必要时并可从香港特别行政区以外聘请合格人员担任政府部门的专门和技术职务。上述外籍人士只能以个人身份受聘，对香港特别行政区政府负责。

第一百零二条　对退休或符合规定离职的公务人员，包括香港特别行政区成立前退休或符合规定离职的公务人员，不论其所属国籍或居住地点，香港特别行政区政府按不低于原来的标准向他们或其家属支付应得的退休金、酬金、津贴和福利费。

第一百零三条　公务人员应根据其本人的资格、经验和才能予以任用和提升，香港原有关于公务人员的招聘、雇用、考核、纪律、培训和管理的制度，包括负责公务人员的任用、薪金、服务条件的专门机构，除有关给予外籍人员特权待遇的规定外，予以保留。

第一百零四条　香港特别行政区行政长官、主要官员、行政会议成员、立法会议员、各级法院法官和其他司法人员在就职时必须依法宣誓拥护中华人民共和国香港特别行政区基本法，效忠中华人民共和国香港特别行政区。

第五章 经 济

第一节 财政、金融、贸易和工商业

第一百零五条 香港特别行政区依法保护私人和法人财产的取得、使用、处置和继承的权利，以及依法征用私人和法人财产时被征用财产的所有人得到补偿的权利。

征用财产的补偿应相当于该财产当时的实际价值，可自由兑换，不得无故迟延支付。

企业所有权和外来投资均受法律保护。

第一百零六条 香港特别行政区保持财政独立。

香港特别行政区的财政收入全部用于自身需要，不上缴中央人民政府。

中央人民政府不在香港特别行政区征税。

第一百零七条 香港特别行政区的财政预算以量入为出为原则，力求收支平衡，避免赤字，并与本地生产总值的增长率相适应。

第一百零八条 香港特别行政区实行独立的税收制度。

香港特别行政区参照原在香港实行的低税政策，自行立法规定税种、税率、税收宽免和其他税务事项。

第一百零九条 香港特别行政区政府提供适当的经济和法律环境，以保持香港的国际金融中心地位。

第一百一十条 香港特别行政区的货币金融制度由法律规定。

香港特别行政区政府自行制定货币金融政策，保障金融企业和金融市场的经营自由，并依法进行管理和监督。

第一百一十一条 港元为香港特别行政区法定货币，继续流通。

港币的发行权属于香港特别行政区政府。港币的发行须有百分之百的准备金。港币的发行制度和准备金制度，由法律规定。

香港特别行政区政府，在确知港币的发行基础健全和发行安排符合保持港币稳定的目的的条件下，可授权指定银行根据法定权限发行或继续发行港币。

第一百一十二条　香港特别行政区不实行外汇管制政策。港币自由兑换。继续开放外汇、黄金、证券、期货等市场。

香港特别行政区政府保障资金的流动和进出自由。

第一百一十三条　香港特别行政区的外汇基金，由香港特别行政区政府管理和支配，主要用于调节港元汇价。

第一百一十四条　香港特别行政区保持自由港地位，除法律另有规定外，不征收关税。

第一百一十五条　香港特别行政区实行自由贸易政策，保障货物、无形财产和资本的流动自由。

第一百一十六条　香港特别行政区为单独的关税地区。

香港特别行政区可以“中国香港”的名义参加《关税和贸易总协定》、关于国际纺织品贸易安排等有关国际组织和国际贸易协定，包括优惠贸易安排。

香港特别行政区所取得的和以前取得仍继续有效的出口配额、关税优惠和达成的其他类似安排，全由香港特别行政区享有。

第一百一十七条　香港特别行政区根据当时的产地规则，可对产品签发产地来源证。

第一百一十八条　香港特别行政区政府提供经济和法律环境，鼓励各项投资、技术进步并开发新兴产业。

第一百一十九条　香港特别行政区政府制定适当政策，促进和协调制造业、商业、旅游业、房地产业、运输业、公用事业、服务性行业、渔农业等各行业的发展，并注意环境保护。

第二节　土地契约

第一百二十条　香港特别行政区成立以前已批出、决定、或续期的超越一九九七年六月三十日年期的所有土地契约和与土地契约有关的一切权利，均按香港特别行政区的法律继续予以承认和保护。

第一百二十一条　从一九八五年五月二十七日至一九九七年六月三十日期间批出的，或原没有续期权利而获得续期的，超出一九九七年六月三十日年期而不超过二零四七年六月三十日的一切土地契约，承租人从一九九七年七月一日起不补地价，但需每年缴纳相当于当日该土地应课差饷租值百分之三的租金。此后，随应课差饷租值的改变而调整租金。

第一百二十二条　原旧批约地段、乡村屋地、丁屋地和类似的农村土地，如该土地在一九八四年六月三十日的承租人，或在该日以后批出的丁屋地承租人，其父系为一八九八年在香港的原有乡村居民，只要该土地的承租人仍为该人或其合法父系继承人，原定租金维持不变。

第一百二十三条　香港特别行政区成立以后满期而没有续期权利的土地契约，由香港特别行政区自行制定法律和政策处理。

第三节　航　运

第一百二十四条　香港特别行政区保持原在香港实行的航运经营和管理体制，包括有关海员的管理制度。

香港特别行政区政府自行规定在航运方面的具体职能和责任。

第一百二十五条　香港特别行政区经中央人民政府授权继续进行船舶登记，并根据香港特别行政区的法律以“中国香港”的名义颁发有关证件。

第一百二十六条　除外国军用船只进入香港特别行政区须经中央人民政府特别许可外，其他船舶可根据香港特别行政区法律进出其港口。

第一百二十七条　香港特别行政区的私营航运及与航运有关的企业和私营集装箱码头，可继续自由经营。

第四节　民用航空

第一百二十八条　香港特别行政区政府应提供条件和采取措施，以保持香港的国际和区域航空中心的地位。

第一百二十九条　香港特别行政区继续实行原在香港实行的民用航空管理制度，并按中央人民政府关于飞机国籍标志和登记标志的规定，设置自己的飞机登记册。

外国国家航空器进入香港特别行政区须经中央人民政府特别许可。

第一百三十条　香港特别行政区自行负责民用航空的日常业务和技术管理，包括机场管理，在香港特别行政区飞行情报区内提供空中交通服务，和履行国际民用航空组织的区域性航行规划程序所规定的其他职责。

第一百三十一条　中央人民政府经同香港特别行政区政府磋商作出安排，为在香港特别行政区注册并以香港为主要营业地的航空公司和中华人民共和国的其他航空公司，提供香港特别行政区和中华人民共和国其他地区之间的往返航班。

第一百三十二条　凡涉及中华人民共和国其他地区同其他国家和地区的往返并经停香港特别行政区的航班，和涉及香港特别行政区同其他国家和地区的往返并经停中华人民共和国其他地区航班的民用航空运输协定，由中央人民政府签订。

中央人民政府在签订本条第一款所指民用航空运输协定时，应考虑香港特别行政区的特殊情况和经济利益，并同香港特别行政区政府磋商。

中央人民政府在同外国政府商谈有关本条第一款所指航班的安排时，香港特别行政区政府的代表可作为中华人民共和国政府代表团的成员参加。

第一百三十三条 香港特别行政区政府经中央人民政府具体授权可：

（一）续签或修改原有的民用航空运输协定和协议；

（二）谈判签订新的民用航空运输协定，为在香港特别行政区注册并以香港为主要营业地的航空公司提供航线，以及过境和技术停降权利；

（三）同没有签订民用航空运输协定的外国或地区谈判签订临时协议。

不涉及往返、经停中国内地而只往返、经停香港的定期航班，均由本条所指的民用航空运输协定或临时协议予以规定。

第一百三十四条 中央人民政府授权香港特别行政区政府：

（一）同其他当局商谈并签订有关执行本法第一百三十三条所指民用航空运输协定和临时协议的各项安排；

（二）对在香港特别行政区注册并以香港为主要营业地的航空公司签发执照；

（三）依照本法第一百三十三条所指民用航空运输协定和临时协议指定航空公司；

（四）对外国航空公司除往返、经停中国内地的航班以外的其他航班签发许可证。

第一百三十五条 香港特别行政区成立前在香港注册并以香

港为主要营业地的航空公司和与民用航空有关的行业，可继续经营。

第六章　教育、科学、文化、体育、宗教、劳工和社会服务

第一百三十六条　香港特别行政区政府在原有教育制度的基础上，自行制定有关教育的发展和改进的政策，包括教育体制和管理、教学语言、经费分配、考试制度、学位制度和承认学历等政策。

社会团体和私人可依法在香港特别行政区兴办各种教育事业。

第一百三十七条　各类院校均可保留其自主性并享有学术自由，可继续从香港特别行政区以外招聘教职员和选用教材。宗教组织所办的学校可继续提供宗教教育，包括开设宗教课程。

学生享有选择院校和在香港特别行政区以外求学的自由。

第一百三十八条　香港特别行政区政府自行制定发展中西医药和促进医疗卫生服务的政策。社会团体和私人可依法提供各种医疗卫生服务。

第一百三十九条　香港特别行政区政府自行制定科学技术政策，以法律保护科学技术的研究成果、专利和发明创造。

香港特别行政区政府自行确定适用于香港的各类科学、技术标准和规格。

第一百四十条　香港特别行政区政府自行制定文化政策，以法律保护作者在文学艺术创作中所获得的成果和合法权益。

第一百四十一条　香港特别行政区政府不限制宗教信仰自由，不干预宗教组织的内部事务，不限制与香港特别行政区法律没有抵触的宗教活动。

宗教组织依法享有财产的取得、使用、处置、继承以及接受资助的权利。财产方面的原有权益仍予保持和保护。

宗教组织可按原有办法继续兴办宗教院校、其他学校、医院和福利机构以及提供其他社会服务。

香港特别行政区的宗教组织和教徒可与其他地方的宗教组织和教徒保持和发展关系。

第一百四十二条 香港特别行政区政府在保留原有的专业制度的基础上，自行制定有关评审各种专业的执业资格的办法。

在香港特别行政区成立前已取得专业和执业资格者，可依据有关规定和专业守则保留原有的资格。

香港特别行政区政府继续承认在特别行政区成立前已承认的专业和专业团体，所承认的专业团体可自行审核和颁授专业资格。

香港特别行政区政府可根据社会发展需要并咨询有关方面的意见，承认新的专业和专业团体。

第一百四十三条 香港特别行政区政府自行制定体育政策。民间体育团体可依法继续存在和发展。

第一百四十四条 香港特别行政区政府保持原在香港实行的对教育、医疗卫生、文化、艺术、康乐、体育、社会福利、社会工作等方面的民间团体机构的资助政策。原在香港各资助机构任职的人员均可根据原有制度继续受聘。

第一百四十五条 香港特别行政区政府在原有社会福利制度的基础上，根据经济条件和社会需要，自行制定其发展、改进的政策。

第一百四十六条 香港特别行政区从事社会服务的志愿团体在不抵触法律的情况下可自行决定其服务方式。

第一百四十七条 香港特别行政区自行制定有关劳工的法律

和政策。

第一百四十八条　香港特别行政区的教育、科学、技术、文化、艺术、体育、专业、医疗卫生、劳工、社会福利、社会工作等方面的民间团体和宗教组织同内地相应的团体和组织的关系，应以互不隶属、互不干涉和互相尊重的原则为基础。

第一百四十九条　香港特别行政区的教育、科学、技术、文化、艺术、体育、专业、医疗卫生、劳工、社会福利、社会工作等方面的民间团体和宗教组织可同世界各国、各地区及国际的有关团体和组织保持和发展关系，各该团体和组织可根据需要冠用“中国香港”的名义，参与有关活动。

第七章　对外事务

第一百五十条　香港特别行政区政府的代表，可作为中华人民共和国政府代表团的成员，参加由中央人民政府进行的同香港特别行政区直接有关的外交谈判。

第一百五十一条　香港特别行政区可在经济、贸易、金融、航运、通讯、旅游、文化、体育等领域以“中国香港”的名义，单独地同世界各国、各地区及有关国际组织保持和发展关系，签订和履行有关协议。

第一百五十二条　对以国家为单位参加的、同香港特别行政区有关的、适当领域的国际组织和国际会议，香港特别行政区政府可派遣代表作为中华人民共和国代表团的成员或以中央人民政府和上述有关国际组织或国际会议允许的身份参加，并以“中国香港”的名义发表意见。

香港特别行政区可以“中国香港”的名义参加不以国家为单

位参加的国际组织和国际会议。

对中华人民共和国已参加而香港也以某种形式参加了的国际组织，中央人民政府将采取必要措施使香港特别行政区以适当形式继续保持在这些组织中的地位。

对中华人民共和国尚未参加而香港已以某种形式参加的国际组织，中央人民政府将根据需要使香港特别行政区以适当形式继续参加这些组织。

第一百五十三条 中华人民共和国缔结的国际协议，中央人民政府可根据香港特别行政区的情况和需要，在征询香港特别行政区政府的意见后，决定是否适用于香港特别行政区。

中华人民共和国尚未参加但已适用于香港的国际协议仍可继续适用。中央人民政府根据需要授权或协助香港特别行政区政府作出适当安排，使其他有关国际协议适用于香港特别行政区。

第一百五十四条 中央人民政府授权香港特别行政区政府依照法律给持有香港特别行政区永久性居民身份证的中国公民签发中华人民共和国香港特别行政区护照，给在香港特别行政区的其他合法居留者签发中华人民共和国香港特别行政区的其他旅行证件。上述护照和证件，前往各国和各地区有效，并载明持有人有返回香港特别行政区的权利。

对世界各国或各地区的人入境、逗留和离境，香港特别行政区政府可实行出入境管制。

第一百五十五条 中央人民政府协助或授权香港特别行政区政府与各国或各地区缔结互免签证协议。

第一百五十六条 香港特别行政区可根据需要在外国设立官方或半官方的经济和贸易机构，报中央人民政府备案。

第一百五十七条 外国在香港特别行政区设立领事机构或其

他官方、半官方机构，须经中央人民政府批准。

已同中华人民共和国建立正式外交关系的国家在香港设立的领事机构和其他官方机构，可予保留。

尚未同中华人民共和国建立正式外交关系的国家在香港设立的领事机构和其他官方机构，可根据情况允许保留或改为半官方机构。

尚未为中华人民共和国承认的国家，只能在香港特别行政区设立民间机构。

第八章　本法的解释和修改

第一百五十八条　本法的解释权属于全国人民代表大会常务委员会。

全国人民代表大会常务委员会授权香港特别行政区法院在审理案件时对本法关于香港特别行政区自治范围内的条款自行解释。

香港特别行政区法院在审理案件时对本法的其他条款也可解释。但如香港特别行政区法院在审理案件时需要对本法关于中央人民政府管理的事务或中央和香港特别行政区关系的条款进行解释，而该条款的解释又影响到案件的判决，在对该案件作出不可上诉的终局判决前，应由香港特别行政区终审法院请全国人民代表大会常务委员会对有关条款作出解释。如全国人民代表大会常务委员会作出解释，香港特别行政区法院在引用该条款时，应以全国人民代表大会常务委员会的解释为准。但在此以前作出的判决不受影响。

全国人民代表大会常务委员会在对本法进行解释前，征询其所属的香港特别行政区基本法委员会的意见。

第一百五十九条 本法的修改权属于全国人民代表大会。

本法的修改提案权属于全国人民代表大会常务委员会、国务院和香港特别行政区。香港特别行政区的修改议案，须经香港特别行政区的全国人民代表大会代表三分之二多数、香港特别行政区立法会全体议员三分之二多数和香港特别行政区行政长官同意后，交由香港特别行政区出席全国人民代表大会的代表团向全国人民代表大会提出。

本法的修改议案在列入全国人民代表大会的议程前，先由香港特别行政区基本法委员会研究并提出意见。

本法的任何修改，均不得同中华人民共和国对香港既定的基本方针政策相抵触。

第九章　附　则

第一百六十条 香港特别行政区成立时，香港原有法律除由全国人民代表大会常务委员会宣布为同本法抵触者外，采用为香港特别行政区法律，如以后发现有的法律与本法抵触，可依照本法规定的程序修改或停止生效。

在香港原有法律下有效的文件、证件、契约和权利义务，在不抵触本法的前提下继续有效，受香港特别行政区的承认和保护。

附件一：

香港特别行政区行政长官的产生办法

一、行政长官由一个具有广泛代表性的选举委员会根据本法选出，由中央人民政府任命。

二、选举委员会委员共800人，由下列各界人士组成：

工商、金融界 200人

专业界 200人

劳工、社会服务、宗教等界 200人

立法会议员、区域性组织代表、香港地区全国人大代表、香港地区全国政协委员的代表 200人

选举委员会每届任期五年。

三、各个界别的划分，以及每个界别中何种组织可以产生选举委员的名额，由香港特别行政区根据民主、开放的原则制定选举法加以规定。

各界别法定团体根据选举法规定的分配名额和选举办法自行选出选举委员会委员。

选举委员以个人身份投票。

四、不少于一百名的选举委员可联合提名行政长官候选人。每名委员只可提出一名候选人。

五、选举委员会根据提名的名单，经一人一票无记名投票选出行政长官候任人。具体选举办法由选举法规定。

六、第一任行政长官按照《全国人民代表大会关于香港特别行政区第一届政府和立法会产生办法的决定》产生。

七、二○○七年以后各任行政长官的产生办法如需修改，须经立法会全体议员三分之二多数通过，行政长官同意，并报全国人民代表大会常务委员会批准。

附件二：

香港特别行政区立法会的产生办法和表决程序

一、立法会的产生办法

（一）香港特别行政区立法会议员每届60人，第一届立法会按照《全国人民代表大会关于香港特别行政区第一届政府和立法会产生办法的决定》产生。第二届、第三届立法会的组成如下：

第二届

功能团体选举的议员	30人
选举委员会选举的议员	6人
分区直接选举的议员	24人

第三届

功能团体选举的议员	30人
分区直接选举的议员	30人

（二）除第一届立法会外，上述选举委员会即本法附件一规定的选举委员会。上述分区直接选举的选区划分、投票办法，各个功能界别和法定团体的划分、议员名额的分配、选举办法及选举委员会选举议员的办法，由香港特别行政区政府提出并经立法会通过的选举法加以规定。

二、立法会对法案、议案的表决程序

除本法另有规定外，香港特别行政区立法会对法案和议案的表决采取下列程序：

政府提出的法案，如获得出席会议的全体议员的过半数票，

即为通过。

立法会议员个人提出的议案、法案和对政府法案的修正案均须分别经功能团体选举产生的议员和分区直接选举、选举委员会选举产生的议员两部分出席会议议员各过半数通过。

三、二〇〇七年以后立法会的产生办法和表决程序

二〇〇七年以后香港特别行政区立法会的产生办法和法案、议案的表决程序，如需对本附件的规定进行修改，须经立法会全体议员三分之二多数通过，行政长官同意，并报全国人民代表大会常务委员会备案。

附件三：

在香港特别行政区实施的全国性法律

下列全国性法律，自一九九七年七月一日起由香港特别行政区在当地公布或立法实施。

一、《关于中华人民共和国国都、纪年，国歌、国旗的决议》

二、《关于中华人民共和国国庆日的决议》

三、《中央人民政府公布中华人民共和国国徽的命令》附：国徽图案、说明、使用办法

四、《中华人民共和国政府关于领海的声明》

五、《中华人民共和国国籍法》

六、《中华人民共和国外交特权与豁免条例》

香港特别行政区区旗图案（略）

香港特别行政区区徽图案（略）

全国人民代表大会常务委员会

关于《中华人民共和国国籍法》在香港特别行政区实施的几个问题的解释

（1996年5月15日第八届全国人民代表大会常务委员会第十九次会议通过）

根据《中华人民共和国香港特别行政区基本法》第十八条和附件三的规定，《中华人民共和国国籍法》自1997年7月1日起在香港特别行政区实施。考虑到香港的历史背景和现实情况，对《中华人民共和国国籍法》在香港特别行政区实施作如下解释：

一、凡具有中国血统的香港居民，本人出生在中国领土（含香港）者，以及其他符合《中华人民共和国国籍法》规定的具有中国国籍的条件者，都是中国公民。

二、所有香港中国同胞，不论其是否持有“英国属土公民护照”或者“英国国民（海外）护照”，都是中国公民。自1997年7月1日起，上述中国公民可继续使用英国政府签发的有效旅行证件去其他国家或地区旅行，但在香港特别行政区和中华人民共和国其他地区不得因持有上述英国旅行证件而享有英国的领事保护的权利。

三、任何在香港的中国公民，因英国政府的“居英权计划”而获得的英国公民身份，根据《中华人民共和国国籍法》不予承认。这类人仍为中国公民，在香港特别行政区和中华人民共和国其他地区不得享有英国的领事保护的权利。

四、在外国有居留权的香港特别行政区的中国公民，可使用外国政府签发的有关证件去其他国家或地区旅行，但在香港特别行政区和中华人民共和国其他地区不得因持有上述证件而享有外国领事保护的权利。

五、香港特别行政区的中国公民的国籍发生变更，可凭有效证件向香港特别行政区受理国籍申请的机关申报。

六、授权香港特别行政区政府指定其入境事务处为香港特别行政区受理国籍申请的机关，香港特别行政区入境事务处根据《中华人民共和国国籍法》和以上规定对所有国籍申请事宜作出处理。

全国人民代表大会香港特别行政区筹备委员会
关于实施《中华人民共和国香港特别行政区基本法》第二十四条第二款的意见

（1996年8月10日全国人民代表大会香港特别行政区筹备委员会第四次全体会议通过）

《中华人民共和国香港特别行政区基本法》第二十四条第二款对香港特别行政区永久性居民的问题作出了规定。为了实施上述规定，特提出以下意见，以备香港特别行政区制定实施细则时参照。

一、基本法第二十四条第二款第（一）项规定的在香港出生的中国公民，是指父母双方或一方合法定居在香港期间所生的子女，不包括非法入境、逾期居留或在香港临时居留的人在香港期间所生的子女。

二、下述情况不被视为基本法第二十四条第二款第（二）项和第（四）项规定的在香港"通常居住"：

（1）非法入境或于非法入境后获入境处处长准许留在香港；

（2）在违反逗留期限或其他条件的情况下留在香港；

（3）以难民身份留在香港；

（4）在香港被依法羁留或被法院判处监禁；

（5）根据政府的专项政策获准留在香港。

三、基本法第二十四条第二款第（二）项规定的中国公民在香港通常居住"连续七年"的计算方法，应为任何时间的连续七年；基本法第二十四条第二款第（四）项规定的非中国籍人在香港通常居住“连续七年”的计算方法，应为紧接其申请成为香港特别行政区永久性居民之前的连续七年。

四、基本法第二十四条第二款第（三）项规定的在香港以外出生的中国籍子女，在本人出生时，其父母双方或一方须是根据基本法第二十四条第二款第（一）项或第（二）项已经取得香港永久性居民身份的人。

五、基本法第二十四条第二款第（四）项规定的非中国籍人以香港为永久居住地的具体要求为：

1. 该人须在申请成为香港特别行政区永久性居民时依法签署一份声明，表示愿意以香港为永久居住地；

2. 该人在作上述声明时须如实申报以下个人情况，供香港特别行政区政府审批其永久性居民身份时参考；

（a）在香港有无住所（惯常居所）；

（b）家庭主要成员（配偶及未成年子女）是否通常在香港居住；

（c）在香港有无正当职业或稳定的生活来源；

（d）在香港是否依法纳税。

3. 该人须对声明中申报上述情况的真实性承担法律责任。香港特别行政区政府有权在需要时要求申报人提供必要的证明文件和资料，如发现申报人所作的申报与事实不符，可依法作出处理包括注销其永久性居民身份证。

4. 已取得香港永久性居民身份的非中国籍人，除特殊原因外，如在通常规定的时间限度内（时间限度由香港特别行政区规定）连续不在香港居住，即丧失以香港为永久居住地的条件，可依法注销其永久性居民身份证，不再享有香港居留权；但可依法进入香港和不受条件限制在香港居住和工作，在符合基本法第二十四条第二款有关规定的条件时可成为香港特别行政区永久性居民。

六、基本法第二十四条第二款第（五）项规定的非中国籍人在香港所生的未满21周岁子女，在本人出生时或出生后，其父母双方或一方须是根据基本法第二十四条第二款第（四）项取得香港永久性居民身份的人。上述具有香港永久性居民身份的子女在年满21周岁后，在符合基本法第二十四条第二款的其他有关规定的条件时可享有香港永久性居民身份。

七、对在香港特别行政区成立以前持有香港永久性居民身份证并享有香港居留权的人，作如下安排：

1. 在香港出生或在香港通常居住连续满7年的中国公民，其所持有的香港永久性居民身份证在1997年7月1日后继续有效，享有香港特别行政区居留权。

2. 香港特别行政区成立前具有香港永久性居民身份的人，移民海外后在1997年6月30日前以外国公民身份返回香港定居，其所持有的香港永久性居民身份证在1997年7月1日后继续有效，享有香港特别行政区居留权。

3. 香港特别行政区成立前具有香港永久性居民身份的人，如其连续不在香港居住的时间已超过规定的时间限度，而在1997年7月1日后以外国公民身份返回香港定居，其所持有的香港永久性居民身份证应依法注销，不再享有香港居留权，但可依法进入香港和不受条件限制在香港居住和工作，在符合基本法第二十四条有关规定的条件时成为香港特别行政区永久性居民。

全国人民代表大会常务委员会

关于根据《中华人民共和国香港特别行政区基本法》第一百六十条处理香港原有法律的决定

（1997年2月23日第八届全国人民代表大会常务委员会第二十四次会议通过）

《中华人民共和国香港特别行政区基本法》（以下简称《基本法》）第一百六十条规定："香港特别行政区成立时，香港原有法律除由全国人民代表大会常务委员会宣布为同本法抵触者外，采用为香港特别行政区法律，如以后发现有的法律与本法抵触，可依照本法规定的程序修改或停止生效。"第八条规定："香港原有法律，即普通法、衡平法、条例、附属立法和习惯法，除同本法相抵触或经香港特别行政区的立法机关作出修改者外，予以保留。"第八届全国人民代表大会常务委员会第二十四次会议根据上述规定，审议了香港特别行政区筹备委员会关于处理香港原有法律问题的建议，决定如下：

一、香港原有法律，包括普通法、衡平法、条例、附属立法和习惯法，除同《基本法》抵触者外，采用为香港特别行政区法律。

二、列于本决定附件一的香港原有的条例及附属立法抵触《基本法》，不采用为香港特别行政区法律。

三、列于本决定附件二的香港原有的条例及附属立法的部分条款抵触《基本法》，抵触的部分条款不采用为香港特别行政区法律。

四、采用为香港特别行政区法律的香港原有法律，自 1997 年 7 月 1 日起，在适用时应作出必要的变更、适应、限制或例外，以符合中华人民共和国对香港恢复行使主权后香港的地位和《基本法》的有关规定，如《新界土地（豁免）条例》在适用时应符合上述原则。

除符合上述原则外，原有的条例或附属立法中：

（一）规定与香港特别行政区有关的外交事务的法律，如与在香港特别行政区实施的全国性法律不一致，应以全国性法律为准，并符合中央人民政府享有的国际权利和承担的国际义务。

（二）任何给予英国或英联邦其他国家或地区特权待遇的规定，不予保留，但有关香港与英国或英联邦其他国家或地区之间互惠性规定，不在此限。

（三）有关英国驻香港军队的权利、豁免及义务的规定，凡不抵触《基本法》和《中华人民共和国香港特别行政区驻军法》的规定者，予以保留，适用于中华人民共和国中央人民政府派驻香港特别行政区的军队。

（四）有关英文的法律效力高于中文的规定，应解释为中文和英文都是正式语文。

（五）在条款中引用的英国法律的规定，如不损害中华人民共和国的主权和不抵触《基本法》的规定，在香港特别行政区对其作出修改前，作为过渡安排，可继续参照适用。

五、在符合第四条规定的条件下，采用为香港特别行政区法律的香港原有法律，除非文意另有所指，对其中的名称或词句的解释或适用，须遵循本决定附件三所规定的替换原则。

六、采用为香港特别行政区法律的香港原有法律，如以后发现与《基本法》相抵触者，可依照《基本法》规定的程序修改或停止生效。

附件一：

香港原有法律中下列条例及附属立法抵触《基本法》，不采用为香港特别行政区法律：

1.《受托人（香港政府证券）条例》（香港法例第77章）；

2.《英国法律应用条例》（香港法例第88章）；

3.《英国以外婚姻条例》（香港法例第180章）；

4.《华人引渡条例》（香港法例第235章）；

5.《香港徽帜（保护）条例》（香港法例第315章）；

6.《国防部大臣（产业承继）条例》（香港法例第193章）；

7.《皇家香港军团条例》（香港法例第199章）；

8.《强制服役条例》（香港法例第246章）；

9.《陆军及皇家空军法律服务处条例》（香港法例第286章）；

10.《英国国籍（杂项规定）条例》（香港法例第186章）；

11.《1981年英国国籍法（相应修订）条例》（香港法例第373章）；

12.《选举规定条例》（香港法例第367章）；

13.《立法局（选举规定）条例》（香港法例第381章）；

14.《选区分界及选举事务委员会条例》（香港法例第432章）。

附件二：

香港原有法律中下列条例及附属立法的部分条款抵触《基本法》，不采用为香港特别行政区法律：

1.《人民入境条例》（香港法例第115章）第2条中有关“香港永久性居民”的定义和附表一“香港永久性居民”的规定；

2. 任何为执行在香港适用的英国国籍法所作出的规定；

3.《市政局条例》（香港法例第101章）中有关选举的规定；

4.《区域市政局条例》（香港法例第385章）中有关选举的规定；

5.《区议会条例》（香港法例第366章）中有关选举的规定；

6.《舞弊及非法行为条例》（香港法例第288章）中的附属立法A《市政局、区域市政局以及议会选举费用令》、附属立法C《立法局决议》；

7.《香港人权法案条例》（香港法例第383章）第2条第（3）款有关该条例的解释及应用目的的规定，第3条有关“对先前法例的影响”和第4条有关“日后的法例的释义”的规定；

8.《个人资料（私隐）条例》（香港法例第486章）第3条第（2）款有关该条例具有凌驾地位的规定；

9. 1992年7月17日以来对《社团条例》（香港法例第151章）的重大修改；

10. 1995年7月27日以来对《公安条例》（香港法例第245章）的重大修改。

附件三：

采用为香港特别行政区法律的香港原有法律中的名称或词句在解释或适用时一般须遵循以下替换原则：

1. 任何提及“女王陛下”、“王室”、“英国政府”及“国务大臣”等相类似名称或词句的条款，如该条款内容是关于香港土地所有权或涉及《基本法》所规定的中央管理的事务和中央与香港特别行政区的关系，则该等名称或词句应相应地解释为中央或中国的其他主管机关，其他情况下应解释为香港特别行政区政府。

2. 任何提及“女王会同枢密院”或“枢密院”的条款，如该条款内容是关于上诉权事项，则该等名称或词句应解释为香港特别行政区终审法院，其他情况下，依第1项规定处理。

3. 任何冠以“皇家”的政府机构或半官方机构的名称应删去“皇家”字样，并解释为香港特别行政区相应的机构。

4. 任何“本殖民地”的名称应解释为香港特别行政区；任何有关香港领域的表述应依照国务院颁布的香港特别行政区行政区域图作出相应解释后适用。

5. 任何“最高法院”及“高等法院”等名称或词句应相应地解释为高等法院及高等法院原讼法庭。

6. 任何“总督”、“总督会同行政局”、“布政司”、“律政司”、“首席按察司”、“政务司”、“宪制事务司”、“海关总监”及“按察司”等名称或词句应相应地解释为香港特别行政区行政长官、行政长官会同行政会议、政务司长、律政司长、终审法院首席法官或高等法院首席法官、民政事务局局长、政制事务局局长、海关关长及高等法院法官。

7. 在香港原有法律中文文本中，任何有关立法局、司法机关或行政机关及其人员的名称或词句应相应地依照《基本法》的有关规定进行解释和适用。

8. 任何提及“中华人民共和国”和“中国”等相类似名称或词句的条款，应解释为包括台湾、香港和澳门在内的中华人民共和国；任何单独或同时提及大陆、台湾、香港和澳门的名称或词句的条款，应相应地将其解释为中华人民共和国的一个组成部分。

9. 任何提及“外国”等相类似名称或词句的条款，应解释为中华人民共和国以外的任何国家或地区，或者根据该项法律或条款的内容解释为“香港特别行政区以外的任何地方”；任何提及“外籍人士”等相类似名称或词句的条款，应解释为中华人民共和国公民以外的任何人士。

10. 任何提及“本条例的条文不影响亦不得视为影响女王陛下、其储君或其继位人的权利”的规定，应解释为“本条例的条文不影响亦不得视为影响中央或香港特别行政区政府根据《基本法》和其他法律的规定所享有的权利”。

全国人民代表大会常务委员会
关于《中华人民共和国香港特别行政区基本法》附件三所列全国性法律增减的决定

（1997年7月1日第八届全国人民代表大会常务委员会第二十六次会议通过）

一、在《中华人民共和国香港特别行政区基本法》附件三中增加下列全国性法律：

1. 《中华人民共和国国旗法》；
2. 《中华人民共和国领事特权与豁免条例》；
3. 《中华人民共和国国徽法》；
4. 《中华人民共和国领海及毗连区法》；
5. 《中华人民共和国香港特别行政区驻军法》。

以上全国性法律，自1997年7月1日起由香港特别行政区公布或立法实施。

二、在《中华人民共和国香港特别行政区基本法》附件三中删去下列全国性法律：

《中央人民政府公布中华人民共和国国徽的命令》附：国徽图案、说明、使用办法。

全国人民代表大会常务委员会
关于增加《中华人民共和国香港特别行政区基本法》附件三所列全国性法律的决定

（1998 年 11 月 4 日第九届全国人民代表大会常务委员会第五次会议通过）

第九届全国人民代表大会常务委员会第五次会议决定：在《中华人民共和国香港特别行政区基本法》附件三中增加全国性法律《中华人民共和国专属经济区和大陆架法》。

全国人民代表大会常务委员会关于《中华人民共和国香港特别行政区基本法》第二十二条第四款和第二十四条第二款第（三）项的解释

（1999年6月26日第九届全国人民代表大会常务委员会第十次会议通过）

第九届全国人民代表大会常务委员会第十次会议审议了国务院《关于提请解释〈中华人民共和国香港特别行政区基本法〉第二十二条第四款和第二十四条第二款第（三）项的议案》。国务院的议案是应香港特别行政区行政长官根据《中华人民共和国香港特别行政区基本法》第四十三条和第四十八条第（二）项的有关规定提交的报告提出的。鉴于议案中提出的问题涉及香港特别行政区终审法院1999年1月29日的判决对《中华人民共和国香港特别行政区基本法》有关条款的解释，该有关条款涉及中央管理的事务和中央与香港特别行政区的关系，终审法院在判决前没有依照《中华人民共和国香港特别行政区基本法》第一百五十八条第三款的规定请全国人民代表大会常务委员会作出解释，而终审法院的解释又不符合立法原意，经征询全国人民代表大会常务委员会香港特别行政区基本法委员会的意见，全国人民代表大会常务委员会决定，根据《中华人民共和国宪法》第六十七条第（四）项和《中华人民共和国香港特别行政区基本法》第一百五十八条第一款的规定，对《中华人民共和国香港特别行政区基本法》第二十二条第四款和第二十四条第二款第（三）项的规定，作如下解释：

一、《中华人民共和国香港特别行政区基本法》第二十二条第四款关于“中国其他地区的人进入香港特别行政区须办理批准手续”的规定，是指各省、自治区、直辖市的人，包括香港永久性居民在内地所生的中国籍子女，不论以何种事由要求进入香港特别行政区，均须依照国家有关法律、行政法规的规定，向其所在地区的有关机关申请办理批准手续，并须持有有关机关制发的有效证件方能进入香港特别行政区。各省、自治区、直辖市的人，包括香港永久性居民在内地所生的中国籍子女，进入香港特别行政区，如未按国家有关法律、行政法规的规定办理相应的批准手续，是不合法的。

二、《中华人民共和国香港特别行政区基本法》第二十四条第二款前三项规定：“香港特别行政区永久性居民为：（一）在香港特别行政区成立以前或以后在香港出生的中国公民；（二）在香港特别行政区成立以前或以后在香港通常居住连续七年以上的中国公民；（三）第（一）、（二）两项所列居民在香港以外所生的中国籍子女”。其中第（三）项关于“第（一）、（二）两项所列居民在香港以外所生的中国籍子女”的规定，是指无论本人是在香港特别行政区成立以前或以后出生，在其出生时，其父母双方或一方须是符合《中华人民共和国香港特别行政区基本法》第二十四条第二款第（一）项或第（二）项规定条件的人。本解释所阐明的立法原意以及《中华人民共和国香港特别行政区基本法》第二十四条第二款其他各项的立法原意，已体现在1996年8月10日全国人民代表大会香港特别行政区筹备委员会第四次全体会议通过的《关于实施〈中华人民共和国香港特别行政区基本法〉第二十四条第二款的意见》中。

本解释公布之后，香港特别行政区法院在引用《中华人民共和国香港特别行政区基本法》有关条款时，应以本解释为准。本解释不影响香港特别行政区终审法院1999年1月29日对有关案件判决的有关诉讼当事人所获得的香港特别行政区居留权。此外，其他任何人是否符合《中华人民共和国香港特别行政区基本法》第二十四条第二款第（三）项规定的条件，均须以本解释为准。

全国人民代表大会常务委员会

关于《中华人民共和国香港特别行政区基本法》附件一第七条和附件二第三条的解释

（2004 年 4 月 6 日第十届全国人民代表大会常务委员会第八次会议通过）

第十届全国人民代表大会常务委员会第八次会议审议了委员长会议关于提请审议《全国人民代表大会常务委员会关于〈中华人民共和国香港特别行政区基本法〉附件一第七条和附件二第三条的解释（草案）》的议案。经征询全国人民代表大会常务委员会香港特别行政区基本法委员会的意见，全国人民代表大会常务委员会决定，根据《中华人民共和国宪法》第六十七条第四项和《中华人民共和国香港特别行政区基本法》第一百五十八条第一款的规定，对《中华人民共和国香港特别行政区基本法》附件一《香港特别行政区行政长官的产生办法》第七条“二〇〇七年以后各任行政长官的产生办法如需修改，须经立法会全体议员三分之二多数通过，行政长官同意，并报全国人民代表大会常务委员会批准”的规定和附件二《香港特别行政区立法会的产生办法和表决程序》第三条“二〇〇七年以后香港特别行政区立法会的产生办法和法案、议案的表决程序，如需对本附件的规定进行修改，须经立法会全体议员三分之二多数通过，行政长官同意，并报全国人民代表大会常务委员会备案”的规定，作如下解释：

一、上述两个附件中规定的“二〇〇七年以后”，含二〇〇七年。

二、上述两个附件中规定的二○○七年以后各任行政长官的产生办法、立法会的产生办法和法案、议案的表决程序“如需”修改，是指可以进行修改，也可以不进行修改。

三、上述两个附件中规定的须经立法会全体议员三分之二多数通过，行政长官同意，并报全国人民代表大会常务委员会批准或者备案，是指行政长官的产生办法和立法会的产生办法及立法会法案、议案的表决程序修改时必经的法律程序。只有经过上述程序，包括最后全国人民代表大会常务委员会依法批准或者备案，该修改方可生效。是否需要进行修改，香港特别行政区行政长官应向全国人民代表大会常务委员会提出报告，由全国人民代表大会常务委员会依照《中华人民共和国香港特别行政区基本法》第四十五条和第六十八条规定，根据香港特别行政区的实际情况和循序渐进的原则确定。修改行政长官产生办法和立法会产生办法及立法会法案、议案表决程序的法案及其修正案，应由香港特别行政区政府向立法会提出。

四、上述两个附件中规定的行政长官的产生办法、立法会的产生办法和法案、议案的表决程序如果不作修改，行政长官的产生办法仍适用附件一关于行政长官产生办法的规定；立法会的产生办法和法案、议案的表决程序仍适用附件二关于第三届立法会产生办法的规定和附件二关于法案、议案的表决程序的规定。

现予公告。

全国人民代表大会常务委员会
关于《中华人民共和国香港特别行政区基本法》第五十三条第二款的解释

（2005 年 4 月 27 日第十届全国人民代表大会常务委员会第十五次会议通过）

第十届全国人民代表大会常务委员会第十五次会议审议了国务院《关于提请解释〈中华人民共和国香港特别行政区基本法〉第五十三条第二款的议案》。根据《中华人民共和国宪法》第六十七条第四项和《中华人民共和国香港特别行政区基本法》第一百五十八条第一款的规定，并征询全国人民代表大会常务委员会香港特别行政区基本法委员会的意见，全国人民代表大会常务委员会对《中华人民共和国香港特别行政区基本法》第五十三条第二款的规定，作如下解释：

《中华人民共和国香港特别行政区基本法》第五十三条第二款中规定："行政长官缺位时，应在六个月内依本法第四十五条的规定产生新的行政长官。"其中"依本法第四十五条的规定产生新的行政长官"，既包括新的行政长官应依据《中华人民共和国香港特别行政区基本法》第四十五条规定的产生办法产生，也包括新的行政长官的任期应依据《中华人民共和国香港特别行政区基本法》第四十五条规定的产生办法确定。

《中华人民共和国香港特别行政区基本法》第四十五条第三款规定："行政长官产生的具体办法由附件一《香港特别行政区

行政长官的产生办法》规定。”附件一第一条规定：“行政长官由一个具有广泛代表性的选举委员会根据本法选出，由中央人民政府任命。”第二条规定：“选举委员会每届任期五年。”第七条规定：“二〇〇七年以后各任行政长官的产生办法如需修改，须经立法会全体议员三分之二多数通过，行政长官同意，并报全国人民代表大会常务委员会批准。”上述规定表明，二〇〇七年以前，在行政长官由任期五年的选举委员会选出的制度安排下，如出现行政长官未任满《中华人民共和国香港特别行政区基本法》第四十六条规定的五年任期导致行政长官缺位的情况，新的行政长官的任期应为原行政长官的剩余任期；二〇〇七年以后，如对上述行政长官产生办法作出修改，届时出现行政长官缺位的情况，新的行政长官的任期应根据修改后的行政长官具体产生办法确定。

现予公告。

全国人民代表大会常务委员会

关于增加《中华人民共和国香港特别行政区基本法》附件三所列全国性法律的决定

（2005 年 10 月 27 日第十届全国人民代表大会常务委员会第十八次会议通过）

第十届全国人民代表大会常务委员会第十八次会议决定：在《中华人民共和国香港特别行政区基本法》附件三中增加全国性法律《中华人民共和国外国中央银行财产司法强制措施豁免法》。

全国人民代表大会常务委员会
关于授权香港特别行政区对深圳湾口岸港方口岸区实施管辖的决定

（2006年10月31日第十届全国人民代表大会常务委员会第二十四次会议通过）

第十届全国人民代表大会常务委员会第二十三次会议审议了国务院关于提请审议授权香港特别行政区对深圳湾口岸港方口岸区实施管辖的议案，第二十四次会议审议了关于授权香港特别行政区对深圳湾口岸港方口岸区实施管辖的决定（草案）。会议认为，为了缓解内地与香港特别行政区交往日益增多带来的陆路通关压力，适应深圳市与香港特别行政区之间交通运输和便利通关的客观要求，促进内地和香港特别行政区之间的人员交流和经贸往来，推动两地经济共同发展，在深圳湾口岸内设立港方口岸区，专用于人员、交通工具、货物的通关查验，是必要的。全国人民代表大会常务委员会决定：

一、授权香港特别行政区自深圳湾口岸启用之日起，对该口岸所设港方口岸区依照香港特别行政区法律实施管辖。

香港特别行政区对深圳湾口岸港方口岸区实行禁区式管理。

二、深圳湾口岸港方口岸区的范围，由国务院规定。

三、深圳湾口岸港方口岸区土地使用期限，由国务院依照有关法律的规定确定。

全国人民代表大会常务委员会
关于《中华人民共和国香港特别行政区基本法》第十三条第一款和第十九条的解释

（2011 年 8 月 26 日第十一届全国人民代表大会常务委员会第二十二次会议通过）

第十一届全国人民代表大会常务委员会第二十二次会议审议了委员长会议关于提请审议《全国人民代表大会常务委员会关于〈中华人民共和国香港特别行政区基本法〉第十三条第一款和第十九条的解释（草案）》的议案。委员长会议的议案是应香港特别行政区终审法院依据《中华人民共和国香港特别行政区基本法》第一百五十八条第三款的规定提请全国人民代表大会常务委员会解释《中华人民共和国香港特别行政区基本法》有关规定的报告提出的。

香港特别行政区终审法院在审理一起与刚果民主共和国有关的案件时，涉及香港特别行政区是否应适用中央人民政府决定采取的国家豁免规则或政策的问题。为此，香港特别行政区终审法院依据《中华人民共和国香港特别行政区基本法》第一百五十八条第三款的规定，提请全国人民代表大会常务委员会解释如下问题：“（1）根据第十三条第一款的真正解释，中央人民政府是否有权力决定中华人民共和国的国家豁免规则或政策；（2）如有此权力的话，根据第十三条第一款和第十九条的真正解释，香港特别行政区（‘香港特区’）（包括香港特区的法院）是否：①有责任援用或实施中央人民政府根据第十三条第一款所决定的国家豁免规则或政策；或②反之，可随意偏离中央人民政府根据第十三条第一款所决定的国家豁免规则或政策，并采取一项不同的规则；(3) 中央人民政府决定国家豁免规则或政策是否属于《基本法》第十九条第三款第一句中所说的‘国防、外交等国家行为’；以及（4）香港特区成立后，第十三条第一款、第十九条和香港作为中华人民共和国的特别行政区的地位，对香港原有(即 1997 年 7 月 1 日之前）的有关国家豁免的普通法（如果这些法律与中央人民政府根据第十三条第一款所决定的国家豁免规则或政策有抵触）所带来的影响，是否令到这些普通法法律，须按照《基本法》第八条和第一百六十条及于 1997 年 2 月 23 日根据第一百六十条作出的《全国人民代表大会常务委员会的决定》的规定，在适用时作出必要的变更、适应、限制或例外，以确保关于这方面的普通法符合中央人民政府所决定的国家豁免规则或政策。”香港特别行政区终审法院上述提请解释的做法符合《中华人民共和国香港特别行政区基本法》第一百五十八条第三款的规定。

根据《中华人民共和国宪法》第六十七条第（四）项和《中华人民共和国香港特别行政区基本法》第一百五十八条的规定，并征询全国人民代表大会常务委员会香港特别行政区基本法委员会的意见，全国人民代表大会常务委员会就香港特别行政区终审法院提请解释的《中华人民共和国香港特别行政区基本法》第十三条第一款和第十九条的规定以及相关问题，作如下解释：

一、关于香港特别行政区终审法院提请解释的第（1）个问题。依照《中华人民共和国宪法》第八十九条第（九）项的规定，国务院即中央人民政府行使管理国家对外事务的职权，国家豁免规则或政策属于国家对外事务中的外交事务范畴，中央人民政府有权决定中华人民共和国的国家豁免规则或政策，在中华人民共和国领域内统一实施。基于上述，根据《中华人民共和国香港特别行政区基本法》第十三条第一款关于“中央人民政府负责管理与香港特别行政区有关的外交事务”的规定，管理与香港特别行政区有关的外交事务属于中央人民政府的权力，中央人民政府有权决定在香港特别行政区适用的国家豁免规则或政策。

二、关于香港特别行政区终审法院提请解释的第（2）个问题。依照《中华人民共和国香港特别行政区基本法》第十三条第一款和本解释第一条的规定，中央人民政府有权决定在香港特别行政区适用的国家豁免规则或政策；依照《中华人民共和国香港特别行政区基本法》第十九条和本解释第三条的规定，香港特别行政区法院对中央人民政府决定国家豁免规则或政策的行为无管辖权。因此，香港特别行政区法院在审理案件时遇有外国国家及其财产管辖豁免和执行豁免问题，须适用和实施中央人民政府决定适用于香港特别行政区的国家豁免规则或政策。基于上述，根据《中华人民共和国香港特别行政区基本法》第十三条第一款和第十九条的规定，香港特别行政区，包括香港特别行政区法院，有责任适用或实施中央人民政府决定采取的国家豁免规则或政策，不得偏离上述规则或政策，也不得采取与上述规则或政策不同的规则。

三、关于香港特别行政区终审法院提请解释的第（3）个问题。国家豁免涉及一国法院对外国国家及其财产是否拥有管辖权，外国国家及其财产在一国法院是否享有豁免，直接关系到该国的对外关系和国际权利与义务。因此，决定国家豁免规则或政策是一种涉及外交的国家行为。基于上述，《中华人民共和国香港特别行政区基本法》第十九条第三款规定的“国防、外交等国家行为”包括中央人民政府决定国家豁免规则或政策的行为。

四、关于香港特别行政区终审法院提请解释的第（4）个问题。依照《中华人民共和国香港特别行政区基本法》第八条和第一百六十条的规定，香港原有法律只有在不抵触《中华人民共和国香港特别行政区基本法》的情况下才予以保留。根据《全国人民代表大会常务委员会关于根据〈中华人民共和国香港特别行政区基本法〉第一百六十条处理香港原有法律的决定》第四条的规定，采用为香港特别行政区法律的香港原有法律，自 1997 年 7 月 1 日起，在适用时，应作出必要的变更、适应、限制或例外，以符合中华人民共和国对香港恢复行使主权后香港的地位和《基本法》的有关规定。香港特别行政区作为中华人民共和国一个享有高度自治权的地方行政区域，直辖于中央人民政府，必须执行中央人民政府决定的国家豁免规则或政策。香港原有法律中有关国家豁免的规则必须符合上述规定才能在 1997 年 7 月 1 日后继续适用。基于上述，根据《中华人民共和国香港特别行政区基本法》第十三条第一款和第十九条的规定，依照《全国人民代表大会常务委员会关于根据〈中华人民共和国香港特别行政区基本法〉第一百六十条处理香港原有法律的决定》采用为香港特别行政区法律的香港原有法律中有关国家豁免的规则，从 1997 年 7 月 1 日起，在适用时，须作出必要的变更、适应、限制或例外，以符合中央人民政府决定采取的国家豁免规则或政策。

现予公告。

全国人民代表大会常务委员会
关于《中华人民共和国香港特别行政区基本法》第一百零四条的解释

（2016年11月7日第十二届全国人民代表大会常务委员会第二十四次会议通过）

第十二届全国人民代表大会常务委员会第二十四次会议审议了委员长会议提请审议《全国人民代表大会常务委员会关于〈中华人民共和国香港特别行政区基本法〉第一百零四条的解释（草案）》的议案。经征询全国人民代表大会常务委员会香港特别行政区基本法委员会的意见，全国人民代表大会常务委员会决定，根据《中华人民共和国宪法》第六十七条第四项和《中华人民共和国香港特别行政区基本法》第一百五十八条第一款的规定，对《中华人民共和国香港特别行政区基本法》第一百零四条“香港特别行政区行政长官、主要官员、行政会议成员、立法会议员、各级法院法官和其他司法人员在就职时必须依法宣誓拥护中华人民共和国香港特别行政区基本法，效忠中华人民共和国香港特别行政区”的规定，作如下解释：

一、《中华人民共和国香港特别行政区基本法》第一百零四条规定的“拥护中华人民共和国香港特别行政区基本法，效忠中华人民共和国香港特别行政区”，既是该条规定的宣誓必须包含的法定内容，也是参选或者出任该条所列公职的法定要求和条件。

二、《中华人民共和国香港特别行政区基本法》第一百零四条规定相关公职人员"就职时必须依法宣誓"，具有以下含义：

（一）宣誓是该条所列公职人员就职的法定条件和必经程序。未进行合法有效宣誓或者拒绝宣誓，不得就任相应公职，不得行使相应职权和享受相应待遇。

（二）宣誓必须符合法定的形式和内容要求。宣誓人必须真诚、庄重地进行宣誓，必须准确、完整、庄重地宣读包括"拥护中华人民共和国香港特别行政区基本法，效忠中华人民共和国香港特别行政区"内容的法定誓言。

（三）宣誓人拒绝宣誓，即丧失就任该条所列相应公职的资格。宣誓人故意宣读与法定誓言不一致的誓言或者以任何不真诚、不庄重的方式宣誓，也属于拒绝宣誓，所作宣誓无效，宣誓人即丧失就任该条所列相应公职的资格。

（四）宣誓必须在法律规定的监誓人面前进行。监誓人负有确保宣誓合法进行的责任，对符合本解释和香港特别行政区法律规定的宣誓，应确定为有效宣誓；对不符合本解释和香港特别行政区法律规定的宣誓，应确定为无效宣誓，并不得重新安排宣誓。

三、《中华人民共和国香港特别行政区基本法》第一百零四条所规定的宣誓，是该条所列公职人员对中华人民共和国及其香港特别行政区作出的法律承诺，具有法律约束力。宣誓人必须真诚信奉并严格遵守法定誓言。宣誓人作虚假宣誓或者在宣誓之后从事违反誓言行为的，依法承担法律责任。

现予公告。

全国人民代表大会常务委员会
关于增加《中华人民共和国香港特别行政区基本法》附件三所列全国性法律的决定

（2017年11月4日第十二届全国人民代表大会常务委员会第三十次会议通过）

第十二届全国人民代表大会常务委员会第三十次会议决定：在《中华人民共和国香港特别行政区基本法》附件三中增加全国性法律《中华人民共和国国歌法》。

全国人民代表大会常务委员会
关于批准《内地与香港特别行政区关于在广深港高铁西九龙站设立口岸实施“一地两检”的合作安排》的决定

（2017 年 12 月 27 日第十二届全国人民代表大会常务委员会第三十一次会议通过）

第十二届全国人民代表大会常务委员会第三十一次会议审议了国务院关于提请审议《关于批准〈内地与香港特别行政区关于在广深港高铁西九龙站设立口岸实施“一地两检”的合作安排〉的决定（草案）》的议案。全国人民代表大会常务委员会在审议中充分考虑了香港特别行政区和内地各有关方面对广深港高铁连接口岸设置及通关查验模式的意见。

会议认为，建设广深港高铁并实现香港特别行政区与全国高铁网络的互联互通，有利于促进香港特别行政区与内地之间的人员往来和经贸活动，有利于深化香港特别行政区与内地的互利合作，有利于香港特别行政区更好地融入国家发展大局，对保持香港特别行政区长期繁荣稳定具有重要意义。为充分发挥高铁高速高效优势，使广大乘客充分享受快捷便利的服务，确保广深港高铁香港段的运输、经济和社会效益，在广深港高铁香港特别行政区西九龙站（以下简称西九龙站）实施“一地两检”，设立内地口岸区，专门用于高铁乘客及其随身物品和行李的通关查验，是必要的。

会议认为,《合作安排》符合“一国两制”方针,符合宪法和香港特别行政区基本法。根据宪法,香港特别行政区基本法授权香港特别行政区实行高度自治,包括实行单独的出入境管理制度等。香港特别行政区政府与内地有关方面就在西九龙站设立口岸并实施“一地两检”的相关问题协商作出适当安排,是香港特别行政区依法行使高度自治权的具体体现。在西九龙站设立内地口岸区,不改变香港特别行政区行政区域范围,不影响香港特别行政区依法享有的高度自治权,不减损香港特别行政区居民依法享有的权利和自由。出于在西九龙站实施“一地两检”的需要,《合作安排》对内地和香港特别行政区管辖权(包括司法管辖权)划分和法律适用作出规定,并明确西九龙站内地口岸区视为处于内地,是适当的。内地派驻西九龙站内地口岸区的机构依照内地法律履行职责,其范围严格限制在内地口岸区之内,不同于香港特别行政区基本法第十八条规定的将全国性法律在整个香港特别行政区实施的情况。西九龙站内地口岸区场地使用权的取得、期限和费用由香港特别行政区政府与内地有关机构签订合同作出规定,符合香港特别行政区基本法第七条关于香港特别行政区土地所有权和使用管理的规定。在西九龙站实施“一地两检”,符合香港特别行政区基本法关于香港特别行政区政府应当制定适当政策促进和协调各行业发展、提供适当的经济和法律环境促进经济发展等规定,符合“一国两制”方针和香港特别行政区基本法的根本宗旨。

根据《中华人民共和国宪法》和《中华人民共和国香港特别行政区基本法》,全国人民代表大会常务委员会决定:

一、批准 2017 年 11 月 18 日广东省人民政府与香港特别行政区政府签署的《合作安排》，并确认《合作安排》符合宪法和香港特别行政区基本法。

香港特别行政区应当立法保障《合作安排》得以落实。

二、西九龙站内地口岸区的设立及具体范围，由国务院批准。

西九龙站内地口岸区自启用之日起，由内地依照内地法律和《合作安排》实施管辖，并派驻出入境边防检查机关、海关、检验检疫机构、口岸综合管理机构和铁路公安机关依法履行职责，上述机构及其人员不在西九龙站内地口岸区以外区域执法。

三、西九龙站口岸启用后，对《合作安排》如有修改，由国务院批准，并报全国人民代表大会常务委员会备案。

全国人民代表大会常务委员会

关于增加《中华人民共和国香港特别行政区基本法》附件三所列全国性法律的决定

（2020 年 6 月 30 日第十三届全国人民代表大会常务委员会第二十次会议通过）

根据《全国人民代表大会关于建立健全香港特别行政区维护国家安全的法律制度和执行机制的决定》，第十三届全国人民代表大会常务委员会第二十次会议决定：在《中华人民共和国香港特别行政区基本法》附件三中增加全国性法律《中华人民共和国香港特别行政区维护国家安全法》，并由香港特别行政区在当地公布实施。

中华人民共和国香港特别行政区
基本法附件一香港特别行政区行政长官的产生办法

（1990 年 4 月 4 日第七届全国人民代表大会第三次会议通过　2010 年 8 月 28 日第十一届全国人民代表大会常务委员会第十六次会议批准修正　2021 年 3 月 30 日第十三届全国人民代表大会常务委员会第二十七次会议修订）

一、行政长官由一个具有广泛代表性、符合香港特别行政区实际情况、体现社会整体利益的选举委员会根据本法选出，由中央人民政府任命。

二、选举委员会委员共 1500 人，由下列各界人士组成：

第一界别：工商、金融界　300 人

第二界别：专业界　300 人

第三界别：基层、劳工和宗教等界　300 人

第四界别：立法会议员、地区组织代表等界　300 人

第五界别：香港特别行政区全国人大代表、香港特别行政区全国政协委员和有关全国性团体香港成员的代表界　300 人

选举委员会委员必须由香港特别行政区永久性居民担任。

选举委员会每届任期五年。

三、选举委员会各个界别的划分及名额如下：

第一界别设十八个界别分组：工业界（第一）（17 席）、工业界（第二）（17 席）、纺织及制衣界（17 席）、商界（第一）（17 席）、商界（第二）（17 席）、商界（第三）（17 席）、金融

界（17席）、金融服务界（17席）、保险界（17席）、地产及建造界（17席）、航运交通界（17席）、进出口界（17席）、旅游界（17席）、酒店界（16席）、饮食界（16席）、批发及零售界（17席）、香港雇主联合会（15席）、中小企业界（15席）。

第二界别设十个界别分组：科技创新界（30席）、工程界（30席）、建筑测量都市规划及园境界（30席）、会计界（30席）、法律界（30席）、教育界（30席）、体育演艺文化及出版界（30席）、医学及卫生服务界（30席）、中医界（30席）、社会福利界（30席）。

第三界别设五个界别分组：渔农界（60席）、劳工界（60席）、基层社团（60席）、同乡社团（60席）、宗教界（60席）。

第四界别设五个界别分组：立法会议员（90席）、乡议局（27席）、港九分区委员会及地区扑灭罪行委员会、地区防火委员会委员的代表（76席）、"新界"分区委员会及地区扑灭罪行委员会、地区防火委员会委员的代表（80席）、内地港人团体的代表（27席）。

第五界别设两个界别分组：香港特别行政区全国人大代表和香港特别行政区全国政协委员（190席）、有关全国性团体香港成员的代表（110席）。

四、选举委员会以下列方式产生：

（一）香港特别行政区全国人大代表、香港特别行政区全国政协委员、全国人民代表大会常务委员会香港特别行政区基本法委员会香港委员、立法会议员、大学校长或者学校董事会或者校务委员会主席，以及工程界（15席）、建筑测量都市规划及园境界（15席）、教育界（5席）、医学及卫生服务界（15席）、社会福利界（15席）等界别分组的法定机构、咨询组织及相关团体负责人，是相应界别分组的选举委员会委员。

除第五界别外，香港特别行政区全国人大代表和香港特别行政区全国政协委员也可以在其有密切联系的选举委员会其他界别分组登记为委员。如果香港特别行政区全国人大代表或者香港特别行政区全国政协委员登记为选举委员会其他界别分组的委员，则其计入相应界别分组的名额，该界别分组按照本款第三项规定产生的选举委员会委员的名额相应减少。香港特别行政区全国人大代表和香港特别行政区全国政协委员登记为选举委员会有关界别分组的委员后，在该届选举委员会任期内，根据上述规定确定的选举委员会各界别分组按照本款第一、二、三项规定产生的委员的名额维持不变。

（二）宗教界界别分组的选举委员会委员由提名产生；科技创新界界别分组的部分委员（15 席）在中国科学院、中国工程院香港院士中提名产生；会计界界别分组的部分委员（15 席）在国家财政部聘任的香港会计咨询专家中提名产生；法律界界别分组的部分委员（9 席）在中国法学会香港理事中提名产生；体育演艺文化及出版界界别分组的部分委员（15 席）由中国香港体育协会暨奥林匹克委员会、中国文学艺术界联合会香港会员总会和香港出版总会分别提名产生；中医界界别分组的部分委员（15 席）在世界中医药学会联合会香港理事中提名产生；内地港人团体的代表界别分组的委员（27 席）由各内地港人团体提名产生。

（三）除本款第一、二项规定的选举委员会委员外，其他委员由相应界别分组的合资格团体选民选出。各界别分组的合资格团体选民由法律规定的具有代表性的机构、组织、团体或企业构成。除香港特别行政区选举法列明者外，有关团体和企业须获得其所在界别分组相应资格后持续运作三年以上方可成为该界别分组选民。第四界别的乡议局、港九分区委员会及地区扑灭罪行委员会、地区防火委员会委员的代表、“新界”分区委员会及地区扑灭罪行委员会、地区防火委员会委员的代表和第五界别的有关全国性团体香港成员的代表等界别分组的选举委员会委员，可由个人选民选出。选举委员会委员候选人须获得其所在界别分组 5 个选民的提名。每个选民可提名不超过其所在界别分组选举委员会委员名额的候选人。选举委员会各界别分组选民根据提名的名单，以无记名投票选举产生该界别分组的选举委员会委员。

上款规定涉及的选举委员会委员的具体产生办法，包括有关界别分组的法定机构、咨询组织、相关团体和合资格团体选民的界定、候选人提名办法、投票办法等，由香港特别行政区以选举法规定。

五、选举委员会设召集人制度，负责必要时召集选举委员会会议，办理有关事宜。总召集人由担任国家领导职务的选举委员会委员担任，总召集人在选举委员会每个界别各指定若干名召集人。

六、行政长官候选人须获得不少于 188 名选举委员会委员的提名，且上述五个界别中每个界别参与提名的委员须不少于 15 名。每名选举委员会委员只可提出一名候选人。

七、选举委员会根据提名的名单，经一人一票无记名投票选出行政长官候任人，行政长官候任人须获得超过 750 票。具体选举办法由香港特别行政区以选举法规定。

八、香港特别行政区候选人资格审查委员会负责审查并确认选举委员会委员候选人和行政长官候选人的资格。香港特别行政区维护国家安全委员会根据香港特别行政区政府警务处维护国家安全部门的审查情况，就选举委员会委员候选人和行政长官候选人是否符合拥护中华人民共和国香港特别行政区基本法、效忠中华人民共和国香港特别行政区的法定要求和条件作出判断，并就不符合上述法定要求和条件者向香港特别行政区候选人资格审查委员会出具审查意见书。

对香港特别行政区候选人资格审查委员会根据香港特别行政区维护国家安全委员会的审查意见书作出的选举委员会委员候选人和行政长官候选人资格确认的决定，不得提起诉讼。

九、香港特别行政区应当采取措施，依法规管操纵、破坏选举的行为。

十、全国人民代表大会常务委员会依法行使本办法的修改权。全国人民代表大会常务委员会作出修改前，以适当形式听取香港社会各界意见。

十一、依据本办法产生的选举委员会任期开始时，依据原办法产生的选举委员会任期即告终止。

十二、本办法自2021年3月31日起施行。原附件一及有关修正案不再施行。

中华人民共和国香港特别行政区基本法附件二香港特别行政区立法会的产生办法和表决程序

（1990 年 4 月 4 日第七届全国人民代表大会第三次会议通过 2010 年 8 月 28 日第十一届全国人民代表大会常务委员会第十六次会议备案修正 2021 年 3 月 30 日第十三届全国人民代表大会常务委员会第二十七次会议修订）

一、香港特别行政区立法会议员每届 90 人，组成如下：

选举委员会选举的议员　40 人

功能团体选举的议员　30 人

分区直接选举的议员　20 人

上述选举委员会即本法附件一规定的选举委员会。

二、选举委员会选举的议员候选人须获得不少于 10 名、不多于 20 名选举委员会委员的提名，且每个界别参与提名的委员不少于 2 名、不多于 4 名。任何合资格选民均可被提名为候选人。每名选举委员会委员只可提出一名候选人。

选举委员会根据提名的名单进行无记名投票，每一选票所选的人数等于应选议员名额的有效，得票多的 40 名候选人当选。

三、功能团体选举设以下二十八个界别：渔农界、乡议局、工业界（第一）、工业界（第二）、纺织及制衣界、商界（第一）、商界（第二）、商界（第三）、金融界、金融服务界、保险界、地产及建造界、航运交通界、进出口界、旅游界、饮食界、批发及零售界、科技创新界、工程界、建筑测量都市规划及园境界、会计界、法律界、教育界、体育演艺文化及出版界、医疗卫生界、社会福利界、劳工界、香港特别行政区全国人大代表香港特别行政区全国政协委员及有关全国性团体代表界。其中，劳工界选举产生三名议员，其他界别各选举产生一名议员。

乡议局、工程界、建筑测量都市规划及园境界、会计界、法律界、教育界、医疗卫生界、社会福利界、香港特别行政区全国人大代表香港特别行政区全国政协委员及有关全国性团体代表界等界别的议员，由个人选民选出。其他界别的议员由合资格团体选民选举产生，各界别的合资格团体选民由法律规定的具有代表性的机构、组织、团体或企业构成。除香港特别行政区选举法列明者外，有关团体和企业须获得其所在界别相应资格后持续运作三年以上方可成为该界别选民。

候选人须获得所在界别不少于 10 个、不多于 20 个选民和选举委员会每个界别不少于 2 名、不多于 4 名委员的提名。每名选举委员会委员在功能团体选举中只可提出一名候选人。

各界别选民根据提名的名单，以无记名投票选举产生该界别立法会议员。

各界别有关法定团体的划分、合资格团体选民的界定、选举办法由香港特别行政区以选举法规定。

四、分区直接选举设立十个选区，每个选区选举产生两名议员。

候选人须获得所在选区不少于 100 个、不多于 200 个选民和选举委员会每个界别不少于 2 名、不多于 4 名委员的提名。每名选举委员会委员在分区直接选举中只可提出一名候选人。

选民根据提名的名单以无记名投票选择一名候选人，得票多的两名候选人当选。

选区划分、投票办法由香港特别行政区以选举法规定。

五、香港特别行政区候选人资格审查委员会负责审查并确认立法会议员候选人的资格。香港特别行政区维护国家安全委员会根据香港特别行政区政府警务处维护国家安全部门的审查情况，就立法会议员候选人是否符合拥护中华人民共和国香港特别行政区基本法、效忠中华人民共和国香港特别行政区的法定要求和条件作出判断，并就不符合上述法定要求和条件者向香港特别行政区候选人资格审查委员会出具审查意见书。

对香港特别行政区候选人资格审查委员会根据香港特别行政区维护国家安全委员会的审查意见书作出的立法会议员候选人资格确认的决定，不得提起诉讼。

六、香港特别行政区应当采取措施，依法规管操纵、破坏选举的行为。

七、除本法另有规定外，香港特别行政区立法会对法案和议案的表决采取下列程序：

政府提出的法案，如获得出席会议的全体议员的过半数票，即为通过。

立法会议员个人提出的议案、法案和对政府法案的修正案均须分别经选举委员会选举产生的议员和功能团体选举、分区直接选举产生的议员两部分出席会议议员各过半数通过。

八、全国人民代表大会常务委员会依法行使本办法和法案、议案的表决程序的修改权。全国人民代表大会常务委员会作出修改前，以适当形式听取香港社会各界意见。

九、本办法和法案、议案的表决程序自 2021 年 3 月 31 日起施行。原附件二及有关修正案不再施行。

中华人民共和国澳门特别行政区基本法

（1993年3月31日第八届全国人民代表大会第一次会议通过
1993年3月31日中华人民共和国主席令第三号公布
自1999年12月20日起实施）

目　录

序　言

澳门，包括澳门半岛、氹仔岛和路环岛，自古以来就是中国的领土，十六世纪中叶以后被葡萄牙逐步占领。一九八七年四月十三日，中葡两国政府签署了关于澳门问题的联合声明，确认中华人民共和国政府于一九九九年十二月二十日恢复对澳门行使主权，从而实现了长期以来中国人民收回澳门的共同愿望。

为了维护国家的统一和领土完整，有利于澳门的社会稳定和经济发展，考虑到澳门的历史和现实情况，国家决定，在对澳门恢复行使主权时，根据中华人民共和国宪法第三十一条的规定，设立澳门特别行政区，并按照“一个国家，两种制度”的方针，不在澳门实行社会主义的制度和政策。国家对澳门的基本方针政策，已由中国政府在中葡联合声明中予以阐明。

根据中华人民共和国宪法，全国人民代表大会特制定中华人民共和国澳门特别行政区基本法，规定澳门特别行政区实行的制度，以保障国家对澳门的基本方针政策的实施。

第一章　总　则

第一条　澳门特别行政区是中华人民共和国不可分离的部分。

第二条　中华人民共和国全国人民代表大会授权澳门特别行政区依照本法的规定实行高度自治，享有行政管理权、立法权、独立的司法权和终审权。

第三条　澳门特别行政区的行政机关和立法机关由澳门特别行政区永久性居民依照本法有关规定组成。

第四条　澳门特别行政区依法保障澳门特别行政区居民和其他人的权利和自由。

第五条　澳门特别行政区不实行社会主义的制度和政策，保持原有的资本主义制度和生活方式，五十年不变。

第六条　澳门特别行政区以法律保护私有财产权。

第七条　澳门特别行政区境内的土地和自然资源，除在澳门特别行政区成立前已依法确认的私有土地外，属于国家所有，由澳门特别行政区政府负责管理、使用、开发、出租或批给个人、法人使用或开发，其收入全部归澳门特别行政区政府支配。

第八条　澳门原有的法律、法令、行政法规和其他规范性文件，除同本法相抵触或经澳门特别行政区的立法机关或其他有关机关依照法定程序作出修改者外，予以保留。

第九条　澳门特别行政区的行政机关、立法机关和司法机关，除使用中文外，还可使用葡文，葡文也是正式语文。

第十条　澳门特别行政区除悬挂和使用中华人民共和国国旗和国徽外，还可悬挂和使用澳门特别行政区区旗和区徽。

澳门特别行政区的区旗是绘有五星、莲花、大桥、海水图案的绿色旗帜。

澳门特别行政区的区徽，中间是五星、莲花、大桥、海水，周围写有“中华人民共和国澳门特别行政区”和葡文“澳门”。

第十一条　根据中华人民共和国宪法第三十一条，澳门特别行政区的制度和政策，包括社会、经济制度，有关保障居民的基本权利和自由的制度，行政管理、立法和司法方面的制度，以及有关政策，均以本法的规定为依据。

澳门特别行政区的任何法律、法令、行政法规和其他规范性文件均不得同本法相抵触。

第二章　中央和澳门特别行政区的关系

第十二条　澳门特别行政区是中华人民共和国的一个享有高度自治权的地方行政区域，直辖于中央人民政府。

第十三条　中央人民政府负责管理与澳门特别行政区有关的外交事务。

中华人民共和国外交部在澳门设立机构处理外交事务。

中央人民政府授权澳门特别行政区依照本法自行处理有关的对外事务。

第十四条　中央人民政府负责管理澳门特别行政区的防务。

澳门特别行政区政府负责维持澳门特别行政区的社会治安。

第十五条　中央人民政府依照本法有关规定任免澳门特别行政区行政长官、政府主要官员和检察长。

第十六条　澳门特别行政区享有行政管理权，依照本法有关规定自行处理澳门特别行政区的行政事务。

第十七条　澳门特别行政区享有立法权。

澳门特别行政区的立法机关制定的法律须报全国人民代表大会常务委员会备案。备案不影响该法律的生效。

全国人民代表大会常务委员会在征询其所属的澳门特别行政区基本法委员会的意见后，如认为澳门特别行政区立法机关制定的任何法律不符合本法关于中央管理的事务及中央和澳门特别行政区关系的条款，可将有关法律发回，但不作修改。经全国人民代表大会常务委员会发回的法律立即失效。该法律的失效，除澳门特别行政区的法律另有规定外，无溯及力。

第十八条　在澳门特别行政区实行的法律为本法以及本法第八条规定的澳门原有法律和澳门特别行政区立法机关制定的法律。

全国性法律除列于本法附件三者外，不在澳门特别行政区实施。凡列于本法附件三的法律，由澳门特别行政区在当地公布或立法实施。

全国人民代表大会常务委员会在征询其所属的澳门特别行政区基本法委员会和澳门特别行政区政府的意见后，可对列于本法附件三的法律作出增减。列入附件三的法律应限于有关国防、外交和其他依照本法规定不属于澳门特别行政区自治范围的法律。

在全国人民代表大会常务委员会决定宣布战争状态或因澳门特别行政区内发生澳门特别行政区政府不能控制的危及国家统一或安全的动乱而决定澳门特别行政区进入紧急状态时，中央人民政府可发布命令将有关全国性法律在澳门特别行政区实施。

第十九条　澳门特别行政区享有独立的司法权和终审权。

澳门特别行政区法院除继续保持澳门原有法律制度和原则对法院审判权所作的限制外，对澳门特别行政区所有的案件均有审判权。

澳门特别行政区法院对国防、外交等国家行为无管辖权。澳门特别行政区法院在审理案件中遇有涉及国防、外交等国家行为的事实问题，应取得行政长官就该等问题发出的证明文件，上述文件对法院有约束力。行政长官在发出证明文件前，须取得中央人民政府的证明书。

第二十条 澳门特别行政区可享有全国人民代表大会、全国人民代表大会常务委员会或中央人民政府授予的其他权力。

第二十一条 澳门特别行政区居民中的中国公民依法参与国家事务的管理。

根据全国人民代表大会确定的代表名额和代表产生办法，由澳门特别行政区居民中的中国公民在澳门选出澳门特别行政区的全国人民代表大会代表，参加最高国家权力机关的工作。

第二十二条 中央人民政府所属各部门、各省、自治区、直辖市均不得干预澳门特别行政区依照本法自行管理的事务。

中央各部门、各省、自治区、直辖市如需在澳门特别行政区设立机构，须征得澳门特别行政区政府同意并经中央人民政府批准。

中央各部门、各省、自治区、直辖市在澳门特别行政区设立的一切机构及其人员均须遵守澳门特别行政区的法律。

各省、自治区、直辖市的人进入澳门特别行政区须办理批准手续，其中进入澳门特别行政区定居的人数由中央人民政府主管部门征求澳门特别行政区政府的意见后确定。

澳门特别行政区可在北京设立办事机构。

第二十三条 澳门特别行政区应自行立法禁止任何叛国、分裂国家、煽动叛乱、颠覆中央人民政府及窃取国家机密的行为，禁止外国的政治性组织或团体在澳门特别行政区进行政治活动，禁止澳门特别行政区的政治性组织或团体与外国的政治性组织或团体建立联系。

第三章　居民的基本权利和义务

第二十四条　澳门特别行政区居民，简称澳门居民，包括永久性居民和非永久性居民。

澳门特别行政区永久性居民为：

（一）在澳门特别行政区成立以前或以后在澳门出生的中国公民及其在澳门以外所生的中国籍子女；

（二）在澳门特别行政区成立以前或以后在澳门通常居住连续七年以上的中国公民及在其成为永久性居民后在澳门以外所生的中国籍子女；

（三）在澳门特别行政区成立以前或以后在澳门出生并以澳门为永久居住地的葡萄牙人；

（四）在澳门特别行政区成立以前或以后在澳门通常居住连续七年以上并以澳门为永久居住地的葡萄牙人；

（五）在澳门特别行政区成立以前或以后在澳门通常居住连续七年以上并以澳门为永久居住地的其他人；

（六）第（五）项所列永久性居民在澳门特别行政区成立以前或以后在澳门出生的未满十八周岁的子女。

以上居民在澳门特别行政区享有居留权并有资格领取澳门特别行政区永久性居民身份证。

澳门特别行政区非永久性居民为：有资格依照澳门特别行政区法律领取澳门居民身份证，但没有居留权的人。

第二十五条　澳门居民在法律面前一律平等，不因国籍、血统、种族、性别、语言、宗教、政治或思想信仰、文化程度、经济状况或社会条件而受到歧视。

第二十六条 澳门特别行政区永久性居民依法享有选举权和被选举权。

第二十七条 澳门居民享有言论、新闻、出版的自由，结社、集会、游行、示威的自由，组织和参加工会、罢工的权利和自由。

第二十八条 澳门居民的人身自由不受侵犯。

澳门居民不受任意或非法的逮捕、拘留、监禁。对任意或非法的拘留、监禁，居民有权向法院申请颁发人身保护令。

禁止非法搜查居民的身体、剥夺或者限制居民的人身自由。

禁止对居民施行酷刑或予以非人道的对待。

第二十九条 澳门居民除其行为依照当时法律明文规定为犯罪和应受惩处外，不受刑罚处罚。

澳门居民在被指控犯罪时，享有尽早接受法院审判的权利，在法院判罪之前均假定无罪。

第三十条 澳门居民的人格尊严不受侵犯。禁止用任何方法对居民进行侮辱、诽谤和诬告陷害。

澳门居民享有个人的名誉权、私人生活和家庭生活的隐私权。

第三十一条 澳门居民的住宅和其他房屋不受侵犯。禁止任意或非法搜查、侵入居民的住宅和其他房屋。

第三十二条 澳门居民的通讯自由和通讯秘密受法律保护。除因公共安全和追查刑事犯罪的需要，由有关机关依照法律规定对通讯进行检查外，任何部门或个人不得以任何理由侵犯居民的通讯自由和通讯秘密。

第三十三条 澳门居民有在澳门特别行政区境内迁徙的自由，有移居其他国家和地区的自由。澳门居民有旅行和出入境的自由，有依照法律取得各种旅行证件的权利。有效旅行证件持有人，除非受到法律制止，可自由离开澳门特别行政区，无需特别批准。

第三十四条 澳门居民有信仰的自由。

澳门居民有宗教信仰的自由，有公开传教和举行、参加宗教活动的自由。

第三十五条 澳门居民有选择职业和工作的自由。

第三十六条 澳门居民有权诉诸法律，向法院提起诉讼，得到律师的帮助以保护自己的合法权益，以及获得司法补救。

澳门居民有权对行政部门和行政人员的行为向法院提起诉讼。

第三十七条 澳门居民有从事教育、学术研究、文学艺术创作和其他文化活动的自由。

第三十八条 澳门居民的婚姻自由、成立家庭和自愿生育的权利受法律保护。

妇女的合法权益受澳门特别行政区的保护。

未成年人、老年人和残疾人受澳门特别行政区的关怀和保护。

第三十九条 澳门居民有依法享受社会福利的权利。劳工的福利待遇和退休保障受法律保护。

第四十条 《公民权利和政治权利国际公约》、《经济、社会与文化权利的国际公约》和国际劳工公约适用于澳门的有关规定继续有效，通过澳门特别行政区的法律予以实施。

澳门居民享有的权利和自由，除依法规定外不得限制，此种限制不得与本条第一款规定抵触。

第四十一条 澳门居民享有澳门特别行政区法律保障的其他

权利和自由。

第四十二条 在澳门的葡萄牙后裔居民的利益依法受澳门特别行政区的保护，他们的习俗和文化传统应受尊重。

第四十三条 在澳门特别行政区境内的澳门居民以外的其他人，依法享有本章规定的澳门居民的权利和自由。

第四十四条 澳门居民和在澳门的其他人有遵守澳门特别行政区实行的法律的义务。

第四章 政治体制

第一节 行政长官

第四十五条 澳门特别行政区行政长官是澳门特别行政区的首长，代表澳门特别行政区。

澳门特别行政区行政长官依照本法规定对中央人民政府和澳门特别行政区负责。

第四十六条 澳门特别行政区行政长官由年满四十周岁，在澳门通常居住连续满二十年的澳门特别行政区永久性居民中的中国公民担任。

第四十七条 澳门特别行政区行政长官在当地通过选举或协商产生，由中央人民政府任命。

行政长官的产生办法由附件一《澳门特别行政区行政长官的产生办法》规定。

第四十八条 澳门特别行政区行政长官任期五年，可连任一次。

第四十九条 澳门特别行政区行政长官在任职期内不得具有外国居留权，不得从事私人赢利活动。行政长官就任时应向澳门特别行政区终审法院院长申报财产，记录在案。

第五十条 澳门特别行政区行政长官行使下列职权：

（一）领导澳门特别行政区政府；

（二）负责执行本法和依照本法适用于澳门特别行政区的其他法律；

（三）签署立法会通过的法案，公布法律；

签署立法会通过的财政预算案，将财政预算、决算报中央人民政府备案；

（四）决定政府政策，发布行政命令；

（五）制定行政法规并颁布执行；

（六）提名并报请中央人民政府任命下列主要官员：各司司长、廉政专员、审计长、警察部门主要负责人和海关主要负责人；建议中央人民政府免除上述官员职务；

（七）委任部分立法会议员；

（八）任免行政会委员；

（九）依照法定程序任免各级法院院长和法官，任免检察官；

（十）依照法定程序提名并报请中央人民政府任命检察长，建议中央人民政府免除检察长的职务；

（十一）依照法定程序任免公职人员；

（十二）执行中央人民政府就本法规定的有关事务发出的指令；

（十三）代表澳门特别行政区政府处理中央授权的对外事务和其他事务；

（十四）批准向立法会提出有关财政收入或支出的动议；

（十五）根据国家和澳门特别行政区的安全或重大公共利益的需要，决定政府官员或其他负责政府公务的人员是否向立法会或其所属的委员会作证和提供证据；

（十六）依法颁授澳门特别行政区奖章和荣誉称号；

（十七）依法赦免或减轻刑事罪犯的刑罚；

（十八）处理请愿、申诉事项。

第五十一条 澳门特别行政区行政长官如认为立法会通过的法案不符合澳门特别行政区的整体利益，可在九十日内提出书面理由并将法案发回立法会重议。立法会如以不少于全体议员三分之二多数再次通过原案，行政长官必须在三十日内签署公布或依照本法第五十二条的规定处理。

第五十二条 澳门特别行政区行政长官遇有下列情况之一时，可解散立法会：

（一）行政长官拒绝签署立法会再次通过的法案；

（二）立法会拒绝通过政府提出的财政预算案或行政长官认为关系到澳门特别行政区整体利益的法案，经协商仍不能取得一致意见。

行政长官在解散立法会前，须征询行政会的意见，解散时应向公众说明理由。

行政长官在其一任任期内只能解散立法会一次。

第五十三条 澳门特别行政区行政长官在立法会未通过政府提出的财政预算案时，可按上一财政年度的开支标准批准临时短期拨款。

第五十四条 澳门特别行政区行政长官如有下列情况之一者必须辞职：

（一）因严重疾病或其他原因无力履行职务；

（二）因两次拒绝签署立法会通过的法案而解散立法会，重选的立法会仍以全体议员三分之二多数通过所争议的原案，而行政长官在三十日内拒绝签署；

（三）因立法会拒绝通过财政预算案或关系到澳门特别行政区整体利益的法案而解散立法会，重选的立法会仍拒绝通过所争议的原案。

第五十五条　澳门特别行政区行政长官短期不能履行职务时，由各司司长按各司的排列顺序临时代理其职务。各司的排列顺序由法律规定。

行政长官出缺时，应在一百二十日内依照本法第四十七条的规定产生新的行政长官。行政长官出缺期间的职务代理，依照本条第一款规定办理，并报中央人民政府批准。代理行政长官应遵守本法第四十九条的规定。

第五十六条　澳门特别行政区行政会是协助行政长官决策的机构。

第五十七条　澳门特别行政区行政会的委员由行政长官从政府主要官员、立法会议员和社会人士中委任，其任免由行政长官决定。行政会委员的任期不超过委任他的行政长官的任期，但在新的行政长官就任前，原行政会委员暂时留任。

澳门特别行政区行政会委员由澳门特别行政区永久性居民中的中国公民担任。

行政会委员的人数为七至十一人。行政长官认为必要时可邀请有关人士列席行政会会议。

第五十八条　澳门特别行政区行政会由行政长官主持。行政会的会议每月至少举行一次。行政长官在作出重要决策、向立法会提交法案、制定行政法规和解散立法会前，须征询行政会的意见，但人事任免、纪律制裁和紧急情况下采取的措施除外。

行政长官如不采纳行政会多数委员的意见，应将具体理由记录在案。

第五十九条 澳门特别行政区设立廉政公署，独立工作。廉政专员对行政长官负责。

第六十条 澳门特别行政区设立审计署，独立工作。审计长对行政长官负责。

第二节 行政机关

第六十一条 澳门特别行政区政府是澳门特别行政区的行政机关。

第六十二条 澳门特别行政区政府的首长是澳门特别行政区行政长官。澳门特别行政区政府设司、局、厅、处。

第六十三条 澳门特别行政区政府的主要官员由在澳门通常居住连续满十五年的澳门特别行政区永久性居民中的中国公民担任。

澳门特别行政区主要官员就任时应向澳门特别行政区终审法院院长申报财产，记录在案。

第六十四条 澳门特别行政区政府行使下列职权：

（一）制定并执行政策；

（二）管理各项行政事务；

（三）办理本法规定的中央人民政府授权的对外事务；

（四）编制并提出财政预算、决算；

（五）提出法案、议案，草拟行政法规；

（六）委派官员列席立法会会议听取意见或代表政府发言。

第六十五条 澳门特别行政区政府必须遵守法律，对澳门特别行政区立法会负责：执行立法会通过并已生效的法律；定期向立法会作施政报告；答复立法会议员的质询。

第六十六条 澳门特别行政区行政机关可根据需要设立咨询

组织。

第三节　立法机关

第六十七条　澳门特别行政区立法会是澳门特别行政区的立法机关。

第六十八条　澳门特别行政区立法会议员由澳门特别行政区永久性居民担任。

立法会多数议员由选举产生。

立法会的产生办法由附件二《澳门特别行政区立法会的产生办法》规定。

立法会议员就任时应依法申报经济状况。

第六十九条　澳门特别行政区立法会除第一届另有规定外，每届任期四年。

第七十条　澳门特别行政区立法会如经行政长官依照本法规定解散，须于九十日内依照本法第六十八条的规定重新产生。

第七十一条　澳门特别行政区立法会行使下列职权：

（一）依照本法规定和法定程序制定、修改、暂停实施和废除法律；

（二）审核、通过政府提出的财政预算案；审议政府提出的预算执行情况报告；

（三）根据政府提案决定税收，批准由政府承担的债务；

（四）听取行政长官的施政报告并进行辩论；

（五）就公共利益问题进行辩论；

（六）接受澳门居民申诉并作出处理；

（七）如立法会全体议员三分之一联合动议，指控行政长官有严重违法或渎职行为而不辞职，经立法会通过决议，可委托终审法院院长负责组成独立的调查委员会进行调查。调查委员会如认为有足够证据构成上述指控，立法会以全体议员三分之二多数通过，可提出弹劾案，报请中央人民政府决定；

（八）在行使上述各项职权时，如有需要，可传召和要求有关人士作证和提供证据。

第七十二条 澳门特别行政区立法会设主席、副主席各一人。主席、副主席由立法会议员互选产生。

澳门特别行政区立法会主席、副主席由在澳门通常居住连续满十五年的澳门特别行政区永久性居民中的中国公民担任。

第七十三条 澳门特别行政区立法会主席缺席时由副主席代理。

澳门特别行政区立法会主席或副主席出缺时，另行选举。

第七十四条 澳门特别行政区立法会主席行使下列职权：

（一）主持会议；

（二）决定议程，应行政长官的要求将政府提出的议案优先列入议程；

（三）决定开会日期；

（四）在休会期间可召开特别会议；

（五）召开紧急会议或应行政长官的要求召开紧急会议；

（六）立法会议事规则所规定的其他职权。

第七十五条 澳门特别行政区立法会议员依照本法规定和法定程序提出议案。凡不涉及公共收支、政治体制或政府运作的议案，可由立法会议员个别或联名提出。凡涉及政府政策的议案，在提出前必须得到行政长官的书面同意。

第七十六条 澳门特别行政区立法会议员有权依照法定程序对政府的工作提出质询。

第七十七条 澳门特别行政区立法会举行会议的法定人数为

不少于全体议员的二分之一。除本法另有规定外，立法会的法案、议案由全体议员过半数通过。

立法会议事规则由立法会自行制定，但不得与本法相抵触。

第七十八条　澳门特别行政区立法会通过的法案，须经行政长官签署、公布，方能生效。

第七十九条　澳门特别行政区立法会议员在立法会会议上的发言和表决，不受法律追究。

第八十条　澳门特别行政区立法会议员非经立法会许可不受逮捕，但现行犯不在此限。

第八十一条　澳门特别行政区立法会议员如有下列情况之一，经立法会决定，即丧失其立法会议员的资格：

（一）因严重疾病或其他原因无力履行职务；

（二）担任法律规定不得兼任的职务；

（三）未得到立法会主席同意，连续五次或间断十五次缺席会议而无合理解释；

（四）违反立法会议员誓言；

（五）在澳门特别行政区区内或区外犯有刑事罪行，被判处监禁三十日以上。

第四节　司法机关

第八十二条　澳门特别行政区法院行使审判权。

第八十三条　澳门特别行政区法院独立进行审判，只服从法律，不受任何干涉。

第八十四条　澳门特别行政区设立初级法院、中级法院和终审法院。

澳门特别行政区终审权属于澳门特别行政区终审法院。

澳门特别行政区法院的组织、职权和运作由法律规定。

第八十五条 澳门特别行政区初级法院可根据需要设立若干专门法庭。

原刑事起诉法庭的制度继续保留。

第八十六条 澳门特别行政区设立行政法院。行政法院是管辖行政诉讼和税务诉讼的法院。不服行政法院裁决者，可向中级法院上诉。

第八十七条 澳门特别行政区各级法院的法官，根据当地法官、律师和知名人士组成的独立委员会的推荐，由行政长官任命。法官的选用以其专业资格为标准，符合标准的外籍法官也可聘用。

法官只有在无力履行其职责或行为与其所任职务不相称的情况下，行政长官才可根据终审法院院长任命的不少于三名当地法官组成的审议庭的建议，予以免职。

终审法院法官的免职由行政长官根据澳门特别行政区立法会议员组成的审议委员会的建议决定。

终审法院法官的任命和免职须报全国人民代表大会常务委员会备案。

第八十八条 澳门特别行政区各级法院的院长由行政长官从法官中选任。

终审法院院长由澳门特别行政区永久性居民中的中国公民担任。

终审法院院长的任命和免职须报全国人民代表大会常务委员会备案。

第八十九条 澳门特别行政区法官依法进行审判，不听从任何命令或指示，但本法第十九条第三款规定的情况除外。

法官履行审判职责的行为不受法律追究。

法官在任职期间，不得兼任其他公职或任何私人职务，也不得在政治性团体中担任任何职务。

第九十条　澳门特别行政区检察院独立行使法律赋予的检察职能，不受任何干涉。

澳门特别行政区检察长由澳门特别行政区永久性居民中的中国公民担任，由行政长官提名，报中央人民政府任命。

检察官经检察长提名，由行政长官任命。

检察院的组织、职权和运作由法律规定。

第九十一条　原在澳门实行的司法辅助人员的任免制度予以保留。

第九十二条　澳门特别行政区政府可参照原在澳门实行的办法，作出有关当地和外来的律师在澳门特别行政区执业的规定。

第九十三条　澳门特别行政区可与全国其他地区的司法机关通过协商依法进行司法方面的联系和相互提供协助。

第九十四条　在中央人民政府协助和授权下，澳门特别行政区可与外国就司法互助关系作出适当安排。

第五节　市政机构

第九十五条　澳门特别行政区可设立非政权性的市政机构。市政机构受政府委托为居民提供文化、康乐、环境卫生等方面的服务，并就有关上述事务向澳门特别行政区政府提供咨询意见。

第九十六条　市政机构的职权和组成由法律规定。

第六节　公务人员

第九十七条　澳门特别行政区的公务人员必须是澳门特别行政区永久性居民。本法第九十八条和九十九条规定的公务人员，以及澳门特别行政区聘用的某些专业技术人员和初级公务人员除外。

第九十八条 澳门特别行政区成立时，原在澳门任职的公务人员，包括警务人员和司法辅助人员，均可留用，继续工作，其薪金、津贴、福利待遇不低于原来的标准，原来享有的年资予以保留。

依照澳门原有法律享有退休金和赡养费待遇的留用公务人员，在澳门特别行政区成立后退休的，不论其所属国籍或居住地点，澳门特别行政区向他们或其家属支付不低于原来标准的应得的退休金和赡养费。

第九十九条 澳门特别行政区可任用原澳门公务人员中的或持有澳门特别行政区永久性居民身份证的葡籍和其他外籍人士担任各级公务人员，但本法另有规定者除外。

澳门特别行政区有关部门还可聘请葡籍和其他外籍人士担任顾问和专业技术职务。

上述人员只能以个人身份受聘，并对澳门特别行政区负责。

第一百条 公务人员应根据其本人的资格、经验和才能予以任用和提升。澳门原有关于公务人员的录用、纪律、提升和正常晋级制度基本不变，但得根据澳门社会的发展加以改进。

第七节 宣誓效忠

第一百零一条 澳门特别行政区行政长官、主要官员、行政会委员、立法会议员、法官和检察官，必须拥护中华人民共和国澳门特别行政区基本法，尽忠职守，廉洁奉公，效忠中华人民共和国澳门特别行政区，并依法宣誓。

第一百零二条 澳门特别行政区行政长官、主要官员、立法会主席、终审法院院长、检察长在就职时，除按本法第一百零一条的规定宣誓外，还必须宣誓效忠中华人民共和国。

第五章 经 济

第一百零三条　澳门特别行政区依法保护私人和法人财产的取得、使用、处置和继承的权利，以及依法征用私人和法人财产时被征用财产的所有人得到补偿的权利。

征用财产的补偿应相当于该财产当时的实际价值，可自由兑换，不得无故迟延支付。

企业所有权和外来投资均受法律保护。

第一百零四条　澳门特别行政区保持财政独立。

澳门特别行政区财政收入全部由澳门特别行政区自行支配，不上缴中央人民政府。

中央人民政府不在澳门特别行政区征税。

第一百零五条　澳门特别行政区的财政预算以量入为出为原则，力求收支平衡，避免赤字，并与本地生产总值的增长率相适应。

第一百零六条　澳门特别行政区实行独立的税收制度。

澳门特别行政区参照原在澳门实行的低税政策，自行立法规定税种、税率、税收宽免和其他税务事项。专营税制由法律另作规定。

第一百零七条　澳门特别行政区的货币金融制度由法律规定。

澳门特别行政区政府自行制定货币金融政策，保障金融市场和各种金融机构的经营自由，并依法进行管理和监督。

第一百零八条　澳门元为澳门特别行政区的法定货币，继续流通。

澳门货币发行权属于澳门特别行政区政府。澳门货币的发行须有百分之百的准备金。澳门货币的发行制度和准备金制度，由法律规定。

澳门特别行政区政府可授权指定银行行使或继续行使发行澳门货币的代理职能。

第一百零九条 澳门特别行政区不实行外汇管制政策。澳门元自由兑换。

澳门特别行政区的外汇储备由澳门特别行政区政府依法管理和支配。

澳门特别行政区政府保障资金的流动和进出自由。

第一百一十条 澳门特别行政区保持自由港地位，除法律另有规定外，不征收关税。

第一百一十一条 澳门特别行政区实行自由贸易政策，保障货物、无形财产和资本的流动自由。

第一百一十二条 澳门特别行政区为单独的关税地区。

澳门特别行政区可以“中国澳门”的名义参加《关税和贸易总协定》、关于国际纺织品贸易安排等有关国际组织和国际贸易协定，包括优惠贸易安排。

澳门特别行政区取得的和以前取得仍继续有效的出口配额、关税优惠和其他类似安排，全由澳门特别行政区享有。

第一百一十三条 澳门特别行政区根据当时的产地规则，可对产品签发产地来源证。

第一百一十四条 澳门特别行政区依法保护工商企业的自由经营，自行制定工商业的发展政策。

澳门特别行政区改善经济环境和提供法律保障，以促进工商业的发展，鼓励投资和技术进步，并开发新产业和新市场。

第一百一十五条　澳门特别行政区根据经济发展的情况，自行制定劳工政策，完善劳工法律。

澳门特别行政区设立由政府、雇主团体、雇员团体的代表组成的咨询性的协调组织。

第一百一十六条　澳门特别行政区保持和完善原在澳门实行的航运经营和管理体制，自行制定航运政策。

澳门特别行政区经中央人民政府授权可进行船舶登记，并依照澳门特别行政区的法律以“中国澳门”的名义颁发有关证件。

除外国军用船只进入澳门特别行政区须经中央人民政府特别许可外，其他船舶可依照澳门特别行政区的法律进出其港口。

澳门特别行政区的私营的航运及与航运有关的企业和码头可继续自由经营。

第一百一十七条　澳门特别行政区政府经中央人民政府具体授权可自行制定民用航空的各项管理制度。

第一百一十八条　澳门特别行政区根据本地整体利益自行制定旅游娱乐业的政策。

第一百一十九条　澳门特别行政区政府依法实行环境保护。

第一百二十条　澳门特别行政区依法承认和保护澳门特别行政区成立前已批出或决定的年期超过一九九九年十二月十九日的合法土地契约和与土地契约有关的一切权利。

澳门特别行政区成立后新批或续批土地，按照澳门特别行政区有关的土地法律及政策处理。

第六章　文化和社会事务

第一百二十一条　澳门特别行政区政府自行制定教育政策，

包括教育体制和管理、教学语言、经费分配、考试制度、承认学历和学位等政策，推动教育的发展。

澳门特别行政区政府依法推行义务教育。

社会团体和私人可依法举办各种教育事业。

第一百二十二条 澳门原有各类学校均可继续开办。澳门特别行政区各类学校均有办学的自主性，依法享有教学自由和学术自由。

各类学校可以继续从澳门特别行政区以外招聘教职员和选用教材。学生享有选择院校和在澳门特别行政区以外求学的自由。

第一百二十三条 澳门特别行政区政府自行制定促进医疗卫生服务和发展中西医药的政策。社会团体和私人可依法提供各种医疗卫生服务。

第一百二十四条 澳门特别行政区政府自行制定科学技术政策，依法保护科学技术的研究成果、专利和发明创造。

澳门特别行政区政府自行确定适用于澳门的各类科学技术标准和规格。

第一百二十五条 澳门特别行政区政府自行制定文化政策，包括文学艺术、广播、电影、电视等政策。

澳门特别行政区政府依法保护作者的文学艺术及其他的创作成果和合法权益。

澳门特别行政区政府依法保护名胜、古迹和其他历史文物，并保护文物所有者的合法权益。

第一百二十六条 澳门特别行政区政府自行制定新闻、出版政策。

第一百二十七条 澳门特别行政区政府自行制定体育政策。民间体育团体可依法继续存在和发展。

第一百二十八条　澳门特别行政区政府根据宗教信仰自由的原则，不干预宗教组织的内部事务，不干预宗教组织和教徒同澳门以外地区的宗教组织和教徒保持及发展关系，不限制与澳门特别行政区法律没有抵触的宗教活动。

宗教组织可依法开办宗教院校和其他学校、医院和福利机构以及提供其他社会服务。宗教组织开办的学校可以继续提供宗教教育，包括开设宗教课程。

宗教组织依法享有财产的取得、使用、处置、继承以及接受捐献的权利。宗教组织在财产方面的原有权益依法受到保护。

第一百二十九条　澳门特别行政区政府自行确定专业制度，根据公平合理的原则，制定有关评审和颁授各种专业和执业资格的办法。

在澳门特别行政区成立以前已经取得专业资格和执业资格者，根据澳门特别行政区的有关规定可保留原有的资格。

澳门特别行政区政府根据有关规定承认在澳门特别行政区成立以前已被承认的专业和专业团体，并可根据社会发展需要，经咨询有关方面的意见，承认新的专业和专业团体。

第一百三十条　澳门特别行政区政府在原有社会福利制度的基础上，根据经济条件和社会需要自行制定有关社会福利的发展和改进的政策。

第一百三十一条　澳门特别行政区的社会服务团体，在不抵触法律的情况下，可以自行决定其服务方式。

第一百三十二条　澳门特别行政区政府根据需要和可能逐步改善原在澳门实行的对教育、科学、技术、文化、体育、康乐、医疗卫生、社会福利、社会工作等方面的民间组织的资助政策。

第一百三十三条　澳门特别行政区的教育、科学、技术、文化、新闻、出版、体育、康乐、专业、医疗卫生、劳工、妇女、青年、归侨、社会福利、社会工作等方面的民间团体和宗教组织同全国其他地区相应的团体和组织的关系，以互不隶属、互不干涉、互相尊重的原则为基础。

第一百三十四条 澳门特别行政区的教育、科学、技术、文化、新闻、出版、体育、康乐、专业、医疗卫生、劳工、妇女、青年、归侨、社会福利、社会工作等方面的民间团体和宗教组织可同世界各国、各地区及国际的有关团体和组织保持和发展关系，各该团体和组织可根据需要冠用“中国澳门”的名义，参与有关活动。

第七章　对外事务

第一百三十五条 澳门特别行政区政府的代表，可作为中华人民共和国政府代表团的成员，参加由中央人民政府进行的同澳门特别行政区直接有关的外交谈判。

第一百三十六条 澳门特别行政区可在经济、贸易、金融、航运、通讯、旅游、文化、科技、体育等适当领域以“中国澳门”的名义，单独地同世界各国、各地区及有关国际组织保持和发展关系，签订和履行有关协议。

第一百三十七条 对以国家为单位参加的、同澳门特别行政区有关的、适当领域的国际组织和国际会议，澳门特别行政区政府可派遣代表作为中华人民共和国代表团的成员或以中央人民政府和上述有关国际组织或国际会议允许的身份参加，并以“中国澳门”的名义发表意见。

澳门特别行政区可以“中国澳门”的名义参加不以国家为单

位参加的国际组织和国际会议。

对中华人民共和国已参加而澳门也以某种形式参加的国际组织，中央人民政府将根据情况和澳门特别行政区的需要采取措施，使澳门特别行政区以适当形式继续保持在这些组织中的地位。

对中华人民共和国尚未参加而澳门已以某种形式参加的国际组织，中央人民政府将根据情况和需要使澳门特别行政区以适当形式继续参加这些组织。

第一百三十八条　中华人民共和国缔结的国际协议，中央人民政府可根据情况和澳门特别行政区的需要，在征询澳门特别行政区政府的意见后，决定是否适用于澳门特别行政区。

中华人民共和国尚未参加但已适用于澳门的国际协议仍可继续适用。中央人民政府根据情况和需要授权或协助澳门特别行政区政府作出适当安排，使其他与其有关的国际协议适用于澳门特别行政区。

第一百三十九条　中央人民政府授权澳门特别行政区政府依照法律给持有澳门特别行政区永久性居民身份证的中国公民签发中华人民共和国澳门特别行政区护照，给在澳门特别行政区的其他合法居留者签发中华人民共和国澳门特别行政区的其他旅行证件。上述护照和旅行证件，前往各国和各地区有效，并载明持有人有返回澳门特别行政区的权利。

对世界各国或各地区的人入境、逗留和离境，澳门特别行政区政府可实行出入境管制。

第一百四十条　中央人民政府协助或授权澳门特别行政区政府同有关国家和地区谈判和签订互免签证协议。

第一百四十一条　澳门特别行政区可根据需要在外国设立官

方或半官方的经济和贸易机构，报中央人民政府备案。

第一百四十二条 外国在澳门特别行政区设立领事机构或其他官方、半官方机构，须经中央人民政府批准。

已同中华人民共和国建立正式外交关系的国家在澳门设立的领事机构和其他官方机构，可予保留。

尚未同中华人民共和国建立正式外交关系的国家在澳门设立的领事机构和其他官方机构，可根据情况予以保留或改为半官方机构。

尚未为中华人民共和国承认的国家，只能在澳门特别行政区设立民间机构。

第八章 本法的解释和修改

第一百四十三条 本法的解释权属于全国人民代表大会常务委员会。

全国人民代表大会常务委员会授权澳门特别行政区法院在审理案件时对本法关于澳门特别行政区自治范围内的条款自行解释。

澳门特别行政区法院在审理案件时对本法的其他条款也可解释。但如澳门特别行政区法院在审理案件时需要对本法关于中央人民政府管理的事务或中央和澳门特别行政区关系的条款进行解释，而该条款的解释又影响到案件的判决，在对该案件作出不可上诉的终局判决前，应由澳门特别行政区终审法院提请全国人民代表大会常务委员会对有关条款作出解释。如全国人民代表大会常务委员会作出解释，澳门特别行政区法院在引用该条款时，应以全国人民代表大会常务委员会的解释为准。但在此以前作出的判决不受影响。

全国人民代表大会常务委员会在对本法进行解释前，征询其所属的澳门特别行政区基本法委员会的意见。

第一百四十四条　本法的修改权属于全国人民代表大会。

本法的修改提案权属于全国人民代表大会常务委员会、国务院和澳门特别行政区。澳门特别行政区的修改议案，须经澳门特别行政区的全国人民代表大会代表三分之二多数、澳门特别行政区立法会全体议员三分之二多数和澳门特别行政区行政长官同意后，交由澳门特别行政区出席全国人民代表大会的代表团向全国人民代表大会提出。

本法的修改议案在列入全国人民代表大会的议程前，先由澳门特别行政区基本法委员会研究并提出意见。

本法的任何修改，均不得同中华人民共和国对澳门既定的基本方针政策相抵触。

第九章　附　则

第一百四十五条　澳门特别行政区成立时，澳门原有法律除由全国人民代表大会常务委员会宣布为同本法抵触者外，采用为澳门特别行政区法律，如以后发现有的法律与本法抵触，可依照本法规定和法定程序修改或停止生效。

根据澳门原有法律取得效力的文件、证件、契约及其所包含的权利和义务，在不抵触本法的前提下继续有效，受澳门特别行政区的承认和保护。

原澳门政府所签订的有效期超过一九九九年十二月十九日的契约，除中央人民政府授权的机构已公开宣布为不符合中葡联合声明关于过渡时期安排的规定，须经澳门特别行政区政府重新审查者外，继续有效。

附件一：

澳门特别行政区行政长官的产生办法

一、行政长官由一个具有广泛代表性的选举委员会依照本法选出，由中央人民政府任命。

二、选举委员会委员共300人，由下列各界人士组成：

工商、金融界　100人

文化、教育、专业等界　80人

劳工、社会服务、宗教等界　80人

立法会议员的代表、市政机构成员的代表、澳门地区全国人大代表、澳门地区全国政协委员的代表　40人

选举委员会每届任期五年。

三、各个界别的划分，以及每个界别中何种组织可以产生选举委员会委员的名额，由澳门特别行政区根据民主、开放的原则制定选举法加以规定。

各界别法定团体根据选举法规定的分配名额和选举办法自行选出选举委员会委员。

选举委员会委员以个人身份投票。

四、不少于50名的选举委员会委员可联合提名行政长官候选人。每名委员只可提出一名候选人。

五、选举委员会根据提名的名单，经一人一票无记名投票选出行政长官候任人。具体选举办法由选举法规定。

六、第一任行政长官按照《全国人民代表大会关于澳门特别行政区第一届政府、立法会和司法机关产生办法的决定》产生。

七、二〇〇九年及以后行政长官的产生办法如需修改，须经立法会全体议员三分之二多数通过，行政长官同意，并报全国人民代表大会常务委员会批准。

附件二：

澳门特别行政区立法会的产生办法

一、澳门特别行政区第一届立法会按照《全国人民代表大会关于澳门特别行政区第一届政府、立法会和司法机关产生办法的决定》产生。

第二届立法会由 27 人组成，其中：

直接选举的议员	10 人
间接选举的议员	10 人
委任的议员	7 人

第三届及以后各届立法会由 29 人组成，其中：

直接选举的议员	12 人
间接选举的议员	10 人
委任的议员	7 人

二、议员的具体选举办法，由澳门特别行政区政府提出并经立法会通过的选举法加以规定。

三、二〇〇九年及以后澳门特别行政区立法会的产生办法如需修改，须经立法会全体议员三分之二多数通过，行政长官同意，并报全国人民代表大会常务委员会备案。

附件三：

在澳门特别行政区实施的全国性法律

下列全国性法律，自一九九九年十二月二十日起由澳门特别行政区在当地公布或立法实施。

一、《关于中华人民共和国国都、纪年、国歌、国旗的决议》

二、《关于中华人民共和国国庆日的决议》

三、《中华人民共和国国籍法》

四、《中华人民共和国外交特权与豁免条例》

五、《中华人民共和国领事特权与豁免条例》

六、《中华人民共和国国旗法》

七、《中华人民共和国国徽法》

八、《中华人民共和国领海及毗连区法》

澳门特别行政区区旗图案（略）

澳门特别行政区区徽图案（略）

全国人民代表大会常务委员会
关于《中华人民共和国国籍法》在澳门特别行政区实施的几个问题的解释

（1998 年 12 月 29 日第九届全国人民代表大会常务委员会第六次会议通过）

根据《中华人民共和国澳门特别行政区基本法》第十八条和附件三的规定，《中华人民共和国国籍法》自 1999 年 12 月 20 日起在澳门特别行政区实施。考虑到澳门的历史背景和现实情况，对《中华人民共和国国籍法》在澳门特别行政区实施作如下解释：

一、凡具有中国血统的澳门居民，本人出生在中国领土（含澳门）者，以及其他符合《中华人民共和国国籍法》规定的具有中国国籍的条件者，不论其是否持有葡萄牙旅行证件或身份证件，都是中国公民。

凡具有中国血统但又具有葡萄牙血统的澳门特别行政区居民，可根据本人意愿，选择中华人民共和国国籍或葡萄牙共和国国籍。确定其中一种国籍，即不具有另一种国籍。上述澳门特别行政区居民，在选择国籍之前，享有澳门特别行政区基本法规定的权利，但受国籍限制的权利除外。

二、凡持有葡萄牙旅行证件的澳门中国公民，在澳门特别行政区成立后，可继续使用该证件去其他国家或地区旅行，但在澳门特别行政区和中华人民共和国其他地区不得因持有上述葡萄牙旅行证件而享有葡萄牙的领事保护的权利。

三、在外国有居留权的澳门特别行政区的中国公民，可使用外国政府签发的有关证件去其他国家或地区旅行，但在澳门特别行政区和中华人民共和国其他地区不得因持有上述证件而享有外国领事保护的权利。

四、在澳门特别行政区成立以前或以后从海外返回澳门的原澳门居民中的中国公民，若变更国籍，可凭有效证件向澳门特别行政区受理国籍申请的机关申报。

五、授权澳门特别行政区政府指定其有关机构根据《中华人民共和国国籍法》和以上规定对所有国籍申请事宜作出处理。

全国人民代表大会澳门特别行政区筹备委员会
关于实施《中华人民共和国澳门特别行政区基本法》第二十四条第二款的意见

（1999年1月16日全国人民代表大会澳门特别行政区筹备委员会第五次全体会议通过）

为了实施《中华人民共和国澳门特别行政区基本法》（以下简称“基本法”）第二十四条第二款关于澳门特别行政区永久性居民的规定，特提出如下意见，以备澳门特别行政区制定实施细则时参照：

一、澳门居民在澳门特别行政区成立以前，所持有的有效澳门居民身份证，在1999年12月20日以后继续有效，直至换发新的身份证。

澳门居民中的中国公民持有上述澳门居民身份证，并符合下列条件之一者，为澳门特别行政区永久性居民。

1. 身份证载明澳门出生者；

2. 身份证从首次发出日计已满七年者；

3. 身份证不能证明在澳门合法住满七年，但持有有效澳门永久居留证，或持有治安警察厅或身份证明司签发的有效居住证明书证明其已在澳门合法居住满七年者。

符合以上三项条件中任何一项的澳门居民中的葡萄牙人和其他人，作为澳门特别行政区永久性居民，还须符合“以澳门为永久居住地”的要求。

二、基本法第二十四条第二款第（一）项和第（三）项规定的在澳门出生的中国公民和葡萄牙人，是指父母双方或一方在澳门合法定居期间所生的人，但因符合本意见第一点所列条件而成为澳门特别行政区永久性居民者除外。

三、基本法第二十四条第二款第（一）项和第（二）项规定的澳门以外所生的中国籍子女，必须是本人出生时其父母双方或一方已经成为澳门基本法规定的永久性居民，该子女要进入澳门特别行政区定居须依法办理有关手续。

四、基本法第二十四条第二款第（二）项规定的中国公民在澳门通常居住“连续七年”的计算方法，应为任何时间的连续七年。

基本法第二十四条第二款第（四）和第（五）项规定的葡萄牙人和其他人，在澳门通常居住“连续七年”的计算方法，须符合“以澳门为永久居住地”的要求，故应为紧接其申请成为澳门特别行政区永久性居民之前的连续七年。

基本法中所规定的在澳门“连续”居住，计算时包括在澳门居住期间外出留学、经商和探亲访友等。

五、基本法第二十四条第二款第（六）项规定的在澳门出生的未满十八周岁的“其他人”子女，必须是本人出生时其父母双方或一方已经成为澳门基本法规定的永久性居民。该子女在年满十八周岁后，如符合基本法第二十四条第二款第（五）项的有关规定，可成为澳门特别行政区永久性居民。

六、移民海外的原澳门居民中任何符合基本法规定的澳门特别行政区永久性居民身份条件的中国公民，均可从海外返回澳门定居，享有居留权。以外国公民身份返回澳门者，在符合基本法第二十四条第二款规定的有关条件时，可成为澳门特别行政区永久性居民。

七、关于“以澳门为永久居住地”和“在澳门通常居住”的规定，在澳门特别行政区的实施细则，由澳门特别行政区制定。

全国人民代表大会常务委员会
关于根据《中华人民共和国澳门特别行政区基本法》第一百四十五条处理澳门原有法律的决定

（1999 年 10 月 31 日第九届全国人民代表大会常务委员会第十二次会议通过）

《中华人民共和国澳门特别行政区基本法》（以下简称《基本法》）第一百四十五条规定：“澳门特别行政区成立时，澳门原有法律除由全国人民代表大会常务委员会宣布为同本法抵触者外，采用为澳门特别行政区法律，如以后发现有的法律与本法抵触，可依照本法规定和法定程序修改或停止生效。”第八条规定：“澳门原有的法律、法令、行政法规和其他规范性文件，除同本法相抵触或经澳门特别行政区的立法机关或其他有关机关依照法定程序作出修改者外，予以保留。”第九届全国人民代表大会常务委员会第十二次会议根据上述规定，审议了全国人民代表大会澳门特别行政区筹备委员会关于处理澳门原有法律问题的建议，决定如下：

一、澳门原有的法律、法令、行政法规和其他规范性文件，除同《基本法》抵触者外，采用为澳门特别行政区法律。

二、列于本决定附件一的澳门原有法律抵触《基本法》，不采用为澳门特别行政区法律。

三、列于本决定附件二的澳门原有法律抵触《基本法》，不采用为澳门特别行政区法律，但澳门特别行政区在制定新的法律前，可按《基本法》规定的原则和参照原有做法处理有关事务。

四、列于本决定附件三的澳门原有法律中抵触《基本法》的部分条款，不采用为澳门特别行政区法律。

五、采用为澳门特别行政区法律的澳门原有法律，自1999年12月20日起，在适用时，应作出必要的变更、适应、限制或例外，以符合中华人民共和国对澳门恢复行使主权后澳门的地位和《基本法》的有关规定。

除符合上述原则外，澳门原有法律中：

（一）序言和签署部分不予保留，不作为澳门特别行政区法律的组成部分。

（二）规定与澳门特别行政区有关的外交事务的原有法律，如与在澳门特别行政区实施的全国性法律不一致，应以全国性法律为准，并符合中央人民政府享有的国际权利和承担的国际义务。

（三）任何给予葡萄牙特权待遇的规定不予保留，但有关澳门与葡萄牙之间互惠性规定不在此限。

（四）有关土地所有权的规定，依照《基本法》第七条的规定解释。

（五）有关葡文的法律效力高于中文的规定，应解释为中文和葡文都是正式语文；有关要求必须使用葡文或同时使用葡文和中文的规定，依照《基本法》第九条的规定办理。

（六）凡体现因葡萄牙对澳门的管治而引致不公平的原有有关专业、执业资格的规定，在澳门特别行政区对其作出修改前，可作为过渡安排，依照《基本法》第一百二十九条的规定参照适用。

（七）有关从澳门以外聘请的葡籍和其他外籍公务人员的身

份和职务的规定，均依照《基本法》第九十九条的规定解释。

（八）在条款中引用葡萄牙法律的规定，如不损害中华人民共和国的主权和不抵触《基本法》的规定，在澳门特别行政区对其作出修改前，可作为过渡安排，继续参照适用。

六、在符合第五条规定的条件下，采用为澳门特别行政区法律的澳门原有法律，除非文意另有所指，对其中的名称或词句的解释或适用，须遵循本决定附件四所规定的替换原则。

七、采用为澳门特别行政区法律的澳门原有法律，如以后发现与《基本法》相抵触者，可依照《基本法》的规定和法定程序修改或停止生效。

原适用于澳门的葡萄牙法律，包括葡萄牙主权机构专为澳门制定的法律，自 1999 年 12 月 20 日起，在澳门特别行政区停止生效。

附件一：

澳门原有法律中的下列法律、法令及其他规范性文件抵触《基本法》，不采用为澳门特别行政区法律：

1. 关于订定进入公职及晋升的语文知识水平的第 5/90/M 号法律；

2. 《澳门立法会选举制度》——第 4/91/M 号法律；

3. 《议员章程》及其修订（第 7/93/M 号法律、第 10/93/M 号法律、第 1/95/M 号法律）；

4. 关于设立多种勋章以嘉奖为本地区作出重要行为的第 42/82/M 号法令和第 36/89/M 号法令；

5. 关于确定与外国公共实体谈判涉及本地区公共行政之合同

或协议之主管实体的第58/84/M号法令；

6. 关于葡萄牙远东传教士退休制度的第81/88/M号法令和第10/92/M号法令；

7.《咨询委员会之通则及选举制度》——第51/91/M号法令；

8. 关于核准在澳门批给及发出护照之规章的第11/92/M号法令；

9. 关于规范澳门司法体制的第17/92/M号法令、第18/92/M号法令、第55/92/M号法令、第45/96/M号法令、第28/97/M号法令、第8/98/M号法令和第10/99/M号法令；

10. 关于澄清《澳门公共行政人员通则》第13条第1款规定之适用范围的第5/93/M号法令；

11. 关于对葡萄牙总统授予澳门法院终审权及专属审判权之声明之相关问题作出解释的第20/99/M号法令；

12.《立法会章程》——第1/93/M号立法会决议。

附件二：

澳门原有法律中的下列法律、法令抵触《基本法》，不采用为澳门特别行政区法律，但澳门特别行政区在制定新的法律前，可按《基本法》规定的原则和参照原有做法处理有关事务：

1. 关于规范澳门水域公产制度的第6/86/M号法律；

2. 关于确定向葡萄牙共和国招聘前来澳门执行职务人员章程的第60/92/M号法令和第37/95/M号法令；

3. 关于核准发出澳门居民身份证之新制度的第19/99/M号法令。

附件三:

澳门原有法律中下列法律、法令的部分条款抵触《基本法》,不采用为澳门特别行政区法律:

1.《核准土地法》(第6/80/M号法律)中有关出售土地以及对不动产所有权享有权利能力的葡萄牙公法人有权取得对土地占有或使用的特别准照的条款;

2.《选民登记》(第10/88/M号法律)第18条第5款;

3.《市政区法律制度》(第24/88/M号法律)中体现市政机构具有政权性质的条款;

4. 关于视听广播法律制度的第8/89/M号法律第59条第1款和第60条第1款;

5.《反贪污暨反行政违法性高级专员公署》(第11/90/M号法律)第2条、第17条和第41条;

6. 第1/96/M号法律对《澳门立法会选举制度》的修改;

7. 关于订定本地区总预算及公共会计表的编制与执行、管理及业务账目的编制以及澳门公共行政领域财务活动的稽查规则的第41/83/M号法令第10条第1款、第21条第2款;

8. 关于为儿童、青年、老人、残疾人士或一般居民开展社会援助活动的社会设施应遵守的一般条件的第90/88/M号法令第30条;

9. 关于将贩卖及使用麻醉品视为刑事行为以及提倡反吸毒措施的第5/91/M号法令第38条、第42条适用葡萄牙引渡法律的规定;

10. 关于修改建立保安部队方面规定的第19/92/M号法令第

1 条；

11. 《道路法典》（第 16/93/M 号法令）第 50 条第 1 款 D 项；

12. 关于重组行政暨公职司组织架构的第 23/94/M 号法令第 14 条 A 项为葡萄牙共和国选举和选民登记提供技术辅助的规定；

13. 关于重组水警稽查队组织架构的第 2/95/M 号法令第 44 条“纪念日”的规定；

14. 关于重组治安警察厅组织架构的第 3/95/M 号法令第 69 条“纪念日”的规定；

15. 关于重组消防队组织架构的第 4/95/M 号法令第 41 条“纪念日”的规定；

16. 关于核准澳门港务局组织法规的第 15/95/M 号法令第 19 条第 5 款；

17. 关于调整《澳门公共行政工作人员通则》附表的第 17/95/M 号法令附表五、六关于“军职人员”的规定；

18. 关于修改入境、逗留及在澳门定居的一般制度的第 55/95/M 号法令第 5 条第 2 款 B 项。

附件四：

采用为澳门特别行政区法律的澳门原有法律中的名称或词句在解释或适用时一般须遵循以下替换原则：

1. 任何提及“葡萄牙”、“葡国”、“葡国政府”、“共和国”、“共和国总统”、“共和国政府”、“政府部长”等相类似名称或词句的条款，如该条款内容涉及《基本法》所规定的中央管理的事务和中央与澳门特别行政区的关系，则该等名称或词句应相应地解释为中国、中央或国家其它主管机关，其它情况下应解释为澳门特别行政区政府。

2. 任何“澳门”、“澳门地区”、“本地区”、“澳门法区”等名称应解释为“澳门特别行政区”。任何有关澳门特别行政区区域的表述应依照国务院颁布的澳门特别行政区区域图作出相应解释后适用。

3. 任何“澳门法区法院”、“普通管辖法院”、“平政院”、“高等法院”及“检察官公署”等名称或词句应相应地解释为澳门特别行政区法院、初级法院、行政法院、中级法院及检察院。

4. 任何“总督”、“澳督”名称应解释为澳门特别行政区行政长官。

5. 任何有关立法会、司法机关或行政机关及其人员的名称或词句应相应地依照基本法的有关规定进行解释和适用。

6. 任何“中华人民共和国”、“中国”、“国家”等相类似的名称或词句，应解释为包括台湾、香港和澳门在内的中华人民共和国；任何单独或同时提及大陆、台湾、香港和澳门的名称或词句，应相应地将其解释为中华人民共和国的一个组成部分。

7. 任何“外国”、“其他国家”等相类似的名称或词句，应解释为中华人民共和国以外的任何国家或地区，或者根据该项法律或条款的内容解释为“澳门特别行政区以外的任何地方”；任何“外籍人士”等相类似的名称或词句，应解释为中华人民共和国公民以外的任何人士。

8. 任何“审计法院”和“反贪污暨反行政违法性高级专员公署”等类似的名称或词句，应解释为“审计署”和“廉政公署”。

全国人民代表大会常务委员会

关于增加《中华人民共和国澳门特别行政区基本法》附件三所列全国性法律的决定

（1999 年 12 月 20 日第九届全国人民代表大会常务委员会第十三次会议通过）

在《中华人民共和国澳门特别行政区基本法》附件三中增加下列全国性法律：

1. 《中华人民共和国专属经济区和大陆架法》；

2. 《中华人民共和国澳门特别行政区驻军法》。

以上全国性法律，自 1999 年 12 月 20 日起由澳门特别行政区公布或立法实施。

全国人民代表大会常务委员会
关于增加《中华人民共和国澳门特别行政区基本法》附件三所列全国性法律的决定

（2005 年 10 月 27 日第十届全国人民代表大会常务委员会第十八次会议通过）

第十届全国人民代表大会常务委员会第十八次会议决定：在《中华人民共和国澳门特别行政区基本法》附件三中增加全国性法律《中华人民共和国外国中央银行财产司法强制措施豁免法》。

全国人民代表大会常务委员会
关于授权澳门特别行政区对设在横琴岛的澳门大学新校区实施管辖的决定

（2009年6月27日第十一届全国人民代表大会常务委员会第九次会议通过）

第十一届全国人民代表大会常务委员会第九次会议审议了国务院关于提请审议授权澳门特别行政区对横琴岛澳门大学新校区实施管辖的议案。全国人民代表大会常务委员会决定：

一、授权澳门特别行政区自横琴岛澳门大学新校区启用之日起，在本决定第三条规定的期限内对该校区依照澳门特别行政区法律实施管辖。

横琴岛澳门大学新校区与横琴岛的其他区域隔开管理，具体方式由国务院规定。

二、横琴岛澳门大学新校区位于广东省珠海市横琴口岸南侧，横琴岛环岛东路和十字门水道西岸之间，用地面积为1.0926平方千米。具体界址由国务院确定。

在本决定第三条规定的期限内不得变更该校区土地的用途。

三、澳门特别行政区政府以租赁方式取得横琴岛澳门大学新校区的土地使用权，租赁期限自该校区启用之日起至2049年12月19日止。租赁期限届满，经全国人民代表大会常务委员会决定，可以续期。

全国人民代表大会常务委员会
关于《中华人民共和国澳门特别行政区基本法》附件一第七条和附件二第三条的解释

（2011 年 12 月 31 日第十一届全国人民代表大会常务委员会第二十四次会议通过）

第十一届全国人民代表大会常务委员会第二十四次会议审议了委员长会议关于提请审议《全国人民代表大会常务委员会关于〈中华人民共和国澳门特别行政区基本法〉附件一第七条和附件二第三条的解释（草案）》的议案。经征询全国人民代表大会常务委员会澳门特别行政区基本法委员会的意见，全国人民代表大会常务委员会决定，根据《中华人民共和国宪法》第六十七条第四项和《中华人民共和国澳门特别行政区基本法》第一百四十三条第一款的规定，对《中华人民共和国澳门特别行政区基本法》附件一《澳门特别行政区行政长官的产生办法》第七条“二〇〇九年及以后行政长官的产生办法如需修改，须经立法会全体议员三分之二多数通过，行政长官同意，并报全国人民代表大会常务委员会批准”的规定和附件二《澳门特别行政区立法会的产生办法》第三条“二〇〇九年及以后澳门特别行政区立法会的产生办法如需修改，须经立法会全体议员三分之二多数通过，行政长官同意，并报全国人民代表大会常务委员会备案”的规定，作如下解释：

一、上述两个附件中规定的二〇〇九年及以后行政长官的产生办法、立法会的产生办法“如需修改”，是指可以进行修改，也可以不进行修改。

二、上述两个附件中规定的须经立法会全体议员三分之二多数通过，行政长官同意，并报全国人民代表大会常务委员会批准或者备案，是指行政长官的产生办法和立法会的产生办法修改时必经的法律程序。只有经过上述程序，包括最后全国人民代表大会常务委员会依法批准或者备案，该修改方可生效。是否需要进行修改，澳门特别行政区行政长官应向全国人民代表大会常务委员会提出报告，由全国人民代表大会常务委员会依照《中华人民共和国澳门特别行政区基本法》第四十七条和第六十八条规定，根据澳门特别行政区的实际情况确定。修改行政长官产生办法和立法会产生办法的法案，应由澳门特别行政区政府向立法会提出。

三、上述两个附件中规定的行政长官的产生办法、立法会的产生办法如果不作修改，行政长官的产生办法仍适用附件一关于行政长官产生办法的规定；立法会的产生办法仍适用附件二关于立法会产生办法的规定。

现予公告。

全国人民代表大会常务委员会 关于批准《中华人民共和国澳门特别行政区基本法附件一澳门特别行政区行政长官的产生办法修正案》的决定

（2012年6月30日第十一届全国人民代表大会常务委员会第二十七次会议通过）

第十一届全国人民代表大会常务委员会第二十七次会议决定：

根据《中华人民共和国澳门特别行政区基本法》附件一、《全国人民代表大会常务委员会关于〈中华人民共和国澳门特别行政区基本法〉附件一第七条和附件二第三条的解释》和《全国人民代表大会常务委员会关于澳门特别行政区2013年立法会产生办法和2014年行政长官产生办法有关问题的决定》，批准澳门特别行政区提出的《中华人民共和国澳门特别行政区基本法附件一澳门特别行政区行政长官的产生办法修正案》。

《中华人民共和国澳门特别行政区基本法附件一澳门特别行政区行政长官的产生办法修正案》自批准之日起生效。

附：

中华人民共和国澳门特别行政区基本法附件一澳门特别行政区行政长官的产生办法修正案

（2012 年 6 月 30 日第十一届全国人民代表大会常务委员会第二十七次会议批准）

一、2014 年选举第四任行政长官人选的选举委员会共 400 人，由下列各界人士组成：

工商、金融界 120 人

文化、教育、专业等界 115 人

劳工、社会服务、宗教等界 115 人

立法会议员的代表、市政机构成员的代表、澳门地区全国人大代表、澳门地区全国政协委员的代表 50 人

选举委员会每届任期五年。

二、不少于 66 名的选举委员会委员可联合提名行政长官候选人。每名委员只可提出一名候选人。

三、第五任及以后各任行政长官产生办法，在依照法定程序作出进一步修改前，按本修正案的规定执行。

中华人民共和国澳门特别行政区基本法附件二澳门特别行政区立法会的产生办法修正案

（2012 年 6 月 30 日第十一届全国人民代表大会常务委员会第二十七次会议予以备案
2012 年 6 月 30 日全国人民代表大会常务委员会第四十号公告公布）

一、2013 年第五届立法会由 33 人组成，其中：

直接选举的议员 14 人

间接选举的议员 12 人

委任的议员 7 人

二、第六届及以后各届立法会的产生办法，在依照法定程序作出进一步修改前，按本修正案的规定执行。

全国人民代表大会常务委员会
关于增加《中华人民共和国澳门特别行政区基本法》附件三所列全国性法律的决定

（2017 年 11 月 4 日第十二届全国人民代表大会常务委员会第三十次会议通过）

第十二届全国人民代表大会常务委员会第三十次会议决定：在《中华人民共和国澳门特别行政区基本法》附件三中增加全国性法律《中华人民共和国国歌法》。

第二编

内地与港澳特别行政区司法协助安排

第一章　内地与香港特别行政区司法协助安排

最高人民法院
关于内地与香港特别行政区法院相互委托送达民商事司法文书的安排

法释〔1999〕9号

（1998年12月30日最高人民法院审判委员会第1038次会议通过
1999年3月29日最高人民法院公告公布　自1999年3月30日起施行）

根据《中华人民共和国香港特别行政区基本法》第九十五条的规定，经最高人民法院与香港特别行政区代表协商，现就内地与香港特别行政区法院相互委托送达民商事司法文书问题规定如下：

一、内地法院和香港特别行政区法院可以相互委托送达民商事司法文书。

二、双方委托送达司法文书，均须通过各高级人民法院和香港特别行政区高等法院进行。最高人民法院司法文书可以直接委托香港特别行政区高等法院送达。

三、委托方请求送达司法文书，须出具盖有其印章的委托书，并须在委托书中说明委托机关的名称、受送达人的姓名或者名称、详细地址及案件的性质。

委托书应当以中文文本提出。所附司法文书没有中文文本的，应当提供中文译本。以上文件一式两份。受送达人为两人以上的，每人一式两份。

受委托方如果认为委托书与本安排的规定不符，应当通知委托方，并说明对委托书的异议。必要时可以要求委托方补充材料。

四、不论司法文书中确定的出庭日期或者期限是否已过，受委托方均应送达。委托方应当尽量在合理期限内提出委托请求。

受委托方接到委托书后，应当及时完成送达，最迟不得超过自收到委托书之日起两个月。

五、送达司法文书后，内地人民法院应当出具送达回证；香港特别行政区法院应当出具送达证明书。出具送达回证和证明书，应当加盖法院印章。

受委托方无法送达的，应当在送达回证或者证明书上注明妨碍送达的原因、拒收事由和日期，并及时退回委托书及所附全部文书。

六、送达司法文书，应当依照受委托方所在地法律规定的程序进行。

七、受委托方对委托方委托送达的司法文书的内容和后果不负法律责任。

八、委托送达司法文书费用互免。但委托方在委托书中请求以特定送达方式送达所产生的费用，由委托方负担。

九、本安排中的司法文书在内地包括：起诉状副本、上诉状副本、授权委托书、传票、判决书、调解书、裁定书、决定书、通知书、证明书、送达回证；在香港特别行政区包括：起诉状副本、上诉状副本、传票、状词、誓章、判案书、判决书、裁决书、通知书、法庭命令、送达证明。

上述委托送达的司法文书以互换司法文书样本为准。

十、本安排在执行过程中遇有问题和修改，应当通过最高人民法院与香港特别行政区高等法院协商解决。

附录 1：

最高人民法院印发《关于内地与香港特别行政区法院相互委托送达民商事司法文书的安排》的通知

1999 年 3 月 30 日　　法〔1999〕42 号

各省、自治区、直辖市高级人民法院，解放军军事法院，新疆维吾尔自治区高级人民法院生产建设兵团分院：

最高人民法院《关于内地与香港特别行政区法院相互委托送达民商事司法文书的安排》（以下简称《安排》）已于 1999 年 3 月 30 日以最高人民法院司法解释形式发布实施。

在执行《安排》过程中应当注意以下问题：

1.《安排》发布前，内地需要送达香港特别行政区的司法文书有一定的积压。为避免香港特区高等法院短时间内送达负担过重，各高级人民法院应区分轻重缓急，分期分批进行送达：自 3 月 30 日至 4 月 30 日，北京、天津、上海、重庆、广东、福建省高级人民法院为第一批送达本辖区涉港民商事司法文书的法院；4 月 30 日以后，各高级法院均可依《安排》送达。

2.《安排》发布后，法律或者司法解释规定的原有其他送达方式仍可继续沿用。

3.《安排》规定，内地与香港特别行政区相互委托送达的司法文书以互换的司法文书样本为准。文书样本及委托书随本“通知”一同下发。

各地在执行《安排》中遇有情况和问题，请及时报告我院。

附录2：

《最高人民法院关于内地与香港特别行政区法院相互委托送达民商事司法文书的安排》的理解与适用*

邵文虹 高莎薇

1999年3月30日，最高人民法院以司法解释形式发布了由最高人民法院与香港特别行政区代表签署的《关于内地与香港特别行政区法院相互委托送达民商事司法文书的安排》（以下简称《安排》）。根据双方约定，《安排》也于同日通过修改后的香港高等法院规则在香港特别行政区实施。《安排》解决了内地与香港特别行政区法院之间如何送达民商事司法文书的问题。这是香港回归后内地与香港特别行政区在司法协助方面签署的第一个具有重要意义的法律文件。

香港回归前，内地向香港境内当事人送达民商事司法文书的途径很多，但送达率和送达效力不甚理想。主要通过《海牙送达公约》、外交途径、“粤港协议”、邮寄、诉讼代理人、公告等方

---

* 载《人民司法》1999年第6期。

式送达。根据《海牙送达公约》，内地与香港的司法机关不能直接相互委托，只能通过各自的中央机关代为送达。内地的中央机关为司法部，香港为布政司。文书到香港后，先由布政司交香港原最高法院，再由原最高法院的经历司送达当事人。这一方式程序十分烦琐，极易造成时间延误。据了解，采用此方式送达，有的时间超过一年。外交途径送达由于比《海牙送达公约》方式更为烦琐，所以很少被采用。邮寄送达虽然为内地司法解释所认可，香港法律也不反对，但当遇有当事人拒收文书、不退回执，或当事人地址变更的情况，则难以发挥作用。采用诉讼代理人送达方式虽然送达率较高，但在当事人尚未委托代理人时，这一方式受到限制。“粤港协议”确定法院间直接送达，但通过这一途径送达的文书十分有限，效率不高，而且只适用于香港与广东省之间。公告送达因难以确定当事人对文书内容的知悉，有可能损害当事人的合法权益，因而也很少被采用。总之，上述方式不能从根本上解决文书送达问题。据统计，截至1998年7月，内地民商事司法文书通过各种途径送达后，尚余400多件不能或者没有办法送达香港当事人，送达难成为内地法院审理涉港案件的主要障碍。

香港回归后，如何在“一国两制”方针下，尽快在内地与香港特别行政区之间建立起高效、便捷的送达机制，及时完成涉港案件的审理，成为内地司法界乃至普通百姓十分关心的问题。香港特别行政区政府也多次表达了解决两地送达问题的迫切愿望。根据《中华人民共和国香港特别行政区基本法》第九十五条的规定，双方本着积极、建设性的态度，提出了解决两地民商事司法文书送达的具体方案和建议。经过多次协商、修改，在征求有关方面意见后，提出了《安排》。《安排》改变了香港回归前内地与香港民商事司法文书送达不便和送达周期长、效率低的状况，为及时、公正解决两地当事人之间的民事、经济纠纷，方便当事人诉讼，提供了有效保障。《安排》的签署和实施体现了两地法院对维护两地当事人合法权益的高度重视，标志着"一国两制"方针在司法协助领域得到落实，对促进和加强两地今后的司法协助具有重要意义。

一、在起草《安排》过程中始终注意遵循以下原则

首先，遵循"一国两制"的原则。内地与香港特别行政区的司法协助是一个主权国家内不同法律制度和司法体制下，两个相对独立的法律区域间的司法合作，一国是前提。这与国际司法协助有着本质的区别。客观实际要求两地开展司法协助时，要从国家的根本利益出发，但同时还要顾及两地实行不同法律制度这一实际情况，在"一国两制"的框架内，在相互尊重对方法律制度的基础上开展协助。

其次，遵循协商、有效的原则。香港回归后，香港特别行政区司法机关与内地司法机关包括最高人民法院互不隶属，双方按各自的司法制度独立进行司法活动。根据《中华人民共和国香港特别行政区基本法》第九十五条的规定，两地司法机关应当通过协商，在达成一致意见的基础上，按各自的法律进行司法方面的联系和相互提供协助。由于一国之内进行司法协助不存在国际司法协助中的主权因素，有一些相对便利的条件，因此，两地间开展司法协助应比国际司法协助更直接、有效和简便易行。

最后，参照国际条约，遵循"50 年不变"的原则。香港回归后，香港与内地的经贸关系参照对外经贸关系，香港的经营、投资者参照外资享受优惠政策并得到投资保护，两地在这些领域

的往来仍参照国际规则和惯例进行。有鉴于此，在两地民商事司法协助的某些方面，也可以相应地参照有关国际公约和国际惯例。香港回归前，内地与香港根据《海牙送达公约》，在文书送达方面已建立起较为有效的司法联系，广东省高级人民法院与原香港最高法院也签订过关于送达的“粤港协议”。经过多年实践，某些做法已基本成熟、完善，因此，应尽量保持原有做法的连续性。

二、《安排》主要包括以下内容

根据《安排》，内地与香港特别行政区法院送达民商事司法文书应当通过各高级人民法院和香港特别行政区高等法院进行，送达的司法文书仅限于民商事司法文书，有关刑事或行政等方面的文书不能委托送达。相互送达的司法文书在内地主要包括起诉状副本、上诉状副本、授权委托书、传票、判决书、调解书、裁定书、决定书、通知书、证明书、送达回证；在香港特别行政区包括起诉状副本、上诉状副本、授权委托书、传票、状词、誓章、判案书、判决书、裁决书、决定书、通知书、法庭命令、送达证明，将来如果双方认为有增减司法文书种类的必要时，可以再增加。相互委托送达的司法文书以交换的文书样本为准。送达司法文书依照送达地法律规定的程序进行。受委托方对委托送达的司法文书的内容和后果不负法律责任。委托送达费用互免。请求以特定方式送达产生的费用，由委托方负担。送达时间限制在两个月内。

三、适用《安排》应当注意的问题

《安排》实施前，内地已经积压了一批需要送达香港的司法文书，为避免香港高等法院短时间内送达负担过重，最高人民法院已经发出通知，要求各高级人民法院区分轻重缓急分期分批送达，并指定北京、天津、上海、重庆、广东和福建为第一批送达涉港司法文书的法院。1999 年 4 月 30 日后，各高级人民法院均可依《安排》陆续送达。

香港回归前，有关法律或司法解释中规定的其他送达方式仍可继续沿用，不必拘泥于《安排》一种方式。如通过诉讼代理人送达可能比《安排》的方式更为快捷。

《安排》中的“特定方式送达”，主要是针对两地有不同送达方式的实际情况而规定的。如香港有在当事人最后住所地张贴送达的方式。连续三天每天张贴一次，以防文书被他人撕毁。最后一次张贴，视为已经送达。如果香港高等法院要求以这一方式送达，可视为“特定方式送达”。再如指定专人在指定时间直接送达的方式也可视为“特定方式送达”。要求以“特定方式送达”在实践中不会很多，主要应以送达地法律规定的送达方式为主。

《安排》没有规定不予送达的情形。主要考虑两地间文书送达仅仅是一方司法机关将有关文书通过另一方司法机关送交当事人，并不意味着对有关诉讼及所产生的判决的承认。所以在接到对方委托书后，除因地址不详等特殊原因外，原则上不得拒绝送达。在遇有不宜送达的情形时，可以作为个案由内地最高人民法院与香港特别行政区高等法院协商解决。

就已经送达司法文书的文件证明，《安排》对内地与香港特别行政区有不同的要求，即内地法院出具送达回证；香港特别行政区法院出具送达证明书。之所以作出不同规定，主要是照顾两地不同的做法。根据香港法律，法院送达司法文书后，受送达人并不需要签收，一般由执达主任填妥送达或不能送达的证明书即可。香港法院是否将内地法院委托送达的司法文书送达给香港一方当事人，应当看是否有执达主任填具的送达证明书。

实践中如果采取《安排》或其他方式均不能送达时，为了确实保障香港特别行政区一方当事人的权利，宜以公告方式最终确定送达。

在具体送达过程中，高级人民法院如认为由下级人民法院送达效率更高，也可以委托下级人民法院送达。但高级人民法院委托香港特别行政区高等法院送达司法文书，必须以高级人民法院的名义，委托书应当加盖高级人民法院的印章。

最高人民法院

关于内地与香港特别行政区相互执行仲裁裁决的安排*

法释〔2000〕3号

（1999年6月18日最高人民法院审判委员会第1069次会议通过 2000年1月24日最高人民法院公告公布 自2000年2月1日起施行）

根据《中华人民共和国香港特别行政区基本法》第九十五条的规定，经最高人民法院与香港特别行政区（以下简称香港特区）政府协商，香港特区法院同意执行内地仲裁机构（名单由国务院法制办公室经国务院港澳事务办公室提供）依据《中华人民共和国仲裁法》所作出的裁决，内地人民法院同意执行在香港特区按香港特区《仲裁条例》所作出的裁决。现就内地与香港特区相互执行仲裁裁决的有关事宜作出如下安排：

一、在内地或者香港特区作出的仲裁裁决，一方当事人不履行仲裁裁决的，另一方当事人可以向被申请人住所地或者财产所在地的有关法院申请执行。

二、上条所述的有关法院，在内地指被申请人住所地或者财产所在地的中级人民法院，在香港特区指香港特区高等法院。

---

* 本司法解释已被《最高人民法院关于内地与香港特别行政区相互执行仲裁裁决的补充安排》（法释〔2020〕13号）修改。

被申请人住所地或者财产所在地在内地不同的中级人民法院辖区内的，申请人可以选择其中一个人民法院申请执行裁决，不得分别向两个或者两个以上人民法院提出申请。

被申请人的住所地或者财产所在地，既在内地又在香港特区的，申请人不得同时分别向两地有关法院提出申请。只有一地法院执行不足以偿还其债务时，才可就不足部分向另一地法院申请执行。两地法院先后执行仲裁裁决的总额，不得超过裁决数额。

三、申请人向有关法院申请执行在内地或者香港特区作出的仲裁裁决的，应当提交以下文书：

（一）执行申请书；

（二）仲裁裁决书；

（三）仲裁协议。

四、执行申请书的内容应当载明下列事项：

（一）申请人为自然人的情况下，该人的姓名、地址；申请人为法人或者其他组织的情况下，该法人或其他组织的名称、地址及法定代表人姓名；

（二）被申请人为自然人的情况下，该人的姓名、地址；被申请人为法人或者其他组织的情况下，该法人或其他组织的名称、地址及法定代表人姓名；

（三）申请人为法人或者其他组织的，应当提交企业注册登记的副本。申请人是外国籍法人或者其他组织的，应当提交相应的公证和认证材料；

（四）申请执行的理由与请求的内容，被申请人的财产所在地及财产状况；

执行申请书应当以中文文本提出，裁决书或者仲裁协议没有中文文本的，申请人应当提交正式证明的中文译本。

五、申请人向有关法院申请执行内地或者香港特区仲裁裁决的期限依据执行地法律有关时限的规定。

六、有关法院接到申请人申请后，应当按执行地法律程序处理及执行。

七、在内地或者香港特区申请执行的仲裁裁决，被申请人接到通知后，提出证据证明有下列情形之一的，经审查核实，有关法院可裁定不予执行：

（一）仲裁协议当事人依对其适用的法律属于某种无行为能力的情形；或者该项仲裁协议依约定的准据法无效；或者未指明以何种法律为准时，依仲裁裁决地的法律是无效的；

（二）被申请人未接到指派仲裁员的适当通知，或者因他故未能陈述意见的；

（三）裁决所处理的争议不是交付仲裁的标的或者不在仲裁协议条款之内，或者裁决载有关于交付仲裁范围以外事项的决定的；但交付仲裁事项的决定可与未交付仲裁的事项划分时，裁决中关于交付仲裁事项的决定部分应当予以执行；

（四）仲裁庭的组成或者仲裁庭程序与当事人之间的协议不符，或者在有关当事人没有这种协议时与仲裁地的法律不符的；

（五）裁决对当事人尚无约束力，或者业经仲裁地的法院或者按仲裁地的法律撤销或者停止执行的。

有关法院认定依执行地法律，争议事项不能以仲裁解决的，则可不予执行该裁决。

内地法院认定在内地执行该仲裁裁决违反内地社会公共利益，或者香港特区法院决定在香港特区执行该仲裁裁决违反香港特区的公共政策，则可不予执行该裁决。

八、申请人向有关法院申请执行在内地或者香港特区作出的仲裁裁决，应当根据执行地法院有关诉讼收费的办法交纳执行费用。

九、1997年7月1日以后申请执行在内地或者香港特区作出的仲裁裁决按本安排执行。

十、对1997年7月1日至本安排生效之日的裁决申请问题，双方同意：

1997年7月1日至本安排生效之日因故未能向内地或者香港特区法院申请执行，申请人为法人或者其他组织的，可以在本安排生效后六个月内提出；如申请人为自然人的，可以在本安排生效后一年内提出。

对于内地或香港特区法院在1997年7月1日至本安排生效之日拒绝受理或者拒绝执行仲裁裁决的案件，应允许当事人重新申请。

十一、本安排在执行过程中遇有问题和修改，应当通过最高人民法院和香港特区政府协商解决。

附录1：

最高人民法院负责人就《关于内地与香港特别行政区相互执行仲裁裁决的安排》答记者问

（2001年1月27日）

问：签署最高人民法院《关于内地与香港特别行政区相互执行仲裁裁决的安排》，以下简称《安排》。有哪些重要意义？

答：《安排》是香港回归后内地与香港特别行政区根据《中

华人民共和国香港特别行政区基本法》第九十五条的规定，在司法协助领域签署的又一个具有重要意义的法律文件。1997 年 7 月 1 日以前，内地与香港相互执行对方仲裁裁决的依据是 1958 年的《纽约公约》，多年来虽执行情况良好，但香港回归后，这项事务已经成为一个主权国家内不同法律区域间司法协助的重要组成部分，它与国际司法协助有本质的区别。因此，两地相互执行对方仲裁裁决不应再适用《纽约公约》。

香港回归后的一段时间里，内地与香港特别行政区相互执行对方仲裁裁决一时处于停滞状态，这使内地、香港一些通过仲裁解决纠纷的公司以及外商感到不便。《安排》的签署和执行，可以妥善解决这些问题，其方便、快捷的执行程序，将为维护内地与香港特别行政区当事人合法权益，保持香港的繁荣稳定提供有力的法律保障。《安排》还将对今后内地与香港特别行政区进一步加强司法方面的联系和相互提供协助，产生重要的影响。

问：《安排》是继《关于内地与香港特别行政区法院相互委托送达民商事司法文书的安排》后两地司法协助领域又一重要成果，请谈一谈两地在开展司法协助过程中都遵循哪些原则？

答：两地开展司法协助遵循以下原则，正确领会这些原则，对于完整、全面、准确理解《安排》有着十分重要的作用。首先，是“一国两制”原则。内地与香港特别行政区的司法协助，必须以促进和维护国家统一为基本出发点。不论内地司法机关还是香港特别行政区司法机关，在相互提供司法协助时，都不得损害国家主权和根本利益，两地间的司法协助是在一国之内的司法协助，与国家间的司法协助有着本质区别。同时，又必须充分考虑两地实行的是不同的法律制度和社会制度，必须尊重和维护香港特别行政区独立的司法权和终审权。其次，是协商一致的原则。两地间开展司法协助必须在协商一致的基础上进行，意见不一致时，通过协商加以解决，这是内地与香港特别行政区解决两地间法律冲突的重要途径，也是“一国两制”原则的根本要求。再次，有效原则。一国之内的不同法律区域间开展司法协助，不存在国际司法协助中的主权因素，有相对有利条件，因此，进行司法协助的途径和方式应比国际司法协助更简单、方便和直接。最后，参照国际公约和国际惯例原则。对于那些经过多年实践根据公约形成的较成熟的做法，在符合上述三条原则的前提下，应尽量保持其连续性和稳定性。《安排》采纳了《纽约公约》的一些基本原则，这对于提高仲裁当事人对香港稳定与发展的信心是十分有益的。

问：执行《安排》过程中还应注意哪些问题？

答：此次内地与香港特别行政区签署的《安排》，解决了两地仲裁裁决的相互执行问题。在执行《安排》过程中还要注意以下几点：

首先，要搞清相互执行仲裁裁决的范围问题。香港回归前，鉴于当时国内能受理涉外、涉港澳案件的仲裁机构只有中国国际经济贸易仲裁委员会和中国海事仲裁委员会，因此，根据《纽约公约》，香港法院实际受理的只限于对这两家仲裁机构作出的仲裁裁决的申请。内地法院受理的是根据香港特别行政区《仲裁条例》作出裁决的申请。香港回归前，内地仲裁体制已经发生了变化，1995 年 9 月 1 日《中华人民共和国仲裁法》实施，根据该法，各省、自治区和直辖市人民政府所在地的市或根据需要其他设区的市可以设立仲裁委员会，其主要职责是受理国内仲裁案件。但根据国务院有关文件规定，对于涉外案件当事人自愿选择新组建的仲裁委员会仲裁的，国内仲裁委员会也可以受理。因此，根据《安排》的规定，香港特别行政区执行内地的仲裁裁决，就应包括截至 1999 年 5 月，内地依据《中华人民共和国仲裁法》成立的 148 家仲裁委员会的裁决。另外，内地执行香港特别行政区仲裁裁决时，对于我国在加入《纽约公约》时所作的商事保留还继续适用，即执行仲裁裁决的范围，是对按照内地法律属于契约性和非契约性商事法律关系而引起的争议所作出的仲裁裁决。

其次，《安排》对于申请执行仲裁裁决的期限也作出了特殊规定。除了保持《中华人民共和国民事诉讼法》第二百一十九条①的规定外，对于香港回归后至《安排》生效前这一期间因故未能提出执行申请的，作出了特殊规定。即允许法人、自然人自《安排》生效后，分别在 6 个月、1 年之内提出申请，而对于有关法院已经拒绝执行仲裁裁决的，也允许当事人重新提出申请，期限比照上述规定。

再次，关于执行仲裁裁决的申请问题。内地与香港特别行政区作出的仲裁裁决需要到对方区域执行的，只要当事人的申请符合《安排》第三条、第四条的要求，有关法院就应当受理。根据规定，申请人提出申请，首先要提供执行申请书，向内地法院申请执行的，执行申请书必须以中文文本提出；向香港法院提出申请的，执行申请书中、英文均可。其次要提供仲裁裁决书。最后要提供仲裁协议书。

最后，关于拒绝执行仲裁裁决的问题应当注意，依据《安排》，对于仲裁裁决在认定事实和适用法律方面是否有错误是不予审查的，其对仲裁裁决的审查只是程序性审查。这同内地法院

① 现为 2021 年修正的《民事诉讼法》第二百四十六条。

对国内仲裁机构作出的裁决可进行实质审查是完全不同的。《安排》规定了公共秩序条款，但香港回归后，一国之内的不同法律区域间相互提供协助应当比国与国之间更全面、有效。因此，对于双方来说，应当严格限制公共秩序条款的适用。

附录2：

《最高人民法院关于内地与香港特别行政区相互执行仲裁裁决的安排》的理解与适用*

邵文虹　高莎薇

1999年6月21日，内地与香港特别行政区（以下简称香港特区）代表在深圳签署了《内地与香港特别行政区相互执行仲裁裁决的安排》（以下简称《安排》）的备忘录。《安排》是继《关于内地与香港特别行政区法院相互委托送达民商事司法文书的安排》之后，两地司法协助领域的又一个重要成果，它是两地司法协助的重要组成部分。《安排》的签署，对于切实维护两地当事人的合法权益，保持香港繁荣稳定，促进内地经济发展，保证商务交易公平以及降低违约可能性等，都具有十分重要的意义。《安排》详细规定了两地法院受理和执行对方仲裁裁决的具体程序，并将在内地与香港特别行政区分别通过发布司法解释和修改香港特区《仲裁条例》予以执行。

---

* 载《人民司法》1999年第10期。

一、《安排》的重要意义

近年来，随着内地与香港往来的日益频繁，两地当事人之间的经济纠纷不断增多。纠纷出现后，一般通过诉讼或者仲裁加以解决。相对于诉讼而言，仲裁的高效和廉宜似乎更具吸引力。1997年7月1日前，内地与香港仲裁裁决的相互承认和执行主要依据1958年《纽约公约》进行，多年来执行情况良好。据中国国际经济贸易仲裁委员会统计，香港回归前，中国国际经济贸易仲裁委员会的150多件裁决大多都在香港高等法院得到执行，仅有2件由于某种程序上的原因被拒绝执行；内地法院在香港回归前，根据《纽约公约》受理执行香港仲裁裁决的申请26件，已执行50%。

香港回归后，两地间的司法协助已经变为一个主权国家内不同法律区域间的司法安排，与国际司法协助有本质的区别。两地间相互执行对方仲裁裁决不再适用《纽约公约》。在此期间，内地与香港特区相互执行对方仲裁裁决几乎处于真空状态。1998年1月19日香港高等法院范德雷（FINDLAY）法官作出驳回当事人执行中国国际经济贸易仲裁委员会仲裁裁决申请的判决，其理由是无执行依据。内地北京、山西、山东、安徽和广东等地法院也陆续收到当事人执行香港仲裁裁决的申请，但为慎重起见，内地法院始终未对香港仲裁裁决执行与否作出判决，准备待两地就此达成协议后，一并按有关规定办理。因此，如何适应实际需要，尽快在两地建立起方便、快捷的执行仲裁裁决新机制，就显得十分迫切和重要。

二、《安排》的基本原则

《安排》自始至终贯穿以下基本原则，正确领会这些原则，对于完整、准确、全面理解《安排》，有着十分重要的作用。

"一国两制"原则。"一国两制"原则是处理内地与香港特区各种问题总的指导思想，也是制定和实施《安排》最基本的原则。内地与香港特别行政区的司法协助，必须以促进和维护国家统一为基本出发点。不论是内地司法机关抑或香港特别行政区的司法机关，在相互提供司法协助时，都不得损害国家的主权和根本利益，不得将两地的司法协助变相地视为国与国之间的司法协助。同时，在提供司法协助时，还应充分考虑两地实行不同法律制度和社会制度的实际情况，尊重和维护香港特区独立的司法权和终审权，允许香港特区的司法机关按照基本法的规定保留自己的制度和某些做法。

协商一致原则。在"一国两制"原则下，香港特别行政区司法机关与内地司法机关互不隶属。《中华人民共和国香港特别行政区基本法》第九十五条要求，两地间司法协助必须在协商一致的基础上进行，发生纠纷时，应尽量通过协商加以解决。这是内地与香港特区解决两地间法律冲突的重要途径，也是"一国两制"原则的根本要求。《安排》自始至终无不体现协商一致的原则。对在执行过程中出现的问题，《安排》也明确规定要通过最高人民法院和香港特别行政区政府协商加以解决。

有效原则。在一国之内开展区际司法协助，不存在国际司法协助中的主权因素，相反却有一些相对有利的条件，因此，内地与香港特别行政区进行司法协助的途径和方式应当比国际司法协助更简单、方便。事实上，绝大多数存在区际法律冲突的国家，其各法域相互提供司法协助时都采取了比较宽松的做法，由此形成一个顺利进行司法协助的良好法律环境。内地与香港特别行政区之间的司法协助也参照有关做法，从有效保护当事人合法权益出发，建立起直接、有效、简便易行的司法协助关系。

参照国际公约和国际惯例原则。香港回归后继续保持了国际金融中心、自由港和独立关税区的地位，与内地的经贸关系参照对外经贸关系，港商在内地投资参照外资享受优惠政策并得到投资保护，两地在此领域的往来继续参照国际规则和国际惯例。对此，两地间民商事司法协助的某些方面也可以相应参照有关国际公约和国际惯例的做法，对于那些经过多年实践，根据公约执行仲裁裁决的成熟做法，应尽量保持其连续性和稳定性。从《安排》的具体内容上看，基本上保持了《纽约公约》的原貌，其中关于不予执行的几种情形与《纽约公约》的规定是一致的。无疑，这对于提高仲裁当事人对香港稳定与发展的信心是十分有益的。

三、《安排》的几个具体问题

（一）关于相互执行仲裁裁决的范围问题

香港回归前，鉴于当时国内能受理涉外、涉港澳案件的仲裁机构只有中国国际经济贸易仲裁委员会及中国海事仲裁委员会，因此，根据《纽约公约》，香港法院实际受理的只限于执行这两家仲裁机构作出的仲裁裁决的申请。内地法院受理的是根据香港特区《仲裁条例》作出裁决的执行申请。

香港回归后，内地仲裁体制发生了变化。1995 年 9 月 1 日《中华人民共和国仲裁法》实施。根据该法，各省、自治区和直辖市人民政府所在地的市或根据需要其他设区的市可以设立仲裁委员会，其主要职责是受理国内仲裁案件。根据国务院办公厅国办发〔1996〕22号文件的规定，对于涉外案件当事人自愿选择新组建的仲裁委员会仲裁的，国内仲裁委员会也可以受理涉外仲裁案件。因此，执行内地的仲裁裁决就不能仅限于中国国际经济贸易仲裁委员会和中国海事仲裁委员会的裁决。因为这一做法已经不能适应内地变化了的实际情况和需要，同时也有悖于《纽约公约》的规定。根据《纽约公约》第1条的规定，承认和执行的范围应当是"所在国以外国家领土内作出的仲裁裁决"，而非根据仲裁机构作出的裁决。对于香港而言，即只要是内地作出的仲裁裁决，不论是国内仲裁机构还是涉外仲裁机构，只要符合执行条件的，都应予以执行。体现在《安排》中，即"香港特区同意执行内地仲裁机构（名单由国务院法制办经国务院港澳事务办公室提供）依据我国仲裁法所作出的裁决，内地人民法院同意执行在香港特区按香港特区《仲裁条例》作出的裁决"。根据附件，截至1999年5月31日，内地依据仲裁法成立的仲裁委员会已达148家，其中受理过涉港仲裁案件的仲裁委员会已有32家。

由于《安排》基本上体现了《纽约公约》的主要内容，因此在内地执行香港特区仲裁裁决时，对于我国在加入公约时所作的商事保留还是应当继续适用的，即执行仲裁裁决的范围是对按照内地法律属于契约性和非契约性商事法律关系而引起的争议所作出的仲裁裁决。

（二）申请执行仲裁裁决的期限问题

《安排》规定：申请人向法院申请执行内地或者香港特区仲裁裁决的期限，应当依据执行地法律程序处理。对于申请执行期限，内地和香港特区的法律有不同规定。《中华人民共和国民事诉讼法》第二百一十九条[①]规定，双方或者一方当事人是公民的，申请执行期限为1年，双方当事人是法人或者其他组织的，申请执行期限为6个月。自法律文书规定履行期间的最后一日计算：法律文书规定分期履行的，从规定的每次履行期间的最后一日计算。香港特区法律则不分何种情况，时限均为6年。

对于香港回归后至《安排》生效前这一期间因故未能提出执行申请的，《安排》也作出了特殊规定，即允许法人、自然人自《安排》生效后，分别在6个月、1年之内提出申请，而对于有关法院已经拒绝执行仲裁裁决的，也允许当事人重新提出申请，期限比照上述规定。

（三）执行仲裁裁决的申请问题

内地与香港特区作出的仲裁裁决需要到对方区域执行的，只要当事人的申请符合《安排》第三条、第四条的要求，有关法院就应当受理。根据第三条、第四条的规定，申请人提出执行申请时，应当提供下列材料：一是执行申请书。向内地法院申请执行的，执行申请书必须以中文文本提出；向香港法院提出申请的，执行申请书中、英文均可。申请书应当按照第四条的要求填写清楚申请人的名称或姓名、地址、企业注册登记副本、申请执行的理由与请求的内容、被申请人财产所在地及其财产状况。对于申请人是外国籍的，要提交相应的公证和认证材料。二是仲裁裁决书。三是仲裁协议书。《安排》对于仲裁裁决书、协议书未要求公证、认证，只是对于没有中文文本的，申请人提交中文译本时，要对中文译本加以证明。这也是有效原则的具体体现。

---

① 现为2021年修正的《民事诉讼法》第二百四十六条。

（四）关于拒绝执行仲裁裁决的问题

《安排》第七条规定了拒绝执行的几种情形，在适用时应当注意以下几点：首先，法院对于仲裁裁决不进行主动审查，只有当一方当事人提出申请，而被申请执行人又提供了充分证据证明仲裁裁决具有《安排》第七条第一款所列五种情形之一时，法院才能进行审查，经审查核实后裁定不予执行。如果被申请执行人不能提供充足证据证明有第七条第一款所列情形之一的，则应驳回拒绝执行的申请。其次，当法院在执行中发现且又能够认定依据执行地法律，争议事项不能以仲裁解决，或者执行该仲裁裁决违反执行地的公共利益或公共政策时，应根据第七条第二款的规定，直接依职权作出不予执行的裁定。再次，第七条第一款所列的几种情形，基本上属于程序性的问题，第一项是仲裁协议无效、仲裁协议当事人无行为能力；第二项、第四项是仲裁严重违反规定，限制或者剥夺了当事人依据仲裁规则所应当享有的权利；第三项是仲裁裁决的内容超出了当事人的授权范围；第五项是裁决未生效或者被撤销停止执行。由此可见，《安排》对于仲裁裁决在认定事实和适用法律方面是否有错误是不予审查的，其对仲裁裁决的审查只是程序审查。这同内地法院对国内仲裁机构作出的裁决进行实质性审查是完全不同的。显然，《安排》对执行内地或者香港特区仲裁裁决采取的是一种较为宽松和务实的态度。最后，《安排》虽然规定了公共秩序条款，但香港回归后，两地关系发生了根本性的变化，一国之内相互提供协助应当比国与国之间更全面、有效，因此应当严格限制公共秩序条款的适用。总之，对于拒绝执行仲裁裁决的，应采取慎重态度。

最高人民法院

关于内地与香港特别行政区法院相互认可和执行当事人协议管辖的民商事案件判决的安排

法释〔2008〕9号

（2006年6月12日最高人民法院审判委员会第1390次会议通过
2008年7月3日最高人民法院公告公布　自2008年8月1日起生效）

根据《中华人民共和国香港特别行政区基本法》第九十五条的规定，最高人民法院与香港特别行政区政府经协商，现就当事人协议管辖的民商事案件判决的认可和执行问题作出如下安排：

第一条　内地人民法院和香港特别行政区法院在具有书面管辖协议的民商事案件中作出的须支付款项的具有执行力的终审判决，当事人可以根据本安排向内地人民法院或者香港特别行政区法院申请认可和执行。

第二条　本安排所称"具有执行力的终审判决"：

（一）在内地是指：

1. 最高人民法院的判决；

2. 高级人民法院、中级人民法院以及经授权管辖第一审涉外、涉港澳台民商事案件的基层人民法院（名单附后）依法不准上诉或者已经超过法定期限没有上诉的第一审判决，第二审判决和依照审判监督程序由上一级人民法院提审后作出的生效判决。

（二）在香港特别行政区是指终审法院、高等法院上诉法庭及原讼法庭和区域法院作出的生效判决。

本安排所称判决，在内地包括判决书、裁定书、调解书、支付令；在香港特别行政区包括判决书、命令和诉讼费评定证明书。

当事人向香港特别行政区法院申请认可和执行判决后，内地人民法院对该案件依法再审的，由作出生效判决的上一级人民法院提审。

第三条　本安排所称“书面管辖协议”，是指当事人为解决与特定法律关系有关的已经发生或者可能发生的争议，自本安排生效之日起，以书面形式明确约定内地人民法院或者香港特别行政区法院具有唯一管辖权的协议。

本条所称“特定法律关系”，是指当事人之间的民商事合同，不包括雇佣合同以及自然人因个人消费、家庭事宜或者其他非商业目的而作为协议一方的合同。

本条所称“书面形式”是指合同书、信件和数据电文（包括电报、电传、传真、电子数据交换和电子邮件）等可以有形地表现所载内容、可以调取以备日后查用的形式。

书面管辖协议可以由一份或者多份书面形式组成。

除非合同另有规定，合同中的管辖协议条款独立存在，合同的变更、解除、终止或者无效，不影响管辖协议条款的效力。

第四条　申请认可和执行符合本安排规定的民商事判决，在内地向被申请人住所地、经常居住地或者财产所在地的中级人民法院提出，在香港特别行政区向香港特别行政区高等法院提出。

第五条　被申请人住所地、经常居住地或者财产所在地在内地不同的中级人民法院辖区的，申请人应当选择向其中一个人民法院提出认可和执行的申请，不得分别向两个或者两个以上人民法院提出申请。

被申请人的住所地、经常居住地或者财产所在地，既在内地又在香港特别行政区的，申请人可以同时分别向两地法院提出申请，两地法院分别执行判决的总额，不得超过判决确定的数额。已经部分或者全部执行判决的法院应当根据对方法院的要求提供已执行判决的情况。

第六条 申请人向有关法院申请认可和执行判决的，应当提交以下文件：

（一）请求认可和执行的申请书；

（二）经作出终审判决的法院盖章的判决书副本；

（三）作出终审判决的法院出具的证明书，证明该判决属于本安排第二条所指的终审判决，在判决作出地可以执行；

（四）身份证明材料：

1. 申请人为自然人的，应当提交身份证或者经公证的身份证复印件；

2. 申请人为法人或者其他组织的，应当提交经公证的法人或者其他组织注册登记证书的复印件；

3. 申请人是外国籍法人或者其他组织的，应当提交相应的公证和认证材料。

向内地人民法院提交的文件没有中文文本的，申请人应当提交证明无误的中文译本。

执行地法院对于本条所规定的法院出具的证明书，无需另行要求公证。

第七条 请求认可和执行申请书应当载明下列事项：

（一）当事人为自然人的，其姓名、住所；当事人为法人或者其他组织的，法人或者其他组织的名称、住所以及法定代表人或者主要负责人的姓名、职务和住所；

（二）申请执行的理由与请求的内容，被申请人的财产所在地以及财产状况；

（三）判决是否在原审法院地申请执行以及已执行的情况。

第八条　"申请人申请认可和执行内地人民法院或者香港特别行政区法院判决的程序，依据执行地法律的规定。本安排另有规定的除外。

申请人申请认可和执行的期间为二年。

前款规定的期间，内地判决到香港特别行政区申请执行的，从判决规定履行期间的最后一日起计算，判决规定分期履行的，从规定的每次履行期间的最后一日起计算，判决未规定履行期间的，从判决生效之日起计算；香港特别行政区判决到内地申请执行的，从判决可强制执行之日起计算，该日为判决上注明的判决日期，判决对履行期间另有规定的，从规定的履行期间届满后开始计算。

第九条　对申请认可和执行的判决，原审判决中的债务人提供证据证明有下列情形之一的，受理申请的法院经审查核实，应当裁定不予认可和执行：

（一）根据当事人协议选择的原审法院地的法律，管辖协议属于无效。但选择法院已经判定该管辖协议为有效的除外；

（二）判决已获完全履行；

（三）根据执行地的法律，执行地法院对该案享有专属管辖权；

（四）根据原审法院地的法律，未曾出庭的败诉一方当事人未经合法传唤或者虽经合法传唤但未获依法律规定的答辩时间。但原审法院根据其法律或者有关规定公告送达的，不属于上述情形；

（五）判决是以欺诈方法取得的；

（六）执行地法院就相同诉讼请求作出判决，或者外国、境外地区法院就相同诉讼请求作出判决，或者有关仲裁机构作出仲裁裁决，已经为执行地法院所认可或者执行的。

内地人民法院认为在内地执行香港特别行政区法院判决违反内地社会公共利益，或者香港特别行政区法院认为在香港特别行政区执行内地人民法院判决违反香港特别行政区公共政策的，不予认可和执行。

第十条 对于香港特别行政区法院作出的判决，判决确定的债务人已经提出上诉，或者上诉程序尚未完结的，内地人民法院审查核实后，可以中止认可和执行程序。经上诉，维持全部或者部分原判决的，恢复认可和执行程序；完全改变原判决的，终止认可和执行程序。

内地地方人民法院就已经作出的判决按照审判监督程序作出提审裁定，或者最高人民法院作出提起再审裁定的，香港特别行政区法院审查核实后，可以中止认可和执行程序。再审判决维持全部或者部分原判决的，恢复认可和执行程序；再审判决完全改变原判决的，终止认可和执行程序。

第十一条 根据本安排而获认可的判决与执行地法院的判决效力相同。

第十二条 当事人对认可和执行与否的裁定不服的，在内地可以向上一级人民法院申请复议，在香港特别行政区可以根据其法律规定提出上诉。

第十三条 在法院受理当事人申请认可和执行判决期间，当事人依相同事实再行提起诉讼的，法院不予受理。

已获认可和执行的判决，当事人依相同事实再行提起诉讼的，法院不予受理。

对于根据本安排第九条不予认可和执行的判决，申请人不得再行提起认可和执行的申请，但是可以按照执行地的法律依相同案件事实向执行地法院提起诉讼。

第十四条　法院受理认可和执行判决的申请之前或者之后，可以按照执行地法律关于财产保全或者禁制资产转移的规定，根据申请人的申请，对被申请人的财产采取保全或强制措施。

第十五条　当事人向有关法院申请执行判决，应当根据执行地有关诉讼收费的法律和规定交纳执行费或者法院费用。

第十六条　内地与香港特别行政区法院相互认可和执行的标的范围，除判决确定的数额外，还包括根据该判决须支付的利息、经法院核定的律师费以及诉讼费，但不包括税收和罚款。

在香港特别行政区诉讼费是指经法官或者司法常务官在诉讼费评定证明书中核定或者命令支付的诉讼费用。

第十七条　内地与香港特别行政区法院自本安排生效之日（含本日）起作出的判决，适用本安排。

第十八条　本安排在执行过程中遇有问题或者需要修改，由最高人民法院和香港特别行政区政府协商解决。

附：

截至2006年5月31日，内地经授权管辖第一审涉外、涉港澳台民商事案件的基层人民法院名单

广东省

广州市越秀区人民法院
广州市海珠区人民法院
广州市天河区人民法院
广州市番禺区人民法院
广州市萝岗区人民法院
广州市南沙区人民法院
深圳市福田区人民法院
深圳市罗湖区人民法院
深圳市宝安区人民法院
深圳市龙岗区人民法院
深圳市南山区人民法院
深圳市盐田区人民法院
佛山市禅城区人民法院
东莞市人民法院
湛江经济技术开发区人民法院
惠州市大亚湾经济技术开发区人民法院

山东省

济南高新技术产业开发区人民法院
淄博高新技术产业开发区人民法院

泰安高新技术产业开发区人民法院

烟台经济技术开发区人民法院

日照经济开发区人民法院

河北省

石家庄高新技术产业开发区人民法院

廊坊经济技术开发区人民法院

秦皇岛市经济技术开发区人民法院

湖北省

武汉市经济技术开发区人民法院

武汉东湖新技术开发区人民法院

襄樊高新技术开发区人民法院

辽宁省

沈阳经济技术开发区人民法院

沈阳高新技术产业开发区人民法院

大连经济技术开发区人民法院

江苏省

苏州市工业园区人民法院

无锡市高新技术产业开发区人民法院

常州高新技术产业开发区人民法院

南通经济技术开发区人民法院

上海市

浦东新区人民法院

黄浦区人民法院

吉林省

长春市经济技术开发区人民法院

吉林高新技术产业开发区人民法院

天津市

天津市经济技术开发区人民法院

浙江省

义乌市人民法院

河南省

郑州高新技术产业开发区人民法院

洛阳市高新技术开发区人民法院

四川省

成都高新技术产业开发区人民法院

绵阳高新技术产业开发区人民法院

海南省

洋浦开发区人民法院

内蒙古自治区

包头稀土高新技术产业开发区人民法院

安徽省

合肥高新技术产业开发区人民法院

最高人民法院根据审判工作的需要，对授权管辖第一审涉外、涉港澳台民商事案件的基层人民法院进行增减的，在通报香港特别行政区政府后，列入附件。

附录 1:

最高人民法院关于截至 2013 年 3 月 10 日内地经授权管辖第一审涉外、涉港澳台民商事案件的基层人民法院名单的通报

2013 年 4 月 3 日　　　　法〔2013〕69 号

香港特别行政区政府律政司:

2006 年 7 月，最高人民法院与香港特别行政区政府签署了《关于内地与香港特别行政区法院相互认可和执行当事人协议管辖的民商事案件判决的安排》（以下简称安排）。该安排附件在列举了“截至 2006 年 5 月 31 日，内地经授权管辖第一审涉外、涉港澳台民商事案件的基层人民法院名单”的同时，还明确规定“最高人民法院根据审判工作的需要，对授权管辖第一审涉外、涉港澳台民商事案件的基层人民法院进行增减的，在通报香港特别行政区政府后，列入附件。”

鉴于该安排签署以来，内地经授权管辖第一审涉外、涉港澳台民商事案件的基层人民法院名单有所调整，为确保安排的顺利实施，根据该安排附件所规定的通报义务，现将更新后的内地经授权管辖一审涉外、涉港澳台民商事案件的基层人民法院名单通报特区政府，并请列入安排附件。

特此通报。

截至2013年3月10日内地经授权管辖第一审涉外、涉港澳台民商事案件的基层人民法院名单

北京市

北京市东城区人民法院
北京市西城区人民法院
北京市朝阳区人民法院
北京市海淀区人民法院
北京市丰台区人民法院
北京市石景山区人民法院
北京市门头沟区人民法院
北京市房山区人民法院
北京市通州区人民法院
北京市大兴区人民法院
北京市顺义区人民法院
北京市昌平区人民法院
北京市怀柔区人民法院
北京市平谷区人民法院
密云县人民法院
延庆县人民法院
北京铁路运输法院

天津市

天津市滨海新区人民法院

河北省

石家庄高新技术产业开发区人民法院

秦皇岛经济技术开发区人民法院

廊坊经济技术开发区人民法院

内蒙古自治区

呼和浩特市赛罕区人民法院

呼伦贝尔市海拉尔区人民法院

满洲里市人民法院

新巴尔虎右旗人民法院

新巴尔虎左旗人民法院

陈巴尔虎旗人民法院

额尔古纳市人民法院

阿尔山市人民法院

二连浩特市人民法院

东乌珠穆沁旗人民法院

达尔罕茂明安联合旗人民法院

乌拉特中旗人民法院

乌拉特后旗人民法院

额济纳旗人民法院

包头稀土高新技术开发区人民法院

辽宁省

沈阳经济技术开发区人民法院

沈阳高新技术产业开发区人民法院

大连经济技术开发区人民法院

丹东市振兴区人民法院

丹东市元宝区人民法院

丹东市振安区人民法院

东港市人民法院
宽甸满族自治县人民法院

吉林省

长春经济技术开发区人民法院
长春汽车产业开发区人民法院

黑龙江省

大庆高新技术产业开发区人民法院
抚远县人民法院
绥芬河市人民法院
东宁县人民法院
密山市人民法院
同江市人民法院
饶河县人民法院
萝北县人民法院
虎林市人民法院

上海市

上海市浦东新区人民法院
上海市黄浦区人民法院
上海市徐汇区人民法院
上海市长宁区人民法院
上海市杨浦区人民法院
上海市虹口区人民法院
上海市静安区人民法院
上海市闸北区人民法院
上海市普陀区人民法院

上海市闵行区人民法院

上海市金山区人民法院

上海市松江区人民法院

上海市奉贤区人民法院

上海市宝山区人民法院

上海市嘉定区人民法院

上海市青浦区人民法院

崇明县人民法院

江苏省

苏州工业园区人民法院

昆山市人民法院

苏州市虎丘区人民法院

太仓市人民法院

张家港市人民法院

无锡高新技术产业开发区人民法院

常州高新技术产业开发区人民法院

南通经济技术开发区人民法院

镇江经济开发区人民法院

浙江省

杭州市西湖区人民法院

杭州市滨江区人民法院

杭州市下城区人民法院

杭州市拱墅区人民法院

余姚市人民法院

宁波市鄞州区人民法院

奉化市人民法院
慈溪市人民法院
宁波市北仑区人民法院
瑞安市人民法院
乐清市人民法院
文成县人民法院
温州市鹿城区人民法院
温州市瓯海区人民法院
嘉兴市南湖区人民法院
嘉兴市秀洲区人民法院
嘉善县人民法院
海宁市人民法院
湖州市吴兴区人民法院
诸暨市人民法院
绍兴县人民法院
上虞市人民法院
永康市人民法院
义乌市人民法院
金华市婺城区人民法院
温岭市人民法院
青田县人民法院

安徽省

合肥高新技术产业开发区人民法院
芜湖经济技术开发区人民法院

福建省

福州市马尾区人民法院

厦门市海沧区人民法院

山东省

青岛市城阳区人民法院

淄博高新技术产业开发区人民法院

烟台经济技术开发区人民法院

日照经济开发区人民法院

河南省

洛阳高新技术产业开发区人民法院

湖北省

武汉经济技术开发区人民法院

武汉东湖新技术开发区人民法院

襄阳高新技术开发区人民法院

湖南省

长沙市天心区人民法院

长沙市岳麓区人民法院

长沙县人民法院

临澧县人民法院

广东省

广州市越秀区人民法院

广州市荔湾区人民法院

广州市海珠区人民法院

广州市天河区人民法院

广州市白云区人民法院

广州市黄埔区人民法院

广州市番禺区人民法院

广州市花都区人民法院
广州市南沙区人民法院
广州市萝岗区人民法院
增城市人民法院
从化市人民法院
深圳市福田区人民法院
深圳市罗湖区人民法院
深圳市南山区人民法院
深圳市宝安区人民法院
深圳市龙岗区人民法院
深圳市盐田区人民法院
珠海市香洲区人民法院
珠海市斗门区人民法院
珠海市金湾区人民法院
汕头市金平区人民法院
汕头市濠江区人民法院
汕头市龙湖区人民法院
佛山市禅城区人民法院
佛山市南海区人民法院
佛山市顺德区人民法院
佛山市三水区人民法院
佛山市高明区人民法院
韶关市浈江区人民法院
韶关市武江区人民法院
韶关市曲江区人民法院
河源市源城区人民法院

梅州市梅江区人民法院
惠州市惠城区人民法院
惠州市惠阳区人民法院
博罗县人民法院
大亚湾经济技术开发区人民法院
东莞市第一人民法院
东莞市第二人民法院
东莞市第三人民法院
中山市第一人民法院
中山市第二人民法院
江门市蓬江区人民法院
江门市江海区人民法院
江门市新会区人民法院
恩平市人民法院
台山市人民法院
开平市人民法院
鹤山市人民法院
阳江市江城区人民法院
湛江市赤坎区人民法院
湛江市霞山区人民法院
湛江经济技术开发区人民法院
肇庆市端州区人民法院
肇庆市鼎湖区人民法院
清远市清城区人民法院

广西壮族自治区

靖西县人民法院

那坡县人民法院

宁明县人民法院

龙州县人民法院

大新县人民法院

凭祥市人民法院

防城港市防城区人民法院

东兴市人民法院

海南省

洋浦开发区人民法院

四川省

成都高新技术产业开发区人民法院

绵阳高新技术产业开发区人民法院

附录 2：

最高人民法院负责人就《关于内地与香港特别行政区法院相互认可和执行当事人协议管辖的民商事案件判决的安排》答记者问

（2008 年 7 月 3 日）

一、公布司法解释具有重要意义

问：出台该司法解释有什么背景和意义？

答：《关于内地与香港特别行政区法院相互认可和执行当事人协议管辖的民商事案件判决的安排》（以下简称《安排》）业

经最高人民法院审判委员会讨论通过，于7月3日公布，并于2008年8月1日正式实施。《安排》为内地人民法院认可和执行香港特区法院作出的当事人协议管辖的民商事案件的判决提供了法律依据。

大家知道，在香港回归以前，由于内地与香港特区之间没有相互认可和执行判决的机制，因此，两地的判决不能得到对方的认可和执行。当事人尽管取得了债权，但是如果想在另一地实现债权，就不得不在另一地重新起诉，浪费了大量的时间和金钱。香港回归后，随着内地与香港特区经济交往的日益频繁，涉及两地的民商事纠纷不断增加，特别是《内地与香港关于更紧密经贸关系的安排》签署后，内地与香港特区相互认可和执行民商事判决的问题日益突显。为了解决这一问题，内地与香港特区根据《中华人民共和国香港特别行政区基本法》第九十五条的规定，本着相互尊重、平等协商、求同存异、先易后难、务求实效的原则，于2002年7月首次启动磋商。期间，还听取了全国人大法工委、最高人民检察院、公安部、司法部、国务院港澳办、国务院法制办等有关部门的意见。经过历时四年的七次磋商，双方于2006年7月签署了《安排》，首次明确了内地与香港特区有义务相互认可和执行对方的民商事判决。本次公布司法解释，是内地落实两地磋商结果的具体体现。《安排》的公布，对当事人、对香港特区和内地，具有深远意义。

首先，司法解释顺应了香港回归后两地对判决认可机制的需求，填补了内地人民法院执行香港特区民商事判决依据的空白，使得诉讼当事人经一地法院判决确定的权利在另一地得到实现，既体现了司法为民的理念，也有利于维护两地司法判决的效力，从而进一步增强两地司法的权威性。《安排》为两地经济的不断发展，为维护两地居民、企业的合法权益提供了有力的司法保障。

其次，《安排》确定了一项新制度，使两地相互认可和执行判决的程序统一、明确和简化，增强了诉讼结果的可预见性，从而消除了投资方对诉讼与执行相脱节的疑虑，增强跨区域投资、贸易的信心，使内地与香港特区之间的经贸往来、人员交流以及其他各项事务能够在良好的法制环境下顺利运作，内地与香港特区在经济与社会发展方面的特点和优势，在有力的法律支持下，将更加充分地培育和发挥出来。

最后，本次公布司法解释，是继 1999 年、2000 年最高人民法院公布《关于内地与香港特别行政区法院相互委托送达民商事司法文书的安排》和《关于内地与香港特别行政区相互执行仲裁裁决的安排》司法解释之后，又一更具影响力的司法举措。它将进一步表明内地人民法院依法维护香港和内地当事人合法权益的诚意和决心。《安排》的实施和执行将进一步加强两地已有的司法协作关系，不断拓展两地之间新的司法协助空间。

二、《安排》主要包括十个方面的内容

问：《安排》主要包括哪些内容？

答：《安排》包括以下主要内容：

1. 安排适用的范围、“判决”所涵盖的文书种类；
2. 受理认可和执行申请的管辖法院；
3. 申请认可和执行的要求；
4. 拒绝认可和执行的理由以及对当事人的救济途径；
5. 中止、终止认可和执行程序；
6. 申请执行的期限；

8. 认可和执行程序的财产保全；

9. 一事不再理；

10.《安排》的溯及力，等等。

三、《安排》只适用于协议管辖的民商事案件

问：适用于《安排》的案件有哪些？有什么特点？

答：判决的相互认可和执行是内地与香港特区民商事司法协助领域中最为复杂、最多争议的一个问题，而在认可和执行判决过程中遇到的最棘手的问题之一就是管辖权的确认问题。为了尽快达成共识，避免因争议过多而影响磋商的进程，内地与香港特区经协商，本着先易后难的原则，将管辖权较为简单、实践中相对规范的当事人协议管辖的商事合约案件作为《安排》最先调整的对象。《安排》第一条规定：内地人民法院和香港特别行政区法院在具有书面管辖协议的民商事案件中作出的须支付款项的具有执行力的终审判决，当事人可以根据本《安排》向内地人民法院或者香港特别行政区法院申请认可和执行。

根据上述规定，适用于《安排》的案件应当有以下几个特点：

第一，当事人以书面形式明确约定争议的管辖地点，即当事人以合同书、信件和数据电文等形式，约定内地人民法院或者香港特别行政区法院具有唯一管辖争议的权力。如果没有管辖约定或者约定不明，便不能适用《安排》；

第二，适用于《安排》的案件只能是民商事合约案件。《安排》暂不适用于婚姻、继承、侵权、劳动争议、破产等其他民商事案件；

第三，《安排》只适用于源于商业合约的争议所做出的给付

金钱的判决，不包括确认权益或者要求履行某种行为等的其他判决；

第四，《安排》所适用的民商事判决必须是具有执行力的终审判决。根据《安排》第二条的规定，具有执行力的终审判决是指内地的最高人民法院的判决、高级人民法院、中级人民法院以及经授权管辖第一审涉外、涉港澳台民商事案件的基层人民法院依法不准上诉或者已经超过法定期限没有上诉的第一审判决，第二审判决和依照审判监督程序由上一级人民法院提审后作出的生效判决。香港特别行政区的终审法院、高等法院上诉法庭及原讼法庭和区域法院作出的生效判决。

四、债权人可同时向两地法院申请执行

问：《安排》是否允许债权人同时向两地法院申请执行？

答：从有利于保护债权人实现债权考虑，在被申请人的住所地、经常居住地或者财产所在地，既在内地又在香港特别行政区的情况下，对于债权人实现债权，《安排》制定出区别于《关于内地与香港特别行政区相互执行仲裁裁决的安排》的制度，即被申请人的住所地、经常居住地或者财产所在地，既在内地又在香港特别行政区的，申请人可以同时分别向两地法院提出申请，两地法院分别执行判决的总额，不得超过判决确定的数额。已经部分或者全部执行判决的法院应当根据对方法院的要求提供已执行判决的情况。而《关于内地与香港特别行政区相互执行仲裁裁决的安排》在同样情况下，申请人不得同时分别向两地有关法院提出申请。只有一地法院执行不足以偿还其债务的情况下，才可以就不足部分向另一地法院申请执行。这一规定主要是为了避免恶意和重复执行，过多地考虑债务人的利益。但是，在司法实践

中，满足“在一地执行不足以偿还其债务”的要求之后，再允许到另一地申请执行，对债权人实现债权的门槛设置过高，对债权人显失公允。为了解决这个问题，《安排》规定“可以同时分别向两地法院提出申请”，同时要求，“两地执行的总数额不超过判决确定的总金额，已经部分或者全部执行判决的法院应当根据对方法院的要求提供已执行判决的情况”，在制度设置上保证了债权人最大限度实现债权，同时又防止了执行程序重复、浪费司法资源情况的发生。

五、可否在异地执行靠法院出具“证明书”

问：两地法院如何相互了解判决应否执行？

答：由于内地与香港特区在法律制度方面分属不同法系，因此在法官的司法理念、思维方式，司法制度的设置、法律名词或者术语的含义和理解等等方面，都会存在差异。此外，由于内地与香港特区分属不同的司法区域，对于一方正在进行的诉讼处于何种阶段，判决已执行状况等，对方都无从知晓。因此，内地与香港特区法院的相互联系、相互协助，对于《安排》的实施和执行就显得特别重要。出于以上考虑，《安排》对需要两地法院相互配合的情况，提出了明确要求。根据《安排》，对于需要确认判决是否是“终审判决”、申请到另一地执行的判决在判决作出地是否能够执行、判决执行到什么程度，是否已经全部或者部分执行以及案件是否处于再审、二审期间等问题，一地法院可以根据另一地法院或者当事人的请求，出具明确的“证明书”，以证明上述事实。《安排》的上述要求，既有利于当事人行使权利，也有利于密切两地法院的关系与合作，使认可和执行对方法院判决工作落实到实处。

六、申请人要提交判决书、证明书、身份证明

问：申请认可和执行判决需要提交哪些文件？

答：《安排》对于当事人在申请认可和执行判决时提交什么文件提出了具体要求。根据《安排》，当事人需要提交的文件，第一，就是申请书。根据《安排》申请书应当载明下列事项：当事人的有关情况、申请执行的理由与请求的内容，被申请人的财产所在地、财产状况以及判决在原审法院执行情况的证明。第二，是判决书，判决书应当加盖作出终审判决的法院的印章。第三，经作出终审判决的法院出具的证明该判决属于终审判决，并且在判决作出地可以执行的证明书。第四，申请人的身份证明材料。按照《安排》，提交的所有文件都要以中文制作。

七、七种特殊情况可以拒绝执行

问：哪些情形可以拒绝认可和执行？对于拒绝认可和执行的判决有什么救济措施？

答：《安排》规定了不予认可的 7 种情形。具体情形是：

1. 根据当事人协议选择的原审法院地的法律，管辖协议属于无效。但选择法院已经判定该管辖协议为有效的除外。此规定最明显的特点就是对于选择管辖协议的有效性采取较为宽容的态度。首先是以原审法院地法律作为确定协议是否有效依据，而不是依据判决作出地的法律；其次，即使执行地法院依据判决地法律认定选择管辖协议无效，但是，只要选择法院作出该管辖协议有效的判决，如果不存在其他拒绝认可和执行的情形的，管辖协议无效的认定就不能影响判决的执行。

2. 判决已获完全履行。此规定主要是为了防止恶意和重复执

行。如果判决已经全部执行，不论是在判决作出地，还是在判决申请执行地，当事人再行申请执行的，两地法院都应拒绝执行。

3. 根据执行地的法律，执行地法院对该案享有专属管辖权。这是国际私法实践普遍遵守的一个原则。考虑到内地与香港特区分属于不同的法律区域，《安排》参照了专属管辖原则，作出了上述规定。

4. 根据原审法院地的法律，未曾出庭的败诉一方当事人未经合法传唤或者虽经合法传唤但未获依法律规定的答辩时间。此规定主要是为了保证败诉一方当事人充分行使诉讼权利。

5. 判决是以欺诈方法取得的。

6. 执行地法院就相同诉讼请求作出判决，或者外国、境外地区法院就相同诉讼请求作出判决，或者有关仲裁机构作出仲裁裁决，已经为执行地法院所认可或者执行的。此规定也是针对恶意和重复申请执行的情况，保证司法资源的有效利用。

7. 内地人民法院认为在内地执行香港特别行政区法院判决违反内地社会公共利益，或者香港特别行政区法院认为在香港特别行政区执行内地人民法院判决违反香港特别行政区公共政策的。虽然内地与香港特区同属一国，但是，由于两地存在不同的社会制度、经济制度、风俗习惯和法律原则，因此，公共秩序条款对于维护各法域法律制度的独立性和各自法律制度下独特的生活方式，还是十分必要的。然而一国之内各法律区域之间的合作应当比国与国之间更为密切，因此两地应当尽量限制公共秩序条款的适用，以利于维护司法正义和当事人权益，促进两地交往。

对不予认可和执行的判决，《安排》规定了救济途径，即当事人除了可以向上级法院寻求救济外，对于因某些情形而不予认可的判决，申请人可以按照执行地的法律依相同案件事实向执行地法院提起诉讼。

最高人民法院
关于内地与香港特别行政区法院就民商事案件相互委托提取证据的安排

法释〔2017〕4号

（2016年10月31日最高人民法院审判委员会第1697次会议通过
2017年2月27日最高人民法院公告公布　自2017年3月1日生效）

根据《中华人民共和国香港特别行政区基本法》第九十五条的规定，最高人民法院与香港特别行政区经协商，就民商事案件相互委托提取证据问题作出如下安排：

第一条　内地人民法院与香港特别行政区法院就民商事案件相互委托提取证据，适用本安排。

第二条　双方相互委托提取证据，须通过各自指定的联络机关进行。其中，内地指定各高级人民法院为联络机关；香港特别行政区指定香港特别行政区政府政务司司长办公室辖下行政署为联络机关。

最高人民法院可以直接通过香港特别行政区指定的联络机关委托提取证据。

第三条　受委托方的联络机关收到对方的委托书后，应当及时将委托书及所附相关材料转送相关法院或者其他机关办理，或者自行办理。

如果受委托方认为委托材料不符合本辖区相关法律规定，影响其完成受托事项，应当及时通知委托方修改、补充。委托方应当按照受委托方的要求予以修改、补充，或者重新出具委托书。

如果受委托方认为受托事项不属于本安排规定的委托事项范围，可以予以退回并说明原因。

第四条　委托书及所附相关材料应当以中文文本提出。没有中文文本的，应当提供中文译本。

第五条　委托方获得的证据材料只能用于委托书所述的相关诉讼。

第六条　内地人民法院根据本安排委托香港特别行政区法院提取证据的，请求协助的范围包括：

（一）讯问证人；

（二）取得文件；

（三）检查、拍摄、保存、保管或扣留财产；

（四）取得财产样品或对财产进行试验；

（五）对人进行身体检验。

香港特别行政区法院根据本安排委托内地人民法院提取证据的，请求协助的范围包括：

（一）取得当事人的陈述及证人证言；

（二）提供书证、物证、视听资料及电子数据；

（三）勘验、鉴定。

第七条　受委托方应当根据本辖区法律规定安排取证。

委托方请求按照特殊方式提取证据的，如果受委托方认为不违反本辖区的法律规定，可以按照委托方请求的方式执行。

如果委托方请求其司法人员、有关当事人及其诉讼代理人（法律代表）在受委托方取证时到场，以及参与录取证言的程序，受委托方可以按照其辖区内相关法律规定予以考虑批准。批准同意的，受委托方应当将取证时间、地点通知委托方联络机关。

第八条 内地人民法院委托香港特别行政区法院提取证据，应当提供加盖最高人民法院或者高级人民法院印章的委托书。香港特别行政区法院委托内地人民法院提取证据，应当提供加盖香港特别行政区高等法院印章的委托书。

委托书或者所附相关材料应当写明：

（一）出具委托书的法院名称和审理相关案件的法院名称；

（二）与委托事项有关的当事人或者证人的姓名或者名称、地址及其他一切有助于联络及辨别其身份的信息；

（三）要求提供的协助详情，包括但不限于：与委托事项有关的案件基本情况（包括案情摘要、涉及诉讼的性质及正在进行的审理程序等）；需向当事人或者证人取得的指明文件、物品及询（讯）问的事项或问题清单；需要委托提取有关证据的原因等；必要时，需陈明有关证据对诉讼的重要性及用来证实的事实及论点等；

（四）是否需要采用特殊方式提取证据以及具体要求；

（五）委托方的联络人及其联络信息；

（六）有助执行委托事项的其他一切信息。

第九条 受委托方因执行受托事项产生的一般性开支，由受委托方承担。

受委托方因执行受托事项产生的翻译费用、专家费用、鉴定费用、应委托方要求的特殊方式取证所产生的额外费用等非一般性开支，由委托方承担。

如果受委托方认为执行受托事项或会引起非一般性开支，应先与委托方协商，以决定是否继续执行受托事项。

第十条 受委托方应当尽量自收到委托书之日起六个月内完

成受托事项。受委托方完成受托事项后，应当及时书面回复委托方。

如果受委托方未能按委托方的请求完成受托事项，或者只能部分完成受托事项，应当向委托方书面说明原因，并按委托方指示及时退回委托书所附全部或者部分材料。

如果证人根据受委托方的法律规定，拒绝提供证言时，受委托方应当以书面通知委托方，并按委托方指示退回委托书所附全部材料。

第十一条　本安排在执行过程中遇有问题，或者本安排需要修改，应当通过最高人民法院与香港特别行政区政府协商解决。

第十二条　本安排在内地由最高人民法院发布司法解释和香港特别行政区完成有关内部程序后，由双方公布生效日期。

本安排适用于受委托方在本安排生效后收到的委托事项，但不影响双方根据现行法律考虑及执行在本安排生效前收到的委托事项。

附录：

最高人民法院关于贯彻执行《关于内地与香港特别行政区法院就民商事案件相互委托提取证据的安排》的通知

2017年4月14日　　　　法〔2017〕117号

各省、自治区、直辖市高级人民法院，解放军军事法院，新疆维吾尔自治区高级人民法院生产建设兵团分院：

最高人民法院《关于内地与香港特别行政区法院就民商事案

件相互委托提取证据的安排》（以下简称《安排》）已于2017年3月1日施行。为贯彻执行好《安排》，现就有关问题通知如下：

一、地方各级人民法院在审理民商事案件中如确需请求香港特区协助提取证据的，应当填写《提取证据委托书（附录）》，连同相关材料一式两份，及时送交相关高级人民法院。高级人民法院收到《提取证据委托书（附录）》和相关材料后，应及时进行审查。经审查认为可以请求香港特区协助提取证据的，应填写《提取证据委托书》和《关于就民商事案件委托香港特别行政区法院提供取证协助事的函》，连同《提取证据委托书（附录）》和相关材料，一并寄送至香港特区政府政务司司长办公室辖下行政署。有关文书样式随本《通知》一同下发。

二、内地人民法院可以请求香港特区法院协助提取的证据范围规定于《安排》第六条第一款。其中：

（一）“讯问证人”，是指香港特区法院传召证人（含当事人）到司法人员或者法院委任的讯问人席前，经过宣誓或在作出严正声明下接受讯问，回答问题。问答的内容会转化为书面证词，经其签署确认后送交委托取证的人民法院。

（二）“取得文件”，是指香港特区法院命令持有文件的人到司法人员或者法院委任的讯问人席前交出文件。根据香港特区有关法律和案例，此处的“文件”不仅限于以书面记载资料的物件，还包含以视听或者电子等其他形式载录资料的物件。除非必要，香港特区法院只会命令交出文件的副本。需要注意的是，为了符合香港特区法律要求，委托书必须明确描述要求取得的文件、该文件要证明的事实以及文件现为何人持有，而不能笼统地要求取得关于某人、某事的文件，或者要求某人说明他持有哪些有关联的文件。

（三）“检查、拍摄、保存或扣留财产”，是指香港特区法院命令有关人员采取检查、拍摄等措施，保存相关实物的状态。例如，在买卖纠纷中，香港特区法院可以应内地人民法院的请求，下令对卖方已交付香港特区的货物进行检查或者拍摄，以便相关内地人民法院判断货物的质量。

（四）“取得财产样品或对财产进行试验”，是指香港特区法院可以根据案件审理的实际需要，酌情命令取得特定物品的样品或者对特定物品进行实验，并将所取得的样品或者实验结果送交委托取证的人民法院。

（五）“对人进行身体检验”，是指香港特区法院可以根据案件审理的实际需要酌情命令对特定人进行身体检验，并将检验结果送交委托取证的人民法院。例如，交通事故中的被侵权人在香港特区接受治疗，需要根据其受伤程度决定人身损害赔偿数额的，可以委托香港特区法院协助对被侵权人进行身体检验。

三、各高级人民法院收到香港特区政府政务司司长办公室辖下行政署寄送的香港特区法院委托提取证据请求书（样式附后）和相关材料后，应当及时进行审查。经审查认为可以协助取证的，应当立即办理或者转送辖区内有关人民法院办理；经审查认为委托材料不符合相关规定的，应当及时通知香港特区指定的联络机关予以修改、补充或者重新出具委托书；经审查认为受托事项不属于本安排规定的委托事项范围，应当将委托书及相关材料退回香港特区指定的联络机关并说明原因。

各地在执行《安排》中，要注意总结经验，如有新情况、新问题，应当逐级上报。

特此通知。

附件1：人民法院办理涉港委托取证案件文书样式

样式1-1（委托港方取证用）

×××高级人民法院
关于就民商事案件委托香港特别行政区法院提供取证协助的函

（××××）……请港证……号

香港特别行政区政府政务司司长办公室辖下行政署：

××省（自治区、直辖市）××××人民法院所受理之……［案号］×××［当事人］诉×××［当事人］……［案由］案，有请香港特别行政区法院协助提取证据之必要。

根据《关于内地与香港特别行政区法院就民商事案件相互委托提取证据的安排》第二条第一款，现附送××省高级人民法院于××××年×月×日发出的（××××）……请港证……号提取证据委托书及其附录，以及……等相关材料［如民事起诉状、答辩状，原、被告提供的证据材料复印件（或者原件）等］×份共×页供参。惠请就该委托书及其附录所述之提取证据事项提供协助。

请在完成取证后，将取得的证据材料及书面说明寄回本院；未能完成或者未能全部完成取证事项时，请书面说明原因，连同该委托书所附全部材料寄回本院。邮政编码：××××××；地址：××××××××××××××××；收件人：×××。

如有任何问题，请即与本院港澳司法事务办公室联络。联络人：×××法官；电话：+86×××××××××；传真：+86×××××××××。

特此委托。

（××××高级人民法院印）

××××年××月××日

样式 1-2（委托港方取证用）

×××高级人民法院
提取证据委托书

（××××）×请港证××号

香港特别行政区高等法院：

××省（自治区、直辖市）××××人民法院所受理之……［案号］×××［当事人］诉×××［当事人］……［案由］案，有请求贵院协助提取证据之必要。根据《关于内地和香港特别行政区法院就民商事案件相互委托提取证据的安排》，惠请就本委托书附录所述之事项协助提取证据。随附案件审理法院《提取证据委托书（附录）》以及……、……等相关材料［如民事起诉状、答辩状，原、被告提供的证据材料复印件（或者原件）等］×份共×页供参。

请在完成取证后，将取得的证据材料及书面说明寄回本院；未能完成或者未能全部完成取证事项时，请书面说明原因，连同该委托书所附全部材料寄回本院。邮政编码：××××××；地址：××××××××××××××××；收件人：×××。

如有任何问题，请即与本院港澳司法事务办公室联络。联络人：×××法官；电话：+86×××××××××；传真：+86××××××××××。

特此委托。

（××××高级人民法院印）

××××年××月××日

样式 1-3（审理案件法院填写）

提取证据委托书
（附录）

（案件审理法院院印）

审理法院	××省（自治区、直辖市）××××人民法院
案　号	××××××××号
案　由	
当事人	原告（上诉人、申请人）：×××，地址： 被告（被上诉人、被申请人）：×××，地址： 第三人：×××，地址：
案情摘要	（说明案件基本情况、案件性质、与委托事项关联事实、所涉及的法律条文和目前审理进展情况等）
请求目的	□讯问证人 □取得文件 □检查、拍摄、保存、保管或扣留财产 □取得财产样品或对财产进行试验 □对人进行身体检验 □其他

续上表

委托提取证据的具体事项及说明	[1. 针对……，请求讯问下列事项：(1) ……；(2) ……。 2. 针对……，请求协助取得以下文件：(1) ……；(2) ……] (应分别说明需要香港特别行政区法院提供的具体协助方式和有助于执行委托事项的其他一切情况。如需香港特别行政区法院协助讯问证人，则应尽可能提供证人的姓名、出生日期、地址、职业、工作单位、联系电话、证件号码等有助于确认其身份和联络该证人的资料，并提供问题清单；如需其协助取得文件，则应指明文件名称及所在。 如需采用特殊方式取证，也在此次加以说明。)
所附相关材料清单	[1. ……（注明系原件或复印件及页数，下同) 2. …… ……]
案件联系人及联系方式	姓名：××× 职务：××××人民法院××审判庭书记员（法官) 电话：+86（××）×××××××× 传真：+86（××）××××××××
备　注	1. 为配合本案审理程序之进行，请尽量于六个月内查复协助取证之结果。 2. …… 3. ……
填写日期	××××年××月××日

样式 1-4（回复香港取证请求用）

×××高级人民法院
关于就民商事案件协助香港特别行政区法院提取证据的复函

（××××）×港请证××号

香港特别行政区政府政务司司长办公室辖下行政署：

贵方……号提取证据委托书收悉。

对委托书所附香港特别行政区××法院“××××年第××××号（案件编号）案件”之提取证据事项，经××省（自治区、直辖市）××××人民法院协助，已成功完成委托［因……，未能成功完成委托或者部分完成委托］。

根据《关于内地与香港特别行政区法院就民商事案件相互委托提取证据的安排》第二条第一款，现附送××省高级人民法院（××××）×港请证××号提取证据回复书、××××人民法院《协助香港特别行政区提取证据情况说明》和相关材料×件［未能成功取证或者部分完成取证时，应按委托方指示退回委托书所附材料］随函寄送贵方。

如有任何问题，请即与本院港澳司法事务办公室联络。联络人：×××法官；电话：+86×××××××××；传真：+86××××××××××。

特此函复。

（××××高级人民法院印）

××××年××月××日

样式 1-5（回复香港取证请求用）

×××× 高级人民法院
提取证据回复书

（××××）×港请证××号

香港特别行政区高等法院：

贵院……号提取证据委托书收悉。

对委托书所附香港特别行政区××法院“××××年第××××号（案件编号）案件”之提取证据事项，经××省（自治区、直辖市）××××人民法院协助，已成功完成委托［因……，未能成功完成委托或者部分完成委托］。

根据《关于内地与香港特别行政区法院就民商事案件相互委托提取证据的安排》第十条，现将相关材料×件和××××人民法院《协助香港特别行政区提取证据情况说明》［未能完成或者未能全部完成取证时，应按委托方指示退回委托书所附材料］随函寄送贵院。

如有任何问题，请即与本院港澳司法事务办公室联络。联络人：×××法官；电话：+86×××××××××；传真：+86××××××××××。

特此函复。

附：相关材料清单

1. ××××人民法院《协助香港特别行政区提取证据情况说明》×页
2. ……×页

……

（××××高级人民法院印）

××××年××月××日

附件 2：香港特区办理涉内地委托取证案件文书样式

样式 2-1（请求内地取证用）

[地址]

[　　] 高级人民法院

因应在香港特别行政区提起的民事法律程序

请求内地法院提供取证协助的函

高等法院民事诉讼案件编号

[　　] 年第 [　　] 号

[文号]

香港特别行政区法院欲就一宗民事诉讼（即高等法院民事诉讼案件编号 [　　] 年第 [　　] 号），寻求内地管辖司法机构协助，传召位于 [　　] 的一名证人，向其提取证据。

根据《关于内地与香港特别行政区法院就民商事案件相互委托提取证据的安排》第二条第一款，现夹附 [　　] 年 [　　] 月 [　　] 日由香港特别行政区高等法院司法常务官 [　　] 发出的请求书正本及其中文译本及 [　　] 等相关资料 [　　] 份共 [　　] 页。请贵院就请求书及其附件所述事项提供取证协助。

请在完成取证后，将取得的证据材料及书面说明寄回本署；未能完成或者未能全部完成取证事项时，请书面说明原因，连同请求书所附全部材料寄回本署。

如贵院就以上事项有任何查询，请与本人或政务司司长办公室辖下行政署政务主任（行政）联络。

顺致敬意。

香港特别行政区政府
政务司司长办公室辖下行政署
（　　　　　　　　代行）

[　　] 年 [　　] 月 [　　] 日

样式 2-2（回复内地委托取证用）

[地址]
[　　] 高级人民法院

关于就民商事案件委托香港特别行政区法院
提供取证协助的复函

[文号]

贵院于 [　　] 年 [　　] 月 [　　] 日根据《关于内地与香港特别行政区法院就民商事案件相互委托提取证据的安排》第二条第一款向香港特别行政区高等法院提出的取证请求收悉。

香港特别行政区高等法院已根据提取证据委托书执行取证请求，现随函附上有关证据材料。

[由于（原因），香港特别行政区高等法院未能根据提取证据委托书执行取证请求，现根据《关于内地与香港特别行政区法院就民商事案件相互委托提取证据的安排》第十条，退回委托书及其所附材料予贵院。]

如贵院就以上事项有任何查询，请与本人或政务司司长办公室辖下行政署政务主任（行政）联络。

顺致敬意。

香港特别行政区政府
政务司司长办公室辖下行政署
（　　　　　　代行）

[　　]年[　　]月[　　]日

最高人民法院
关于内地与香港特别行政区法院就仲裁程序相互协助保全的安排

法释〔2019〕14号

（2019年3月25日最高人民法院审判委员会第1763次会议通过　2019年9月26日最高人民法院公告公布　自2019年10月1日起生效）

根据《中华人民共和国香港特别行政区基本法》第九十五条的规定，最高人民法院与香港特别行政区政府经协商，现就内地与香港特别行政区法院关于仲裁程序相互协助保全作出如下安排：

第一条　本安排所称“保全”，在内地包括财产保全、证据保全、行为保全；在香港特别行政区包括强制令以及其他临时措施，以在争议得以裁决之前维持现状或者恢复原状、采取行动防止目前或者即将对仲裁程序发生的危害或者损害，或者不采取可能造成这种危害或者损害的行动、保全资产或者保全对解决争议可能具有相关性和重要性的证据。

第二条　本安排所称“香港仲裁程序”，应当以香港特别行政区为仲裁地，并且由以下机构或者常设办事处管理：

（一）在香港特别行政区设立或者总部设于香港特别行政区，并以香港特别行政区为主要管理地的仲裁机构；

（二）中华人民共和国加入的政府间国际组织在香港特别行

政区设立的争议解决机构或者常设办事处；

（三）其他仲裁机构在香港特别行政区设立的争议解决机构或者常设办事处，且该争议解决机构或者常设办事处满足香港特别行政区政府订立的有关仲裁案件宗数以及标的金额等标准。

以上机构或者常设办事处的名单由香港特别行政区政府向最高人民法院提供，并经双方确认。

第三条 香港仲裁程序的当事人，在仲裁裁决作出前，可以参照《中华人民共和国民事诉讼法》《中华人民共和国仲裁法》以及相关司法解释的规定，向被申请人住所地、财产所在地或者证据所在地的内地中级人民法院申请保全。被申请人住所地、财产所在地或者证据所在地在不同人民法院辖区的，应当选择向其中一个人民法院提出申请，不得分别向两个或者两个以上人民法院提出申请。

当事人在有关机构或者常设办事处受理仲裁申请后提出保全申请的，应当由该机构或者常设办事处转递其申请。

在有关机构或者常设办事处受理仲裁申请前提出保全申请，内地人民法院采取保全措施后三十日内未收到有关机构或者常设办事处提交的已受理仲裁案件的证明函件的，内地人民法院应当解除保全。

第四条 向内地人民法院申请保全的，应当提交下列材料：

（一）保全申请书；

（二）仲裁协议；

（三）身份证明材料：申请人为自然人的，应当提交身份证件复印件；申请人为法人或者非法人组织的，应当提交注册登记证书的复印件以及法定代表人或者负责人的身份证件复印件；

（四）在有关机构或者常设办事处受理仲裁案件后申请保全

的，应当提交包含主要仲裁请求和所根据的事实与理由的仲裁申请文件以及相关证据材料、该机构或者常设办事处出具的已受理有关仲裁案件的证明函件；

（五）内地人民法院要求的其他材料。

身份证明材料系在内地以外形成的，应当依据内地相关法律规定办理证明手续。

向内地人民法院提交的文件没有中文文本的，应当提交准确的中文译本。

第五条　保全申请书应当载明下列事项：

（一）当事人的基本情况：当事人为自然人的，包括姓名、住所、身份证件信息、通讯方式等；当事人为法人或者非法人组织的，包括法人或者非法人组织的名称、住所以及法定代表人或者主要负责人的姓名、职务、住所、身份证件信息、通讯方式等；

（二）请求事项，包括申请保全财产的数额、申请行为保全的内容和期限等；

（三）请求所依据的事实、理由和相关证据，包括关于情况紧急，如不立即保全将会使申请人合法权益受到难以弥补的损害或者将使仲裁裁决难以执行的说明等；

（四）申请保全的财产、证据的明确信息或者具体线索；

（五）用于提供担保的内地财产信息或者资信证明；

（六）是否已在其他法院、有关机构或者常设办事处提出本安排所规定的申请和申请情况；

（七）其他需要载明的事项。

第六条　内地仲裁机构管理的仲裁程序的当事人，在仲裁裁决作出前，可以依据香港特别行政区《仲裁条例》《高等法院条例》，向香港特别行政区高等法院申请保全。

第七条 向香港特别行政区法院申请保全的，应当依据香港特别行政区相关法律规定，提交申请、支持申请的誓章、附同的证物、论点纲要以及法庭命令的草拟本，并应当载明下列事项：

（一）当事人的基本情况：当事人为自然人的，包括姓名、地址；当事人为法人或者非法人组织的，包括法人或者非法人组织的名称、地址以及法定代表人或者主要负责人的姓名、职务、通讯方式等；

（二）申请的事项和理由；

（三）申请标的所在地以及情况；

（四）被申请人就申请作出或者可能作出的回应以及说法；

（五）可能会导致法庭不批准所寻求的保全，或者不在单方面申请的情况下批准该保全的事实；

（六）申请人向香港特别行政区法院作出的承诺；

（七）其他需要载明的事项。

第八条 被请求方法院应当尽快审查当事人的保全申请。内地人民法院可以要求申请人提供担保等，香港特别行政区法院可以要求申请人作出承诺、就费用提供保证等。

经审查，当事人的保全申请符合被请求方法律规定的，被请求方法院应当作出保全裁定或者命令等。

第九条 当事人对被请求方法院的裁定或者命令等不服的，按被请求方相关法律规定处理。

第十条 当事人申请保全的，应当依据被请求方有关诉讼收费的法律和规定交纳费用。

第十一条 本安排不减损内地和香港特别行政区的仲裁机构、仲裁庭、当事人依据对方法律享有的权利。

附录 1：

最高人民法院关于贯彻执行《最高人民法院关于内地与香港特别行政区法院就仲裁程序相互协助保全的安排》的通知

2019 年 9 月 26 日　　　　　　　　　　　　法〔2019〕207 号

各省、自治区、直辖市高级人民法院，解放军军事法院，新疆维吾尔自治区高级人民法院生产建设兵团分院：

《最高人民法院关于内地与香港特别行政区法院就仲裁程序相互协助保全的安排》（以下简称《安排》）将于 2019 年 10 月 1 日生效。为贯彻执行好《安排》，现就有关问题通知如下：

一、本《安排》所称“仲裁”依据被请求方法律确定。依据《中华人民共和国仲裁法》的规定，可以仲裁的纠纷限于“平等主体的公民、法人和其他组织之间发生的合同纠纷和其他财产权益纠纷”。据此，本《安排》所称“香港仲裁程序”不包括投资者与东道主国家或者地区之间的投资仲裁。

二、依据本《安排》第二条之规定，仲裁机构或者常设办事处的名单由香港特别行政区政府向最高人民法院提供，并经双方确认。截至目前，包括以下机构或者常设办事处：香港国际仲裁中心、中国国际经济贸易仲裁委员会香港仲裁中心、国际商会国际仲裁院亚洲事务办公室、香港海事仲裁协会、华南（香港）国际仲裁院、一邦国际网上仲调中心。

三、依据本《安排》第三条第二款和第四条第一款第（四）

项之规定，有关机构或者常设办事处应当出具转递函或者证明函。实践中，该机构或者常设办事处出具的转递函或者证明函，可以交由当事人向内地人民法院提交。内地人民法院接收后，可以向该机构或者常设办事处的联络人核实有关情况（联系方式附后）。

四、无论仲裁程序是否开始于本《安排》生效之前，在本《安排》生效之日起提出的保全申请，均适用本《安排》。

各地在执行《安排》过程中，要注意总结经验。遇有新情况新问题，应当逐级上报。

特此通知。

附：

有关机构或者常设办事处联系方式

一、香港国际仲裁中心

联系人：Sarah Grimmer（秘书长）、刘侨（副秘书长）

电　话：（852）2525 2381

传　真：（852）2524 2171

电　邮：arbitration@ hkiac. org

二、中国国际经济贸易仲裁委员会香港仲裁中心

联系人：王皓成（副秘书长）

电　话：（852）2529 8066

传　真：（852）2529 8266

电　邮：bradwang@ cietac. org

三、国际商会国际仲裁院亚洲事务办公室

联系人：谢佩琪（法律顾问）

电　话：(852) 3607 5600

电　邮：ica8@ iccwbo. org

四、香港海事仲裁协会

联系人：包荣（主席）、莫世杰（副主席）

电　话：(852) 9499 2220、(852) 9083 2854

电　邮：arbowring@ netvigator. com，
dannyskmok@ yahoo. com. hk

五、华南（香港）国际仲裁院

联系人：李雄风（董事局秘书）、迟文卉（法律顾问）

电　话：15974210894、15813726533

电　邮：lixiongfeng@ scia. com. cn，
chiwenhui@ scia. com. cn

六、一邦国际网上仲调中心

联系人：林浚（行政总裁）、彭紫欣

电　话：(852) 2572 6512

电　邮：daniel. lam@ ebram. org，
eugenia. pang@ ebram. org，info@ ebram. org

附录2：

最高人民法院负责人就《关于内地与香港特别行政区法院就仲裁程序相互协助保全的安排》答记者问
——内地与香港签署仲裁程序协助保全安排在司法领域继续丰富“一国两制”实践

（2019年4月2日）

香港回归以来，在中央人民政府的大力支持下，在社会各界的共同努力下，内地与香港特别行政区（以下简称香港特区）司法法律界同仁携手在“一国两制”方针指引下，探索构建、不断完善中国特色区际司法协助体系，着力为两地经济社会繁荣稳定发展、不断增进两地民众福祉提供司法保障。今天，最高人民法院与香港特区政府律政司分别代表两地签署了《关于内地与香港特别行政区法院就仲裁程序相互协助保全的安排》（以下简称《仲裁保全安排》）。最高人民法院研究室负责人就有关情况回答了记者提问。

问：内地与香港构建、完善两地民商事领域司法协助体系的依据是什么？“一国”之内为什么要开展司法协助？

答：第一，“一国两制”方针和香港基本法为两地开展司法协助安排商签提供了基本依据。习近平总书记指出，“作为一项前无古人的开创性事业，‘一国两制’需要在实践中不断探索。”其中也包括在司法领域的探索、实践。根据《中华人民共和国香港基本法》，香港回归以后保持原有法律制度不变，享有独立的司法权和终审权。香港特区可与全国其他地区的司法机关通过协商依法进行司法方面的联系和相互提供协助。这是我院与香港特区政府律政司商签有关司法协助安排的法律依据。

第二，两地社会经济发展对深化司法协助提出了现实需求。内地与香港同根同源、血脉相连，既是利益共同体，又是命运共同体。香港回归祖国后，两地人员交往日益频繁密切，经贸合作不断拓展深化。特别是当前，内地与港澳正携手推进粤港澳大湾区建设。与世界上其他湾区不同，粤港澳大湾区具有“一国两制三法域”的独特性。这决定了大湾区建设过程中互涉法律纠纷不可避免、区际法律冲突客观存在、区际司法协助亟需深化。通过开展司法协助工作，妥善化解纠纷、维护公平正义、增进两地人民福祉，是大势所趋、人心所向。

第三，两地司法法律界的密切合作为安排商签创造了有利条件。2006 年之前，两地先后就司法文书送达、仲裁裁决执行、协议管辖案件判决互认等签署了三项安排。其后，由于各方面原因，两地司法协助安排商签工作陷入停滞状态。党的十八大以来，在习近平总书记、党中央的关心下，在港澳与内地同胞共担责任、共享荣光的大势下，两地司法法律界交流越来越密切，合作共识越来越多，两地司法协助安排商签工作进入快车道。2016 年 12 月、2017 年 6 月、2019 年 1 月先后签署了《关于内地与香港特别行政区法院就民商事案件相互委托提取证据的安排》《关于内地与香港特别行政区法院相互认可和执行婚姻家庭民事案件判决的安排》《关于内地与香港特别行政区法院相互认可和执行民商事案件判决的安排》，实现了两地民商事司法协助基本全覆盖。今天，两地签署《仲裁保全安排》，是两地进一步拓宽、深化司法协助的最新成果。

问：《仲裁保全安排》的签署背景是什么？

答：在两地法律人共同努力下，两地司法协助安排从无到有，由点及面，截至目前，共签署了六项安排，涵盖文书送达、调查取证、仲裁裁决以及民商事判决认可和执行，基本实现了民商事领域司法协助安排的全面覆盖。其中，1999 年签署的《关于内地与香港特别行政区相互执行仲裁裁决的安排》（简称《仲裁裁决执行安排》）运行情况良好，为促进仲裁裁决的异地流通，支持香港建设亚太区国际法律及争议解决服务中心发挥了重要作用。但是，《仲裁裁决执行安排》系针对两地终局性仲裁裁决相互协助的制度性安排，不包括仲裁保全协助。

根据香港特区《仲裁条例》的规定，香港可以对包括内地在内的域外仲裁提供保全协助；但是，根据《中华人民共和国民事诉讼法》《中华人民共和国仲裁法》等相关法律规定，除海事案件外，内地不能对包括香港在内的域外仲裁提供保全协助。也就是说，即使不签署本安排，内地仲裁机构和当事人也可以依据香港现行法律规定向香港法院申请保全协助；而香港仲裁机构和当事人却不能向内地法院申请保全协助。在香港特区政府律政司建议下，我院决定启动磋商该安排，在“一国”之内给香港提供比其他国家和地区更加紧密的协助，为支持香港建设亚太区国际法律及争议解决服务中心，提供更加有力的司法服务和保障。

问：《仲裁保全安排》主要是解决什么问题？有什么重大意义？

答：《仲裁保全安排》签署后，香港仲裁程序的当事人可以向内地人民法院申请保全，内地仲裁机构和当事人也将更加清晰地了解向香港法院申请保全（香港称为临时措施）的程序和提交的材料。由此，两地法院将可以通过预防性救济措施的协助来避免当事人遭受难以弥补的损害，大大促进仲裁裁决的顺利执行，依法维护当事人合法权益。

这是内地首次签署向其他法域仲裁程序提供保全协助的文件，标志着两地司法协助涵盖的范围和内容超出了内地与其他国家和地区之间的协助。这是中央支持香港法律服务业发展和建设亚太区国际法律及争议解决服务中心的务实举措。同时，也是对《粤港澳大湾区发展规划纲要》的有效落实，将有利于推动建立共商共建共享的多元化纠纷解决机制，为粤港澳大湾区建设提供优质高效便捷的司法服务和保障。

现在，第 26 届国际商事仲裁模拟比赛正在香港举办，世界范围内的知名仲裁员、律师、学者正欢聚香港、关注香港仲裁业的最新发展，我们很乐于借助这个时机向世界展现两地司法协助的最新成果。

问：您能否简要介绍一下《仲裁保全安排》的总体思路？

答：在“一国”之内、不同法域特别是不同法系间开展司法协助，既不同于国际司法协助，亦不同于同一法域内不同地区之间司法协助，是香港回归以后两地法律人面对的史无前例的崭新课题和责无旁贷的历史使命。特别是在仲裁保全方面，两地的法律制度和法律语言存在显著差异，比如保全措施的类型、认定仲裁程序籍属的标准、仲裁庭有无作出保全措施的权能、两地对域外仲裁提供保全协助的规定等大不相同，这就需要在坚持“一国”原则、尊重“两制”差异的基础上，将互信合作、造福于民的原则共识，转化为具体的、可实际操作的制度规范。

去年 6 月，香港特区政府律政司曾提出方案，由内地人民法院执行香港仲裁庭作出的临时措施。但在内地，保全系司法权能，内地仲裁庭目前无作出保全措施的权能，如采用此方案，无法与内地法律制度有效衔接。令人倍感欣慰的是，两地法律人志不求易、事不避难，求同存异、彼此尊重，坚守“一国”之本、善用“两制”之利，积极主动地探索了一条可行之路。本安排的总体思路是，在保全方面，将香港仲裁程序与内地仲裁程序类似对待，允许香港仲裁程序的当事人向内地人民法院申请保全。同时，内地仲裁程序的当事人亦可向香港特区法院申请强制令以及其他临时措施。当事人申请、法院审查、当事人救济等都按照被请求方法院的法律规定和程序进行。

值得一提的是，我们就本安排征求部分地方法院、专家学者和内地仲裁业界的意见时，各方面都积极正面地表示愿意给予香港支持，完全体现了“一国”之内血浓于水的同胞之情。

问：请您简要介绍下《仲裁保全安排》的主要内容？

答：《仲裁保全安排》共13条，对保全的范围、香港仲裁程序的界定、申请保全的程序、保全申请的处理等作了全面规定。具体包括：

第一，关于申请保全的范围。向内地人民法院申请的保全，包括财产保全、证据保全、行为保全；向香港特区法院申请的强制令以及其他临时措施，包括责令当事人维持现状或者恢复原状，采取行动防止损害或者不采取可能造成损害的行动，保全财产，保全与争议有关联性的证据等。保全为大陆法系概念，临时措施为英美法系概念，实质都是为保障终局性仲裁裁决执行、维护当事人合法权益的预防性救济措施，故本安排统一表述为“保全”并分别作出解释。

第二，关于香港仲裁程序的界定。依据本安排提供的协助对象是针对平等主体之间的商事仲裁，不包括投资仲裁，仅限于机构管理的仲裁程序，不包括临时仲裁程序。并且，应当以香港特别行政区为仲裁地，并且由以下机构或者常设办事处管理：(1) 在香港特别行政区设立或者总部设于香港特别行政区，并以香港特别行政区为主要管理地的仲裁机构；(2) 中华人民共和国加入的政府间国际组织在香港特别行政区设立的争议解决机构或者常设办事处；(3) 其他仲裁机构在香港特别行政区设立的争议解决机构或者常设办事处，且该争议解决机构或者常设办事处满足香港特别行政区政府订立的管理以香港特别行政区为仲裁地的仲裁案件宗数以及标的金额等有关标准。

第三，关于申请保全的时间。依据本安排提供的协助，既包括仲裁程序进行中的保全，也包括受理仲裁案件前的保全。

第四，关于保全申请的处理。向内地人民法院申请保全的，内地人民法院参照《中华人民共和国民事诉讼法》《中华人民共和国仲裁法》以及相关司法解释关于保全的规定审查，并可要求申请人提供担保等。向香港特区法院申请保全的，香港特区法院依据香港特区《仲裁条例》《高等法院条例》审查，并可要求申请人就将来可能发生的损害作出赔偿承诺、就对方当事人讼费和其他合理支出提供保证。

第五，关于本安排与现有法律的关系。两地分属不同法系，法律规定差异较大，本安排力求在求同存异基础上取得最大公约数。对于本安排未规定的内容，不影响两地仲裁程序当事人根据对方法律已经享有的权利。内地仲裁机构、当事人根据香港特区《仲裁条例》《高等法院条例》等享有的权利，不因本安排而受减损。

问：当事人如何依据本安排向被请求方法院申请保全？被请求方法院如何审查并决定是否采取保全措施？

答：本安排第三条、第四条、第五条规定了香港仲裁程序当事人如何向内地人民法院申请保全，第六条、第七条为内地仲裁程序当事人向香港特区法院申请保全提供了明确指引。其中，第三条规定了向内地人民法院申请保全应当参照《中华人民共和国民事诉讼法》《中华人民共和国仲裁法》的规定，亦规定内地受理保全申请的管辖法院，即应当向被申请人住所地或者财产所在地、证据所在地的中级人民法院提出。第三条还分别规定仲裁过程中申请保全的机构转递机制，以及仲裁前申请保全的，应当及时申请仲裁等。第四条规定了向内地人民法院申请保全应当提交的材料，包括保全申请书、仲裁协议、身份证明材料、机构证明函件等。第五条规定了保全申请书应当载明的事项，以方便内地人民法院通过相关事实和理由以及证据判断保全是否具有紧迫性、必要性等。

第六条规定了内地仲裁程序的当事人向香港法院提出申请的法律依据为香港特区《仲裁条例》《高等法院条例》。管辖法院为香港特区高等法院。调研中了解到，很多内地仲裁程序的当事人不知道可向香港法院申请保全，规定本条，可以让更多内地当事人了解并利用好既有法律来维护自己合法权益。第七条规定了当事人申请保全时应当依据香港法律提交材料，包括申请、支持申请的誓章、附同的证物、论点纲要以及法庭命令的草拟本。

根据安排第八条，被请求方法院收到当事人提交的材料后，按照被请求方的法律规定审查。具体到实务中，受理当事人此类申请后，内地人民法院将作出是否保全的裁定，香港特区法院将颁布是否保全的命令、指示等。

特别是，我们在第十一条还规定了本安排不得减损两地仲裁机构、仲裁庭、当事人的现有权利。主要考虑：本安排签署前，内地仲裁机构、仲裁庭、当事人已可依据香港特区《仲裁条例》

向香港法院申请保全，不能因本安排列举不全而导致内地仲裁机构、当事人权利减损。

问：您对下一步两地司法协助工作的期许和展望是什么？

答：新时代的中国正阔步行进在“比历史上任何时期都更接近中华民族伟大复兴的目标，比历史上任何时期都更有信心、有能力实现这个目标”的伟大征程上。习近平总书记亲自谋划、亲自部署、亲自推动粤港澳大湾区建设，这是新时代推动形成全面开放新格局的新尝试，也是推动“一国两制”事业发展的新实践。既为两地拓展深化司法协作提出了新的更高要求，同时也提供了新的重大机遇。《仲裁保全安排》的签署充分说明两地在“一国”之内，发挥“两制”的优势，应该并且也能成功地实现比之于其他国家和地区更加紧密的协助、更加广泛的合作，这为下一步的务实合作增添了信心、打下了基础。可以说，这既是两地民商事司法协助工作的新成果，又是两地法律界同仁向着更高、更远目标前进的起点。展望两地今后的司法协助安排商签工作，依旧任重道远。

目前，内地就跨境破产协助未与其他国家或者地区签署条约，亦未采纳《联合国贸易法委员会跨境破产示范法》，内地与香港之间互涉投资最多，为营造法治化市场化的营商环境，建立全面的市场退出机制，在两地之间率先探索跨境破产协助是两地法律人努力的方向。同时，两地刑事领域司法协助安排的空白也有待尽快填补。

我相信，只要两地法律界同仁继续以家国情怀为重、以民众福祉为要、以民族复兴为念，就一定能攻克一个又一个难关、实现一个又一个突破，就能为持续增进两地民众福祉、促进两地经济社会发展、实现中华民族伟大复兴不断作出法律人新的更大贡献。

附录3：

《最高人民法院关于内地与香港特别行政区法院就仲裁程序相互协助保全的安排》的理解与适用*

姜启波　周加海　司艳丽　刘　琨

2019年3月25日，最高人民法院审判委员会第1763次全体会议讨论并通过了《关于内地与香港特别行政区法院就仲裁程序相互协助保全的安排》（以下简称《仲裁保全安排》）。2019年4月2日，最高人民法院副院长杨万明和香港特别行政区（以下简称香港特区）政府律政司司长郑若骅分别代表两地在香港签署《仲裁保全安排》。经双方协商，该安排拟于2019年10月1日在两地同时生效，且在内地将以司法解释的形式发布。这是自香港回归祖国以来，内地与香港商签的第七项司法协助安排，也是内地与其他法域签署的第一份有关仲裁保全协助的文件，标志着两地在"一国两制"方针下实现了更加紧密的司法协助。

一、《仲裁保全安排》的商签背景

第一，"一国两制"方针和《中华人民共和国香港特别行政区基本法》为两地开展司法协助安排商签提供了基本依据。《中华人民共和国香港特别行政区基本法》第九十五条规定，香港特区可与全国其他地区的司法机关通过协商依法进行司法方面的联

* 载《人民法院报》2019年9月26日第3版。

系和相互提供协助，这为最高人民法院与香港特区政府律政司商签有关司法协助安排提供了法律依据。香港回归以来，最高人民法院已与香港有关方面签署了六项民商事司法协助安排，涵盖相互委托送达司法文书、相互委托提取证据、相互执行仲裁裁决、相互认可和执行民商事案件判决等内容，基本实现了民商事司法协助安排的全面覆盖，为降低诉讼成本、减少当事人诉累、提高审判质效切实发挥了重要作用。《仲裁保全安排》系两地在民商事领域的第七项司法协助安排，也是在司法领域落实“一国两制”方针的重要举措。

第二，两地社会经济发展对仲裁程序相互协助保全提出了现实需求。当前，内地与港澳特区正携手推进粤港澳大湾区建设，粤港澳大湾区“一国两制三法域”的独特性决定了大湾区建设过程中互涉法律纠纷不可避免、区际法律冲突客观存在，区际司法协助亟需加强，包括加强仲裁裁决的相互认可和执行以及仲裁保全相互协助。签署于1999年的《关于内地与香港特别行政区相互执行仲裁裁决的安排》（以下简称《仲裁裁决执行安排》）解决了两地仲裁裁决相互认可和执行问题，且运行情况良好，为促进仲裁裁决异地流通、支持香港建设亚太区国际法律及争议解决服务中心发挥了重要作用，但其系针对两地终局性仲裁裁决相互执行的制度性安排，不包括仲裁过程中的保全协助。经研究认为，开展仲裁保全协助，有利于通过预防性救济措施的完善来保障终局性仲裁裁决的顺利执行，有利于更加充分地发挥仲裁在多元化纠纷解决机制中的重要作用，也有利于为香港建设亚太区国际法律及争议解决服务中心提供更大支持。

第三，“一国”原则和两地司法法律界的合作为两地实现更紧密协助创造了有利条件。根据香港特区《仲裁条例》《高等法院条例》，香港可以对包括内地在内的域外仲裁提供保全协助；而内地目前没有关于仲裁保全协助的相关法律规定。经研究，在不违反现有法律规定的前提下，为更大力度支持香港建设亚太区国际法律及争议解决服务中心，最高人民法院决定启动《仲裁保全安排》的磋商，在“一国”之内，向香港提供比其他国家和地区更加紧密的协助。

二、《仲裁保全安排》的主要内容

《仲裁保全安排》共11条，对两地相互协助保全的途径、可申请保全的范围、申请保全的程序以及保全申请审查处理等问题作出了明确规定。

（一）关于保全的类型

保全为大陆法系概念，临时措施为英美法系概念，实质都是为保障终局性仲裁裁决执行、维护当事人合法权益的预防性救济措施。《仲裁保全安排》统一表述为“保全”，并在第一条中根据两地法律对可申请保全的类型分别作出了规定。

1. 关于可向内地人民法院申请的保全。《中华人民共和国仲裁法》规定了财产保全、证据保全，《中华人民共和国民事诉讼法》2012年修订时纳入了行为保全。《仲裁保全安排》旨在给予香港仲裁程序当事人与内地仲裁程序当事人相同权利，故将财产保全、证据保全、行为保全全部纳入。

2. 关于可向香港特区法院申请的保全。保全在香港称为“临时措施”，即由香港特区法院就在香港或者香港以外开展或者即将开展的仲裁程序作出临时措施，以便利仲裁程序进行、防止发生不可逆转的损害等。主要包括：要求当事人维持现状或恢复原状；采取行动防止目前或即将对仲裁程序发生的危害或损害，或不采取可能造成这种危害或损害的行动；提供保全资产；保全对解决争议具有相关性和重要性的证据；颁发强制令以禁制当事人移走或以其他方式处理资产、防止损坏或侵入行为；颁布命令指定财产接管人。例如，2017 年，在中国国际经济贸易仲裁委员会仲裁一起股权纠纷案件的过程中，当事人向香港特区法院申请委任临时接管人并颁布禁制令以禁止被申请人转让股权，香港特区法院作出 HCMP962/2017 号命令予以批准。

（二）关于“香港仲裁程序”的界定

第二条第一款对《仲裁保全安排》所称的“香港仲裁程序”作出界定，即必须同时符合两个条件：

1. 仲裁地在香港。此系确定“香港仲裁程序”的首要条件，也是香港特区采纳的确认仲裁程序籍属的标准，也是《仲裁裁决执行安排》确认的标准。仲裁地在香港包括两种类型：一是当事人在仲裁条款中约定地点为香港；二是当事人没有约定时，仲裁庭根据其仲裁规则或者一定标准确定仲裁地为香港并记载于仲裁裁决中。

2. 仲裁程序由有关机构或者常设办事处管理。《仲裁保全安排》第二条第一款以列举方式对有关机构或者常设办事处的条件作出规定，具体名单由香港特区政府确定并经最高人民法院确认。主要考虑是：相对于仲裁裁决执行方面的协助，仲裁保全协助属于中间措施的协助，为防止申请人滥用，给被申请人带来损失，宜持更加审慎的态度。按照第二条第二款规定，香港特区政府律政司经过发布标准、接受申请并审查后，确定了符合本款规定的有关仲裁机构或者常设办事处名单，并已由最高人民法院和香港特区政府律政司共同确认。目前包括香港国际仲裁中心、中国国际经济贸易仲裁委员会香港仲裁中心、国际商会国际仲裁院亚洲事务办公室、香港海事仲裁协会、华南（香港）国际仲裁院、一邦国际网上仲调中心。

此外，双方还达成共识，“香港仲裁程序”仅包括平等主体间的商事仲裁，不包括投资者与东道主国之间的投资仲裁。

（三）关于内地仲裁程序的界定

《仲裁保全安排》第六条将可向香港特区法院申请仲裁保全的内地仲裁程序界定为内地仲裁机构管理的仲裁程序，而不论仲裁地是否在内地。主要考虑是：根据香港特区《仲裁条例》《高等法院条例》，就香港以外已经开始或者尚未开始的仲裁程序，香港特区法院均可依申请采取保全措施，而不问仲裁地在哪个法域。由内地仲裁机构管理的、仲裁地在境外的仲裁程序，当事人也可以向香港特区法院申请保全。安排不应缩减内地仲裁机构的此项权能，故界定内地仲裁程序时，未对仲裁地作出限制。

（四）关于受理保全申请的管辖法院

1. 内地受理保全申请的法院。《仲裁保全安排》第三条第一款规定，内地的管辖法院为被申请人住所地、财产所在地或者证据所在地的内地中级人民法院。另外，采取仲裁保全的目的是保障终局性仲裁裁决的执行，故受理仲裁保全申请的法院应当与受理仲裁裁决执行申请案件的法院一致，以更好地发挥保全的作用。参考《仲裁裁决执行安排》《关于内地与香港特别行政区法院相互认可和执行民商事案件判决的安排》（以下简称《内地与香港民商事判决互认安排》）等，《仲裁保全安排》第三条还规定“被申请人住所地、财产所在地或者证据所在地在不同人民法院辖区的，应当选择向其中一个人民法院提出申请，不得分别向两个或者两个以上人民法院提出申请”。主要考虑是避免因向多个人民法院申请而产生超标的保全等情况。实践中，受理保全申请的法院应当依法审查当事人申请，特别是对当事人提出的关于本辖区以外财产或者证据的保全申请应当依法审查、及时采取保全措施，必要时可请财产或者证据所在地的法院提供协助。

2. 香港受理保全申请的法院。依据香港特区《仲裁条例》《高等法院条例》，《仲裁保全安排》第六条规定香港的管辖法院为香港特区高等法院，此与受理仲裁裁决执行申请的管辖法院一致。

（五）关于可申请保全的时间和程序

安排第三条第二款、第三款分别规定了在仲裁程序进行中和受理仲裁申请前向内地人民法院申请保全的程序。

1. 仲裁中申请保全的程序。《仲裁保全安排》第三条第二款规定了仲裁机构或者常设办事处的转递程序，相关程序参照了《中华人民共和国民事诉讼法》第二百七十二条①的规定，即当事人申请仲裁保全的，应当通过仲裁机构或者办事处将申请材料提交人民法院。需要说明的是，考虑到香港有关仲裁机构或者常设办事处位于香港，如实践中都要求申请书以及转递函等由香港有关仲裁机构或者常设办事处向内地人民法院提交，将导致转递周期长，不符合保全的紧急性特点，无法充分发挥保全的作用。应当允许香港仲裁程序的当事人，将保全申请书连同仲裁机构或者办事处的转递函自行提交给内地人民法院；内地人民法院可以根据香港特区政府律政司提供的联系方式向相关仲裁机构或者办事处核实情况。

2. 仲裁前申请保全的程序。《仲裁保全安排》第三条第三款

---

① 现为2021年修正的《民事诉讼法》第二百七十九条。

参照《中华人民共和国民事诉讼法》第一百零一条①规定了仲裁前申请保全的程序。此外,《仲裁保全安排》还增加了关于证明函件的规定,即依据《仲裁保全安排》于有关机构或者常设办事处受理仲裁申请前申请保全的,在香港有关机构或者常设办事处受理仲裁申请后,应当由该机构或者常设办事处向内地人民法院出具相关证明函件。与上述"仲裁中申请保全的程序"一致,实践中,允许当事人自行将证明函提交给内地人民法院。本款进一步明确,三十日期限的计算以内地人民法院收到证明函件为准。这一期限包括当事人递交仲裁申请、有关机构或者常设办事处受理仲裁申请、该机构或者常设办事处出具证明函件并转递等几个环节,要求每个环节尽快进行。

依据《仲裁保全安排》第六条规定,内地仲裁机构管理的仲裁程序的当事人,向香港特区法院申请的仲裁保全协助,既包括仲裁程序进行中的保全,也包括受理仲裁申请前的保全。

（六）关于应当提交的申请材料及相关内容

1. 向内地人民法院申请保全应当提交的材料及申请书内容。《仲裁保全安排》第四条第一款规定了香港仲裁程序的当事人向内地人民法院申请保全时提交的材料:(1)保全申请书;(2)仲裁协议,以方便内地人民法院判断当事人之间的基础法律关系,此为形式审查,并不判断仲裁协议的效力;(3)身份证明材料;(4)仲裁申请文件和有关证明函件;(5)内地人民法院根据具体案情认为还需要提供的其他材料。第四条第二款循《内地与香港民商事判决互认安排》放宽了对"公证、认证"的要求,只有在内地以外形成的身份证明材料才需要进行公证、认证,且具

① 现为2021年修正的《民事诉讼法》第一百零四条。

体手续依照内地法律规定办理。

第五条规定了保全申请书应当载明的内容，包括：(1) 当事人的基本情况。(2) 请求事项，包括申请保全财产的数额、申请行为保全的内容和期限等。请求事项应当明确具体。(3) 请求所依据的事实、理由和相关证据，包括关于情况紧急，如不立即保全将会使申请人合法权益受到难以弥补的损害或者将使仲裁裁决难以执行的说明等，以方便审查是否确有保全必要。(4) 申请保全的财产、证据的明确信息或者具体线索。(5) 用于提供担保的内地财产信息或者资信证明。(6) 是否已在其他法院、有关机构或者常设办事处提出本安排所规定的申请和申请情况。(7) 其他需要载明的事项。

2. 向香港特区法院申请临时措施应当提交的材料及相关内容。《仲裁保全安排》第七条根据香港特区法律列明了当事人向香港特区法院申请保全应当提交的材料以及应当载明的内容。与内地不同，按照香港特区相关法律规定，本条应当载明的内容写于不同材料中，并非只体现在申请书中（香港特区政府律政司向最高人民法院提供了向香港特区法院申请临时措施的参考文书样式，附后）。

(七) 关于保全申请的审查以及救济

《仲裁保全安排》第八条规定，法院审查保全申请，要求申请人提供何种担保或者作出承诺、保证，作出是否保全的裁定或者命令等，均依据被请求方法律进行。(1) 要求尽快审查。因保全具有紧迫性，如审查拖延将可能使保全失去意义。内地人民法院应当按照内地法律规定的期限进行审查并作出是否保全的裁定。例如，按照《中华人民共和国民事诉讼法》的规定，对仲裁前保全申请应当于四十八小时内作出裁定。香港特区法律对审查期限没有明确规定，本安排强调应当尽快审查并作出有关命令或者指示。(2) 向内地人民法院申请保全的，申请人应当根据内地法律以及司法解释规定提供担保；向香港特区法院申请保全的，申请人应当根据香港特区法律作出承诺及保证，包括对损害赔偿作出承诺，就被申请人的讼费及其他合理支出提供保证，申请仲裁前保全时承诺立刻申请仲裁等。

《仲裁保全安排》第九条规定当事人对裁定或者命令不服时，按被请求方有关法律规定处理，在内地，可以申请复议；在香港特区，可以申请解除或者更改。

(八)《仲裁保全安排》的时间效力

除本安排生效后开启的仲裁程序外，安排也适用于已经启动、尚未完结的仲裁程序。如仲裁程序于2019年10月1日之前开始，但尚未完结的，当事人可依据安排向内地人民法院或者香港特区法院申请仲裁保全。

(九) 关于《仲裁保全安排》与现有法律及司法解释的关系

1.《仲裁保全安排》与《仲裁裁决执行安排》的关系。一是两者规范调整的对象不同，《仲裁保全安排》针对仲裁裁决尚未作出时的协助事宜；《仲裁裁决执行安排》针对两地终局性仲裁裁决的相互认可和执行事宜。二是两者协助方式不同，依据《仲裁保全安排》，当事人向被请求方法院申请保全，由被请求方法院作出保全裁定或者命令；依据《仲裁裁决执行安排》，被请求方法院直接认可和执行对方法院的仲裁裁决。

需要说明的是，《仲裁保全安排》并不针对仲裁裁决作出后、向对方法院申请执行前的保全事宜。将来有望通过完善《仲裁裁决执行安排》对此类保全予以规定，司法实践中亦可根据案情采取此类保全。

2. 与两地现有法律的关系。《仲裁保全安排》不减损两地相关权利人根据对方法律已经享有的权利。内地仲裁机构、仲裁庭、当事人在本安排生效施行前，依据香港特区《仲裁条例》《高等法院条例》已享有的权利，不因《仲裁保全安排》而受减损。

附录4：

向香港特别行政区法院申请仲裁保全的参考文书样式[①]

向香港特别行政区法院提出申请须采用原诉传票（Originating Summons，见附录一），并附誓章（宗教式誓章英文称为Affidavit、非宗教式誓词则称为Affirmation，见附录二）、论点纲要（Skeleton argument，没有特定格式要求）、法庭命令草拟本（内容及格式须按个别案件和申请的具体情况、要求法庭颁发的命令等因素而定，载于附录三的格式样本以目的包括保存资产的资产冻结令为例）。

附录一

申索性质：
A. ＊金钱申索/非金钱申索/混合申索
B.

① 文书样式仅供参考，不应被视为法律或法院常规的具权威性说明，而应以香港特区《仲裁条例》《高等法院规则》以及其他香港特区相关法律规定为准，并按个别案件的实际情况而决定申请文书的具体内容及格式。

原诉传票——速办表格

（第7号命令第2条规则；第29号命令第8A条规则；第30号命令第9条规则；第62号命令第11A条规则；第73号命令第2、3、4条规则；第100号命令第2条规则；第115号命令第2A、3、7、24条规则）

HCMP ＿＿＿＿＿/20 ＿＿＿＿＿

香港特别行政区
高等法院
原讼法庭

高院杂项案件20＿＿＿＿＿年第＿＿＿＿＿号

（有关＿＿＿＿＿＿＿＿＿事宜）

原告人：

及

被告人：

被告人＿＿＿＿＿其地址为＿＿＿＿＿，须于＿＿＿＿＿年＿＿＿＿＿月＿＿＿＿＿日（星期＿＿＿＿＿）上/下午＿＿＿＿＿时＿＿＿＿＿分（或如尚未申请编定日期，则为有待编定的日期）到香港高等法院在内庭的司法常务官（或法官）席前，以便在原告人＿＿＿＿＿（其地址为＿＿＿＿＿）所提出的下述申请中出席即＿＿＿＿＿（述明向法庭申请的临时措施）。

在本传票送达被告人后（14天）内（送达之日计算在内），

被告人须将随附的送达认收书交回高等法院登记处。

日期：20＿＿＿＿＿年＿＿＿＿＿月＿＿＿＿＿日

司法常务官

备注：本传票除非经由法庭命令予以续期，否则不得在上述日期起计12个公历月之后送达。

本传票由代表上述原告人的＿＿＿＿＿律师事务所取得，其地址为＿＿＿＿＿，而该原告人的地址则如上述。

或凡原告人是亲自起诉者：

本传票是由上述原告人取得，该原告人居于＿＿＿＿＿及（如原告人并非居于本司法管辖权范围内）其送达地址为＿＿＿＿＿。

备注：如被告人不在上述时间地点亲自或由大律师或律师代表出席，法庭会按其认为公正及合宜的方式作出命令。

重要事项

关于送达认收书的指示载于随附的表格。

关于原讼传票的说明

第一，起草原讼传票时，请参阅《高等法院规则》第7号命令，并遵从有关规定。此文书样式以香港特区司法机构参照香港特区《高等法院规则》下的法例订明表格10有关原讼传票的样式为基础，https：//www. judiciary. hk/doc/zh_ cn/court_ services_ facilities/hc/cap4A_ form10_ chi. doc。

第二，当事人可根据香港特区《仲裁条例》第 45 条向香港特区高等法院原讼法庭就仲裁程序申请临时措施。香港特区《高等法院规则》第 73 号命令第 1 条规定，根据《仲裁条例》向法庭提出的申请，须采用表格 10 格式的原诉传票（Originating Summons）提出。根据香港特区《高等法院规则》第 7 号命令第 2（1）条，单方面原诉传票须采用表格 11 的格式。由香港司法机构参照香港特区《高等法院规则》订明表格 11 所编制的文书样式载于香港司法机构的网站，参见 https：//www. judiciary. hk/doc/zh_ cn/cour t_ services_ facilities/hc/cap4A_ form11_ chi. doc。

第三，根据香港特区《仲裁条例》提交的临时措施申请，可被列入建筑及仲裁案件审讯表，各方须遵从香港特区《实务指示 6.1》的有关规定（包括因被申请人对提出抗辩，而须在法庭聆讯的情形）。参见 https：//legalref. judiciary. hk/lrs/common/pd/pdcontent. jsp？ pdn = PD11. 2. htm&lang = CHhttps：//legalref. judiciary. hk/lrs/common/pd/pdcontent. jsp？ pdn = PD6. 1. htm&lang = CH。

第四，申请人向被申请人送达原诉传票时须附送达认收书，参见 https：//www. judiciary. hk/doc/zh_ cn/court_ services_ facilities/hc/cap4A_ form14_ chi. doc。

附录二

香港特别行政区
高等法院
原讼法庭

<table>
<tr><td>参考
(a) 填上案件种类及案件编号</td><td colspan="3">(a) * 高院民事诉讼/杂项/破产案件
20 ________ 年第 ________ 号</td></tr>
<tr><td>(b) 填上原告人姓名</td><td colspan="2">(b)(1)</td><td>原告人</td></tr>
<tr><td></td><td colspan="2">与</td><td></td></tr>
<tr><td>(c) 填上被告人姓名</td><td colspan="2">(c)(1)</td><td>被告人</td></tr>
<tr><td></td><td></td><td>* 宗教式誓章/非宗教式誓词</td><td></td></tr>
<tr><td>(d) 填上宣誓人姓名
(e) 填上宣誓人地址
(f) 述明有关的事实或支持有关申请的理由</td><td colspan="3">本人(d) ________ 现居于(e) ________
____
[谨此宣誓/谨以至诚确认 *] 以下内容:
(f)(2)(3)</td></tr>
</table>

续上表

<table>
<tr><td>脚注：
*请划去不适用的部分
(1) 或按原诉文件上的资料填写。
(2) 若有需要，请按时序及编号，附上有关文件，作为证物。
(3) 又如有需要，请另加白纸书写，并附于此誓章。末段和宣誓部分应在最后一页末端。</td><td>本人作出这份＊誓章/誓词以＊支持/反对在年月日送交法院存档的传票。本人在＊誓章/誓词中宣誓证明的事实据本人所知及所信均属真实；除非另有说明，才作别论。

本人谨此宣誓/谨以至诚确认＊，此誓章/誓词＊内容一概是真。

____
（宣誓者/确认者＊签署）
此项宣誓/确认*是于20年月日在香港特别行政区法院作出。
在本人面前作出，
司法机构监誓员

这份*誓章/誓词是为*原告人/被告人
送交存档的。</td></tr>
</table>

HCA/HCMP/HCB ________/20 ________

香港特别行政区

高等法院

原讼法庭

民事诉讼/杂项/破产案件

20 ________ 年第 ________ 号

原告人 ________ 对被告人 ________ 的誓章/誓词

送交存档日期：
姓名：
原告人/被告人（无律师代表）
供送达用的地址：

关于誓章的说明

第一，此文书样式参照香港特区司法机构网站的誓章格式 https：//www. judiciary. hk/doc/zh_ cn/court_ services_ facilities/hc/hcr_ affidavit. pdf。

第二，起草誓章时，请参阅香港特区《高等法院规则》第 41 号命令的有关规定。

第三，根据香港特区《高等法院规则》第 73 号命令第 4 条，依据香港特区《仲裁条例》第 45（2）条提出的临时措施申请适用香港特区《高等法院规则》第 29 号命令关于非正审济助申请的规则。

香港特区司法机构《实务指示 11.1》是针对在法院进行的

非正审济助等 https：//legalref. judiciary. hk/lrs/common/pd/pdcontent. jsp？ pdn=PD11. 1. htm&lang=CH。

第四，依照香港特区司法机构《实务指示 11.1》第 32 段，单方面申请中期济助时，用以支持申请的誓章应包括以下内容：引致向被告人提出申索的事实因由；引致申索中期济助的事实因由；就要求法庭作出的命令的每一部分述明以单方面方式向法庭提出申请所依据的事实（包括预先向被告人发出通知的详情或没有向被告人发出该等通知的原因）；被告人就中期及实质济助的申索回应申请人时，力称或相当可能会力称的说法；申请人已知可能会导致法庭不批准所寻求的济助或不在单方面申请的情况下批准该济助的事实；申请人确实寻求的济助。

附录三

HCMP ________/20 ________

香港特别行政区
高等法院
原讼法庭

高院民事诉讼 20 ________年第________号

原告人：

及

被告人：

重要事项：

给被告人通知书

1. 本命令禁止你作出本命令中所列的行为。

本命令受例外情况规限，例外情况列明于命令中。你应详阅全文，并尽速咨询律师的意见。你有权要求法庭更改或撤销本命令。

2. 如果你违抗本命令，法庭可裁定你藐视法庭，处你［你公司的任何董事］监禁或罚款或扣押你的资产。

在高等法院法官__________席前

命令

原告人的大律师/律师于__________［日期］向法官提出申请。法官已审阅附表1列出的草拟令状和誓章，亦接纳本命令结尾附表2所载的承诺，并经聆听有关申请后，作出命令如下。

现特颁令：

限制处置资产

1. 被告人不得

(a) 把他在香港境内价值达__________港元的任何资产移离香港，无论该资产是否在其名下及是否他个人或联权拥有亦在此之列，或

(b) 以任何形式处置、处理或缩减他在香港境内价值达__________港元的任何资产，无论该资产是否在其名下及是否他个人或联权拥有亦在此之列。这项禁制特别包括下列资产：

(1) 位于__________的物业，如该物业已经出售，则是支付任何按揭款项后的净出售款额；

(2) 被告人位于__________（或于__________营业）的商号物业及资产，如其中任何物业或资产已经出售，则是出售的款额；以及

(3) 任何存于__________银行账号__________的款项。

2. 如被告人在香港的资产中，没有债务负担的资产总值超出__________港元，他便可把该等资产之任何部分移离香港，或可处置或处理该等资产，只要他把仍在香港没有债务负担的资产总值维持于__________港元以上便可。

（如适用披露资料①）

3. 被告人必须立即以书面通知原告人他在香港拥有的、价值各达__________港元或以上的所有资产，无论这些资产是否在他名下、及是否他个人或联权拥有亦在此之列，并列出所有这些资产的价值、所在地及有关详情。［被告人可以有权藉披露资料可能令他负上刑事责任为理由，拒绝提供部分或全部资料。②］

4. 这些资料必须有誓章确认。被告人必须在收到本命令后__________天内把誓章送达原告人的律师。

本命令的例外情况

5. 本命令并不禁止被告人以每星期__________港元作为其业务的一般正常开支、及__________港元［或合理的金额］作为法

---

① 如法官信纳以本项申请的特别情况而言，有足够理由要求被告人披露资料，才包括这项规定。

② 如情况并不受香港特区法例第210章《偷窃罪条例》第33条规限，便可加入此句。

律咨询及聘请律师的费用。

6. ［本命令并不禁止被告人在一般正常的业务运作中处理或处置他的资产。］

7. 被告人可与原告人的律师就应否提高上述开支限额及应否更改本命令的其他内容达成协议，但这些协议必须是书面的协议。

8. 如被告人向法庭缴存＿＿＿＿＿＿港元作为保证金，又或与原告人的律师达成协议或获法庭批准，安排以其他方法作为与该笔款项等值的保证，则本命令的效力即告终止。

本命令的效力

9. 如被告人是个别人士，当接获法院命令不得作出某些行为时，他本人就不得作出该等行为，亦不得以任何其他形式作出该等行为。他亦不得透过其他人士代表他作出该等行为，或指示、鼓励他们作出该等行为。

10. 如被告人是公司，当接获法院命令不得作出某些行为时，该公司自己、公司的董事、管理人员、雇员或代理人均不得作出该等行为，也不得以任何形式作出该等行为。

第三方

11. 本命令的效力。任何人士如明知有本命令而协助或容许他人违反本命令，即属犯了藐视法庭罪，法庭可处他监禁、罚款、或扣押他的资产。

12. 银行抵销贷款。本强制令并不禁止银行行使权利，把在得知有此命令之前借予被告人的贷款抵销。

13. 被告人提款。如被告人提取的款项显然可获本命令批准，则银行不需向被告人查询该笔款项的用途或拟作的用途。

在本司法管辖权范围外送达及替代送达

14. 原告人可以把传讯令状发出及以__________方式送达给被告人。

15. 如被告人拟提出抗辩，他必须于传讯令状送达给他后__________天内认收送达。

承诺

16. 原告人向法庭作出承诺，该承诺列明于本命令附表 2 内。

本命令的时效

17. 本命令将有效至________年________月________日（即"提讯日"）① 为止，连当日计算在内，除非在该日期前，法庭再颁令将之更改或撤销则属例外。本命令因应一项申请而发出，除非被告人向法庭缴存________港元、或安排按上文规定的其他方法作出与该款项等值的保证，并且送达通知，知会有关人等该项申请无需聆讯，否则，该项申请将于提讯日在法庭进一步聆讯。

更改或撤销本命令

18. 被告人（或任何得知有此命令的人士）可随时向法庭申请更改或撤销本命令（或本命令影响他的部分），但他应首先知会原告人的律师。

原告人的律师的名字和地址

原告人的律师：（姓名、地址、办公及非办公时间电话）

本命令的释义

(1) 本命令文内的"他"盖指"她"及"它"。

① 在此应填写本命令发出及送达当日起计两整天后的第一个传票日。

(2) 凡被告人有两名或两名以上者（除非文内另有所指），则

(a)“被告人”盖指两名被告人或所有被告人。

(b) 命令饬令“被告人”得作或不得作之行为盖指饬令各被告人得作或不得作该等行为。

(c) 关于必须把本命令或任何诉讼程序的文件送达“被告人”的规定，是指送达给每一位被告人。

附表 1

令状和誓章

法官在颁发本命令前审阅草拟令状和誓章如下：

1.

2.

附表 2

原告人对法庭的承诺

1. 如果法庭稍后发现本命令导致被告人或其他任何一方遭受损失而决定应向被告人或所述一方赔偿该项损失，则原告人会遵从法庭可能作出的任何颁令。

2. 原告人会依据法庭就上述理由发出的命令，于＿＿＿＿＿＿年＿＿＿＿＿＿月＿＿＿＿＿＿日或之前安排一家在香港有业务的银

行，向被告人及__________[1]发出__________港元的书面保证。原告人会在书面保证发出时立即安排把副本一份送达被告人。[2]

3. 原告人会在可行的情况下尽速把［一份］［有关的］［按提交法庭的草拟令状写成的］传讯令状［发出］，连同本命令一并送达被告人，［申索适当的补救措施］。

4. 原告人会安排有关人士立一份［按提交法庭的草拟本的主要内容写成的］誓章宣誓，并把誓章存档，［确认原告人的大律师/律师在法庭所述的实质内容］。

5. 原告人会在可行的情况下尽速把于提讯日聆讯的传票送达被告人，同时亦会送达誓章的副本及可供复制的证物，这些证物包含原告人所凭借的证据，以及送达申请本命令时所依据的论点提要。除非事不可行，否则，无法复制的证物照片亦应送达。［属机密性质的证物文本不必送达，但必须备妥，以供被告人或被告人的代表在原告人的律师执行本命令时并在他在场下查阅。之后，这些证物须交付代表被告人的律师，该律师须作出书面承诺，答允除非他在场，否则，他不会准许被告人看见这些证物或其副本，也不会准许他作摘记或抄录此等证物，或取去此等证物的任何摘记或记录。］

6. 原告人的律师会把命令副本一份给予任何接获通知，得知有此命令的人士。

7. 原告人会缴付合理费用给被告人以外的人士。此等费用是因本命令而引起，包括查明该人是否持有被告人的资产而引起的费用。如法庭稍后发现本命令导致有关人士遭受损失而决定应给

① 可填上法庭认为会受本命令影响的人的姓名。

② 如法庭认为应在提讯日前提供保证，便须包括这项规定。

他赔偿该项损失，原告人会遵照法庭因此而作出的颁令。

8. 如无法庭许可，原告人不会在任何其他司法管辖区向被告人展开法律程序，也不会把因本司法管辖区之法庭命令所取得的资料作为在其他司法管辖区展开民事或刑事法律程序之用。

9. 如无法庭许可，原告人不会在香港境外申请执行本命令［或申请性质相近的命令，包括对被告人或被告人的资产进行押记或要求交出保证］。

10. 如有任何原因令本命令的效力终止（原因尤其包括被告人照上文规定提供保证金、或原告人没有按上文规定提供银行保证书），原告人会立即采取一切合理步骤，就本命令的效力已告终止一事，以书面知会任何他曾通知有此命令的人士或公司、或他有合理理由认为可能会因应本命令而作出行动的人士或公司。

关于法庭命令草拟本的说明

第一，法庭命令草拟本须按个别案件和申请的具体情况、要求法庭颁发的命令等因素而定。此文书样式以目的包括保存资产的资产冻结令为例，并以香港特区司法机构《实务指示 11.2》内题为“强制令——禁止处置在香港的资产”的标准命令格式为基础，参见 https：//legalref. judiciary. hk/lrs/common/pd/pdcontent. jsp？ pdn＝PD11. 2. htm&lang＝CH。

第二，申请人向法庭申请资产冻结令，应符合《实务指示 11.2》有关规定。

附录5：

向内地法院申请保全的文书样式

总体说明

根据《中华人民共和国民事诉讼法》《最高人民法院关于适用〈中华人民共和国民事诉讼法〉的解释》《人民法院民事裁判文书制作规范》《民事诉讼文书样式》《涉外商事海事裁判文书写作规范》以及《关于内地与香港特别行政区法院就仲裁程序相互协助保全的安排》制定本文书样式。本文书样式包括当事人申请书以及有关机构或者常设办事处的函件。关于当事人的基本情况：

第一，当事人为自然人的，依次写明姓名、性别、出生年月日、民族、职业或者工作单位和职务、住所、通讯方式。该自然人为无诉讼行为能力人的，另起一行写明法定代理人或者指定代理人的情况。该自然人系外国人的，应当注明其国籍全称；系无国籍人的，应当注明无国籍；系港澳台居民的，在姓名后写明“香港特别行政区居民”“澳门特别行政区居民”或者“台湾地区居民”。（见当事人基本情况样式一）

第二，当事人是法人或者非法人组织的，写明法人或者非法人组织的住所。另起一行写明其法定代表人、主要负责人及其姓名、职务、联系方式。外国或者港澳台地区的企业、组织等作为当事人的，应使用“代表人”的表述。（见当事人基本情况样式二）

第三，当事人为外国人的，应当写明其经过翻译的中文姓名或者名称和住所，并用括号注明其外文姓名或者名称和住所。

另，为便于人民法院送达相关法律文书，请填妥《送达地址确认书》一并提交。（附后）

样式一：申请仲裁前财产保全

申请书

申请人：×××，……。

……

被申请人：×××，……。

……

（以上写明当事人和其他诉讼参加人的姓名或者名称等基本信息）

请求事项：

查封/扣押/冻结被申请人×××的……（写明保全财产的名称、性质、数量或数额、所在地、存款户名、开户行、账号等明确信息或者具体线索），期限为××（写明保全的期限）。

事实和理由：

……（写明仲裁前申请财产保全的事实、理由和相关证据）。

申请人提供……（写明担保财产的名称、性质、数量或数额、所在地等）作为担保。

此致

××××人民法院

申请人（签名或盖章）

××××年××月××日

【说明】

1. 本样式根据《中华人民共和国民事诉讼法》第一百零一条第一款[①]、《民事诉讼文书样式》等制定，供利害关系人在提起仲裁前，向内地人民法院申请财产保全用。

2. 根据《中华人民共和国民事诉讼法》第一百零一条第一款“利害关系人因情况紧急，不立即申请保全将会使其合法权益受到难以弥补的损害的，可以在提起诉讼或者申请仲裁前向被保全财产所在地、被申请人住所地或者对案件有管辖权的人民法院申请采取保全措施。申请人应当提供担保，不提供担保的，裁定驳回申请。”根据《最高人民法院关于适用〈中华人民共和国民事诉讼法〉的解释》第一百五十二条第二款“利害关系人申请诉前保全的，应当提供担保。申请诉前财产保全的，应当提供相当于请求保全数额的担保；情况特殊的，人民法院可以酌情处理。申请诉前行为保全的，担保的数额由人民法院根据案件的具体情况决定。”《最高人民法院关于人民法院办理财产保全案件若干问题的规定》第五条第二款也有类似规定。故申请仲裁前财产保全的，应当提供相当于请求保全数额的担保；情况特殊的，人民法院可以酌情处理。

3. 根据《中华人民共和国民事诉讼法》第一百零五条，[②] 申请有错误的，申请人应当赔偿被申请人因保全所遭受的损失。

---

① 现为2021年修正的《民事诉讼法》第一百零四条第一款，下同。

② 现为2021年修正的《民事诉讼法》第一百零八条，下同。

样式二：申请仲裁前证据保全

申请书

申请人：×××，……。

……

被申请人：×××，……。

……

（以上写明当事人和其他诉讼参加人的姓名或者名称等基本信息）

请求事项：

请求××××人民法院……（写明证据保全事项）。事实和理由：

……（写明仲裁前申请证据保全的事实、理由和相关证据）。

申请人提供……（写明担保财产的名称、性质、数量或数额、所在地等）作为担保。

此致

××××人民法院

申请人（签名或盖章）

××××年××月××日

【说明】

1. 本样式根据《中华人民共和国民事诉讼法》第八十一条第二款①、第一百零一条第一款、《民事诉讼文书样式》制定，

① 现为2021年修正的《民事诉讼法》第八十四条第二款。

供利害关系人在提起仲裁前，向内地人民法院申请证据保全用。

2. 根据《中华人民共和国民事诉讼法》第一百零一条第一款“利害关系人因情况紧急，不立即申请保全将会使其合法权益受到难以弥补的损害的，可以在提起诉讼或者申请仲裁前向被保全财产所在地、被申请人住所地或者对案件有管辖权的人民法院申请采取保全措施。申请人应当提供担保，不提供担保的，裁定驳回申请。”根据《最高人民法院关于适用〈中华人民共和国民事诉讼法〉的解释》第一百五十二条第二款规定

“利害关系人申请诉前保全的，应当提供担保。申请诉前财产保全的，应当提供相当于请求保全数额的担保；情况特殊的，人民法院可以酌情处理。申请诉前行为保全的，担保的数额由人民法院根据案件的具体情况决定。”申请仲裁前证据保全的，应当提供担保；不提供担保的，人民法院裁定驳回申请。参照仲裁前行为保全的有关规定，担保的数额由人民法院根据案件的具体情况决定。

3. 根据《中华人民共和国民事诉讼法》第一百零五条，[①] 申请有错误的，申请人应当赔偿被申请人因保全所遭受的损失。

样式三：申请仲裁前行为保全

申请书

申请人：×××，……。

……

① 现为2021年修正的《民事诉讼法》第一百零八条，下同。

被申请人：×××，……。

……

（以上写明当事人和其他诉讼参加人的姓名或者名称等基本信息）

请求事项：

请求××××人民法院……（写明行为保全事项）。事实和理由：

……（写明仲裁前申请行为保全的事实、理由和相关证据）。

申请人提供……（写明担保财产的名称、性质、数量或数额、所在地等）作为担保。

此致

××××人民法院

申请人（签名或盖章）

××××年××月××日

【说明】

1. 本样式根据《中华人民共和国民事诉讼法》第一百零一条第一款、《民事诉讼文书样式》制定，供利害关系人在提起仲裁前，向内地人民法院申请行为保全用。

2.《中华人民共和国民事诉讼法》第一百零一条第一款“利害关系人因情况紧急，不立即申请保全将会使其合法权益受到难以弥补的损害的，可以在提起诉讼或者申请仲裁前向被保全财产所在地、被申请人住所地或者对案件有管辖权的人民法院申请采取保全措施。申请人应当提供担保，不提供担保的，裁定驳回申请。”根据《最高人民法院关于适用〈中华人民共和国民事诉讼法〉的解释》第一百五十二条第二款“利害关系人申请诉前保全的，应当提供担保。申请诉前财产保全的，应当提供相当于请求保全数额的担保；情况特殊的，人民法院可以酌情处理。申请诉前行为保全的，担保的数额由人民法院根据案件的具体情况决定。”《最高人民法院关于审查知识产权纠纷行为保全案件适用法律若干问题的规定》第十一条第二款“申请人提供的担保数额，应当相当于被申请人可能因执行行为保全措施所遭受的损失，包括责令停止侵权行为所涉产品的销售收益、保管费用等合理损失。”根据上述规定，申请仲裁前行为保全的，应当提供担保，不提供担保的，人民法院裁定驳回申请。担保的数额由人民法院根据案件的具体情况决定。

3. 根据《中华人民共和国民事诉讼法》第一百零五条，申请有错误的，申请人应当赔偿被申请人因保全所遭受的损失。

样式四：申请仲裁中财产保全

申请书

申请人：×××，……。

……

被申请人：×××，……。

……

（以上写明当事人和其他诉讼参加人的姓名或者名称等基本信息）

请求事项：

……一案（写明有关机构或者常设办事处所立的仲裁案件案

号、当事人名称、案由)，请求××××人民法院查封/扣押/冻结被申请人×××的……（写明保全财产的名称、性质、数量或数额、所在地、存款户名、开户行、账号等明确信息或者具体线索），期限为××（写明保全的期限）。

事实和理由：

……（写明仲裁中申请财产保全的事实、理由和相关证据）。

申请人提供……（写明担保财产的名称、性质、数量或数额、所在地等）作为担保。

此致

××××人民法院

申请人（签名或盖章）

××××年××月××日

【说明】

1. 本样式根据《中华人民共和国民事诉讼法》第一百条①第一款、《民事诉讼文书样式》以及内地实务操作制定，供当事人在仲裁过程中，向内地人民法院申请财产保全用。

2.《中华人民共和国民事诉讼法》第一百条第二款“人民法院采取保全措施，可以责令申请人提供担保，申请人不提供担保的，裁定驳回申请。”《最高人民法院关于人民法院办理财产保全案件若干问题的规定》第五条第一款“人民法院依照民事诉讼法第一百条规定责令申请保全人提供财产保全担保的，担保数额

① 现为2021年修正的《民事诉讼法》第一百零三条，下同。

不超过请求保全数额的百分之三十；申请保全的财产系争议标的的，担保数额不超过争议标的价值的百分之三十。”第三款“财产保全期间，申请保全人提供的担保不足以赔偿可能给被保全人造成的损失的，人民法院可以责令其追加相应的担保；拒不追加的，可以裁定解除或者部分解除保全。”申请仲裁中财产保全的，当事人是否应当提供担保以及担保的数额，由人民法院根据上述规定和案件的具体情况决定。

3. 根据《中华人民共和国民事诉讼法》第一百零五条，申请有错误的，申请人应当赔偿被申请人因保全所遭受的损失。

样式五：申请仲裁中证据保全

申请书

申请人：×××，……。

……

被申请人：×××，……。

……

（以上写明当事人和其他诉讼参加人的姓名或者名称等基本信息）

请求事项：

……一案（写明有关机构或者常设办事处所立的仲裁案件案号、当事人名称、案由），请求××××人民法院……（写明证据保全事项）。

事实和理由：

……（写明仲裁中申请证据保全的事实、理由和相关证据）。

申请人提供……（写明担保财产的名称、性质、数量或数额、所在地等）作为担保。

此致

××××人民法院

申请人（签名或盖章）

××××年××月××日

【说明】

1. 本样式根据《中华人民共和国民事诉讼法》第八十一条第一款、第一百条第一款，《中华人民共和国仲裁法》第四十六条、第六十八条，《民事诉讼文书样式》以及内地实务操作制定，供当事人在仲裁过程中，向内地人民法院申请证据保全用。

2. 根据《中华人民共和国民事诉讼法》第一百条第二款“人民法院采取保全措施，可以责令申请人提供担保，申请人不提供担保的，裁定驳回申请。”《最高人民法院关于适用〈中华人民共和国民事诉讼法〉的解释》第五百四十二条第二款①“当事人申请证据保全，人民法院经审查认为无需提供担保的，申请人可以不提供担保。”申请仲裁中证据保全的，当事人是否应当提供担保以及担保的数额，由人民法院根据案件的具体情况决定。

3. 根据《中华人民共和国民事诉讼法》第一百零五条，申请有错误的，申请人应当赔偿被申请人因保全所遭受的损失。

① 现为2022年修正的《最高人民法院关于适用〈中华人民共和国民事诉讼法〉的解释》第五百四十条第二款。

样式六：申请仲裁中行为保全

申请书

申请人：×××，……。

……

被申请人：×××，……。

……

（以上写明当事人和其他诉讼参加人的姓名或者名称等基本信息）

请求事项：

……一案（写明有关机构或者常设办事处所立的仲裁案件案号、当事人名称、案由），请求××××人民法院……（写明行为保全事项）。

事实和理由：

……（写明仲裁中申请行为保全的事实、理由和相关证据）。

申请人提供……（写明担保财产的名称、性质、数量或数额、所在地等）作为担保。

此致

××××人民法院

申请人（签名或盖章）

××××年××月××日

【说明】

1. 本样式根据《中华人民共和国民事诉讼法》第一百条第一款、《民事诉讼文书样式》以及内地实务操作制定，供当事人在仲裁过程中，向内地人民法院申请行为保全用。

2. 根据《中华人民共和国民事诉讼法》第一百条第二款“人民法院采取保全措施，可以责令申请人提供担保，申请人不提供担保的，裁定驳回申请。”《最高人民法院关于审查知识产权纠纷行为保全案件适用法律若干问题的规定》第十一条第二款“申请人提供的担保数额，应当相当于被申请人可能因执行行为保全措施所遭受的损失，包括责令停止侵权行为所涉产品的销售收益、保管费用等合理损失。”根据上述规定，申请仲裁中行为保全的，当事人是否应当提供担保以及担保的数额，由人民法院根据案件的具体情况决定。

3. 根据《中华人民共和国民事诉讼法》第一百零五条，申请有错误的，申请人应当赔偿被申请人因保全所遭受的损失。

样式七：撤回保全申请

申请书

申请人：×××，……。

……

被申请人：×××，……。

……

（以上写明当事人和其他诉讼参加人的姓名或者名称等基本信息）

请求事项：

……一案（写明当事人名称、案由，已立案号的还要写明案号），现撤回向你院提交的保全申请。

事实和理由：

……（写明申请撤回保全的理由）。

此致

××××人民法院

申请人（签名或盖章）

××××年××月××日

【说明】

1. 本样式根据《最高人民法院关于适用〈中华人民共和国民事诉讼法〉的解释》第一百六十六条第一款、参照《民事诉讼文书样式》制定，供当事人向人民法院申请撤回保全用。

2. 根据《最高人民法院关于适用〈中华人民共和国民事诉讼法〉的解释》第一百六十六条第一款，裁定采取保全措施后，有下列情形之一的，人民法院应当作出解除保全裁定：（一）保全错误的；（二）申请人撤回保全申请的；（三）申请人的起诉或者诉讼请求被生效裁判驳回的；（四）人民法院认为应当解除保全的其他情形。

样式八：申请解除保全

申请书

申请人：×××，……。

……

被申请人：×××，……。

……

（以上写明当事人和其他诉讼参加人的姓名或者名称等基本信息）

请求事项：

解除……（写明财产保全/证据保全/行为保全措施）。事实和理由：

你院于××××年××月××日作出（××××）……号财产保全/证据保全/行为保全民事裁定，……（写明保全内容）。

……（写明申请解除保全的事实和理由）。

此致

××××人民法院

附：××××人民法院（××××）……号财产保全/证据保全/行为保全民事裁定书

申请人（签名或者盖章）

××××年××月××日

【说明】

1. 本样式根据《中华人民共和国民事诉讼法》第一百零一条第三款、第一百零四条①以及《最高人民法院关于适用〈中华人民共和国民事诉讼法〉的解释》第一百六十五条、第一百六十六条第一款、《民事诉讼文书样式》制定，供当事人向人民法院申请解除保全用。

2. 根据《中华人民共和国民事诉讼法》第一百零一条第三款，申请人在人民法院采取保全措施后三十日内不依法提起诉讼或者申请仲裁的，人民法院应当解除保全。根据《中华人民共和国民事诉讼法》第一百零四条，财产纠纷案件，被申请人提供担保的，人民法院应当解除保全。根据《最高人民法院关于适用〈中华人民共和国民事诉讼法〉的解释》第一百六十六条第一款，裁定采取保全措施后，有下列情形之一的，人民法院应当作出解除保全裁定：（一）保全错误的；（二）申请人撤回保全申请的；（三）申请人的起诉或者诉讼请求被生效裁判驳回的；（四）人民法院认为应当解除保全的其他情形。

样式九：申请变更财产保全的标的物

申请书

申请人：×××，……。

……

被申请人：×××，……。

① 现为2021年修正的《民事诉讼法》第一百零七条，下同。

……

（以上写明申请人和其他诉讼参加人的姓名或者名称等基本信息）

请求事项：

1. 解除……（写明财产保全措施）；

2. 对被保全人×××的……（写明其他等值担保财产名称）采取保全措施，期限为××（写明保全的期限）。

事实和理由：

申请人×××与×××……（写明案由），你院于×××

×年××月××日作出（××××）……号保全民事裁定，……（写明保全内容）。

……（写明申请变更保全标的物的事实和理由）。

此致

××××人民法院

附：××××人民法院（××××）……号保全裁定书

申请人（签名或者盖章）

××××年××月××日

【说明】

1. 本样式根据《最高人民法院关于适用〈中华人民共和国民事诉讼法〉的解释》第一百六十七条、《民事诉讼文书样式》制定，供被保全人申请变更保全标的物用。

2. 根据《最高人民法院关于适用〈中华人民共和国民事诉讼法〉的解释》第一百六十七条的规定，被保全人申请变更保全标的物，并提供其他等值担保财产且有利于执行的，人民法院可以裁定变更保全标的物为被保全人提供的其他等值担保财产。

样式十：就保全裁定申请复议

复议申请书

复议申请人：×××，……。

……

（以上写明复议申请人的姓名或者名称等基本信息）

请求事项：

撤销（××××）……号财产保全/行为保全/证据保全民事裁定书。

事实和理由：

你院于××××年××月××日作出（××××）……号财产保全/证据保全/行为保全民事裁定，……（写明裁定内容）。

……（写明申请复议的事实和理由）。

此致

××××人民法院

附：××××人民法院（××××）……号财产保全/证据保全/行为保全裁定书

复议申请人（签名或者盖章）

××××年××月××日

【说明】

1. 本样式根据《中华人民共和国民事诉讼法》第一百零八条[①]制定，供当事人对保全裁定不服的，向作出裁定的人民法院申请复议用。

2. 根据《中华人民共和国民事诉讼法》第一百零八条，当事人对保全裁定不服的，可以自收到裁定书之日起五日内向作出裁定的人民法院申请复议。复议期间不停止裁定的执行。根据《最高人民法院关于适用〈中华人民共和国民事诉讼法〉的解释》第一百七十一条，人民法院应当在收到复议申请后十日内审查。裁定正确的，驳回当事人的申请；裁定不当的，变更或者撤销原裁定。

样式十一：仲裁前裁定保全后，证明受理仲裁案件

关于受理××案（仲裁案件案号）的证明函

××××人民法院：

××曾向你院提出保全申请，你院依据《最高人民法院关于内地与香港特别行政区法院就仲裁程序相互协助保全的安排》的规定，于××××年××月××日作出××××财产/行为/证据保全裁定（保全民事裁定的案号）。

我会/中心/办事处已于××××年××月××日受理了××（申请人）诉××的争议仲裁案（案号：××××）。仲裁地为中华人民共

① 现为2021年修正的《民事诉讼法》第一百一十一条，下同。

和国香港特别行政区。现特此告知并将仲裁申请文件以及相关证据材料等一式一份提交贵院。

本案经办人员：×××，电邮：××××，电话：××××××××，传真：××××××××，地址：×××。

附：仲裁申请文件以及相关证据材料

有关机构或者常设办事处（盖章）

××××年××月××日

【说明】

根据《内地与香港特别行政区法院就仲裁程序相互协助保全的安排》第三条的规定，在有关机构或者常设办事处受理仲裁申请前提出保全申请，内地人民法院采取保全措施后三十日内未收

到有关机构或者常设办事处提交的已受理仲裁案件的证明函件的，内地人民法院应当解除保全。

基于香港仲裁实务的独特性，此函亦可由申请人提交内地人民法院。

样式十二：转递仲裁中保全申请

关于提交××案（有关机构或者常设办事处案号）

财产/行为/证据保全申请材料的函

××人民法院：

我会/中心/办事处于××××年××月××日受理了

××诉××的争议仲裁案（案号：××××）。仲裁地为中华人民共和国香港特别行政区。

申请人××现提出了财产/行为/证据保全申请，依据

《最高人民法院关于内地与香港特别行政区法院就仲裁程序相互协助保全的安排》的规定，本会/中心/办事处现将申请人的保全申请书、仲裁申请文件以及相关证据材料、仲裁协议、申请人身份证明材料等相关材料一式一份提交你院。请你院依据《最高人民法院关于内地与香港特别行政区法院就仲裁程序相互协助保全的安排》作出裁定，并请将裁定结果告知本会/中心/办事处、申请人及其他仲裁程序的当事人。

本案经办人员：×××，电邮：××××，电话：××

××××××，传真：××××××××，地址：×××。

附：1. 保全申请书；

2. 仲裁申请文件以及相关证据材料；

3. 仲裁协议；

4. 申请人身份证明材料（含授权委托书等）。

有关机构或者常设办事处（盖章）

××××年××月××日

【说明】

1. 本样式根据内地仲裁机构向内地人民法院转递保全申请时的实务操作制定。

2. 根据《内地与香港特别行政区法院就仲裁程序相互协助保全的安排》第三条的规定，仲裁中申请保全的，应当由有关机构或者常设办事处向内地人民法院转递当事人申请和相关材料。基于香港仲裁实务的独特性，此函亦可由申请人连同相关的申请材料提交内地人民法院。

当事人基本情况样式一

申请人：×××，男/女，××××年××月××日出生，×族，……(写明工作单位和职务或者职业)，住……。联系方式：……。

法定代理人/指定代理人：×××，……。委托诉讼代理人：×××，……。

当事人基本情况样式二

申请人：×××，住所……。

法定代表人（或者主要负责人、代表人)：×××，……

（写明法定代表人或者主要负责人、代表人在申请人所任职务)，××××年××月××日出生，×族，住……。联系方式：……。

委托诉讼代理人：×××，……。

送达地址、送达方式确认书

<table>
<tr><td>案件</td><td colspan="4"></td></tr>
<tr><td>告知事项</td><td colspan="4">1. 为便于当事人及时收到人民法院诉讼文书，保证诉讼程序顺利进行，当事人应该如实提供确切的送达地址；
2. 确认的送达地址适用于各个诉讼阶段。
3. 诉讼期间如果送达地址有变更，应当及时告知人民法院变更后的送达地址；
4. 如果提供的地址不确切，或未及时告知变更后的地址，使诉讼文书无法送达或未及时送达，当事人将自行承担由此可能产生的法律后果；</td></tr>
<tr><td rowspan="5">送达地址</td><td>当事人</td><td colspan="3"></td></tr>
<tr><td>送达地址</td><td colspan="3"></td></tr>
<tr><td>是否接受电子送达</td><td colspan="3">□是□否（判决书、裁定书、调解书不适用电子送达）</td></tr>
<tr><td>手机号码</td><td></td><td>邮编</td><td></td></tr>
<tr><td>其他联系方式</td><td colspan="3"></td></tr>
<tr><td>当事人确认</td><td colspan="4">我已阅读（听明白）本确认书的告知事项，提供了上栏送达地址和送达方式，并保证所提供的送达地址、方式各项内容是正确的、有效的，如在诉讼过程中送达地址变化，将及时通知法院。
受送达人（签章）：
年　　月　　日</td></tr>
<tr><td>备注</td><td colspan="4"></td></tr>
<tr><td>法院工作人员签名</td><td colspan="4"></td></tr>
</table>

最高人民法院

关于内地与香港特别行政区相互执行仲裁裁决的补充安排

法释〔2020〕13 号

（2020 年 11 月 9 日最高人民法院审判委员会第 1815 次会议通过并于 2020 年 11 月 26 日公告：本司法解释第一条、第四条自 2020 年 11 月 27 日起施行，第二条、第三条在香港特别行政区完成有关程序后，由最高人民法院公布施行日期。2021 年 5 月 18 日公告：现香港特别行政区已完成有关程序，本司法解释第二条、第三条自 2021 年 5 月 19 日起施行）

依据《最高人民法院关于内地与香港特别行政区相互执行仲裁裁决的安排》（以下简称《安排》）第十一条的规定，最高人民法院与香港特别行政区政府经协商，作出如下补充安排：

一、《安排》所指执行内地或者香港特别行政区仲裁裁决的程序，应解释为包括认可和执行内地或者香港特别行政区仲裁裁决的程序。

二、将《安排》序言及第一条修改为："根据《中华人民共和国香港特别行政区基本法》第九十五条的规定，经最高人民法院与香港特别行政区（以下简称香港特区）政府协商，现就仲裁裁决的相互执行问题作出如下安排：

"一、内地人民法院执行按香港特区《仲裁条例》作出的仲裁裁决，香港特区法院执行按《中华人民共和国仲裁法》作出的仲裁裁决，适用本安排。”

三、将《安排》第二条第三款修改为：“被申请人在内地和香港特区均有住所地或者可供执行财产的，申请人可以分别向两地法院申请执行。应对方法院要求，两地法院应当相互提供本方执行仲裁裁决的情况。两地法院执行财产的总额，不得超过裁决确定的数额。”

四、在《安排》第六条中增加一款作为第二款：“有关法院在受理执行仲裁裁决申请之前或者之后，可以依申请并按照执行地法律规定采取保全或者强制措施。”

五、本补充安排第一条、第四条自2020年11月27日起施行，第二条、第三条在香港特别行政区完成有关程序后，由最高人民法院公布施行日期。

附录1：

《关于内地与香港特别行政区相互执行仲裁裁决的补充安排》签署活动暨新闻发布会

司艳丽

（2020年11月27日）

各位嘉宾、各位记者：

大家上午好！今天新闻发布会的主题是“完善内地与香港特别行政区相互执行仲裁裁决的机制”。刚刚，杨万明副院长与郑若骅司长分别代表最高人民法院与香港特别行政区（以下简称香港特区）政府律政司签署了《关于内地与香港特别行政区相互执行仲裁裁决的补充安排》（以下简称《补充安排》）。《补充安排》的成功签署离不开全国人大常委会法制工作委员会、香港基本法委员会和国务院港澳事务办公室等中央有关部门的大力指导以及两地司法法律界的有力支持，在此，首先向大家表示衷心感谢！下面，我向大家介绍《补充安排》的相关情况。

一、《补充安排》的签署背景和意义

《香港特别行政区基本法》（以下简称《基本法》）第九十五条规定，香港特区可与全国其他地区的司法机关通过协商依法进行司法方面的联系和相互提供协助，这为内地与香港开展司法协助提供了法律依据。香港回归祖国以来，在两地共同努力下，先后签署了八项民商事司法协助安排。其中，2000 年开始实施的《关于内地与香港特别行政区相互执行仲裁裁决的安排》（以下简称原《安排》），在解决两地跨境纠纷、支持香港仲裁发展、增进两地民生福祉等方面发挥了重要作用。但随着仲裁日益成为解决跨境纠纷的重要方式，实践中出现了诸多新情况、新问题，这对签署《补充安排》提出了现实需求。

今年是《基本法》颁布三十周年和原《安排》生效实施二十周年，在这个重要的时点，最高人民法院与香港特区政府律政司通力协作，密切配合，主动承担新时代赋予两地司法合作的新使命，通过多轮磋商，共同签署《补充安排》，具有特别重要的意义。

第一，《补充安排》是在司法领域丰富完善“一国两制”方针的重大举措，是以法治方式保持香港长期繁荣稳定的具体体现。香港回归祖国以来，最高人民法院与香港特区政府律政司全面准确贯彻《基本法》和“一国两制”方针，坚持“一国”原则、尊重“两制”差异，坚守“一国”之本、善用“两制”之利，基本实现民商事领域司法协助全覆盖，创造性地构建起中国特色区际司法协助体系。在《基本法》而立之年，两地首次以补充安排形式检视、修改既有司法协助安排，标志着两地民商事司法协助从建章立制步入优化完善的新阶段，也充分展现出《基本法》的强大生命力，这必将为香港保持长期繁荣稳定提供更有力的制度保障和坚强后盾。

第二，《补充安排》是构建共商、共建、共享多元化纠纷解决机制的有益探索，是增进两地百姓民生福祉的重要成果。《补充安排》坚持把非诉讼纠纷解决机制挺在前面，注重发挥仲裁在化解两地互涉纠纷中的重要作用，是对推动建立共商、共建、共享的一站式跨境纠纷多元解决机制，联动香港打造国际法律服务中心和国际商事争议解决中心的有益探索。《补充安排》完善了两地仲裁裁决相互认可和执行的机制，拓展了可在两地自由流通的仲裁裁决范围，实现了两地在仲裁领域全方位、全流程、全覆盖的司法协助，这必将有利于促进各类要素高效便捷流动，降低两地民众纠纷解决成本，密切两地人员往来和经贸合作。

第三，《补充安排》是为粤港澳大湾区建设提供司法服务和保障的主动担当，是促进香港融入大湾区发展大局的务实举措。建设粤港澳大湾区，是习近平总书记亲自谋划、亲自部署、亲自推动的重大国家战略，既是新时代推动形成全面开放新格局的新尝试，也是推动“一国两制”事业发展的新实践。在粤港澳大湾区建设中，“一国两制三法域”的独特性决定了互涉纠纷不可避免、法律冲突客观存在、司法协助亟需深化。《补充安排》正是司法协助的不断拓展，是实现法律规则衔接的重要途径，必将为巩固提升香港法律服务竞争优势，支持香港融入大湾区发展大局，提供新支撑，注入新动能。

二、《补充安排》的主要内容

第一，明确“认可”程序，统一法律适用。原《安排》未明确规定“认可”程序，实践中各人民法院对香港仲裁裁决是否需经认可才具有执行力把握不一。《补充安排》立足内地与香港分属两个法域的法理基础，同时考虑部分仲裁裁决仅需认可的现实需求，明确规定“认可”程序，统一法律适用标准。

第二，扩大相互认可和执行仲裁裁决的范围，加大司法对仲裁的支持力度。《补充安排》注重考虑两地制度差异及未来立法趋势，并注意吸收司法实践经验来确定相互认可和执行的范围。对申请认可和执行的香港仲裁裁决，规定按香港特区《仲裁条例》作出的仲裁裁决均可向内地人民法院申请认可和执行，既包括香港仲裁机构作出的仲裁裁决，也包括临时仲裁裁决和香港以外仲裁机构作出的仲裁裁决。对申请认可和执行的内地仲裁裁决，删除了“由内地仲裁机构作出”的限制。在两地仲裁裁决相互认可和执行机制与内地法律之间建立“超级链接”，规定按《中华人民共和国仲裁法》作出的仲裁裁决可向香港法院申请认可和执行，提高了原《安排》和《补充安排》的适应性、灵活性。

第三，规定申请人可同时向两地法院申请执行仲裁裁决。原《安排》规定被申请人的住所地或者财产所在地既在内地又在香港特区的，申请人不得同时分别向两地法院申请执行。实践中出现诸多问题，比如，在一地法院执行期间，被申请人可能隐匿、转移其在另一地的财产；又比如，当一地法院执行财产数额不足，申请人再向另一地法院申请执行时，可能已超过时效。此修改可进一步便利当事人及时维护自身合法权益，提高执行成功率。

第四，规定法院在受理认可和执行申请之前或者之后的保全措施。原《安排》此前未对保全措施作出规定。2019 年实施的《关于内地与香港特别行政区法院就仲裁程序相互协助保全的安排》仅是针对仲裁裁决作出前的保全协助，未涉及仲裁裁决作出后、法院裁定执行前的保全协助问题。《补充安排》增加了关于诉前保全和诉中保全的规定，通过建立完整的预防性救济措施，可有效保障仲裁裁决的顺利执行。

需要说明的是，《补充安排》是最高人民法院和香港特区政府律政司根据《香港特别行政区基本法》第九十五条规定，分别代表两地就仲裁领域的相互协助通过协商达成的法律文件。《补充安排》在内地的生效实施需要转化为司法解释，在香港的生效实施需要转化为本地立法。在内地，11 月 9 日，最高人民法院审判委员第 1815 次会议已审议通过《补充安排》，并同意将其转化为司法解释；在香港特区，第一条、第四条未突破香港特区《仲裁条例》的规定，可于签署当日施行，第二条、第三条需要香港特区修改本地立法后方可施行。为了使《补充安排》第一条、第四条尽快施行并发挥作用，最高人民法院也将于今天发布司法解释。特别需要指出的是，该司法解释充分体现对香港特区有关程序的尊重，写明第二条、第三条在香港特区完成有关程序后，再由最高人民法院公布生效日期。

三、《补充安排》的创新亮点

《补充安排》的发布实施，实现了四个“首次”：

第一，首次检视两地既有司法协助安排，以完善优化推动合作升级。自香港回归祖国以来，两地即着手商签民商事司法协助安排。特别是 2015 年以来，两地民商事司法协助工作进入快车道，从无到有、由点及面，密集商签了多项安排，为两地民众带来了实实在在的福祉。随着中国特色社会主义进入新时代、步入新阶段，满足人民群众日益增长的司法需求，实现司法协助从有到优、从全到精的突破，仍是两地法律界同仁共同面临的崭新课题。首次回顾和检视，既是两地民商事司法协助全面覆盖的标志性节点，又是推动合作全面升级新的起点，为两地持续完善司法协助体系提供了科学方案和实践探索。

第二，首次采用补充规定的形式，以问题为导向“靶向治疗”。《补充安排》坚持问题导向，创新工作形式，精准有效施策，用简洁明了的文本体例，重点解决业界关注的重大问题，促进仲裁裁决在两地的自由流通，充分体现了“一国两制”这一凝聚最广泛社会共识规范体系的灵活性、开放性，也为修改、完善不同法域之间的司法协助文件提供了探索路径和参考样本。

第三，首次实现内地与其他法域之间仲裁领域保全协助的全覆盖，体现“一国两制”制度优势。此前，内地与香港在仲裁领域的保全协助限于仲裁裁决作出前，内地与其他法域的保全协助则限于仲裁裁决作出后。《补充安排》的签署，意味着内地与香港在仲裁领域保全协助的全覆盖。此系内地首次与其他法域建立完备的仲裁保全协助，协助力度、深度、广度远超国际公约和国家间条约，实现了一国之内更紧密的合作和更广泛的互信。

第四，首次发布司法协助典型案例，实现顶层设计与司法实践的良性互动。一个好案例胜过一打司法文件。发布典型案例是最生动的普法宣传，也是总结审判经验、统一法律适用、维护司法公正的重要抓手。今天在发布《补充安排》的同时，两地还将首次共同发布中英文双语典型案例。这是对完善两地司法协助工作的新探索，可以让两地司法法律界同仁和社会民众更直观、更生动地理解仲裁裁决的相互认可和执行机制，为增强两地了解互信提供了新的合作路径和共享平台。

附录 2：

内地与香港特别行政区发布相互执行仲裁裁决的典型案例

《关于内地与香港特别行政区相互执行仲裁裁决的安排》生效施行 20 年以来，取得了丰硕的司法协助与合作成果。11 月 27 日，在最高人民法院与香港特别行政区政府律政司签署《关于内地与香港特别行政区相互执行仲裁裁决的补充安排》的同时，双方以中英文双语形式发布相互执行仲裁裁决的 10 起典型案例。

此系两地首次发布民商事司法协助典型案例，为进一步完善两地司法协助体系、回应民众司法需求探索出了行之有效的新举措新路径。典型案例的表述保持两地各自语言习惯。

案例简介如下：

内地人民法院案例目录

一、华夏航运（新加坡）有限公司申请执行香港仲裁裁决案

二、美国意艾德建筑师事务所申请执行香港仲裁裁决案

三、大卫戴恩咨询有限公司、布拉姆利有限公司申请执行香港仲裁裁决案

四、莱佛士国际有限公司申请执行香港仲裁裁决案

五、宾士奈设计集团国际咨询有限公司申请执行香港仲裁裁决案

一、华夏航运（新加坡）有限公司申请执行香港仲裁裁决案

案号：（2018）粤72认港1号之一号、（2019）粤72认港1号

（一）基本案情

2012年2月1日，华夏航运（新加坡）有限公司（以下简称华夏公司）与东海运输有限公司（以下简称东海公司）签订包运合同，约定由东海公司运载华夏公司货物，因该包运合同产生的所有争议提交香港仲裁，适用英国法。同年4月21日，华夏公司向东海公司发送电子邮件，确认双方在前述包运合同的基础上达成补充合同，约定新增一批货物运输，其他条款和条件适用包运合同。后双方就补充合同的履行发生争议，华夏公司于2016年2月16日在香港提起仲裁。香港仲裁庭分别作出首次终局裁决和费用终局裁决，裁决东海公司支付相应赔偿款项及相关仲裁费用。

仲裁裁决生效后，华夏公司向广州海事法院申请认可和执行上述两份仲裁裁决。东海公司答辩认为，华夏公司提交的仲裁协议未经公证认证，也未提交经过正式证明的中文译本；涉案货物运输系补充合同约定内容，补充合同是当事人双方通过电话形式口头达成的，未约定仲裁条款或者仲裁协议，东海公司亦从未认可仲裁庭具有管辖权；执行仲裁裁决将违反内地仲裁法关于仲裁协议必须明示的要求以及民法总则关于意思表示的有关规定，违反社会公共利益。

（二）裁判结果

广州海事法院认为，第一，华夏公司申请认可和执行仲裁裁决的文书符合《最高人民法院关于内地与香港特别行政区相互执

行仲裁裁决的安排》（以下简称《安排》）关于形式要件的要求。第二，仲裁协议成立与否属于对仲裁协议效力的审查范围，并且，因双方当事人未对确认仲裁协议效力的准据法作出约定，根据《安排》第七条第（一）项，应依据仲裁地法律即香港法律对涉案仲裁协议是否成立进行审查。而依据香港法律有关规定，涉案电子邮件记载的合同并入条款构成有效成立的仲裁协议。第三，违反内地法律有关规定，并不能等同于违反内地社会公共利益，除非认可和执行仲裁裁决将造成严重损害内地法律基本原则的后果。内地仲裁法对仲裁协议的明示要求和民法总则对意思表示的要求，不属于内地法律的基本原则范围。基于以上理由，裁定认可和执行涉案两份仲裁裁决。另，根据华夏公司的申请，广州海事法院于作出认可和执行仲裁裁决的裁定前，对东海公司在招商银行深圳分行的存款予以冻结。

（三）典型意义

第一，明确仲裁协议成立与否属于仲裁协议效力审查范围。仲裁协议是当事人申请认可和执行仲裁裁决时必须提交的文书，其直接关系仲裁庭是否具有管辖权。对仲裁协议效力的审查，是认可和执行仲裁裁决需要解决的先决问题。为此，《安排》第七条第（一）项明确规定仲裁协议无效的，裁定不予执行。但是，仲裁协议无效作广义理解还是狭义理解，是否包括仲裁协议不成立的情形，在实践中存在争议。本案没有局限于字面意思，而是从条文本意出发，认为仲裁协议是否成立是仲裁协议是否有效的前提，属于仲裁协议效力的审查范畴。仲裁协议无效应包括仲裁协议不成立的情形。

第二，在作出认可和执行裁定前，依申请采取保全措施。法院在受理认可和执行仲裁裁决申请之前或者之后，可否对被申请人的财产采取保全措施，《安排》并未明确规定，实践中理解也不一致。本案参照《关于内地与澳门特别行政区相互认可和执行仲裁裁决的安排》，并根据《中华人民共和国民事诉讼法》及其司法解释有关规定，依当事人申请，分别在当事人申请认可和执行仲裁裁决前，采取诉前保全措施；在当事人申请认可和执行仲裁裁决后、法院作出认可和执行裁定之前，采取诉中保全措施。审理法院通过预防性救济措施促进裁决顺利执行，有利于保护当事人合法权益。

二、美国意艾德建筑师事务所申请执行香港仲裁裁决案

案号:（2016）苏01认港1号

（一）基本案情

2013年3月29日、5月15日，美国意艾德建筑师事务所（以下简称意艾德事务所）与富力南京地产开发有限公司（以下简称富力公司）签订有关地块设计合同，并约定了仲裁条款，将争议提交中国国际经济贸易仲裁委员会，按照申请仲裁时该仲裁委员会现行有效的仲裁规则进行仲裁，仲裁地点为香港特别行政区。因合同履行发生争议，2015年2月，意艾德事务所向中国国际经济贸易仲裁委员会香港仲裁中心（以下简称贸仲香港中心）申请仲裁，请求裁决富力公司支付所欠设计费并承担违约责任等。

贸仲香港中心根据自2015年1月1日起施行的《中国国际经济贸易仲裁委员会仲裁规则》受理本案，并于2015年11月28日作出（2015）中国贸仲港裁字第0003号仲裁裁决。2016年6月7日，意艾德事务所向江苏省南京市中级人民法院申请执行该仲裁裁决第3项，即支付利息部分。富力公司未提出异议。

（二）裁判结果

江苏省南京市中级人民法院经审查认为，富力公司对涉案仲裁裁决无异议，并已经履行仲裁裁决所确定的设计费本金部分，仅对第 3 项逾期利息部分未予支付。涉案仲裁裁决亦不存在违反内地社会公共利益的情形。故依据《最高人民法院关于内地与香港特别行政区相互执行仲裁裁决的安排》（以下简称《安排》）第一条、第七条的规定，裁定执行该仲裁裁决第 3 项。

（三）典型意义

该案是内地仲裁机构在香港设立的分支机构以香港为仲裁地作出的仲裁裁决获得内地法院执行的首案，具有里程碑意义。该案明确，确认仲裁裁决籍属的标准为仲裁地，并据此认定涉案仲裁裁决系香港仲裁裁决，符合《安排》的适用条件。

内地法律对不同类型仲裁裁决规定了不同审查标准，且一般以仲裁机构所在地确定仲裁裁决的籍属。《最高人民法院关于香港仲裁裁决在内地执行的有关问题的通知》（以下简称《通知》）规定，对于在香港作出的临时仲裁裁决，以及国外仲裁机构在香港作出的仲裁裁决，人民法院应当按照《安排》的规定进行审查。这实际上明确了以仲裁地而非仲裁机构所在地作为判断仲裁裁决籍属的标准。但是，《通知》并未明确规定内地仲裁机构以香港为仲裁地作出的仲裁裁决是否属于香港仲裁裁决的问题。本案依仲裁地认定内地仲裁机构在香港设立的分支机构作出仲裁裁决的籍属，符合《通知》精神，也符合国际通行标准。

三、大卫戴恩咨询有限公司、布拉姆利有限公司申请执行香港仲裁裁决案

案号：（2016）苏01认港1号

（一）基本案情

大卫戴恩咨询有限公司（DAVID DEIN CONSULTANCY LIMITED，以下简称大卫戴恩公司）、布拉姆利有限公司（BRAMLEY CORPORATION LTD，以下简称布拉姆利公司）分别与北京中赫国安足球俱乐部有限责任公司（以下简称国安俱乐部）于2018年8月24日签署了相同的《顾问协议》各一份，约定将争议提交至香港国际仲裁中心以仲裁方式解决，准据法为英格兰法律。2018年11月21日，国安俱乐部据此向香港国际仲裁中心提交仲裁通知。后大卫戴恩公司、布拉姆利公司提出反请求。香港国际仲裁中心就此于2020年3月5日作出了案号为HKIAC/A18211的裁决：国安俱乐部对《顾问协议》构成了毁约性违约；国安俱乐部应向大卫戴恩公司、布拉姆利公司支付相关费用及利息。

仲裁裁决生效后，大卫戴恩公司、布拉姆利公司依据《最高人民法院关于内地与香港特别行政区相互执行仲裁裁决的安排》（以下简称《安排》）向北京市第四中级人民法院申请认可和执行该仲裁裁决。被申请人国安俱乐部答辩称，人民法院应裁定不予认可和执行该仲裁裁决，并提出涉案仲裁协议无效、仲裁庭的组成与当事人之间的协议以及香港特别行政区法律不符、仲裁庭程序与当事人之间的协议不符、违反社会公共利益、金额不予认可等理由。

（二）裁判结果

北京市第四中级人民法院经审查认为，第一，本案当事人仅

约定合同的准据法为英格兰实体法，未明确确认涉外仲裁协议效力应适用的法律，因仲裁机构所在地和仲裁地均在香港，故应适用香港《仲裁条例》进行审查，依规定该协议有效。第二，依据仲裁时香港国际仲裁中心有效的2018年版港仲规则，仲裁庭的组成并不违反该规则。仲裁员与二公司的董事均在英国足协任职，并不必然表明仲裁员与二公司之间具有利益关系或者利害关系。仲裁庭的公开事项当事人已知情，并不需要披露和认定程序违法。第三，申请人提供的部分仲裁文书抄送、账单费用支出并不证明存在仲裁程序与协议不符，上述情况属于在仲裁程序中公开事项，并不违反保密条款。第四，社会公共利益应是关系全体社会成员的利益，为社会公众所享有，不同于合同当事人的利益，虽然国安俱乐部的部分资产属于国有资产，但不能将与其有关的所有事项均认定为社会公共利益。故裁定认可和执行香港特别行政区香港国际仲裁中心HKIAC/AC18211号仲裁裁决。

（三）典型意义

1. 本案明确了当事人援引《安排》第七条中“仲裁庭的组成或者仲裁庭程序与当事人之间的协议不符”条款，提出仲裁员存在披露、回避等程序问题时，法院应依据仲裁规则，结合社会生活经验合理判断，以是否足以影响仲裁的公正性和独立性为原则进行审查。本案中，仲裁员因工作、生活、学习等社会活动需要而与人接触、交往，以及在同一组织任职等情况并不一定构成回避规则中规定的利害关系或其他影响公正仲裁的关系，对于与仲裁员独立性以及与公正仲裁无关的内容，可以不予披露。

2. 本案对社会公共利益进行了阐释，具有一定参考意义。社会公共利益应是关系全体社会成员的利益，为社会公众所享有，为整个社会发展存在所需要，具有公共性和社会性，不同于合同当事人的利益。涉案仲裁处理的争议为平等民事主体间的合同争议，处理结果仅影响合同当事人，不涉及社会公共利益。虽然本案被申请人国安俱乐部的部分资产属于国有资产，但不能将与其有关的所有事项均认定为社会公共利益。

四、莱佛士国际有限公司申请执行香港仲裁裁决案

案号：（2016）津01认港1号

（一）基本案情

2007年1月15日，莱佛士国际有限公司（以下简称莱佛士公司）与海航天津中心发展有限公司（以下简称海航公司）就"莱佛士"标志和商标使用事宜达成《许可合同》。同日，莱佛士酒店管理（北京）有限公司（系莱佛士公司的关联公司，以下简称莱佛士北京）与海航公司就酒店管理运营合作事宜签订《酒店管理合同》。《许可合同》约定由该合同产生的或与该合同有关的任何争议、争论或纠纷应提交香港国际仲裁中心根据申请仲裁时仲裁庭当时有效的仲裁规则最终仲裁解决，仲裁地点为香港，同时约定，如果《酒店管理合同》或任何其他交易合同因任何原因终止，该合同立即终止。《酒店管理合同》约定有关争议提交中国国际经济贸易仲裁委员会上海分会（以下简称上海贸仲）裁决。

2012年1月20日，莱佛士公司向香港国际仲裁中心申请就《许可合同》所涉争议进行仲裁。2012年1月29日，莱佛士北京向上海贸仲申请就《酒店管理合同》所涉争议进行仲裁。此后，香港国际仲裁中心作出仲裁裁决（案件编号HKIAC/A12016），裁决海航公司向莱佛士公司支付相应款项及利息。莱佛士公司向天津市第一中级人民法院申请执行仲裁裁决。被申请人海航公司

以裁决所处理的争议不在仲裁协议条款之内等理由认为其违反《最高人民法院关于内地与香港特别行政区相互执行仲裁裁决的安排》(以下简称《安排》,第七条的规定，应不予执行。

（二）裁判结果

天津市第一中级人民法院经层报天津市高级人民法院、最高人民法院审查认为：第一，香港国际仲裁中心的裁决涉及《酒店管理合同》的情形不构成超裁，不属于《安排》第七条第一款第（三）项的情形。第二，仲裁庭对管辖问题的处理并未违反当事人的协议及香港特别行政区法律，不属于《安排》第七条第一款第（四）项的情形。第三，海航公司所提出的质疑，不属于对仲裁员公正性或独立性的质疑，而是对管辖权的质疑，仲裁庭有权予以决定，无需由仲裁中心理事会决定，故不属于《仲裁裁决执行安排》第七条第一款第（四）项的情形。综上，天津市第一中级人民法院依照《安排》第一条、第六条、第七条之规定，裁定执行香港国际仲裁中心于 2014 年 11 月 19 日、2015 年 3 月 19 日作出的编号为 HKIAC/A12016 的部分裁决和终局裁决。

（三）典型意义

本案在仲裁裁决是否属于《安排》第七条第一款第（三）项所规定的“超裁”情形方面，明确了以下规则：仲裁庭仅在裁决理由的事实认定和说理部分对非属其管辖的争议进行评判，并未在裁决主文中涉及其他合同争议的，不构成“超裁”。

本案中，莱佛士公司提请香港国际仲裁中心仲裁的事项是有关《许可合同》履行的相关争议。因《许可合同》和《酒店管理合同》关系密切，故仲裁裁决在查明事实和说理部分涉及了《酒店管理合同》的有关情况。该分析认定是仲裁庭审理《许可合同》纠纷所无法避免的。仲裁庭最终仅围绕仲裁请求就《许可合同》所涉争议作出了相应的裁决结果，并未对《酒店管理合同》所涉争议作出具体的裁决项。有关争议属于当事人在仲裁协议中约定交付仲裁的范围，涉案仲裁裁决不存在《安排》第七条第一款第（三）项所规定的“超裁”情形。

五、宾士奈设计集团国际咨询有限公司申请执行香港仲裁裁决案

案号：（2019）川01认港1号

（一）基本案情

2013年11月13日，宾士奈设计集团国际咨询有限公司（以下简称宾士奈公司）与成都门里望江置地有限公司（以下简称门里公司）、成都晨川实业有限公司（以下简称晨川公司）签订《中国成都文华东方酒店景观设计服务协议》（以下简称《服务协议》）。《服务协议》约定，由本合同或本合同违约、终止或无效引起的或与之相关的任何争议、争论或权利主张应根据届时有效的《联合国国际贸易法委员员会仲裁规则》（以下简称《仲裁规则》）在香港通过仲裁解决。因合同履行过程中发生争议，2018年3月5日，宾士奈公司向香港国际仲裁中心申请仲裁。2019年5月5日，仲裁庭作出《最终裁决》，支持了宾士奈公司所有仲裁请求。2019年6月4日，仲裁庭作出《最终裁决之更正》，对《最终裁决》进行了更正和更新。后宾士奈公司向四川省成都市中级人民法院申请执行上述仲裁裁决。

门里公司、晨川公司共同答辩认为：第一，仲裁员的选任未依据《仲裁规则》第8条的规定采取名单法先行征求各方当事人意见，而是径行指定独任仲裁员，属于《最高人民法院关于内地

与香港特别行政区相互执行仲裁裁决的安排》（以下简称《安排》）第七条第（四）项规定情形。第二，仲裁员未按司法部令第69号《中国委托公证人（香港）管理办法》规定向被申请人送达相关仲裁文书，属于《安排》第七条第（二）项规定情形。故请求驳回申请。

（二）裁判结果

四川省成都市中级人民法院经审查认为，第一，关于涉案仲裁庭的组成。双方在《服务协议》中约定适用《仲裁规则》。案涉仲裁程序中，香港国际仲裁中心行使裁量权指定独任仲裁员符合以上规定。第二，关于仲裁庭是否以适当方式向被申请人送达。涉案仲裁程序中仲裁员按照双方《服务协议》约定的地址送达相关文书，且被申请人也表明确实收到，符合《仲裁规则》第2条关于送达的规定，不存在仲裁员未适当通知被申请人的问题。被申请人主张应按《中国委托公证人（香港）管理办法》规定向被申请人送达相关仲裁文书，与《仲裁规则》规定不符，对该意见不予采纳。

（三）典型意义

本案明确，判断送达是否成功的依据应当是仲裁程序适用的仲裁规则。“未经依法送达”，是被申请人较常提出的不予执行香港仲裁裁决的理由。判断是否依法有效送达，首先应当明确送达程序所依据的规定。本案中，双方在合同中约定，由本合同或本合同违约、终止或无效引起的或与之相关的任何争议、争论或权利主张应根据届时有效的《仲裁规则》解决。据此，本案充分尊重当事人的选择，依据《仲裁规则》有关规定，并按照双方《服务协议》约定的地址送达相关文书，且被申请人也表明确实收到，不存在仲裁员未适当通知被申请人的问题。被申请人主张应按《中国委托公证人（香港）管理办法》规定向被申请人送达相关仲裁文书，与《仲裁规则》规定不符。

香港特别行政区法院案例目录

一、CL 诉 SCG 案

［2019］2HKLRD 144

HCCT9/2018

Ⅰ. 基本案情

这是答辩人提出的作为一个初步问题的聆讯。聆讯涉及的问题是关于针对答辩人强制执行仲裁裁决的申请是否受到香港法例第 347 章《时效条例》（“《时效条例》”）第 4（1）（c）条的限制而丧失时效。

申请人与答辩人进行香港某仲裁中心管理之仲裁，申请人获胜诉，裁决命令答辩人需立即向申请人支付美金 2173000 元、利息及因仲裁而产生之费用。

2011 年 3 月，申请人向答辩人先后就仲裁裁决确定所需付的款项及仲裁所产生之费用作出追讨，但并不成功。申请人遂于 2011 年 7 月 7 日向内地某人民法院申请强制执行该仲裁裁决，但被该法院驳回。申请人随后向上一级人民法院上诉及作出从审申请，2016 年 3 月 1 日被驳回。

2018 年 2 月 6 日，申请人根据香港法例第 341 章《仲裁条例》（已废除）（“《仲裁条例》”）第 2GG 条单方面向香港法庭提交有关强制执行该仲裁裁决的许可申请并成功取得该许可及有关之法庭命令（“命令”）。在 2018 年 6 月 6 日，答辩人申请双方面聆讯以搁置仲裁裁决，并以多项理据支持其申请。所提出的理据包括在《时效条例》第 4（1）（c）条下，申请人就强制执行仲裁裁决的申请已丧失时效。在 2018 年 7 月 24 日，法庭命令审讯有关丧失时效的初步争议。

Ⅱ. 争议

1. 有关强制执行仲裁裁决的诉讼因由从何时累算？（“争议 1”）

2. 鉴于《关于内地与香港特别行政区相互执行仲裁裁决的安排》（“《安排》”）的第二条，从申请人于 2011 年 7 月 7 日向内地某人民法院申请强制执行仲裁裁决至 2016 年 3 月 1 日上一级人民法院驳回其强制执行仲裁裁决的申请期间，诉讼因由及《时效条例》第 4（1）（c）条下的时效作用是否暂停？（“争议 2”）

Ⅲ. 分析

争议 1

答辩人认为，时效期限是由仲裁裁决颁发之日起 3 个月，即 2011 年 5 月 17 日开始。此日期被辩称为答辩人支付和履行裁决的合理时间，这意味着时效期限应于 2017 年 5 月 18 日到期。另外，答辩人辩称诉讼因由的替代开始累算时间最迟为 2011 年 7 月 8 日，即申请人向内地某人民法院申请强制执行该裁决之日。从此日推算出来的时效期限于 2017 年 7 月 9 日结束。

申请人认为，时效期限仅始于答辩人提交陈词反对申请人在内地某人民法院提出的申请的日期，即 2012 年 3 月 11 日。申请人辩称，尽管答辩人未有按申请人在 2011 年 3 月向答辩人提出付款的要求付款，从这行为的基础上无法推论出答辩人是否就仲裁裁决提出争议。申请人表示，答辩人仅在提出前述反对陈词时展示了其清楚明确不受裁决约束的意图。因此，申请人认为，诉讼因由在 2012 年 3 月 11 日才开始累算。

鉴于法庭在 International Bulk Shipping and Services Ltd 诉 Minerals and Metals Trading Corp of India [1996] 1 All ER 1017 一案里拒绝接受类近于前述有关诉讼因由的累算和意图的论点，法庭不接受诉讼因由仅在一方展示了其清楚明确不受裁决约束的意图才开始累算。法庭解释，接受这论点意味着允许仲裁裁决债务人可以无限期延迟和押后裁决债权人因诉讼因由而产生的累算，从而拖延其强制执行裁决下的权利。随法庭在 International Bulk Shipping and Services Ltd 诉 Minerals and Metals Trading Corp of India [1996] 1 All ER 1017 一案及 Agromet Motoimport Ltd 诉 Moulden Engineering Ltd [1985] 1 WLR 762 一案里的判决，法庭认为当“答辩人未能在被追讨时履行仲裁裁决中的承诺”，诉讼因由就开始累算。因此，时效期限在履行裁决的隐含承诺被违反时开始。

法庭进一步指出，当答辩人在公布仲裁裁决及展开追讨后的合理时间内未能付款时，诉讼因由便产生。何为“合理的时间”则取决于裁决的条款及案情。在本案中，由于答辩人被命令“立即”向申请人支付仲裁裁决下的款项，本案的最迟合理付款时间为 2011 年 4 月 8 日，即申请人要求付款后的 21 天。因此，时效期限于 2017 年 4 月 8 日结束。

争议 2

申请人辩称，其诉讼因由累算在 2011 年 7 月 7 日至 2016 年 3

月1日期间暂停，即申请人向内地某人民法院申请强制执行仲裁裁决的日期至该申请最终被上一级人民法院驳回之日。申请人提及《安排》的第二条和《仲裁条例》的40C条，该条例禁止在内地和香港同时提出强制执行仲裁裁决的申请，并指出该限制的目标是堵塞双重强制执行和双重追讨的漏洞（Shenzhen Kai Loong Investment and Development Co.,Ltd. 诉 CEC Electrical Manufacturing（International）Co.,Ltd. ［2001-2003］HKCLRT 649）。因此，申请人认为法庭不应仅因为其曾试图在内地申请强制执行仲裁裁决，在《时效条例》第4（1）（c）条下被禁止在香港申请强制执行该裁决。

可是，法庭认为，纵使“不能同时执行规则”可能造成不公平的后果，在《安排》或《仲裁条例》均没有明文规定的情况下，即使在内地的强制执行申请程序在进行中，《时效条例》第4（1）（c）条下的时效累算不应暂停。因此，法庭拒绝接受申请人有关诉讼因由的累算应该在内地的强制执行申请程序的进行期间暂停的论点。

鉴基于上述有关争议1和争议2的分析，法庭认为，在《时效条例》第4（1）（c）条下，于2018年2月6日在香港提起的强制执行仲裁裁决许可的申请程序应该被禁止。

Ⅳ. 裁决

答辩人的撤销命令的申请予以允许。

Ⅴ. 典型意义

(a) 诉讼时效于违反履行仲裁裁决的隐含承诺的那日开始。此日为裁决债务人未能于颁下裁决及被追讨后的合理时限内履行裁决。裁决中合理的付款和履行时间取决于裁决的条款以及案件的事实和情况。

(b) 此案显示，纵使《安排》的第二条规定仲裁裁决债权人必须在一地法院获得的偿还不足够的情况下，才能于另一地法院就不足部分寻求强制执行仲裁裁决，《时效条例》的时效会在仲裁裁决债权人在另一地寻求强制执行裁决期间继续累算。这所可能导致的不公平情况，例如本案申请人所面对的困苦，突出了原《安排》的缺陷及针对其第二条禁止于两地同时进行强制执行仲裁裁决的改革的必要性。

二、高海燕诉建毅控股有限公司及其他案

[2012] 1 HKLRD 627

CACV 79/2011

Ⅰ. 基本案情

申请人通过股份转让协议及补充股份转让协议（“该协议”），将一家香港公司的股份转让给答辩人。该香港公司在一家位于内地的合资企业煤生意中拥有实质权益。该协议受内地法律管辖并规定在内地某仲裁委进行仲裁。

根据该仲裁委《仲裁规则》第37条，调解-仲裁应由仲裁庭或首席仲裁员进行，或在仲裁双方同意下，由任何第三方进行。仲裁庭进行了两次会议。第一次聆讯后，仲裁庭主动向仲裁双方建议，由答辩人向申请人支付人民币2.5亿元以解决此案。

在第二次聆讯前，在答辩人委任的仲裁员和首席仲裁员都不在场的情况下，申请人委任的仲裁员及答辩人的关系人在该仲裁委秘书长的邀请下出席了非正式会议，该会议被声称为调解仲裁的会议。该仲裁委秘书长不是由双方协议任命的。据称，他是主持非正式会议的人，并要求答辩人的关系人说服答辩人接受仲裁庭的建议。

仲裁双方最终未能达成和解。仲裁庭颁下了对申请人有利的裁决。该裁决建议（但并不是要求）赔偿额人民币5000万元。

答辩人从来没有就仲裁庭的举止投诉过，因为担心这样做会与仲裁庭产生对抗。答辩人遂向该仲裁委所在地中级人民法院提出诉讼，并指称该仲裁委秘书长操纵了仲裁结果，因而违反了法律和仲裁规则。结果，被驳回。

后来，申请人根据香港法例第 341 章《仲裁条例》（已废除）第 2GG 条和第 40B 条，获得许可在香港强制执行仲裁裁决。答辩人在申请搁置该许可时辩称，由于裁决受到偏颇或表面偏颇的影响，强制执行裁决会与公共政策相抵触。答辩人辩称，申请人委任的仲裁员、仲裁委秘书长和答辩人的关系人企图透过他们之间晚饭期间举行的一次非正式会议向答辩人施加压力，使答辩人向申请人支付人民币 2.5 亿元，以换取一个对答辩人有利的裁决。原讼庭法官裁定该仲裁裁决受到表面偏颇的影响。该法官亦裁定，答辩人在所谓的非正式会议事件后继续进行第二次聆讯并不代表放弃了对偏颇提出申诉的权利。申请人遂提出上诉。

Ⅱ. 争议

1. 适用于强制执行公约仲裁裁决的公共政策理据是否适用于内地仲裁裁决？有关门槛有多高？（“争议 1”）

2. 答辩人是否放弃了就违反仲裁委规则的情况进行申诉的权利？（“争议 2”）

3. 表面偏颇（相对于实际偏颇）是否足以构成拒绝强制执行仲裁裁决的公共政策理据？（“争议 3”）

4. 基于案件的事实情况，所指称的表面偏颇是否构成拒绝强制执行仲裁裁决的公共政策理据？（“争议 4”）

Ⅲ. 分析

争议 1

法庭裁定，基于公共政策理据拒绝强制执行公约仲裁裁决的法律哲学亦适用于内地仲裁裁决。相关的门槛很高，理由是国际礼节原则必须被“编织”到公共政策的概念中，亦因此必须在涉及外地（包括内地）的仲裁裁决的情况下予以实施。在这一点上，法庭援引了 Hebei Import & Export Corp 诉 Polytek Engineering Co. ,Ltd. ［1999］2 HKCFAR 111 一案的判词。法庭在该案指出，为使国际礼节原则予以实施，除非强制执行外地仲裁裁决会与香港的道德和公正的基本概念相抵触，否则法庭不会拒绝强制执行；而得出这结论需要非常充分的理由。

争议 2

法庭裁定如果仲裁一方希望以违反仲裁规则的情况作为依据，其应即时提出相关依据；不应等待并得悉其申索的结果为如何后，才决定作出申诉；亦不应犹如没有违规情况般让仲裁继续进行。因此，答辩人不应在非正式会议事件后仅向法庭提交补充意见，亦不应在没有作出申诉的情况下出席第二次仲裁聆讯。法庭还指出，答辩人对申请人的诚信作出的攻击并不能替代对仲裁庭或仲裁委秘书长有关其任何偏颇或不当行为所作出的申诉。基于上述原因，答辩人在法律上被视为放弃了就偏颇情况进行申诉。

法庭解释，如果当初作出了有关申诉，仲裁庭或仲裁委所在地人民法院可能已经采取了补救措施；而两者都更有能力就案件的事实裁定偏颇是否存在。法庭认为，尽管仲裁委所在地人民法院拒绝以偏颇为由搁置仲裁裁决的决定对香港法庭没有约束力，亦即使不容反悔原则并没有因为前述法院的决定而在本案适用，香港法庭有权在决定是否强制执行仲裁裁决时，慎重考虑仲裁委所在地人民法院的决定。

争议 3

经对 Hebei Import & Export Corp 诉 Polytek Engineering Co. ,Ltd.

一案中所表达的观点进行仔细诠释后，法庭认为法庭可以仅因为表面偏颇而拒绝强制执行仲裁裁决。可是，如果仲裁一方希望以表面偏颇作为依据，它要达到的门槛比以实际偏颇作为依据时所适用的门槛高，而法庭在行使有关的酌情权应该审慎。

争议 4

法庭按其对相关事实的评估，认为不存在“客观持平的观察者”恐怕表面偏颇的情况。法院裁定，虽然一般人可能会与原讼庭法官一样对调解进行的方式感到不安，因为香港的调解通常以不同的方式进行，但是否会引起表面的偏见可能取决于对调解地点通常如何进行调解的理解。有关这方面，法庭表示必须充分考虑仲裁委所在地人民法院拒绝搁置仲裁裁决的决定。

法庭重申，法庭只会在强制执行仲裁裁决会与执行地（在本案里为香港）的道德和公正的基本概念相抵触的情况下拒绝强制执行裁决。因此，法庭不应仅因为非正式会议的形式在香港可能会引起看似表面偏颇而拒绝在香港强制执行该仲裁裁决。

Ⅳ. 裁决

上诉得直。

Ⅴ. 典型意义

如果仲裁一方希望以违反仲裁规则的情况作为依据，其应即时提出相关依据；不应等待并得悉其申索的结果为如何后，才决定作出申诉；亦不应犹如没有违规情况般让仲裁继续进行。

法庭只会在强制执行仲裁裁决会与执行地的道德和公正的基本概念相抵触的情况下拒绝强制执行裁决。法庭尊重在进行调解地惯常的调解形式，不会仅因形式和本地不一样而轻易引用违反公共政策。

三、厦门新景地集团有限公司诉裕景兴业有限公司案

[2009] 4 HKLRD 353

CACV 106/2008 & CACV 197/2008

Ⅰ. 基本案情

第一和第二上诉人是两家香港公司，亦是利景兴业（香港）有限公司（“香港利景”）的唯一股东，同时是裕景集团的成员之一。香港利景全资拥有一家内地公司，该公司在厦门拥有一块土地（“该物业”）。

申请人（一家内地公司）同意向上诉人支付1.2亿元人民币，以获取开发、经营该物业的权利并从中获得利润。上诉人亦同意将其在香港利景中的股份转让给申请人，并将该物业交付给申请人（“该协议”）。该协议包含一项仲裁条款。

上诉人没有将该物业交付给申请人，并以履行该协议违反内地法律为由宣称终止该协议。因此，申请人于北京展开仲裁程序（“第一次仲裁”），并获得了对其有利的裁决（“该裁决”），当中命令上诉人要继续履行该协议。申请人随后在香港单方面获得了强制执行该裁决的命令（“该命令”）。

上诉人申请了搁置该命令，认为根据香港法例第341章《仲裁条例》（“《仲裁条例》”），强制执行该命令应该因为无法履行该协议致使强制执行该命令会与公共政策相抵触为理由被拒绝，其中原因包括：（a）有关该物业的施工已经展开；（b）裕景集团的重组已于第一次仲裁期间落实，而香港利景股份已在过程中被摊薄，当中部分已被转让了给其母公司。法官拒绝搁置该命令。

同时，上诉人向仲裁委寻求就该协议双方在协议下的责任是否已被解除的问题作出裁定（“第二次仲裁”）。仲裁委裁定上

诉人败诉。

在本次聆讯以处理上诉人提出的有关法官拒绝搁置该命令的上诉之时，该物业的开发已经完成，而当中99%落成的单位亦已出售给第三方。上诉人认为，由于无法履行该协议，因此申请人实际上是申请“更进一步”的补救措施，例如损害赔偿或交出所得利润，而不是有关该物业本身的任何权益。上诉人亦承诺他们将展开下一轮的仲裁委仲裁，让仲裁庭决定采取什么替代补救措施（“该承诺”）。此外，上诉人提出法庭亦可以将此案发还仲裁委，以便得到其指示，或将上诉押后至仲裁委颁下其指示后。

Ⅱ. 争议

1. 上诉人是否无法履行该协议？（“争议1”）

2. 鉴于争议1，是否有充分理由按公共政策理据拒绝强制执行该裁决？（“争议2”）

3. 法庭是否有司法管辖权把案件发还仲裁委？（“争议3”）

Ⅲ. 分析

争议1

法庭指出，上诉人有充分机会向仲裁委直接提出无法履行该协议的问题，但上诉人并没有这样做。因此，法庭认为该承诺毫无意义。由于有关的做法没有合理解释，法庭因此认为此做法很明显是上诉人刻意的决定。法庭拒绝接受上诉人以下论点：即该物业的施工已经展开；因裕景集团的重组导致香港利景股份在过程中被摊薄；以及大部分该物业的单位亦已出售给第三方，致使其无法履行该协议。法庭认为这都是上诉人计算过的风险，并且是其一手造成的，因此上诉人须承担后果。法庭亦指出，由于该命令没有规定任何强制执行时间，而且真正无法执行该命令的人不会干犯蔑视法庭罪，因此，因蔑视法庭而被判监禁的风险全属虚构。

争议2

法庭指出，法庭在考虑是否按公共政策理据拒绝强制执行该裁决时，不会考虑案件的是非曲直或案情所建基于的交易。法庭的角色仅限于决定是否存在因违反公共政策而拒绝强制执行裁决的理据。法庭在处理此问题的角色应尽可能为机械式。因此，法庭认为在注册该裁决的阶段，是否无法履行该协议并非有关的因素，亦并不是作为在公共政策理据上拒绝强制执行该裁决的充分理由。

争议3

法庭裁定法庭没有司法管辖权把案件发还仲裁委。根据《仲裁条例》，法庭有权强制执行该裁决（或拒绝这样做），但没有司法管辖权发还案件。

Ⅳ. 裁决

上诉被驳回。

Ⅴ. 典型意义

法庭在考虑是否拒绝强制执行该裁决时，不会考虑案件的是非曲直或有关案情的交易。法庭的角色仅限于就拒绝强制执行该裁决的理据是否存在着问题作出判断。在此基础上，法庭裁定无法履行协议在强制执行仲裁裁决的注册或认可阶段并非有关的考虑因素。因此，它并不构成基于违反公共政策的理据而拒绝强制执行仲裁裁决的充分理由。

四、山东红日阿康化工股份有限公司诉中国石油国际事业（香港）有限公司案

[2011] 4 HKLRD 604

CACV 31/2011

Ⅰ. 基本案情

作为买方的上诉人跟作为供应商的答辩人订立了合同，以获得3937448吨硫的供应，并以购买价3051522.20美元为交换条件。上诉人拒绝接收3810.578吨硫，原因是所提供的硫的规格不正确。因此，上诉人要求就该批硫退还一共为2953198美元购买价余额。

双方就争议进行了由内地某仲裁委在内地的一个仲裁庭审理的仲裁。仲裁庭作出了对上诉人有利的裁决，当中裁定：

（a）上诉人须向答辩人退还3810.578吨的硫；

（b）答辩人须向上诉人退还2953198美元（即就交易已收取的支付款项）；

（c）答辩人须向上诉人支付赔偿，杂项费用及上诉人的成本支出，加上利息（如有逾期支付情况）；

（d）答辩人对裁决的诠释则是，根据上述第（b）及（c）项，退还已收取之交易支付款项余额和支付其他款项的先决条件是，上诉人必须先退还拒绝接收的硫，且退还的硫的品质须要相等于供应予上诉人时的“状况和质量”。

为回应答辩人的书面申请和询问，仲裁委发出了3封信函（“仲裁委信函”）。前两封信函由仲裁委确认答辩人对裁决的诠释。第3封信函陈述了仲裁庭认为前述的两封信函是对裁决的“补充说明”，并构成该裁决的一部分观点。

答辩人发出的有关要求澄清以至颁发补充仲裁裁决的信函，以及仲裁委信函中的两封所载的回复都没有被抄送给上诉人。上诉人不同意答辩人对裁决的诠释，并申请了许可在香港强制执行裁决第（b）及（c）项。答辩人反对其申请，并申请了许可强制执行裁决的第（a）项。法庭裁定答辩人胜诉。随后，上诉人向上诉庭提出上诉。

Ⅱ. 争议

1. 鉴于香港法例第341章《仲裁条例》(已废除)(“《仲裁条例》”)第2GG(1)条，法庭应否“按仲裁裁决、命令或指示的条款而作出法庭判决”?(“争议1”)

2. 鉴于仲裁裁决的措辞和强制执行法庭的义务，上述仲裁裁决第(b)及(c)项所提及的义务是否取决于上述仲裁裁决的第(a)项?(“争议2”)

3. 基于归还原则适用的情况，上述仲裁裁决第(a)项下的义务是否独立于其第(b)项下的义务?(“争议3”)

4. 根据《中华人民共和国仲裁法》(“仲裁法”)第56条及/或内地某仲裁委员会仲裁规则有关条款，仲裁委信函是否构成补充或附加仲裁裁决，即构成裁决的一部分?(“争议4”)

5. 有关仲裁委信函的有效性应否由内地有关法院，而不是香港的强制执行法庭处理?(“争议5”)

Ⅲ. 分析

争议1

法庭援引了权威判决，指出仲裁裁决的强制执行应“几乎是行政程序的事宜”；而基于重要的政策因素，法庭需要确保仲裁裁决能被有效且迅速地强制执行。法庭认为，法庭应该尊重仲裁裁决背后的清晰意图，而无权摸索裁决背后的理由或猜测其意图。根据《仲裁条例》第2GG(1)条，法庭应在裁决的认受阶段“按仲裁裁决的条款”登录法庭判决。

争议2

法庭认为，撇开仲裁委信函的事宜，该仲裁裁决明显地没有指出上述裁决第(b)及(c)项下的付款义务取决于第(a)

项。因此，在根据仲裁裁决作出的法庭判决以强制执行第（b）至（c）项的情况下，不应施加条件。否则，仲裁裁决将会被改变而不是被强制执行。按这道理，法庭没有理由对硫的状态和质量施加进一步的条件。

争议 3

基于 3 个原因，法庭拒绝接纳答辩人有关上述仲裁裁决第（a）和第（b）项下的义务因为归还原则适用的情况而不会彼此独立的论点：首先，法庭不应猜测裁决背后的意图；此外，归还原则在不同的司法管辖区有所不同，有关的法律应该由仲裁庭应用；其次，即使假设仲裁裁决有关退还已付款项和退还货品的义务并不是彼此独立，法庭亦不能因此而断定有关的裁决必须取决于彼此。归还法下的权利和义务，不可以与为了对这些权利和义务给予实效所作的裁决和命令相混淆。

争议 4

根据仲裁法第 56 条及/或内地某仲裁委仲裁规则相关条款，仲裁委信函并不构成补充或附加裁决。因此，在香港的强制执行程序中，仲裁庭或仲裁委信函所表达的观点不可被接纳。

争议 5

基于 3 个理由，法庭拒绝接纳答辩人有关应该由内地有关法院，而不是香港的强制执行法庭来处理仲裁委信函作为补充或附加裁决的有效性的论点：首先，如果法庭发现在所谓的仲裁裁决或补充裁决与相关法律或规则下的仲裁裁决或补充裁决之间的要求存在明显差异，强制执行法庭无须接受被描述为仲裁裁决或补充裁决的所有文件；此外，强制执行法庭有权考虑其有关强制执行外国或内地仲裁裁决的公共政策。在本案里，仲裁委信函其中的第 2 和第 3 封的事宜涉及公共政策中的自然公义规则。

Ⅳ. 裁决

上诉得直。

Ⅴ. 典型意义

强制执行仲裁裁决应“几乎是机械式的程序”。强制执行法庭无权亦无须摸索有关仲裁裁决背后的理由或猜测其意图。作为强制执行法庭，香港法庭有权判断一份文件是否仲裁裁决或补充仲裁裁决，或其中的一部分。法庭亦有权按其有关强制执行外国或内地仲裁裁决的公共政策决定是否拒绝强制执行仲裁裁决。自然公义规则是否被恪守的问题（此乃本案的仲裁委信函涉及的事宜）会被法庭纳入其考虑当中。

五、郭顺开诉永成化工有限公司案

[2013] 3 HKLRD 484

HCCT 35/2012

Ⅰ. 基本案情

根据申请人与答辩人在内地某仲裁委员会管理的仲裁，仲裁庭作出了裁决，裁定答辩人败诉（“该裁决”）。该裁决要求答辩人向申请人支付：（1）人民币 29195470. 58 元的经济损失赔偿及相关利息人民币 12293716. 33 元；（2）人民币 500000 元的法律费用；及（3）人民币 675473 元的仲裁程序费用，以及人民币 134574 元的仲裁员费用。

随后，申请人获得法庭发出的命令及许可，容许该裁决在香港予以强制执行（“该命令”）。

答辩人以该裁决超出了交付仲裁的范围，及仲裁程序与法律相抵触为理由，向内地某人民法院申请了搁置或撤销该裁决。香港法庭认为此申请的性质并非以案件所建基的争议的是非曲直为由提出上诉。

随后，答辩人根据香港法例第4A章《高等法院规则》第73号命令第10（6）条规则（“高院规则”）的规定，发出传票(“该传票”）以搁置或更改该命令。这正是本案中法庭要解决的问题。

Ⅱ. 争议

1. 有关强制执行内地仲裁裁决的案件，法庭是否有司法管辖权押后程序？（“争议1”）

2. 法庭在押后有关申请搁置或更改该命令的聆讯时，一方申请保证时应考虑哪些因素？（“争议2”）

Ⅲ. 分析

争议1

法庭指出，即使《仲裁条例》在强制执行内地仲裁裁决程序的部分并没有提及有关押后程序的条文，即等同于押后有关强制执行普通仲裁裁决或公约仲裁裁决程序的条文，并不代表法庭没有司法管辖权押后有关强制执行内地仲裁裁决程序。法庭认为其有一般及固有权力去管制其程序，包括押后程序；此权力已隐含在高院规则第73号命令第10A条规则当中。

争议2

法庭引述并参考了英国法庭在Soleh Boneh International Ltd诉Government of the Republic of Uganda［1993］2 LLR 208一案中所列出的原则。在该案中，英国法庭决定押后聆讯，同时要求与讼的有关方提供相当于仲裁裁决金额的保证以待瑞典法庭裁定仲裁裁决是否具约束力。在该案上诉的程序中，法庭考虑了两项因素——经法庭简短审议，有关仲裁裁决无效的论点的可取性，以及强制执行仲裁裁决的难易程度，以及如果执行有延误，执行会否因为资产转移或不经意的交易而变得困难。有关仲裁裁决无效的论点越有力，或强制执行的困难程度会因为执行被延误而提升的情况越明显，法庭越有可能会命令与讼的有关方提供保证。

根据上述原则，法庭考虑了一系列与本案有关的因素，包括答辩人未有提供任何文件以列明它向内地某人民法院所提出的有关搁置或撤销该裁决的申请的是非曲直，从而支持它有关该裁决是“明显无效”的论点；答辩人更改了其注册办事处，答辩人出售了其工业物业，答辩人的财政状况在变差，而且答辩人公司股份（被形容为过时资产）被母公司于该裁决被颁下后的短时间内出售；还有，已公布的总资产（约 4504 万港元）及未经审计的净负债（约 1.435 亿港元）。

Ⅳ. 裁决

基于上述因素，及在没有有关特定保证金额会超出答辩人能力范围的陈词的情况下，法庭押后该传票聆讯以待内地某人民法院裁定该裁决应否被搁置或撤销，及命令答辩人提供 2000 万港元作为保证金，以保障该裁决在聆讯被押后的情况下能在香港成功予以强制执行的机会。

Ⅴ. 典型意义

香港特别行政区高等法院有权押后有关强制执行内地仲裁裁决程序的聆讯并要求答辩人提供保证金。

关于应否命令答辩人提供保证以履行裁决，法院的考虑因素主要有两点。首先是裁决无效的论点。如果裁决明显无效，则应押后聆讯并不应发出命令要求提供保证；但是，如果该裁决明显有效，则应该立即发出强制执行命令或发出命令要求提供大量保证。其次，法院应考虑执行的难易程度以及任何延迟执行的影响，例如透过资产的转移或不经意的交易。

Cases of the people's courts of Mainland

CASE No. 1: Application of Farenco Shipping Pte. Ltd. for Enforcement of Arbitration Awards made in Hong Kong

(2018) Yue 72 Ren Gang No. 1 of No. 1, (2019) Yue 72 Ren Gang No. 1

I. Basic facts

On 1 February 2012, Farenco Shipping Pte. Ltd. ("Farenco") of Singapore signed a contract of affreightment ("COA") with Eastern Ocean Transportation Co., Ltd. ("Eastern Ocean"), agreeing that Eastern Ocean would transport the goods of Farenco, and all disputes arising from the COA would be submitted to arbitration in Hong Kong SAR with the application of the law of the United Kingdom ("UK law"). On 21 April of the same year, Farencosent an e-mail to Eastern Ocean to confirm that both parties had entered into a supplementary contract on the basis of the aforementioned COA, agreeing to add an additional lot of cargo to be transported, and that other terms and conditions of the COA would apply. Subsequently, a dispute over the performance of the supplementary contract arose between the parties, followed by its submission to arbitration in Hong Kong SAR by Farencoon 16 February 2016. According to the first final award and the final award on costs it handed down, the arbitral tribunal in Hong Kong SAR ruled that Eastern Ocean was to pay the corresponding damages and related arbitration fees.

After the arbitration awards came into effect, Farencoapplied to the Guangzhou Maritime Court for recognition and enforcement of the two arbitration awards.

Eastern Ocean responded that the arbitration agreement submitted by Farenco had not been notarised and certified, nor had an officially certified Chinese translation been submitted.

The freight in question was the subject matter of the supplementary contract, which was reached orally by both parties over the phone without having any arbitration clauses agreed on or any arbitration agreement concluded.

Besides, Eastern Ocean had never recognised the jurisdiction of the arbitral tribunal.

For these reasons, the enforcement of the arbitration awards would contravene the requirements under the Arbitration Law of the Mainland that arbitration agreement must be express and the relevant provisions of the General Rules of the Civil Law on the expression of intention, and would be contrary to the public interests.

II. Rulings

The Guangzhou Maritime Court held that: First, the instruments Farenco submitted in its application for recognition and enforcement of the arbitration awards conform to the requirements on the necessary documents under the Supreme People's Court's Arrangement Concerning Mutual Enforcement of Arbitral Awards between the Mainland and the Hong Kong Special Administrative Region ("the Arrangement").

Second, whether an arbitration agreement is tenable falls within the scope of its validity review and, in view of the lack of an agreement between the two parties on the applicable law for ascertaining the validity of the arbitration agreement, pursuant to Article 7 (1) of the

Arrangement, whether an arbitration agreement in question is tenable should be decided in accordance with the law of the place of arbitration, i. e. the law of Hong Kong SAR. According to the law of Hong Kong SAR, the incorporation terms set out in the subject email constitutes a valid arbitration agreement. Third, violation of relevant provisions of the law of the Mainland is not equivalent to breach of the public interests of the Mainland unless the recognition and enforcement of the arbitration awards will seriously damage the basic principles of the law of the Mainland.

The requirements for express arbitration agreement under the Arbitration Law of the Mainland and expression of intention under the General Rules of the Civil Law are outside the ambit of the basic principles of the law of the Mainland.

In view of the above reasons, it was held that the two arbitration awards should be recognised and enforced.

Besides, in response to Farenco's application, the Guangzhou Maritime Court had frozen Eastern Ocean's deposit at the China Merchants Bank (Shenzhen Branch) before handing down a ruling on the case.

III. Significance

First, the case has clarified that whether an arbitration agreement is tenable falls within the scope of validity review.

An arbitration agreement is an essential instrument for the application by a party for recognition and enforcement of an arbitration award.

It has a direct implication on the jurisdiction of the relevant arbitral tribunal.

A review of the validity of an arbitration agreement is obligatory prior to the recognition and enforcement of a relevant arbitration award. In this connection, Article 7 (1) of the Arrangement stipulates that the court may refuse to enforce an arbitral award if the arbitration agreement was invalid.

In practice, however, there is controversy over whether a broad or strict interpretation should be adopted for invalid arbitration agreements and whether the case of failing to prove the existence of an arbitration agreement should be included.

In this case, the court looked beyond the literal meaning for the intent of the provision of the Agreement and ruled that the proof of existence of the arbitration agreement was a prerequisite for it to be valid, which falls within the scope of review of its validity.

Agreements that are invalid should cover those cases where their existence cannot be proved.

Secondly, interim measures are granted upon application before an arbitration award is recognised and enforced.

The Arrangement is silent on whether the court can, before or after handling an application for recognition and enforcement of an arbitration award, grant interim measures against the property of the party against whom the application is filed.

Besides, there is inconsistent interpretations of the Arrangement when it comes to implementation.

By reference to the Arrangement Concerning Mutual Recognition and Enforcement of Arbitral Awards between the Mainland and the Macao Special Administrative Region, and according to the provisions of the Civil Procedure Law of the People's Republic of China and its relevant judicial interpretations, it was held that in the present case upon application by the party concerned, pre-trial interim measures could be granted before the party concerned applied for recognition and enforcement of the arbitration awards and that after such application was filed, the court could, before recognising and enforcing the awards, grant preventive remedies to facilitate the smooth enforcement of the awards for the better protection of the legitimate rights and interests of the party concerned.

CASE No. 2: Application for Enforcement of a Hong Kong Arbitration Award by the Applicant Ennead Architects International LLP of the United States

(2016) Su 01 Ren Gang No. 1

I. Basic facts

On 29 March and 15 May 2013, Ennead Architects International LLP (hereinafter referred to as "Ennead") of the United States and R&F Nanjing Real Estate Development Co., Ltd. (hereinafter referred to as "R&F") signed a land lot design contract and agreed on the arbitration clauses stipulating that any disputes shall be submitted to the China International Economic and Trade Arbitration Commission (hereinafter referred to as "CIETAC") for arbitration in accordance with its prevailing arbitration rules at the time of application for arbitration, and that the place of arbitration shall be the Hong Kong Special Administrative Region. In the wake of a dispute over contract performance, Ennead applied to the CIETAC Hong Kong Arbitration Center for arbitration, seeking an arbitration award ordering R&F to, among others, pay the outstanding design fees and bear the liability for breach of contract.

The CIETAC Hong Kong Arbitration Center accepted the case

pursuant to the CIETAC Arbitration Rules, which came into effect on 1 January 2015, and made the arbitration award (2015) Zhong Guo Mao Zhong Gang Cai Zi No. 0003 on 28 November 2015. On 7 June 2016, Ennead applied to the Intermediate People's Court of Nanjing City, Jiangsu Province for enforcement of Item 3 of the arbitration award, i. e. the part on payment of interest. R&F did not raise any objection.

II. Rulings

The Intermediate People's Court of Nanjing City, Jiangsu Province held upon examination that R&F had raised no objection to the arbitration award concerning the present case and had performed the part of the award on the principal amount of design fees as determined, failing only the part on payment of overdue interest under Item 3. The arbitration award in the case also would not be contrary to the public interests of the Mainland. Therefore, pursuant to Articles 1 and 7 of the Supreme People's Court's Arrangement Concerning Mutual Enforcement of Arbitral Awards between the Mainland and the Hong Kong Special Administrative Region (hereinafter referred to as "the Arrangement"), it was held that Item 3 of the arbitration award should be enforced.

III. Significance

This case marks the first time an arbitration award made by a Hong Kong branch of a Mainland arbitration institution in an arbitration seated in Hong Kong SAR has been enforced by a Mainland court. The case clarifies and confirms that the criterion for determining the origin of an arbitration award is the place of arbitration, and accordingly holds that the arbitration award involved in the case is a Hong Kong arbitration award, meeting the applicable conditions of the Arrangement.

Mainland laws impose different examination standards for different types of arbitration awards, and generally use the location of the arbitration institution as the basis for determining the origin of an arbitration award. According to the Notice of the Supreme People's Court on Issues Relating to the Enforcement of Hong Kong Arbitration Awards in the Mainland (hereinafter referred to as "the Notice"), any ad hoc arbitration awards made in Hong Kong SAR or any arbitration awards made by foreign arbitration institutions in Hong Kong SAR should be examined by the people's court in accordance with the provisions of the Arrangement. In effect, this clarifies that the criterion for determining the origin of an arbitration award should be the place of arbitration rather than the location of the arbitration institution. Nevertheless, the Notice has no express provision on whether an arbitration award made by a Mainland arbitration institution in an arbitration seated in Hong Kong SAR is a Hong Kong arbitration award. The determination in the present case of the origin of an arbitration award made by a Hong Kong branch of a Mainland arbitration institution according to the place of arbitration is in line with both the spirit of the Notice and prevailing international standards.

CASE No. 3: Application for Recognition and Enforcement of a Hong Kong Arbitration Award by the Applicants David Dein Consultancy Limited and Bramley Corporation Ltd

(2020) Jing 04 Ren Gang No. 5 (1)

I. Basic facts

On 24 August 2018, David Dein Consultancy Limited (hereinafter referred to as "David Dein) and Bramley Corporation Ltd (hereinafter referred to as "Bramley") each signed with Beijing Sinobo Guoan Football Club (hereinafter referred to as "Guoan") a copy of the same Consultancy Agreement agreeing that any disputes should be submitted to the Hong Kong International Arbitration Centre (hereinafter referred to as "HKIAC") for settlement by arbitration, with English law as the applicable law. Accordingly, Guoan submitted a notice of arbitration to the HKIAC on 21 November 2018. Subsequently, David Dein and Bramley filed a counterclaim. On 5 March 2020, the HKIAC made an award (case number: HKIAC/A18211) ruling that Guoan had committed a repudiatory breach of the Consultancy Agreement and should pay the relevant fees and interest to David Dein and Bramley.

After the arbitration award had taken effect, David Dein and Bramley applied to the Beijing Fourth Intermediate People's Court for recognition and enforcement of the award. The respondent Guoan contended that the People's Court should rule against recognition and enforcement of the arbitration award. The reasons stated included invalidity of the arbitration agreement involved, composition of the arbitral tribunal being contrary to the agreement between the parties and the law of the Hong Kong Special Administrative Region, arbitral proceedings not being in accordance with the agreement between the parties, violation of social and public interests, and that recognition of the amount awarded should be refused.

II. Rulings

The Beijing Fourth Intermediate People's Court held upon examination that first, the parties in the present case agreed only on the application of substantive English law as the governing law of the agreement, without stating explicitly the law to be applied in confirming the validity of the foreign-related arbitration agreement. As both the location of the arbitration institution and the seat of arbitration were in Hong Kong SAR, the Arbitration Ordinance of Hong Kong should apply in the conduct of the examination, and the agreement was valid under the relevant provisions. Second, according to the 2018 HKIAC Administered Arbitration Rules in force during the arbitration, the composition of the arbitral tribunal was not in breach of the rules. The fact that the arbitrator and the directors of the two companies held office in the English Football Association did not necessarily mean that the arbitrator had conflict of interest with the two companies. As the parties had knowledge of the public information held by the arbitral tribunal, no disclosure was needed and no procedural impunity was involved. Third, some copies of the arbitration documents produced by the applicant and the amount of expenses in his bill did not serve to prove that the arbitral proceedings were inconsistent with the agreement. Such information was public information of the arbitral proceedings and was not in breach of the confidentiality clause. Fourth, public interests, which concerned the interests of the entire community, should be enjoyed by the general public and were different from the interests of the contract parties. Although part of Guoan's assets were state-owned, it did not follow that all matters relating to those assets should be deemed as public interests. In light of the above, it was held that the arbitration award HKIAC/AC18211 made by the HKIAC of the Hong Kong Special Administrative Region should be recognised and enforced.

III. Significance

1. The present case clarifies that where a party relies on the clause "[t] he composition of the arbitral tribunal or the arbitral proceedings was not in accordance with the agreement between the parties" in Article 7 of the Arrangement to contend that there are procedural issues of disclosure and withdrawal on the part of an arbitrator, the Court should make a reasonable judgment on the basis of both the arbitration rules and life experience in examining whether the issues are sufficient to affect the impartiality and independence of the arbitration. In the present case, the arbitrator's connection and interaction with others for the purposes of work, daily living, study and other social activities, and his holding of office in the same organisation with the people concerned did not necessarily constitute any conflict of interest affecting the impartiality of the arbitration procedure under the withdrawal rules. Arbitrators may choose not to disclose matters not relating to their independence or the impartiality of the arbitration.

2. Elaborating on the issue of public interests, the present case is of considerable reference value. Public interests, which concern the interests of the entire community, should be enjoyed by the general public and are essential for the development and survival of the society as a whole, thus having a public and social nature and are different from the interests of the contract parties. The arbitration involved in this case dealt with a contractual dispute between civil subjects of equal status. The outcome would only affect the contract parties and have nothing to do with public interests. Although part of the assets of the respondent, Guoan, were state-owned, it did not follow that all

matters relating to those assets should be deemed as public interests.

CASE No. 4: Applicant Raffles International Limited Application for the Enforcement of a Hong Kong International Arbitration Centre Arbitral Award by Applicant Raffles International Limited

(2016) Jin 01 Ren Gang No. 1

I. Basic facts

On 15 January 2007, Raffles International Limited (hereinafter "Raffles") and Haihang Tianjin Center Development Co., Ltd. (hereinafter "Haihang") entered into a Licence Agreement on the use of logo "Raffles" and trade mark "Raffles". On the same day, Raffles Hotel Management (Beijing) Company Limited (a connected company of the Raffles conglomerate, hereinafter "Raffles-Beijing") and Haihang entered into a Hotel Management Agreement on the collaboration on hotel management and operation. The Licence Agreement provides that any disputes, issues or controversies arising from or in connection with the contract shall be submitted to arbitration before the Hong Kong International Arbitration Centre (hereinafter "HKIAC") for final resolution pursuant to the arbitration rules valid at the time of making the application for arbitration. The seat of the arbitration is Hong Kong SAR. The Licence Agreement also provides that, if the Hotel Management Agreement or any other transaction agreements are terminated for any reasons, the Licence Agreement shall be terminated immediately. The Hotel Management Agreement stipulates that relevant disputes shall be submitted to arbitration before the China International Economic and Trade Arbitration Commission Shanghai Sub-Commission (hereinafter "CIETAC Shanghai").

On 20 January 2012, Raffles applied to HKIAC for arbitration of the disputes relating to the Licence Agreement. On 29 January 2012, Raffles-Beijing applied to CIETAC Shanghai for arbitration of disputes relating to the Hotel Management Agreement. Thereafter, the HKIAC made an award (Case No. : HKIAC/A12016) ordering that Haihang pay Raffles the corresponding sum with interest. Raffles applied to The First Intermediate People's Court of Tianjin for enforcement of the award. Haihang, the Respondent, resisted the enforcement on the grounds, inter alia, that the award dealt with a dispute not falling within the ambit of the arbitration clause, in breach of Article 7 of the Supreme People's Court's Arrangement Concerning Mutual Enforcement of Arbitral Awards Between the Mainland and the Hong Kong Special Administrative Region (hereinafter "Arrangement").

II. Rulings

Having reported to the Higher People's Court of Tianjin and the Supreme People's Court, The First Intermediate People's Court of Tianjin held that: first, the fact that HKIAC award involved the Hotel Management Agreement did not constitute decisions on matters beyond the scope of the submission to arbitration, and therefore did not fall within the circumstances prescribed by Article 7 (1) (3) of the Arrangement; second, the tribunal's handling of the issue of jurisdiction did not breach parties' agreement and the laws of the Hong Kong Special Administrative Region, and therefore did not fall within the circumstances prescribed by Article 7 (1) (4) of the Arrangement; third, the challenge raised by Haihangwas not in relation to the impartiality or the independence of the arbitrators, but the jurisdiction of the tribunal and, as such the tribunal had the power to decide the issue without the need to resort to the Council of the Arbitration Centre for a determination. Therefore, the subject matter of the challenge raised did not fall within the circumstances prescribed by Article 7 (1) (4) of the Arrangement. To sum up, The First Intermediate People's Court of Tianjin held that the partial award and final award (Case No.: HKIAC/A12016) made by the HKIAC on 19 November 2014 and 19 March 2015 respectively could be enforced in accordance with Article 1, 6 and 7 of the Arrangement.

III. Significance

In respect of whether an award contains decisions on matters beyond the scope of submission to arbitration prescribed by Article 7 (1) (3) of the Arrangement, the following rules are clarified: Where the tribunal's adjudication is confined to the fact-finding and reasoning sections of the award in respect of disputes beyond the scope of the tribunal's jurisdiction, and the dispositive section of the award does not concern other agreement-related disputes, the award did not contain matters beyond the scope of submission to arbitration. In the present case, the matters Raffles submitted to arbitration before HKIAC were matters relating to the performance of the Licence Agreement. As the Licence Agreement and the Hotel Management Agreement are closely connected, the award touched on the Hotel Management Agreement in its section on fact-finding and reasoning. This analysis and determination could not be avoided in the course of dealing with a controversy arising from the Licence Agreement. The tribunal eventually merely made the award on issues arising from the Licence Agreement mentioned in the

Request for Arbitration without making specific award decisions on issues arising from the Hotel Management Agreement. The relevant disputes fell within the scope of parties'submission to arbitration pursuant to the arbitration clause. Therefore, the award in the present case did not give rise to the circumstances prescribed by Article 7 (1) (3) of the Arrangement, where matters beyond the scope of the submission to arbitration were decided by the award.

CASE No. 5: Application for enforcement of an arbitral award made by the Hong Kong International Arbitration Centre by Bensley Design Group International Consulting Co., Ltd.

(2019) Chuan 01 Ren Gang No. 1

I. Basic facts

On 13 November 2013, Bensley Design Group International Consulting Co., Ltd. (hereinafter referred to as "Bensley Co.") signed a Service Agreement on Landscape Design for Mandarin Oriental, Chengdu, China (hereinafter referred to as "Service Agreement") with Chengdu Mind River Land Co., Ltd. (hereinafter referred to as "Mind Co.") and Chengdu Chenchuan Industrial Co., Ltd. (hereinafter referred to as "Chenchuan Co."). Under the Service Agreement, any disputes, controversies or claims arising from or related to this contract or the breach, termination or invalidity of this contract shall be, in accordance with the then effective Arbitration Rules of the United Nations Commission on International Trade Law (hereinafter referred to as "Arbitration Rules"), resolved by arbitration in Hong Kong SAR. Due to a dispute arising in the course of the performance of the contract, Bensley Co. applied to the Hong Kong International Arbitration

Centre (hereinafter referred to as "HKIAC") for arbitration on 5 March 2018. On 5 May 2019, the arbitral tribunal made the Final Award, which was in support of all arbitration requests of Bensley Co. On 4 June 2019, the arbitral tribunal issued the Correction of the Final Award, where corrections and updates were made to the Final Award. Subsequently, Bensley Co. applied to the Chengdu Intermediate People's Court in Sichuan Province for enforcement of the above arbitral award.

In their joint defence, Mind Co. and Chenchuan Co. stated that firstly, the selection of arbitrator by direct appointment of a sole arbitrator contravened Article 8 of the Arbitration Rules which required that the views of all parties shall be sought before using the list-procedure, thus falling within the situation stipulated in Article 7 (4) of the Supreme People's Court's Arrangement Concerning Mutual Enforcement of Arbitral Awards between the Mainland and the Hong Kong Special Administrative Region (hereinafter referred to as "the Arrangement"). Secondly, the arbitrator failed to deliver relevant documents relating to the arbitration to the Respondents in accordance with the Measures for the Administration of China Appointed Attesting Officers (Hong Kong) (Order No. 69 of the Ministry of Justice) (hereinafter referred to as "the Measures"), which was a situation stipulated in Article 7 (2) of the Arrangement. It has therefore requested that the application be rejected.

II. Rulings

Firstly, regarding the composition of the arbitral tribunal in the present case, the Chengdu Intermediate People's Court in Sichuan Province held, upon examination, that the HKIAC's exercise of discretion to appoint a sole arbitrator during the arbitral proceedings in question was in compliance with the Arbitration Rules, to which both parties to the Service Agreement had agreed to adopt. Secondly, regarding whether the arbitral tribunal had delivered notice to the Respondents in an appropriate manner, since in the course of the arbitral proceedings the arbitrator had arranged for delivery of relevant documents to the addresses designated by both parties in the Service Agreement and the Respondents had also expressly acknowledged receipt of the same, it was held that the delivery requirements set out in Article 2 of the Arbitration Rules had been complied with and that there was no question of the arbitrator failing to deliver notice to the Respondents in an appropriate manner. The Respondents' contention that documents relating to the arbitration should be delivered to the Respondents in accordance with the Measures was held incompatible with the Arbitration Rules and was not accepted.

III. Significance

It is established in the present case that the arbitration rules applicable to the arbitral proceedings in question should be the basis on which to determine whether a notice has been successfully delivered. Given that "non-delivery of notice pursuant to the law" is a ground commonly used by respondents for refusing the enforcement of arbitral awards made in Hong Kong SAR, it is necessary to first establish the legal basis of the delivery procedure in order to determine whether a notice has been delivered successfully pursuant to the law. In the present case, both parties agreed in the contract that any disputes, controversies or claims arising from or related to this contract or the breach, termination or invalidity of this contract shall be resolved in accordance with the then effective

Arbitration Rules. Due respect has therefore been given to the choice of the parties concerned in this case. Relevant documents have been delivered to the addresses designated by both parties in the Service Agreement pursuant to the relevant requirements of the Arbitration Rules and the Respondents have also expressly acknowledged receipt of the same. There is no question of the arbitrator failing to deliver notice to the Respondents in an appropriate manner. The Respondents' contention that documents relating to the arbitration should be delivered to the Respondents in accordance with the Measures was held incompatible with the Arbitration Rules.

Cases of the courts of the Hong Kong Special Administrative Region

CASE No. 1：CL v SCG

[2019] 2 HKLRD 144

HCCT 9/2018

I. Brief Facts

This was a hearing of an application by the Respondent on, as a preliminary issue, whether the enforcement of an arbitral award against the Respondent is time-barred under s. 4 (1) (c) of the Limitation Ordinance (Cap. 347) ("Limitation Ordinance").

The Applicant proceeded with arbitration administered by an arbitral centre in Hong Kong against the Respondent and obtained an award on 17 February 2011 in its favour, ordering the Respondent to forthwith pay the Applicant the sum of USD 2, 173, 000 with interests and costs of the arbitration.

In March 2011, the Applicant demanded payment from the Respondent of the sums due under the award and subsequently costs of the tribunal, yet to no avail. On 7 July 2011, the Applicant commenced proceedings to enforce the award in the People's Court on the Mainland, which was rejected by that Court. Later, the Applicant appealed the decision to the Higher People's Court and made an application for a retrial which, however, was rejected by the Higher People's Court on 1 March 2016.

On 6 February 2018, the Applicant made an ex parte application and successfully obtained leave and an order to enforce the award under s. 2GG of the Arbitration Ordinance (Cap. 341) (repealed) ("Arbitration Ordinance") in Hong Kong ("Order"). On 6 June 2018, the Respondent applied for an inter partes hearing to set aside the Order on various bases including that the application was time-barred by s. 4 (1) (c) of the Limitation Ordinance. On 24 July 2018, the question of limitation was ordered to be tried as a preliminary issue.

II. Issues

1. When did the cause of action to enforce the award in this case begin to accrue? ("Issue 1")

2. Whether the cause of action, and hence the effects of time limitation under s. 4 (1) (c) of the Limitation Ordinance, was suspended from the time when the Applicant applied to the People's Court in the Mainland for enforcement on 7 July 2011 to 1 March 2016, when its application was rejected by the Higher People's Court, in view of Article 2 of the Arrangement Concerning Mutual Enforcement of Arbitral Awards between the Mainland and the Hong Kong Special

Administrative Region (“Arrangement”)? (“Issue 2”)

III. Analysis

Issue 1

The Respondent submitted that the limitation period commenced from 17 May 2011, 3 months from the date of the award, which was argued to be a reasonable time for the Respondent to pay and honour the award, meaning that the limitation period would have expired on 18 May 2017. Alternatively, the Respondent argued that the latest time from which the cause of action would have accrued was 8 July 2011, i. e. when the Applicant applied to the People's Court in the Mainland for enforcement of the award. This places the expiry of the limitation period on 9 July 2017.

The Applicant contended that the limitation period only commenced on the date on which the Respondent filed its submission in opposition to the Applicant's application in the People's Court in the Mainland, i. e. 11 March 2012. The Applicant argued that despite that no payment was made by the Respondent after the payment demands made by the Applicant in March 2011, no inferences can be drawn from the Respondent's lack of response as to whether it was disputing the award. The Applicant stated that the Respondent only demonstrated its clear and unequivocal intention not to be bound by the award when it filed its submissions in opposition. Thus, the Applicant argued that only on 11 March 2012 did the cause of action for enforcement accrue.

The court did not accept that the cause of action only accrues when a clear and unequivocal intention not to be bound by the award is demonstrated, noting a similar argument was rejected by International

Bulk Shipping and Services Ltd v Minerals and Metals Trading Corp of India [1996] 1 All ER 1017. The court explained that accepting the argument means allowing the award debtor to indefinitely defer and postpone the accrual of its creditor's cause of action and delaying its right to enforce the debt due under the award. Following International Bulk Shipping and Services Ltd v Minerals and Metals Trading Corp of India [1996] 1 All ER 1017 and Agromet Motoimport Ltd v Moulden Engineering Ltd [1985] 1 WLR 762, the court held that the cause of action on the award accrued "from the breach occasioned by the defendants' failure to honour the award when called upon to do so". Hence, limitation begins on the date on which the implied promise to perform the award is broken.

The court further noted that the cause of action arose when the Respondent failed to make payment within a reasonable time of the publication of the award and demand being made. The court noted that what a reasonable time was depended on the terms of the award as well as the facts and circumstances of the case. In the present case, since the Respondent was ordered under the award to pay the Applicant "forthwith", a reasonable time for payment was held to lapse at the latest by 8 April 2011, i. e. 21 days after the Applicant's demand for payment, and therefore the limitation period expired on 8 April 2017.

Issue 2

The Applicant argued that its accrual of the cause of action was suspended from 7 July 2011 to 1 March 2016, meaning the date on which the Applicant applied to the People's Court in the Mainland for enforcement to the date when the application was finally rejected by the

Higher People's Court. The Applicant referred to Article 2 of the Arrangement and s. 40C of the Arbitration Ordinance, which prohibits concurrent filing of applications for enforcement of an arbitral award in the Mainland and Hong Kong, and pointed out that the prohibition targets the mischief of double enforcement and double recovery (Shenzhen Kai Loong Investment and Development Co., Ltd. v CEC Electrical Manufacturing (International) Co., Ltd. [2001-2003] HKCLRT 649) and, as such, the Applicant should not be barred from enforcing its award in Hong Kong by operation of s. 4 (1) (c) of the Limitation Ordinance simply because it had attempted enforcement in the Mainland.

Nonetheless, the court held that however unfair the consequence of the "no concurrent enforcement rule" may be, absent an express provision in the Arbitration Ordinance or the Arrangement providing otherwise, time under s. 4 (1) (c) of the Limitation Ordinance should not stop running, even during the course of the enforcement proceedings in the Mainland. Therefore, the Applicant's contention that the accrual of cause of action was suspended during the time of enforcement proceedings in the Mainland was rejected.

For reasons set out above, the court held that enforcement of the award was barred by s. 4 (1) (c) of the Limitation Ordinance when proceedings for leave for enforcement in Hong Kong were instituted on 6 February 2018.

IV. Decisions

Respondent's application for setting aside the Order granted.

V. Significance

(a) Time limitation begins on the date when the implied promise to perform the award is broken, which is when the award debtor fails to perform the award within a reasonable time of the publication of the award and demand being made. What is a reasonable time for performing the award depends on the terms of the award as well as the facts and circumstances of the case.

(b) This case shows that time under the Limitation Ordinance still runs despite the fact that an award creditor must have failed to recover the total amount due under an award in one place before seeking enforcement in respect of outstanding liabilities in another, as provided for under Article 2 of the Arrangement. The unfair consequences that this may give rise to, such as the hardship the Applicant in the present case faces, highlights the defects in the original Arrangement and the necessity of reform with respect to the prohibition against concurrent enforcement in both places under Article 2 of the Arrangement.

CASE No. 2: Gao Haiyan & Anor v. Keeneye Holdings Ltd & Anor [2012] 1 HKLRD 627

CACV 79/2011

I. Brief Facts

By way of a share transfer agreement and a supplemental share transfer agreement ("the Agreements"), the Applicants transferred the shares in a Hong Kong company to the Respondents, which held beneficial interest in a joint venture coal business in Mainland China. The Agreements were governed by PRC law and provided for arbitration of disputes at an arbitral body in the Mainland.

Pursuant to Article 37 of the Arbitration Rules of the arbitral body, mediation-arbitration is to be conducted either by the tribunal or presiding arbitrator, or provided that the parties agree, by any third party. The tribunal held two sittings. After the first sitting, the tribunal on its own initiative suggested to the parties that the Respondents pay the Applicants RMB 250 million to settle the case.

Before the second sitting, in the absence of the Respondents' appointee and the Chief Arbitrator, the Applicants' appointed arbitrator, and a person related to the Respondents upon the invitation of the Secretary General of the arbitral body, attended a purported mediation-arbitration in the form of a private meeting. The Secretary General of the arbitral body who was not appointed by the parties' was alleged to be the host of the private meeting. It was alleged that the Secretary General of the arbitral body asked the person related to the Respondents to persuade the Respondents into accepting the suggestion put forward by the tribunal.

The parties could not settle. The tribunal found in favour of the Applicants and recommended (yet did not require) a compensation of RMB 50 million. At no point did the Respondents complain about the tribunal's conduct, fearing that to do so might antagonise the tribunal. The Respondents appealed against the award of the tribunal to the Intermediate People's Court where the arbitral body situates("Xi'an Court") contending that the Secretary General of the arbitral body had manipulated the outcome of the arbitration in contravention of the law and the arbitration rules. The appeal was dismissed.

Subsequently, pursuant to sections 2GG and 40B of the Arbitration Ordinance (Cap. 341) (repealed) ("Arbitration Ordinance"), the Applicants obtained leave to enforce the award. The Respondents, in applying to set aside the leave, contended that it would be contrary to public policy to enforce the award because it was tainted by bias or apparent bias. The Respondents argued that the private meeting over dinner among the Applicants' appointed arbitrator, the Secretary General of the arbitral body and the person related to the Respondents, was an attempt to pressurise the Respondents to pay RMB 250 million to the Applicants in return for a decision in the Respondents' favour. The first instance judge held that the award was tainted by apparent bias. He further held that the Respondents did not waive their entitlement to complain about bias in proceeding with a second sitting after the private meeting. The Applicants appealed.

II. Issues

1. Whether the public policy ground applicable to the enforcement of a Convention award are applicable to a Mainland award and how high is the relevant threshold? ("Issue 1")

2. Whether the Respondents waived their rights to complain about the non-compliance with the Arbitration Rules of the arbitral body? ("Issue 2")

3. Whether apparent bias (as opposed to actual bias) may be sufficient to constitute the public policy ground for refusing enforcement of the award? ("Issue 3")

4. Whether, on facts, the alleged apparent bias constituted the public policy ground for refusing enforcement of the award? ("Issue 4")

III. Analysis

Issue 1

It was held that the jurisprudence on refusal to enforce an award on the public policy ground applicable to a Convention award is also applicable to a Mainland award. The relevant threshold is a very high one, since comity, which was held to be "woven" into the concept of public policy, has to be given effect where a foreign (including a Mainland) award is concerned. On this point, the court cited Hebei Import & Export Corp v Polytek Engineering Co., Ltd. [1999] 2 HKCFAR 111, in which the court remarked that, to give effect to comity, enforcement of foreign awards would not be refused unless such enforcement would be contrary to the fundamental concepts of morality and justice of Hong Kong, of which conclusion would take a very strong case to reach.

Issue 2

The court held that a party to an arbitration relying on breach of arbitration rules should do so promptly; it should not wait and see how its claims turn out before pursuing his complaint; nor should it proceed with the arbitration as if there had been compliance. As such, the Respondents should not have only submitted to the tribunal a supplemental submission after the private meeting, or attended a second hearing before the tribunal without making a complaint. The court also held that the attack by the Respondents against the Applicants' integrity was not a substitute for a complaint about bias of any sort or impropriety against the tribunal or the Secretary General of the arbitral body. For these reasons, the Respondents are deemed to have waived their rights to complain about bias.

The court pointed out that, had the complaint been raised, action might have been taken by the tribunal or the People's Court where the arbitral body situates to remedy the situation, both of which would have been in a much better position to ascertain facts to decide on the issue of bias. The court ruled that although the refusal by the People's Court where the arbitral body situates to set aside the award for bias was not binding on Hong Kong court, and despite no estoppel resulted from the aforementioned Court's decision, Hong Kong court was entitled to give serious consideration to the aforementioned Court's decision in deciding whether to enforce the award.

Issue 3

On a careful interpretation of the views expressed in Hebei Import & Export Corp v Polytek Engineering Co., Ltd. the court was of the view that apparent bias alone may be sufficient to justify refusal to enforce an award, though a party seeking to resist enforcement on this ground has to reach a higher threshold than the one for doing so on actual bias, and the court should be slow to exercise such discretion.

Issue 4

The court assessed the relevant facts and found that there was no apprehension of apparent bias based on the "fair-minded observer". The court held that although one might share the learned Judge's unease about the way in which the mediation was conducted because mediation is normally conducted differently in Hong Kong, whether that would give rise to an apprehension of apparent bias, may depend also on an understanding of how mediation is normally conducted in the place where it was conducted. In this context, due weight must be given to the decision of the People's Court where the arbitral body situates refusing to set aside the award.

The court reiterated that enforcement of an award should only be refused if to enforce it would be contrary to the fundamental conceptions of morality and justice of the forum, which is Hong Kong in the present case. Accordingly, the court should not refuse to enforce an award in Hong Kong solely because mediation-arbitration in the form of a private meeting might give rise to an appearance of apparent bias in Hong Kong.

IV. Decision

Appeal allowed.

V. Significance

The court held that a party to an arbitration relying on breach of the arbitration rules should do so promptly; it should not wait and see how its claims turns out before pursuing his complaint, or proceed with the arbitration as if there had been compliance.

Enforcement of an award would only be refused if enforcement would be "contrary to the fundamental conceptions of morality and justice" of the forum. The court respects the usual way of conducting mediation in the forum where the mediation takes place and would not invoke the public policy grounds lightly solely because it is conducted differently from the way it is conducted locally.

CASE No. 3: Xiamen Xinjingdi Group Ltd v. Eton Properties Ltd & another

[2009] 4 HKLRD 353

CACV 106/2008 & CACV 197/2008

I. Brief Facts

The 1st and 2nd Appellants, two Hong Kong companies, were the sole shareholders of Legend Properties (Hong Kong) Co., Ltd. ("Hong Kong Legend"), and part of the Eton Group. Hong Kong

Legend wholly owned a Mainland company which owned land in Xiamen (the "Property").

The Applicant, a Mainland company, agreed to pay RMB 120 million to the Appellants for the right to develop, operate and to receive profits from the Property; and the Appellants agreed to transfer to the Applicant their shares in Hong Kong Legend and to deliver the Property to the Applicant (the "Agreement"). The Agreement also contained an arbitration clause.

The Appellants did not deliver the Property to the Applicant and purported to terminate the Agreement on the basis that performance would be contrary to PRC law. Consequently, the Applicant commenced arbitration proceedings in Beijing (the "First Arbitration") and an award (the "Award") was made in its favour ordering the Appellants to, inter alia, "continue to perform the agreement". The Applicant then obtained an ex parte enforcement order of the Award in Hong Kong (the "Order").

The Appellants applied to set aside the Order, arguing that enforcement should be refused as being contrary to public policy under the Arbitration Ordinance (Cap. 341) ("Arbitration Ordinance") on the basis that performance was impossible because: (a) construction on the Property had commenced; and (b) a restructuring of the Eton Group, which was implemented during the course of the First Arbitration, had diluted and transferred their shares in Hong Kong Legend to their parent company. The judge refused to set aside the Order.

In the meantime, the Appellants sought from the arbitral body a determination (the "Second Arbitration") on whether the parties had been discharged from the Agreement. The arbitral body ruled against the Appellants on this.

By the time of the present hearing to deal with the Appellants' appeal against the judge's refusal to set aside the Order, the development of the Property had been completed and 99% of the units had been sold to third parties. The Appellants submitted that as performance was impossible, the Applicant was really looking at "further stages" remedies such as damages in lieu of or an account of profits rather than any rights in the Property itself; and offered an undertaking that they would commence further arbitration before the arbitral body for a determination of such alternative remedies (the "Undertaking"). Alternatively, it was said that the court could remit the matter to the arbitral body so that directions could be obtained or adjourn the appeal pending such directions.

II. Issues

1. Whether it was impossible for the Appellants to perform the Agreement? ("Issue 1")

2. Whether, in light of issue 1, refusal to enforce the Award on public policy grounds can be justified? ("Issue 2")

3. Whether the court had jurisdiction to remit the matter to the arbitral body? ("Issue 3")

III. Analysis

Issue 1

The court reckoned the Undertaking was simply meaningless, given that the Appellants had had ample opportunity to raise squarely before the arbitral body the issue of impossibility of performance. The court was of the view that there was no rational explanation for their failure to do so except the very obvious one that the omission was intentional. The court rejected the Appellants' arguments that the construction on the Property having been commenced; that the dilution of shares as a result of the restructuring of the Eton Group and that most units of the Property having been transferred to third parties barred the Appellants from performing the Agreement. The court further found that they were calculated risks and self-inflicted, of which consequences the Appellants must bear. The court also remarked that the risk of imprisonment for contempt, which the Appellants raised, was entirely fanciful, since the Order did not specify any time for performance and a person who genuinely is unable to carry out the Order cannot be made liable for the contmpt.

Issue 2

The court held that, in considering whether or not to refuse the enforcement of the Award on public policy grounds, the court does not look into the merits or at the underlying transaction. Its role is confined to determining whether such grounds existed for refusing to enforce the award because it would be contrary to public policy. The court's role should be as mechanistic as possible. Accordingly, the court ruled that impossibility of performance was not relevant at the registration stage of the Award and was not a sufficient reason to justify a refusal of enforcement under public policy grounds.

Issue 3

It was held that the court could not remit the matter to the arbitral body. Under Arbitration Ordinance, the court may enforce the Award or refuse to enforce it but there is no jurisdiction to remit.

IV. Decision

Appeal dismissed.

V. Significance

In considering whether to refuse the enforcement of the Award, the court does not look into the merits or at the underlying transaction. The court's role is confined to determining whether grounds for refusal of enforcement existed. On this basis, it was held that impossibility of performance is not a relevant factor at the registration/recognition stage of enforcement and, accordingly, it would not be a sufficient reason to justify refusal of enforcement on the grounds that enforcement would be contrary to public policy.

CASE No. 4: Shandong Hongri Acron Chemical Joint Stock Company Limited v. PetroChina International (Hong Kong) Corporation Limited

[2011] 4 HKLRD 604

CACV 31/2011

I. Brief Facts

The Appellant as the buyer and the Respondent as the supplier contracted for the supply of a total of 3, 937. 448 tonnes of sulphur in exchange for purchase price of US $ 3, 051, 522. 20.

The Appellant rejected 3, 810, 578 tonnes of the sulphur for incorrect specification of the same supplied. It claimed the return of the balance of the purchase price in the sum of US $ 2, 953, 198 in respect of the rejected sulphur.

Parties submitted their dispute before a tribunal of an arbitral body in the Mainland. The tribunal made a final award in favour of the Appellant, ordering that:

(a) The Appellant shall return 3, 810. 578 tonnes of sulphur to the Respondent;

(b) The Respondent shall return US $ 2, 953, 198 (being the transaction payment received) to the Appellant;

(c) The Respondent shall pay damages as well as miscellaneous fees and costs incurred by the Applicant, plus interest (for late payment, if applicable);

The Respondent's position was that repayment of the balance of the purchase price and payment of the other sums under items (b) and (c) above were conditional upon the return of the rejected sulphur to the Respondent "in the same status and quality" as and when the same was delivered to the Appellant.

In response to the Respondent's written application and enquiries, the arbitral body issued three letters ("the Arbitral Body's Letters"), the first two being the arbitral body's confirmation of the Respondent's interpretation of the award, with the third stating the tribunal's view that the first two were "supplementary explanations" of the award and formed part of it.

Neither the Respondent's letters requesting clarification with a view to the production of a supplemental award nor the arbitral body's responses contained in the second and third of the Arbitral Body's Letters were copied to the Appellant. The Appellant disagreed with the Respondent's interpretation of the award and sought leave to enforce items (b) and (c) of the award in Hong Kong. This was opposed by the Respondent who also applied for leave to enforce item (a) of the award. The judge in the Court of First Instance ruled in favour of the

Respondent. Then, the Appellant appealed to the Court of Appeal.

II. Issues

1. Whether, as a matter of award recognition, the court should "enter judgment in terms of the award, order or direction", having regard to s. 2GG (1) of the Arbitration Ordinance (Cap. 341) (repealed) ("Arbitration Ordinance")? ("Issue 1")

2. Whether the obligations stated in items (b) and (c) above be conditional or dependent on item (a), in light of the wording of the award and the obligation of the enforcing court? ("Issue 2")

3. Whether the obligations under item (a) were independent of those under item (b) under the law of restitution? ("Issue 3")

4. Whether the Arbitral Body's Letters constituted a supplemental or additional award pursuant to Article 56 of the Arbitration Law of the PRC ("Arbitration Law") and / or the relevant provision of the Arbitration Rules of the arbitral body in the Mainland? ("Issue 4")

5. Whether the questions about the validity of the Arbitral Body's Letters should have been dealt with by the relevant court in the Mainland, not the enforcement court in Hong Kong? ("Issue 5")

III. Analysis

Issue 1

Citing authorities holding that award enforcement should be "almost as a matter of administrative procedure" and that there is an important policy interest in ensuring the effective and speedy enforcement of arbitration award, the court held that it should respect the plain intent of the award in question and the court is not entitled to go behind the award by exploring the reasoning of the tribunal or second-guessing its intention. Therefore, under s. 2GG (1) Arbitration Ordinance, an award entered as a judgment had to be entered "in terms of the award" at the award recognition stage.

Issue 2

The court was of the view that, the Arbitral Body's Letters aside, it was plain that the award did not say that payment obligations under items (b) and (c) were conditional or dependent on those under item (a). Thus, in the context of enforcing items (b) and (c) by means of entering a judgment "in terms of the award", no such condition should be imposed. To do otherwise would be to alter, rather than to enforce, the award. By the same token, there was no justification for imposing the further condition as to the status and quality of the sulphur.

Issue 3

The court rejected the Respondent's submissions that the obligations under items (a) and (b) were not independent ones since they dealt with a restitution situation for these reasons: first, the court should not second-guess the intention of the tribunal; second, the law of restitution may vary from one jurisdiction to another, and it is for the tribunal seized of the arbitration to apply the applicable law; third, even if one were to assume that return of the goods and repayment of the price already paid are not mutually independent of each other, it did not follow that the respective awards must be conditional on each other. The rights and obligations under the law of restitution must not be confused with awards and orders as means to give effect to those substantive rights and obligations.

Issue 4

The Arbitral Body's Letters did not constitute a supplemental or additional award pursuant to Article 56 of the Arbitration Law and / or the relevant provision of the Arbitration Rules of the arbitral body in the Mainland. Thus, the views expressed by the tribunal or in the Arbitral Body's Letters were simply inadmissible in the enforcement proceedings in Hong Kong.

Issue 5

The court rejected the Respondent's submissions that all questions about the validity of the Arbitral Body's Letters as supplemental awards should have been dealt with by the relevant court in the Mainland, not the enforcement court in Hong Kong for these reasons: first, the enforcement court did not have to accept every piece of paper placed before it that was said to be an award or supplemental award as such, despite glaring discrepancies between the description of what amounted to an award or supplemental award in the relevant law or rules and what the court found on the face of the so-called award or supplemental award; second, the enforcement court is entitled to look at its own public policy relating to enforcement of foreign or Mainland awards. In the present case, public policy in terms of the rules of natural justice were at issue so far as the second and third of the Arbitral Body's Letters were concerned.

IV. Decision

Appeal allowed.

V. Significance

Enforcement of arbitral awards should be " as mechanistic as possible". The enforcing court is neither entitled nor bound to go behind the award in question, explore the reasoning of the arbitral tribunal or second-guess its intention. Hong Kong court as the enforcement court is entitled to determine whether a document constituted an award or a supplemental award, or a part thereof. The court is also entitled to decide whether or not to refuse enforcement of an award on the basis of its own public policy relating to enforcement of foreign or Mainland awards. Observance of the rules of natural justice, which the Arbitral Body's Letters in the present case concerned, is to be taken into account by the court.

CASE No. 5: Guo Shun Kai v. Wing Shing Chemical Co., Ltd.

[2013] 3 HKLRD 484

HCCT 35/2012

I. Brief Facts

Pursuant to an arbitration between the Applicant and the Respondent administered by an arbitral body in the Mainland, an award was made against the Respondent (the "Award"). The Award required the Respondent to pay the Applicant: (1) compensation for economic loss in the amount of RMB 29, 195, 470. 58 and interest thereon in the amount of RMB 12, 293, 716. 33; (2) legal costs in the amount of RMB 500, 000; and (3) costs of the arbitration proceedings in the amount of RMB 675, 473 and costs of the arbitrators in the amount of RMB 134, 574.

Thereafter, the Applicant obtained an order granting leave to enforce the Award in Hong Kong (the "Order").

The Respondent applied to the People's Court in the Mainland to set aside or dismiss the Award on the grounds that the Award exceeded the scope of the arbitration and the procedures of the arbitration were contrary to law. The Hong Kong court was of the view that the application was not an appeal on the merits of the underlying dispute.

Subsequently, the Respondent took out a summons (the "Summons") to set aside or vary the Order granting leave pursuant to Order 73 rule 10 (6) of the Rules of the High Court (Cap. 4A) ("RHC"), which was the matter before the court in the present case.

II. Issues

1. Whether the court has jurisdiction to adjourn proceedings relating to the enforcement of a Mainland award? ("Issue 1")

2. What factors should a court take into account in considering the application for security upon adjournment of the Summons dealing with an application to set aside or vary the Order? ("Issue 2")

III. Analysis

Issue 1

In respect of the adjournment of proceedings, the court pointed out that the absence of provisions specifically on adjournment in relation to the enforcement of a Mainland award, of which equivalent provisions in relation to the enforcement of an ordinary award or a convention award are present in the Arbitration Ordinance, does not mean the court has no jurisdiction to adjourn enforcement proceedings on a Mainland award. The court held that it had general and inherent power to regulate its own proceedings including adjournment, which power is presupposed in Order 73 rule 10A of the RHC

Issue 2

The court referred to principles set out in Soleh Boneh International Ltd v Government of the Republic of Uganda [1993] 2 LLR 208, where the English court decided to adjourn hearings and require the provision of security in the entire amount of the award pending the Swedish court's determination of whether the award was binding. On appeal of that case, the court considered two factors–the strength of the argument that the award is invalid, on a brief consideration by the court, as well as the ease or difficulty of enforcement of the award and whether enforcement would be made more difficult by movement of assets or by improvident trading if enforcement was delayed. The stronger the argument for invalidity of award, or the stronger the case for difficulty of enforcement as a result of delay in enforcement, the more likely the provision of security is ordered.

In light of the above principles, the court considered a number of aspects of the present case, including the fact the Respondent had not produced any documents stating grounds or merits of its application to the People's Court in the Mainland to set aside or dismiss the Award in support of its contention that it was "manifestly invalid"; the fact that the Respondent had changed its registered office; the fact that the Respondent had sold its industrial property, the fact that the Respondent's financial performance was deteriorating and shares in the Respondent company (described as obsolete asset) were sold by its parent company shortly after the Award was made; as well as the publicly announced total assets (approximately HK $ 45. 04 million) and unaudited net liabilities (approximately HK $ 143. 50 million).

IV. Decision

On the basis of the foregoing factors, and the fact that no submission on the specific amount of security that would be beyond the capacity of the Respondent was made, the court ordered adjournment of the Summons pending resolution of the application to the People's Court in the Mainland to set aside or dismiss the Award, and security in the sum of HK $20 million to be provided to protect against any deterioration of the prospects of successfully enforcing the Award in Hong Kong as a result of the adjournment.

V. Significance

The High Court of the HKSAR has the jurisdiction to adjourn hearings relating to the enforcement of a Mainland award and order provision of security by the Respondent.

As to whether the Respondent should be ordered to provide security to satisfy the award, the court should consider two factors, first, the strength of the argument that the award was invalid. If the award was manifestly invalid, there should be an adjournment and no order for security; but if it was manifestly valid, there should either be an order for immediate enforcement or an order for substantial security. Second, the Court should consider the ease or difficulty of enforcement and the effect of any delay in enforcement, for example by the movement of assets or improvident trading.

最高人民法院与香港特别行政区政府

关于内地与香港特别行政区法院相互认可和协助破产程序的会谈纪要

（2021 年 5 月）

为贯彻落实《中华人民共和国香港特别行政区基本法》第九十五条的规定，进一步完善内地与香港特别行政区司法协助制度体系，促进经济融合发展，优化法治化营商环境，最高人民法院与香港特别行政区政府结合司法实践，就内地与香港特别行政区法院相互认可和协助破产程序工作进行会谈协商，达成以下共识：

一、最高人民法院指定若干试点地区有关中级人民法院与香港特别行政区法院依法开展相互认可和协助破产程序工作。

二、香港特别行政区破产程序的清盘人或者临时清盘人可以向内地试点地区的有关中级人民法院申请认可依据香港特别行政区法律进行的公司强制清盘、公司债权人自动清盘以及由清盘人或者临时清盘人提出并经香港特别行政区法院批准的公司债务重组程序，申请认可其清盘人或者临时清盘人身份，以及申请提供履职协助。

三、内地破产程序的管理人可以向香港特别行政区高等法院申请认可依据《中华人民共和国企业破产法》进行的破产清算、重整以及和解程序，申请认可其管理人身份，以及申请提供履职协助。

四、申请认可和协助的程序、方式等，应当依据被请求方的规定。

五、最高人民法院和香港特别行政区政府分别就两地开展相互认可和协助破产程序工作发布指导意见和实用指南。双方就相互认可和协助破产程序的司法实践保持沟通，协商解决有关问题，持续完善有关机制，逐步扩大试点范围。

最高人民法院
关于开展认可和协助香港特别行政区破产程序试点工作的意见

2021 年 5 月 11 日　　法发〔2021〕15 号

为贯彻落实《中华人民共和国香港特别行政区基本法》第九十五条的规定，进一步完善内地与香港特别行政区司法协助制度体系，促进经济融合发展，优化法治化营商环境，最高人民法院与香港特别行政区政府结合司法实践，就内地与香港特别行政区法院相互认可和协助破产程序工作进行会谈协商，签署《最高人民法院与香港特别行政区政府关于内地与香港特别行政区法院相互认可和协助破产程序的会谈纪要》。按照纪要精神，最高人民法院依据《中华人民共和国民事诉讼法》《中华人民共和国企业破产法》等相关法律，制定本意见。

一、最高人民法院指定上海市、福建省厦门市、广东省深圳市人民法院开展认可和协助香港破产程序的试点工作。

二、本意见所称“香港破产程序”，是指依据香港特别行政区《公司（清盘及杂项条文）条例》《公司条例》进行的集体清偿程序，包括公司强制清盘、公司债权人自动清盘以及由清盘人或者临时清盘人提出并经香港特别行政区高等法院依据香港特别行政区《公司条例》第 673 条批准的公司债务重组程序。

三、本意见所称“香港管理人”，包括香港破产程序中的清盘人和临时清盘人。

四、本意见适用于香港特别行政区系债务人主要利益中心所在地的香港破产程序。

本意见所称“主要利益中心”，一般是指债务人的注册地。同时，人民法院应当综合考虑债务人主要办事机构所在地、主要营业地、主要财产所在地等因素认定。

在香港管理人申请认可和协助时，债务人主要利益中心应当已经在香港特别行政区连续存在6个月以上。

五、债务人在内地的主要财产位于试点地区、在试点地区存在营业地或者在试点地区设有代表机构的，香港管理人可以依据本意见申请认可和协助香港破产程序。

依据本意见审理的跨境破产协助案件，由试点地区的中级人民法院管辖。

向两个以上有管辖权的人民法院提出申请的，由最先立案的人民法院管辖。

六、申请认可和协助香港破产程序的，香港管理人应当提交下列材料：

（一）申请书；

（二）香港特别行政区高等法院请求认可和协助的函；

（三）启动香港破产程序以及委任香港管理人的有关文件；

（四）债务人主要利益中心位于香港特别行政区的证明材料，证明材料在内地以外形成的，还应当依据内地法律规定办理证明手续；

（五）申请予以认可和协助的裁判文书副本；

（六）香港管理人身份证件的复印件，身份证件在内地以外形成的，还应当依据内地法律规定办理证明手续；

（七）债务人在内地的主要财产位于试点地区、在试点地区存在营业地或者在试点地区设有代表机构的相关证据。

向人民法院提交的文件没有中文文本的，应当提交中文译本。

七、申请书应当载明下列事项：

（一）债务人的名称、注册地以及香港管理人所知悉的债务人主要负责人的姓名、职务、住所、身份证件信息、通讯方式等；

（二）香港管理人的姓名、住所、身份证件信息、通讯方式等；

（三）香港破产程序的进展情况和计划；

（四）申请认可和协助的事项和理由；

（五）债务人在内地的已知财产、营业地、代表机构和债权人情况；

（六）债务人在内地涉及的诉讼、仲裁以及有关债务人财产的保全措施、执行程序等情况；

（七）其他国家或者地区针对债务人进行破产程序的相关情况；

（八）其他应当载明的事项。

八、人民法院应当自收到认可和协助申请之日起五日内通知已知债权人等利害关系人，并予以公告。利害关系人有异议的，应当自收到通知或者发布公告之日起七日内向人民法院书面提出。

人民法院认为有必要的，可以进行听证。

九、在人民法院收到认可和协助申请之后、作出裁定之前，香港管理人申请保全的，人民法院依据内地相关法律规定处理。

十、人民法院裁定认可香港破产程序的，应当依申请同时裁定认可香港管理人身份，并于五日内公告。

十一、人民法院认可香港破产程序后，债务人对个别债权人的清偿无效。

十二、人民法院认可香港破产程序后，已经开始而尚未终结的有关债务人的民事诉讼或者仲裁应当中止；在香港管理人接管债务人的财产后，该诉讼或者仲裁继续进行。

十三、人民法院认可香港破产程序后，有关债务人财产的保全措施应当解除，执行程序应当中止。

十四、人民法院认可香港破产程序后，可以依申请裁定允许香港管理人在内地履行下列职责：

（一）接管债务人的财产、印章和账簿、文书等资料；

（二）调查债务人财产状况，制作财产状况报告；

（三）决定债务人的内部管理事务；

（四）决定债务人的日常开支和其他必要开支；

（五）在第一次债权人会议召开之前，决定继续或者停止债务人的营业；

（六）管理和处分债务人的财产；

（七）代表债务人参加诉讼、仲裁或者其他法律程序；

（八）接受内地债权人的债权申报并进行审核；

（九）人民法院认为可以允许香港管理人履行的其他职责。

香港管理人履行前款规定的职责时，如涉及放弃财产权益、设定财产担保、借款、将财产转移出内地以及实施其他对债权人利益有重大影响的财产处分行为，需经人民法院另行批准。

香港管理人履行职责，不得超出《中华人民共和国企业破产法》规定的范围，也不得超出香港特别行政区法律规定的范围。

十五、人民法院认可香港破产程序后，可以依香港管理人或者债权人的申请指定内地管理人。

指定内地管理人后，本意见第十四条规定的职责由内地管理人行使，债务人在内地的事务和财产适用《中华人民共和国企业破产法》处理。

两地管理人应当加强沟通与合作。

十六、人民法院认可香港破产程序后，可以依申请裁定对破产财产变价、破产财产分配、债务重组安排、终止破产程序等事项提供协助。

人民法院应当自收到上述申请之日起五日内予以公告。利害关系人有异议的，应当自发布公告之日起七日内向人民法院书面提出。

人民法院认为有必要的，可以进行听证。

十七、发现影响认可和协助香港破产程序情形的，人民法院可以变更、终止认可和协助。

发生前款情形的，管理人应当及时报告人民法院并提交相关材料。

十八、利害关系人提供证据证明有下列情形之一的，人民法院审查核实后，应当裁定不予认可或者协助香港破产程序：

（一）债务人主要利益中心不在香港特别行政区或者在香港特别行政区连续存在未满 6 个月的；

（二）不符合《中华人民共和国企业破产法》第二条规定的；

（三）对内地债权人不公平对待的；

（四）存在欺诈的；

（五）人民法院认为应当不予认可或者协助的其他情形。

人民法院认为认可或者协助香港破产程序违反内地法律的基

本原则或者违背公序良俗的，应当不予认可或者协助。

十九、香港特别行政区和内地就同一债务人或者具有关联关系的债务人分别进行破产程序的，两地管理人应当加强沟通与合作。

二十、人民法院认可和协助香港破产程序的，债务人在内地的破产财产清偿其在内地依据内地法律规定应当优先清偿的债务后，剩余财产在相同类别债权人受到平等对待的前提下，按照香港破产程序分配和清偿。

二十一、人民法院作出裁定后，管理人或者利害关系人可以自裁定送达之日起十日内向上一级人民法院申请复议。复议期间不停止执行。

二十二、申请认可和协助香港破产程序的，应当依据内地有关诉讼收费的法律和规定交纳费用。

二十三、试点法院在审理跨境破产协助案件过程中，应当及时向最高人民法院报告、请示重大事项。

二十四、试点法院应当与香港特别行政区法院积极沟通和开展合作。

附录：

《试点意见》的理解与适用

司艳丽　张鑫萌　刘琨

2021年4月19日，最高人民法院审判委员会第1836次会议讨论通过了《最高人民法院关于开展认可和协助香港特别行政区破产程序试点工作的意见》（以下简称《试点意见》），就认可和协助香港特别行政区破产程序划定试点范围、明确有关举措，为建立跨境破产协助机制提供了指引。现就《试点意见》的制定背景与过程、总体思路、若干重要问题说明如下：

一、《试点意见》的制定背景与过程

《中华人民共和国香港特别行政区基本法》（以下简称香港基本法）将“一国两制”方针法律化、具体化，第九十五条规定香港特区可与全国其他地区的司法机关通过协商依法进行司法方面的联系和相互提供协助。香港回归祖国以来，两地在司法领域贯彻落实“一国两制”方针，已根据香港基本法签署八项民商事司法协助安排，基本实现民商事领域司法协助全覆盖，协助范围和力度远超国际公约和条约。跨境破产协助具有特殊性，其协助方式和内容均有别于一般民商事案件，在以往的国际、区际司法协助中均由单独文件进行专门规定，两地此前签署的有关判决互认和执行的安排无法涵盖该项内容。

回归以来，特别是在粤港澳大湾区和深圳先行示范区建设中，两地互涉投资不断增多、经济融合度日益提高，企业在两地均有资产和负债的情况也越来越多。为有效应对跨境破产中的债权债务问题，加快出清“僵尸企业”和拯救困境企业，促进经贸合作，2017年8月，最高人民法院与香港特别行政区（以下简称香港特区），政府律政司启动跨境破产协助的磋商工作，计划参照此前两地开展民商事司法协助的方式，先由两地签署跨境破产协助的有关安排，再分别由香港完成本地立法以及在内地转化为司法解释。此后，双方历经四轮会面磋商，数百次工作层面沟通，交换上百篇资料、案例，形成十余稿文本，并先后多次征求中央有关部门、全国法院系统意见，多次组织专题研讨会。

随着磋商的深入，双方一致认为，由于两地破产制度差异巨大、均无跨境破产领域的本地详细立法、实践经验较少等因素，跨境破产领域暂不宜采用此前签署司法协助安排的方式。鉴此，双方创造性地提出建立跨境破产协助机制的新方案：最高人民法院与香港特区政府签署有关会谈纪要，体现相互协助的原则性共识；同时，最高人民法院发布《试点意见》，就内地协助香港破产程序划定试点范围，明确协助内容。按照上述方案，2021 年 1 月，双方经磋商形成《会谈纪要》，最高人民法院起草《试点意见》，并征求中央有关部门、相关试点法院意见，组织多轮专家论证会。2021 年 5 月 14 日，最高人民法院与香港特区政府签署《最高人民法院与香港特别行政区政府关于内地与香港特别行政区法院相互认可和协助破产程序的会谈纪要》。同日，最高人民法院发布《试点意见》。

二、总体思路

《试点意见》的起草坚持问题导向和目标导向，突出规则衔接和机制对接，适应两地经贸发展和司法实践需要，主要有以下三个方面的考虑：

1. 秉持修正的普及主义立场。基于对本法域债权人利益保护的理解不同，各国（地区）在跨境破产协助方面的立场呈现出属地主义、普及主义、修正的普及主义。其中，属地主义和普及主义代表两个极端，修正的普及主义兼顾本法域债权人利益保护和域外合作，为大多数国家（地区）所采纳。《试点意见》也采修正的普及主义，在坚持合作姿态的同时，又对认可和协助的条件、方式等作出规定，具体体现在：一是明确认可和协助香港破产程序的条件，控制风险。二是对香港管理人在内地的履职进行适度规管，涉及内地重大财产权益的履职事项需经内地法院另行批准。三是内地法院认可香港破产程序后，可依申请指定内地管理人处理债务人在内地的资产和事务。四是债务人在内地的破产财产优先清偿内地具有优先性的债权，注重保护内地债权人利益。

2. 把握跨境破产协助的特点。破产程序的认可和协助不同于普通民商事判决的认可和执行，《试点意见》基于跨境破产协助的独特性设计有关规则。一是跨境破产协助贯穿于域外破产程序全过程，涉及多项需要认可和协助的事项。《试点意见》对认可对象、协助事项作出细化规定。二是跨境破产协助系对集体性清偿程序的协助，《试点意见》规定认可香港破产程序的效力，即全面停止对内地债权人的清偿。三是跨境破产协助需要允许域外管理人在内地履职，《试点意见》对其履职范围作出界定。

3. 坚持稳步推进的步骤。跨境破产协助在有利于深化供给侧结构改革，优化市场化、法治化营商环境的同时，对债权人、中小投资者、职工、上下游产业链等影响较大。此前，内地仅以《中华人民共和国企业破产法》第五条对跨境破产作出原则性规定，《试点意见》是内地第一份细则，在司法实践经验较少的情况下，跨境破产协助的风险难以完全估计。为此，一是循序渐进，先制定规范性文件，待进一步梳理并妥善防范、应对风险后，再考虑制定司法解释。二是由点及面，先划定范围进行试点，待形成可供借鉴的经验后，再逐步推广。三是详略得当，先建成跨境破产机制的四梁八柱，待实践中探索出行之有效的具体举措后，再细化完善。

三、重点问题

（一）关于认可和协助的程序范围

《试点意见》第二条规定了认可和协助的程序范围。一是明确香港破产程序针对的对象限于公司，不包括个人。系“依据香港特区《公司（清盘及杂项条文）条例》《公司条例》进行”的程序，不包括依据香港特区《破产条例》进行的个人破产程序。二是香港破产程序的性质为“集体清偿程序”，并非个别或者部分债权人单独申请强制执行的程序，也并非调整公司股权结构等的其他集体性程序。三是列举所适用的香港破产程序类型。包括：第一，公司强制清盘，类似于内地的破产清算。第二，公司债权人自动清盘，除程序的开始并非向法院申请外，类似于强制清盘。第三，由清盘人或者临时清盘人提出并经香港特别行政区高等法院依据香港特区《公司条例》第673条批准的公司债务重组程序。公司债务重组有的由公司自行进行，有的经清盘进行、受法院规管，本《试点意见》仅纳入后者，类似于内地的破产重整。

（二）关于对香港特区法院管辖权的审查标准

《试点意见》第四条规定对管辖权的审查。一是明确以“主要利益中心”为审查标准，此系跨境破产协助中专门引入、广泛采用的标准。主要考虑：第一，债务人往往在多个国家和地区均有资产和债务，这些国家和地区均可能基于与债务人的利益关联而行使破产管辖权。“主要利益中心”标准具有综合性，比“注册地”等单一标准更公平。第二，两地之间公司架构模式具有特殊性，多为在离岸群岛注册、在香港上市融资、在内地实际经营，采用主要利益中心标准，可以更大范围认可和协助香港破产程序。

二是规定主要利益中心的判定因素。参考《跨境破产示范法》等，如无相反证据，推定注册地为主要利益中心；同时，综合考虑主要财产所在地、主要办事机构所在地、主要营业地等其他因素。换言之，若债务人的注册地不在香港，但综合考虑以上因素后，认定主要利益中心在香港，也可提供协助；若债务人的注册地在香港，但综合考虑上述因素后，认定主要利益中心不在香港，则不予协助。此外，《试点意见》还对主要利益中心作出时间要求，旨在防止申请人通过临时变更主要利益中心的方式获得协助。

（三）关于申请主体和受理法院

《试点意见》第五条规定了认可和协助香港破产程序的申请主体为香港管理人。第三条明确香港管理人包括清盘人和临时清盘人。香港清盘包括强制清盘和自动清盘，在强制清盘中，清盘呈请提出后、法院颁布清盘令之前，若有紧急需要，可向香港法院申请委任临时清盘人。待香港法院颁布清盘令之后，临时清盘人转为清盘人，或者另行委任他人作为清盘人。临时清盘人与清盘人的职责基本相同。

《试点意见》第五条规定香港破产程序与内地试点范围的连接点包括主要财产所在地、营业地、代表机构所在地，并在此基础上规定受理法院。主要考虑：第一，跨境破产协助的主要目的是破产财产统一分配，故债务人在内地的主要财产所在地的法院具有管辖权。第二，跨境破产协助还需要处理债务人的有关事务，多数互涉公司在内地实际经营，营业地和代表机构常常与债务人在内地的事务有关。第三，协助开始前，香港管理人尚未进行调查和接管债务人在内地的财产，有时难以判别“主要”财产所在地，而营业地和代表机构具有确定性、更易被管理人知悉，故将主要财产所在地、营业地、代表机构所在地均采纳为连接点，恰当地明确协助范围。此外，因债务人在内地的主要财产、营业地、代表机构可能分布于内地试点范围的不同区域，本条还规定了两个以上人民法院均具有管辖权时的解决方式。

（四）关于提交的材料以及申请书内容

《试点意见》第六条规定了应当提交的材料，材料由香港管理人提交给内地法院。其中，第（一）项“申请书”系香港管理人的申请书，第（二）项“香港特别行政区高等法院请求认可和协助的函”系由香港法院出具。《试点意见》第七条规定了申请书的内容，所列各项内容中，第（一）项为债务人的有关情况，第（二）项为香港管理人的有关情况，第（三）项系内地法院掌握破产程序的进展所需，第（四）项系认可和协助的事项和理由，第（五）项系债务人与内地试点范围的连接点以及在内地的利害关系人，第（六）项系内地法院预估认可香港破产程序后产生的法律效力所需，第（七）项便于内地法院判断香港是否为主要利益中心并掌握债务人的全面情况。

（五）关于保全

《试点意见》第九条规定了人民法院收到申请后、作出裁定前的保全，旨保护债务人财产，防止债务人以及利害关系人转移、隐匿财产、账簿、证据等，保障将来协助的顺利进行，此系跨境破产协助以及裁决互认协助中的通行规则。由于人民法院已经收到认可和协助的申请，故此种保全属于诉讼中的保全，依据《中华人民共和国民事诉讼法》进行，包括：财产保全，对债务人财产必要的查封、冻结、扣押；行为保全，禁止债务人个别清偿、偏颇清偿，特别是恶意清偿；证据保全，禁止转移、隐匿证据。

（六）关于认可的对象和认可香港破产程序的法律效力

《试点意见》第十条规定了认可的对象，包括香港破产程序以及香港管理人身份。认可香港破产程序是香港破产程序在内地产生效力的基础，应当重点审查香港破产程序开始的有关法律文书，在强制清盘中系香港法院颁布的临时清盘令或者清盘令，在自动清盘中系公司决定进行清盘的决议。认可香港管理人身份是其在内地履职的基础，应当重点审查委任管理人的有关文件，在强制清盘中系法院委任临时清盘人或者清盘人的命令，在自动清盘中系委任清盘人的决议。

香港破产程序被内地法院认可后，产生与启动内地破产程序类似的法律效力，这是跨境破产协助有序进行的必要条件，在《跨境破产示范法》等文件中也将此作为重要内容加以规定。《试点意见》在第十一条规定个别清偿无效，第十二条规定中止民事诉讼或者仲裁，第十三条规定解除保全、中止执行程序。此外，也正是由于认可香港破产程序将产生上述法律效力，对内地利害关系人利益影响重大，故参照内地启动破产程序的有关规定，《试点意见》第八条规定了公告、异议程序。需要说明的是，《试点意见》未规定认可香港破产程序后的溯及效果，即未规定管理人可撤销此前一定期限内的清偿，旨在维护内地交易秩序的稳定和内地交易当事人的预期。香港法院在提供域外协助时也不发生溯及效果。

（七）关于协助的方式

协助方式包括两种：一种是允许香港管理人在内地履职，

《试点意见》第十四条对此作出规定；另一种是人民法院依申请指定内地管理人履职，《试点意见》第十五条对此作出规定。

关于管理人在内地履职。一是参照香港判例和《跨境破产示范法》以及其他国家（地区）法律规定，规定人民法院对香港管理人的履职内容具有酌情裁量权。二是明确香港管理人在内地履职范围系两地法律规定的交集部分，并依据《中华人民共和国企业破产法》第二十五条、第四十八条、第五十七条，参照香港特区《公司（清盘及杂项条文）条例》（第32章）第94条、第190条、第197条、第198条、第199条及附表25等，对履职事项列举正面清单。三是规定放弃财产权益、设定财产担保、借款、将财产转移出内地等重大事项，需经内地法院另行批准。

关于指定内地管理人。《跨境破产示范法》《欧盟破产条例》以及美国、新加坡等法律规定，可以通过启动辅助或者附属破产程序的方式，向域外破产程序提供协助。鉴于内地法律未就跨境破产协助作出详细规定，进而也未规定协助方式，故《试点意见》规定在现行法律下通过指定内地管理人的方式提供协助，未创设新的法律程序。一是指定内地管理人应当依债权人或者香港管理人的申请进行。二是指定内地管理人后，由内地管理人行使职权，且债务人在内地的财产和事务适用《中华人民共和国企业破产法》处理。三是两地管理人应当加强沟通与合作。

（八）关于协助的对象

无论采取上述何种协助方式，人民法院认可香港破产程序后均可对重大事项提供必要协助。《试点意见》第十六条对此作出规定。一是人民法院酌情提供协助。就重大事项提供协助，对内地债权人利益影响重大，并非认可香港破产程序后一概应当提供，而应由内地法院综合判断，并充分考虑利害关系人所提异议。二是跨境破产协助的根本目的是统一分配财产、清理债务，与之无关的程序性事项并无协助必要，因此，本条规定列举与财产分配和债权调整等有关的重大事项，包括破产财产变价、破产财产分配、债务重组安排、终止破产程序等。

（九）关于人民法院变更、终止以及不予认可和协助

《试点意见》第十七条对变更、终止认可和协助作出规定。香港破产程序进行中，可能会发生重大变化，比如香港管理人变更、香港破产程序终止、从清盘程序转为重组程序等，这些变化可能影响内地法院对是否认可和协助的判断以及采取的具体协助措施，管理人应当将上述情形及时报告内地法院。内地法院可以根据管理人报告的情形，也可以在自行发现有关情形时，变更、终止认可和协助。比如，香港法院变更所委任的清盘人时，内地法院需相应地变更对管理人身份的认可；香港管理人超越内地法院批准的权限履职的，内地法院可终止认可和协助。

《试点意见》第十八条对不予认可和协助的情形进行规定。第一款所列情形由利害关系人提出并提供证据证明，由法院审查，包括：第（一）项，香港并非债务人主要利益中心。无论是普通的民事判决互认中，还是跨境破产协助中，对原审法院管辖权的审查都是认可和协助的基础性条件。第（二）项，未达到内地的破产条件。主要考虑：一旦裁定认可香港破产程序，即发生类似于内地启动破产程序的法律效果，故应当在条件方面与内地做同等对待。第（三）项，包括内地债权人未平等参与、平等表决等。比如，内地债权人未接到申报债权的通知，未在财产分配方案、重组安排表决时充分、公平地表达意见等。但是，如因提供跨境破产协助致使内地债权人获得清偿比例降低，或者在重组中被合法、合理削减债权，不属此情形。第（四）项，既包括在

程序启动时，因逃废债而恶意申请破产；也包括在破产程序进行中，债务人隐匿财产或者制造虚假债权等。第（五）项是兜底条款。第二款为司法协助中通行的公共利益保留原则，参照《中华人民共和国民法典》第八条公序良俗原则作出规定。

（十）关于破产财产的分配和清偿

《试点意见》第二十条规定了分配和清偿规则。债务人在内地的破产财产应当优先清偿内地具有优先性的债权后，以剩余部分平等清偿内地和香港债权。依据内地法律规定，优先债权包括以特定财产担保的债权、破产费用、共益债务、职工债权和社会保险费用、所欠税款以及建设工程价款优先受偿权等按照内地法律规定应当优先受偿的其他债权。

此外，《试点意见》还规定了复议的救济渠道；在两地就同一债务人或者具有关联关系的债务人分别进行破产程序的，两地管理人之间应当加强沟通与合作；以及案件请示报告和两地法院沟通合作等内容。

最高人民法院

关于内地与香港特别行政区法院相互认可和执行婚姻家庭民事案件判决的安排

法释〔2022〕4号

（2017年5月22日最高人民法院审判委员会第1718次会议通过
2022年2月14日最高人民法院公告公布
自2022年2月15日起施行）

根据《中华人民共和国香港特别行政区基本法》第九十五条的规定，最高人民法院与香港特别行政区政府经协商，现就婚姻家庭民事案件判决的认可和执行问题作出如下安排。

第一条 当事人向香港特别行政区法院申请认可和执行内地人民法院就婚姻家庭民事案件作出的生效判决，或者向内地人民法院申请认可和执行香港特别行政区法院就婚姻家庭民事案件作出的生效判决的，适用本安排。

当事人向香港特别行政区法院申请认可内地民政部门所发的离婚证，或者向内地人民法院申请认可依据《婚姻制度改革条例》（香港法例第178章）第V部、第VA部规定解除婚姻的协议书、备忘录的，参照适用本安排。

第二条 本安排所称生效判决：

（一）在内地，是指第二审判决，依法不准上诉或者超过法定期限没有上诉的第一审判决，以及依照审判监督程序作出的上述判决；

（二）在香港特别行政区，是指终审法院、高等法院上诉法庭及原讼法庭和区域法院作出的已经发生法律效力的判决，包括依据香港法律可以在生效后作出更改的命令。

前款所称判决，在内地包括判决、裁定、调解书，在香港特别行政区包括判决、命令、判令、讼费评定证明书、定额讼费证明书，但不包括双方依据其法律承认的其他国家和地区法院作出的判决。

第三条 本安排所称婚姻家庭民事案件：

（一）在内地是指：

1. 婚内夫妻财产分割纠纷案件；
2. 离婚纠纷案件；
3. 离婚后财产纠纷案件；
4. 婚姻无效纠纷案件；
5. 撤销婚姻纠纷案件；
6. 夫妻财产约定纠纷案件；
7. 同居关系子女抚养纠纷案件；
8. 亲子关系确认纠纷案件；
9. 抚养纠纷案件；
10. 扶养纠纷案件（限于夫妻之间扶养纠纷）；
11. 确认收养关系纠纷案件；
12. 监护权纠纷案件（限于未成年子女监护权纠纷）；
13. 探望权纠纷案件；
14. 申请人身安全保护令案件。

（二）在香港特别行政区是指：

1. 依据香港法例第179章《婚姻诉讼条例》第Ⅲ部作出的

离婚绝对判令；

2. 依据香港法例第 179 章《婚姻诉讼条例》第Ⅳ部作出的婚姻无效绝对判令；

3. 依据香港法例第 192 章《婚姻法律程序与财产条例》作出的在讼案待决期间提供赡养费令；

4. 依据香港法例第 13 章《未成年人监护条例》、第 16 章《分居令及赡养令条例》、第 192 章《婚姻法律程序与财产条例》第Ⅱ部、第ⅡA 部作出的赡养令；

5. 依据香港法例第 13 章《未成年人监护条例》、第 192 章《婚姻法律程序与财产条例》第Ⅱ部、第ⅡA 部作出的财产转让及出售财产令；

6. 依据香港法例第 182 章《已婚者地位条例》作出的有关财产的命令；

7. 依据香港法例第 192 章《婚姻法律程序与财产条例》在双方在生时作出的修改赡养协议的命令；

8. 依据香港法例第 290 章《领养条例》作出的领养令；

9. 依据香港法例第 179 章《婚姻诉讼条例》、第 429 章《父母与子女条例》作出的父母身份、婚生地位或者确立婚生地位的宣告；

10. 依据香港法例第 13 章《未成年人监护条例》、第 16 章《分居令及赡养令条例》、第 192 章《婚姻法律程序与财产条例》作出的管养令；

11. 就受香港法院监护的未成年子女作出的管养令；

12. 依据香港法例第 189 章《家庭及同居关系暴力条例》作出的禁制骚扰令、驱逐令、重返令或者更改、暂停执行就未成年子女的管养令、探视令。

第四条　申请认可和执行本安排规定的判决：

（一）在内地向申请人住所地、经常居住地或者被申请人住所地、经常居住地、财产所在地的中级人民法院提出；

（二）在香港特别行政区向区域法院提出。

申请人应当向符合前款第一项规定的其中一个人民法院提出申请。向两个以上有管辖权的人民法院提出申请的，由最先立案的人民法院管辖。

第五条　申请认可和执行本安排第一条第一款规定的判决的，应当提交下列材料：

（一）申请书；

（二）经作出生效判决的法院盖章的判决副本；

（三）作出生效判决的法院出具的证明书，证明该判决属于本安排规定的婚姻家庭民事案件生效判决；

（四）判决为缺席判决的，应当提交法院已经合法传唤当事人的证明文件，但判决已经对此予以明确说明或者缺席方提出申请的除外；

（五）经公证的身份证件复印件。

申请认可本安排第一条第二款规定的离婚证或者协议书、备忘录的，应当提交下列材料：

（一）申请书；

（二）经公证的离婚证复印件，或者经公证的协议书、备忘录复印件；

（三）经公证的身份证件复印件。

向内地人民法院提交的文件没有中文文本的，应当提交准确的中文译本。

第六条 申请书应当载明下列事项：

（一）当事人的基本情况，包括姓名、住所、身份证件信息、通讯方式等；

（二）请求事项和理由，申请执行的，还需提供被申请人的财产状况和财产所在地；

（三）判决是否已在其他法院申请执行和执行情况。

第七条 申请认可和执行判决的期间、程序和方式，应当依据被请求方法律的规定。

第八条 法院应当尽快审查认可和执行的请求，并作出裁定或者命令。

第九条 申请认可和执行的判决，被申请人提供证据证明有下列情形之一的，法院审查核实后，不予认可和执行：

（一）根据原审法院地法律，被申请人未经合法传唤，或者虽经合法传唤但未获得合理的陈述、辩论机会的；

（二）判决是以欺诈方法取得的；

（三）被请求方法院受理相关诉讼后，请求方法院又受理就同一争议提起的诉讼并作出判决的；

（四）被请求方法院已经就同一争议作出判决，或者已经认可和执行其他国家和地区法院就同一争议所作出的判决的。

内地人民法院认为认可和执行香港特别行政区法院判决明显违反内地法律的基本原则或者社会公共利益，香港特别行政区法院认为认可和执行内地人民法院判决明显违反香港特别行政区法律的基本原则或者公共政策的，不予认可和执行。

申请认可和执行的判决涉及未成年子女的，在根据前款规定审查决定是否认可和执行时，应当充分考虑未成年子女的最佳利益。

第十条　被请求方法院不能对判决的全部判项予以认可和执行时，可以认可和执行其中的部分判项。

第十一条　对于香港特别行政区法院作出的判决，一方当事人已经提出上诉，内地人民法院审查核实后，可以中止认可和执行程序。经上诉，维持全部或者部分原判决的，恢复认可和执行程序；完全改变原判决的，终止认可和执行程序。

内地人民法院就已经作出的判决裁定再审的，香港特别行政区法院审查核实后，可以中止认可和执行程序。经再审，维持全部或者部分原判决的，恢复认可和执行程序；完全改变原判决的，终止认可和执行程序。

第十二条　在本安排下，内地人民法院作出的有关财产归一方所有的判项，在香港特别行政区将被视为命令一方向另一方转让该财产。

第十三条　被申请人在内地和香港特别行政区均有可供执行财产的，申请人可以分别向两地法院申请执行。

两地法院执行财产的总额不得超过判决确定的数额。应对方法院要求，两地法院应当相互提供本院执行判决的情况。

第十四条　内地与香港特别行政区法院相互认可和执行的财产给付范围，包括判决确定的给付财产和相应的利息、迟延履行金、诉讼费，不包括税收、罚款。

前款所称诉讼费，在香港特别行政区是指讼费评定证明书、定额讼费证明书核定或者命令支付的费用。

第十五条　被请求方法院就认可和执行的申请作出裁定或者命令后，当事人不服的，在内地可以于裁定送达之日起十日内向上一级人民法院申请复议，在香港特别行政区可以依据其法律规定提出上诉。

第十六条 在审理婚姻家庭民事案件期间，当事人申请认可和执行另一地法院就同一争议作出的判决的，应当受理。受理后，有关诉讼应当中止，待就认可和执行的申请作出裁定或者命令后，再视情终止或者恢复诉讼。

第十七条 审查认可和执行判决申请期间，当事人就同一争议提起诉讼的，不予受理；已经受理的，驳回起诉。

判决获得认可和执行后，当事人又就同一争议提起诉讼的，不予受理。

判决未获认可和执行的，申请人不得再次申请认可和执行，但可以就同一争议向被请求方法院提起诉讼。

第十八条 被请求方法院在受理认可和执行判决的申请之前或者之后，可以依据其法律规定采取保全或者强制措施。

第十九条 申请认可和执行判决的，应当依据被请求方有关诉讼收费的法律和规定交纳费用。

第二十条 内地与香港特别行政区法院自本安排生效之日起作出的判决，适用本安排。

第二十一条 本安排在执行过程中遇有问题或者需要修改的，由最高人民法院和香港特别行政区政府协商解决。

第二十二条 本安排自 2022 年 2 月 15 日起施行。

附录：

关于内地与香港婚姻家庭案件判决互认的若干问题*

司艳丽

摘　要　近年来，随着内地与香港联系日益紧密，人员流动频繁，跨境婚姻家庭案件愈来愈多，不可避免会涉及两地法院判决的认可和执行问题。为及时回应民众需求，最高人民法院与香港特别行政区政府律政司经反复磋商，于2017年6月签署了《关于内地与香港特别行政区法院相互认可和执行婚姻家庭民事案件判决的安排》。本文拟就该安排所涉及的相互认可和执行的婚姻家庭案件范围、婚姻家庭案件生效判决的认定、协议离婚是否适用该安排、财产判项的认可和执行、认可和执行的具体程序等重点问题作系统介绍。

关键词　跨境婚姻家庭案件　判决互认　认可和执行

2017年6月20日，最高人民法院与香港特别行政区政府律政司签署了《关于内地与香港特别行政区法院相互认可和执行婚姻家庭民事案件判决的安排》（以下简称《婚姻家事安排》）。该安排在内地将转化为司法解释，且已经最高人民法院审判委员会审议通过；在香港将转换为本地立法。2021年5月5日，香港立法会已通过《内地婚姻家庭案件判决（相互承认及强制执行）条例草案》（以下简称《条例》），标志着香港的本地立法程序亦已完成。目前，最高人民法院与香港特别行政区政府律政司已

* 载《法律适用》2021年第11期。

协商一致，该安排拟于2022年初同时在两地生效实施。该安排被业界誉为两地司法协助领域最聚焦民意、最贴近民生、最合乎民心的一项创举，是以法律文件形式落实和丰富“一国两制”方针的重大举措。为及时回应业界关切，本文拟介绍《婚姻家事安排》的几个重点问题。

一、《婚姻家事安排》的签署背景

近年来，随着内地与香港联系日益紧密，人员流动频繁，跨境婚姻愈来愈多，每年均达两万余件。[①] 根据香港司法机构的数据，2017年至2019年，当事人向香港家事法庭提出的共68374宗离婚案件中，涉及内地婚姻的案件数约占18%，即平均每年超过4000宗。

在跨境婚姻中，当事人往往在内地和香港均有财产，且婚姻双方在两地的流动性也较高。香港法院颁布的离婚令及赡养令涉及分割内地财产时，则需要获得内地人民法院的认可和执行。同时，如果赡养令的付款人其后迁到内地工作或者居住，并停止在香港向对方支付赡养费，以及香港法院作出的有关子女管养权的命令，也需要获得内地人民法院的认可和执行，否则，当事人一方只能向内地人民法院重新提起诉讼。然而，根据内地法律相关规定，只能通过个案方式认可香港法院的离婚判令，且仅限于认可离婚判令中有关离婚的效力，[②] 涉及财产和子女抚养的部分只

---

① 数据来源于香港特别行政区政府统计处每年发布的《香港的女性及男性统计数字》。

② 1991年最高人民法院曾就我国公民周芳洲申请承认香港法院离婚判决效力应否受理问题作出批复，认为如该判决不违反我国法律的基本原则和社会公共利益，可裁定承认其法律效力。

能另诉。比如，香港居民林某兴与周某荣等监护权案[①]即是典型案例。香港居民林某兴1989年与案外人周某华结婚，生育两个孩子（均为香港居民）。2002年，周某华将两个孩子由香港带到重庆，将孩子交由本案被告周某荣（周某华之父）、周某卫（周某华之妹）抚养。2004年香港法院判令林某兴取得两个孩子的管养权，[②]并解除林某兴与周某华的婚姻关系。随后，林某兴向重庆市九龙坡区人民法院申请认可香港法院作出的管养权命令。本案经一审、二审，法院裁判认为，在内地与香港就相互认可民商事判决事宜未达成协议前，人民法院对于林某兴申请认可香港法院命令效力的申请不予受理，但林某兴就子女抚养问题，可以另行向内地人民法院提请民事诉讼，并确认被告周某荣侵犯了原告林某兴的监护权。同样，根据香港法律相关规定，香港法院曾依据香港法例第179章《婚姻诉讼条例》规定[③]，以个案方式认可内地诉讼离婚效力，但离婚判决所涉财产部分，因缺乏认可和执行的法律依据，也只能由当事人一方向香港法院重新提起诉讼。

因此，为保护跨境婚姻双方及家庭的利益，内地与香港有必要建立机制性安排，让有关婚姻家庭案件判决在两地之间可以相互认可和执行，避免当事人重复起诉，从而节省时间和费用，并且减轻当事人的精神压力。关于机制性安排的建立，曾有两种解

---

① 参见重庆市第五中级人民法院（2008）渝五中民终字第1632号民事判决书、重庆市九龙坡区人民法院（2006）九民初字第543号民事判决书。

② 参见香港特别行政区区域法院婚姻诉讼案件2003年第11578号。

③ 香港法例第179章《婚姻诉讼条例》规定，在香港以外依合法的诉讼或其他法律程序获准离婚的，如提起离婚程序时，夫妻一方是该国家或地区居民或以该地为经常居住地，离婚效力可在香港获得认可。

决方案：一种方案是两地签署全面的相互认可和执行民商事案件判决的框架安排，一揽子解决民商事案件判决认可和执行问题，既包括婚姻家庭案件，也包括其他民商事案件；既包括协议管辖的案件，也包括非协议管辖的案件。① 另一种方案是就相互认可和执行婚姻家庭案件判决签署专门的安排，以及时回应社会的迫切需要。经最高人民法院与香港特别行政区政府律政司协商，双方本着先易后难、循序渐进的原则，先商签《婚姻家事安排》，并商定力争2017年6月底前签署，将其作为两地司法法律界庆祝香港回归二十周年的献礼。

二、相互认可和执行的婚姻家庭案件范围

由于两地法律规定的婚姻家庭案件范围有所不同，故并非所有的婚姻家庭案件均能适用《婚姻家事安排》。为最大程度便利两地当事人，最大范围相互认可和执行，最高人民法院与香港特别行政区政府律政司反复协商，一致同意采取最大公约数原则．将两地同属婚姻家庭纠纷的案件纳入该安排。同时，鉴于同一类纠纷在两地的称谓和具体内涵有所不同，比如内地的抚养在香港被称为赡养，内地的监护在香港被称为管养，故《婚姻家事安排》第三条采取分别列举的方式，规定两地婚姻家庭案件的范围。

（一）关于纳入《婚姻家事安排》的内地婚姻家庭案件

适用《婚姻家事安排》的内地婚姻家庭案件范围，以最高人

---

① 最高人民法院与香港特别行政区政府律政司于2006年签署了《关于内地与香港特别行政区法院相互认可和执行当事人协议管辖的民商事案件判决的安排》，但是该安排仅适用于源于商业合约的争议所作出的给付金钱的判决，不适用于婚姻家庭等其他民商事案件。

民法院2011年《民事案件案由规定》“婚姻家庭纠纷”中的案件为基础，同时将《中华人民共和国反家庭暴力法》中的申请人身安全保护令案件列入，共14类。① 也就是说，当事人就内地人民法院作出的这14类案件判决，可以请求香港法院认可和执行。以案由确定内地婚姻家庭案件范围，主要是考虑案由是判决书的必备记载事项，香港法院透过内地人民法院的生效判决，即可一目了然判断此类纠纷是否属于安排适用范围。

这14类案件具体包括：婚内夫妻财产分割纠纷案件、离婚纠纷案件、离婚后财产纠纷案件、婚姻无效纠纷案件、撤销婚姻纠纷案件、夫妻财产约定纠纷案件、同居关系子女抚养纠纷案件、亲子关系确认纠纷案件、抚养纠纷案件、扶养纠纷案件（限于夫妻之间扶养纠纷）、确认收养关系纠纷案件、监护权纠纷案件（限于未成年子女监护权纠纷）、探望权纠纷案件、申请人身安全保护令案件。

需要说明的是，在《婚姻家事安排》起草过程中，关于是否限定离婚纠纷案件当事人的籍属，有两种观点。一种观点认为，根据香港法律规定，应限定离婚纠纷当事人的籍属。比如，在内地提起离婚诉讼，那么在提起离婚诉讼的当日，任何一方配偶应为内地公民；如在香港提起离婚诉讼，那么在提起离婚诉讼的当日，任何一方配偶应为香港永久性居民。只有符合这些条件，相关离婚判决才能得到对方法院的认可和执行。另一种观点认为，应参照最高人民法院与香港特别行政区政府律政司2006年签署的《关于内地与香港特别行政区法院相互认可和执行当事人协议

① 2020年最高人民法院修改了《民事案件案由规定》，增加了“申请人身安全保护令案件”。

管辖的民商事案件判决的安排》（以下简称《协议管辖安排》）的做法，在相互认可和执行时无须考虑当事人双方的籍属。经研究，《婚姻家事安排》采纳了第二种观点。主要考虑，如果限定当事人的籍属，将导致一部分离婚案件无法相互认可和执行，不能更好地满足实践需要。比如，夫妻双方原为内地居民，在内地结婚登记，婚后取得香港永久居留权，后又向内地人民法院提起离婚诉讼，内地人民法院可否受理？如果可以受理，内地人民法院作出的离婚判决可否向香港法院申请认可和执行？首先，根据最高人民法院相关司法解释的规定，对于夫妻双方均居住在港澳的同胞，原在内地登记结婚的，现在发生离婚诉讼，如果他们向内地人民法院申请，内地原结婚登记地或原户籍地人民法院可以受理。那么，内地人民法院作出离婚判决后，可否申请香港法院认可和执行？若按第一种观点，香港法院将不能认可和执行；若按第二种观点，当事人籍属并非不予认可和执行的情形。综上，第二种观点有利于最大范围便利当事人。

（二）关于纳入《婚姻家事安排》的香港婚姻家庭案件

香港婚姻家庭案件的规定散见于《婚姻诉讼条例》《婚姻法律程序与财产条例》《已婚者地位条例》《领养条例》《未成年人监护条例》等香港法例中。根据这些规定，向香港法院提起离婚诉讼，一般包括三个相对独立的部分：第一，离婚诉讼程序，即夫妻双方围绕是否应当解除婚姻关系展开争讼；第二，子女安排程序，即夫妻双方对子女的监护、抚养、探望等问题作出安排；第三，财产争议程序，即在婚姻关系解除之时或之后，法庭以附属济助命令的方式，对婚姻财产的分配作出裁决。在离婚诉讼程序中，香港法官可能会先后作出一项或者多项命令。比如在衷诉吕的离婚案件①中，诉讼双方于1992年结婚，于2004年开始分居，丈夫于2007年1月基于双方分居超过2年提出离婚呈请。诉讼双方有一个子女，系未成年人。对于这起离婚案件，香港法院作出如下处理：第一，关于婚姻关系，香港法庭于2008年8月颁发暂准离婚令，后又在符合条件的情况下，颁发了绝对离婚令；第二，关于子女安排，香港法庭于2009年6月颁令儿子的管养权归妻子，丈夫有合理的探视权；第三，关于附属济助（财产分配），香港法庭于2011年3月颁发附属济助命令：在绝对离婚令颁发的6个月内，双方作出相关物业的转名，比如丈夫将北京雅宝公寓转名给妻子、妻子将广州怡东大厦转名给丈夫等，所有转名的费用及支出（包括税项及物业的有关欠款）由最终得到全部业权的那一方负责；第四，香港法庭最后发出满意的子女安排声明。

从以上案例可以看出，两地法律关于离婚程序的规定不尽相同。另外，两地婚姻家庭案件范围亦不尽相同，因此，根据选取两地法律最大公约数的原则，纳入《婚姻家事安排》的香港婚姻家庭案件共12类。也就是说，当事人就香港法院作出的这12类案件判令，可以申请内地人民法院认可和执行。

1. 离婚绝对判令。此类案件类似于内地的离婚纠纷。依据香港法例第179章《婚姻诉讼条例》第Ⅲ部第11至18B条的规定，当事人向法院提起离婚诉讼之后，若法院认为当事人的婚姻已破裂至无可挽救，可颁布离婚暂准判令。需注意的是，离婚暂准判令并非最终的离婚判令，其可以按照香港法院命令撤销，故不能

① 参见香港特别行政区区域法院婚姻诉讼案件2007年第366宗。该案2011年3月16日颁下判案书。

向内地人民法院申请认可和执行。在离婚暂准判令颁布一段时间以后,[①] 当事人认为已就家庭、子女的福利作出了令人满意的安排，可向法庭申请转为离婚绝对判令。

2. 婚姻无效绝对判令。此类案件类似于内地的婚姻无效纠纷和撤销婚姻纠纷。依据香港法例第179章《婚姻诉讼条例》第Ⅳ部的规定，香港婚姻无效有两种情形：一种是“绝对无效”，包括近亲结婚、未到法定婚龄、重婚、同性婚姻；另一种是“可使无效”，比如婚姻是出于威迫等。

3. 在讼案待决期间提供赡养费令。此类案件类似于内地的婚内夫妻财产分割纠纷。依据香港法例第192章《婚姻法律程序与财产条例》第3条的规定，当事人提起离婚诉讼或者婚姻无效诉讼期间，法庭可命令婚姻的任何一方在法庭认为合理的期间内，向另一方作出法庭认为合理的定期付款作为赡养费，但该段期间开始之日不得早于提起诉讼的日期，并须于该讼案裁定当日结束。

4. 赡养令。此类案件类似于内地的抚养纠纷和夫妻扶养纠纷。根据香港《赡养令（交互强制执行）条例》（第188章）和《外地判决（交互强制执行）条例》（第319章），在其他司法管辖区作出的婚姻命令，如符合某些条件，便可在香港执行，但这两个条例均不适用于在内地作出的婚姻命令。因此，赡养令的受款人不能根据这两个条例，寻求在香港执行内地人民法院所作的判决。同样，根据内地相关法律规定，在内地以外其他地方法院

① 香港《婚姻诉讼条例》（第179章）第15（5）条规定，每项离婚判令在最初批出时均属暂准判令，在判令宣判后未满3个月，不得将判令转为绝对判令。有关期间根据《婚姻诉讼（绝对判令）一般命令》（第179C章）第1条更改为6个星期。

所作的婚姻财产分割、附属济助及子女管养命令，也不能得到认可。为此，将赡养令纳入相互认可和执行范围，有助于填补法律空白，使在内地或者香港任何一地作出的赡养令，受款人可以从速寻求法院认可和执行，让他们得到较好的保障。赡养令包括向配偶、婚生或者非婚生子女支付定期付款及整笔款项的命令。根据香港法律规定，赡养令散见于香港法例第13章《未成年人监护条例》、第16章《分居令及赡养令条例》、第192章《婚姻法律程序与财产条例》第II部、第IIA部的规定。

5. 财产转让及出售财产令。此类案件类似于内地的离婚纠纷和离婚后财产纠纷，散见于香港法例第13章《未成年人监护条例》、第192章《婚姻法律程序与财产条例》第II部、第IIA部的规定，即法院在颁布离婚判令、婚姻无效判令或者裁判分居判令时或者在其后的任何时候，可以颁布一项或者多项有关财产转让及出售财产的命令。比如，命令婚姻一方将指明的财产转让给另一方或者任何家庭子女，或者为该子女的利益而转让给命令中指明的人；再比如，香港法庭在离婚等案件中作出经济给养命令时，可以同时或者在其后的任何时候，进一步作出出售财产的命令，命令一方出售指定的财产；还比如，应未成年人的监护人申请，香港法庭可以发出命令，命令该未成年人的父亲或母亲将某项财产移转给该未成年人或为该未成年人的利益而移转给该申请人。

6.《已婚者地位条例》下有关财产的命令。此类案件类似于内地的婚内夫妻财产分割纠纷，系法庭就夫妻间因财产所有权或者管有权发生的争议而作出的命令。需要注意的是，尽管婚姻已解除或者无效。也不影响婚姻任何一方就财产所有权或者管有权争议向法院提出申请，只要申请是在婚姻解除或者无效之日起3

年内提出即可。

7. 双方在生时修改赡养协议的命令。此类案件类似于内地的夫妻财产约定纠纷。“赡养协议”指婚姻双方在婚姻持续期间或者在婚姻解除、废止后达成的载有财务安排的协议；或在该婚姻双方并无订立任何载有财务安排的其他书面协议下，达成的一份载有财务安排的分居协议。双方在生且均以香港为居籍或在香港居住时，法庭可经任一方申请，基于情况出现变化而对原有财务安排作出修改；没有适当财务安排的，法庭可以更改、撤销任何财务安排条文，或增加为协议一方或家庭子女的利益而作出的财务安排条文。

8. 领养令。此类案件类似于内地的确认收养关系纠纷。根据香港《领养条例》的规定，法院可依符合规定的申请作出命令，授权申请人领养某幼年人。需要注意的是，领养关系一旦成立，则成为拟制血亲，不允许解除。因此，在香港没有解除收养关系的纠纷。

9. 父母身份、婚生地位或者确立婚生地位的宣告。此类案件类似于内地的亲子关系确认纠纷，系香港法庭依据香港法例第179章《婚姻诉讼条例》、第429章《父母与子女条例》作出的宣告。需要注意的是，向香港法院提出此宣告申请的，申请人需要符合下列条件：在申请之日需以香港为其居籍；在提出申请当日之前的1年期间内，申请人一直惯常居于香港或者申请人与香港有密切联系。若宣告内容的真实性经证明而为法院所信纳，则除非作出该项宣告明显地有违公共政策，否则法院须作出该项宣告。

10. 管养令。此类案件类似于内地的监护权纠纷、探望权纠纷、抚养权纠纷等，散见于香港法例第13章《未成年人监护条例》、第 16 章《分居令及赡养令条例》、第 192 章《婚姻法律程序与财产条例》。主要包括以下几种情形：

(1) 应未成年人的父或母或社会福利署署长的申请，香港法庭可就未成年人的管养及父母其中一方探视未成年人的权利，发出其认为适当的命令。法院在作出命令时，须以未成年人的最佳利益为首要考虑事项。

(2) 任何已婚人士符合特定情况①时，则婚姻另一方可向香港区域法院提出申请，请求法院发出命令，就子女的法定管养权交付予丈夫或妻子，直至该子女年满 18 岁为止。

(3) 在任何离婚、婚姻无效或裁判分居的法律程序中，香港法庭于作出最后判令之当时、之前或之后，可以作出其认为是适宜的命令，为任何 18 岁以下的子女提供管养及教育。并且，基于未成年人的最佳利益考虑，在该子女年满 18 岁之前，法庭可以解除或者更改其作出的命令。

11. 就受香港法院监护的未成年子女作出的管养令。香港法庭可以针对特定情况，为保障未成年子女福利发出法庭认为合适的命令，包括探视子女、将子女交还或交付一方父母等。

在磋商过程中，香港律政司提出，实践中，有些香港当事人为规避离婚及相关诉讼程序，将儿童视为货物或者筹码带到内

---

① (A) 因袭击婚姻的另一方而循简易程序被定罪，而作出判决的裁判官认为该案性质严重；(B) 因袭击婚姻的另一方而循公诉程序或简易程序被定罪，并被判处罚款 500 美元以上或监禁超过 2 个月；(C) 遗弃婚姻的另一方；(D) 经常虐待婚姻的另一方或该另一方的子女；(E) 未有为婚姻的另一方提供合理赡养，或未有对该另一方的子女（该子女为该已婚人士在法律上有责任赡养者）提供合理赡养及教育；(F) 明知自已患有性病而在患性病期间坚持与婚姻的另一方性交；(G) 强迫婚姻的另一方卖淫；(H) 是一名惯性酗酒者，或有毒瘾。

地，不仅影响了儿童正常的上学和生活，也损害了夫妻另一方对子女的监护权和探视权。为此，香港律政司建议将子女管养令纳入两地法院相互认可和执行的范围，以交还被父母掳拐的子女。经研究认为，两地法院相互认可和执行管养令，在实践中有其需要，目的是确保将在父母掳拐案中被不当迁移的子女交还其惯常居住地，符合儿童利益最大化原则。国际社会亦认为此等交还符合子女的最佳利益，比如海牙《国际掳拐儿童民事方面公约（1980年）》的基本原则是，除非情况特殊，将子女不当迁移或者扣留，并不符合其最佳利益，而把子女交还其惯常居住的司法管辖区，则可维护子女与父母双方联系的权利、协助子女安稳地生活。比如，前面所述的香港居民林某兴与周某荣案。香港法院判令两个孩子的管养权，若两地当时已有《婚姻家事安排》，林某兴可直接向内地人民法院请求认可和执行香港法院的管养令。内地人民法院一旦认可林某兴的申请，则可以要求周某荣将藏匿的孩子交给林某兴带回香港。如果周某荣拒不执行的，内地人民法院可以依法对周某荣拘留、罚款，情节严重的，可以拒不执行判决、裁定罪定罪处罚。

12.《家庭及同居关系暴力条例》下的强制令。此类案件类似于内地的申请人身安全保护令纠纷，包括香港法庭依据香港法例第189章《家庭及同居关系暴力条例》作出的禁制骚扰令、驱逐令、重返令或者更改、暂停执行就未成年子女的管养令、探视令。

（三）关于未纳入《婚姻家事安排》的婚姻家庭案件判决的相互认可和执行问题

如前所述，并非所有的婚姻家庭案件均适用《婚姻家事安排》，对比最高人民法院《民事案件案由规定》，未纳入《婚姻家事安排》的内地婚姻家庭案件有两类：一是香港法律没有规定的纠纷，包括赡养纠纷①、解除收养关系纠纷、兄弟姐妹间的扶养关系纠纷、成年人监护纠纷；二是香港法律中有类似规定但不属于婚姻家庭纠纷的，包括婚约财产纠纷、离婚后损害责任纠纷、分家析产纠纷、同居关系析产纠纷。

当事人就内地人民法院针对这两类纠纷作出的判决，不能依据《婚姻家事安排》请求香港法院认可和执行，那么，可否依据其他法律和司法解释规定请求香港法院认可和执行，是实践中无法回避的问题。对此问题的处理，应当把握以下原则：一是对于婚约财产纠纷、分家析产纠纷，可以依据 2019 年 1 月 18 日最高人民法院与香港特别行政区政府律政司签署的《关于内地与香港特别行政区法院相互认可和执行民商事案件判决的安排》，请求香港法院认可和执行；二是对于赡养纠纷、解除收养关系纠纷、兄弟姐妹间的扶养关系纠纷、成年人监护纠纷、离婚后损害责任纠纷、同居关系析产纠纷，既不能适用《婚姻家事安排》，也不能适用《关于内地与香港特别行政区法院相互认可和执行民商事案件判决的安排》，但是，可以按照个案协助的原则和程序根据具体情况来判断。

三、婚姻家庭案件生效判决的认定

根据《婚姻家事安排》第一条规定，当事人可以向香港特别行政区法院申请认可和执行内地人民法院就婚姻家庭案件作出的

① 由于秉承英国法律传统，香港法例不承认子孙对长辈有赡养责任，老人的赡养福利问题主要靠社会保障。目前，香港特别行政区对老年人的社会保障，大致包括经济援助、安老院舍服务、长者住屋服务、社区支援及医疗保健。但是香港华人社会也保留着奉养双亲的传统习俗，只是在法律上不科以义务。

生效判决，也可以向内地人民法院申请认可和执行香港特别行政区法院就婚姻家庭案件作出的生效判决。可见，对“生效判决”的判断，是认可和执行的基础和前提。

在磋商过程中，对于两地法院认可和执行的对象，曾拟沿用《协议管辖安排》的规定，使用“终审判决”的概念。值得注意的是，《协议管辖安排》所称“具有执行力的终审判决”，将原审法院依照审判监督程序作出的判决排除在外。也就是说，依据内地法律规定，原审法院依照审判监督程序作出的再审判决，在内地虽然属于具有执行力的终审判决，但在《协议管辖安排》中却未被承认。这主要是基于香港普通法所秉持的“最终及不可推翻的原则”，认为作出判决的法院不能对其作出的判决撤销或者改判。对此认识，可以追溯至香港法院审理的集友银行案①：原告集友银行在内地向客户某公司提供贷款，由被告香港居民陈某提供担保。1994 年 3 月，原告在福建某中级人民法院起诉被告，并于 1995 年 1 月取得了一审胜诉判决。一审判决后，被告向福建省高级人民法院提起上诉而被驳回。随后，原告向香港高等法院起诉，请求执行内地人民法院的判决。1995 年 10 月，被告向福建省检察院提出再审申请。1996 年 3 月，福建省人民检察院向最高人民检察院提交了请求抗诉的报告。基于此，被告以避免重复诉讼为由，向香港高等法院提出了搁置诉讼程序的申请，并且认为内地判决仅为“暂时的”最终及不可推翻的判决。香港高等法院承办法官认为，本案在内地的抗诉虽尚未正式提出，但有关程序已启动，若检察院正式提起抗诉，原审法院可能在再审中变

① CHIYU BANKING CORPORATION LIMITED V CHAN TIN KWUN（案号：HCA11186/1995）。

更其判决，即原审法院保留了变更其原判决的权力，故原审法院作出的判决并不符合“最终及不可推翻”的要求，从而不应被执行。此后，香港多个案件受本案影响，导致内地判决在香港难以获得认可和执行。

需要特别说明的是，对于两地法院认可和执行的对象，经两地反复研究，《婚姻家事安排》以“生效判决”取代了“终审判决”。其主要理由如下：第一，“终审判决”的概念在两地法律中差异较大。此外，“最终及不可推翻的原则”也并非适用香港法律中所有的命令，比如，就香港法院作出的附属济助命令而言，法律容许法院保留司法管辖权，在向婚姻一方或者家庭子女作出经济给养命令后，也可基于情况的变化而更改、解除、暂停执行或者恢复执行该命令。第二，《中华人民共和国民事诉讼法》修改后，当事人对已经发生法律效力的判决、裁定，认为有错误的，原则上应向上一级人民法院申请再审，即原审人民法院作出再审判决的比例在实践中很小。第三，香港司法法律界对内地判决终局性的理解经过漫长曲折的过程后，态度也发生了转变。比如在香港高等法院上诉法庭处理的李祐荣诉李瑞群案（案号：CACV159/2005）中，钟安德法官认为，内地审判监督程序的启动需要具备法定情形，与香港法律规定的上诉理由，实质上并无不同，仅因审判监督制度的存在，并不足以认定内地判决不属于“最终及不可推翻”的判决，且法庭之友在本案上诉聆讯时也同意，在裁定内地判决是否属于“最终及不可推翻”的判决时，香港法院不应只从纯理论的角度考虑重审的可能性，而应兼顾涉案事实是否显示有合理的可能性。尽管钟安德法官的观点在本案中属于少数意见，但对于香港司法法律界全面客观理解内地人民法院判决是否为最终及不可推翻判决，具有非常重要的意义。基于以上几点考虑，《婚姻家事安排》使用了“生效判决”的概念，将判决在原审法院地是否具有效力并可予执行作为判断是否认可和执行的关键，而无需考虑是否为“终审判决”。这样规定，一方面体现出对对方法律的充分尊重；另一方面可以在更大范围相互认可和执行，相较于《协议管辖安排》，双方更加开放务实。

关于“生效判决”的范围，依据原审法院地的法律来判断，在内地包括第二审判决，依法不准上诉或者超过法定期限没有上诉的第一审判决，以及依照审判监督程序作出的上述判决；在香港，包括终审法院、高等法院上诉法庭及原讼法庭和区域法院作出的已经发生法律效力的判决，包括依据香港法律可以在生效后作出更改的命令。其中，依据香港法律可以在生效后作出更改的命令，是指香港法院在离婚诉讼期间作出赡养费令、分期整笔付款或定期付款令、赡养令、管养令之后，经当事人申请，有权根据实际情况变化就此前作出的命令作出更改。

关于“判决”的种类，在内地，包括判决书、裁定书、调解书，但不包括内地人民法院依据内地法律承认的其他国家和地区法院作出的判决；在香港，包括判决书、命令、判令、诉讼费评定证明书、定额讼费证明书，但不包括香港法院依据香港法律承认的其他国家和地区法院作出的判决。其中，依据香港法律规定，判决书、命令、判令具有不同的含义。在香港离婚诉讼中，当事人如果无法对财产分割或者子女管养达成一致意见，则由法庭作出判决书，判决书中的判项即为命令；当事人如果自行达成协议交由法庭核准，则由法庭直接签发命令。判令是原衡平法上的概念，在普通法诉讼与衡平法诉讼程序合一后，一般用判决代替判令。但是，在香港法例中，解除婚姻关系或者宣布婚姻无效时仍采用判令。诉讼费评定证明书，是指当事人双方就诉讼费未协商一致时，由法庭结合案件具体情况确定合理费用后，作出支付命令。定额讼费证明书，是香港婚姻诉讼中特有的一种讼费方式，如一方律师选择收取定额讼费，由司法常务官审查该律师提交的申请核准金额，经律师再次确认后，发出定额讼费证明书。需要注意的是，无论以上哪种“判决”，必须是法院就实质问题作出的决定，财产保全裁定等针对临时性救济措施作出的裁定不属于此处规定的判决。

四、协议离婚是否适用《婚姻家事安排》

依据《婚姻家事安排》第一条第一款规定，当事人向香港特别行政区法院申请认可内地民政部门所发的离婚证，或者向内地人民法院申请认可依据《婚姻制度改革条例》（香港法例第178章）第V部、第VA部规定解除婚姻的协议书、备忘录的，参照适用本安排。

1. 将在内地取得的“离婚证”纳入认可范围。内地的离婚制度分为协议离婚和诉讼离婚。协议离婚也叫“双方自愿离婚”。其主要特征：一是当事人双方在离婚以及子女和财产问题上意愿一致，达成协议；二是按照婚姻登记程序办理离婚登记，取得离婚证，即解除婚姻关系。① 协议离婚充分尊重当事人的意愿，且程序简便，因此，越来越多的当事人选择协议离婚。② 关于内地协议离婚的效力在香港可否获得认可，有不同的认识。一种观点

① 黄薇主编：《中华人民共和国民法典婚姻家庭编释义》，法律出版社2020年版，第133页。

② 据民政部2017年社会服务发展统计公报显示，大多数内地离婚个案是通过登记程序而非法院程序获准。举例来说，2017年依法办理离婚手续的共有437.4万对，其中，民政部门登记离婚370.4万对，法院判决、调解离婚66.9万对。

认为，依据香港《婚姻诉讼条例》第55条规定，外地离婚如要在香港获承认为有效，必须在香港以外的任何地方藉司法或者其他法律程序而获准，以及根据该地方的法律具有效力，此处的“其他法律程序”包括在内地民政部门登记离婚的程序。另一种观点认为，内地登记离婚程序属于行政程序，在没有任何法院批准的情况下，通过登记程序而获准的离婚，不能构成本条中所讲的“其他法律程序”。经研究，双方均认为，《婚姻家事安排》应涵盖内地的协议离婚，以使协议离婚与诉讼离婚在法律上更为平等，也可以使更多人受惠于《婚姻家事安排》。

2. 将香港协议离婚纳入《婚姻家事安排》。1930年以前，香港大多数华人沿用清代一夫一妻多妾的礼俗，此为“旧式婚姻”。1930年南京国民政府颁布民法，规定了一种新型婚姻方式，需有两名以上见证人在场并以公开仪式举行婚礼，此为“新式婚姻”。1970年7月10日，港英当局公布《婚姻制度改革条例》（香港法例第178章），以1971年10月7日为指定日期，自此日起实行一夫一妻婚姻制度，不再承认旧式婚姻，但有条件地认可新式婚姻，符合法律规定条件的新式婚姻被称为“认可婚姻”。旧式婚姻中的夫妻（不包括妾）以及认可婚姻的双方可以补办婚姻登记手续。

第178章第V部规定的是上述认可婚姻和在香港举行婚礼的旧式婚姻的解除。因1971年10月7日以后，不论一方申请抑或双方共同申请的离婚，必须经过司法程序。所以，《婚姻制度改革条例》第V部规定，认可婚姻的双方可以在1971年10月7日以前，以两名以上见证人在场、签署协议书或备忘录的方式解除婚姻，此后的婚姻须经司法程序解除。

第178章第VA部规定的是1931年5月4日至1950年5月1

日、按照当时有效的法律在内地举行婚礼的旧式婚姻在香港的解除，解除程序与上述认可婚姻的解除程序相同。

为解决以上历史遗留问题，依据《婚姻制度改革条例》（香港法例第178章）第V部、第VA部规定解除婚姻的协议书、备忘录，可以参照适用《婚姻家事安排》，向内地人民法院申请认可。

需要注意的是，通过协议离婚而取得的离婚证、协议书、备忘录等，不能等同于法院作出的离婚判决。对于协议离婚的效力，两地法院仅相互认可“离婚”的身份关系，不涉及子女抚养、财产处分等事项的认可和执行。比如，当事人在内地协议离婚的，双方需就子女抚养和财产分割达成书面协议，但该协议不能直接作为执行依据。一旦履行协议出现争议，属于抚养纠纷或者离婚后财产纠纷，双方应另诉解决，法院就另诉作出相应判决之后，当事人可依据《婚姻家事安排》向香港法院申请认可和执行。

五、有关财产判项的认可和执行

实践中，不少婚姻家庭案件判决包括财产调整的判项。对于是否将财产调整的判项纳入《婚姻家事安排》，有两种观点。一种观点认为，婚姻家庭案件判决的相互认可和执行，应参照海牙《承认离婚和分居公约》的规定，仅限于身份关系的认可。其主要理由是，财产所在地的法院往往有专属管辖权，与此同时，财产的转让及分配由财产所在地的法律所规管，财产的转让亦需要通过注册或者其他形式的财产转移程序方为有效。因此，那些在境外作出的命令还需要财产所在地法院的合作才能执行，而这已超出婚姻家事法的范畴，鉴于其复杂性，建议将财产调整的命令摒除在《婚姻家事安排》之外。另一种观点认为，内地与香港同属“一国”，其协助力度应超过国际公约。两地婚姻家庭案件判决的相互认可和执行，应立足实践需要，不应限于身份关系。实践中，跨境离婚诉讼中，往往会涉及异地财产的处分，比如，香港区域法院审理的CL诉LMP及另二人案①，女方提出离婚呈请，争议的财产包括四处物业及现金，其中一处物业位于武汉市武昌县江夏区文华路（武汉物业）。基于案件事实，法院判令男方无偿转让给女方其于武汉物业的全部法定权益和实益权益。如果该财产判项不能得到内地人民法院的认可和执行，将导致当事人就财产分割问题在内地重新提起诉讼，势必增加当事人的讼累。鉴此，双方同意将财产调整的判项纳入《婚姻家事安排》。同时，考虑到内地人民法院有关财产调整的判项通常表述为归夫妻一方“所有”，这与香港法律规定②和审判实践存在较大差异，为此，《婚姻家事安排》创新表述技术，规定“在本安排下，内地人民法院作出的有关财产归一方所有的判项，在香港将被视为命令一方向另一方转让该财产”，有效实现了两地法律制度的对接，将大量涉及财产分割的判决成功纳入安排适用范围，实现了“一国”之内的紧密协助，协助范围和力度远超国家与国家之间的司法协助。

六、申请认可和执行判决的具体程序

依据《婚姻家事安排》第七条规定，申请认可和执行判决的

① 参见香港特别行政区区域法院婚姻诉讼案件2012年第16222宗。

② 《婚姻法律程序与财产条例》（香港法例第192章）第6（L）（A）条规定，命令婚姻的一方须将指明的财产转让给另一方或任何家庭子女，或为该子女的利益而转让给在命令中指明的人……

期间、程序和方式，应当依据被请求方法律的规定。

（一）向内地人民法院申请认可和执行香港法院判决的具体程序

申请认可和执行香港法院判决的，按照《中华人民共和国民事诉讼法》第二百三十九条①规定，申请执行的期间为2年。期间的计算，具体分为以下几种情形：一是法律文书载明履行期间的，从法律文书规定履行期间的最后1日起计算；二是法律文书规定分期履行的，从规定的每次履行期间的最后1日起计算；三是法律文书未规定履行期间的，从法律文书生效之日起计算；四是当事人仅申请认可而未同时申请执行的，申请执行的期间自人民法院对认可申请作出的裁定生效之日起重新计算；五是申请认可有关身份关系的判决，不受执行期间限制，比如解除婚姻关系的离婚判决不受申请执行期间限制。

（二）向香港法院申请认可和执行内地人民法院判决的具体程序

香港《条例》将《婚姻家事安排》第三条规定的内地人民法院作出的14类案件判决分为三大类：一是看顾相关命令，包括针对抚养权纠纷、监护权纠纷、探望权纠纷、申请人身安全保护令等作出的判决或者判项；二是状况相关命令，包括针对离婚纠纷、婚姻无效纠纷、撤销婚姻纠纷、亲子关系确认纠纷、确认收养关系纠纷等作出的判决或者判项；三是赡养相关命令，包括针对抚养费纠纷、夫妻之间扶养纠纷、财产分割纠纷等作出的判决或者判项。

---

① 现为2021年修正的《民事诉讼法》第二百四十六条。

这三类命令的认可和执行程序，有其共性，也有不同。共性是指，当事人申请认可和执行的，首先向香港区域法院（家事法庭设在区域法院）申请登记，由法官颁发登记命令。此后，申请人应当通知被申请人在法庭规定的期限内（一般是2周，具体的时间根据案件不同由法官确定）向法庭提出登记作废申请。在规定的期限内，被申请人未提出登记作废申请，或者被申请人提出登记作废申请而被驳回的，申请人可以向法院申请强制执行。需要说明的是，申请人向区域法院提出登记申请，区域法院如果认为由高等法院原讼法庭处理该登记申请将更加便捷，则可以颁发移交令，将该登记申请移交给高等法院原讼法庭处理。

三类命令的认可和执行程序的区别之一，在于申请的条件有所不同。一是对于状况相关命令，比如离婚判决、婚姻无效判决、撤销婚姻判决、亲子关系确认判决、收养关系确认判决等，其登记申请没有时效的限制。二是对于看顾相关命令，比如有关监护权判决、抚养权判决、探望权判决、人身安全保护令等，提出登记申请的先决条件有两种情形：第一，截至申请日，并无不遵从该命令的情况；第二，截至申请日，如有不遵从该命令的情况，申请人应当在该情况首次出现之日起2年内提出登记申请。三是对于赡养相关命令，即有关支付款项或者履行行为，申请人提出登记申请的先决条件大概分为两种情形：第一，支付款项或者履行行为有明确期限的，被申请人若逾期未履行，应在期限届满之日起2年内提出登记申请；第二，支付款项或者履行行为没有明确期限的，应在判决生效之日起2年内提出登记申请。总之，对于看顾相关命令和赡养相关命令的申请执行时效，一般是2年，法官批准可以延期的除外。

最高人民法院　香港特别行政区政府

关于内地与香港特别行政区法院相互认可和执行民商事案件判决的安排

（2019年1月18日公布　尚未生效）

根据《中华人民共和国香港特别行政区基本法》第九十五条的规定，最高人民法院与香港特别行政区政府经协商，现就民商事案件判决的相互认可和执行问题作出如下安排：

第一条　内地与香港特别行政区法院民商事案件生效判决的相互认可和执行，适用本安排。

刑事案件中有关民事赔偿的生效判决的相互认可和执行，亦适用本安排。

第二条　本安排所称“民商事案件”是指依据内地和香港特别行政区法律均属于民商事性质的案件，不包括香港特别行政区法院审理的司法复核案件以及其他因行使行政权力直接引发的案件。

第三条　本安排暂不适用于就下列民商事案件作出的判决：

（一）内地人民法院审理的赡养、兄弟姐妹之间扶养、解除收养关系、成年人监护权、离婚后损害责任、同居关系析产案件，香港特别行政区法院审理的应否裁判分居的案件；

（二）继承案件、遗产管理或者分配的案件；

（三）内地人民法院审理的有关发明专利、实用新型专利侵权的案件，香港特别行政区法院审理的有关标准专利（包括原授专利）、短期专利侵权的案件，内地与香港特别行政区法院审理的有关确认标准必要专利许可费率的案件，以及有关本安排第五条未规定的知识产权案件；

（四）海洋环境污染、海事索赔责任限制、共同海损、紧急拖航和救助、船舶优先权、海上旅客运输案件；

（五）破产（清盘）案件；

（六）确定选民资格、宣告自然人失踪或者死亡、认定自然人限制或者无民事行为能力的案件；

（七）确认仲裁协议效力、撤销仲裁裁决案件；

（八）认可和执行其他国家和地区判决、仲裁裁决的案件。

第四条 本安排所称“判决”，在内地包括判决、裁定、调解书、支付令，不包括保全裁定；在香港特别行政区包括判决、命令、判令、讼费评定证明书，不包括禁诉令、临时济助命令。

本安排所称“生效判决”：

（一）在内地，是指第二审判决，依法不准上诉或者超过法定期限没有上诉的第一审判决，以及依照审判监督程序作出的上述判决；

（二）在香港特别行政区，是指终审法院、高等法院上诉法庭及原讼法庭、区域法院以及劳资审裁处、土地审裁处、小额钱债审裁处、竞争事务审裁处作出的已经发生法律效力的判决。

第五条 本安排所称“知识产权”是指《与贸易有关的知识产权协定》第一条第二款规定的知识产权，以及《中华人民共和国民法总则》第一百二十三条第二款第七项、香港《植物品种保护条例》规定的权利人就植物新品种享有的知识产权。

第六条 本安排所称“住所地”，当事人为自然人的，是指户籍所在地或者永久性居民身份所在地、经常居住地；当事人为法人或者其他组织的，是指注册地或者登记地、主要办事机构所在地、主要营业地、主要管理地。

第七条　申请认可和执行本安排规定的判决：

（一）在内地，向申请人住所地或者被申请人住所地、财产所在地的中级人民法院提出；

（二）在香港特别行政区，向高等法院提出。

申请人应当向符合前款第一项规定的其中一个人民法院提出申请。向两个以上有管辖权的人民法院提出申请的，由最先立案的人民法院管辖。

第八条　申请认可和执行本安排规定的判决，应当提交下列材料：

（一）申请书；

（二）经作出生效判决的法院盖章的判决副本；

（三）作出生效判决的法院出具的证明书，证明该判决属于生效判决，判决有执行内容的，还应当证明在原审法院地可以执行；

（四）判决为缺席判决的，应当提交已经合法传唤当事人的证明文件，但判决已经对此予以明确说明或者缺席方提出认可和执行申请的除外；

（五）身份证明材料：

1. 申请人为自然人的，应当提交身份证件复印件；

2. 申请人为法人或者其他组织的，应当提交注册登记证书的复印件以及法定代表人或者主要负责人的身份证件复印件。

上述身份证明材料，在被请求方境外形成的，应当依据被请求方法律规定办理证明手续。

向内地人民法院提交的文件没有中文文本的，应当提交准确的中文译本。

第九条 申请书应当载明下列事项：

（一）当事人的基本情况：当事人为自然人的，包括姓名、住所、身份证件信息、通讯方式等；当事人为法人或者其他组织的，包括名称、住所及其法定代表人或者主要负责人的姓名、职务、住所、身份证件信息、通讯方式等；

（二）请求事项和理由；申请执行的，还需提供被申请人的财产状况和财产所在地；

（三）判决是否已在其他法院申请执行以及执行情况。

第十条 申请认可和执行判决的期间、程序和方式，应当依据被请求方法律的规定。

第十一条 符合下列情形之一，且依据被请求方法律有关诉讼不属于被请求方法院专属管辖的，被请求方法院应当认定原审法院具有管辖权：

（一）原审法院受理案件时，被告住所地在该方境内；

（二）原审法院受理案件时，被告在该方境内设有代表机构、分支机构、办事处、营业所等不属于独立法人的机构，且诉讼请求是基于该机构的活动；

（三）因合同纠纷提起的诉讼，合同履行地在该方境内；

（四）因侵权行为提起的诉讼，侵权行为实施地在该方境内；

（五）合同纠纷或者其他财产权益纠纷的当事人以书面形式约定由原审法院地管辖，但各方当事人住所地均在被请求方境内的，原审法院地应系合同履行地、合同签订地、标的物所在地等与争议有实际联系地；

（六）当事人未对原审法院提出管辖权异议并应诉答辩，但各方当事人住所地均在被请求方境内的，原审法院地应系合同履行地、合同签订地、标的物所在地等与争议有实际联系地。

前款所称“书面形式”是指合同书、信件和数据电文（包括电报、电传、传真、电子数据交换和电子邮件）等可以有形地表现所载内容的形式。

知识产权侵权纠纷案件以及内地人民法院审理的《中华人民共和国反不正当竞争法》第六条规定的不正当竞争纠纷民事案件、香港特别行政区法院审理的假冒纠纷案件，侵权、不正当竞争、假冒行为实施地在原审法院地境内，且涉案知识产权权利、权益在该方境内依法应予保护的，才应当认定原审法院具有管辖权。

除第一款、第三款规定外，被请求方法院认为原审法院对于有关诉讼的管辖符合被请求方法律规定的，可以认定原审法院具有管辖权。

第十二条　申请认可和执行的判决，被申请人提供证据证明有下列情形之一的，被请求方法院审查核实后，应当不予认可和执行：

（一）原审法院对有关诉讼的管辖不符合本安排第十一条规定的；

（二）依据原审法院地法律，被申请人未经合法传唤，或者虽经合法传唤但未获得合理的陈述、辩论机会的；

（三）判决是以欺诈方法取得的；

（四）被请求方法院受理相关诉讼后，原审法院又受理就同一争议提起的诉讼并作出判决的；

（五）被请求方法院已经就同一争议作出判决，或者已经认可其他国家和地区就同一争议作出的判决的；

（六）被请求方已经就同一争议作出仲裁裁决，或者已经认可其他国家和地区就同一争议作出的仲裁裁决的。

内地人民法院认为认可和执行香港特别行政区法院判决明显违反内地法律的基本原则或者社会公共利益，香港特别行政区法院认为认可和执行内地人民法院判决明显违反香港特别行政区法律的基本原则或者公共政策的，应当不予认可和执行。

第十三条 申请认可和执行的判决，被申请人提供证据证明在原审法院进行的诉讼违反了当事人就同一争议订立的有效仲裁协议或者管辖协议的，被请求方法院审查核实后，可以不予认可和执行。

第十四条 被请求方法院不能仅因判决的先决问题不属于本安排适用范围，而拒绝认可和执行该判决。

第十五条 对于原审法院就知识产权有效性、是否成立或者存在作出的判项，不予认可和执行，但基于该判项作出的有关责任承担的判项符合本安排规定的，应当认可和执行。

第十六条 相互认可和执行的判决内容包括金钱判项、非金钱判项。

判决包括惩罚性赔偿的，不予认可和执行惩罚性赔偿部分，但本安排第十七条规定的除外。

第十七条 知识产权侵权纠纷案件以及内地人民法院审理的《中华人民共和国反不正当竞争法》第六条规定的不正当竞争纠纷民事案件、香港特别行政区法院审理的假冒纠纷案件，内地与香港特别行政区法院相互认可和执行判决的，限于根据原审法院地发生的侵权行为所确定的金钱判项，包括惩罚性赔偿部分。

有关商业秘密侵权纠纷案件判决的相互认可和执行，包括金钱判项（含惩罚性赔偿）、非金钱判项。

第十八条　内地与香港特别行政区法院相互认可和执行的财产给付范围，包括判决确定的给付财产和相应的利息、诉讼费、迟延履行金、迟延履行利息，不包括税收、罚款。

前款所称“诉讼费”，在香港特别行政区是指讼费评定证明书核定或者命令支付的费用。

第十九条　被请求方法院不能认可和执行判决全部判项的，可以认可和执行其中的部分判项。

第二十条　对于香港特别行政区法院作出的判决，一方当事人已经提出上诉，内地人民法院审查核实后，中止认可和执行程序。经上诉，维持全部或者部分原判决的，恢复认可和执行程序；完全改变原判决的，终止认可和执行程序。

内地人民法院就已经作出的判决裁定再审的，香港特别行政区法院审查核实后，中止认可和执行程序。经再审，维持全部或者部分原判决的，恢复认可和执行程序；完全改变原判决的，终止认可和执行程序。

第二十一条　被申请人在内地和香港特别行政区均有可供执行财产的，申请人可以分别向两地法院申请执行。

应对方法院要求，两地法院应当相互提供本方执行判决的情况。

两地法院执行财产的总额不得超过判决确定的数额。

第二十二条　在审理民商事案件期间，当事人申请认可和执行另一地法院就同一争议作出的判决的，应当受理。受理后，有关诉讼应当中止，待就认可和执行的申请作出裁定或者命令后，再视情终止或者恢复诉讼。

第二十三条　审查认可和执行判决申请期间，当事人就同一争议提起诉讼的，不予受理；已经受理的，驳回起诉。

判决全部获得认可和执行后，当事人又就同一争议提起诉讼的，不予受理。

判决未获得或者未全部获得认可和执行的，申请人不得再次申请认可和执行，但可以就同一争议向被请求方法院提起诉讼。

第二十四条 申请认可和执行判决的，被请求方法院在受理申请之前或者之后，可以依据被请求方法律规定采取保全或者强制措施。

第二十五条 法院应当尽快审查认可和执行的申请，并作出裁定或者命令。

第二十六条 被请求方法院就认可和执行的申请作出裁定或者命令后，当事人不服的，在内地可以于裁定送达之日起十日内向上一级人民法院申请复议，在香港特别行政区可以依据其法律规定提出上诉。

第二十七条 申请认可和执行判决的，应当依据被请求方有关诉讼收费的法律和规定交纳费用。

第二十八条 本安排签署后，最高人民法院和香港特别行政区政府经协商，可以就第三条所列案件判决的认可和执行以及第四条所涉保全、临时济助的协助问题签署补充文件。

本安排在执行过程中遇有问题或者需要修改的，由最高人民法院和香港特别行政区政府协商解决。

第二十九条 本安排在最高人民法院发布司法解释和香港特别行政区完成有关程序后，由双方公布生效日期。

内地与香港特别行政区法院自本安排生效之日起作出的判决，适用本安排。

第三十条 本安排生效之日，《关于内地与香港特别行政区法院相互认可和执行当事人协议管辖的民商事案件判决的安排》

同时废止。

本安排生效前，当事人已签署《关于内地与香港特别行政区法院相互认可和执行当事人协议管辖的民商事案件判决的安排》所称“书面管辖协议”的，仍适用该安排。

第三十一条　本安排生效后，《关于内地与香港特别行政区法院相互认可和执行婚姻家庭民事案件判决的安排》继续施行。

本安排于二零一九年一月十八日在北京签署，一式两份。

附录1：

内地与香港签署民商事判决互认安排不断完善中国特色区际司法协助体系——专访最高人民法院研究室负责人

（2019年1月18日）

香港回归以来，在中央人民政府的大力支持下，在社会各界的共同努力下，内地与香港特区法律界同仁携手在“一国两制”方针指引下，探索构建、不断完善中国特色区际司法协助体系，着力为两地经济社会繁荣稳定发展和增进两地民众福祉提供司法保障。今天，最高人民法院与香港特别行政区政府（以下简称香港特区）律政司分别代表两地签署了《关于内地与香港特别行政区法院相互认可和执行民商事案件判决的安排》（以下简称《民商事判决互认安排》）。我们请到最高人民法院研究室负责人为我们介绍有关情况。

问：签署《民商事判决互认安排》有什么重要意义？

答：香港回归祖国以来，最高人民法院和香港特区律政司分别代表两地，先后签署了相互送达司法文书、相互执行仲裁裁决、相互认可和执行协议管辖民商事案件判决、相互委托取证、相互认可和执行婚姻家事民事案件判决等五项司法协助安排。《民商事判决互认安排》是双方商签的第六项司法协助安排，也是覆盖面最广、意义最为重大的一项安排。该安排生效后，意味着两地的各类民商事案件判决基本可以实现异地“流通”，意味着当事人可以免受、少受重复诉讼之累。安排的签署，标志着两地民商事领域司法协助基本全覆盖的目标终于达成，标志着中国特色区际司法协助体系进一步健全，是持续增进两地民众福祉、有效保障两地经济社会繁荣稳定发展、落实和丰富“一国两制”方针的又一重大举措。

在改革开放四十周年之际，两地法律人终于携手做成了想了很多年、讲了很多年的事，具有特别的意义。可谓是两地法律人共同为纪念国家改革开放四十周年献上的一份厚礼。

问：双方是在什么背景下开展《民商事判决互认安排》的磋商工作的？一国之内为什么要开展司法协助？

答：第一，“一国两制”方针和香港基本法为两地开展安排商签提供了基本依据。习近平总书记指出，“作为一项前无古人的开创性事业，‘一国两制’需要在实践中不断探索。”其中也包括在司法领域的探索、实践。根据“一国两制”方针和基本法，香港回归以后保持原有法律制度不变，享有独立的司法权和终审权。香港特区可与全国其他地区的司法机关通过协商依法进行司法方面的联系和相互提供协助。这是我院与香港特区律政司商签有关司法协助安排的法律依据。

第二，两地社会经济发展对开展司法协助提出了现实需求。

内地与香港同根同源、血脉相连，既是利益共同体，又是命运共同体。香港回归祖国后，两地人员交往日益频繁密切，经贸合作不断拓展深化，由此相应产生了数量日渐增多、类型日益多元的两地互涉法律纠纷。通过开展司法协助工作有效促进纠纷化解、维护公平正义、增进两地人民福祉，是大势所趋、人心所向。

第三，两地司法法律界的密切合作为安排商签创造了有利条件。2006 年之前，两地先后签署了司法文书送达、仲裁裁决执行、协议管辖案件判决互认等三项安排。其后，由于各方面原因，两地司法协助安排商签工作陷入停滞状态。党的十八大以来，习近平总书记、党中央更加关心香港繁荣稳定发展，大力支持香港、澳门融入国家发展大局，倡导香港、澳门同胞同祖国人民共担民族复兴的历史责任、共享祖国繁荣富强的伟大荣光。新时代为两地司法协助事业发展提供了新机遇、注入了新动能。自 2015 年以来，两地司法协助安排商签工作进入快车道。2016 年 3 月，我院与香港特区律政司签署《会谈纪要》，划定了两地司法协助安排商签的时间表和路线图，明确了“三步走”目标。2016 年 12 月、2017 年 6 月，分别签署了委托取证安排和婚姻家事安排，如期完成了前两步目标；《民商事判决互认安排》标志着《会谈纪要》确定的第三步目标也已顺利完成。

问：您能否简要介绍一下《民商事案件安排》的磋商过程？

答：在一国之内、不同法域特别是不同法系间开展司法协助，既不同于国际司法协助，亦不同于同一法域内不同地区之间司法协助，是回归以后两地法律人面对的崭新课题和责无旁贷的历史使命。《民商事判决互认安排》的签署，成就重大、意义非凡，同时挑战和难度也前所未有。本安排涉及覆盖面广，需要应对两地法律制度、司法理念乃至立法技术、语言风格等方方面面的差异。需要在坚持“一国”原则、尊重“两制”差异的基础上，将互信合作、造福于民的原则共识，转化为具体的、可实际操作的制度规范。这不是一件容易的事。

令人倍感欣慰的是，两地法律人志不避难、事不求易，种种困难并没有成为阻挡我们前行的绊脚石，反而成为见证我们不断前进的铺路石。2017 年 8 月，经国务院港澳办批准，我院起草了安排初稿。一年多以来，两地进行了五轮当面磋商、数百次电话沟通、交换上百篇资料案例，逐条逐字逐句反复推敲，最终达成了该安排。如果没有为国为民的情怀、携手同心的互信、敬业奉献的担当、开拓进取的精神，要在如此之短的时间内顺利完成这项挑战空前的任务，是难以想象的。

问：《民商事判决互认安排》主要是解决什么问题？会给两地民众带来哪些实实在在的福祉？

答：《民商事判决互认安排》旨在建立内地与香港特区法院相互认可和执行民商事案件判决的制度性安排，实现两地民商事案件判决的异地“流通”，减轻当事人在两地重复诉讼之累，同时也节省两地的司法资源。安排共 31 条，对两地相互认可和执行民商事案件判决的范围和判项内容、申请认可和执行的程序和方式、对原审法院管辖权的审查、不予认可和执行的情形、救济途径等作出了全面细致的规定。

尽可能扩大两地相互认可和执行民商事案件判决的范围、最大限度减少重复诉讼，以具体贯彻“一国两制”方针、切实增进两地民众福祉，是《民商事判决互认安排》最突出的特点、亮点。具体体现在：第一，在案件类型上，将两地同属民商事纠纷的各类案件判决基本全部纳入互认范围。本安排签署后，加上之前已经签署的婚姻家事安排，两地法院 90%左右的民商事案件判决将有望得到相互认可和执行。第二，在判决类型上，将两地生效判决均纳入适用范围。两地分属不同法系，法律制度、诉讼程序有较大差异。双方求同存异、彼此理解，充分尊重对方的审判程序，将各自的生效判决，包括内地的再审判决全部纳入。第三，在互认内容上，将金钱判项、非金钱判项均纳入互认范围。香港根据其《外地判决（交互强制执行）条例》，仅认可和执行其他法域民商事案件判决中的金钱判项。在本安排商签过程中，双方秉持"一国"原则，将金钱判项和非金钱判项全部纳入互认范围。第四，加强知识产权司法保护。本安排采取了比国际公约更加开放和积极的立场，以多个条文对知识产权案件判决的认可与执行问题作出了前瞻性规定，特别是明确规定了知识产权案件管辖标准、侵犯知识产权的惩罚性赔偿以及侵害商业秘密的非金钱责任等，以更好地服务于粤港澳大湾区的创新驱动发展。

问：当事人如何依据《民商事判决互认安排》向被请求方法院申请认可和执行原审法院的判决？

答：安排签署后，将在香港转化为本地立法、在内地转化为司法解释后，在两地同时生效。

《民商事判决互认安排》第七条、第八条、第九条为当事人申请认可和执行有关民商事判决提供了明确指引。其中，第七条规定了受理申请的管辖法院，即向内地法院提出认可和执行判决的申请时，向申请人住所地或者被申请人住所地、财产所在地的中级人民法院提出；向香港法院提出申请时，向香港特区高等法院提出。第八条规定了当事人提出此类申请时，应当提交的材料，包括申请书、原审法院的判决书、原审法院的证明书、身份证明材料等。特别说明的是，为更好体现"一国"原则、方便两地当事人，本安排放宽了对申请材料公证、认证的要求，即只有在被请求方境外形成的身份证明材料才需要依据被请求方的法律要求办理证明手续。第九条就申请书的主要内容作了细化规定，包括当事人的基本情况、请求事项和理由、判决是否已在其他法院申请执行以及执行情况等。

问：被请求方法院如何审查？如何决定是否认可和执行？

答：被请求方法院收到当事人提交的材料后，重点依据《民商事判决互认安排》第十一条、第十二条、第十三条进行审查。

第十一条规定了被请求方法院对原审法院管辖权的审查标准，这是认可和执行原审法院生效判决的基础。第十二条规定了在何种情形下不予认可和执行原审法院的判决，主要包括：原审法院的审判存在重大程序瑕疵、当事人提起恶意“平行诉讼”、违反被请求方的法律基本原则或者公共利益、公共政策。第十三条规定了被请求方法院认为原审法院的管辖违反有效仲裁协议或者管辖协议时，可以酌定不予认可和执行。需要说明的是，根据香港现有法例，此种情形本属于应当不予认可和执行的情形。为体现“一国”原则，尽可能扩大互认范围，本安排将其规定为酌定不予认可的情形，意味着被请求方法院可以根据具体案件情况，认可和执行有关判决。

具体到实务中，受理当事人此类申请后，两地法院将根据安排规定和具体案情，裁定或者命令是否予以认可，此后，当事人可以凭裁定或者命令申请执行。

问：哪些案件尚没有纳入相互认可和执行的范围？原因是什么？

答：《民商事判决互认安排》第三条规定，本安排暂不适用于八类民商事案件的判决，包括部分婚姻家事案件、继承案件、部分专利侵权案件、部分海事海商案件、破产（清盘）案件、确定选民资格案件、与仲裁有关案件、认可和执行其他法域裁决的案件等。在司法实践中，这些案件实际数量有限，只占民商事案件的很少一部分。将有关案件的判决排除在互认范围之外，有的是因为在对方法域没有同种类型的案件，缺乏互认的基础；有的是因为双方相关领域的法律制度存在重大差异，如何解决其互认和执行问题，需要进行专门的磋商。根据安排的规定和双方在磋商过程中达成的共识，有些类型的判决只是暂不纳入互认和执行的范围，下一步还会根据实际需要，进行专门磋商。比如，双方实际已就跨境破产协助问题进行磋商。

问：您对下一步两地司法协助工作的期许和展望是什么？

答：新时代的中国正阔步行进在“比历史上任何时期都更接近中华民族伟大复兴的目标，比历史上任何时期都更有信心、有能力实现这个目标”的伟大征程上。习近平总书记亲自谋划、亲自部署、亲自推动粤港澳大湾区建设，这是新时代推动形成全面开放新格局的新尝试，也是推动“一国两制”事业发展的新实践。既为两地拓展深化司法协作提出了新的更高要求，同时也提供了新的重大机遇。《民商事判决互认安排》的签署既是两地民商事司法协助安排基本全面覆盖的终点，又是两地法律界同仁向着更高、更远目标前进的起点。展望两地今后的司法协助安排商签工作，依旧任重道远。

目前，两地已经着手磋商仲裁保全协助有关事宜，并有了一个初步的构想，下步将加紧研究进度，力争今年春暖花开之时取得实质性进展。两地还将就跨境破产协助有关问题开展研讨，为两地创造更好的投资、营商环境。同时，两地刑事领域司法协助安排的空白也有待尽快填补。

我相信，只要两地法律界同仁继续以家国利益为重、以民众福祉为要、以理解合作为念，就一定能攻克一个又一个难关、实现一个又一个突破，就能为持续增进两地民众福祉、促进两地经济社会发展、实现中华民族伟大复兴不断作出法律人新的更大贡献。

附录 2：

《关于内地与香港特别行政区法院相互认可和执行民商事案件判决的安排》的理解与适用*

姜启波　周加海　司艳丽　刘琨

2019 年 1 月 14 日，最高人民法院审判委员会第 1759 次全体会议讨论通过了《关于内地与香港特别行政区法院相互认可和执行民商事案件判决的安排》（以下简称《民商事判决互认安排》）。1 月 18 日，最高人民法院副院长杨万明和香港特别行政区（以下简称香港特区）政府律政司司长郑若骅分别代表两地在北京签署《民商事判决互认安排》。该安排的签署，标志着两地民商事领域司法协助已基本全面覆盖，对于有效减少两地当事人重复诉讼之累、增进两地民众福祉具有重要意义。

一、《民商事判决互认安排》的商签背景和过程

第一，“一国两制”方针和香港基本法为两地开展安排商签提供了基本依据。根据“一国两制”方针，香港回归以后保持原有法律制度不变，享有独立的司法权和终审权。《香港特别行政

---

* 载《人民司法》2019 年第 7 期。

区基本法》第九十五条规定，香港特区可与全国其他地区的司法机关通过协商依法进行司法方面的联系和相互提供协助。据此，自回归以来，最高人民法院与香港特区有关方面分别代表两地商签民商事领域有关司法协助安排事宜，先后签署了《关于内地与香港特别行政区法院相互委托送达民商事司法文书的安排》《关于内地与香港特别行政区相互执行仲裁裁决的安排》《关于内地与香港特别行政区法院相互认可和执行当事人协议管辖的民商事案件判决的安排》（以下简称《协议管辖安排》）、《关于内地与香港特别行政区法院就民商事案件相互委托提取的安排》（以下简称《委托取证安排》）、《关于内地与香港特别行政区法院相互认可和执行婚姻家庭民事案件判决的安排》（以下简称《婚姻家事安排》）。《民商事判决互认安排》是双方商签的第六项司法协助安排，是双方在民商事案件判决互认方面的第三项司法协助安排。

第二，两地社会经济发展对开展司法协助提出了现实需求。内地与香港同根同源、血脉相连，既是利益共同体，又是命运共同体。香港回归祖国后，两地人员交往日益频繁密切，经贸合作不断拓展深化，由此相应产生了数量日渐增多、类型日益多元的两地互涉法律纠纷。习近平总书记亲自谋划、亲自部署、亲自推动粤港澳大湾区建设，是新时代推动形成全面开放新格局的新尝试，也是推动“一国两制”事业发展的新实践，为两地拓展深化司法协作提出了新的更高要求，同时也提供了新的重大机遇。两地此前的民商事司法协助安排，特别是民商事判决互认领域的司法协助工作，已经不能适应两地的经贸发展、人员往来情况。通过开展司法协助工作有效促进纠纷化解、维护公平正义、增进两地人民福祉，是大势所趋、人心所向。

第三，两地司法界的密切合作为安排商签创造了有利条件。2006年之前，两地先后签署了3项安排。其后，由于各方面原因，两地司法协助安排商签工作陷入停滞状态。党的十八大以来，以习近平同志为核心的党中央更加关心香港繁荣稳定发展，大力支持香港、澳门融入国家发展大局，倡导香港、澳门同胞同祖国人民共担民族复兴的历史责任，共享祖国繁荣富强的伟大荣光。新时代为两地司法协助事业发展提供了新机遇、注入了新动能。自2015年以来，两地司法协助安排商签工作进入快车道。2016年3月，最高人民法院与香港特区政府律政司签署《会谈纪要》，划定了两地司法协助安排商签的时间表和路线图，明确了“三步走”目标。2016年12月、2017年6月，分别签署了《委托取证安排》和《婚姻家事安排》，如期完成了前两步目标；《民商事判决互认安排》标志着《会谈纪要》确定的第三步目标也已顺利完成。

在一国之内、不同法域特别是不同法系间开展司法协助，既不同于国际司法协助，亦不同于同一法域内不同地区之间的司法协助，是回归以后两地法律人面对的崭新课题和责无旁贷的历史使命。相较于两地商签的其他民商事司法协助安排，《民商事判决互认安排》覆盖面最广、意义最为重大，同时挑战和难度也前所未有，需要应对两地法律制度、司法理念乃至立法技术、语言风格等方方面面的差异。最高人民法院高度重视此项工作，专门成立了研究室牵头统筹，立案庭、各民事审判庭、执行局、第一巡回法庭参与的工作小组。一年多以来，最高人民法院与香港特区政府律政司进行了5轮当面磋商、数百次电话沟通、交换上百篇资料案例，逐条逐字逐句反复推敲，在求同存异基础上达成了最大共识。

二、《民商事判决互认安排》的主要成果

《民商事判决互认安排》旨在建立内地与香港特区法院相互认可和执行民商事案件判决的制度性安排，实现两地民商事案件判决的异地流通，减轻当事人在两地重复诉讼之累，同时也节省两地的司法资源。《民商事判决互认安排》秉持“一国”原则，切实做到比国家间司法协助更加紧密、更加开放；贯彻“两制”，妥善处理一国之内、不同法域特别是不同法系之间法律制度、司法程序的差异。主要成果包括：

第一，在案件类型上，将两地同属民商事纠纷的各类案件判决基本全部纳入互认范围。本安排签署后，加上之前已经签署的《婚姻家事安排》，两地法院90%左右的民商事案件判决将有望得到相互认可和执行。

第二，在判决类型上，将两地生效判决均纳入适用范围。两地分属不同法系，法律制度、诉讼程序有较大差异。双方求同存异、彼此理解，充分尊重对方的审判程序，将各自的生效判决包括内地的再审判决全部纳入。

第三，在互认内容上，将金钱判项、非金钱判项均纳入互认范围。香港根据其《外地判决（交互强制执行）条例》，仅认可和执行其他法域民商事案件判决中的金钱判项。在本安排商签过程中，双方秉持“一国”原则，将金钱判项和非金钱判项全部纳入互认范围。

第四，加强知识产权司法保护。本安排采取了比国际公约更加开放和积极的立场，以多个条文对知识产权案件判决的认可与执行问题作出了前瞻性规定，特别是明确规定了知识产权案件的管辖标准、侵犯知识产权的惩罚性赔偿以及侵害商业秘密的非金

钱责任等，以更好地服务于粤港澳大湾区的创新驱动发展。

三、《民商事判决互认安排》的主要内容

该安排共31条，对两地相互认可和执行民商事案件判决的范围和判项内容、申请认可和执行的程序和方式、对原审法院管辖权的审查、不予认可和执行的情形、不予认可和执行救济途径等作出了规定。

（一）关于适用的案件范围

本安排适用于两地民商事案件生效判决，包括刑事案件涉及民事赔偿的生效判项。

第二条对本安排所称的民商事案件作了定义，即在两地均属于民商事性质的案件。香港特区仅区分刑事案件和民事案件，无行政案件类别。司法复核案件以及其他因行使行政权力直接引发的案件在香港大多属于民事案件，在内地大多属于行政诉讼案件或者行政机关作出的行政处罚。因此，香港的司法复核案件和内地的行政诉讼案件不适用本安排。

第三条采用负面清单方式列举暂不适用本安排的民商事案件。暂不适用本安排的案件主要包括以下几种：第一，法律制度有明显差异的案件，包括继承案件、部分婚姻家事案件、宣告自然人失踪或者死亡、认定自然人限制或者无民事行为能力的案件等。一是关于继承案件。香港有遗产代理人制度，在遗产继承中多会设置遗产代理人（遗产管理人或者遗嘱执行人），负责清算遗产（支付费用及履行债务）及分配剩余遗产，有时还要代表被继承人进行诉讼、交易或者变现遗产等；内地并无相似制度。二是关于部分婚姻家事案件。首先，在两地均属于婚姻家事案件的依据《婚姻家事安排》相互认可和执行；其次，在内地属于婚姻

家事案件而在香港属于普通民商事案件（非婚姻家事案件）但裁判规则相似的，依据本安排相互认可和执行；最后，在一地属于婚姻家事案件，但在另一地没有此类案件的，暂排除在相互认可和执行的案件范围以外，即本安排第三条第一项列举的案件“内地人民法院审理的赡养、兄弟姐妹之间扶养、解除收养关系、成年人监护权、离婚后损害责任、同居关系析产案件，香港特别行政区法院审理的应否裁判分居的案件”。三是关于选民资格，宣告自然人失踪或者死亡、认定自然人限制或者无民事行为能力的案件。选民资格案件在香港的裁判规则与内地大不相同，且无互认必要。香港法院不会就自然人失踪或者死亡、行为能力认定等作出单独的判决，而是作为事实或者前置问题在相关纠纷的判决中作出认定。四是关于专利侵权案件、确认标准必要专利许可费率的案件，以及有关本安排第五条未规定的知识产权案件。另，本安排第五条对知识产权作定义时，纳入了两地现有的全部知识产权类型，第三条第三项意在表明，将来产生新类型的知识产权时，双方再行商议。第二，仲裁方面有关案件。参照国际公约，将判决问题与仲裁问题切割处理、互不干涉，本安排不适用于确认仲裁协议效力、撤销仲裁裁决案件。第三，不同于普通民商事案件相互协助的方式，拟下步单独签署安排的案件。破产（清盘）案件和海事索赔责任限制、船舶优先权、紧急拖航和救助等部分海事案件的协助均涉及一整套单独、配套机制，与普通民商事案件的协助在协助方式、程序、救济等方面存在显著差异，在国际、区际司法协助中都在普通民商事案件判决互认的规范以外，制定单行规范。第四，认可和执行其他国家和地区判决、仲裁裁决的案件。为避免当事人利用本安排，变相申请认可和执行未与内地或者香港签订判决互认条约的国家和地区所作的判决，参照国际惯例，将双方依据其法律承认的其他国家和地区法院作出的判决排除在安排适用范围之外。

特别需要说明的是，两地在安排中排除了上述案件的认可和执行，并不意味着这些案件的互认就不再解决。比如，破产（清盘）协助问题事关跨境投资安全和营商环境优化，且两地业界均十分关注，目前，最高人民法院与香港特区政府律政司正在积极磋商，力争早日签署相关安排。

（二）关于生效判决的范围

第四条规定了本安排所称生效判决的范围。第一款纳入了香港和内地的各种判决类型，排除双方中间程序性质的判决。中间程序性质的判决，在内地包括财产保全、证据保全、行为保全等保全裁定；在香港，除了临时济助命令外，还明确排除禁诉令。香港法庭可以在聆讯讼案之前或者之后作出临时济助方面的命令，主要包括：要求一方提供文件，要求当事人安全保管物品或者文件，颁布资产冻结令以限制当事人处分或者转移争议财产等。禁诉令即禁止当事人开展或者继续诉讼程序的命令，例如当事人之间订立了仲裁协议，法庭可根据一方当事人申请向另一方颁布禁诉令。第二款关于生效判决，分别与两地法律规定的生效判决范围保持一致。香港特区司法机构包括终审法院、高等法院、区域法院、裁判法院。该款所列劳资审裁处、土地审裁处、小额钱债审裁处、竞争事务审裁处分别设在高等法院、区域法院、裁判法院，均属于香港司法机构，可作出生效判决。

（三）关于住所地的概念

第六条对本安排的住所地作出定义。主要考虑：第一，本安排多次出现住所地，且内地法律有住所地概念；香港法例无住所地概念，只是在案件管辖中有关于管辖连接点的指引，故有必要统一作出定义。第二，为扩大两地互认范围，对住所地进行界定时，纳入了双方各自的连接点。就自然人而言，内地纳入了户籍所在地、经常居住地，香港纳入了永久性居民身份所在地、经常居住地；就法人或者其他组织而言，内地纳入了注册地或者登记地、主要办事机构所在地，香港纳入了注册地、主要管理地、主要营业地。

（四）关于申请认可和执行的程序

第七条、第八条、第九条为当事人申请认可和执行有关民商事判决提供了明确指引。其中，第七条规定了受理认可和执行申请的法院。在内地，向申请人住所地或者被申请人住所地、财产所在地的中级人民法院提出申请；在香港，向香港特区高等法院提出。第八条规定了当事人提出申请时应当提交的材料，包括申请书、原审法院的判决书、原审法院的证明书、身份证明材料等。特别说明的是，为更好体现“一国”原则、方便两地当事人，本安排放宽了对申请材料公证、认证的要求，即只有在被请求方境外形成的身份证明材料才需要依据被请求方的法律要求办理证明手续。第九条就申请书的主要内容作了细化规定，包括当事人的基本情况、请求事项和理由、判决是否已在其他法院申请执行以及执行情况等。具体到实务中，受理当事人申请后，两地法院将根据本安排规定和具体案情，裁定或者命令是否予以认可。当事人可以凭裁定或者命令申请执行。

（五）关于对原审法院管辖权的审查

第十一条规定了对管辖权的审查标准。在国际民事司法协助层面，管辖权审查主要有4种模式：一是按照原审法院地法律审查模式；二是专属管辖排除模式；三是按照被请求方法律审查模式；四是具体列举模式。据统计，从我国与外国签署的33个民商事判决承认与执行条约的管辖权条文看，有14个采用被请求方法律审查模式，11个采列举模式，8个采专属管辖排除模式。经双方磋商，本安排最终参照海牙国际私法会议《外国民商事案件判决承认和执行公约》（草案）［以下简称《海牙公约》（草案）］，采用“专属管辖排除+列举”的方案。双方还达成共识：审查原审法院是否有管辖权时，仅审查原审法院所在的法域（比如香港或者内地）的管辖权，而不审查法域内部（比如上海与北京）具体哪个法院有无管辖权。

第十一条第一款适用于除本条第三款所规定的知识产权案件以外的案件。该款规定只要满足以下6种情形的其中一项，且依据被请求方法律有关诉讼不属于被请求方法院专属管辖的，应当认定原审法院具有管辖权：（1）原审法院受理案件时，被告住所地在该方境内，即原告就被告的一般管辖原则。（2）原审法院受理案件时，被告在该方境内设有代表机构、分支机构、办事处、营业所等不属于独立法人的机构，且诉讼请求是基于该机构的活动。其中，代表机构、分支机构为内地用语；办事处、营业所为香港用语。（3）因合同纠纷提起的诉讼，合同履行地在该方境内。关于合同履行地的识别，具体实践中，合同约定履行地点的，以约定的履行地点为合同履行地；合同对履行地点没有约定或者约定不明确的，以约定的准据法确定合同履行地；合同对履行地点、准据法均没有约定或者约定不明确的，被请求方法院按照被请求地的冲突法规则或者国际私法规则确定准据法，进而确定合同履行地点。（4）因侵权行为提起的诉讼，侵权行为实施地在该方境内。两地法律关于侵权行为地的概念不同，在内地包括侵权行为实施地和侵权结果发生地；在香港，香港法院审理案件时一般以侵权行为实施地作为连接点去认定该法院有管辖权，同时在特定情况下也会考虑案件的其他因素确定是否适合管辖该案件。经协商，参照《海牙公约》（草案）将侵权行为实施地作为连接点。(5) 当事人协议管辖的情形。合同纠纷或者其他财产权益纠纷的当事人以书面形式约定由原审法院地管辖，但各方当事人住所地均在被请求方境内的，原审法院地应系合同履行地、合同签订地、标的物所在地等与争议有实际联系地。关于当事人约定的管辖法院是否需与争议有实际联系，磋商过程中争议较大。根据《中华人民共和国民事诉讼法》的规定，内地人民法院根据当事人的管辖协议审理案件时，约定的管辖法院需与争议有实际联系；根据香港法律，香港法院根据当事人管辖协议审理案件时，不要求香港法院与争议有实际联系；《海牙公约》（草案）等亦未对实际联系作出要求。鉴于此，考虑到双方关切，经协商，除各方当事人住所地均在被请求方境内的除外，其余情形下不要求原审法院地与争议有实际联系。(6) 当事人应诉管辖的情形。当事人应诉管辖在法理上相当于默示的协议管辖，故处理原则与协议管辖相同，即当事人未对原审法院提出管辖权异议并应诉答辩，但各方当事人住所地均在被请求方境内的，原审法院地应系合同履行地、合同签订地、标的物所在地等与争议有实际联系的地点。

第十一条第三款是关于知识产权侵权纠纷等案件管辖的特别规定。由于知识产权具有地域性，故本款特别规定管辖法院必须同时符合以下条件：一是法院地即侵权行为地；二是诉争的知识产权在法院地依法应予保护。

第十一条第四款系为避免挂一漏万、列举不全，进行了兜底性规定。例如，在讨论过程中，曾有观点认为应当对反诉情形下的管辖作出规定，考虑原审法院如对本诉具有管辖权，则对反诉一并管辖乃法理的应有之意，故未作专门列举。实践中，如当事人未对本诉判决申请认可和执行，仅对反诉判决申请认可和执行时，即可适用该第四款兜底条款。

（六）关于不予认可和执行的情形

第十二条规定了应当不予认可和执行的情形。其中，第一款第一项是关于管辖权基础的规定，即原审法院对诉讼的管辖不符合本安排规定的；第二项、第三项是关于程序瑕疵的规定；第四项旨在限制恶意平行诉讼；第五项、第六项旨在限制重复申请认可和执行。第二款是公共秩序保留条款，此为两地司法协助安排惯常条款。

第十三条规定了酌定不予认可和执行的情形，即违反有效仲裁协议或者管辖协议的情形。当事人订有仲裁协议时，一方当事人向原审法院起诉，另一方当事人提出管辖异议，原审法院认定仲裁协议无效、裁定管辖异议不能成立，故审理案件并作出判决；或者当事人协议由原审法院以外的其他法院管辖时，一方当事人向原审法院起诉，另一方当事人提出管辖异议，原审法院认定异议不能成立，审理并作出判决。对以上两种情形下的判决，申请人向被请求方法院申请认可和执行时，如被请求方法院认定仲裁协议或者管辖协议有效，则可以不予认可和执行原审法院判决。当然，如果被请求方法院认为，原审法院行使管辖权审理该案虽然违反当事人有效仲裁协议或者管辖协议，但是基于公平公正或者最紧密联系原则等其他理由而审理该案的，仍可予以认可和执行原审法院的判决。需要说明的是，香港《外地判决（限制承认及强制执行）条例》将本条所涉内容列入应当不予认可和执行的情形，而本安排将其列为酌定不予认可和执行，体现了一国之内尽可能扩大互认范围的初衷。

第十四条规定了不能仅因为先决问题而拒绝认可和执行。该条参照了《海牙公约》（草案）的规定，旨在尽可能扩大判决互认的范围。例如，宣告自然人失踪后，指定财产代管人，财产代管人处分财产的行为构成侵权时，将引发侵权诉讼。侵权纠纷案件中，宣告自然人失踪即为先决问题，虽宣告自然人失踪案件不属于本安排适用范围，但侵权纠纷案件判决仍然可以相互认可和执行。第十五条系知识产权案件判决互认的特别规定，其中对先决问题也作了专门明确。

（七）关于判项范围、惩罚性赔偿

第十六条规定了知识产权案件以外的案件中互认的判项范围。第一款明确本安排下相互认可与执行的判决内容不限于金钱判项，为本安排的一项重大突破。《中华人民共和国民法总则》共规定了11种责任承担方式，其中只有赔偿损失和支付违约金为金钱责任，因此，将非金钱判项纳入本安排适用范围，具有重要意义。香港《外地判决（交互强制执行）条例》仅认可和执行其他法域民商事案件判决中的金钱判项，《协议管辖安排》亦将互认范围限于金钱判项。磋商中，经反复沟通，双方秉持一国原则，从两地实际需求出发，将非金钱判项纳入认可与执行范围。第二款为原则性排除惩罚性赔偿的相互认可与执行。一是参照《海牙公约》（草案）的规定和不同法域判决相互认可与执行中的惯常做法。二是虽近年来大陆法系对损害赔偿的填平原则、禁止得利观点有所突破，例如内地在产品责任侵权案件、消费者权益保护案件等中均有关于惩罚性赔偿的规定，但考虑惩罚性赔偿带有刑事或者行政制裁性质，故排除在互认范围之外。

第十七条系知识产权案件的特别规定。第一，关于知识产权侵权纠纷案件以及内地人民法院审理的《中华人民共和国反不正当竞争法》第六条规定的不正当竞争纠纷民事案件（即香港特区法院审理的假冒纠纷案件），认可与执行的范围只包括金钱判项，包括其中的惩罚性赔偿部分。首先，知识产权案件判决互认范围限于金钱判项为国际通行做法，本安排参照国际规则，排除了行为责任等的互认。同时，规定了惩罚性赔偿金钱判项的互认以加强对知识产权保护。其次，由于知识产权具有地域性，故本条第1款规定的金钱责任的范围“限于根据原审法院地发生的侵权行为所确定的金钱判项”，故如果法院对于法院地以外发生的侵权行为作出认定并判决金钱责任，则不予认可和执行。第二，关于商业秘密侵权纠纷。由于商业秘密具有秘密性，对于商业秘密的保护而言，停止披露、使用等行为责任（非金钱判项）是至关重要的，由此，规定非金钱判项的互认可以避免侵权范围扩大，导致商业秘密丧失秘密性。

（八）关于平行或者重复诉讼

第二十二条规定认可优先。实践中，当事人可能为规避一地生效判决的执行而在另一地另行提起诉讼，为避免两地诉讼结果冲突、司法资源浪费等不利后果，本条确立了认可优先原则，以减少当事人在两地分别诉讼的诉累。

第二十三条规定一事不再理，即当事人就同一争议再次提起诉讼或者再次申请认可和执行的情况。第一款、第二款规定法院受理认可和执行申请在先的，无论在审理期间还是已作出认可和执行裁定，均排除当事人就同一争议再行提起诉讼的权利。第一款、第二款与民事诉讼法的一事不再理原则在价值取向上一致，都是为了维护既判力和避免诉讼资源浪费。第三款规定判决未获认可和执行的救济途径，指引申请人可以就同一争议向被请求方法院提起诉讼。另，该款较《婚姻家事安排》增加了部分获得认可或执行的情形。理由为：一份判决有一部分未予以认可，即说明该部分在被请求地无法得到支持，那么自然没有再申请认可和执行该部分的必要和可能。

（九）关于保全措施和救济途径

第二十四条规定受理前后的保全或者强制措施。申请认可和执行的判决内容可能涉及财产处分等内容，为保障当事人胜诉后得以顺利执行，规定当事人可以向被请求方法院提出保全申请（香港称之为强制措施）。另需特别说明的是，本条针对原审法院已经作出判决且当事人已经向被请求方法院申请认可和执行的情况，并非当事人在原审法院作出判决前，即可向被请求方法院申请保全。根据安排第二十八条，今后两地可以就保全协助问题进行商讨，但不在判决认可和执行中解决。为此，本条特意强调"申请认可和执行判决"。

第二十六条规定当事人不服认可和执行裁定的救济途径。根据《中华人民共和国民事诉讼法》第一百五十四条①的规定，针对以下 3 种情形作出的裁定，当事人可以上诉：不予受理裁定、管辖权异议、驳回起诉。故对于是否认可和执行作出的裁定，当事人在内地不可上诉，可申请复议；在香港可提起上诉。

（十）关于本安排与其他民商事案件判决互认安排的关系

2006 年，两地签署《协议管辖安排》，规定了当事人有书面管辖协议情形下的民商事案件判决相互认可和执行；2017 年，两

① 现为 2021 年修正的《民事诉讼法》第一百五十七条。

地签署《婚姻家事安排》，规定了相互认可和执行的部分婚姻家事案件判决。

鉴于本安排包含了当事人协议管辖的情形，且相互认可和执行的范围更广、更利于维护两地当事人权利，故本安排施行之日即同时废止《协议管辖安排》；同时考虑到尊重当事人意思自治，作了过渡期的规定，即本安排生效前，当事人已签署《协助管辖安排》所称书面管辖协议的，仍适用该安排。《婚姻家事安排》中规定的案件的判决认可和执行，仍然适用《婚姻家事安排》。安排签署后，在香港将转化为本地法例、在内地转化为司法解释后，在两地同时生效。目前，在内地该安排已经由最高人民法院审判委员会审议通过。待香港转化为本地法例后，即同时生效实施。

第二章　内地与澳门特别行政区司法协助安排

最高人民法院
关于内地与澳门特别行政区相互认可和执行民商事判决的安排

法释〔2006〕2号

（2006年2月13日最高人民法院审判委员会第1378次会议通过
2006年3月21日最高人民法院公告公布　自2006年4月1起生效）

根据《中华人民共和国澳门特别行政区基本法》第93条的规定，最高人民法院与澳门特别行政区经协商，就内地与澳门特别行政区法院相互认可和执行民商事判决事宜，达成如下安排：

第一条　内地与澳门特别行政区民商事案件（在内地包括劳动争议案件，在澳门特别行政区包括劳动民事案件）判决的相互认可和执行，适用本安排。

本安排亦适用于刑事案件中有关民事损害赔偿的判决、裁定。

本安排不适用于行政案件。

第二条　本安排所称“判决”，在内地包括：判决、裁定、决定、调解书、支付令；在澳门特别行政区包括：裁判、判决、确认和解的裁定、法官的决定或者批示。

本安排所称“被请求方”，指内地或者澳门特别行政区双方中，受理认可和执行判决申请的一方。

第三条 一方法院作出的具有给付内容的生效判决，当事人可以向对方有管辖权的法院申请认可和执行。

没有给付内容，或者不需要执行，但需要通过司法程序予以认可的判决，当事人可以向对方法院单独申请认可，也可以直接以该判决作为证据在对方法院的诉讼程序中使用。

第四条 内地有权受理认可和执行判决申请的法院为被申请人住所地、经常居住地或者财产所在地的中级人民法院。两个或者两个以上中级人民法院均有管辖权的，申请人应当选择向其中一个中级人民法院提出申请。

澳门特别行政区有权受理认可判决申请的法院为中级法院，有权执行的法院为初级法院。

第五条 被申请人在内地和澳门特别行政区均有可供执行财产的，申请人可以向一地法院提出执行申请。

申请人向一地法院提出执行申请的同时，可以向另一地法院申请查封、扣押或者冻结被执行人的财产。待一地法院执行完毕后，可以根据该地法院出具的执行情况证明，就不足部分向另一地法院申请采取处分财产的执行措施。

两地法院执行财产的总额，不得超过依据判决和法律规定所确定的数额。

第六条 请求认可和执行判决的申请书，应当载明下列事项：

（一）申请人或者被申请人为自然人的，应当载明其姓名及住所；为法人或者其它组织的，应当载明其名称及住所，以及其法定代表人或者主要负责人的姓名、职务和住所；

（二）请求认可和执行的判决的案号和判决日期；

（三）请求认可和执行判决的理由、标的，以及该判决在判决作出地法院的执行情况。

第七条　申请书应当附生效判决书副本，或者经作出生效判决的法院盖章的证明书，同时应当附作出生效判决的法院或者有权限机构出具的证明下列事项的相关文件：

（一）传唤属依法作出，但判决书已经证明的除外；

（二）无诉讼行为能力人依法得到代理，但判决书已经证明的除外；

（三）根据判决作出地的法律，判决已经送达当事人，并已生效；

（四）申请人为法人的，应当提供法人营业执照副本或者法人登记证明书；

（五）判决作出地法院发出的执行情况证明。

如被请求方法院认为已充分了解有关事项时，可以免除提交相关文件。

被请求方法院对当事人提供的判决书的真实性有疑问时，可以请求作出生效判决的法院予以确认。

第八条　申请书应当用中文制作。所附司法文书及其相关文件未用中文制作的，应当提供中文译本。其中法院判决书未用中文制作的，应当提供由法院出具的中文译本。

第九条　法院收到申请人请求认可和执行判决的申请后，应当将申请书送达被申请人。

被申请人有权提出答辩。

第十条　被请求方法院应当尽快审查认可和执行的请求，并作出裁定。

第十一条 被请求方法院经审查核实存在下列情形之一的，裁定不予认可：

（一）根据被请求方的法律，判决所确认的事项属被请求方法院专属管辖；

（二）在被请求方法院已存在相同诉讼，该诉讼先于待认可判决的诉讼提起，且被请求方法院具有管辖权；

（三）被请求方法院已认可或者执行被请求方法院以外的法院或仲裁机构就相同诉讼作出的判决或仲裁裁决；

（四）根据判决作出地的法律规定，败诉的当事人未得到合法传唤，或者无诉讼行为能力人未依法得到代理；

（五）根据判决作出地的法律规定，申请认可和执行的判决尚未发生法律效力，或者因再审被裁定中止执行；

（六）在内地认可和执行判决将违反内地法律的基本原则或者社会公共利益；在澳门特别行政区认可和执行判决将违反澳门特别行政区法律的基本原则或者公共秩序。

第十二条 法院就认可和执行判决的请求作出裁定后，应当及时送达。

当事人对认可与否的裁定不服的，在内地可以向上一级人民法院提请复议，在澳门特别行政区可以根据其法律规定提起上诉；对执行中作出的裁定不服的，可以根据被请求方法律的规定，向上级法院寻求救济。

第十三条 经裁定予以认可的判决，与被请求方法院的判决具有同等效力。判决有给付内容的，当事人可以向该方有管辖权的法院申请执行。

第十四条 被请求方法院不能对判决所确认的所有请求予以

认可和执行时，可以认可和执行其中的部分请求。

第十五条　法院受理认可和执行判决的申请之前或者之后，可以按照被请求方法律关于财产保全的规定，根据申请人的申请，对被申请人的财产采取保全措施。

第十六条　在被请求方法院受理认可和执行判决的申请期间，或者判决已获认可和执行，当事人再行提起相同诉讼的，被请求方法院不予受理。

第十七条　对于根据本安排第 11 条（1）、（4）、（6）项不予认可的判决，申请人不得再行提起认可和执行的申请。但根据被请求方的法律，被请求方法院有管辖权的，当事人可以就相同案件事实向当地法院另行提起诉讼。

本安排第 11 条（5）项所指的判决，在不予认可的情形消除后，申请人可以再行提起认可和执行的申请。

第十八条　为适用本安排，由一方有权限公共机构（包括公证员）作成或者公证的文书正本、副本及译本，免除任何认证手续而可以在对方使用。

第十九条　申请人依据本安排申请认可和执行判决，应当根据被请求方法律规定，交纳诉讼费用、执行费用。

申请人在生效判决作出地获准缓交、减交、免交诉讼费用的，在被请求方法院申请认可和执行判决时，应当享有同等待遇。

第二十条　对民商事判决的认可和执行，除本安排有规定的以外，适用被请求方的法律规定。

第二十一条　本安排生效前提出的认可和执行请求，不适用本安排。

两地法院自 1999 年 12 月 20 日以后至本安排生效前作出的判

决，当事人未向对方法院申请认可和执行，或者对方法院拒绝受理的，仍可以于本安排生效后提出申请。

澳门特别行政区法院在上述期间内作出的判决，当事人向内地人民法院申请认可和执行的期限，自本安排生效之日起重新计算。

第二十二条 本安排在执行过程中遇有问题或者需要修改，应当由最高人民法院与澳门特别行政区协商解决。

第二十三条 为执行本安排，最高人民法院和澳门特别行政区终审法院应当相互提供相关法律资料。

最高人民法院和澳门特别行政区终审法院每年相互通报执行本安排的情况。

第二十四条 本安排自2006年4月1日起生效。

附录1：

最高人民法院负责人就《关于内地与澳门特别行政区相互认可和执行民商事判决的安排》答记者问

（2007年10月30日）

一、签署《关于内地与澳门特别行政区相互认可和执行民商事判决的安排》（以下简称《安排》）有什么重要意义？

《安排》是顺应澳门回归后，尤其是随着两地经贸关系的加强，涉及两地的诉讼案件以及需要到对方执行的判决不断增加的形势签署的，具有重大意义。

1.《安排》是"一国两制"下内地与澳门特别行政区之间在民商事司法协助领域，继2001年8月《关于内地与澳门特别行政区法院就民商事案件相互委托送达司法文书和调取证据的安排》达成之后，又一个成功的实践。根据《中华人民共和国澳门特别行政区基本法》第九十三条的规定，澳门特别行政区与内地的司法协助通过相互协商进行，《安排》的签署是经协商进行司法协助的重要成果和规范形式。因为民商事判决的相互认可和执行是民事诉讼领域司法协助的最重要环节，因此，《安排》的签署标志着两地司法协助向更紧密的层次迈出了强健的一步。既体现了司法为民的理念，也有利于维护两地司法判决的效力和增强司法的权威，更好地为两地的发展提供有效的司法保障。

2.《安排》确定的相互认可和执行判决机制，使得诉讼当事人经一地法院判决确定的权利在另一地得到实现，在两地均享受在原审法院诉讼同样的便利；同时，《安排》使两地相互认可和执行判决的主要程序问题得以统一、明确，形成共同认可的制度，从而增强诉讼结果的可预见性。由此将使两地居民、企业的合法权益得到更有效的法律保障，增强跨区域投资、贸易的信心，从而促进两地在人员、物资、资金、信息的自由流动，有利于实现更紧密的经贸联系，促进中国经济的持续、健康、快速发展。

3. 在两地没有相互认可和执行判决的互惠机制的情况下，澳门特别行政区法院已经根据澳门特别行政区法律，受理认可和执行内地判决的申请，并已经执行若干件。而内地则因为缺乏法律的明确规定，不受理认可和执行澳门特别行政区法院判决的申请，导致经过澳门特别行政区法院判决的案件需要在内地另行诉讼，造成当事人诉讼成本增加和司法资源浪费。《安排》的签署，将为内地认可和执行澳门特别行政区法院的判决提供依据，从而将结束目前澳门特别行政区单方面认可和执行内地判决的局面，使两地的司法协助的局面达到平衡，并节省诉讼成本和司法资源。

4.《安排》不仅对于强化两地既有的司法协助关系具有重要意义，而且对于拓展两地之间新的司法协助领域，推动中国各个司法区域之间的各项司法协助关系，具有积极的作用。

二、磋商和签署《安排》是按照哪些原则进行的?

此次签署《安排》的磋商工作进展很顺利。自 2004 年 11 月最高人民法院肖扬院长访问澳门特别行政区期间，双方正式确定启动该项目后，两地均着手积极运作。两地代表于 2005 年下半年分别在澳门特别行政区和珠海进行了两次正式磋商。期间经过各自研究论证、征求相关部门意见，以及多次交换书面修订文本和电话沟通。经两地共同努力，到本月下旬就《安排》中的重大问题和一些技术性细节问题，均达成了一致意见，并于 2 月 28 日完成了签署。应当说磋商的工作是积极、稳妥、务实、高效的。

在磋商的过程中，我们坚持了以下原则：

1. 平等协商、充分交流、相互体谅、增进互信的原则。在“一国两制”的宪法框架下，澳门特别行政区有独立的司法权、终审权，两地司法协助必须坚持两个司法区域平等的原则，相互尊重，平等协商。磋商过程中，对于两地司法制度和相关实体法律制度，进行了充分的交流和探讨。双方以最大的诚意坦诚交换意见，对于因制度差异形成的司法协助方面的困难和问题，相互体谅，相互为对方作出有益的提示。通过这样的磋商，达到了在相互信任的基础上合作的目的。

2. 坚持求同存异、循序渐进、由易到难、稳步推进的原则。协商中，充分顾及双方法律制度和用语的差异，力求先在重点环节、大的原则性问题上达成一致，而不强求对所有问题达成一致。在两地法律概念不统一时，技术上采取分别表述的方式处理。一些细节问题，暂时不能达成一致的，留待今后根据实践发展的需要，再进一步解决。

3. 勇于创新、务求实效的原则。“一国两制”下的司法协助，没有现成的经验，需要在符合两地法律原则和程序的前提下，积极探索，求真务实。具体做法如：《安排》文本磋商中，参照了有关国际条约和以前的有关安排，但不拘泥于既有文件的范围或表述方式，而是根据保护当事人合法权益的实际需要，进行必要的创新。《安排》中对于当事人可能在两地分别或者连续提出执行申请的协调处理、提起认可程序前后的财产保全问题的规定，就是在这个原则指导下作出的。这些原则是磋商迅速取得进展和成功的基础。我认为这也是今后两地进行司法协助磋商中均应坚持的原则。

三、《安排》包括哪些主要内容？

此次签署的《安排》文本涵盖的范围还是比较全面的。《安排》共 24 条，主要内容有：

1. 《安排》适用的范围、“判决”所涵盖的文书种类；

2. 受理认可和执行申请的管辖法院、在两地同时申请执行及其协调问题；

3. 请求认可和执行的申请书的内容、所附相关证明文件、所附司法文书的文本及证明问题，以及上述文书所用语文问题；

4. 认可判决的程序、拒绝认可的情形、当事人的救济途径；

5. 受理认可和执行请求期间的财产保全、另行诉讼问题；

6. 公共机构文书的免除认证、诉讼费用及其减免问题；

7.《安排》生效前案件的处理问题；

8. 为执行《安排》，最高人民法院与澳门特别行政区终审法院的协助问题。

这些内容形成了两地相互认可和执行对方法院判决的基本程序架构。

四、《安排》适用于哪些案件？

《安排》的适用范围比较广泛，适用于所有民商事案件中作出的判决，包括内地的劳动争议案件和澳门特别行政区的劳动民事案件，也包括在刑事诉讼中作出的民事损害赔偿的判决、裁定。《安排》没有对案件的类型作出划分或者限制，所说的判决包括两地法院作出的各种形式的司法决定，不论这种决定采用什么名称或者形式。这表明两地可以相互认可和执行的民商事判决具有广阔的空间。

五、认可和执行判决的基本程序是怎样的？

两地之间相互认可和执行判决，由当事人（判决确定的债权人）自行向对方有管辖权的法院提出申请，而不采取原审法院直接向对方法院提出请求的做法。这样可以避免由判决法院主动介入认可和执行的法律程序之中，以尊重当事人的权利，并提高申请认可与执行程序的效率。

澳门特别行政区法院将认可外地判决和执行判决截然分开。认可程序在中级法院进行，执行程序在初级法院进行。而在内地认可和执行均由中级人民法院来处理，因此，申请认可和执行可以同时提出，也可分阶段提出，根据具体需要决定。并且内地因为地域辽阔，有很多中级人民法院，具体行使管辖权的中级人民法院要根据申请执行的债务人的住所地、经常居住地或者财产所在地来确定。

《安排》规定，法院收到请求认可和执行判决的申请后，应当将申请书送达被申请人。被申请人有权根据当地的法律提出答辩。被请求方法院应当尽快审查认可和执行的请求，并作出裁定。裁定应当及时送达。当事人对认可与否及执行的裁定不服的，可以根据被请求方法律的规定，向上级法院寻求救济。如，在澳门特别行政区对于符合上诉条件的，可以提起上诉；在内地符合申请复议条件的，可以向上级法院申请复议。经裁定予以认可的判决，与被请求方法院的判决具有同等效力。如果认可和执行申请是分别提出的，则对于其中有给付内容（即确认债务人须履行一定给付义务）的判决，可以向该方有管辖权的法院申请执行。

当然，目前的认可程序基本上仍是按照具有诉讼特点的程序来安排的。随着两地判决相互认可和执行实践的深化发展，将来可以考虑采取更简易的方式来处理这个程序问题。此外，这个《安排》并不能解决所有的认可和执行的程序问题，为此《安排》第二十条规定：对民商事判决的认可和执行，除本安排有专门规定的以外，仍适用被请求方的法律规定。

六、如何解决债权人向两地法院同时申请执行的问题？

根据经验判断，债权人向两地法院同时申请执行的情况是不可避免的。而在债务人可能转移财产逃避执行的情况下，同时申请对保护债权是有利的。因此，可以考虑适当开放这条渠道，但应当确保两地执行的总数额不超过判决确定的总金额，并且防止两地执行程序的重复，浪费司法资源。为此，《安排》中作了这样的规定：被申请人在内地和澳门特别行政区均有可供执行财产的，申请人可以向任一地法院提出执行申请。申请人向一地法院提出执行申请的同时，可以向另一地法院申请对被执行人的财产采取查封、扣押或者冻结等保全性执行措施。待一地法院执行完毕后，可以根据该地法院出具的执行情况证明，就不足部分向另一地法院申请采取处分财产的执行措施。同时规定，两地法院执行财产的总额，不得超过依据判决和法律规定所确定的数额。这一规定，可以说是对区际司法协助的一种创新。

七、申请认可和执行判决需要提交哪些文件？

请求认可和执行判决，应当提交申请书。申请书应当载明：当事人的有关情况、请求认可和执行的判决的案号和判决日期；请求的理由、标的，以及该判决在判决作出地一方法院的执行情况。

申请书应当附生效判决书副本，或者经作出生效判决的法院盖章的证明书，同时应当附具一些文件，以证明诉讼过程合法进行，如证明诉讼中对当事人依法作出了传唤、无诉讼行为能力人依法得到代理、判决已经送达当事人并生效等。这些规定是为了充分保障当事人的权利，尤其是败诉一方当事人的权利。

但如果判决书本身已经能够证明这些情况，或者被请求方法院认为已充分了解有关事项时，可以免除提交相关文件。被请求方法院在对当事人提供的判决书的真实性有疑问时，还可以请求作出生效判决的法院予以确认。

同时，《安排》还作出了便于在一地形成的文书在另一地使用的规定，即：为适用本安排，由一方有权限公共机构作成或者公证的文书正本、副本及译本，免除任何认证手续而可以在对方使用。

八、对于需要采取保全措施的情况是如何规定的？

《安排》充分考虑了提起认可程序期间及其前后，需要采取保全措施的必要性，并妥善解决了这一问题，规定：法院受理认可和执行判决的申请之前或者之后，可以按照被请求方法律关于财产保全的规定，根据申请人的申请，对被申请人的财产采取保全措施。这个规定在实际操作中，对于保护债权人的权益是很有必要的。这也是司法协助领域对于认可和执行判决都普遍关注的问题。在“一国两制”的实践中，不同司法区域间司法协助应当便利此问题的解决。

九、哪些情形可以拒绝认可和执行？

考虑到两地社会制度方面存在差异，两地间管辖权规则确实存在一定冲突，为公平保护败诉一方当事人的合法权益，以及协调司法程序以避免重复诉讼的需要，《安排》规定了不予认可和执行的六种情形：

1. 原判决法院无管辖权的情形。关于管辖权的审查问题，我们认为在区际司法协助中应当尽量放宽，《安排》中的规定应当简单明了，易于操作。因此，没有详尽列举双方均应遵守的管辖权规则，没有规定按照被请求方法律审查管辖权问题，而是规定，只要不违背被请求方本地法律中的专属管辖权的规定，即应认可对方的管辖权。而专属管辖的范围是非常有限的，这必将大大便利两地判决到对方法院申请认可和执行。

2. 被请求方法院存在待决诉讼的情况。这是为了解决因相同当事人就同一案件事实和请求进行重复诉讼的问题而作的规定。解决并行诉讼问题，可以采取的方式有先受理案件优先原则和先作出判决优先原则。而先受理优先原则是区际司法协调更紧密的形式，故《安排》规定被请求方法院正在处理相同当事人之间具有相同标的的诉讼，且被请求方法院受理在先的，可以拒绝认可与执行对方法院判决。

3. 被请求方法院已认可或者执行被请求方法院以外的法院或仲裁机构就相同诉讼作出的判决或仲裁裁决。这与上款类似，也是为了解决重复诉讼，有效协调司法程序问题。

4. 败诉的当事人未得到合法传唤，或者无诉讼行为能力人未依法得到代理的情形。这是为了公平保护案件当事人合法权益的制度，即使在一个法域内部，也需要妥善处理这一问题。从相互尊重的角度，《安排》规定对这种情形，根据判决作出地的法律规定进行审查，而不能依据被请求方法律进行审查。

5. 根据判决作出地的法律规定，申请认可和执行的判决尚未发生法律效力，或者因再审被裁定中止执行的情形。与上款类似，这也是判决执行制度中的基本要求，即使在一个法域内部也需要遵守。

6. 认可和执行判决违反法律的基本原则、社会公共利益或者公共秩序的情形。由于内地与澳门特别行政区存在不同的社会制度、经济制度、风俗习惯和法律原则，公共秩序条款对于维护各法域法律制度的独立性和各自法律制度下独特的生活方式，是必要的。但一国内各法域之间比国与国之间应有更强的凝聚力，因而两地应当尽量限制公共秩序条款的适用，以利于维护司法正义和当事人权益，促进两地交往。对不予认可的裁定，也有一定的救济途径。当事人除了可以向上级法院寻求救济外，有的情况下可以再次提出认可和执行申请，有的情况下可以就相同案件事实向当地法院另行提起诉讼。

十、对支付申请执行费用有困难的当事人能否给予司法救助？

《安排》规定，申请认可和执行判决，应当根据被请求方法律规定，交纳诉讼费用、执行费用。但同时也考虑了对有困难当事人跨区域执行判决提供司法救助，保护弱势群体利益的问题。《安排》规定：申请人在生效判决作出地获准缓交、减交、免交诉讼费用的，在被请求方法院申请认可和执行判决时，应当享有同等待遇。这样规定的意义是，一是两地均给予对方居民同等待遇，使外地当事人同样可以获得向法院缴纳诉讼费用和执行费用方面的减免；二是只要在判决作出地法院已享受司法救助待遇，在向另一地申请认可和执行时，就不需要再次就获得司法救助的资格和条件专门加以证明和进行实质审查，对方法院可直接根据在原审法院享有司法救助的事实作出决定。

在法律援助或司法救助方面，两地的制度存在差异。澳门特别行政区法院在诉讼中可以决定律师提供法律援助事项，但内地法院自己不能决定律师的法律援助问题，而必须由专门负责法律援助的部门决定。因此，《安排》没有规定律师提供法律援助问题。这方面尚待内地有关部门与澳门特别行政区另行协商解决。

十一、《安排》生效前作出的判决是否能申请认可和执行？

这个问题需要从两个方面说明。一方面，《安排》生效前内地作出的判决，有的在本《安排》形成之前已经在澳门特别行政区提起认可和执行的程序，但处于未决状态。对于这类案件不应追溯适用《安排》，而应适用澳门特别行政区本地法律。

另一方面，存在一些两地法院在《安排》形成之前作出的判决，因为缺乏法律依据或者因为不了解对方法律制度等，而没有能够提起认可和执行程序。考虑到两地是在一个主权国家内部不同法域间进行司法协助，而且这种相互认可和执行判决制度应当是自澳门回归祖国后即应当具有的状态，故《安排》规定对这类案件，仍可适用《安排》予以处理。并且考虑到内地法律规定的申请执行期限较短，故规定澳门特别行政区法院在此期间作出的判决，当事人向内地法院申请认可和执行时，其申请期限自本《安排》生效之日起重新计算。

附录2：

《最高人民法院关于内地与澳门特别行政区相互认可和执行民商事判决的安排》的理解与适用*

黄金龙

根据《中华人民共和国澳门特别行政区基本法》第九十三条的规定，按照内地与港澳地区协商进行司法协助的既有惯例，最高人民法院与澳门特别行政区经协商达成了《关于内地与澳门特别行政区相互认可和执行民商事判决的安排》（以下简称《安

* 载《人民司法》2006年第5期。

排》)。《安排》经最高人民法院审判委员会第1378次会议讨论通过，于2006年2月28日在澳门特别行政区签署。3月22日，《安排》文本在两地同时公布，并于2006年4月1日起生效。

《安排》是在“一国两制”原则下内地与澳门特区之间在民商事司法协助领域，继2001年8月达成关于相互司法文书送达和调取证据的安排之后又一个成功的实践。笔者参与了该《安排》的起草和磋商工作，现将该《安排》的内容等有关情况加以介绍，以求有助于在涉澳民商事审判中理解与适用。

一、《安排》签署的背景情况

澳门回归后，尤其是随着两地经贸关系的加强，涉及两地的诉讼以及判决需要到对方执行的案件不断增加，尤其是内地判决需要到澳门特区执行的案件数量更多。回归后两地民商事司法协助工作的进展比较顺利。2001年8月双方签署了民商事案件相互委托送达司法文书和调查取证的安排，但在民商事领域最重要的环节——判决的相互认可和执行方面却迟迟没有开展磋商。

澳门特区民事诉讼法典规定澳门特区以外地方之法院所作裁判，经过澳门法院审查并确认后在澳门生效，而并不要求互惠。据此，在两地没有相互认可和执行判决的互惠机制的情况下，澳门特区法院已经认可和执行内地判决若干件。而内地则因为缺乏法律的明确规定，在没有协议或者安排的情况下，不受理申请认可和执行澳门特区法院判决的案件，使经过澳门特区法院判决的案件需要在内地另行诉讼，造成当事人诉讼成本增加和司法资源浪费。澳门特区希望尽快结束这种单方面认可和执行内地判决的局面，使澳门特区的判决也能尽早在内地得到认可和执行，以促进澳门经济的发展。澳门特区政府和居民均对此寄予高度期望。

而内地法院也希望通过签署安排，明确内地认可和执行澳门特区判决的法律依据。

二、《安排》适用的案件范围

根据《安排》第一条和第二条的规定，《安排》适用于两地所有民商事案件中作出的判决，没有对可以认可和执行的民商事案件的类型作出任何限制。而且《安排》的适用范围涵盖内地的劳动争议案件和澳门的劳动民事案件，也包括在刑事诉讼中作出的民事损害赔偿的判决、裁定。

（一）关于劳动争议案件

《安排》规定民商事案件包括劳动争议案件，但劳动争议案件在内地和澳门有细微的差别。内地理论与实践中都认为劳动争议案件属于民事案件，但在澳门有独立的劳动诉讼法典，其所指劳动诉讼在广义上属于民事诉讼。为避免歧义，《安排》在条文中分别作了表述。

（二）关于刑事案件中的民事损害赔偿的判决、裁定

这是澳门方面提出的表述方式，他们的法律观念中认为这类案件本质上属于民事案件，只是放在刑事程序中处理，故应适用。这个表述比《中华人民共和国民事诉讼法》第二百零七条①中提到的“刑事判决、裁定中的财产部分”含义要窄，而与刑事附带民事诉讼基本吻合。因为“财产部分”可以包括刑事赃款赃物的追缴和责令退赔。经过磋商，双方一致认为“追赃”（澳门表述为财物返还）不包含在《安排》中，因为实际情形比较复

① 现为2021年修正的《民事诉讼法》第二百三十一条。

杂。《安排》之所以没有表述为“刑事附带民事诉讼”，一是照顾到澳门没有这个概念，其次这样也更加灵活，使之可以包含内地实践中不通过刑事附带民事判决书形式，而直接以刑事判决书形式作出的处理，甚至可能包括内地的责令退赔。

（三）关于公证债权文书

澳门最初文本曾提到《安排》也应适用于两地的公证债权文书。鉴于内地有强制执行效力的公证债权文书在执行过程中存在一些问题，情况较为复杂，需要进一步完善相关制度，因此目前一并解决这个问题条件尚不成熟。而且鉴于内地处理公证债权文书的承认和执行问题应当与司法部一同研究，如一并解决会拖延《安排》达成的时间，故暂不考虑公证债权文书的相互承认和执行问题。司法部也表示该问题可以留待以后与两地整个公证书效力问题一起另行磋商。

（四）《安排》不适用于行政案件

澳门特区的行政案件概念与内地基本一致，只是他们在行政案件大概念下又区分一般行政案件和税务、海关行政案件。

值得提及的是，在澳门特区起草的《安排》的较早文本中，与行政案件并列的社会保障案件一并作为《安排》所排除适用的案件，后来在讨论中去掉了。在澳门，这类案件基本上与行政案件属类似的范畴。内地法律并未明确规定一种社会保障案件，这类案件实践中分为民商事案件中的劳动争议案件和行政诉讼案件。民事诉讼部分主要是企业拖欠应为职工向社会保险机构缴纳的工伤、养老、医疗、生育、失业等社会保险费用，行政诉讼部分主要包括社会保险费的强制征收、发放，工伤的认定等。

三、判决所代表的法律文书种类

《安排》第二条规定：本安排所称判决，在内地包括判决、裁定、决定、调解书、支付令；在澳门特别行政区包括裁判、判决、确认和解的裁定、法官的决定或者批示。应当说，这些法律文书形式基本代表了两地民商事案件中所有的裁判文书形式。虽然作了这些列举，但该条的精神实质是，不论两地法院作出的司法决定或裁判采用什么名称或者形式，只要是符合《安排》的判决，都依据《安排》给予执行。实际上澳门方面认为澳门特区司法裁判的名称并非绝对标准化。对此，如内地在执行中有疑问，澳门法院可以根据《安排》的有关条文给予证明。

《澳门民事诉讼法典》第一百零六条规定了司法之义务及司法裁判之名称。依该条规定，裁判是指合议庭作出的判决，而判决是指独任法官作出的判决。该条同时也规定了法官可以作出批示。

澳门特区法院的法官批示可以分为单纯事务性的批示和行使自由裁量权的批示。前者处理诉讼程序问题，而不解决实体问题，后者可以涉及实体问题。《澳门民事诉讼法典》第五百七十四条规定：涉及案件实体问题的批示具有确定判决的强制力；第六百七十九条规定：法院或法官的批示如果要求履行一定债务，则在执行力方面等同于判决。批示的形式可以是法官在诉讼文件上的手写批示，也可以是专门打印的批示，或者是经法官签字的有关口头批示的记录。对此种文书形式，在两地关于送达司法文书和调查取证的安排中也已经给予确认。

四、申请认可和执行判决需要提交的文件及相关问题

《安排》第六条规定：请求认可和执行判决，应当提交申请书。申请书应当载明如下内容：当事人的有关情况、请求认可和执行的判决的案号和判决日期；请求的理由、标的，以及该判决在判决作出地一方法院的执行情况。申请书应当附生效判决书副本，或者经作出生效判决的法院盖章的证明书，同时应当附具一些文件，以证明诉讼过程合法进行，如证明诉讼中对当事人依法作出了传唤、无诉讼行为能力人依法得到代理、判决已经送达当事人并生效等（第七条第一款）。这些规定是为了充分保障当事人的权利，尤其是败诉一方当事人的权利。

但如果判决书本身已经能够证明这些情况，或者被请求方法院认为已充分了解有关事项时，可以免除提交相关文件。被请求方法院在对当事人提供的判决书的真实性有疑问时，还可以请求作出生效判决的法院予以确认（第七条第二、三款）。

《安排》第八条规定：申请书应当用中文制作。所附司法文书及其相关文件未用中文制作的，应当提供中文译本。其中法院判决未用中文制作的，应当提供由法院出具的中文译本。关于对法院判决提供中文译本的规定，主要针对的是澳门特区法院以葡文作出的判决，但对于内地某些地区以少数民族语言作出的判决书也应适用。

同时，《安排》还作出了便利在一地形成的公文书在另一地使用的规定，第十八条规定：为适用本安排，由一方有权限公共机构（包括公证员）作成或者公证的文书正本、副本及译本，免除任何认证手续而可以在对方使用。这里首先明确，免除认证的规定，其适用范围限制在为执行本《安排》而使用有关文书的范

围内，即只限于为认可和执行判决而提交的文书事项，而不涉及所有公文书的免除认证问题。有权限公共机构主要是政府机构，也包括其他依法行使公共权力的机构。所提到的文书，包括有权限公共机构作成的公文书和由其进行公证的文书。对于公共机构的范围，条文中明确了包括公证员，也包括司法部委托的澳门公证员。由此对于两地公证员出具的公证书可以在认可和执行判决程序中直接使用。所谓免除任何认证手续而直接使用，其意义包括不需要经过特别机构的盖章和转递，以减轻诉讼当事人的负担。

五、认可和执行的程序问题

关于司法协助的国际条约或者区际协议所解决的核心问题是认可的程序问题，而不是纯粹的执行程序问题。通常涉及真正的执行程序，只是提到经认可的判决可以申请执行，按照执行地法律规定进行，另外多数也只是有关申请的手续方面的规定。

（一）《安排》确定的认可和执行判决的基本程序框架

《安排》第三条规定：两地之间相互认可和执行判决，由当事人（判决确定的债权人）自行向对方有管辖权的法院提出申请。澳门特区法院受理认可申请的法院为中级法院，受理执行申请的法院为初级法院。内地的认可和执行均由中级人民法院管辖，具体行使管辖权的中级人民法院根据被申请执行的债务人的住所地、经常居住地或者财产所在地来确定（第四条）。受理法院收到请求认可和执行判决的申请后，应当将申请书送达被申请人。被申请人有权根据当地的法律提出答辩（第九条）。被请求方法院应当尽快审查认可和执行的请求，并作出裁定（第十条）。裁定应当及时送达。当事人对认可与否及执行的裁定不服的，可以根据被请求方法律的规定向上级法院寻求救济。在澳门，对于符合上诉条件的，可以提起上诉；在内地，符合申请复议的条件的，可以向上级法院申请复议（第十二条）。经裁定予以认可的判决与被请求方法院的判决具有同等效力。对于其中有给付内容（即确认债务人须履行一定给付义务）的判决，可以向被请求方有管辖权的法院申请执行（第十三条）。

（二）澳门的外地判决认可程序和执行程序

《澳门民事诉讼法典》第十四编规定了对澳门以外地方之法院或仲裁员所作裁判之审查程序。该程序属诉讼程序，管辖法院为中级法院。当事人应提交起诉状及待审查之裁判文件。法院收到后，传唤对方当事人于15日内提出答辩。提交诉辩书状阶段结束后，须将卷宗交给检察院审阅。如检察院提出问题，当事人可以于10日内提出反对意见。中级法院按照处理平常上诉（普通上诉，区别于再审上诉）案件的规则进行。裁判由合议庭作出。承办法官有10天时间作初步审查，两名合议庭法官分别有15天的审阅时间。然后由承办法官在30日内制作裁判书草案，并交付讨论表决，以多数票决定裁判意见。对中级法院作出的对判决认可与否的裁判，可以向终审法院提起平常上诉。经审查认可的判决，依法当然在本地有执行力，当事人可以申请执行。《安排》规定的认可程序基本上以澳门的现行法律为蓝本。

澳门的执行程序由初级法院负责，不论执行依据的来源如何。其特色是：民事诉讼法典明确规定其性质为执行之诉，整个程序也是按照执行诉讼模式设计的。法官负责执行过程中的裁判和命令事项，而具体落实法官命令者为法院办事处的司法辅助人员，执行中所采取的执行措施与内地大同小异。

六、拒绝认可的情形及救济途径

考虑到两地社会制度方面存在差异，两地间管辖权规则存在一定冲突，为公平保护败诉一方当事人的合法权益、协调司法程序以避免重复诉讼，《安排》规定了不予认可的情形。具体有以下六种：

（一）根据被请求方的法律，判决所确认的事项属被请求方法院专属管辖

这是关于原判决法院无管辖权的情形的规定。只要不违背被请求方法律中的专属管辖权的规定，即应认可对方的管辖权。《澳门民事诉讼法典》第一千二百条一（c）项有类似规定。而专属管辖的范围是非常有限的，在澳门包括不动产案件和住所在澳门的法人破产或无偿还能力的案件，在内地包括不动产纠纷、港口作业纠纷、继承纠纷、中外合资合作合同纠纷。

（二）在被请求方法院已存在相同诉讼，该诉讼先于待认可判决的诉讼提起，且被请求方法院具有管辖权

这一项涉及相同当事人就同一案件事实和请求在两地进行重复诉讼（平行诉讼、诉讼竞合、双重起诉、一事两诉）问题。这一规定要求，在受理认可判决请求时，如果被请求方法院存在相同案件的待决诉讼，需要满足两个条件才可以拒绝认可对方的判决：(1) 被请求方法院对诉讼具有管辖权；(2) 被请求方法院受理案件的时间在先，即早于待认可的判决所基于的诉讼而提起。因此，只要被请求方法院有管辖权且在先受理诉讼，则不论申请认可时被请求方法院是否已经作出了判决，都可以拒绝认可与执行对方法院判决。

这一规定间接地解决了平行诉讼的管辖问题。对解决这一问题，各国和地区的传统做法有以下几种：(1) 先受理案件优先原则，即对平行诉讼只认可受理在先的法院的管辖权；(2) 先作出判决优先原则，即以哪方先作出判决为准决定其管辖权；(3) 只认本法域法院管辖权原则，即只以本法域法院受理案件作出的判决为准。澳门民事诉讼法典采取受理在先原则。内地法律对此问题没有明确规定，从《最高人民法院关于适用〈中华人民共和国民事诉讼法〉若干问题的意见》第十五条和第三百零六条的规定看，对跨法域平行诉讼采取只认本国管辖权原则，但在解决内地不同法院之间管辖权冲突时，则基本运用受理在先规则。而在处理区际司法协调的问题上，这一原则应当说更能体现“一国两制”中的一国精神。故《安排》采纳了这种原则，应当说这一规定妥善处理了两地的诉讼竞合问题。

（三）被请求方法院已认可或者执行被请求方法院以外的法院或仲裁机构就相同诉讼作出的判决或仲裁裁决

这一规定与前项类似，也是为了防止重复诉讼、协调司法程序。这种情况下受理在先原则不再起作用，因为毕竟在受理认可对方法院判决的请求时，已经认可或者执行了其他法域的判决或者裁决。

（四）根据判决作出地的法律规定，败诉的当事人未得到合法传唤，或者无诉讼行为能力人未依法得到代理

这是为了公平保护案件当事人的合法权益，即使在一个法域内部也需要妥善处理这一问题。从相互尊重的角度，《安排》规定对这种情形根据判决作出地的法律进行审查，而不能依据被请求方法律进行审查。

（五）根据判决作出地的法律规定，申请认可和执行的判决尚未发生法律效力，或者因再审被裁定中止执行

与前项类似，这也是判决执行制度中的基本要求，即使在一个法域内部也需要遵守。

（六）在内地认可和执行判决将违反内地法律的基本原则或者社会公共利益；在澳门特别行政区认可和执行判决将违反澳门特别行政区法律的基本原则或者公共秩序

此项可以概括为公共利益条款。因两地对这一概念的表述不同，《安排》中作了分别表述。

尽管现有多法域国家在解决区际法院判决的相互认可与执行时对公共秩序条款大多持宽松的态度，如在美国，法律明文规定不适用公共秩序，澳大利亚则根本未提及公共秩序对区际法院判决承认与执行的影响。但中国的国情与之不同，内地与澳门存在不同的社会制度、经济制度、风俗习惯和法律原则，公共秩序条款对于维护各法域法律制度的独立性和各自法律制度下独特的生活方式是必要的。但一国内各法域之间比国与国之间应有更强的凝聚力，因而两地应当尽量限制公共秩序条款的适用，以利于维护司法正义和当事人权益，促进两地交往。

（七）救济途径

对被请求方法院作出的生效的不予认可裁定，《安排》也规定了一定的救济途径。除第十一条第二、三项的情形，因逻辑上不存在重新起诉或者其他救济途径的以外，第十七条规定，在根据《安排》第十一条第一、四、六项，即因无管辖权、无合法传唤和适当代理、违背公共利益而不予认可的情况下，被请求方法院依本地法律有管辖权的，当事人可以就相同案件事实向当地法

院另行提起诉讼。第十一条第五项所指的判决，即尚未生效或者因再审而中止执行的判决，在不予认可的情形消除（即已生效或者恢复执行）后，申请人可以再行提起认可和执行的申请。当然，笔者认为在实务中对这种情形下的判决，也可以采取中止认可和执行程序的办法处理，待原判决取得或者恢复执行效力后，或者原判决经过再审得以维持时，再恢复认可和执行程序。这样处理亦不违背《安排》的精神。

七、财产保全和保全性执行措施问题

（一）关于申请认可前后的财产保全

《安排》充分考虑了这种保全措施的必要性，妥善解决了这一问题。第十五条规定：法院受理认可和执行判决的申请之前或者之后，可以按照被请求方法律关于财产保全的规定，根据申请人的申请，对被申请人的财产采取保全措施。这也是本《安排》的一个成功之处，表明两地司法协作已经达到了比较高的层次。这个规定在实际操作中，对于保护债权人的权益是很有必要的。

（二）关于原诉讼审理阶段的保全措施

《安排》第十五条规定的保全，不同于当事人在原诉讼审理阶段所申请的保全。对于这种保全，《安排》并没有作出规定。对此，笔者认为，可以考虑在一地诉讼过程中，当事人直接向另一地法院申请财产保全，由另一地法院作出保全裁定，并予以执行。相信两地法院在今后的司法协助实践中均会作出合理的解释，必要时两地也可以再磋商解决。

（三）关于执行阶段的保全性执行措施

《安排》第五条规定：被申请人在内地和澳门特别行政区均

有可供执行财产的，申请人可以向一地法院提出执行申请。

申请人向一地法院提出执行申请的同时，可以向另一地法院申请查封、扣押或者冻结被执行人的财产。待一地法院执行完毕后，可以根据该地法院出具的执行情况证明，就不足部分向另一地法院申请采取处分财产的执行措施。

两地法院执行财产的总额，不得超过依据判决和法律规定所确定的数额。

这一规定旨在解决当事人同时向两地法院申请执行时的协调问题。这同以往与香港特区签署的仲裁裁决执行安排不同，是有所突破的制度设计。在与香港特别行政区的仲裁裁决安排中，规定当事人不得同时分别向两地法院申请执行。但实践中债权人向两地法院同时申请执行的情况是不可避免的。而在债务人可能转移财产逃避执行的情况下，同时申请对保护债权是有利的。现实中也曾发生当事人因不能同时向两地法院申请执行，而造成在一地执行后，在另一地的财产已经转移，无法实现债权。因此，与其堵塞这一渠道，不如放开。只要确保两地执行的总数额不超过判决确定的总数额即可。可以推断，受费用和法律责任的约束、债务人在两地法院间沟通信息及提出抗辩的约束，债权人取得双重受偿的可能性是极小的。但这样就必须协调两地的执行程序，防止两地执行程序的重复，浪费司法资源。

《安排》最终采取的方案是有条件地开放同时申请的渠道——申请人向一地法院提出执行申请的同时，可以向另一地法院申请查封、扣押或者冻结被执行人财产这类保全性执行措施。待一地法院执行完毕后，才能根据该地法院出具的执行情况证明，就不足部分向另一地法院申请采取处分财产的执行措施。

八、《安排》生效前作出判决的处理及申请期限问题

对于《安排》生效前的判决，首先应区分是否已经向对方法院提起认可和执行程序。对于已经提起的，第二十一条第一款规定：本安排生效前提出的认可和执行请求，不适用本安排。这主要考虑到《安排》生效前内地作出的判决，有的在本《安排》形成之前已经在澳门提起认可和执行的程序，但处于未决状态。对于这类案件不应追溯适用《安排》，而应适用澳门本地法律，即本《安排》只应适用于其生效后提起申请认可和执行案件。

对于未提起认可和执行程序的判决，第二十一条第二款和第三款规定：两地法院自1999年12月20日以后至本安排生效前作出的判决，当事人未向对方法院申请认可和执行，或者对方法院拒绝受理的，仍可以于本安排生效后提出申请。澳门特别行政区法院在上述期间内作出的判决，当事人向内地人民法院申请认可和执行的期限，自本安排生效之日起重新计算。首先是这类判决于《安排》生效后仍可依据《安排》提起认可和执行。据推断，应存在一些两地法院在《安排》形成之前作出的判决，因为缺乏法律依据或者因为不了解对方的法律制度，而没有能够提起认可和执行程序。考虑到两地是在一个主权国家内部不同法域间进行司法协助，而且这种相互认可和执行判决制度应当是自澳门回归祖国后即应当具有的状态，故《安排》规定对这类案件仍可适用《安排》予以处理。

其次，对这类判决向内地申请认可和执行的期限问题作了变通规定。内地法律申请执行期限较短，而且是诉讼法上的不变期间。而在澳门及其他国家和地区，这个概念是实体法上的诉讼时效制度，而且较长。澳门方面在磋商中也表示对外地判决与本地

判决一样尊重这一实体法观念，因此，内地判决到澳门申请执行，基本不会存在超过期限的问题。而向内地法院提起认可和执行澳门判决的程序，可能超过内地申请执行的期限。因此对澳门在回归后、《安排》生效前作出的判决，作出允许在《安排》生效后，重新计算申请承认和执行的期限的规定。

《安排》的签署和实施，为内地认可和执行澳门法院的判决提供了直接的依据，从而将结束澳门特区单方面认可和执行内地判决的局面，使两地的司法协助达到平衡。由此也将实现两地民商事判决跨司法区域顺利“流动”，节省诉讼成本和司法资源，有利于充分实现两地司法判决的效力和增强司法的权威。同时，《安排》使两地相互认可和执行判决的主要程序问题得以明确，形成共同认可的制度，由此将增强两地居民、企业跨区域投资、贸易的信心，促进实现更紧密的经贸联系和中国经济的持续、健康、快速发展。

最高人民法院
关于内地与澳门特别行政区相互认可和执行仲裁裁决的安排

法释〔2007〕17号

（2007年9月17日最高人民法院审判委员会第1437次会议通过
2007年12月12日最高人民法院公告公布　自2008年1月1日起实施）

根据《中华人民共和国澳门特别行政区基本法》第九十三条的规定，经最高人民法院与澳门特别行政区协商，现就内地与澳门特别行政区相互认可和执行仲裁裁决的有关事宜达成如下安排：

第一条　内地人民法院认可和执行澳门特别行政区仲裁机构及仲裁员按照澳门特别行政区仲裁法规在澳门作出的民商事仲裁裁决，澳门特别行政区法院认可和执行内地仲裁机构依据《中华人民共和国仲裁法》在内地作出的民商事仲裁裁决，适用本安排。

本安排没有规定的，适用认可和执行地的程序法律规定。

第二条　在内地或者澳门特别行政区作出的仲裁裁决，一方当事人不履行的，另一方当事人可以向被申请人住所地、经常居住地或者财产所在地的有关法院申请认可和执行。

内地有权受理认可和执行仲裁裁决申请的法院为中级人民法院。两个或者两个以上中级人民法院均有管辖权的，当事人应当选择向其中一个中级人民法院提出申请。

澳门特别行政区有权受理认可仲裁裁决申请的法院为中级法院，有权执行的法院为初级法院。

第三条 被申请人的住所地、经常居住地或者财产所在地分别在内地和澳门特别行政区的，申请人可以向一地法院提出认可和执行申请，也可以分别向两地法院提出申请。

当事人分别向两地法院提出申请的，两地法院都应当依法进行审查。予以认可的，采取查封、扣押或者冻结被执行人财产等执行措施。仲裁地法院应当先进行执行清偿；另一地法院在收到仲裁地法院关于经执行债权未获清偿情况的证明后，可以对申请人未获清偿的部分进行执行清偿。两地法院执行财产的总额，不得超过依据裁决和法律规定所确定的数额。

第四条 申请人向有关法院申请认可和执行仲裁裁决的，应当提交以下文件或者经公证的副本：

（一）申请书；

（二）申请人身份证明；

（三）仲裁协议；

（四）仲裁裁决书或者仲裁调解书。

上述文件没有中文文本的，申请人应当提交经正式证明的中文译本。

第五条 申请书应当包括下列内容：

（一）申请人或者被申请人为自然人的，应当载明其姓名及住所；为法人或者其他组织的，应当载明其名称及住所，以及其法定代表人或者主要负责人的姓名、职务和住所；申请人是外国籍法人或者其他组织的，应当提交相应的公证和认证材料；

（二）请求认可和执行的仲裁裁决书或者仲裁调解书的案号

或识别资料和生效日期；

（三）申请认可和执行仲裁裁决的理由及具体请求，以及被申请人财产所在地、财产状况及该仲裁裁决的执行情况。

第六条　申请人向有关法院申请认可和执行内地或者澳门特别行政区仲裁裁决的期限，依据认可和执行地的法律确定。

第七条　对申请认可和执行的仲裁裁决，被申请人提出证据证明有下列情形之一的，经审查核实，有关法院可以裁定不予认可：

（一）仲裁协议一方当事人依对其适用的法律在订立仲裁协议时属于无行为能力的；或者依当事人约定的准据法，或当事人没有约定适用的准据法而依仲裁地法律，该仲裁协议无效的；

（二）被申请人未接到选任仲裁员或者进行仲裁程序的适当通知，或者因他故未能陈述意见的；

（三）裁决所处理的争议不是提交仲裁的争议，或者不在仲裁协议范围之内；或者裁决载有超出当事人提交仲裁范围的事项的决定，但裁决中超出提交仲裁范围的事项的决定与提交仲裁事项的决定可以分开的，裁决中关于提交仲裁事项的决定部分可以予以认可；

（四）仲裁庭的组成或者仲裁程序违反了当事人的约定，或者在当事人没有约定时与仲裁地的法律不符的；

（五）裁决对当事人尚无约束力，或者业经仲裁地的法院撤销或者拒绝执行的。

有关法院认定，依执行地法律，争议事项不能以仲裁解决的，不予认可和执行该裁决。

内地法院认定在内地认可和执行该仲裁裁决违反内地法律的基本原则或者社会公共利益，澳门特别行政区法院认定在澳门特别行政区认可和执行该仲裁裁决违反澳门特别行政区法律的基本原则或者公共秩序，不予认可和执行该裁决。

第八条 申请人依据本安排申请认可和执行仲裁裁决的，应当根据执行地法律的规定，交纳诉讼费用。

第九条 一方当事人向一地法院申请执行仲裁裁决，另一方当事人向另一地法院申请撤销该仲裁裁决，被执行人申请中止执行且提供充分担保的，执行法院应当中止执行。

根据经认可的撤销仲裁裁决的判决、裁定，执行法院应当终结执行程序；撤销仲裁裁决申请被驳回的，执行法院应当恢复执行。

当事人申请中止执行的，应当向执行法院提供其他法院已经受理申请撤销仲裁裁决案件的法律文书。

第十条 受理申请的法院应当尽快审查认可和执行的请求，并作出裁定。

第十一条 法院在受理认可和执行仲裁裁决申请之前或者之后，可以依当事人的申请，按照法院地法律规定，对被申请人的财产采取保全措施。

第十二条 由一方有权限公共机构（包括公证员）作成的文书正本或者经公证的文书副本及译本，在适用本安排时，可以免除认证手续在对方使用。

第十三条 本安排实施前，当事人提出的认可和执行仲裁裁决的请求，不适用本安排。

自1999年12月20日至本安排实施前，澳门特别行政区仲裁机构及仲裁员作出的仲裁裁决，当事人向内地申请认可和执行的期限，自本安排实施之日起算。

第十四条 为执行本安排，最高人民法院和澳门特别行政区终审法院应当相互提供相关法律资料。

最高人民法院和澳门特别行政区终审法院每年相互通报执行本安排的情况。

第十五条　本安排在执行过程中遇有问题或者需要修改的，由最高人民法院和澳门特别行政区协商解决。

第十六条　本安排自2008年1月1日起实施。

附录1：

最高人民法院负责人就《关于内地与澳门特别行政区相互认可和执行仲裁裁决的安排》答记者问

（2007年10月30日）

一、签署《关于内地与澳门特别行政区相互认可和执行仲裁裁决的安排》（以下简称《安排》）有什么重要意义？

《安排》是继内地与澳门特区2001年签署《关于内地与澳门特别行政区法院就民商事案件相互委托送达司法文书和调取证据的安排》、2006年签署《关于相互认可和执行民商事判决的安排》之后，司法协助领域又一重大成果。《安排》的签署，标志着两地司法向更紧密协助关系迈进，相互协助的范围从民商事文书送达、调查取证、判决的承认和执行方面向更加广泛的领域扩展。《安排》的签署，必将在贯彻落实“一国两制”方针，保护两地当事人合法权益，维护两地司法权威，促进内地、澳门经济发展和澳门特区长期繁荣稳定方面产生积极的影响，同时对内地与澳门特区法律界关系的进一步发展及未来司法方面的更大合作奠定基础。

二、内地与澳门特区的磋商经过和磋商过程中依据的原则是什么?

2006 年 9 月内地与澳门特区代表在湖南长沙就《安排》举行了第一次磋商,之后 2007 年 5 月,两地代表在澳门又进行了第二次磋商,并修改和交换文本 10 余次。经两地代表共同努力,到本月下旬就《安排》中的重大问题和一些技术性细节问题,均已达成一致意见,并最终形成了今天的签署文本。应当说,两地的磋商工作是积极、稳妥、务实、高效的。

两地的磋商工作之所以取得了上述成效,主要基于在磋商过程中始终坚持了以下几项原则:

1. 平等协商、充分交流、相互尊重、增进互信的原则。根据《中华人民共和国澳门特别行政区基本法》,澳门特别行政区享有独立的司法权和终审权,与内地法院没有隶属关系。因此,在磋商过程中双方始终坚持两个司法区域平等协商的原则。对于两地司法制度和相关实体法律制度,进行了充分的交流和认真的探讨。双方以最大的诚意交换意见,对于因制度差异形成的司法协助方面的困难和问题,提出换位思考,相互体谅,相互为对方做出有益的提示。通过这样的磋商,达到了在相互信任的基础上合作的目的。

2. 坚持求同存异、循序渐进、由易到难、稳步推进的原则。协商中,充分考虑双方法律制度、理念和用语的差异,力求在重大问题上达成一致,不强求解决所有问题。在两地法律概念不统一时,技术上采取分别表述的方式处理。一些较复杂、细节问题，如内地仲裁机构在澳门特区做出的仲裁裁决是否按《安排》执行等问题，留待今后根据实践发展的需要，再研究解决。

3. 勇于创新、务求实效的原则。"一国两制"下的司法协助，没有现成的经验可供借鉴，需要在符合两地法律原则和程序的前提下，积极探索、开拓思路、大胆创新，努力发展"一国两制"司法协助的新成果。具体做法，如《安排》文本在磋商中，虽然参照了有关国际条约和以前的有关安排，但不拘泥于既有文件的范围或表述方式，而是根据保护当事人合法权益的实际需要，进行必要的创新。《安排》中对于一方当事人向一地法院申请执行仲裁裁决，另一方当事人向另一地法院申请撤销该仲裁裁决，执行法院应当如何处理的规定，就是在这个原则指导下创设的。

4. 借鉴国际上成功经验的原则。内地与澳门特区之间的司法协助，是一国之内的不同法律区域间的司法合作，和国与国之间具有主权因素的司法协助有本质上的区别。但考虑到特区的国际化特点和特殊的历史因素，在符合"一国两制"的原则下，可以考虑参照适用国际司法协助的一些做法和准则，借鉴有益的成功经验。《安排》的具体内容主要参照了1958年《纽约公约》的有关规定。

上述原则是磋商迅速取得进展和成功的基础。我认为这也是今后两地进行司法协助磋商中应当坚持的原则。

三、关于《安排》的适用范围问题

按照目前澳门仲裁法规，在澳门可仲裁的事项十分广泛，仲裁种类也很多，包括商事仲裁、劳动仲裁和行政仲裁等。行政仲裁主要是指针对行政合同争议，行政当局、公务人员或者服务人员等因执行职务行为造成损失的求偿纠纷等所作出的裁决。在内地，根据仲裁法，行政争议不能通过仲裁解决，而内地劳动仲裁和一般的商事仲裁性质不同。所以根据两地法律规定和两地仲裁制度的实际情况，参照我国在加入《纽约公约》时所作的商事保留声明，按照双方对等的原则，双方同意在《安排》中仅规定民商事仲裁裁决的认可与执行。

《安排》是否承认临时仲裁？根据澳门特区法律，澳门有临时仲裁制度，而且据了解在澳门特区作出的临时仲裁裁决多于机构仲裁裁决。目前内地现有的法律虽然没有关于临时仲裁的规定，但是，根据《纽约公约》，成员国之间相互承认和执行的仲裁裁决应当包括临时仲裁。中国作为成员国，能够承认成员国的临时仲裁裁决，对于一国之内的其他法律区域的临时仲裁裁决，当然要予以认可和执行。

四、《安排》包括哪些主要内容？

《安排》共16条，主要内容有：

1. 安排适用的范围、可执行的“仲裁裁决”书种类；

2. 受理认可和执行申请的管辖法院、当事人同时向两地法院申请执行时，两地法院谁先执行及如何相互协调配合；

3. 请求认可和执行的申请书的内容、应当提交的文件，以及上述文书所用语言规定；

4. 认可的程序、拒绝认可的情形；

5. 受理认可和执行请求期间的财产保全规定；

6. 公共机构文书的免除认证、诉讼费用交纳标准；

7. 一方当事人向一地法院申请执行仲裁裁决，另一方当事人向另一地法院申请撤销该仲裁裁决，执行法院应当如何处理；

8. 对受理申请的法院应当尽快审查的要求；
9.《安排》的溯及力；
10. 为执行《安排》，最高法院与澳门终审法院的协作规定。

这些内容形成了两地相互认可和执行对方仲裁裁决的基本程序架构。

五、《安排》对受理认可和执行申请法院的管辖是如何规定的?

内地与澳门特区仲裁裁决的申请执行，《安排》规定是由当事人（仲裁裁决确定的债权人）自行向对方有管辖权的法院提出申请。澳门特区法院对外地仲裁裁决的认可和执行是截然分开的。按照澳门特区法律，对于提出认可仲裁裁决的申请，由澳门中级法院处理，但是认可后仲裁裁决的执行，一般则由具有管辖权的澳门初级法院处理。但是在内地，根据《安排》，认可和执行的申请均由中级人民法院处理。由于内地地域辽阔，中级人民法院较多，因此，具体行使管辖权的中级人民法院应当根据申请执行的债务人的住所地、经常居住地或者财产所在地来确定。

六、如何解决债权人向两地法院同时申请执行的问题?

出于对债权保护考虑，避免因债务人转移财产、逃避执行而使债权实现受阻的情况发生，对于被执行人在内地和澳门特区均有财产可供执行的，《安排》允许当事人可以分别向两地法院提出执行仲裁裁决的申请，同时要求两地法院要依法进行审查，对于认可的，要依法采取查封、扣押或者冻结被执行人财产的执行措施。

为了防止两地法院执行程序的重复，从而造成司法资源的浪费，《安排》还规定，仲裁地法院应当先进行执行清偿。另一地法院在收到仲裁地法院关于经执行债权未获清偿情况的证明后，可以对申请人未获清偿的部分进行执行清偿。两地法院执行财产的总额，不得超过依据裁决和法律规定所确定的数额。改变了《关于内地与香港特别行政区相互执行仲裁裁决的安排》中关于当事人只能向一地法院申请执行的规定，从而使两地认可和执行机制对债权的保护更趋合理和完善，这也是区际司法协助领域的体制创新成果。

七、申请认可和执行仲裁裁决需要提交哪些文件?

当事人申请认可和执行仲裁裁决时，应当按照《安排》的要求，提交有关文件。根据《安排》，请求认可和执行仲裁裁决应当提交以下文件：（1）申请书；（2）申请人身份证明；（3）仲裁协议；（4）仲裁裁决书或者仲裁调解书。《安排》还要求，上述文件没有中文文本的，要提交正式证明的中文译本。

对于申请书，要求应当载明：当事人的有关情况，请求认可和执行的仲裁裁决书或者仲裁调解书的案号或识别资料和生效日期，申请认可和执行仲裁裁决的理由及具体请求，以及被申请人财产所在地、财产状况及该仲裁裁决已经执行情况。

八、《安排》对于认可和执行仲裁裁决是否规定了保全措施?

为了确实保证两地的仲裁裁决在对方得到有效执行，更加充分地保障仲裁裁决确定的债权人的债权利益，防止被执行人转移财产，《安排》对受理法院提出了要求，要求法院在受理认可和执行仲裁裁决申请之前或者之后，可以依当事人的申请，按照法院地法律规定，对被申请人的财产采取保全措施。上述规定借鉴了2006年《内地与澳门特区签署的内地与澳门特别行政区关于相互认可和执行民商事判决的安排》中关于两地法院采取保全措施的规定。这一规定主要是为内地法院处理此类问题提供法律依据，因为民事诉讼法司法协助一章中没有关于保全措施的相应规定。《安排》中“受理认可和执行判决申请之前或者之后”中的“执行”，是指审查认可阶段，而不是执行程序中的执行。因为如果进入执行阶段，所采取的措施就不必称为保全措施，而应当是执行措施。

九、对于拒绝认可仲裁裁决的，可以有哪几种情形？

参照《关于内地与香港特别行政区相互执行仲裁裁决的安排》及1958年《纽约公约》，《安排》规定了七种不予认可的情形。同时要求前五种情形必须由当事人提出证据证明，后两种则由受理申请法院根据职权进行审查。

第一种是仲裁协议一方当事人依对其适用的法律在订立仲裁协议时属于无行为能力，或者依据当事人约定的准据法，仲裁协议无效的，或者在当事人没有约定准据法时，依据仲裁地法律，仲裁协议是无效的。

第二种是被申请人未接到选任仲裁员或者进行仲裁程序的适当通知，或者其他原因未能陈述意见的。

第三种是裁决所处理的争议不是提交仲裁的争议，或者不在仲裁协议范围之内；或者裁决载有超出当事人提交仲裁范围的事项的决定的。但是裁决中超出提交仲裁范围的事项的决定与提交仲裁事项的决定可以分开的，裁决中关于提交仲裁事项的决定部分可以予以认可。

第四种是仲裁庭的组成或者仲裁程序违反了当事人的约定，或者在当事人没有约定时与仲裁地的法律不符的。

第五种是裁决对当事人尚无约束力，或者已经仲裁地的法院撤销或者拒绝执行的。

第六种是执行地法院认定，依执行地法律，争议事项不能以仲裁解决的。

第七种是内地法院认定在内地认可和执行该仲裁裁决违反内地法律的基本原则或者社会公共利益，澳门特别行政区法院认定在澳门特别行政区认可和执行该仲裁裁决违反澳门特别行政区法律的基本原则或者公共秩序，不予认可和执行该裁决。

十、关于申请撤销仲裁裁决对另一地法院认可和执行仲裁裁决有什么影响？

按照两地法律规定，仲裁裁决作出后，可能会出现一方申请执行，而另一方却申请撤销的情形。在这种情况，受理申请执行的法院该如何处理，在 1999 年内地与香港签署的《关于内地与香港特别行政区相互执行仲裁裁决的安排》中没有相应的规定，出现此类问题，在实践中就没有了依据。因此，《安排》第九条对此作出明确规定。主要内容体现在三个方面：第一，一方当事人向一地法院申请执行仲裁裁决，另一方当事人向另一地法院申请撤销该仲裁裁决，应当由被执行人提出中止执行的申请，再由执行法院决定是否中止执行；第二，撤销仲裁裁决程序启动后，被执行人申请中止执行的，不能当然自动中止认可和执行程序，只有被执行人提供充分担保时，法院才可以决定中止执行；第三，撤销仲裁裁决的法院裁判，要经另一地法院的认可程序予以确认后始能产生终结仲裁裁决执行的效力。

十一、《安排》溯及力是怎样的？

这个问题可以分为几种情况说明。第一种情况是，本《安排》实施后，当事人提出的认可和执行仲裁裁决的请求，都应当按照《安排》审查处理。第二种情况是，本《安排》实施前，当事人提出的认可和执行仲裁裁决的请求，是否还依照《安排》审查处理？这种情形主要针对澳门特区。因为根据澳门特区法律，在不存在互惠的情况下，澳门特区已经依据澳门法律认可和执行了内地仲裁裁决。因此，对于澳门特区法院已经受理申请认可和执行内地仲裁裁决的案件，就应当继续按照澳门特区的有关法律规定审查处理，不必再重新适用《安排》进行审查。第三种情形也是针对澳门特区。由于在内地与澳门特区建立相互认可和执行仲裁裁决机制以前，内地法院是不认可和执行澳门特区仲裁裁决的。考虑到 1999 年 12 月 20 日澳门回归以后，两地是在一个主权国家内部不同法律区域间进行的司法协助，虽然《安排》是 2007 年实施的，但是，这种相互认可和执行仲裁裁决制度应当是自澳门回归祖国后即应当具有的，故《安排》对于 1999 年 12 月 20 日澳门回归以后至本安排实施前这一段时间作出的仲裁裁决，规定都可以根据《安排》在内地申请执行。并且考虑到这类案件可能超过内地申请认可和执行的法定期限，故《安排》规定申请认可和执行的期限，应当自本安排实施之日起算。

附录2：

《最高人民法院关于内地与澳门特别行政区相互认可和执行仲裁裁决的安排》的理解与适用*

吴兆祥

《关于内地与澳门特别行政区相互认可和执行仲裁裁决的安排》（法释〔2007〕17号）（以下简称《安排》）经最高人民法院审判委员会讨论通过并发布，已于2008年1月1日正式实施。现对《安排》出台的背景及主要内容作简要介绍。

一、《安排》出台的背景

1999年澳门回归后，内地与澳门特别行政区之间的经济社会等各方面的交流日益增多，两地司法合作与协助问题也日显突出和紧迫。《中华人民共和国澳门特别行政区基本法》第九十三条规定，澳门特别行政区可与全国其他地区的司法机关通过协商依法进行司法方面的联系和相互提供协助。这实际上是对两地司法协助的主体和方式予以法律上的明确，即由澳门特别行政区和内地司法机关进行协助解决。双方对此非常重视，最高人民法院和澳门特别行政区分别成立了专门的工作小组，负责就民商事司法协助工作进行协商。按照工作计划，最高人民法院和澳门特别行政区按照“一国两制”的基本原则，尊重两地法律现状，本着方便当事人诉讼，增进两地司法合作互信，加强对当事人权利保护

* 载《立案工作指导》2008年第1辑，人民法院出版社2008年版。

的基本要求，双方开诚布公，互谅互让，2001 年签署了《关于内地与澳门特别行政区法院就民商事案件相互委托送达司法文书和调取证据的安排》、2006 年签署《内地与澳门特别行政区关于相互认可和执行民商事判决的安排》。

根据最高人民法院和澳门特别行政区共同决定，2006 年正式启动了内地与澳门特别行政区关于两地仲裁裁决认可与执行问题的磋商工作。2006 年 7 月，最高人民法院港澳台司法事务指导小组与澳门司法协助工作办公室交换了意见，提出了《关于内地与澳门特别行政区相互认可和执行仲裁裁决的安排》。指导小组对安排涉及的主要问题进行了充分的讨论，根据讨论意见形成了《安排》初稿。以此为草案，于 9 月份，双方代表团在湖南长沙进行了第一轮正式磋商。双方对《安排》草案进行了逐条的讨论，充分交换了意见，并就《安排》的主要方面达成了共识，同时也提出了双方有分歧需要进一步研究和磋商的问题以及需要增加的内容。会后，指导小组根据磋商情况，对会议提出的需要进一步研究的问题进行了充分的讨论，形成了《安排》第二稿，并传真澳门方进行研究。根据澳门方提出的修改意见，指导小组修改完成第二轮磋商稿。2007 年 5 月初，指导小组派出代表团赴澳门进行了第二轮正式磋商。第二轮磋商期间，双方就有分歧的问题充分交换了意见，并提出了建设性的修改意见，双方在会上对《安排》基本达成了一致意见。7 月份，《安排》稿送最高人民检察院、全国人大常委法工委、司法部、国务院港澳办、公安部征求了意见。10 月 30 日，澳门特别行政区和最高人民法院在北京举行了《安排》的签署仪式，并协商确定于 12 月 12 日正式公布，并于 2008 年 1 月 1 日正式实施。

二、《安排》的主要内容

（一）《安排》的性质与名称

澳门特别行政区和内地是一个主权国家实行两种制度的不同区域，既是不同的行政区域，也是不同的法域，相互之间享有独立的司法权。因此，澳门特别行政区与内地司法机关之间的司法协助事宜，既不同于国与国之间的通过缔结条约或者按照国际公约进行的司法协助，也不同于同一法域内各地司法机关之间的依照统一的法律规定承担的司法协助义务，在性质上属于一国内不同地区间的司法协助。双方一致认为，内地与澳门特别行政区是“一国两制”下的不同法域，相互之间的仲裁裁决的认可与执行在性质上不同于国与国之间的司法协助，因此，在名称上要区别于国家与国家之间司法协助，使用“认可与执行”而不是“承认与执行”。所以，《安排》是“一国两制”下不同区际法域之间就司法协助问题达成的法律性文件，其主体是基本法规定的澳门特别行政区与内地的司法机关，其效力需要经一定程序始能产生并得以适用，在内地由最高人民法院转化为司法解释予以实施，在澳门特别行政区经特首签发公布后实施。

（二）关于《安排》的适用范围

在会谈中，最高人民法院和澳门特别行政区就《安排》的适用范围双方曾经专门进行过研究。按照目前澳门特别行政区仲裁法规，其仲裁包括商事仲裁、劳动仲裁和行政仲裁。行政仲裁是指对有关行政合同事务的仲裁。在内地，仲裁包括《中华人民共和国仲裁法》的规定，还包括劳动仲裁、人事仲裁和农村土地承包合同仲裁等。因此，两地仲裁的范围并不一致，尤其是基于两地法律的不同规定，彼此的仲裁事项的范围有本质的区别。如行政事务，依内地法律是不能通过仲裁方式解决的，但澳门则有行政仲裁制度。澳门的劳动争议仲裁是作为民事类仲裁处理；内地的劳动仲裁则区别于仲裁法规定的民商事仲裁，在性质上和程序上有较大的差异。因此，《安排》要解决的首要问题就是对《安排》适用的范围进行明确。为此，安排第一条规定“内地人民法院认可和执行澳门特别行政区仲裁机构及仲裁员按照澳门特别行政区仲裁法规在澳门作出的民商事仲裁裁决，澳门特别行政区法院认可和执行内地仲裁机构依据《中华人民共和国仲裁法》在内地作出的民商事仲裁裁决，适用本安排。”

《安排》第一条规定实际解决了三个问题。第一个问题是仲裁事项的范围。从规定来看，澳门特别行政区依照本安排可以到内地人民法院申请认可和执行的仲裁裁决限于民商事仲裁裁决，不包括澳门特别行政区的行政仲裁裁决。内地依照本安排到澳门法院申请认可和执行的仲裁裁决限于《中华人民共和国仲裁法》规定的仲裁裁决，也即通常所说的民商事仲裁裁决，包括国内仲裁裁决和涉外仲裁裁决，同时排除了劳动争议仲裁裁决和人事仲裁裁决以及农村土地承包合同仲裁裁决。第二个问题是：是否承认临时仲裁？临时仲裁（ad hoc arbitration），也称特别仲裁、特设仲裁或随意仲裁，是根据双方当事人的仲裁协议，在争议发生后由双方当事人推荐的仲裁员临时组成的，负责审理当事人之间的有关争议，并在审理终结后即行解散的仲裁。由于内地现有的法律不承认临时仲裁，也没有临时仲裁制度。澳门特别行政区有临时仲裁制度。双方经磋商后认为，认可与执行仲裁只是程序性司法协助，认可和执行地法院不宜对仲裁裁决作实体法上的审查，只要是依据澳门的仲裁法律在澳门作出的仲裁裁决，依澳门法律合法有效的，在内地可以由人民法院进行认可和执行。基于此种考虑，《安排》第一条规定中对澳门仲裁裁决的表述为“认可和执行澳门仲裁机构及仲裁员作出的仲裁裁决。”这既包括了澳门特别行政区仲裁机构作出的仲裁裁决，也包括了非仲裁机构的仲裁员作出的临时仲裁裁决。第三个问题是仲裁地。《安排》第一条规定仅适用于在内地或者澳门作出的仲裁裁决的相互认可与执行适用《安排》。对于澳门特别行政区的仲裁机构及仲裁员在内地和澳门之外的第三地作出的仲裁裁决的认可与执行，以及对内地仲裁机构在澳门或者在第三地作出的仲裁裁决，也不适用于本《安排》。当然对于国外仲裁机构在内地或者在澳门作出的仲裁裁决的认可和执行问题，也不能适用《安排》的规定。

（三）关于当事人同时向内地和澳门法院申请认可和执行仲裁裁决问题

内地仲裁裁决的当事人依据仲裁法的规定，可以向内地的中级人民法院申请执行仲裁裁决。澳门仲裁裁决的当事人可以依据澳门的法律规定向澳门的法院申请认可和执行仲裁裁决。在被申请人的住所地、经常居住地或者财产所在地分别在内地和澳门的，当事人是否可以向两地法院分别提出认可和执行仲裁裁决的申请？这是在双方磋商过程中重点研究的问题之一。此前，最高人民法院与澳门特别行政区、香港特别行政区进行司法协助的磋商过程中，就民商事判决、仲裁裁决当事人能否同时向两地的法院申请认可或者执行问题，在处理上经历了一个变化的过程。如《最高人民法院关于内地与香港特别行政区相互执行仲裁裁决的安排》第二条第三款规定，“被申请人的住所地或者财产所在地，既在内地又在香港特区的，申请人不得同时分别向两地有关法院提出申请。只有一地法院执行不足以偿还其债务时，才可就不足部分向另一地法院申请执行。两地法院先后执行仲裁裁决的总额，不得超过裁决数额。”1999 年最高人民法院和香港特别行政区签署该安排时，对当事人依同一仲裁裁决能否向两地法院同时申请执行问题，采取了禁止性的态度。当时的主要理由在于：如果允许同时向两地法院申请执行，由于执行法院间欠缺必要的沟通协调机制，容易出现总执行数额超过应执行金额的可能，为了保证执行工作的便捷，先由一地法院执行，执行不足的再向另一地法院仲裁执行足以保护债权人的利益。2006 年最高人民法院和澳门特别行政区签署的《关于相互认可和执行民商事判决的安排》则有了进一步的变化。该安排第五条规定，“被申请人在内地和澳门特别行政区均有可供执行财产的，申请人可以向一地法院提出执行申请。申请人向一地法院提出执行申请的同时，可以向另一地法院申请查封、扣押或者冻结被执行人的财产。待一地法院执行完毕后，可以根据该地法院出具的执行情况证明，就不足部分向另一地法院申请采取处分财产的执行措施。两地法院执行财产的总额，不得超过依据判决和法律规定所确定的数额。”2006 年的这一安排，比 1999 年的安排更进了一步，明确规定可以向一地法院申请执行，同时可以向另一地法院申请采取查封、扣押或者冻结被执行人的财产的措施，但并未明确规定可以同时向两地法院申请执行。这一改变解决了由于一地法院先执行完结后才能向另一地法院申请执行，被执行人可能会转移财产或者采取其他损害债权人利益的行为，也存在因其他原因而丧失执行能力的风险。所以，在一地法院执行程序启动时，债权人可以向另一地申请对被执行人财产的保全措施。如此规定，虽然能够解决实际问题，但从法理上则有未尽明白之处。按照《中华人民共和国民事诉讼法》等有关程序法律规定，查封、扣押或者冻结财产的措施从性质分两种，一是财产保全措施，一是执行措施。财产保全是在起诉前或者诉讼开始后为保证裁判能够得以执行而采取的措施。在司法协助中，判决或者仲裁裁决的认可和执行不属于可以采用财产保全的程序，而执行措施则必须在执行程序启动之后才能采取，安排规定与此也不相符。因此，《安排》又作了进一步的规定，其第三条规定“被申请人的住所地、经常居住地或者财产所在地分别在内地和澳门特别行政区的，申请人可以向一地法院提出认可和执行申请，也可以分别向两地法院提出申请。当事人分别向两地法院提出申请的，两地法院都应当依法进行审查。予以认可的，采取查封、扣押或者冻结被执行人财产等执行措施。仲裁地法院应当先进行执行清偿；另一地法院在收到仲裁地法院关于经执行债权未获清偿情况的证明后，可以对申请人未获清偿的部分进行执行清偿。两地法院执行财产的总额，不得超过依据裁决和法律规定所确定的数额。”当事人同时向两地法院申请执行的，要符合有关执行案件管辖的有关规定，《安排》规定了三个连结点作为可以向法院申请执行的标准，包括被申请人的住所地、经常居住地或者财产所在地。如果在内地和澳门分别有上述连结点的，当事人可以分别向两地法院申请执行。如果在澳门作出的仲裁裁决向内地人民法院，或者在内地作出的仲裁裁决向澳门法院申请执行的，应当先申请法院认可，法院予以认可后才开始执行程序。所以，当事人分别向两地法院申请认可和执行的，两地法院都应当依法（主要是本安排）进行审查，予以认可的，依法可以采取财产执行措施，不受另一地法院认可和执行程序的影响。为避免两地法院分别就同一仲裁裁决内容进行执行清偿，可能导致申请人得到超过裁决数额的财产的情况出现，又避免两地法院之间相互推诿，《安排》规定了在具体执行清偿时，先由作出仲裁裁决地的法院进行执行清偿，另一地法院收到仲裁地法院关于经执行债权未获得清偿（部分未获清偿或者全部未获清偿）情况的证明后，才可以对未获清偿部分为执行清偿。

（四）申请认可和执行仲裁裁决的条件及管辖法院

内地或者澳门的仲裁裁决，内地有权受理仲裁裁决的认可和执行申请的法院是中级人民法院。第二条在内地或者澳门特别行政区作出的仲裁裁决，一方当事人不履行的，另一方当事人可以向被申请人住所地、经常居住地或者财产所在地的有关法院申请认可和执行。内地有权受理认可和执行仲裁裁决申请的法院为中级人民法院。两个或者两个以上中级人民法院均有管辖权的，当事人应当选择向其中一个中级人民法院提出申请。澳门特别行政区有权受理认可仲裁裁决申请的法院为中级法院，有权执行的法院为初级法院。

内地与澳门特区仲裁裁决的申请执行，《安排》规定是由当事人（仲裁裁决确定的债权人）自行向对方有管辖权的法院提出申请。澳门特区法院对外地仲裁裁决的认可和执行是截然分开的。按照澳门特区法律，对于提出认可仲裁裁决的申请，由澳门中级法院处理，但是认可后仲裁裁决的执行，一般则由具有管辖权的澳门初级法院处理。但是在内地，根据《安排》，认可和执行的申请均由中级人民法院处理。由于内地地域辽阔，中级人民法院较多，因此，具体行使管辖权的中级人民法院应当根据申请执行的债务人的住所地、经常居住地或者财产所在地来确定。

（五）关于撤销仲裁裁决和不予执行仲裁裁决对另一地法院认可和执行仲裁裁决的影响

按照内地法律规定，仲裁裁决作出后，有两种方式将影响到仲裁裁决的效力，一是申请撤销，一是主张不予执行。不予执行裁定虽非使仲裁裁决失去法律效力，但能产生该仲裁裁决不能执行的效果，与撤销裁判的后果基本一致。我方曾建议将两种情形一并写入安排。但澳门法律的规定与此不同。依澳门法律的规定，当事人申请撤销仲裁裁决程序的启动，不影响仲裁裁决执行程序的进行，不会因此中止执行。澳门法律没有规定不予执行的程序，但有执行异议制度。澳门方认为，如果规定不予执行，就要把执行异议规定进来，以示对等。但澳门的执行异议不同于内地的不予执行，而与《中华人民共和国民事诉讼法》规定的执行异议基本相同，显然与不予执行没有对等的基础。经指导小组研究，最后认为可以不写不予执行问题，理由如下：一是不予执行与撤销诉讼并列为限制仲裁裁决效力的方法，按照仲裁法的规定，涉外仲裁的事由完全一致，国内仲裁的理由基本一致，个别情形不一致，因此，当事人可以仅选择适用撤销诉讼基本可以满足权利保护需要。二是两种方式并存的问题已经突显，不同法院甚至同一法院不同部门在撤销程序和执行程序中作出完全相反的裁定的情形难以处理，为此，司法解释已经对当事人以相同事由分别提不予执行和撤销诉讼进行了严格的限制。三是内地和澳门属于不同法域，安排虽非条约但是区际间的司法协助协议，求同存异才能达成一致，所以本着早日达成协议的目的，我方可以放弃此一要求。经双方磋商，最后达成一致意见形成了《安排》第九条规定：第一，不规定不予执行，只规定撤销仲裁裁决。第二，撤销仲裁裁决程序启动后，不能当然中止仲裁裁决的认可和执行程序，只有被执行人提供了充分担保时，法院才应当中止执行。第三，撤销仲裁裁决的法院裁判，要经另一地法院的认可程序予以确认后始能产生终结仲裁裁决执行的效力。

(六)关于《安排》实施问题

《安排》第十三条对其实施问题作了规定。安排实施后两地作出的仲裁裁决的认可和执行适用本安排。在安排实施前作出的仲裁裁决,当事人在安排实施后申请认可和执行的,也适用本安排。在本安排实施前已经提出的认可和执行仲裁裁决的请求,不适用本安排,仍按以前的规定处理。但安排实施前提出认可和执行申请被法院拒绝,在安排实施后重新提出申请的,适用本安排。鉴于安排实施前,澳门地区已经有认可和执行内地仲裁裁决的法律规定,澳门法院已经受理此类案件,而内地由于没有法律规定,法院无法认可和执行澳门的仲裁裁决。为解决好这一问题,在安排中作了特别规定即第十三条第三款"自1999年12月20日至本安排实施前,澳门特别行政区仲裁机构及仲裁员作出的仲裁裁决,当事人向内地申请认可和执行的期限,自本安排实施之日起算。"

最高人民法院

关于修改《关于内地与澳门特别行政区法院就民商事案件相互委托送达司法文书和调取证据的安排》的决定

法释〔2020〕1号

（2019年12月30日最高人民法院审判委员会第1790次会议审议通过 2020年1月14日最高人民法院公告公布 自2020年3月1日起施行）

经最高人民法院与澳门特别行政区协商，决定对《关于内地与澳门特别行政区法院就民商事案件相互委托送达司法文书和调取证据的安排》（法释〔2001〕26号，以下简称《安排》）作如下修改：

一、将第二条修改为："双方相互委托送达司法文书和调取证据，通过各高级人民法院和澳门特别行政区终审法院进行。最高人民法院与澳门特别行政区终审法院可以直接相互委托送达和调取证据。

"经与澳门特别行政区终审法院协商，最高人民法院可以授权部分中级人民法院、基层人民法院与澳门特别行政区终审法院相互委托送达和调取证据。"

二、增加一条，作为第三条："双方相互委托送达司法文书和调取证据，通过内地与澳门司法协助网络平台以电子方式转递；不能通过司法协助网络平台以电子方式转递的，采用邮寄方式。

“通过司法协助网络平台以电子方式转递的司法文书、证据材料等文件，应当确保其完整性、真实性和不可修改性。

“通过司法协助网络平台以电子方式转递的司法文书、证据材料等文件与原件具有同等效力。”

三、将第三条改为第四条，修改为：“各高级人民法院和澳门特别行政区终审法院收到对方法院的委托书后，应当立即将委托书及所附司法文书和相关文件转送根据其本辖区法律规定有权完成该受托事项的法院。

“受委托方法院发现委托事项存在材料不齐全、信息不完整等问题，影响其完成受托事项的，应当及时通知委托方法院补充材料或者作出说明。

“经授权的中级人民法院、基层人民法院收到澳门特别行政区终审法院委托书后，认为不属于本院管辖的，应当报请高级人民法院处理。”

四、将第九条改为第十条，修改为：“委托方法院请求送达司法文书，须出具盖有其印章或者法官签名的委托书，并在委托书中说明委托机关的名称、受送达人的姓名或者名称、详细地址及案件性质。委托方法院请求按特殊方式送达或者有特别注意的事项的，应当在委托书中注明。”

五、将第十条改为第十一条，修改为：“采取邮寄方式委托的，委托书及所附司法文书和其他相关文件一式两份，受送达人为两人以上的，每人一式两份。”

六、将第十一条改为第十二条，修改为：“完成司法文书送达事项后，内地人民法院应当出具送达回证；澳门特别行政区法院应当出具送达证明书。出具的送达回证和送达证明书，应当注明送达的方法、地点和日期及司法文书接收人的身份，并加盖法院印章。

“受委托方法院无法送达的，应当在送达回证或者送达证明书上注明妨碍送达的原因、拒收事由和日期，并及时书面回复委托方法院。”

七、将第二十条改为第二十一条，修改为：“受委托方法院完成委托调取证据的事项后，应当向委托方法院书面说明。

“未能按委托方法院的请求全部或者部分完成调取证据事项的，受委托方法院应当向委托方法院书面说明妨碍调取证据的原因，采取邮寄方式委托的，应及时退回委托书及所附文件。

“当事人、证人根据受委托方的法律规定，拒绝作证或者推辞提供证言时，受委托方法院应当书面通知委托方法院，采取邮寄方式委托的，应及时退回委托书及所附文件。”

八、增加一条，作为第二十三条：“受委托方法院可以根据委托方法院的请求，并经证人、鉴定人同意，协助安排其辖区的证人、鉴定人通过视频、音频作证。”

九、将第二十四条改为第二十六条，修改为：“本安排在执行过程中遇有问题的，由最高人民法院与澳门特别行政区终审法院协商解决。

“本安排需要修改的，由最高人民法院与澳门特别行政区协商解决。”

十、将第二十五条改为第二十七条，修改为：“本安排自2001年9月15日起生效。本安排的修改文本自2020年3月1日起生效。”

十一、对引言、第六条、第七条、第八条、第十六条、第十八条、第二十一条作个别文字、标点符号修改。

根据本决定，对《安排》作相应修改并调整条文顺序后，重新公布。

附：

最高人民法院关于内地与澳门特别行政区法院就民商事案件相互委托送达司法文书和调取证据的安排

（2001年8月7日最高人民法院审判委员会第1186次会议通过，根据2019年12月30日最高人民法院审判委员会第1790次会议通过的《最高人民法院关于修改〈关于内地与澳门特别行政区法院就民商事案件相互委托送达司法文书和调取证据的安排〉的决定》修正，该修正自2020年3月1日起施行）

根据《中华人民共和国澳门特别行政区基本法》第九十三条的规定，最高人民法院与澳门特别行政区经协商，现就内地与澳门特别行政区法院就民商事案件相互委托送达司法文书和调取证据问题规定如下：

一、一般规定

第一条　内地人民法院与澳门特别行政区法院就民商事案件（在内地包括劳动争议案件，在澳门特别行政区包括民事劳工案件）相互委托送达司法文书和调取证据，均适用本安排。

第二条　双方相互委托送达司法文书和调取证据，通过各高级人民法院和澳门特别行政区终审法院进行。最高人民法院与澳门特别行政区终审法院可以直接相互委托送达和调取证据。

经与澳门特别行政区终审法院协商，最高人民法院可以授权部分中级人民法院、基层人民法院与澳门特别行政区终审法院相互委托送达和调取证据。

第三条 双方相互委托送达司法文书和调取证据，通过内地与澳门司法协助网络平台以电子方式转递；不能通过司法协助网络平台以电子方式转递的，采用邮寄方式。

通过司法协助网络平台以电子方式转递的司法文书、证据材料等文件，应当确保其完整性、真实性和不可修改性。

通过司法协助网络平台以电子方式转递的司法文书、证据材料等文件与原件具有同等效力。

第四条 各高级人民法院和澳门特别行政区终审法院收到对方法院的委托书后，应当立即将委托书及所附司法文书和相关文件转送根据其本辖区法律规定有权完成该受托事项的法院。

受委托方法院发现委托事项存在材料不齐全、信息不完整等问题，影响其完成受托事项的，应当及时通知委托方法院补充材料或者作出说明。

经授权的中级人民法院、基层人民法院收到澳门特别行政区终审法院委托书后，认为不属于本院管辖的，应当报请高级人民法院处理。

第五条 委托书应当以中文文本提出。所附司法文书及其他相关文件没有中文文本的，应当提供中文译本。

第六条 委托方法院应当在合理的期限内提出委托请求，以保证受委托方法院收到委托书后，及时完成受托事项。

受委托方法院应当优先处理受托事项。完成受托事项的期限，送达文书最迟不得超过自收到委托书之日起两个月，调取证据最迟不得超过自收到委托书之日起三个月。

第七条 受委托方法院应当根据本辖区法律规定执行受托事

项。委托方法院请求按照特殊方式执行委托事项的，受委托方法院认为不违反本辖区的法律规定的，可以按照特殊方式执行。

第八条 委托方法院无须支付受委托方法院在送达司法文书、调取证据时发生的费用、税项。但受委托方法院根据其本辖区法律规定，有权在调取证据时，要求委托方法院预付鉴定人、证人、翻译人员的费用，以及因采用委托方法院在委托书中请求以特殊方式送达司法文书、调取证据所产生的费用。

第九条 受委托方法院收到委托书后，不得以其本辖区法律规定对委托方法院审理的该民商事案件享有专属管辖权或者不承认对该请求事项提起诉讼的权利为由，不予执行受托事项。

受委托方法院在执行受托事项时，发现该事项不属于法院职权范围，或者内地人民法院认为在内地执行该受托事项将违反其基本法律原则或社会公共利益，或者澳门特别行政区法院认为在澳门特别行政区执行该受托事项将违反其基本法律原则或公共秩序的，可以不予执行，但应当及时向委托方法院书面说明不予执行的原因。

二、司法文书的送达

第十条 委托方法院请求送达司法文书，须出具盖有其印章或者法官签名的委托书，并在委托书中说明委托机关的名称、受送达人的姓名或者名称、详细地址以及案件性质。委托方法院请求按特殊方式送达或者有特别注意的事项的，应当在委托书中注明。

第十一条 采取邮寄方式委托的，委托书及所附司法文书和其他相关文件一式两份，受送达人为两人以上的，每人一式两份。

第十二条 完成司法文书送达事项后，内地人民法院应当出具送达回证；澳门特别行政区法院应当出具送达证明书。出具的送达回证和送达证明书，应当注明送达的方法、地点和日期以及司法文书接收人的身份，并加盖法院印章。

受委托方法院无法送达的，应当在送达回证或者送达证明书上注明妨碍送达的原因、拒收事由和日期，并及时书面回复委托方法院。

第十三条 不论委托方法院司法文书中确定的出庭日期或者期限是否已过，受委托方法院均应当送达。

第十四条 受委托方法院对委托方法院委托送达的司法文书和所附相关文件的内容和后果不负法律责任。

第十五条 本安排中的司法文书在内地包括：起诉状副本、上诉状副本、反诉状副本、答辩状副本、授权委托书、传票、判决书、调解书、裁定书、支付令、决定书、通知书、证明书、送达回证以及其他司法文书和所附相关文件；在澳门特别行政区包括：起诉状复本、答辩状复本、反诉状复本、上诉状复本、陈述书、申辩书、声明异议书、反驳书、申请书、撤诉书、认诺书、和解书、财产目录、财产分割表、和解建议书、债权人协议书、传唤书、通知书、法官批示、命令状、法庭许可令状、判决书、合议庭裁判书、送达证明书以及其他司法文书和所附相关文件。

三、调取证据

第十六条 委托方法院请求调取的证据只能是用于与诉讼有关的证据。

第十七条 双方相互委托代为调取证据的委托书应当写明：

（一）委托法院的名称；

（二）当事人及其诉讼代理人的姓名、地址和其他一切有助于辨别其身份的情况；

（三）委托调取证据的原因，以及委托调取证据的具体事项；

（四）被调查人的姓名、地址和其他一切有助于辨别其身份的情况，以及需要向其提出的问题；

（五）调取证据需采用的特殊方式；

（六）有助于执行该委托的其他一切情况。

第十八条　代为调取证据的范围包括：代为询问当事人、证人和鉴定人，代为进行鉴定和司法勘验，调取其他与诉讼有关的证据。

第十九条　委托方法院提出要求的，受委托方法院应当将取证的时间、地点通知委托方法院，以便有关当事人及其诉讼代理人能够出席。

第二十条　受委托方法院在执行委托调取证据时，根据委托方法院的请求，可以允许委托方法院派司法人员出席。必要时，经受委托方允许，委托方法院的司法人员可以向证人、鉴定人等发问。

第二十一条　受委托方法院完成委托调取证据的事项后，应当向委托方法院书面说明。

未能按委托方法院的请求全部或者部分完成调取证据事项的，受委托方法院应当向委托方法院书面说明妨碍调取证据的原因，采取邮寄方式委托的，应及时退回委托书及所附文件。

当事人、证人根据受委托方的法律规定，拒绝作证或者推辞提供证言的，受委托方法院应当书面通知委托方法院，采取邮寄方式委托的，应及时退回委托书及所附文件。

第二十二条　受委托方法院可以根据委托方法院的请求，并经证人、鉴定人同意，协助安排其辖区的证人、鉴定人到对方辖区出庭作证。

证人、鉴定人在委托方地域内逗留期间，不得因在其离开受委托方地域之前，在委托方境内所实施的行为或者针对他所作的裁决而被刑事起诉、羁押，不得为履行刑罚或者其他处罚而被剥夺财产或者扣留身份证件，不得以任何方式对其人身自由加以限制。

证人、鉴定人完成所需诉讼行为，且可自由离开委托方地域后，在委托方境内逗留超过七天，或者已离开委托方地域又自行返回时，前款规定的豁免即行终止。

证人、鉴定人到委托方法院出庭而导致的费用及补偿，由委托方法院预付。

本条规定的出庭作证人员，在澳门特别行政区还包括当事人。

第二十三条 受委托方法院可以根据委托方法院的请求，并经证人、鉴定人同意，协助安排其辖区的证人、鉴定人通过视频、音频作证。

第二十四条 受委托方法院取证时，被调查的当事人、证人、鉴定人等的代理人可以出席。

四、附 则

第二十五条 受委托方法院可以根据委托方法院的请求代为查询并提供本辖区的有关法律。

第二十六条 本安排在执行过程中遇有问题的，由最高人民法院与澳门特别行政区终审法院协商解决。

本安排需要修改的，由最高人民法院与澳门特别行政区协商解决。

第二十七条　本安排自 2001 年 9 月 15 日起生效。本安排的修改文本自 2020 年 3 月 1 日起生效。

附录：

《最高人民法院关于内地与澳门特别行政区法院就民商事案件司法文书送达与调取证据的安排》的理解与适用*

邵文虹　于晓白

2001 年 8 月 15 日，最高人民法院副院长刘家琛与澳门特别行政区行政法务司司长陈丽敏在澳门签署了《关于内地与澳门特别行政区法院对民商事案件相互委托送达司法文书及调取证据的安排》（以下简称《安排》）。根据双方代表的一致意见，《安排》自 2001 年 9 月 15 日起施行。8 月 27 日，最高人民法院发布公告，以司法解释的形式公布了《安排》。8 月 29 日，澳门特别行政区在《澳门特别行政区公报》上公告了《安排》。《安排》对内地与澳门特别行政区法院之间就民商事案件如何相互委托进行司法文书的送达、如何调取证据问题作了规定。这是澳门回归后，内地与澳门特别行政区根据《中华人民共和国澳门特别行政区基本法》（以下简称《澳门基本法》）第九十三条规定签署的第一个司法协助文件，它对于此后内地与澳门特别行政区进一步

* 载《人民司法》2001 年第 12 期。

加强司法方面的联系和相互提供协助，产生了重要的、积极的影响。①

一、《安排》签署的背景和过程

自改革开放以来，内地各级人民法院受理的各类涉港澳民商事案件数量呈逐年上升趋势，而涉澳案件主要集中在珠江三角洲地区，内地其他地区法院审理的涉澳案件数量相对较少。澳门回归前，由于内地与澳门之间在司法协助方面没有任何协议，两地间有关民商事案件司法文书的送达及调取证据主要是通过外交途径或者根据海牙送达公约、海牙取证公约的规定予以解决。由于这些解决办法程序繁杂，致使两地互涉民商事案件审理周期过长。澳门回归后，随着两地之间的经济贸易和民间交往不断发展，及两地法院互涉民商事案件的不断增加，所涉及的相关法律事务也相应增多。如何按照“一国两制”的方针，通过区域性司法协助，及时办理两地互涉民商事案件，以充分保护当事人的合法权益，维护两地社会稳定和经济发展，已成为内地与澳门各界人士关注的问题。

根据《中华人民共和国澳门特别行政区基本法》第九十三条的规定，澳门特别行政区可与全国其他地区的司法机关通过协商

① 2020年1月14日，最高人民法院副院长杨万明与澳门特别行政区行政法务司司长张永春在澳门签署《安排》修改文本。同日，最高人民法院发布公告，以司法解释形式公布了《安排》修改文本。2月26日，澳门特别行政区在《澳门特别行政区公报》上公告了《安排》修改文本。根据双方一致意见，《安排》修改文本自2020年3月1日起施行。《安排》修改文本在2001年《安排》的基础上，对内地与澳门相互委托送达民商事司法文书和调取证据的方式等进行了修改和完善。

依法进行司法方面的联系和相互提供协助。2000 年 11 月初，澳门终审法院院长岑浩辉率法院代表团访京，并受澳门特别行政区司法协助工作小组的委托，在访问期间与最高人民法院涉港澳司法事务研究组就两地民商事司法文书送达和调取证据的司法协助问题，进行了首次磋商。在这次磋商中，双方一致同意，两地司法协助应在“一国两制”、平等协商、简便高效、参照国际条约和国际惯例的原则下，采取先易后难、循序渐进的步骤进行。由此，两地间司法协助工作开始启动。

之后，两地对《安排》的草案分别进行了修改，最高人民法院还就草案征求了广东、北京等有关法院的意见。2001 年 2 月、5 月，两地又互派代表团，分别在珠海、澳门进行了两轮磋商。在这几轮磋商中，双方均感到，尽管内地与澳门在法律形式上均采成文法形式，但由于两地的社会、经济制度不同，在一些法律制度上和诉讼中的实际做法仍存在较大差异。双方最终本着相互尊重、平等协商、求同存异的指导思想，多次就《安排》文本的修改交换意见，在较短的时间内达成了共识，并卓有成效，为两地之间今后继续开展司法协助积累了重要的经验。

二、起草《安排》所遵循的原则

“一国两制”原则。内地与澳门之间的司法协助是一国之内不同法域之间的司法协助，它与国际间的司法协助有着本质的区别，因此，不涉及国际司法协助中最重要的原则——国家主权原则。内地与澳门特区的司法协助，必须以促进国家统一为前提，不论是内地司法机关还是澳门特区的司法机关，在相互提供司法协助时，都不得损害国家的根本利益。同时，两地司法协助也不同于内地各省、区司法机关之间的联系与协作，所以，必须充分考虑两地在法律制度和社会制度方面存在的差异，尊重和维护澳门特别行政区独立的司法权和终审权。关于内地与澳门的这种司法协助模式，正如最高人民法院副院长李国光在答记者问中所讲的，是"'一国两制'方针指导下司法协助领域的创新之举，丰富了有中国特色司法体系的内容，同时也是贯彻落实'一国两制'方针的具体法律保障"。

平等协商原则。按照《中华人民共和国澳门特别行政区基本法》的规定，内地与澳门司法机关各自独立，相互之间没有隶属关系，因此两地的司法协助必须通过平等协商的方式加以解决。这是内地与澳门特别行政区妥善解决两地间法律冲突的重要前提和途径，也是"一国两制"原则的根本要求。

简便高效原则。一国之内不同法域间开展司法协助，不存在国际间司法协助中的国家主权原则因素，从有效保护当事人合法权益出发，具有相对有利的条件。因此，两地进行司法协助的途径和方式，应当比国际间的司法协助更为简便和高效，这也为两地法院及时办理互涉的民商事案件，尽快解决当事人间的纠纷，打下很好的基础。

参照国际公约和国际惯例原则。澳门回归后，其原有的社会制度将保持50年不变。根据内地现行的政策、法律，对两地之间的经贸关系参照对外经贸关系，澳商在内地投资参照外商享受各项优惠政策，两地在这些领域的往来也仍将参照国际规则和惯例进行，并得到保护。因此，对涉及两地的民商事司法协助可以相应参照有关国际公约和国际惯例。《安排》中的许多内容就是参考了《海牙送达公约》《海牙取证公约》及我国与有关国家签订的民商事司法协助协议的规定。

三、起草《安排》时所涉及的主要问题

关于相互委托送达司法文书和调取证据的机关。澳门法院体制由初级、中级、终审三级法院组成，法院只有审理诉讼的职能，涉及三级法院的行政、财政、司法协助等方面的事宜均由终审法院院长办公室统筹。而在内地，由于地域广阔，人口众多，法院共设四级，且各级法院数量较多，因此，从简便高效原则出发，《安排》明确规定，双方相互委托送达司法文书和调取证据，均须通过各高级人民法院和澳门终审法院进行。为了解决最高人民法院与澳门终审法院相互委托送达和调取证据的问题，《安排》还规定，最高人民法院与澳门终审法院可以直接相互委托送达和调取证据。如在执行《安排》过程中遇有问题，则应通过最高人民法院与澳门终审法院协商解决。

语言问题。按照澳门基本法第九条的规定，中文与葡文都是澳门的正式语文。《安排》第四条（修改后为第五条）规定：委托书应当以中文文本提出。所附司法文书及其相关文件没有中文文本的，应当提供中文文本。之所以明确规定提供中文文本，主要是考虑有可能出现澳门当事人要求内地法院提供葡文文本的情况，这对于内地法院来说是比较困难的，而且会增加费用和延长时间。既然中文在澳门也是正式语文，那么，《安排》这样规定既符合基本法，也是切实可行的。

优先处理原则。《安排》第五条（修改后为第六条）规定：受委托法院应优先处理受托事项。这是从有利于尽快解决两地当事人的涉讼纠纷，并在总结前两年内地与香港签署的关于送达文书的安排执行情况的基础上，新确定的优先处理原则。该条还明确规定了受托事项完成的期限，即送达文书最迟不得超过自收到

委托书之日起2个月，调取证据最迟不得超过自收到委托书之日起3个月。

公共秩序保留问题。公共秩序保留，一般适用于国与国之间的关系。在讨论《安排》中，双方均感到，从两地法律制度存在差异的角度考虑，有必要写上公共秩序保留条款。根据双方各自的法律规定，在《安排》第八条（修改后为第九条）第二款分别作了表述，即“受委托方法院在执行受委托事项时，如果该事项不属于法院职权范围，或者内地人民法院认为在内地执行该受托事项将违反基本法律原则或社会公共利益，或者澳门特别行政区法院认为在澳门特区执行该受托事项将违反其基本法律原则或公共秩序的，可以不予执行，但应当及时向委托方法院书面说明不予执行的原因。”

不采用直接送达方式。在最初的澳方文本中，曾提出司法文书直接送达的问题，即“委托方的司法人员可在受托方司法人员的陪同下，在对方境内直接进行送达。”当时澳方考虑，澳门特区涉及珠江三角洲的案件较多，如两区域内的司法人员可以相互采取直接送达方式，会更快捷有效。但《安排》最终没有采纳直接送达方式，主要是考虑《安排》生效后，在内地不仅限于珠江三角洲地区，而是涉及30个省、自治区、直辖市，如果内地法院对涉澳案件都可以到澳门直接送达，不仅数量多，而且将增加澳方的负担，内地办理赴澳手续也较为复杂，所以《安排》没有采用直接送达方式。

调取证据问题。澳门长期以来为葡萄牙所管制且葡萄牙的法律延伸适用于澳门，所以，澳门法律具有典型的大陆法系特征。澳门回归前，澳门特区完成了现行的体现澳门法律制度基础和框架的澳门五大法典，即《澳门刑法典》《澳门刑事诉讼法典》

《澳门民法典》《澳门商法典》的法律本地化工作，并相继颁布实施。综观澳门现行五大法典的内容，基本上是以原葡萄牙法律形式为模式。按照澳门现行民事诉讼法规定，证据的取得主要靠法官以职权收集。法官在审理案件过程中，不仅应当考虑依当事人的申请而收集的证据，而且应当考虑非依当事人申请而采取措施获得的证据。由此可以看出，澳门的证据规则与内地的证据规则有很大的不同。最初的澳方文本，对两地间进行调取证据的途径、方式、条件等规定都显得较为宽松，从某一方面说来，这符合“一国两制”的原则，但从另一方面来说，过于宽松将不利于《安排》执行。所以，《安排》没有规定直接取证方式，但对确实需要到受托方境内取证的，《安排》第十九条（修改后为第二十条）作了规定，即受委托方法院在执行委托调取证据时，根据委托方法院的请求，可以允许委托方法院派司法人员出席。必要时，经受委托方允许，委托方法院的司法人员可以向证人、鉴定人发问。

再有，《安排》第二十一条（修改后为第二十二条）第一款规定：受委托方法院可以根据委托方法院请求，并经证人、鉴定人同意协助安排其辖区的证人、鉴定人到对方辖区出庭作证。同时，该条第五款又规定：该条所指的出庭作证人员，在澳门特别行政区还包括当事人。之所以这样规定，主要是考虑到根据澳门法律，当事人虽然不能作为证人，但法官可依职权或根据对方当事人的请求，传有关当事人对某一案件事实出庭作证。

四、《安排》修改的相关考虑和主要内容

2001年《安排》生效以来，两地法院之间积极协助送达司法文书和调取证据，保护两地当事人合法权益，有效维护两地社

会稳定和经济发展。截至2019年底，两地法院共办理相互委托送达司法文书和调取证据案件1800余件。但《安排》在实施中也出现了一些问题和困难，最突出的是采用邮寄方式转递司法文书，导致送达周期长，且无法实时掌握进展情况；此外，转递环节过多，也制约了办案效率的提升。

2016年1月1日内地四级法院区际司法协助平台上线运行后，内地上下级法院之间可以通过网上办理和审批司法协助案件，上述问题得以一定程度缓解。但内地法院与澳门法院之间以及澳门上下级法院之间仍然通过邮寄方式转递委托书和相关司法文书，周期长、效率低的问题仍未得到很好解决，不能适应现实需求。为此，经最高人民法院与澳门特区沟通，双方一致认为，随着中国特色社会主义进入新时代，“一国”之内不同司法管辖区开展司法协助的有必要与时俱进，充分运用现代科技更好服务两地民众、两地司法，故双方着手建设了内地与澳门司法协助网络平台，并对《安排》做相应修改。

与2001年《安排》相比，修改后的安排新增两个条文，即第三条和第二十三条，并对安排引言、第二条、第四条、第七条、第八条、第十条、第十一条、第十二条、第十七条、第十九条、第二十一条、第二十二条、第二十六条等作了相应修改。

依据《安排》修改文本，内地可以授权部分中院和基层法院与澳门特区法院直接相互委托送达和取证。根据原安排的规定，中级人民法院和基层人民法院委托澳门法院送达和取证，需要报请高级人民法院审批并由高院向澳门特区终审法院寄送委托书及所附文件。澳门法院委托内地法院送达和取证，亦统一由高院接收后再分案至相应中基层法院办理。由各高院作为联络窗口，既方便澳门方面，同时有利于保障司法协助案件办理质量，但一定程度上影响了办理效率。实践中，涉澳司法协助案件主要集中在广东，特别是粤港澳大湾区内的部分中基层法院，如深圳中院、珠海中院，前海法院、横琴法院等，上述法院每年办理涉澳司法协助案件数量多、经验丰富，案件质量亦相对较高。经与澳门方面协商一致，为服务粤港澳大湾区建设国家战略，提高司法协助效率，拟授权粤港澳大湾区内部分中基层法院直接与澳门特区法院相互委托送达司法文书和调取证据，不再经广东高院审批和流转。关于拟授权的中院和基层法院名单，将在与澳门特区终审法院协商的基础上，由最高人民法院确定并以通知形式下发全国法院执行。其他未经授权的中院和基层法院，仍由各省高院作为联络窗口。

依据《安排》修改文本，以线上电子方式转递委托为主，以线下邮寄为辅。修改后《安排》第三条规定："双方相互委托送达司法文书和调取证据，通过内地与澳门司法协助网络平台以电子方式转递；不能通过司法协助网络平台以电子方式转递的，采用邮寄方式。"内地与澳门司法协助网络平台，将成为两地法院办理相互委托送达文书和调取证据的主要途径，同时考虑到有些证据可能是实物，故保留了邮寄作为例外方式。同时，为保证以电子方式转递的司法文书、证据材料等文件与原件具有同等效力，委托方法院应当对司法文书、证据材料等文件的完整性、真实性和不可修改性负责。

另外，《安排》修改文本增加了音频、视频取证方式。原安排第二十一条（修改后为第二十二条）规定了受委托方法院可以根据委托方法院的请求，并经证人、鉴定人同意，协助安排其辖区的证人、鉴定人到对方辖区出庭作证。但由于跨境出庭作证执行成本高、操作难度大，经了解内地与澳门之间并无相关案例。

但是，随着科技的发展，视频、音频交流日益普遍，我国与英国、澳大利亚、西班牙、比利时等国家签署的刑事司法协助条约中均规定有视频会议作证方式。2018 年 10 月全国人大常委会通过的《中华人民共和国国际刑事司法协助法》第三十六条规定，外国可以请求中华人民共和国协助安排证人、鉴定人赴外国作证或者通过视频、音频作证，或者协助调查。鉴此，经与澳门方面协商一致，增加第二十三条："受委托方法院可以根据委托方法院的请求，并经证人、鉴定人同意，协助安排其辖区的证人、鉴定人通过视频、音频作证。"

最高人民法院

关于内地与澳门特别行政区就仲裁程序相互协助保全的安排

法释〔2022〕7号

（2022年2月15日最高人民法院审判委员会第1864次会议通过 2022年2月24日最高人民法院公告公布 自2022年3月25日起实施）

根据《中华人民共和国澳门特别行政区基本法》第九十三条的规定，经最高人民法院与澳门特别行政区协商，现就内地与澳门特别行政区关于仲裁程序相互协助保全作出如下安排。

第一条 本安排所称“保全”，在内地包括财产保全、证据保全、行为保全；在澳门特别行政区包括为确保受威胁的权利得以实现而采取的保存或者预行措施。

第二条 按照澳门特别行政区仲裁法规向澳门特别行政区仲裁机构提起民商事仲裁程序的当事人，在仲裁裁决作出前，可以参照《中华人民共和国民事诉讼法》《中华人民共和国仲裁法》以及相关司法解释的规定，向被申请人住所地、财产所在地或者证据所在地的内地中级人民法院申请保全。被申请人住所地、财产所在地或者证据所在地在不同人民法院辖区的，应当选择向其中一个人民法院提出申请，不得分别向两个或者两个以上人民法院提出申请。

在仲裁机构受理仲裁案件前申请保全，内地人民法院采取保全措施后三十日内未收到仲裁机构已受理仲裁案件的证明函件的，内地人民法院应当解除保全。

第三条 向内地人民法院申请保全的，应当提交下列材料：

（一）保全申请书；

（二）仲裁协议；

（三）身份证明材料：申请人为自然人的，应当提交身份证件复印件；申请人为法人或者非法人组织的，应当提交注册登记证书的复印件以及法定代表人或者负责人的身份证件复印件；

（四）在仲裁机构受理仲裁案件后申请保全的，应当提交包含主要仲裁请求和所根据的事实与理由的仲裁申请文件以及相关证据材料、仲裁机构出具的已受理有关仲裁案件的证明函件；

（五）内地人民法院要求的其他材料。

身份证明材料系在内地以外形成的，应当依据内地相关法律规定办理证明手续。

向内地人民法院提交的文件没有中文文本的，应当提交中文译本。

第四条 向内地人民法院提交的保全申请书应当载明下列事项：

（一）当事人的基本情况：当事人为自然人的，包括姓名、住所、身份证件信息、通讯方式等；当事人为法人或者非法人组织的，包括法人或者非法人组织的名称、住所以及法定代表人或者主要负责人的姓名、职务、住所、身份证件信息、通讯方式等；

（二）请求事项，包括申请保全财产的数额、申请行为保全的内容和期限等；

（三）请求所依据的事实、理由和相关证据，包括关于情况紧急，如不立即保全将会使申请人合法权益受到难以弥补的损害或者将使仲裁裁决难以执行的说明等；

（四）申请保全的财产、证据的明确信息或者具体线索；

（五）用于提供担保的内地财产信息或者资信证明；

（六）是否已提出其他保全申请以及保全情况；

（七）其他需要载明的事项。

第五条　依据《中华人民共和国仲裁法》向内地仲裁机构提起民商事仲裁程序的当事人，在仲裁裁决作出前，可以根据澳门特别行政区法律规定，向澳门特别行政区初级法院申请保全。

在仲裁机构受理仲裁案件前申请保全的，申请人应当在澳门特别行政区法律规定的期间内，采取开展仲裁程序的必要措施，否则该保全措施失效。申请人应当将已作出必要措施及作出日期的证明送交澳门特别行政区法院。

第六条　向澳门特别行政区法院申请保全的，须附同下列资料：

（一）仲裁协议；

（二）申请人或者被申请人为自然人的，应当载明其姓名以及住所；为法人或者非法人组织的，应当载明其名称、住所以及法定代表人或者主要负责人的姓名、职务和住所；

（三）请求的详细资料，尤其包括请求所依据的事实和法律理由、申请标的的情况、财产的详细资料、须保全的金额、申请行为保全的详细内容和期限以及附同相关证据，证明权利受威胁以及解释恐防受侵害的理由；

（四）在仲裁机构受理仲裁案件后申请保全的，应当提交该仲裁机构出具的已受理有关仲裁案件的证明；

（五）是否已提出其他保全申请以及保全情况；

（六）法院要求的其他资料。

如向法院提交的文件并非使用澳门特别行政区的其中一种正式语文，则申请人应当提交其中一种正式语文的译本。

第七条 被请求方法院应当尽快审查当事人的保全申请，可以按照被请求方法律规定要求申请人提供担保。

经审查，当事人的保全申请符合被请求方法律规定的，被请求方法院应当作出保全裁定。

第八条 当事人对被请求方法院的裁定不服的，按被请求方相关法律规定处理。

第九条 当事人申请保全的，应当根据被请求方法律的规定交纳费用。

第十条 本安排不减损内地和澳门特别行政区的仲裁机构、仲裁庭、仲裁员、当事人依据对方法律享有的权利。

第十一条 本安排在执行过程中遇有问题或者需要修改的，由最高人民法院和澳门特别行政区协商解决。

第十二条 本安排自2022年3月25日起施行。

附录1：

最高人民法院发布《关于内地与澳门特别行政区就仲裁程序相互协助保全的安排》

（2022年2月25日）

2022年2月25日，最高人民法院举行新闻发布会。最高人民法院研究室主任段农根、最高人民法院研究室副主任司艳丽、澳门特别行政区政府法务局局长刘德学出席发布会，发布《关于内地与澳门特别行政区就仲裁程序相互协助保全的安排》并回答记者提问。发布会由最高人民法院新闻发言人李广宇主持。

2022年2月25日，最高人民法院与澳门特别行政区签署了《关于内地与澳门特别行政区就仲裁程序相互协助保全的安排》（以下简称《仲裁保全安排》）。最高人民法院以“两地建立仲裁保全相互协助新机制”为主题，召开新闻发布会，介绍《仲裁保全安排》相关情况。

一、《仲裁保全安排》的签署背景和意义

澳门回归22年来，与祖国同呼吸共命运，向世界展示了具有澳门特色的“一国两制”成功实践。最高人民法院与澳门特别行政区在“一国两制”方针指引下，通过商签有关司法协助安排，基本实现了两地民商事领域司法协助全覆盖。近年来，中央政府先后发布《粤港澳大湾区发展规划纲要》（以下简称《大湾区纲要》）和《横琴粤澳深度合作区建设总体方案》（以下简称《横琴方案》），进一步支持澳门发展经济、改善民生。这对内

地与澳门深化司法交流合作提出了新挑战新要求。最高人民法院与澳门特别行政区把握历史机遇、服务国家战略，于2021年启动《仲裁保全安排》商签工作，并很快达成共识，实现两地更为紧密的协助和联系。

（一）《仲裁保全安排》是“一国两制”成功实践在司法领域的新发展

《仲裁保全安排》系内地与澳门就仲裁保全相互协助达成的共识，是两地坚守“一国”之本、善用“两制”之利的最新合作成果，协助力度远超国际公约和条约。该安排为妥善化解跨境纠纷、服务澳门经济适度多元发展提供了新的制度资源，切实丰富和完善了中国特色区际司法协助体系。

（二）《仲裁保全安排》是两地共商共建共享多元化纠纷解决机制的新举措

《横琴方案》提出，要建立完善国际商事审判、仲裁、调解等多元化商事纠纷解决机制。《仲裁保全安排》通过提供司法救济措施保障仲裁裁决的顺利执行，充分体现了司法对仲裁的支持，有利于澳门仲裁业发展壮大，可有效推动两地共商共建共享多元化纠纷解决新机制的创建和完善，为两地仲裁机构高质量服务粤港澳大湾区、横琴粤澳深度合作区以及“一带一路”沿线国家和地区商事主体争议解决提供了更广阔的发展空间。

（三）《仲裁保全安排》是深化两地民商事司法法律规则衔接的新探索

《大湾区纲要》《横琴方案》均提出要推进粤港澳大湾区规则衔接、机制对接。区际司法协助是体现中国特色、彰显“两制”优势，实现法律规则衔接、机制对接的重要途径。《仲裁保全安排》是在遵循宪法和澳门基本法前提下融通两地仲裁法规，构建民商事规则衔接澳门、接轨国际的制度体系的积极尝试和有益探索。

二、《仲裁保全安排》的主要内容

（一）明确可采取的保全类型。根据《中华人民共和国民事诉讼法》《中华人民共和国仲裁法》，内地有财产保全、证据保全、行为保全三种类型。根据《澳门特别行政区民事诉讼法典》，澳门的保全包括“普通保全”和“特定保全”。前者是为防止“造成严重且难以弥补之侵害”“确保受威胁之权利得以实现”的措施；后者包括占有之临时返还、法人决议之中止执行、临时扶养等七种情形。为最大程度方便跨境仲裁当事人，《仲裁保全安排》将两地法律中所涉保全类型全部纳入，并考虑到难以一一对应，故采取分别列举的方式。

（二）明确适用的仲裁程序。《仲裁保全安排》将可相互提供保全协助的仲裁程序限定于两地仲裁机构管理的民商事仲裁程序，即按照澳门特别行政区仲裁法规向澳门特别行政区仲裁机构提起的民商事仲裁程序和依据《中华人民共和国仲裁法》向内地仲裁机构提起的民商事仲裁程序，排除了临时仲裁程序以及其他国家和地区仲裁机构管理的仲裁程序。

（三）明确申请保全的阶段。根据《仲裁保全安排》第二条、第五条的规定，有关仲裁程序当事人可以在仲裁裁决作出前向两地有管辖权的法院申请保全。“仲裁裁决作出前”大概包含三个阶段，即当事人申请仲裁前、仲裁机构受理仲裁申请前以及仲裁中。当事人提出保全申请的，需要根据被请求地的法律规定提供相应担保。

三、《仲裁保全安排》的创新亮点

（一）实现内地与澳门仲裁领域相互协助的全面覆盖

2007年签署的《关于内地与澳门特别行政区相互认可和执行仲裁裁决的安排》（以下简称《仲裁裁决互认安排》），规定了仲裁裁决的相互认可和执行，并规定法院在受理申请认可和执行仲裁裁决申请之前或者之后，可以根据当事人的申请，对被申请人的财产采取保全措施。可见，《仲裁裁决互认安排》并未涵盖仲裁裁决作出前的阶段。《仲裁保全安排》进一步将相互协助向前延伸至仲裁前和仲裁中，与《仲裁裁决互认安排》一起，实现了内地与澳门仲裁全流程协助，充分体现了“一国两制”的制度优势。

（二）涵盖澳门所有仲裁机构，体现对澳门法律服务业的最大支持

2019年澳门特别行政区修订了《仲裁法》和《仲裁机构的设立及运作制度》，为促进澳门仲裁制度的国际化和现代化、提升法律服务水平提供了法律依据和制度保障。根据澳门仲裁法相关规定、考虑澳门仲裁业实际情况，《仲裁保全安排》将根据澳门法律规定设立的仲裁机构悉数纳入，体现了中央对澳门仲裁业以及澳门法律服务业的大力支持。

（三）首次采用“云签署”“云发布”，生动体现科技与司法的深度融合

最高人民法院与澳门特别行政区高度重视科技与司法的融合发展。2020年内地与澳门司法协助网络系统作为首个跨境平台上线运行，实现了送达取证协助的全流程在线转递、在线审查、在

线办理和在线追踪。《仲裁保全安排》对此予以借鉴和发展，不但整个磋商过程全部以线上方式开展，而且采用了“云签署”“云发布”。便捷高效的签署和发布形式，为区际乃至国际司法协助的拓展深化提供了澳门样本。

附录2：

《最高人民法院关于内地与澳门特别行政区就仲裁程序相互协助保全的安排》的理解与适用*

司艳丽 张鑫萌 刘琨 吴延波

内容摘要《关于内地与澳门特别行政区就仲裁程序相互协助保全的安排》适用于两地仲裁机构管理的仲裁程序，在保全方面将澳门仲裁程序与内地仲裁程序类似对待，给予两地仲裁程序当事人相同权能，涵盖两地全部保全类型。安排对仲裁前、仲裁中当事人向对方法院申请保全作出具体规定，通过明确适用的仲裁程序、仲裁阶段、管辖法院、申请材料、申请书内容、尽速审查和救济程序等，为两地仲裁程序当事人和有管辖权的法院作出指引。安排的签署标志着两地仲裁领域的全流程协助和全面覆盖，是“一国两制”制度优势的充分体现，也是两地贯彻落实“一国两制”方针和澳门基本法的具体举措。

关键词 仲裁程序 保全 受理法院 审查 救济

* 载《中国应用法学》2022年第1期。

2022年2月25日，最高人民法院常务副院长贺荣和澳门特别行政区政府行政法务司司长张永春分别代表双方签署《关于内地与澳门特别行政区就仲裁程序相互协助保全的安排》（以下简称《安排》）。按照现有区际司法协助安排商签模式，根据两地相关法律规定，《安排》在内地将转化为司法解释，[①] 在澳门将刊登在政府公报。经双方协商一致，《安排》拟于2022年3月25日在两地同时生效。作为澳门回归以来两地签署的第五项司法协助文件，《安排》标志着两地仲裁协助的全面覆盖，实现"一国"之内比与其他国家更加紧密的司法协助，是两地在司法领域贯彻落实"一国两制"方针和《中华人民共和国澳门特别行政区基本法》（以下简称澳门基本法）的又一重大举措，具有里程碑意义，进一步丰富了区际司法协助体系，有利于内地和澳门创新和完善跨境商事争议多元化解决机制，推进法律规则深度衔接，为粤港澳大湾区建设和横琴粤澳深度合作区建设提供高效便捷的法律服务和保障。

一、《安排》的商签背景

第一，"一国两制"方针和澳门基本法为两地开展司法协助提供了基本依据。澳门基本法是根据宪法制定的基本法律，是"一国两制"方针政策的法律化、制度化。根据"一国两制"方针和澳门基本法，内地与澳门作为一个国家之内两个不同的法域，有开展司法协助之必要。《澳门特别行政区基本法》第九十三条规定："澳门特别行政区可与全国其他地区的司法机关通过

① 2022年2月15日，最高人民法院审判委员会第1864次全体会议讨论并通过了《关于内地与澳门特别行政区就仲裁程序相互协助保全的安排》，拟于2022年3月25日生效。

协商依法进行司法方面的联系和相互提供协助”，这为两地开展区际司法协助提供了法律依据。澳门回归祖国以来，最高人民法院与澳门特别行政区有关方面在“一国两制”方针指引下，根据澳门基本法，积极探索两地司法合作有效路径。通过商签送达取证（2001 年）、民商事判决认可执行（2006 年）、仲裁裁决认可执行（2007 年）等三项安排，基本实现了内地与澳门在民商事领域司法协助的全面覆盖。2020 年内地与澳门首次检视已生效安排，就送达取证安排商签修改文本后，于 2022 年就仲裁保全协助签署《安排》，为切实增进两地民众福祉、提升两地司法协助水平提供了新的制度资源。

第二，“一国两制”下国家经济社会发展为深化区际司法协助提供机遇提出挑战。内地与澳门同根同源、血脉相连，既是利益共同体，又是命运共同体。改革开放以来，特别是香港、澳门回归祖国后，粤港澳合作不断深化实化，粤港澳大湾区经济实力、区域竞争力显著增强。① 中共中央、国务院于 2019 年 2 月、2021 年 9 月先后发布《粤港澳大湾区发展规划纲要》和《横琴粤澳深度合作区建设总体方案》，为澳门进一步融入国家发展大局，发挥“澳门所长”对接“国家所需”提供新契机，也对“一国两制三法域”条件下服务深合区共商共建共管共享新机制，创建衔接澳门、对接国际的民商事规则体系，建立完善国际商事审判、仲裁、调解等多元化商事纠纷解决机制提出新要求。《安排》可有效保障生效仲裁裁决的跨境认可和执行，进一步提升了仲裁在解决跨境民商事纠纷中的作用，进一步促进了粤港澳三地

① 参见中共中央、国务院于 2019 年 2 月印发实施的《粤港澳大湾区发展规划纲要》。

间仲裁规则、司法制度的深度联通，必将为高质量建设粤港澳大湾区和横琴粤澳深度合作区建设提供有力司法服务，营造可预期的法治化营商环境。

第三，两地司法法律界对“一国两制”方针的坚信笃行，为实现更紧密司法协助打下坚实基础。从 2000 年 10 月启动第一项司法协助安排磋商工作开始，最高人民法院与澳门特别行政区有关方面同舟共济、砥砺前行，始终坚定“一国两制”制度自信，始终认同“一国两制”是澳门保持长期繁荣稳定的最佳制度安排，通过建立并不断完善定期化、常态化合作机制和交流平台，推动了具有澳门特色的“一国两制”司法实践，实现了“一国”之内更紧密的协作和更深入的融合。2021 年 12 月 17 日，最高人民法院与澳门特别行政区签署《关于进一步加强司法法律交流合作的会谈纪要》（以下简称《会谈纪要》），作为两地首份司法法律交流合作的框架性文件，对新时代两地共同推进司法法律规则衔接、机制对接，建立完善跨境商事多元化纠纷解决机制，推进信息技术与法治建设融合发展，更好发挥澳门联系葡语系国家和地区的桥梁纽带作用等作出了全方位、系统性规定，① 为两地进一步深化司法合作提供了指引。《安排》遵循《会谈纪要》划定的路线图，在双方积极磋商下很快达成基本共识，使得澳门成为除香港外第二个与内地实现全流程仲裁保全协助的司法管辖区，充分体现了“一国两制”的生命力和优越性。

第四，内地与香港有关安排的签署和实施为《安排》商签提

① 参见人民法院新闻传媒总社：《最高人民法院与澳门特别行政区签署〈关于进一步加强司法法律交流合作的会谈纪要〉周强、贺一诚出席签署活动》，载最高人民法院网，https://www.court.gov.cn/zixun-xiangqing-337571.html，2022 年 2 月 28 日访问。

供了有益借鉴。2019 年 4 月 2 日，最高人民法院与香港特别行政区政府律政司签署《关于内地与香港特别行政区法院就仲裁程序相互协助保全的安排》（以下简称《内地与香港仲裁保全安排》）。[①]《内地与香港仲裁保全安排》的签署和施行，使香港成为首个与内地就仲裁程序相互协助保全的司法管辖区，受到香港、内地以及其他国家和地区法律界人士的高度关注。《内地与香港仲裁保全安排》施行以来，内地人民法院已受理 57 起就香港仲裁程序提供协助保全的申请，保全财产价值达 127 亿元，效果显著，对支持香港建设亚太区国际法律及争议解决服务中心建设具有重大意义。在 2019 年澳门特别行政区修订《仲裁法》和《仲裁机构的设立及运作制度》的情况下，最高人民法院和澳门特别行政区及时回应澳门仲裁业发展和经济适度多元发展的需要，充分借鉴《内地与香港仲裁保全安排》商签经验，同时根据澳门仲裁法规相关规定、考虑澳门仲裁业实际情况、结合内地与澳门司法协助工作实际，最终签署《安排》，将根据澳门法律规定设立的仲裁机构悉数纳入，体现了中央对澳门仲裁业以及澳门法律服务业的大力支持。

二、《安排》的磋商过程、总体思路和主要原则

（一）磋商过程和总体思路

2021 年 7 月，最高人民法院与澳门特别行政区政府行政法务司正式启动《安排》的磋商工作。最高人民法院由研究室以及有

① 参见姜启波、周加海、司艳丽、刘琨：《〈关于内地与香港特别行政区法院就仲裁程序相互协助保全的安排〉的理解与适用》，载《人民法院报》2019 年 9 月 26 日。

关审判业务部门选派熟悉相关工作人员组成工作小组，与由澳门特别行政区政府行政法务司牵头，澳门终审法院、检察院、法务局派员参加的工作小组密切联络，有效克服新冠肺炎疫情影响，通过电话、邮件、视频会议等形式开展磋商，经反复协商和交换文本，最终达成共识。

根据澳门仲裁法规，内地仲裁程序当事人在仲裁前和仲裁中，均可向澳门法院申请保全措施；但根据《中华人民共和国民事诉讼法》《中华人民共和国海事诉讼特别程序法》《中华人民共和国仲裁法》等相关法律规定，除海事案件外，内地人民法院不能对包括澳门在内的域外仲裁提供保全协助。因此，在总体思路上，《安排》旨在建立允许有关澳门仲裁程序当事人向内地人民法院申请保全的机制，同时对内地仲裁程序当事人向澳门法院申请保全作出详细指引，实现两地仲裁制度的深度衔接。

（二）遵循的主要原则

内地与澳门之间的区际司法协助是一个主权国家内不同法域间的司法合作，既不同于国与国之间的国际司法协助，也有别于内地各省、市、区司法机关之间的联系与协作。在商签《安排》过程中，两地一直秉持以下主要原则。

第一，坚持“一国两制”原则。这是两地商签司法协助安排最基本的原则。两地商签司法协助安排，首先必须坚守“一国”之本，以促进和维护国家统一为基本出发点；同时还应尊重“两制”差异，尊重澳门特别行政区根据澳门基本法所享有的独立司法权和终审权。

第二，坚持平等协商，求同存异的原则。在安排磋商过程中，双方充分交流和认真研究两地司法制度和相关法律规定，以最大诚意交换意见，寻求最大公约数。比如，两地对于“保全”

和“保全措施”的理解存在一定差异。经协商，在安排标题中采用了“保全”这一外延更宽泛的表述；在正文中，则根据相关法律规定做具体表述。再比如，关于保全类型，两地法律规定不统一，无法一一对应。经协商，最终以分别表述的方式处理。又比如，由于《中华人民共和国仲裁法》未明确规定临时仲裁，本安排未将其纳入适用范围，留待两地继续研究探索。

第三，坚持解放思想，务求实效的原则。两地法律人以家国利益为重、以理解合作为念、以民众福祉为要，① 立足两地实践需求，秉持开放包容思维，吸收国际仲裁规则先进理念，推动构建衔接澳门、接轨国际的仲裁制度体系，实现协助力度远超国际司法协助的制度安排，为粤港澳大湾区和横琴粤澳深度合作区建设提供更优质、更高效、更便捷的司法服务。

三、《安排》的主要内容

《安排》共12条，主要规定了申请保全的类型、适用的仲裁程序、申请保全的程序、保全申请的处理等内容。

(一) 关于申请保全的类型

1. 向内地人民法院申请的保全。依据《中华人民共和国仲裁法》，一方当事人因另一方当事人的行为或者其他原因，可能使裁决不能执行或者难以执行的，可以申请财产保全；② 在证据可能灭失或者以后难以取得的情况下，当事人可以申请证据保

① 参见《不断谱写两地司法协助新篇章》，载《人民法院报》2017年6月21日。

② 参见《中华人民共和国仲裁法》第二十八条第一款。

全。[①] 依据《中华人民共和国民事诉讼法》，人民法院对于可能因当事人一方的行为或者其他原因，使判决难以执行或者造成当事人其他损害的案件，根据对方当事人的申请，可以责令其作出一定行为或者禁止其作出一定行为。[②]《安排》平等保护澳门仲裁程序当事人和内地仲裁程序当事人，赋予双方相同权利，涵盖财产保全、证据保全、行为保全，真正体现了"一国"之内更紧密的合作。

2. 向澳门法院申请的保全。依据澳门仲裁法规，在仲裁裁决作出前，当事人可以向澳门法院申请保全措施。澳门的保全分为普通保全和特定保全，规定于澳门民事诉讼法典第三编。普通保全是指，任何人有理由恐防他人对其权利造成严重且难以弥补之侵害的，可以申请具体、适当的保存或者预行措施，以确保受威胁之权利得以实现。同时，法院有权命令采取非为所声请人具体声请采取之措施。特定保全包括占有之临时返还、法人决议之中止执行、临时扶养、裁定给予临时弥补、假扣押、新工程之禁制、制作清单等七种。本安排意在涵盖澳门法律规定的所有保全类型，考虑澳门民事诉讼法典对于保全设定了较为灵活和开放的机制，为最大限度保护当事人合法权利，采用概括方式表述可向澳门法院申请的保全措施。

（二）关于适用的仲裁程序

《安排》适用的仲裁程序，限于内地以及澳门仲裁机构管理的仲裁程序，不包括临时仲裁程序和其他国家或者地区仲裁机构管理的仲裁程序。需要说明的是，考虑到澳门仲裁机构数量较

---

① 参见《中华人民共和国仲裁法》第四十六条。

② 参见《中华人民共和国民事诉讼法》第一百零三条第一款。

少，《安排》未再限定澳门仲裁机构的条件。

1. 限定于民商事仲裁程序。根据澳门仲裁法规，在澳门可仲裁的事项十分广泛，任何可由当事人订立和解协议的争议，均可作为仲裁的标的，包括属行政性质的争议。① 在内地，根据《中华人民共和国仲裁法》的规定，仲裁适用的纠纷类型为合同纠纷或者其他财产权益纠纷，不适用于婚姻、收养、监护、扶养、继承纠纷，以及应当由行政机关处理的行政争议；适用的主体为作为平等主体的公民、法人。② 为与2007年签署的《关于内地与澳门特别行政区相互认可和执行仲裁裁决的安排》（以下简称《仲裁裁决互认安排》）保持一致，③《安排》取两大法律规定的最大公约数，将适用的仲裁程序限定于两地民商事仲裁程序。

2. 排除临时仲裁程序。依据我国已经加入的《承认及执行外国仲裁裁决公约》，外国临时仲裁裁决在我国可以得到承认和执行；依据内地与香港、澳门分别签署的仲裁裁决互认安排，香港、澳门的临时仲裁裁决也可在内地获得认可和执行，但考虑以下几点，《安排》排除临时仲裁程序：一是提供仲裁保全协助时，仲裁裁决尚未作出，一旦保全错误，涉及对另一方当事人的救

① 《澳门特别行政区仲裁法》第6条规定："任何可由当事人订立和解协议的争议，均可作为仲裁的标的。"

② 《中华人民共和国仲裁法》第二条规定："平等主体的公民、法人和其他组织之间发生的合同纠纷和其他财产权益纠纷，可以仲裁。"《中华人民共和国仲裁法》第三条规定："下列纠纷不能仲裁：（一）婚姻、收养、监护、扶养、继承纠纷；（二）依法应当由行政机关处理的行政争议。"

③ 《仲裁裁决互认安排》第一条规定："内地人民法院认可和执行澳门特别行政区仲裁机构及仲裁员按照澳门特别行政区仲裁法规在澳门作出的民商事仲裁裁决，澳门特别行政区法院认可和执行内地仲裁机构依据《中华人民共和国仲裁法》在内地作出的民商事仲裁裁决，适用本安排。"

济，应当持较为谨慎的态度。二是《内地与香港仲裁保全安排》排除了临时仲裁，本安排与其保持一致。三是《中华人民共和国仲裁法》没有规定临时仲裁程序，对此有待进一步研究。

值得注意的是，2016年12月30日发布的《最高人民法院关于为自由贸易试验区建设提供司法保障的意见》，已有限度地引入了临时仲裁制度。根据该份文件，在自贸试验区内注册的企业相互之间约定在内地特定地点、按照特定仲裁规则、由特定人员对有关争议进行仲裁的，可以认定该仲裁协议有效。目前，修改仲裁法已列入十三届全国人大常委会立法规划和国务院2021年度立法工作计划。从《中华人民共和国仲裁法（修订）（征求意见稿）》看，仲裁法拟增加临时仲裁制度。考虑上述因素和临时仲裁快速、简便、高效并被各国法律和国际公约广泛认可的特点，下步最高人民法院将持续关注和研究针对域外临时仲裁保全协助的发展，秉持循序渐进、由易到难的原则推进有关工作。

3. 排除其他国家或者地区仲裁机构管理的仲裁程序。主要有以下两点考虑：一是与《内地与香港仲裁保全安排》保持一致，排除其他国家或者地区仲裁机构管理的仲裁程序。二是《仲裁裁决互认安排》排除了其他国家或者地区仲裁机构所作仲裁裁决，作为规范仲裁前和仲裁中保全协助的《安排》，其适用的仲裁程序范围，不宜广于《仲裁裁决互认安排》。

（三）关于有权管辖保全申请的法院

1. 内地有管辖权的人民法院。《安排》第二条第一款规定，内地有权管辖澳门仲裁程序当事人保全申请的法院为被申请人住所地、财产所在地或者证据所在地的内地中级人民法院。采取仲裁保全措施的目的是保障终局性仲裁裁决的顺利执行，故受理仲裁保全申请的法院一般应与受理仲裁裁决申请认可和执行案件的法院相一致。① 参照《最高人民法院关于涉外民商事案件诉讼管辖若干问题的规定》，有关案件由具有涉港澳案件管辖权的法院受理；同时，内地有关法律和司法解释对保全案件管辖法院有特殊规定的，从其规定。如《最高人民法院关于审查知识产权纠纷行为保全案件适用法律若干问题的规定》第三条规定："申请诉前行为保全，应当向申请人住所地具有相应知识产权纠纷管辖权的人民法院或者对案件具有管辖权的人民法院提出。当事人约定仲裁的，应当向前款规定的人民法院申请保全"。被申请人住所地、财产所在地或者证据所在地在不同人民法院辖区的，应当选择向其中一个人民法院提出申请，不得分别向两个或者两个以上人民法院提出申请。②

2. 澳门有管辖权的法院。依据澳门仲裁法，澳门初级法院具有行使保全措施的管辖权。《安排》第五条第一款规定："依据《中华人民共和国仲裁法》向内地仲裁机构提起民商事仲裁程序的当事人，在仲裁裁决作出前，可以根据澳门特别行政区法律规定，向澳门特别行政区初级法院申请保全"。需要说明的是，根据《仲裁裁决互认安排》相关规定，澳门特别行政区有权受理认可仲裁裁决申请的法院为中级法院，有权执行的法院为初级法院。

（四）关于可申请保全的阶段

《中华人民共和国民事诉讼法》《中华人民共和国仲裁法》

---

① 参见姜启波、周加海、司艳丽、刘琨：《〈关于内地与香港特别行政区法院就仲裁程序相互协助保全的安排〉的理解与适用》，载《人民法院报》2019 年 9 月 26 日。

② 参见《仲裁保全安排》第二条。

规定了仲裁前保全和仲裁中保全，且均系针对内地仲裁程序。根据澳门仲裁法规，不论仲裁地是否为澳门特别行政区，法院均有管辖权命令在仲裁程序开始前或者仲裁程序进行中采取与仲裁程序有关的保全措施。因此，即便在《安排》签署之前，内地仲裁程序当事人也可在仲裁裁决作出前向澳门法院申请保全。《安排》在保全方面将澳门仲裁程序与内地仲裁程序类似对待，规定了可参照内地有关法律规定，由内地人民法院提供仲裁前和仲裁中的保全协助。也正是基于以上原因，从安排文本表述看，对于向内地人民法院申请保全的系“参照”内地有关法律规定，而对于向澳门法院申请保全的系“根据”澳门有关法律规定。

1. 仲裁中的保全。《安排》第二条第一款对仲裁裁决作出前澳门仲裁程序当事人的保全申请事宜作出规定，即可参照《中华人民共和国民事诉讼法》《中华人民共和国仲裁法》和相关司法解释的规定向内地人民法院申请保全。《安排》第五条第一款对仲裁裁决作出前内地仲裁程序当事人的保全申请事宜作出规定，即可根据澳门特别行政区法律规定，向澳门法院申请保全。

需要说明的是，根据《中华人民共和国民事诉讼法》第二百七十九条的规定，内地涉外仲裁机构受理的案件，当事人申请采取保全的，应当由该涉外仲裁机构将当事人的申请提交人民法院。① 如参照上述规定，则在仲裁过程中提出的保全申请，应由澳门仲裁机构提交给内地人民法院。为体现“一国”之内两地更紧密的司法合作，以及考虑到保全的临时性、紧急性，《安排》未要求仲裁程序中的保全申请由澳门仲裁机构转递，澳门仲裁程序的当事人可以直接向内地人民法院申请保全，以减少转递环

① 参见《中华人民共和国民事诉讼法》第二百七十九条。

节、提高保全效率。

2. 仲裁前的保全。《安排》第二条第二款参照《中华人民共和国民事诉讼法》第一百零四条，规定在澳门仲裁机构受理仲裁案件前，当事人向内地人民法院提交保全申请的，如内地人民法院采取保全措施后三十日内未收到澳门仲裁机构已受理仲裁案件的证明函件的，内地人民法院应当解除保全。[①]《安排》第五条第二款根据澳门仲裁法第15条第2款、第3款，规定了内地仲裁机构受理仲裁案件前当事人向澳门法院申请保全的，应当按照澳门法律采取开展仲裁程序的必要措施，否则保全措施失效，并应当及时将已作出必要措施及作出日期的证明送交法院。

值得关注的是，与《仲裁裁决互认安排》结合，本安排生效后，两地在仲裁领域实现相互协助保全的全流程覆盖。《仲裁裁决互认安排》涵盖法院受理认可和执行仲裁裁决申请之前或者之后的保全，不包括仲裁裁决作出前的保全。《安排》进一步将两地相互协助保全向前延伸至仲裁前和仲裁中，从而实现了从仲裁程序开始前到仲裁程序进行中，从申请认可和执行仲裁裁决前到法院裁定做出前的全流程保全协助。

（五）关于应当提交的申请材料

1. 向内地人民法院提交的材料及申请书内容。《安排》第三条参考了内地有关法律、司法解释以及以往司法协助安排，特别是《内地与香港仲裁保全安排》，规定了澳门仲裁程序的当事人向内地人民法院申请保全时应提交的材料。第一款第（一）项规定的保全申请书，包括当事人基本情况、保全事实、理由和证据等。第（二）项规定提交仲裁协议，主要为判断当事人之间具有

---

① 参见《仲裁保全安排》第二条。

将争议提交仲裁的约定，人民法院对此仅进行形式审查，并不审查仲裁协议效力等实质问题。第（三）项规定身份证明材料。同时根据第二款规定，在内地以外形成的身份证明材料需要依照内地法律规定履行相关证明手续。第（四）项规定仲裁申请文件及相关证明材料、仲裁机构出具的已受理有关仲裁案件的证明函件。第（五）项为兜底条款，内地人民法院根据案件具体情况，可要求提供其他有关材料。从本条第2款规定看，除内地以外形成的身份证明材料外，其他均无需履行有关证明手续，更好体现了“一国”原则，便利了当事人提出申请。

《安排》第四条参考《内地与香港仲裁保全安排》以及内地有关法律和司法解释规定，列明了保全申请书应当载明的具体内容，包括当事人的基本情况，请求事项，请求所依据的事实、理由和相关证据，申请保全的财产、证据的明确信息或者具体线索，用于提供担保的内地财产信息或者资信证明，是否已提出其他保全申请和保全情况，以及其他需要载明的事项。①

2. 向澳门法院提交的材料及申请书内容。《安排》第六条列明了当事人向澳门法院申请保全应当提交的材料以及应当载明的内容，包括仲裁协议，申请人信息，请求的详细资料。同时规定仲裁机构受理案件后的保全申请，应当附具仲裁机构出具的已受理仲裁案件的证明，是否已提出其他保全申请以及保全情况，法院要求的其他资料。

如向澳门法院提交的文件并非使用澳门特别行政区的其中一种正式语文，即中文或葡文，则申请人应当提交其中一种正式语文的译本。

---

① 参见《安排》第四条。

（六）关于保全申请的审查以及救济

《安排》第七条规定，被请求方法院应当尽快审查当事人的保全申请，可以按照被请求方法律规定要求申请人提供担保。当事人的保全申请符合被请求方法律规定的，被请求方法院应当作出保全裁定。第一，关于“尽快审查”原则。本条规定“尽快审查”，但未明确如何做到“尽快”，主要是基于两地不同法律规定。根据《中华人民共和国民事诉讼法》第一百零四条的规定，因情况紧急申请仲裁前保全的，“对案件有管辖权的人民法院接受申请后，必须在四十八小时内作出裁定；裁定采取保全措施的，应当立即开始执行。”申请人在人民法院采取保全措施后三十日内不依法提起诉讼或者申请仲裁的，人民法院应当解除保全。① 根据澳门民事诉讼法典的规定，就保全申请，第一审时应于两个月期间内作出裁判；如无保全措施所针对之人，应于十五日期间内作出裁判。第二，关于提供担保的要求。向内地人民法院申请保全的，经人民法院审查，裁定保全并责令申请人提供担保的，申请人应当提供。如不予提供，则裁定驳回申请。向澳门法院申请保全的，根据澳门民事诉讼法典第335条的规定，法官可根据案件具体情况，在未听取被申请人陈述的情况下，即可要求申请人提供适当担保。第三，关于适用法律。是否采取保全、要求申请人提供何种担保，都依据被请求方法律来判断。

《安排》第八条规定，对被请求方法院裁定不服的救济途径，按照被请求方法律规定处理。在内地，当事人对保全裁定不服的，可以自收到裁定书之日起五日内向作出裁定的人民法院申请复议。人民法院应当在收到复议申请后十日内审查。裁定正确

① 参见《中华人民共和国民事诉讼法》第一百零四条。

的，驳回当事人的申请；裁定不当的，变更或者撤销原裁定。①

在澳门，当事人若认为法院不应批准保全措施的，可按一般程序对法院采取措施的批示提起上诉；当事人若认为法院采取的措施不当，比如超标的查封等，可以提出申辩，由法官作出裁判，当事人对该裁判也可以上诉。

（七）《安排》与现有法律及司法解释的关系

1.《安排》与《仲裁裁决互认安排》的关系。一是相互协助的对象不同，《安排》主要针对的是对方仲裁程序当事人的保全申请，同时又强调是在仲裁前或者仲裁中提出；《仲裁裁决互认安排》主要针对的是对方仲裁程序当事人提出的对生效仲裁裁决的认可和执行申请。二是《仲裁裁决互认安排》也有关于保全的规定，只是与《安排》规定的保全申请阶段不同。如前所述，《仲裁裁决互认安排》规定了仲裁裁决作出后、向对方法院申请认可和执行之前或者之后的保全事宜，《安排》规定的保全事宜则是对《仲裁裁决互认安排》有关规定的延伸和补充。

2. 与两地现有法律的关系。《安排》第十条规定，不减损两地仲裁机构、仲裁庭、仲裁员、当事人依据对方法律已经享有的权利。如根据澳门仲裁法第 15 条第 4 款规定，不论仲裁地是否为澳门特别行政区，澳门法院均有权采取与仲裁程序有关的保全措施。据此，由内地仲裁机构管理的、仲裁地在境外的仲裁程序当事人，也可以向澳门法院申请保全。②

---

① 参见《最高人民法院关于适用〈中华人民共和国民事诉讼法〉的解释》第一百七十一条。

② 参见姜启波、周加海、司艳丽、刘琨：《〈关于内地与香港特别行政区法院就仲裁程序相互协助保全的安排〉的理解与适用》，载《人民法院报》2019 年 9 月 26 日。

（八）其他需要说明的问题

1. 关于安排的商签主体。目前，法律界对《澳门特别行政区基本法》第93条规定有两种不同理解。一种观点是依据澳门基本法有关规定，内地与澳门为两个不同法域，两地开展司法方面的联系，特别是商签有关司法协助安排时，只能由最高人民法院代表内地与澳门特别行政区开展磋商，达成的有关安排也将以最高人民法院司法解释的形式在内地施行。另一种观点认为，澳门是中华人民共和国的一个特别行政区，系地方行政区域。最高人民法院是国家最高审判机关，宜统筹地方人民法院与澳门特别行政区有关方面就司法协助安排开展磋商。我们认为，在“一国两制”方针和澳门基本法指引下，尤其在从无到有的区际司法协助体系建设过程中，由最高人民法院代表内地与澳门特别行政区商签有关司法协助安排，有利于保证区际司法协助遵循统一原则、实现统一适用，有利于夯实具有中国特色的区际司法协助制度基础，有利于作为磋商成果的安排文件在两地转化实施。也正是基于上述考虑，按照第一种观点的工作模式，内地与澳门签署了一系列司法协助安排，且运行情况良好。随着“一国两制”实践的不断发展，粤港澳大湾区、横琴粤澳深度合作区建设的深入推进，可进一步研究探索由最高人民法院统筹并授权地方人民法院与澳门有关方面针对特殊领域商签司法协助文件，以及由内地、香港、澳门共同商签三方司法协助文件等的可行路径，精准服务国家发展战略，为国家参与国际规则制定积累经验、提供样本。

2. 关于协助方式。目前，《中华人民共和国仲裁法》规定保全措施只能由人民法院作出，并未授权仲裁机构命令采取临时措施的权利。但是按照澳门仲裁法，当事人除向澳门法院申请保全外，仲裁庭还有权应任一方当事人的请求，并在听取他方当事人的意见后，命令采取临时措施。①

《安排》所采取的协助方式为由仲裁程序的当事人向对方法院申请保全，而非向对方法院申请认可和执行本法域法院或者仲裁机构作出的临时措施裁定（命令）。主要理由：一是认可和执行的对象应当具有终局性、确定性，如生效民商事判决、仲裁裁决。保全措施或者临时措施是中间性、紧急性措施，具有较大的不稳定性，不符合认可和执行对象的要求。二是根据《中华人民共和国仲裁法》，内地仲裁机构无采取临时措施的权能，当然也就不存在向法院申请执行内地仲裁机构所采取临时措施裁定的情形。《安排》的总体思路是将澳门仲裁程序与内地仲裁程序类似对待，故澳门仲裁机构的临时措施裁定（命令）也不宜向内地人民法院申请认可和执行。三是保全具有紧急性的特点，由当事人直接向对方法院申请，较先向本地仲裁机构申请临时措施，然后再向对方法院申请认可和执行，更为便捷高效，更有利于保护当事人权益。

四、《安排》的意义

（一）《安排》是“一国两制”成功实践在司法领域的新发展

《安排》系内地与澳门就仲裁保全相互协助达成的共识，是

---

① 《澳门特别行政区仲裁法》第36条：“一、仲裁庭应任一方当事人的请求，并在听取他方当事人的意见后，可命令采取临时措施，但当事人另有约定者除外。二、仲裁庭可命令一方当事人实施下列行为：（一）在解决争议的过程中，维持现状或恢复原状；（二）采取措施防止目前或即将对仲裁程序造成的损害或损失，或不采取可能造成此等损害或损失的措施；（三）提供保全资产的必要手段以执行后续的仲裁裁决；（四）保全对解决争议可能具相关性和重要性的证据。”

两地坚守“一国”之本、善用“两制”之利的最新合作成果，协助力度远超国际公约和条约。该安排为妥善化解跨境纠纷、服务澳门经济适度多元发展提供了新的制度资源，切实丰富和完善了中国特色区际司法协助体系。

（二）《安排》是两地共商共建共享多元化纠纷解决机制的新举措

《横琴粤澳深度合作区建设总体方案》提出，要建立完善国际商事审判、仲裁、调解等多元化商事纠纷解决机制。《安排》通过提供司法救济措施保障仲裁裁决的顺利执行，充分体现了司法对仲裁的支持，有利于澳门仲裁业发展壮大，可有效推动两地共商共建共享多元化纠纷解决新机制的创建和完善，为两地仲裁机构高质量服务粤港澳大湾区、横琴粤澳深度合作区以及“一带一路”沿线国家和地区商事主体争议解决提供了更广阔的发展空间。

（三）《安排》是深化两地民商事司法法律规则衔接的新探索

《粤港澳大湾区发展规划纲要》《横琴粤澳深度合作区建设总体方案》均提出要推进粤港澳大湾区规则衔接、机制对接。区际司法协助是体现中国特色、彰显“两制”优势，实现法律规则衔接、机制对接的重要途径。《安排》是在遵循宪法和澳门基本法前提下融通两地仲裁法规，构建民商事规则衔接澳门、接轨国际的制度体系的积极尝试和有益探索。

第三编

涉港澳案件审判相关法律规定

第一章　综合性法律规定

中华人民共和国海商法（节录）

（1992 年 11 月 7 日第七届全国人民代表大会常务委员会第二十八次会议通过　1992 年 11 月 7 日中华人民共和国主席令第六十四号公布　自 1993 年 7 月 1 日起施行）

第十四章　涉外关系的法律适用

第二百六十八条　中华人民共和国缔结或者参加的国际条约同本法有不同规定的，适用国际条约的规定；但是，中华人民共和国声明保留的条款除外。

中华人民共和国法律和中华人民共和国缔结或者参加的国际条约没有规定的，可以适用国际惯例。

第二百六十九条　合同当事人可以选择合同适用的法律，法律另有规定的除外。合同当事人没有选择的，适用与合同有最密切联系的国家的法律。

第二百七十条　船舶所有权的取得、转让和消灭，适用船旗国法律。

第二百七十一条 船舶抵押权适用船旗国法律。

船舶在光船租赁以前或者光船租赁期间，设立船舶抵押权的，适用原船舶登记国的法律。

第二百七十二条 船舶优先权，适用受理案件的法院所在地法律。

第二百七十三条 船舶碰撞的损害赔偿，适用侵权行为地法律。

船舶在公海上发生碰撞的损害赔偿，适用受理案件的法院所在地法律。

同一国籍的船舶，不论碰撞发生于何地，碰撞船舶之间的损害赔偿适用船旗国法律。

第二百七十四条 共同海损理算，适用理算地法律。

第二百七十五条 海事赔偿责任限制，适用受理案件的法院所在地法律。

第二百七十六条 依照本章规定适用外国法律或者国际惯例，不得违背中华人民共和国的社会公共利益。

中华人民共和国票据法（节录）

（1995年5月10日第八届全国人民代表大会常务委员会第十三次会议通过　根据2004年8月28日第十届全国人民代表大会常务委员会第十一次会议《关于修改〈中华人民共和国票据法〉的决定》修正）

第五章　涉外票据的法律适用

第九十四条　涉外票据的法律适用，依照本章的规定确定。

前款所称涉外票据，是指出票、背书、承兑、保证、付款等行为中，既有发生在中华人民共和国境内又有发生在中华人民共和国境外的票据。

第九十五条　中华人民共和国缔结或者参加的国际条约同本法有不同规定的，适用国际条约的规定。但是，中华人民共和国声明保留的条款除外。

本法和中华人民共和国缔结或者参加的国际条约没有规定的，可以适用国际惯例。

第九十六条　票据债务人的民事行为能力，适用其本国法律。

票据债务人的民事行为能力，依照其本国法律为无民事行为能力或者为限制民事行为能力而依照行为地法律为完全民事行为能力的，适用行为地法律。

第九十七条　汇票、本票出票时的记载事项，适用出票地法律。

支票出票时的记载事项，适用出票地法律，经当事人协议，也可以适用付款地法律。

第九十八条 票据的背书、承兑、付款和保证行为，适用行为地法律。

第九十九条 票据追索权的行使期限，适用出票地法律。

第一百条 票据的提示期限、有关拒绝证明的方式、出具拒绝证明的期限，适用付款地法律。

第一百零一条 票据丧失时，失票人请求保全票据权利的程序，适用付款地法律。

中华人民共和国刑法（节录）

［1979年7月1日第五届全国人民代表大会第二次会议通过　1997年3月14日第八届全国人民代表大会第五次会议修订　根据1998年12月29日第九届全国人民代表大会常务委员会第六次会议通过的《全国人民代表大会常务委员会关于惩治骗购外汇、逃汇和非法买卖外汇犯罪的决定》、1999年12月25日第九届全国人民代表大会常务委员会第十三次会议通过的《中华人民共和国刑法修正案》、2001年8月31日第九届全国人民代表大会常务委员会第二十三次会议通过的《中华人民共和国刑法修正案（二）》、2001年12月29日第九届全国人民代表大会常务委员会第二十五次会议通过的《中华人民共和国刑法修正案（三）》、2002年12月28日第九届全国人民代表大会常务委员会第三十一次会议通过的《中华人民共和国刑法修正案（四）》、2005年2月28日第十届全国人民代表大会常务委员会第十四次会议通过的《中华人民共和国刑法修正案（五）》、2006年6月29日第十届全国人民代表大会常务委员会第二十二次会议通过的《中华人民共和国刑法修正案（六）》、2009年2月28日第十一届全国人民代表大会常务委员会第七次会议通过的《中华人民共和国刑法修正案（七）》、2009年8月27日第十一届全国人民代表大会常务委员会第十次会议通过的《全国人民代表大会常务委员会关于修改部分法律的决定》、2011年2月25日第十一届全国人民代表大会常务委员会第十九次会议通过的《中华人民共和国刑法修正案（八）》、2015年8月29日第十二届全国人民代表大会常务委员会第十六次会议通过的《中华人民共和国刑法修正案（九）》、2017年11月4日第十二届全国人民代表大会常务委员会第三十次会议通过的《中华人民共和国刑法修正案（十）》和2020年12月26日第十三届全国人民代表大会常务委员会第二十四次会议通过的《中华人民共和国刑法修正案（十一）》修正］

第六条 凡在中华人民共和国领域内犯罪的，除法律有特别规定的以外，都适用本法。

凡在中华人民共和国船舶或者航空器内犯罪的，也适用本法。

犯罪的行为或者结果有一项发生在中华人民共和国领域内的，就认为是在中华人民共和国领域内犯罪。

第七条 中华人民共和国公民在中华人民共和国领域外犯本法规定之罪的，适用本法，但是按本法规定的最高刑为三年以下有期徒刑的，可以不予追究。

中华人民共和国国家工作人员和军人在中华人民共和国领域外犯本法规定之罪的，适用本法。

第八条 外国人在中华人民共和国领域外对中华人民共和国国家或者公民犯罪，而按本法规定的最低刑为三年以上有期徒刑的，可以适用本法，但是按照犯罪地的法律不受处罚的除外。

第九条 对于中华人民共和国缔结或者参加的国际条约所规定的罪行，中华人民共和国在所承担条约义务的范围内行使刑事管辖权的，适用本法。

第十条 凡在中华人民共和国领域外犯罪，依照本法应当负刑事责任的，虽然经过外国审判，仍然可以依照本法追究，但是在外国已经受过刑罚处罚的，可以免除或者减轻处罚。

第十一条 享有外交特权和豁免权的外国人的刑事责任，通过外交途径解决。

第三十五条 对于犯罪的外国人，可以独立适用或者附加适用驱逐出境。

中华人民共和国涉外民事关系法律适用法

（2010年10月28日第十一届全国人民代表大会常务委员会
第十七次会议通过　2010年10月28日中华人民共和国
主席令第三十六号公布　自2011年4月1日起施行）

目　录

第一章　一般规定

第一条　为了明确涉外民事关系的法律适用，合理解决涉外民事争议，维护当事人的合法权益，制定本法。

第二条　涉外民事关系适用的法律，依照本法确定。其他法律对涉外民事关系法律适用另有特别规定的，依照其规定。

本法和其他法律对涉外民事关系法律适用没有规定的，适用与该涉外民事关系有最密切联系的法律。

第三条 当事人依照法律规定可以明示选择涉外民事关系适用的法律。

第四条 中华人民共和国法律对涉外民事关系有强制性规定的，直接适用该强制性规定。

第五条 外国法律的适用将损害中华人民共和国社会公共利益的，适用中华人民共和国法律。

第六条 涉外民事关系适用外国法律，该国不同区域实施不同法律的，适用与该涉外民事关系有最密切联系区域的法律。

第七条 诉讼时效，适用相关涉外民事关系应当适用的法律。

第八条 涉外民事关系的定性，适用法院地法律。

第九条 涉外民事关系适用的外国法律，不包括该国的法律适用法。

第十条 涉外民事关系适用的外国法律，由人民法院、仲裁机构或者行政机关查明。当事人选择适用外国法律的，应当提供该国法律。

不能查明外国法律或者该国法律没有规定的，适用中华人民共和国法律。

第二章 民事主体

第十一条 自然人的民事权利能力，适用经常居所地法律。

第十二条 自然人的民事行为能力，适用经常居所地法律。

自然人从事民事活动，依照经常居所地法律为无民事行为能力，依照行为地法律为有民事行为能力的，适用行为地法律，但涉及婚姻家庭、继承的除外。

第十三条　宣告失踪或者宣告死亡，适用自然人经常居所地法律。

第十四条　法人及其分支机构的民事权利能力、民事行为能力、组织机构、股东权利义务等事项，适用登记地法律。

法人的主营业地与登记地不一致的，可以适用主营业地法律。法人的经常居所地，为其主营业地。

第十五条　人格权的内容，适用权利人经常居所地法律。

第十六条　代理适用代理行为地法律，但被代理人与代理人的民事关系，适用代理关系发生地法律。

当事人可以协议选择委托代理适用的法律。

第十七条　当事人可以协议选择信托适用的法律。当事人没有选择的，适用信托财产所在地法律或者信托关系发生地法律。

第十八条　当事人可以协议选择仲裁协议适用的法律。当事人没有选择的，适用仲裁机构所在地法律或者仲裁地法律。

第十九条　依照本法适用国籍国法律，自然人具有两个以上国籍的，适用有经常居所的国籍国法律；在所有国籍国均无经常居所的，适用与其有最密切联系的国籍国法律。自然人无国籍或者国籍不明的，适用其经常居所地法律。

第二十条　依照本法适用经常居所地法律，自然人经常居所地不明的，适用其现在居所地法律。

第三章　婚姻家庭

第二十一条　结婚条件，适用当事人共同经常居所地法律；没有共同经常居所地的，适用共同国籍国法律；没有共同国籍，在一方当事人经常居所地或者国籍国缔结婚姻的，适用婚姻缔结地法律。

第二十二条 结婚手续，符合婚姻缔结地法律、一方当事人经常居所地法律或者国籍国法律的，均为有效。

第二十三条 夫妻人身关系，适用共同经常居所地法律；没有共同经常居所地的，适用共同国籍国法律。

第二十四条 夫妻财产关系，当事人可以协议选择适用一方当事人经常居所地法律、国籍国法律或者主要财产所在地法律。当事人没有选择的，适用共同经常居所地法律；没有共同经常居所地的，适用共同国籍国法律。

第二十五条 父母子女人身、财产关系，适用共同经常居所地法律；没有共同经常居所地的，适用一方当事人经常居所地法律或者国籍国法律中有利于保护弱者权益的法律。

第二十六条 协议离婚，当事人可以协议选择适用一方当事人经常居所地法律或者国籍国法律。当事人没有选择的，适用共同经常居所地法律；没有共同经常居所地的，适用共同国籍国法律；没有共同国籍的，适用办理离婚手续机构所在地法律。

第二十七条 诉讼离婚，适用法院地法律。

第二十八条 收养的条件和手续，适用收养人和被收养人经常居所地法律。收养的效力，适用收养时收养人经常居所地法律。收养关系的解除，适用收养时被收养人经常居所地法律或者法院地法律。

第二十九条 扶养，适用一方当事人经常居所地法律、国籍国法律或者主要财产所在地法律中有利于保护被扶养人权益的法律。

第三十条 监护，适用一方当事人经常居所地法律或者国籍国国法律中有利于保护被监护人权益的法律。

第四章 继 承

第三十一条 法定继承，适用被继承人死亡时经常居所地法律，但不动产法定继承，适用不动产所在地法律。

第三十二条 遗嘱方式，符合遗嘱人立遗嘱时或者死亡时经常居所地法律、国籍国法律或者遗嘱行为地法律的，遗嘱均为成立。

第三十三条 遗嘱效力，适用遗嘱人立遗嘱时或者死亡时经常居所地法律或者国籍国法律。

第三十四条 遗产管理等事项，适用遗产所在地法律。

第三十五条 无人继承遗产的归属，适用被继承人死亡时遗产所在地法律。

第五章 物 权

第三十六条 不动产物权，适用不动产所在地法律。

第三十七条 当事人可以协议选择动产物权适用的法律。当事人没有选择的，适用法律事实发生时动产所在地法律。

第三十八条 当事人可以协议选择运输中动产物权发生变更适用的法律。当事人没有选择的，适用运输目的地法律。

第三十九条 有价证券，适用有价证券权利实现地法律或者其他与该有价证券有最密切联系的法律。

第四十条 权利质权，适用质权设立地法律。

第六章 债 权

第四十一条 当事人可以协议选择合同适用的法律。当事人没有选择的，适用履行义务最能体现该合同特征的一方当事人经常居所地法律或者其他与该合同有最密切联系的法律。

第四十二条 消费者合同，适用消费者经常居所地法律；消费者选择适用商品、服务提供地法律或者经营者在消费者经常居所地没有从事相关经营活动的，适用商品、服务提供地法律。

第四十三条 劳动合同，适用劳动者工作地法律；难以确定劳动者工作地的，适用用人单位主营业地法律。劳务派遣，可以适用劳务派出地法律。

第四十四条 侵权责任，适用侵权行为地法律，但当事人有共同经常居所地的，适用共同经常居所地法律。侵权行为发生后，当事人协议选择适用法律的，按照其协议。

第四十五条 产品责任，适用被侵权人经常居所地法律；被侵权人选择适用侵权人主营业地法律、损害发生地法律的，或者侵权人在被侵权人经常居所地没有从事相关经营活动的，适用侵权人主营业地法律或者损害发生地法律。

第四十六条 通过网络或者采用其他方式侵害姓名权、肖像权、名誉权、隐私权等人格权的，适用被侵权人经常居所地法律。

第四十七条 不当得利、无因管理，适用当事人协议选择适用的法律。当事人没有选择的，适用当事人共同经常居所地法律；没有共同经常居所地的，适用不当得利、无因管理发生地法律。

第七章　知识产权

第四十八条　知识产权的归属和内容，适用被请求保护地法律。

第四十九条　当事人可以协议选择知识产权转让和许可使用适用的法律。当事人没有选择的，适用本法对合同的有关规定。

第五十条　知识产权的侵权责任，适用被请求保护地法律，当事人也可以在侵权行为发生后协议选择适用法院地法律。

第八章　附　则

第五十一条　《中华人民共和国民法通则》第一百四十六条、第一百四十七条，《中华人民共和国继承法》第三十六条，与本法的规定不一致的，适用本法。

第五十二条　本法自 2011 年 4 月 1 日起施行。

最高人民法院

关于适用《中华人民共和国涉外民事关系法律适用法》若干问题的解释（一）

（2012 年 12 月 10 日最高人民法院审判委员会第 1563 次会议通过 根据 2020 年 12 月 23 日最高人民法院审判委员会第 1823 次会议通过的《最高人民法院关于修改〈最高人民法院关于破产企业国有划拨土地使用权应否列入破产财产等问题的批复〉等二十九件商事类司法解释的决定》修正）

为正确审理涉外民事案件，根据《中华人民共和国涉外民事关系法律适用法》的规定，对人民法院适用该法的有关问题解释如下：

第一条 民事关系具有下列情形之一的，人民法院可以认定为涉外民事关系：

（一）当事人一方或双方是外国公民、外国法人或者其他组织、无国籍人；

（二）当事人一方或双方的经常居所地在中华人民共和国领域外；

（三）标的物在中华人民共和国领域外；

（四）产生、变更或者消灭民事关系的法律事实发生在中华人民共和国领域外；

（五）可以认定为涉外民事关系的其他情形。

第二条 涉外民事关系法律适用法实施以前发生的涉外民事

关系，人民法院应当根据该涉外民事关系发生时的有关法律规定确定应当适用的法律；当时法律没有规定的，可以参照涉外民事关系法律适用法的规定确定。

第三条 涉外民事关系法律适用法与其他法律对同一涉外民事关系法律适用规定不一致的，适用涉外民事关系法律适用法的规定，但《中华人民共和国票据法》《中华人民共和国海商法》《中华人民共和国民用航空法》等商事领域法律的特别规定以及知识产权领域法律的特别规定除外。

涉外民事关系法律适用法对涉外民事关系的法律适用没有规定而其他法律有规定的，适用其他法律的规定。

第四条 中华人民共和国法律没有明确规定当事人可以选择涉外民事关系适用的法律，当事人选择适用法律的，人民法院应认定该选择无效。

第五条 一方当事人以双方协议选择的法律与系争的涉外民事关系没有实际联系为由主张选择无效的，人民法院不予支持。

第六条 当事人在一审法庭辩论终结前协议选择或者变更选择适用的法律的，人民法院应予准许。

各方当事人援引相同国家的法律且未提出法律适用异议的，人民法院可以认定当事人已经就涉外民事关系适用的法律做出了选择。

第七条 当事人在合同中援引尚未对中华人民共和国生效的国际条约的，人民法院可以根据该国际条约的内容确定当事人之间的权利义务，但违反中华人民共和国社会公共利益或中华人民共和国法律、行政法规强制性规定的除外。

第八条 有下列情形之一，涉及中华人民共和国社会公共利益、当事人不能通过约定排除适用、无需通过冲突规范指引而直接适用于涉外民事关系的法律、行政法规的规定，人民法院应当认定为涉外民事关系法律适用法第四条规定的强制性规定：

（一）涉及劳动者权益保护的；

（二）涉及食品或公共卫生安全的；

（三）涉及环境安全的；

（四）涉及外汇管制等金融安全的；

（五）涉及反垄断、反倾销的；

（六）应当认定为强制性规定的其他情形。

第九条 一方当事人故意制造涉外民事关系的连结点，规避中华人民共和国法律、行政法规的强制性规定的，人民法院应认定为不发生适用外国法律的效力。

第十条 涉外民事争议的解决须以另一涉外民事关系的确认为前提时，人民法院应当根据该先决问题自身的性质确定其应当适用的法律。

第十一条 案件涉及两个或者两个以上的涉外民事关系时，人民法院应当分别确定应当适用的法律。

第十二条 当事人没有选择涉外仲裁协议适用的法律，也没有约定仲裁机构或者仲裁地，或者约定不明的，人民法院可以适用中华人民共和国法律认定该仲裁协议的效力。

第十三条 自然人在涉外民事关系产生或者变更、终止时已经连续居住一年以上且作为其生活中心的地方，人民法院可以认定为涉外民事关系法律适用法规定的自然人的经常居所地，但就医、劳务派遣、公务等情形除外。

第十四条 人民法院应当将法人的设立登记地认定为涉外民事关系法律适用法规定的法人的登记地。

第十五条 人民法院通过由当事人提供、已对中华人民共和国生效的国际条约规定的途径、中外法律专家提供等合理途径仍不能获得外国法律的，可以认定为不能查明外国法律。

根据涉外民事关系法律适用法第十条第一款的规定，当事人应当提供外国法律，其在人民法院指定的合理期限内无正当理由未提供该外国法律的，可以认定为不能查明外国法律。

第十六条 人民法院应当听取各方当事人对应当适用的外国法律的内容及其理解与适用的意见，当事人对该外国法律的内容及其理解与适用均无异议的，人民法院可以予以确认；当事人有异议的，由人民法院审查认定。

第十七条 涉及香港特别行政区、澳门特别行政区的民事关系的法律适用问题，参照适用本规定。

第十八条 涉外民事关系法律适用法施行后发生的涉外民事纠纷案件，本解释施行后尚未终审的，适用本解释；本解释施行前已经终审，当事人申请再审或者按照审判监督程序决定再审的，不适用本解释。

第十九条 本院以前发布的司法解释与本解释不一致的，以本解释为准。

最高人民法院

关于审理独立保函纠纷案件若干问题的规定（节录）

（2016年7月11日最高人民法院审判委员会第1688次会议通过　根据2020年12月23日最高人民法院审判委员会第1823次会议通过的《最高人民法院关于修改〈最高人民法院关于破产企业国有划拨土地使用权应否列入破产财产等问题的批复〉等二十九件商事类司法解释的决定》修正）

第二十二条　涉外独立保函未载明适用法律，开立人和受益人在一审法庭辩论终结前亦未就适用法律达成一致的，开立人和受益人之间因涉外独立保函而产生的纠纷适用开立人经常居所地法律；独立保函由金融机构依法登记设立的分支机构开立的，适用分支机构登记地法律。

涉外独立保函欺诈纠纷，当事人就适用法律不能达成一致的，适用被请求止付的独立保函的开立人经常居所地法律；独立保函由金融机构依法登记设立的分支机构开立的，适用分支机构登记地法律；当事人有共同经常居所地的，适用共同经常居所地法律。

涉外独立保函止付保全程序，适用中华人民共和国法律。

第二十三条　当事人约定在国内交易中适用独立保函，一方当事人以独立保函不具有涉外因素为由，主张保函独立性的约定无效的，人民法院不予支持。

中华人民共和国民事诉讼法（节录）

（1991 年 4 月 9 日第七届全国人民代表大会第四次会议通过　根据 2007 年 10 月 28 日第十届全国人民代表大会常务委员会第三十次会议《关于修改〈中华人民共和国民事诉讼法〉的决定》第一次修正　根据 2012 年 8 月 31 日第十一届全国人民代表大会常务委员会第二十八次会议《关于修改〈中华人民共和国民事诉讼法〉的决定》第二次修正　根据 2017 年 6 月 27 日第十二届全国人民代表大会常务委员会第二十八次会议《关于修改〈中华人民共和国民事诉讼法〉和〈中华人民共和国行政诉讼法〉的决定》第三次修正　根据 2021 年 12 月 24 日第十三届全国人民代表大会常务委员会第三十二次会议《关于修改〈中华人民共和国民事诉讼法〉的决定》第四次修正）

第五条　外国人、无国籍人、外国企业和组织在人民法院起诉、应诉，同中华人民共和国公民、法人和其他组织有同等的诉讼权利义务。

外国法院对中华人民共和国公民、法人和其他组织的民事诉讼权利加以限制的，中华人民共和国人民法院对该国公民、企业和组织的民事诉讼权利，实行对等原则。

第十九条　中级人民法院管辖下列第一审民事案件：

（一）重大涉外案件；

（二）在本辖区有重大影响的案件；

（三）最高人民法院确定由中级人民法院管辖的案件。

第四编　涉外民事诉讼程序的特别规定

第二十三章　一般原则

第二百六十六条　在中华人民共和国领域内进行涉外民事诉讼，适用本编规定。本编没有规定的，适用本法其他有关规定。

第二百六十七条　中华人民共和国缔结或者参加的国际条约同本法有不同规定的，适用该国际条约的规定，但中华人民共和国声明保留的条款除外。

第二百六十八条　对享有外交特权与豁免的外国人、外国组织或者国际组织提起的民事诉讼，应当依照中华人民共和国有关法律和中华人民共和国缔结或者参加的国际条约的规定办理。

第二百六十九条　人民法院审理涉外民事案件，应当使用中华人民共和国通用的语言、文字。当事人要求提供翻译的，可以提供，费用由当事人承担。

第二百七十条　外国人、无国籍人、外国企业和组织在人民法院起诉、应诉，需要委托律师代理诉讼的，必须委托中华人民共和国的律师。

第二百七十一条　在中华人民共和国领域内没有住所的外国人、无国籍人、外国企业和组织委托中华人民共和国律师或者其他人代理诉讼，从中华人民共和国领域外寄交或者托交的授权委托书，应当经所在国公证机关证明，并经中华人民共和国驻该国使领馆认证，或者履行中华人民共和国与该所在国订立的有关条约中规定的证明手续后，才具有效力。

第二十四章 管 辖

第二百七十二条 因合同纠纷或者其他财产权益纠纷，对在中华人民共和国领域内没有住所的被告提起的诉讼，如果合同在中华人民共和国领域内签订或者履行，或者诉讼标的物在中华人民共和国领域内，或者被告在中华人民共和国领域内有可供扣押的财产，或者被告在中华人民共和国领域内设有代表机构，可以由合同签订地、合同履行地、诉讼标的物所在地、可供扣押财产所在地、侵权行为地或者代表机构住所地人民法院管辖。

第二百七十三条 因在中华人民共和国履行中外合资经营企业合同、中外合作经营企业合同、中外合作勘探开发自然资源合同发生纠纷提起的诉讼，由中华人民共和国人民法院管辖。

第二十五章 送达、期间

第二百七十四条 人民法院对在中华人民共和国领域内没有住所的当事人送达诉讼文书，可以采用下列方式：

（一）依照受送达人所在国与中华人民共和国缔结或者共同参加的国际条约中规定的方式送达；

（二）通过外交途径送达；

（三）对具有中华人民共和国国籍的受送达人，可以委托中华人民共和国驻受送达人所在国的使领馆代为送达；

（四）向受送达人委托的有权代其接受送达的诉讼代理人送达；

（五）向受送达人在中华人民共和国领域内设立的代表机构

或者有权接受送达的分支机构、业务代办人送达；

（六）受送达人所在国的法律允许邮寄送达的，可以邮寄送达，自邮寄之日起满三个月，送达回证没有退回，但根据各种情况足以认定已经送达的，期间届满之日视为送达；

（七）采用传真、电子邮件等能够确认受送达人收悉的方式送达；

（八）不能用上述方式送达的，公告送达，自公告之日起满三个月，即视为送达。

第二百七十五条 被告在中华人民共和国领域内没有住所的，人民法院应当将起诉状副本送达被告，并通知被告在收到起诉状副本后三十日内提出答辩状。被告申请延期的，是否准许，由人民法院决定。

第二百七十六条 在中华人民共和国领域内没有住所的当事人，不服第一审人民法院判决、裁定的，有权在判决书、裁定书送达之日起三十日内提起上诉。被上诉人在收到上诉状副本后，应当在三十日内提出答辩状。当事人不能在法定期间提起上诉或者提出答辩状，申请延期的，是否准许，由人民法院决定。

第二百七十七条 人民法院审理涉外民事案件的期间，不受本法第一百五十二条、第一百八十三条规定的限制。

第二十六章　仲　裁

第二百七十八条 涉外经济贸易、运输和海事中发生的纠纷，当事人在合同中订有仲裁条款或者事后达成书面仲裁协议，提交中华人民共和国涉外仲裁机构或者其他仲裁机构仲裁的，当事人不得向人民法院起诉。

当事人在合同中没有订有仲裁条款或者事后没有达成书面仲裁协议的，可以向人民法院起诉。

第二百七十九条　当事人申请采取保全的，中华人民共和国的涉外仲裁机构应当将当事人的申请，提交被申请人住所地或者财产所在地的中级人民法院裁定。

第二百八十条　经中华人民共和国涉外仲裁机构裁决的，当事人不得向人民法院起诉。一方当事人不履行仲裁裁决的，对方当事人可以向被申请人住所地或者财产所在地的中级人民法院申请执行。

第二百八十一条　对中华人民共和国涉外仲裁机构作出的裁决，被申请人提出证据证明仲裁裁决有下列情形之一的，经人民法院组成合议庭审查核实，裁定不予执行：

（一）当事人在合同中没有订有仲裁条款或者事后没有达成书面仲裁协议的；

（二）被申请人没有得到指定仲裁员或者进行仲裁程序的通知，或者由于其他不属于被申请人负责的原因未能陈述意见的；

（三）仲裁庭的组成或者仲裁的程序与仲裁规则不符的；

（四）裁决的事项不属于仲裁协议的范围或者仲裁机构无权仲裁的。

人民法院认定执行该裁决违背社会公共利益的，裁定不予执行。

第二百八十二条　仲裁裁决被人民法院裁定不予执行的，当事人可以根据双方达成的书面仲裁协议重新申请仲裁，也可以向人民法院起诉。

第二十七章　司法协助

第二百八十三条　根据中华人民共和国缔结或者参加的国际条约，或者按照互惠原则，人民法院和外国法院可以相互请求，代为送达文书、调查取证以及进行其他诉讼行为。

外国法院请求协助的事项有损于中华人民共和国的主权、安全或者社会公共利益的，人民法院不予执行。

第二百八十四条　请求和提供司法协助，应当依照中华人民共和国缔结或者参加的国际条约所规定的途径进行；没有条约关系的，通过外交途径进行。

外国驻中华人民共和国的使领馆可以向该国公民送达文书和调查取证，但不得违反中华人民共和国的法律，并不得采取强制措施。

除前款规定的情况外，未经中华人民共和国主管机关准许，任何外国机关或者个人不得在中华人民共和国领域内送达文书、调查取证。

第二百八十五条　外国法院请求人民法院提供司法协助的请求书及其所附文件，应当附有中文译本或者国际条约规定的其他文字文本。

人民法院请求外国法院提供司法协助的请求书及其所附文件，应当附有该国文字译本或者国际条约规定的其他文字文本。

第二百八十六条　人民法院提供司法协助，依照中华人民共和国法律规定的程序进行。外国法院请求采用特殊方式的，也可以按照其请求的特殊方式进行，但请求采用的特殊方式不得违反中华人民共和国法律。

第二百八十七条　人民法院作出的发生法律效力的判决、裁定，如果被执行人或者其财产不在中华人民共和国领域内，当事人请求执行的，可以由当事人直接向有管辖权的外国法院申请承认和执行，也可以由人民法院依照中华人民共和国缔结或者参加的国际条约的规定，或者按照互惠原则，请求外国法院承认和执行。

中华人民共和国涉外仲裁机构作出的发生法律效力的仲裁裁决，当事人请求执行的，如果被执行人或者其财产不在中华人民共和国领域内，应当由当事人直接向有管辖权的外国法院申请承认和执行。

第二百八十八条　外国法院作出的发生法律效力的判决、裁定，需要中华人民共和国人民法院承认和执行的，可以由当事人直接向中华人民共和国有管辖权的中级人民法院申请承认和执行，也可以由外国法院依照该国与中华人民共和国缔结或者参加的国际条约的规定，或者按照互惠原则，请求人民法院承认和执行。

第二百八十九条　人民法院对申请或者请求承认和执行的外国法院作出的发生法律效力的判决、裁定，依照中华人民共和国缔结或者参加的国际条约，或者按照互惠原则进行审查后，认为不违反中华人民共和国法律的基本原则或者国家主权、安全、社会公共利益的，裁定承认其效力，需要执行的，发出执行令，依照本法的有关规定执行。违反中华人民共和国法律的基本原则或者国家主权、安全、社会公共利益的，不予承认和执行。

第二百九十条　国外仲裁机构的裁决，需要中华人民共和国人民法院承认和执行的，应当由当事人直接向被执行人住所地或者其财产所在地的中级人民法院申请，人民法院应当依照中华人民共和国缔结或者参加的国际条约，或者按照互惠原则办理。

最高人民法院
关于适用《中华人民共和国民事诉讼法》的解释（节录）

（2014年12月18日最高人民法院审判委员会第1636次会议通过　根据2020年12月23日最高人民法院审判委员会第1823次会议通过的《最高人民法院关于修改〈最高人民法院关于人民法院民事调解工作若干问题的规定〉等十九件民事诉讼类司法解释的决定》第一次修正　根据2022年3月22日最高人民法院审判委员会第1866次会议通过的《最高人民法院关于修改〈最高人民法院关于适用《中华人民共和国民事诉讼法》的解释〉的决定》第二次修正，该修正自2022年4月10日起施行）

第一条　民事诉讼法第十九条第一项规定的重大涉外案件，包括争议标的额大的案件、案情复杂的案件，或者一方当事人人数众多等具有重大影响的案件。

二十二、涉外民事诉讼程序的特别规定

第五百二十条　有下列情形之一，人民法院可以认定为涉外民事案件：

（一）当事人一方或者双方是外国人、无国籍人、外国企业或者组织的；

（二）当事人一方或者双方的经常居所地在中华人民共和国

领域外的；

（三）标的物在中华人民共和国领域外的；

（四）产生、变更或者消灭民事关系的法律事实发生在中华人民共和国领域外的；

（五）可以认定为涉外民事案件的其他情形。

第五百二十一条　外国人参加诉讼，应当向人民法院提交护照等用以证明自己身份的证件。

外国企业或者组织参加诉讼，向人民法院提交的身份证明文件，应当经所在国公证机关公证，并经中华人民共和国驻该国使领馆认证，或者履行中华人民共和国与该所在国订立的有关条约中规定的证明手续。

代表外国企业或者组织参加诉讼的人，应当向人民法院提交其有权作为代表人参加诉讼的证明，该证明应当经所在国公证机关公证，并经中华人民共和国驻该国使领馆认证，或者履行中华人民共和国与该所在国订立的有关条约中规定的证明手续。

本条所称的"所在国"，是指外国企业或者组织的设立登记地国，也可以是办理了营业登记手续的第三国。

第五百二十二条　依照民事诉讼法第二百七十一条以及本解释第五百二十一条规定，需要办理公证、认证手续，而外国当事人所在国与中华人民共和国没有建立外交关系的，可以经该国公证机关公证，经与中华人民共和国有外交关系的第三国驻该国使领馆认证，再转由中华人民共和国驻该第三国使领馆认证。

第五百二十三条　外国人、外国企业或者组织的代表人在人民法院法官的见证下签署授权委托书，委托代理人进行民事诉讼的，人民法院应予认可。

第五百二十四条　外国人、外国企业或者组织的代表人在中华人民共和国境内签署授权委托书，委托代理人进行民事诉讼，经中华人民共和国公证机构公证的，人民法院应予认可。

第五百二十五条 当事人向人民法院提交的书面材料是外文的，应当同时向人民法院提交中文翻译件。

当事人对中文翻译件有异议的，应当共同委托翻译机构提供翻译文本；当事人对翻译机构的选择不能达成一致的，由人民法院确定。

第五百二十六条 涉外民事诉讼中的外籍当事人，可以委托本国人为诉讼代理人，也可以委托本国律师以非律师身份担任诉讼代理人；外国驻华使领馆官员，受本国公民的委托，可以以个人名义担任诉讼代理人，但在诉讼中不享有外交或者领事特权和豁免。

第五百二十七条 涉外民事诉讼中，外国驻华使领馆授权其本馆官员，在作为当事人的本国国民不在中华人民共和国领域内的情况下，可以以外交代表身份为其本国国民在中华人民共和国聘请中华人民共和国律师或者中华人民共和国公民代理民事诉讼。

第五百二十八条 涉外民事诉讼中，经调解双方达成协议，应当制发调解书。当事人要求发给判决书的，可以依协议的内容制作判决书送达当事人。

第五百二十九条 涉外合同或者其他财产权益纠纷的当事人，可以书面协议选择被告住所地、合同履行地、合同签订地、原告住所地、标的物所在地、侵权行为地等与争议有实际联系地点的外国法院管辖。

根据民事诉讼法第三十四条和第二百七十三条规定，属于中华人民共和国法院专属管辖的案件，当事人不得协议选择外国法院管辖，但协议选择仲裁的除外。

第五百三十条　涉外民事案件同时符合下列情形的，人民法院可以裁定驳回原告的起诉，告知其向更方便的外国法院提起诉讼：

（一）被告提出案件应由更方便外国法院管辖的请求，或者提出管辖异议；

（二）当事人之间不存在选择中华人民共和国法院管辖的协议；

（三）案件不属于中华人民共和国法院专属管辖；

（四）案件不涉及中华人民共和国国家、公民、法人或者其他组织的利益；

（五）案件争议的主要事实不是发生在中华人民共和国境内，且案件不适用中华人民共和国法律，人民法院审理案件在认定事实和适用法律方面存在重大困难；

（六）外国法院对案件享有管辖权，且审理该案件更加方便。

第五百三十一条　中华人民共和国法院和外国法院都有管辖权的案件，一方当事人向外国法院起诉，而另一方当事人向中华人民共和国法院起诉的，人民法院可予受理。判决后，外国法院申请或者当事人请求人民法院承认和执行外国法院对本案作出的判决、裁定的，不予准许；但双方共同缔结或者参加的国际条约另有规定的除外。

外国法院判决、裁定已经被人民法院承认，当事人就同一争议向人民法院起诉的，人民法院不予受理。

第五百三十二条　对在中华人民共和国领域内没有住所的当事人，经用公告方式送达诉讼文书，公告期满不应诉，人民法院缺席判决后，仍应当将裁判文书依照民事诉讼法第二百七十四条第八项规定公告送达。自公告送达裁判文书满三个月之日起，经过三十日的上诉期当事人没有上诉的，一审判决即发生法律效力。

第五百三十三条 外国人或者外国企业、组织的代表人、主要负责人在中华人民共和国领域内的，人民法院可以向该自然人或者外国企业、组织的代表人、主要负责人送达。

外国企业、组织的主要负责人包括该企业、组织的董事、监事、高级管理人员等。

第五百三十四条 受送达人所在国允许邮寄送达的，人民法院可以邮寄送达。

邮寄送达时应当附有送达回证。受送达人未在送达回证上签收但在邮件回执上签收的，视为送达，签收日期为送达日期。

自邮寄之日起满三个月，如果未收到送达的证明文件，且根据各种情况不足以认定已经送达的，视为不能用邮寄方式送达。

第五百三十五条 人民法院一审时采取公告方式向当事人送达诉讼文书的，二审时可径行采取公告方式向其送达诉讼文书，但人民法院能够采取公告方式之外的其他方式送达的除外。

第五百三十六条 不服第一审人民法院判决、裁定的上诉期，对在中华人民共和国领域内有住所的当事人，适用民事诉讼法第一百七十一条规定的期限；对在中华人民共和国领域内没有住所的当事人，适用民事诉讼法第二百七十六条规定的期限。当事人的上诉期均已届满没有上诉的，第一审人民法院的判决、裁定即发生法律效力。

第五百三十七条 人民法院对涉外民事案件的当事人申请再审进行审查的期间，不受民事诉讼法第二百一十一条规定的限制。

第五百三十八条　申请人向人民法院申请执行中华人民共和国涉外仲裁机构的裁决，应当提出书面申请，并附裁决书正本。如申请人为外国当事人，其申请书应当用中文文本提出。

第五百三十九条　人民法院强制执行涉外仲裁机构的仲裁裁决时，被执行人以有民事诉讼法第二百八十一条第一款规定的情形为由提出抗辩的，人民法院应当对被执行人的抗辩进行审查，并根据审查结果裁定执行或者不予执行。

第五百四十条　依照民事诉讼法第二百七十九条规定，中华人民共和国涉外仲裁机构将当事人的保全申请提交人民法院裁定的，人民法院可以进行审查，裁定是否进行保全。裁定保全的，应当责令申请人提供担保，申请人不提供担保的，裁定驳回申请。

当事人申请证据保全，人民法院经审查认为无需提供担保的，申请人可以不提供担保。

第五百四十一条　申请人向人民法院申请承认和执行外国法院作出的发生法律效力的判决、裁定，应当提交申请书，并附外国法院作出的发生法律效力的判决、裁定正本或者经证明无误的副本以及中文译本。外国法院判决、裁定为缺席判决、裁定的，申请人应当同时提交该外国法院已经合法传唤的证明文件，但判决、裁定已经对此予以明确说明的除外。

中华人民共和国缔结或者参加的国际条约对提交文件有规定的，按照规定办理。

第五百四十二条　当事人向中华人民共和国有管辖权的中级人民法院申请承认和执行外国法院作出的发生法律效力的判决、裁定的，如果该法院所在国与中华人民共和国没有缔结或者共同参加国际条约，也没有互惠关系的，裁定驳回申请，但当事人向人民法院申请承认外国法院作出的发生法律效力的离婚判决的除外。

承认和执行申请被裁定驳回的，当事人可以向人民法院起诉。

第五百四十三条 对临时仲裁庭在中华人民共和国领域外作出的仲裁裁决，一方当事人向人民法院申请承认和执行的，人民法院应当依照民事诉讼法第二百九十条规定处理。

第五百四十四条 对外国法院作出的发生法律效力的判决、裁定或者外国仲裁裁决，需要中华人民共和国法院执行的，当事人应当先向人民法院申请承认。人民法院经审查，裁定承认后，再根据民事诉讼法第三编的规定予以执行。

当事人仅申请承认而未同时申请执行的，人民法院仅对应否承认进行审查并作出裁定。

第五百四十五条 当事人申请承认和执行外国法院作出的发生法律效力的判决、裁定或者外国仲裁裁决的期间，适用民事诉讼法第二百四十六条的规定。

当事人仅申请承认而未同时申请执行的，申请执行的期间自人民法院对承认申请作出的裁定生效之日起重新计算。

第五百四十六条 承认和执行外国法院作出的发生法律效力的判决、裁定或者外国仲裁裁决的案件，人民法院应当组成合议庭进行审查。

人民法院应当将申请书送达被申请人。被申请人可以陈述意见。

人民法院经审查作出的裁定，一经送达即发生法律效力。

第五百四十七条 与中华人民共和国没有司法协助条约又无

互惠关系的国家的法院，未通过外交途径，直接请求人民法院提供司法协助的，人民法院应予退回，并说明理由。

第五百四十八条　当事人在中华人民共和国领域外使用中华人民共和国法院的判决书、裁定书，要求中华人民共和国法院证明其法律效力的，或者外国法院要求中华人民共和国法院证明判决书、裁定书的法律效力的，作出判决、裁定的中华人民共和国法院，可以本法院的名义出具证明。

第五百四十九条　人民法院审理涉及香港、澳门特别行政区和台湾地区的民事诉讼案件，可以参照适用涉外民事诉讼程序的特别规定。

中华人民共和国仲裁法（节录）

（1994年8月31日第八届全国人民代表大会常务委员会第九次会议通过　根据2009年8月27日第十一届全国人民代表大会常务委员会第十次会议《关于修改部分法律的决定》第一次修正　根据2017年9月1日第十二届全国人民代表大会常务委员会第二十九次《关于修改〈中华人民共和国法官法〉等八部法律的决定》第二次修正）

第七章　涉外仲裁的特别规定

第六十五条　涉外经济贸易、运输和海事中发生的纠纷的仲裁，适用本章规定。本章没有规定的，适用本法其他有关规定。

第六十六条　涉外仲裁委员会可以由中国国际商会组织设立。

涉外仲裁委员会由主任一人、副主任若干人和委员若干人组成。

涉外仲裁委员会的主任、副主任和委员可以由中国国际商会聘任。

第六十七条　涉外仲裁委员会可以从具有法律、经济贸易、科学技术等专门知识的外籍人士中聘任仲裁员。

第六十八条　涉外仲裁的当事人申请证据保全的，涉外仲裁委员会应当将当事人的申请提交证据所在地的中级人民法院。

第六十九条　涉外仲裁的仲裁庭可以将开庭情况记入笔录，或者作出笔录要点，笔录要点可以由当事人和其他仲裁参与人签字或者盖章。

第七十条　当事人提出证据证明涉外仲裁裁决有民事诉讼法第二百五十八条第一款[①]规定的情形之一的，经人民法院组成合议庭审查核实，裁定撤销。

第七十一条　被申请人提出证据证明涉外仲裁裁决有民事诉讼法第二百五十八条第一款规定的情形之一的，经人民法院组成合议庭审查核实，裁定不予执行。

第七十二条　涉外仲裁委员会作出的发生法律效力的仲裁裁决，当事人请求执行的，如果被执行人或者其财产不在中华人民共和国领域内，应当由当事人直接向有管辖权的外国法院申请承认和执行。

第七十三条　涉外仲裁规则可以由中国国际商会依照本法和民事诉讼法的有关规定制定。

---

① 编者注：此处引用应为 2017 年修正的《民事诉讼法》第二百七十四条第一款，现为 2021 年修正的《民事诉讼法》第二百八十一条第一款，下同。

最高人民法院

关于适用《中华人民共和国仲裁法》若干问题的解释（节录）

法释〔2006〕7号

（2005年12月26日最高人民法院审判委员会第1375次会议通过 2006年8月23日最高人民法院公告公布 自2006年9月8日起施行）

第十一条 合同约定解决争议适用其他合同、文件中的有效仲裁条款的，发生合同争议时，当事人应当按照该仲裁条款提请仲裁。

涉外合同应当适用的有关国际条约中有仲裁规定的，发生合同争议时，当事人应当按照国际条约中的仲裁规定提请仲裁。

第十二条 当事人向人民法院申请确认仲裁协议效力的案件，由仲裁协议约定的仲裁机构所在地的中级人民法院管辖；仲裁协议约定的仲裁机构不明确的，由仲裁协议签订地或者被申请人住所地的中级人民法院管辖。

申请确认涉外仲裁协议效力的案件，由仲裁协议约定的仲裁机构所在地、仲裁协议签订地、申请人或者被申请人住所地的中级人民法院管辖。

涉及海事海商纠纷仲裁协议效力的案件，由仲裁协议约定的仲裁机构所在地、仲裁协议签订地、申请人或者被申请人住所地的海事法院管辖；上述地点没有海事法院的，由就近的海事法院管辖。

第十六条　对涉外仲裁协议的效力审查，适用当事人约定的法律；当事人没有约定适用的法律但约定了仲裁地的，适用仲裁地法律；没有约定适用的法律也没有约定仲裁地或者仲裁地约定不明的，适用法院地法律。

中华人民共和国行政诉讼法（节录）

（1989年4月4日第七届全国人民代表大会第二次会议通过
根据2014年11月1日第十二届全国人民代表大会常务委员会
第十一次会议《关于修改〈中华人民共和国行政诉讼法〉的决定》
第一次修正　根据2017年6月27日第十二届全国人民代表大会
常务委员会第二十八次会议《关于修改〈中华人民共和国民事诉讼法〉
和〈中华人民共和国行政诉讼法〉的决定》第二次修正）

第九章　涉外行政诉讼

第九十八条　外国人、无国籍人、外国组织在中华人民共和国进行行政诉讼，适用本法。法律另有规定的除外。

第九十九条　外国人、无国籍人、外国组织在中华人民共和国进行行政诉讼，同中华人民共和国公民、组织有同等的诉讼权利和义务。

外国法院对中华人民共和国公民、组织的行政诉讼权利加以限制的，人民法院对该国公民、组织的行政诉讼权利，实行对等原则。

第一百条　外国人、无国籍人、外国组织在中华人民共和国进行行政诉讼，委托律师代理诉讼的，应当委托中华人民共和国律师机构的律师。

最高人民法院
关于适用《中华人民共和国行政诉讼法》的解释（节录）

法释〔2018〕1号

（2017年11月13日最高人民法院审判委员会第1726次会议通过　2018年2月6日最高人民法院公告公布　自2018年2月8日起施行）

第五条　有下列情形之一的，属于行政诉讼法第十五条第三项规定的“本辖区内重大、复杂的案件”：

（一）社会影响重大的共同诉讼案件；

（二）涉外或者涉及香港特别行政区、澳门特别行政区、台湾地区的案件；

（三）其他重大、复杂案件。

中华人民共和国刑事诉讼法（节录）

（1979 年 7 月 1 日第五届全国人民代表大会第二次会议通过　根据 1996 年 3 月 17 日第八届全国人民代表大会第四次会议《关于修改〈中华人民共和国刑事诉讼法〉的决定》第一次修正　根据 2012 年 3 月 14 日第十一届全国人民代表大会第五次会议《关于修改〈中华人民共和国刑事诉讼法〉的决定》第二次修正　根据 2018 年 10 月 26 日第十三届全国人民代表大会常务委员会第六次会议《关于修改〈中华人民共和国刑事诉讼法〉的决定》第三次修正）

第十七条　对于外国人犯罪应当追究刑事责任的，适用本法的规定。

对于享有外交特权和豁免权的外国人犯罪应当追究刑事责任的，通过外交途径解决。

第十八条　根据中华人民共和国缔结或者参加的国际条约，或者按照互惠原则，我国司法机关和外国司法机关可以相互请求刑事司法协助。

最高人民法院
关于适用《中华人民共和国刑事诉讼法》的解释（节录）

法释〔2021〕1号

（2020年12月7日最高人民法院审判委员会第1820次会议通过　2021年1月26日最高人民法院公告公布　自2021年3月1日起施行）

第六条　在国际列车上的犯罪，根据我国与相关国家签订的协定确定管辖；没有协定的，由该列车始发或者前方停靠的中国车站所在地负责审判铁路运输刑事案件的人民法院管辖。

第七条　在中华人民共和国领域外的中国船舶内的犯罪，由该船舶最初停泊的中国口岸所在地或者被告人登陆地、入境地的人民法院管辖。

第八条　在中华人民共和国领域外的中国航空器内的犯罪，由该航空器在中国最初降落地的人民法院管辖。

第九条　中国公民在中国驻外使领馆内的犯罪，由其主管单位所在地或者原户籍地的人民法院管辖。

第十条　中国公民在中华人民共和国领域外的犯罪，由其登陆地、入境地、离境前居住地或者现居住地的人民法院管辖；被害人是中国公民的，也可以由被害人离境前居住地或者现居住地的人民法院管辖。

第十一条　外国人在中华人民共和国领域外对中华人民共和

国国家或者公民犯罪，根据《中华人民共和国刑法》应当受处罚的，由该外国人登陆地、入境地或者入境后居住地的人民法院管辖，也可以由被害人离境前居住地或者现居住地的人民法院管辖。

第十二条 对中华人民共和国缔结或者参加的国际条约所规定的罪行，中华人民共和国在所承担条约义务的范围内行使刑事管辖权的，由被告人被抓获地、登陆地或者入境地的人民法院管辖。

第七十七条 对来自境外的证据材料，人民检察院应当随案移送有关材料来源、提供人、提取人、提取时间等情况的说明。经人民法院审查，相关证据材料能够证明案件事实且符合刑事诉讼法规定的，可以作为证据使用，但提供人或者我国与有关国家签订的双边条约对材料的使用范围有明确限制的除外；材料来源不明或者真实性无法确认的，不得作为定案的根据。

当事人及其辩护人、诉讼代理人提供来自境外的证据材料的，该证据材料应当经所在国公证机关证明，所在国中央外交主管机关或者其授权机关认证，并经中华人民共和国驻该国使领馆认证，或者履行中华人民共和国与该所在国订立的有关条约中规定的证明手续，但我国与该国之间有互免认证协定的除外。

第二十章 涉外刑事案件的审理和刑事司法协助

第一节 涉外刑事案件的审理

第四百七十五条 本解释所称的涉外刑事案件是指：

（一）在中华人民共和国领域内，外国人犯罪或者我国公民对外国、外国人犯罪的案件；

（二）符合刑法第七条、第十条规定情形的我国公民在中华人民共和国领域外犯罪的案件；

（三）符合刑法第八条、第十条规定情形的外国人犯罪的案件；

（四）符合刑法第九条规定情形的中华人民共和国在所承担国际条约义务范围内行使管辖权的案件。

第四百七十六条 第一审涉外刑事案件，除刑事诉讼法第二十一条至第二十三条规定的以外，由基层人民法院管辖。必要时，中级人民法院可以指定辖区内若干基层人民法院集中管辖第一审涉外刑事案件，也可以依照刑事诉讼法第二十四条的规定，审理基层人民法院管辖的第一审涉外刑事案件。

第四百七十七条 外国人的国籍，根据其入境时持用的有效证件确认；国籍不明的，根据公安机关或者有关国家驻华使领馆出具的证明确认。

国籍无法查明的，以无国籍人对待，适用本章有关规定，在裁判文书中写明“国籍不明”。

第四百七十八条 在刑事诉讼中，外国籍当事人享有我国法律规定的诉讼权利并承担相应义务。

第四百七十九条 涉外刑事案件审判期间，人民法院应当将下列事项及时通报同级人民政府外事主管部门，并依照有关规定通知有关国家驻华使领馆：

（一）人民法院决定对外国籍被告人采取强制措施的情况，包括外国籍当事人的姓名（包括译名）、性别、入境时间、护照或者证件号码、采取的强制措施及法律依据、羁押地点等；

（二）开庭的时间、地点、是否公开审理等事项；

（三）宣判的时间、地点。

涉外刑事案件宣判后，应当将处理结果及时通报同级人民政府外事主管部门。

对外国籍被告人执行死刑的，死刑裁决下达后执行前，应当通知其国籍国驻华使领馆。

外国籍被告人在案件审理中死亡的，应当及时通报同级人民政府外事主管部门，并通知有关国家驻华使领馆。

第四百八十条 需要向有关国家驻华使领馆通知有关事项的，应当层报高级人民法院，由高级人民法院按照下列规定通知：

（一）外国籍当事人国籍国与我国签订有双边领事条约的，根据条约规定办理；未与我国签订双边领事条约，但参加《维也纳领事关系公约》的，根据公约规定办理；未与我国签订领事条约，也未参加《维也纳领事关系公约》，但与我国有外交关系的，可以根据外事主管部门的意见，按照互惠原则，根据有关规定和国际惯例办理；

（二）在外国驻华领馆领区内发生的涉外刑事案件，通知有关外国驻该地区的领馆；在外国领馆领区外发生的涉外刑事案件，通知有关外国驻华使馆；与我国有外交关系，但未设使领馆的国家，可以通知其代管国家驻华使领馆；无代管国家、代管国家不明的，可以不通知；

（三）双边领事条约规定通知时限的，应当在规定的期限内通知；没有规定的，应当根据或者参照《维也纳领事关系公约》和国际惯例尽快通知，至迟不得超过七日；

（四）双边领事条约没有规定必须通知，外国籍当事人要求不通知其国籍国驻华使领馆的，可以不通知，但应当由其本人出具书面声明。

高级人民法院向外国驻华使领馆通知有关事项，必要时，可以请人民政府外事主管部门协助。

第四百八十一条 人民法院受理涉外刑事案件后，应当告知在押的外国籍被告人享有与其国籍国驻华使领馆联系，与其监护人、近亲属会见、通信，以及请求人民法院提供翻译的权利。

第四百八十二条 涉外刑事案件审判期间，外国籍被告人在押，其国籍国驻华使领馆官员要求探视的，可以向受理案件的人民法院所在地的高级人民法院提出。人民法院应当根据我国与被告人国籍国签订的双边领事条约规定的时限予以安排；没有条约规定的，应当尽快安排。必要时，可以请人民政府外事主管部门协助。

涉外刑事案件审判期间，外国籍被告人在押，其监护人、近亲属申请会见的，可以向受理案件的人民法院所在地的高级人民法院提出，并依照本解释第四百八十六条的规定提供与被告人关系的证明。人民法院经审查认为不妨碍案件审判的，可以批准。

被告人拒绝接受探视、会见的，应当由其本人出具书面声明。拒绝出具书面声明的，应当记录在案；必要时，应当录音录像。

探视、会见被告人应当遵守我国法律规定。

第四百八十三条 人民法院审理涉外刑事案件，应当公开进行，但依法不应公开审理的除外。

公开审理的涉外刑事案件，外国籍当事人国籍国驻华使领馆官员要求旁听的，可以向受理案件的人民法院所在地的高级人民法院提出申请，人民法院应当安排。

第四百八十四条 人民法院审判涉外刑事案件，使用中华人民共和国通用的语言、文字，应当为外国籍当事人提供翻译。翻译人员应当在翻译文件上签名。

人民法院的诉讼文书为中文本。外国籍当事人不通晓中文的，应当附有外文译本，译本不加盖人民法院印章，以中文本为准。

外国籍当事人通晓中国语言、文字，拒绝他人翻译，或者不需要诉讼文书外文译本的，应当由其本人出具书面声明。拒绝出具书面声明的，应当记录在案；必要时，应当录音录像。

第四百八十五条 外国籍被告人委托律师辩护，或者外国籍附带民事诉讼原告人、自诉人委托律师代理诉讼的，应当委托具有中华人民共和国律师资格并依法取得执业证书的律师。

外国籍被告人在押的，其监护人、近亲属或者其国籍国驻华使领馆可以代为委托辩护人。其监护人、近亲属代为委托的，应当提供与被告人关系的有效证明。

外国籍当事人委托其监护人、近亲属担任辩护人、诉讼代理人的，被委托人应当提供与当事人关系的有效证明。经审查，符合刑事诉讼法、有关司法解释规定的，人民法院应当准许。

外国籍被告人没有委托辩护人的，人民法院可以通知法律援助机构为其指派律师提供辩护。被告人拒绝辩护人辩护的，应当由其出具书面声明，或者将其口头声明记录在案；必要时，应当录音录像。被告人属于应当提供法律援助情形的，依照本解释第五十条规定处理。

第四百八十六条 外国籍当事人从中华人民共和国领域外寄交或者托交给中国律师或者中国公民的委托书，以及外国籍当事人的监护人、近亲属提供的与当事人关系的证明，必须经所在国公证机关证明，所在国中央外交主管机关或者其授权机关认证，并经中华人民共和国驻该国使领馆认证，或者履行中华人民共和国与该所在国订立的有关条约中规定的证明手续，但我国与该国之间有互免认证协定的除外。

第四百八十七条　对涉外刑事案件的被告人，可以决定限制出境；对开庭审理案件时必须到庭的证人，可以要求暂缓出境。限制外国人出境的，应当通报同级人民政府外事主管部门和当事人国籍国驻华使领馆。

人民法院决定限制外国人和中国公民出境的，应当书面通知被限制出境的人在案件审理终结前不得离境，并可以采取扣留护照或者其他出入境证件的办法限制其出境；扣留证件的，应当履行必要手续，并发给本人扣留证件的证明。

需要对外国人和中国公民在口岸采取边控措施的，受理案件的人民法院应当按照规定制作边控对象通知书，并附有关法律文书，层报高级人民法院办理交控手续。紧急情况下，需要采取临时边控措施的，受理案件的人民法院可以先向有关口岸所在地出入境边防检查机关交控，但应当在七日以内按照规定层报高级人民法院办理手续。

第四百八十八条　涉外刑事案件，符合刑事诉讼法第二百零八条第一款、第二百四十三条规定的，经有关人民法院批准或者决定，可以延长审理期限。

第四百八十九条　涉外刑事案件宣判后，外国籍当事人国籍国驻华使领馆要求提供裁判文书的，可以向受理案件的人民法院所在地的高级人民法院提出，人民法院可以提供。

第四百九十条　涉外刑事案件审理过程中的其他事项，依照法律、司法解释和其他有关规定办理。

第二节　刑事司法协助

第四百九十一条　请求和提供司法协助，应当依照《中华人民共和国国际刑事司法协助法》、我国与有关国家、地区签订的刑事司法协助条约、移管被判刑人条约和有关法律规定进行。

对请求书的签署机关、请求书及所附材料的语言文字、有关办理期限和具体程序等事项，在不违反中华人民共和国法律的基本原则的情况下，可以按照刑事司法协助条约规定或者双方协商办理。

第四百九十二条 外国法院请求的事项有损中华人民共和国的主权、安全、社会公共利益以及违反中华人民共和国法律的基本原则的，人民法院不予协助；属于有关法律规定的可以拒绝提供刑事司法协助情形的，可以不予协助。

第四百九十三条 人民法院请求外国提供司法协助的，应当层报最高人民法院，经最高人民法院审核同意后交由有关对外联系机关及时向外国提出请求。

外国法院请求我国提供司法协助，有关对外联系机关认为属于人民法院职权范围的，经最高人民法院审核同意后转有关人民法院办理。

第四百九十四条 人民法院请求外国提供司法协助的请求书，应当依照刑事司法协助条约的规定提出；没有条约或者条约没有规定的，应当载明法律规定的相关信息并附相关材料。请求书及其所附材料应当以中文制作，并附有被请求国官方文字的译本。

外国请求我国法院提供司法协助的请求书，应当依照刑事司法协助条约的规定提出；没有条约或者条约没有规定的，应当载明我国法律规定的相关信息并附相关材料。请求书及所附材料应当附有中文译本。

第四百九十五条 人民法院向在中华人民共和国领域外居住

的当事人送达刑事诉讼文书，可以采用下列方式：

（一）根据受送达人所在国与中华人民共和国缔结或者共同参加的国际条约规定的方式送达；

（二）通过外交途径送达；

（三）对中国籍当事人，所在国法律允许或者经所在国同意的，可以委托我国驻受送达人所在国的使领馆代为送达；

（四）当事人是自诉案件的自诉人或者附带民事诉讼原告人的，可以向有权代其接受送达的诉讼代理人送达；

（五）当事人是外国单位的，可以向其在中华人民共和国领域内设立的代表机构或者有权接受送达的分支机构、业务代办人送达；

（六）受送达人所在国法律允许的，可以邮寄送达；自邮寄之日起满三个月，送达回证未退回，但根据各种情况足以认定已经送达的，视为送达；

（七）受送达人所在国法律允许的，可以采用传真、电子邮件等能够确认受送达人收悉的方式送达。

第四百九十六条 人民法院通过外交途径向在中华人民共和国领域外居住的受送达人送达刑事诉讼文书的，所送达的文书应当经高级人民法院审查后报最高人民法院审核。最高人民法院认为可以发出的，由最高人民法院交外交部主管部门转递。

外国法院通过外交途径请求人民法院送达刑事诉讼文书的，由该国驻华使馆将法律文书交我国外交部主管部门转最高人民法院。最高人民法院审核后认为属于人民法院职权范围，且可以代为送达的，应当转有关人民法院办理。

中华人民共和国国际刑事司法协助法

（2018 年 10 月 26 日第十三届全国人民代表大会常务委员会第六次会议通过　2018 年 10 月 26 日中华人民共和国主席令第十三号公布　自 2018 年 10 月 26 日起施行）

目　录

第一章　总　则

第一条　为了保障国际刑事司法协助的正常进行，加强刑事司法领域的国际合作，有效惩治犯罪，保护个人和组织的合法权益，维护国家利益和社会秩序，制定本法。

第二条　本法所称国际刑事司法协助，是指中华人民共和国和外国在刑事案件调查、侦查、起诉、审判和执行等活动中相互提供协助，包括送达文书，调查取证，安排证人作证或者协助调查，查封、扣押、冻结涉案财物，没收、返还违法所得及其他涉案财物，移管被判刑人以及其他协助。

第三条　中华人民共和国和外国之间开展刑事司法协助，依照本法进行。

执行外国提出的刑事司法协助请求，适用本法、刑事诉讼法及其他相关法律的规定。

对于请求书的签署机关、请求书及所附材料的语言文字、有关办理期限和具体程序等事项，在不违反中华人民共和国法律的基本原则的情况下，可以按照刑事司法协助条约规定或者双方协商办理。

第四条 中华人民共和国和外国按照平等互惠原则开展国际刑事司法协助。

国际刑事司法协助不得损害中华人民共和国的主权、安全和社会公共利益，不得违反中华人民共和国法律的基本原则。

非经中华人民共和国主管机关同意，外国机构、组织和个人不得在中华人民共和国境内进行本法规定的刑事诉讼活动，中华人民共和国境内的机构、组织和个人不得向外国提供证据材料和本法规定的协助。

第五条 中华人民共和国和外国之间开展刑事司法协助，通过对外联系机关联系。

中华人民共和国司法部等对外联系机关负责提出、接收和转递刑事司法协助请求，处理其他与国际刑事司法协助相关的事务。

中华人民共和国和外国之间没有刑事司法协助条约的，通过外交途径联系。

第六条 国家监察委员会、最高人民法院、最高人民检察院、公安部、国家安全部等部门是开展国际刑事司法协助的主管机关，按照职责分工，审核向外国提出的刑事司法协助请求，审查处理对外联系机关转递的外国提出的刑事司法协助请求，承担其他与国际刑事司法协助相关的工作。在移管被判刑人案件中，司法部按照职责分工，承担相应的主管机关职责。

办理刑事司法协助相关案件的机关是国际刑事司法协助的办案机关，负责向所属主管机关提交需要向外国提出的刑事司法协助请求、执行所属主管机关交办的外国提出的刑事司法协助请求。

第七条　国家保障开展国际刑事司法协助所需经费。

第八条　中华人民共和国和外国相互执行刑事司法协助请求产生的费用，有条约规定的，按照条约承担；没有条约或者条约没有规定的，按照平等互惠原则通过协商解决。

第二章　刑事司法协助请求的提出、接收和处理

第一节　向外国请求刑事司法协助

第九条　办案机关需要向外国请求刑事司法协助的，应当制作刑事司法协助请求书并附相关材料，经所属主管机关审核同意后，由对外联系机关及时向外国提出请求。

第十条　向外国的刑事司法协助请求书，应当依照刑事司法协助条约的规定提出；没有条约或者条约没有规定的，可以参照本法第十三条的规定提出；被请求国有特殊要求的，在不违反中华人民共和国法律的基本原则的情况下，可以按照被请求国的特殊要求提出。

请求书及所附材料应当以中文制作，并附有被请求国官方文字的译文。

第十一条　被请求国就执行刑事司法协助请求提出附加条件，不损害中华人民共和国的主权、安全和社会公共利益的，可以由外交部作出承诺。被请求国明确表示对外联系机关作出的承诺充分有效的，也可以由对外联系机关作出承诺。对于限制追诉

的承诺，由最高人民检察院决定；对于量刑的承诺，由最高人民法院决定。

在对涉案人员追究刑事责任时，有关机关应当受所作出的承诺的约束。

第十二条 对外联系机关收到外国的有关通知或者执行结果后，应当及时转交或者转告有关主管机关。

外国就其提供刑事司法协助的案件要求通报诉讼结果的，对外联系机关转交有关主管机关办理。

第二节 向中华人民共和国请求刑事司法协助

第十三条 外国向中华人民共和国提出刑事司法协助请求的，应当依照刑事司法协助条约的规定提出请求书。没有条约或者条约没有规定的，应当在请求书中载明下列事项并附相关材料：

（一）请求机关的名称；

（二）案件性质、涉案人员基本信息及犯罪事实；

（三）本案适用的法律规定；

（四）请求的事项和目的；

（五）请求的事项与案件之间的关联性；

（六）希望请求得以执行的期限；

（七）其他必要的信息或者附加的要求。

在没有刑事司法协助条约的情况下，请求国应当作出互惠的承诺。

请求书及所附材料应当附有中文译文。

第十四条 外国向中华人民共和国提出的刑事司法协助请求，有下列情形之一的，可以拒绝提供协助：

（一）根据中华人民共和国法律，请求针对的行为不构成犯罪；

（二）在收到请求时，在中华人民共和国境内对于请求针对的犯罪正在进行调查、侦查、起诉、审判，已经作出生效判决，终止刑事诉讼程序，或者犯罪已过追诉时效期限；

（三）请求针对的犯罪属于政治犯罪；

（四）请求针对的犯罪纯属军事犯罪；

（五）请求的目的是基于种族、民族、宗教、国籍、性别、政治见解或者身份等方面的原因而进行调查、侦查、起诉、审判、执行刑罚，或者当事人可能由于上述原因受到不公正待遇；

（六）请求的事项与请求协助的案件之间缺乏实质性联系；

（七）其他可以拒绝的情形。

第十五条　对外联系机关收到外国提出的刑事司法协助请求，应当对请求书及所附材料进行审查。对于请求书形式和内容符合要求的，应当按照职责分工，将请求书及所附材料转交有关主管机关处理；对于请求书形式和内容不符合要求的，可以要求请求国补充材料或者重新提出请求。

对于刑事司法协助请求明显损害中华人民共和国的主权、安全和社会公共利益的，对外联系机关可以直接拒绝协助。

第十六条　主管机关收到对外联系机关转交的刑事司法协助请求书及所附材料后，应当进行审查，并分别作出以下处理：

（一）根据本法和刑事司法协助条约的规定认为可以协助执行的，作出决定并安排有关办案机关执行；

（二）根据本法第四条、第十四条或者刑事司法协助条约的规定，认为应当全部或者部分拒绝协助的，将请求书及所附材料退回对外联系机关并说明理由；

（三）对执行请求有保密要求或者有其他附加条件的，通过对外联系机关向外国提出，在外国接受条件并且作出书面保证后，决定附条件执行；

（四）需要补充材料的，书面通知对外联系机关要求请求国在合理期限内提供。

执行请求可能妨碍中华人民共和国有关机关正在进行的调查、侦查、起诉、审判或者执行的，主管机关可以决定推迟协助，并将推迟协助的决定和理由书面通知对外联系机关。

外国对执行其请求有保密要求或者特殊程序要求的，在不违反中华人民共和国法律的基本原则的情况下，主管机关可以按照其要求安排执行。

第十七条 办案机关收到主管机关交办的外国刑事司法协助请求后，应当依法执行，并将执行结果或者妨碍执行的情形及时报告主管机关。

办案机关在执行请求过程中，应当维护当事人和其他相关人员的合法权益，保护个人信息。

第十八条 外国请求将通过刑事司法协助取得的证据材料用于请求针对的案件以外的其他目的的，对外联系机关应当转交主管机关，由主管机关作出是否同意的决定。

第十九条 对外联系机关收到主管机关的有关通知或者执行结果后，应当及时转交或者转告请求国。

对于中华人民共和国提供刑事司法协助的案件，主管机关可以通过对外联系机关要求外国通报诉讼结果。

外国通报诉讼结果的，对外联系机关收到相关材料后，应当及时转交或者转告主管机关，涉及对中华人民共和国公民提起刑事诉讼的，还应当通知外交部。

第三章　送达文书

第一节　向外国请求送达文书

第二十条　办案机关需要外国协助送达传票、通知书、起诉书、判决书和其他司法文书的，应当制作刑事司法协助请求书并附相关材料，经所属主管机关审核同意后，由对外联系机关及时向外国提出请求。

第二十一条　向外国请求送达文书的，请求书应当载明受送达人的姓名或者名称、送达的地址以及需要告知受送达人的相关权利和义务。

第二节　向中华人民共和国请求送达文书

第二十二条　外国可以请求中华人民共和国协助送达传票、通知书、起诉书、判决书和其他司法文书。中华人民共和国协助送达司法文书，不代表对外国司法文书法律效力的承认。

请求协助送达出庭传票的，应当按照有关条约规定的期限提出。没有条约或者条约没有规定的，应当至迟在开庭前三个月提出。

对于要求中华人民共和国公民接受讯问或者作为被告人出庭的传票，中华人民共和国不负有协助送达的义务。

第二十三条　外国向中华人民共和国请求送达文书的，请求书应当载明受送达人的姓名或者名称、送达的地址以及需要告知受送达人的相关权利和义务。

第二十四条　负责执行协助送达文书的人民法院或者其他办案机关，应当及时将执行结果通过所属主管机关告知对外联系机关，由对外联系机关告知请求国。除无法送达的情形外，应当附有受送达人签收的送达回执或者其他证明文件。

第四章 调查取证

第一节 向外国请求调查取证

第二十五条 办案机关需要外国就下列事项协助调查取证的，应当制作刑事司法协助请求书并附相关材料，经所属主管机关审核同意后，由对外联系机关及时向外国提出请求：

（一）查找、辨认有关人员；

（二）查询、核实涉案财物、金融账户信息；

（三）获取并提供有关人员的证言或者陈述；

（四）获取并提供有关文件、记录、电子数据和物品；

（五）获取并提供鉴定意见；

（六）勘验或者检查场所、物品、人身、尸体；

（七）搜查人身、物品、住所和其他有关场所；

（八）其他事项。

请求外国协助调查取证时，办案机关可以同时请求在执行请求时派员到场。

第二十六条 向外国请求调查取证的，请求书及所附材料应当根据需要载明下列事项：

（一）被调查人的姓名、性别、住址、身份信息、联系方式和有助于确认被调查人的其他资料；

（二）需要向被调查人提问的问题；

（三）需要查找、辨认人员的姓名、性别、住址、身份信息、联系方式、外表和行为特征以及有助于查找、辨认的其他资料；

（四）需要查询、核实的涉案财物的权属、地点、特性、外形和数量等具体信息，需要查询、核实的金融账户相关信息；

（五）需要获取的有关文件、记录、电子数据和物品的持有人、地点、特性、外形和数量等具体信息；

（六）需要鉴定的对象的具体信息；

（七）需要勘验或者检查的场所、物品等的具体信息；

（八）需要搜查的对象的具体信息；

（九）有助于执行请求的其他材料。

第二十七条　被请求国要求归还其提供的证据材料或者物品的，办案机关应当尽快通过对外联系机关归还。

第二节　向中华人民共和国请求调查取证

第二十八条　外国可以请求中华人民共和国就本法第二十五条第一款规定的事项协助调查取证。

外国向中华人民共和国请求调查取证的，请求书及所附材料应当根据需要载明本法第二十六条规定的事项。

第二十九条　外国向中华人民共和国请求调查取证时，可以同时请求在执行请求时派员到场。经同意到场的人员应当遵守中华人民共和国法律，服从主管机关和办案机关的安排。

第三十条　办案机关要求请求国保证归还其提供的证据材料或者物品，请求国作出保证的，可以提供。

第五章　安排证人作证或者协助调查

第一节　向外国请求安排证人作证或者协助调查

第三十一条　办案机关需要外国协助安排证人、鉴定人来中华人民共和国作证或者通过视频、音频作证，或者协助调查的，应当制作刑事司法协助请求书并附相关材料，经所属主管机关审核同意后，由对外联系机关及时向外国提出请求。

第三十二条 向外国请求安排证人、鉴定人作证或者协助调查的，请求书及所附材料应当根据需要载明下列事项：

（一）证人、鉴定人的姓名、性别、住址、身份信息、联系方式和有助于确认证人、鉴定人的其他资料；

（二）作证或者协助调查的目的、必要性、时间和地点等；

（三）证人、鉴定人的权利和义务；

（四）对证人、鉴定人的保护措施；

（五）对证人、鉴定人的补助；

（六）有助于执行请求的其他材料。

第三十三条 来中华人民共和国作证或者协助调查的证人、鉴定人在离境前，其入境前实施的犯罪不受追诉；除因入境后实施违法犯罪而被采取强制措施的以外，其人身自由不受限制。

证人、鉴定人在条约规定的期限内或者被通知无需继续停留后十五日内没有离境的，前款规定不再适用，但是由于不可抗力或者其他特殊原因未能离境的除外。

第三十四条 对来中华人民共和国作证或者协助调查的证人、鉴定人，办案机关应当依法给予补助。

第三十五条 来中华人民共和国作证或者协助调查的人员系在押人员的，由对外联系机关会同主管机关与被请求国就移交在押人员的相关事项事先达成协议。

主管机关和办案机关应当遵守协议内容，依法对被移交的人员予以羁押，并在作证或者协助调查结束后及时将其送回被请求国。

第二节　向中华人民共和国请求安排证人作证或者协助调查

第三十六条　外国可以请求中华人民共和国协助安排证人、鉴定人赴外国作证或者通过视频、音频作证，或者协助调查。

外国向中华人民共和国请求安排证人、鉴定人作证或者协助调查的，请求书及所附材料应当根据需要载明本法第三十二条规定的事项。

请求国应当就本法第三十三条第一款规定的内容作出书面保证。

第三十七条　证人、鉴定人书面同意作证或者协助调查的，办案机关应当及时将证人、鉴定人的意愿、要求和条件通过所属主管机关通知对外联系机关，由对外联系机关通知请求国。

安排证人、鉴定人通过视频、音频作证的，主管机关或者办案机关应当派员到场，发现有损害中华人民共和国的主权、安全和社会公共利益以及违反中华人民共和国法律的基本原则的情形的，应当及时制止。

第三十八条　外国请求移交在押人员出国作证或者协助调查，并保证在作证或者协助调查结束后及时将在押人员送回的，对外联系机关应当征求主管机关和在押人员的意见。主管机关和在押人员均同意出国作证或者协助调查的，由对外联系机关会同主管机关与请求国就移交在押人员的相关事项事先达成协议。

在押人员在外国被羁押的期限，应当折抵其在中华人民共和国被判处的刑期。

第六章　查封、扣押、冻结涉案财物

第一节　向外国请求查封、扣押、冻结涉案财物

第三十九条　办案机关需要外国协助查封、扣押、冻结涉案

财物的，应当制作刑事司法协助请求书并附相关材料，经所属主管机关审核同意后，由对外联系机关及时向外国提出请求。

外国对于协助执行中华人民共和国查封、扣押、冻结涉案财物的请求有特殊要求的，在不违反中华人民共和国法律的基本原则的情况下，可以同意。需要由司法机关作出决定的，由人民法院作出。

第四十条 向外国请求查封、扣押、冻结涉案财物的，请求书及所附材料应当根据需要载明下列事项：

（一）需要查封、扣押、冻结的涉案财物的权属证明、名称、特性、外形和数量等；

（二）需要查封、扣押、冻结的涉案财物的地点。资金或者其他金融资产存放在金融机构中的，应当载明金融机构的名称、地址和账户信息；

（三）相关法律文书的副本；

（四）有关查封、扣押、冻结以及利害关系人权利保障的法律规定；

（五）有助于执行请求的其他材料。

第四十一条 外国确定的查封、扣押、冻结的期限届满，办案机关需要外国继续查封、扣押、冻结相关涉案财物的，应当再次向外国提出请求。

办案机关决定解除查封、扣押、冻结的，应当及时通知被请求国。

第二节 向中华人民共和国请求查封、扣押、冻结涉案财物

第四十二条 外国可以请求中华人民共和国协助查封、扣押、冻结在中华人民共和国境内的涉案财物。

外国向中华人民共和国请求查封、扣押、冻结涉案财物的，

请求书及所附材料应当根据需要载明本法第四十条规定的事项。

第四十三条　主管机关经审查认为符合下列条件的，可以同意查封、扣押、冻结涉案财物，并安排有关办案机关执行：

（一）查封、扣押、冻结符合中华人民共和国法律规定的条件；

（二）查封、扣押、冻结涉案财物与请求国正在进行的刑事案件的调查、侦查、起诉和审判活动相关；

（三）涉案财物可以被查封、扣押、冻结；

（四）执行请求不影响利害关系人的合法权益；

（五）执行请求不影响中华人民共和国有关机关正在进行的调查、侦查、起诉、审判和执行活动。

办案机关应当及时通过主管机关通知对外联系机关，由对外联系机关将查封、扣押、冻结的结果告知请求国。必要时，办案机关可以对被查封、扣押、冻结的涉案财物依法采取措施进行处理。

第四十四条　查封、扣押、冻结的期限届满，外国需要继续查封、扣押、冻结相关涉案财物的，应当再次向对外联系机关提出请求。

外国决定解除查封、扣押、冻结的，对外联系机关应当通过主管机关通知办案机关及时解除。

第四十五条　利害关系人对查封、扣押、冻结有异议，办案机关经审查认为查封、扣押、冻结不符合本法第四十三条第一款规定的条件的，应当报请主管机关决定解除查封、扣押、冻结并通知对外联系机关，由对外联系机关告知请求国；对案件处理提出异议的，办案机关可以通过所属主管机关转送对外联系机关，由对外联系机关向请求国提出。

第四十六条 由于请求国的原因导致查封、扣押、冻结不当，对利害关系人的合法权益造成损害的，办案机关可以通过对外联系机关要求请求国承担赔偿责任。

第七章 没收、返还违法所得及其他涉案财物

第一节 向外国请求没收、返还违法所得及其他涉案财物

第四十七条 办案机关需要外国协助没收违法所得及其他涉案财物的，应当制作刑事司法协助请求书并附相关材料，经所属主管机关审核同意后，由对外联系机关及时向外国提出请求。

请求外国将违法所得及其他涉案财物返还中华人民共和国或者返还被害人的，可以在向外国提出没收请求时一并提出，也可以单独提出。

外国对于返还被查封、扣押、冻结的违法所得及其他涉案财物有特殊要求的，在不违反中华人民共和国法律的基本原则的情况下，可以同意。需要由司法机关作出决定的，由人民法院作出决定。

第四十八条 向外国请求没收、返还违法所得及其他涉案财物的，请求书及所附材料应当根据需要载明下列事项：

（一）需要没收、返还的违法所得及其他涉案财物的名称、特性、外形和数量等；

（二）需要没收、返还的违法所得及其他涉案财物的地点。资金或者其他金融资产存放在金融机构中的，应当载明金融机构的名称、地址和账户信息；

（三）没收、返还的理由和相关权属证明；

（四）相关法律文书的副本；

（五）有关没收、返还以及利害关系人权利保障的法律规定；

（六）有助于执行请求的其他材料。

第四十九条　外国协助没收、返还违法所得及其他涉案财物的，由对外联系机关会同主管机关就有关财物的移交问题与外国进行协商。

对于请求外国协助没收、返还违法所得及其他涉案财物，外国提出分享请求的，分享的数额或者比例，由对外联系机关会同主管机关与外国协商确定。

第二节　向中华人民共和国请求没收、返还违法所得及其他涉案财物

第五十条　外国可以请求中华人民共和国协助没收、返还违法所得及其他涉案财物。

外国向中华人民共和国请求协助没收、返还违法所得及其他涉案财物的，请求书及所附材料应当根据需要载明本法第四十八条规定的事项。

第五十一条　主管机关经审查认为符合下列条件的，可以同意协助没收违法所得及其他涉案财物，并安排有关办案机关执行：

（一）没收违法所得及其他涉案财物符合中华人民共和国法律规定的条件；

（二）外国充分保障了利害关系人的相关权利；

（三）在中华人民共和国有可供执行的财物；

（四）请求书及所附材料详细描述了请求针对的财物的权属、名称、特性、外形和数量等信息；

（五）没收在请求国不能执行或者不能完全执行；

（六）主管机关认为应当满足的其他条件。

第五十二条 外国请求协助没收违法所得及其他涉案财物，有下列情形之一的，可以拒绝提供协助，并说明理由：

（一）中华人民共和国或者第三国司法机关已经对请求针对的财物作出生效裁判，并且已经执行完毕或者正在执行；

（二）请求针对的财物不存在，已经毁损、灭失、变卖或者已经转移导致无法执行，但请求没收变卖物或者转移后的财物的除外；

（三）请求针对的人员在中华人民共和国境内有尚未清偿的债务或者尚未了结的诉讼；

（四）其他可以拒绝的情形。

第五十三条 外国请求返还违法所得及其他涉案财物，能够提供确实、充分的证据证明，主管机关经审查认为符合中华人民共和国法律规定的条件的，可以同意并安排有关办案机关执行。返还前，办案机关可以扣除执行请求产生的合理费用。

第五十四条 对于外国请求协助没收、返还违法所得及其他涉案财物的，可以由对外联系机关会同主管机关提出分享的请求。分享的数额或者比例，由对外联系机关会同主管机关与外国协商确定。

第八章 移管被判刑人

第一节 向外国移管被判刑人

第五十五条 外国可以向中华人民共和国请求移管外国籍被判刑人，中华人民共和国可以向外国请求移管外国籍被判刑人。

第五十六条 向外国移管被判刑人应当符合下列条件：

（一）被判刑人是该国国民；

（二）对被判刑人判处刑罚所针对的行为根据该国法律也构成犯罪；

（三）对被判刑人判处刑罚的判决已经发生法律效力；

（四）被判刑人书面同意移管，或者因被判刑人年龄、身体、精神等状况确有必要，经其代理人书面同意移管；

（五）中华人民共和国和该国均同意移管。

有下列情形之一的，可以拒绝移管：

（一）被判刑人被判处死刑缓期执行或者无期徒刑，但请求移管时已经减为有期徒刑的除外；

（二）在请求移管时，被判刑人剩余刑期不足一年；

（三）被判刑人在中华人民共和国境内存在尚未了结的诉讼；

（四）其他不宜移管的情形。

第五十七条　请求向外国移管被判刑人的，请求书及所附材料应当根据需要载明下列事项：

（一）请求机关的名称；

（二）被请求移管的被判刑人的姓名、性别、国籍、身份信息和其他资料；

（三）被判刑人的服刑场所；

（四）请求移管的依据和理由；

（五）被判刑人或者其代理人同意移管的书面声明；

（六）其他事项。

第五十八条　主管机关应当对被判刑人的移管意愿进行核实。外国请求派员对被判刑人的移管意愿进行核实的，主管机关可以作出安排。

第五十九条　外国向中华人民共和国提出移管被判刑人的请求的，或者主管机关认为需要向外国提出移管被判刑人的请求的，主管机关应当会同相关主管部门，作出是否同意外国请求或者向外国提出请求的决定。作出同意外国移管请求的决定后，对外联系机关应当书面通知请求国和被判刑人。

第六十条 移管被判刑人由主管机关指定刑罚执行机关执行。移交被判刑人的时间、地点、方式等执行事项，由主管机关与外国协商确定。

第六十一条 被判刑人移管后对原生效判决提出申诉的，应当向中华人民共和国有管辖权的人民法院提出。

人民法院变更或者撤销原生效判决的，应当及时通知外国。

第二节 向中华人民共和国移管被判刑人

第六十二条 中华人民共和国可以向外国请求移管中国籍被判刑人，外国可以请求中华人民共和国移管中国籍被判刑人。移管的具体条件和办理程序，参照本章第一节的有关规定执行。

第六十三条 被判刑人移管回国后，由主管机关指定刑罚执行机关先行关押。

第六十四条 人民检察院应当制作刑罚转换申请书并附相关材料，提请刑罚执行机关所在地的中级人民法院作出刑罚转换裁定。

人民法院应当依据外国法院判决认定的事实，根据刑法规定，作出刑罚转换裁定。对于外国法院判处的刑罚性质和期限符合中华人民共和国法律规定的，按照其判处的刑罚和期限予以转换；对于外国法院判处的刑罚性质和期限不符合中华人民共和国法律规定的，按照下列原则确定刑种、刑期：

（一）转换后的刑罚应当尽可能与外国法院判处的刑罚相一致；

（二）转换后的刑罚在性质上或者刑期上不得重于外国法院

判处的刑罚，也不得超过中华人民共和国刑法对同类犯罪所规定的最高刑期；

（三）不得将剥夺自由的刑罚转换为财产刑；

（四）转换后的刑罚不受中华人民共和国刑法对同类犯罪所规定的最低刑期的约束。

被判刑人回国服刑前被羁押的，羁押一日折抵转换后的刑期一日。

人民法院作出的刑罚转换裁定，是终审裁定。

第六十五条　刑罚执行机关根据刑罚转换裁定将移管回国的被判刑人收监执行刑罚。刑罚执行以及减刑、假释、暂予监外执行等，依照中华人民共和国法律办理。

第六十六条　被判刑人移管回国后对外国法院判决的申诉，应当向外国有管辖权的法院提出。

第九章　附　则

第六十七条　中华人民共和国与有关国际组织开展刑事司法协助，参照本法规定。

第六十八条　向中华人民共和国提出的刑事司法协助请求或者应中华人民共和国请求提供的文件和证据材料，按照条约的规定办理公证和认证事宜。没有条约或者条约没有规定的，按照互惠原则办理。

第六十九条　本法所称刑事司法协助条约，是指中华人民共和国与外国缔结或者共同参加的刑事司法协助条约、移管被判刑人条约或者载有刑事司法协助、移管被判刑人条款的其他条约。

第七十条　本法自公布之日起施行。

中华人民共和国外商投资法

（2019年3月15日第十三届全国人民代表大会第二次会议通过　2019年3月15日中华人民共和国主席令第二十六号公布　自2020年1月1日起施行）

目　录

第一章　总　则

第一条　为了进一步扩大对外开放，积极促进外商投资，保护外商投资合法权益，规范外商投资管理，推动形成全面开放新格局，促进社会主义市场经济健康发展，根据宪法，制定本法。

第二条　在中华人民共和国境内（以下简称中国境内）的外商投资，适用本法。

本法所称外商投资，是指外国的自然人、企业或者其他组织

（以下称外国投资者）直接或者间接在中国境内进行的投资活动，包括下列情形：

（一）外国投资者单独或者与其他投资者共同在中国境内设立外商投资企业；

（二）外国投资者取得中国境内企业的股份、股权、财产份额或者其他类似权益；

（三）外国投资者单独或者与其他投资者共同在中国境内投资新建项目；

（四）法律、行政法规或者国务院规定的其他方式的投资。

本法所称外商投资企业，是指全部或者部分由外国投资者投资，依照中国法律在中国境内经登记注册设立的企业。

第三条　国家坚持对外开放的基本国策，鼓励外国投资者依法在中国境内投资。

国家实行高水平投资自由化便利化政策，建立和完善外商投资促进机制，营造稳定、透明、可预期和公平竞争的市场环境。

第四条　国家对外商投资实行准入前国民待遇加负面清单管理制度。

前款所称准入前国民待遇，是指在投资准入阶段给予外国投资者及其投资不低于本国投资者及其投资的待遇；所称负面清单，是指国家规定在特定领域对外商投资实施的准入特别管理措施。国家对负面清单之外的外商投资，给予国民待遇。

负面清单由国务院发布或者批准发布。

中华人民共和国缔结或者参加的国际条约、协定对外国投资者准入待遇有更优惠规定的，可以按照相关规定执行。

第五条　国家依法保护外国投资者在中国境内的投资、收益和其他合法权益。

第六条 在中国境内进行投资活动的外国投资者、外商投资企业，应当遵守中国法律法规，不得危害中国国家安全、损害社会公共利益。

第七条 国务院商务主管部门、投资主管部门按照职责分工，开展外商投资促进、保护和管理工作；国务院其他有关部门在各自职责范围内，负责外商投资促进、保护和管理的相关工作。

县级以上地方人民政府有关部门依照法律法规和本级人民政府确定的职责分工，开展外商投资促进、保护和管理工作。

第八条 外商投资企业职工依法建立工会组织，开展工会活动，维护职工的合法权益。外商投资企业应当为本企业工会提供必要的活动条件。

第二章　投资促进

第九条 外商投资企业依法平等适用国家支持企业发展的各项政策。

第十条 制定与外商投资有关的法律、法规、规章，应当采取适当方式征求外商投资企业的意见和建议。

与外商投资有关的规范性文件、裁判文书等，应当依法及时公布。

第十一条 国家建立健全外商投资服务体系，为外国投资者和外商投资企业提供法律法规、政策措施、投资项目信息等方面的咨询和服务。

第十二条 国家与其他国家和地区、国际组织建立多边、双边投资促进合作机制，加强投资领域的国际交流与合作。

第十三条 国家根据需要，设立特殊经济区域，或者在部分地区实行外商投资试验性政策措施，促进外商投资，扩大对外开放。

第十四条　国家根据国民经济和社会发展需要，鼓励和引导外国投资者在特定行业、领域、地区投资。外国投资者、外商投资企业可以依照法律、行政法规或者国务院的规定享受优惠待遇。

第十五条　国家保障外商投资企业依法平等参与标准制定工作，强化标准制定的信息公开和社会监督。

国家制定的强制性标准平等适用于外商投资企业。

第十六条　国家保障外商投资企业依法通过公平竞争参与政府采购活动。政府采购依法对外商投资企业在中国境内生产的产品、提供的服务平等对待。

第十七条　外商投资企业可以依法通过公开发行股票、公司债券等证券和其他方式进行融资。

第十八条　县级以上地方人民政府可以根据法律、行政法规、地方性法规的规定，在法定权限内制定外商投资促进和便利化政策措施。

第十九条　各级人民政府及其有关部门应当按照便利、高效、透明的原则，简化办事程序，提高办事效率，优化政务服务，进一步提高外商投资服务水平。

有关主管部门应当编制和公布外商投资指引，为外国投资者和外商投资企业提供服务和便利。

第三章　投资保护

第二十条　国家对外国投资者的投资不实行征收。

在特殊情况下，国家为了公共利益的需要，可以依照法律规定对外国投资者的投资实行征收或者征用。征收、征用应当依照法定程序进行，并及时给予公平、合理的补偿。

第二十一条 外国投资者在中国境内的出资、利润、资本收益、资产处置所得、知识产权许可使用费、依法获得的补偿或者赔偿、清算所得等，可以依法以人民币或者外汇自由汇入、汇出。

第二十二条 国家保护外国投资者和外商投资企业的知识产权，保护知识产权权利人和相关权利人的合法权益；对知识产权侵权行为，严格依法追究法律责任。

国家鼓励在外商投资过程中基于自愿原则和商业规则开展技术合作。技术合作的条件由投资各方遵循公平原则平等协商确定。行政机关及其工作人员不得利用行政手段强制转让技术。

第二十三条 行政机关及其工作人员对于履行职责过程中知悉的外国投资者、外商投资企业的商业秘密，应当依法予以保密，不得泄露或者非法向他人提供。

第二十四条 各级人民政府及其有关部门制定涉及外商投资的规范性文件，应当符合法律法规的规定；没有法律、行政法规依据的，不得减损外商投资企业的合法权益或者增加其义务，不得设置市场准入和退出条件，不得干预外商投资企业的正常生产经营活动。

第二十五条 地方各级人民政府及其有关部门应当履行向外国投资者、外商投资企业依法作出的政策承诺以及依法订立的各类合同。

因国家利益、社会公共利益需要改变政策承诺、合同约定的，应当依照法定权限和程序进行，并依法对外国投资者、外商投资企业因此受到的损失予以补偿。

第二十六条 国家建立外商投资企业投诉工作机制，及时处理外商投资企业或者其投资者反映的问题，协调完善相关政策措施。

外商投资企业或者其投资者认为行政机关及其工作人员的行政行为侵犯其合法权益的，可以通过外商投资企业投诉工作机制申请协调解决。

外商投资企业或者其投资者认为行政机关及其工作人员的行政行为侵犯其合法权益的，除依照前款规定通过外商投资企业投诉工作机制申请协调解决外，还可以依法申请行政复议、提起行政诉讼。

第二十七条 外商投资企业可以依法成立和自愿参加商会、协会。商会、协会依照法律法规和章程的规定开展相关活动，维护会员的合法权益。

第四章 投资管理

第二十八条 外商投资准入负面清单规定禁止投资的领域，外国投资者不得投资。

外商投资准入负面清单规定限制投资的领域，外国投资者进行投资应当符合负面清单规定的条件。

外商投资准入负面清单以外的领域，按照内外资一致的原则实施管理。

第二十九条 外商投资需要办理投资项目核准、备案的，按照国家有关规定执行。

第三十条 外国投资者在依法需要取得许可的行业、领域进行投资的，应当依法办理相关许可手续。

有关主管部门应当按照与内资一致的条件和程序，审核外国投资者的许可申请，法律、行政法规另有规定的除外。

第三十一条 外商投资企业的组织形式、组织机构及其活动准则，适用《中华人民共和国公司法》、《中华人民共和国合伙企业法》等法律的规定。

第三十二条 外商投资企业开展生产经营活动，应当遵守法律、行政法规有关劳动保护、社会保险的规定，依照法律、行政法规和国家有关规定办理税收、会计、外汇等事宜，并接受相关主管部门依法实施的监督检查。

第三十三条 外国投资者并购中国境内企业或者以其他方式参与经营者集中的，应当依照《中华人民共和国反垄断法》的规定接受经营者集中审查。

第三十四条 国家建立外商投资信息报告制度。外国投资者或者外商投资企业应当通过企业登记系统以及企业信用信息公示系统向商务主管部门报送投资信息。

外商投资信息报告的内容和范围按照确有必要的原则确定；通过部门信息共享能够获得的投资信息，不得再行要求报送。

第三十五条 国家建立外商投资安全审查制度，对影响或者可能影响国家安全的外商投资进行安全审查。

依法作出的安全审查决定为最终决定。

第五章 法律责任

第三十六条 外国投资者投资外商投资准入负面清单规定禁止投资的领域的，由有关主管部门责令停止投资活动，限期处分股份、资产或者采取其他必要措施，恢复到实施投资前的状态；有违法所得的，没收违法所得。

外国投资者的投资活动违反外商投资准入负面清单规定的限制性准入特别管理措施的，由有关主管部门责令限期改正，采取必要措施满足准入特别管理措施的要求；逾期不改正的，依照前款规定处理。

外国投资者的投资活动违反外商投资准入负面清单规定的，除依照前两款规定处理外，还应当依法承担相应的法律责任。

第三十七条 外国投资者、外商投资企业违反本法规定，未按照外商投资信息报告制度的要求报送投资信息的，由商务主管部门责令限期改正；逾期不改正的，处十万元以上五十万元以下的罚款。

第三十八条 对外国投资者、外商投资企业违反法律、法规的行为，由有关部门依法查处，并按照国家有关规定纳入信用信息系统。

第三十九条 行政机关工作人员在外商投资促进、保护和管理工作中滥用职权、玩忽职守、徇私舞弊的，或者泄露、非法向他人提供履行职责过程中知悉的商业秘密的，依法给予处分；构成犯罪的，依法追究刑事责任。

第六章 附 则

第四十条 任何国家或者地区在投资方面对中华人民共和国采取歧视性的禁止、限制或者其他类似措施的，中华人民共和国可以根据实际情况对该国家或者该地区采取相应的措施。

第四十一条 对外国投资者在中国境内投资银行业、证券业、保险业等金融行业，或者在证券市场、外汇市场等金融市场进行投资的管理，国家另有规定的，依照其规定。

第四十二条 本法自 2020 年 1 月 1 日起施行。《中华人民共和国中外合资经营企业法》、《中华人民共和国外资企业法》、《中华人民共和国中外合作经营企业法》同时废止。

本法施行前依照《中华人民共和国中外合资经营企业法》、《中华人民共和国外资企业法》、《中华人民共和国中外合作经营企业法》设立的外商投资企业，在本法施行后五年内可以继续保留原企业组织形式等。具体实施办法由国务院规定。

最高人民法院
关于审理外商投资企业纠纷案件若干问题的规定（一）

（2010 年 5 月 17 日最高人民法院审判委员会第 1487 次会议通过
根据 2020 年 12 月 23 日最高人民法院审判委员会第 1823 次会议通过的《最高人民法院关于修改〈最高人民法院关于破产企业国有划拨土地使用权应否列入破产财产等问题的批复〉等二十九件商事类司法解释的决定》修正）

为正确审理外商投资企业在设立、变更等过程中产生的纠纷案件，保护当事人的合法权益，根据《中华人民共和国民法典》《中华人民共和国外商投资法》《中华人民共和国公司法》等法律法规的规定，结合审判实践，制定本规定。

第一条　当事人在外商投资企业设立、变更等过程中订立的合同，依法律、行政法规的规定应当经外商投资企业审批机关批准后才生效的，自批准之日起生效；未经批准的，人民法院应当认定该合同未生效。当事人请求确认该合同无效的，人民法院不予支持。

前款所述合同因未经批准而被认定未生效的，不影响合同中当事人履行报批义务条款及因该报批义务而设定的相关条款的效力。

第二条　当事人就外商投资企业相关事项达成的补充协议对已获批准的合同不构成重大或实质性变更的，人民法院不应以未经外商投资企业审批机关批准为由认定该补充协议未生效。

前款规定的重大或实质性变更包括注册资本、公司类型、经营范围、营业期限、股东认缴的出资额、出资方式的变更以及公司合并、公司分立、股权转让等。

第三条 人民法院在审理案件中，发现经外商投资企业审批机关批准的外商投资企业合同具有法律、行政法规规定的无效情形的，应当认定合同无效；该合同具有法律、行政法规规定的可撤销情形，当事人请求撤销的，人民法院应予支持。

第四条 外商投资企业合同约定一方当事人以需要办理权属变更登记的标的物出资或者提供合作条件，标的物已交付外商投资企业实际使用，且负有办理权属变更登记义务的一方当事人在人民法院指定的合理期限内完成了登记的，人民法院应当认定该方当事人履行了出资或者提供合作条件的义务。外商投资企业或其股东以该方当事人未履行出资义务为由主张该方当事人不享有股东权益的，人民法院不予支持。

外商投资企业或其股东举证证明该方当事人因迟延办理权属变更登记给外商投资企业造成损失并请求赔偿的，人民法院应予支持。

第五条 外商投资企业股权转让合同成立后，转让方和外商投资企业不履行报批义务，经受让方催告后在合理的期限内仍未履行，受让方请求解除合同并由转让方返还其已支付的转让款、赔偿因未履行报批义务而造成的实际损失的，人民法院应予支持。

第六条 外商投资企业股权转让合同成立后，转让方和外商投资企业不履行报批义务，受让方以转让方为被告、以外商投资企业为第三人提起诉讼，请求转让方与外商投资企业在一定期限内共同履行报批义务的，人民法院应予支持。受让方同时请求在转让方和外商投资企业于生效判决确定的期限内不履行报批义务时自行报批的，人民法院应予支持。

转让方和外商投资企业拒不根据人民法院生效判决确定的期限履行报批义务，受让方另行起诉，请求解除合同并赔偿损失的，人民法院应予支持。赔偿损失的范围可以包括股权的差价损失、股权收益及其他合理损失。

第七条　转让方、外商投资企业或者受让方根据本规定第六条第一款的规定就外商投资企业股权转让合同报批，未获外商投资企业审批机关批准，受让方另行起诉，请求转让方返还其已支付的转让款的，人民法院应予支持。受让方请求转让方赔偿因此造成的损失的，人民法院应根据转让方是否存在过错以及过错大小认定其是否承担赔偿责任及具体赔偿数额。

第八条　外商投资企业股权转让合同约定受让方支付转让款后转让方才办理报批手续，受让方未支付股权转让款，经转让方催告后在合理的期限内仍未履行，转让方请求解除合同并赔偿因迟延履行而造成的实际损失的，人民法院应予支持。

第九条　外商投资企业股权转让合同成立后，受让方未支付股权转让款，转让方和外商投资企业亦未履行报批义务，转让方请求受让方支付股权转让款的，人民法院应当中止审理，指令转让方在一定期限内办理报批手续。该股权转让合同获得外商投资企业审批机关批准的，对转让方关于支付转让款的诉讼请求，人民法院应予支持。

第十条　外商投资企业股权转让合同成立后，受让方已实际参与外商投资企业的经营管理并获取收益，但合同未获外商投资企业审批机关批准，转让方请求受让方退出外商投资企业的经营管理并将受让方因实际参与经营管理而获得的收益在扣除相关成本费用后支付给转让方的，人民法院应予支持。

第十一条 外商投资企业一方股东将股权全部或部分转让给股东之外的第三人，应当经其他股东一致同意，其他股东以未征得其同意为由请求撤销股权转让合同的，人民法院应予支持。具有以下情形之一的除外：

（一）有证据证明其他股东已经同意；

（二）转让方已就股权转让事项书面通知，其他股东自接到书面通知之日满三十日未予答复；

（三）其他股东不同意转让，又不购买该转让的股权。

第十二条 外商投资企业一方股东将股权全部或部分转让给股东之外的第三人，其他股东以该股权转让侵害了其优先购买权为由请求撤销股权转让合同的，人民法院应予支持。其他股东在知道或者应当知道股权转让合同签订之日起一年内未主张优先购买权的除外。

前款规定的转让方、受让方以侵害其他股东优先购买权为由请求认定股权转让合同无效的，人民法院不予支持。

第十三条 外商投资企业股东与债权人订立的股权质押合同，除法律、行政法规另有规定或者合同另有约定外，自成立时生效。未办理质权登记的，不影响股权质押合同的效力。

当事人仅以股权质押合同未经外商投资企业审批机关批准为由主张合同无效或未生效的，人民法院不予支持。

股权质押合同依照民法典的相关规定办理了出质登记的，股权质权自登记时设立。

第十四条 当事人之间约定一方实际投资、另一方作为外商投资企业名义股东，实际投资者请求确认其在外商投资企业中的股东身份或者请求变更外商投资企业股东的，人民法院不予支持。同时具备以下条件的除外：

（一）实际投资者已经实际投资；

（二）名义股东以外的其他股东认可实际投资者的股东身份；

（三）人民法院或当事人在诉讼期间就将实际投资者变更为股东征得了外商投资企业审批机关的同意。

第十五条　合同约定一方实际投资、另一方作为外商投资企业名义股东，不具有法律、行政法规规定的无效情形的，人民法院应认定该合同有效。一方当事人仅以未经外商投资企业审批机关批准为由主张该合同无效或者未生效的，人民法院不予支持。

实际投资者请求外商投资企业名义股东依据双方约定履行相应义务的，人民法院应予支持。

双方未约定利益分配，实际投资者请求外商投资企业名义股东向其交付从外商投资企业获得的收益的，人民法院应予支持。外商投资企业名义股东向实际投资者请求支付必要报酬的，人民法院应酌情予以支持。

第十六条　外商投资企业名义股东不履行与实际投资者之间的合同，致使实际投资者不能实现合同目的，实际投资者请求解除合同并由外商投资企业名义股东承担违约责任的，人民法院应予支持。

第十七条　实际投资者根据其与外商投资企业名义股东的约定，直接向外商投资企业请求分配利润或者行使其他股东权利的，人民法院不予支持。

第十八条　实际投资者与外商投资企业名义股东之间的合同被认定无效，名义股东持有的股权价值高于实际投资额，实际投资者请求名义股东向其返还投资款并根据其实际投资情况以及名义股东参与外商投资企业经营管理的情况对股权收益在双方之间进行合理分配的，人民法院应予支持。

外商投资企业名义股东明确表示放弃股权或者拒绝继续持有股权的，人民法院可以判令以拍卖、变卖名义股东持有的外商投资企业股权所得向实际投资者返还投资款，其余款项根据实际投资者的实际投资情况、名义股东参与外商投资企业经营管理的情况在双方之间进行合理分配。

第十九条 实际投资者与外商投资企业名义股东之间的合同被认定无效，名义股东持有的股权价值低于实际投资额，实际投资者请求名义股东向其返还现有股权的等值价款的，人民法院应予支持；外商投资企业名义股东明确表示放弃股权或者拒绝继续持有股权的，人民法院可以判令以拍卖、变卖名义股东持有的外商投资企业股权所得向实际投资者返还投资款。

实际投资者请求名义股东赔偿损失的，人民法院应当根据名义股东对合同无效是否存在过错及过错大小认定其是否承担赔偿责任及具体赔偿数额。

第二十条 实际投资者与外商投资企业名义股东之间的合同因恶意串通，损害国家、集体或者第三人利益，被认定无效的，人民法院应当将因此取得的财产收归国家所有或者返还集体、第三人。

第二十一条 外商投资企业一方股东或者外商投资企业以提供虚假材料等欺诈或者其他不正当手段向外商投资企业审批机关申请变更外商投资企业批准证书所载股东，导致外商投资企业他方股东丧失股东身份或原有股权份额，他方股东请求确认股东身份或原有股权份额的，人民法院应予支持。第三人已经善意取得该股权的除外。

他方股东请求侵权股东或者外商投资企业赔偿损失的，人民法院应予支持。

第二十二条　人民法院审理香港特别行政区、澳门特别行政区、台湾地区的投资者、定居在国外的中国公民在内地投资设立企业产生的相关纠纷案件，参照适用本规定。

第二十三条　本规定施行后，案件尚在一审或者二审阶段的，适用本规定；本规定施行前已经终审的案件，人民法院进行再审时，不适用本规定。

第二十四条　本规定施行前本院作出的有关司法解释与本规定相抵触的，以本规定为准。

最高人民法院

关于适用《中华人民共和国外商投资法》若干问题的解释

法释〔2019〕20号

（2019年12月16日最高人民法院审判委员会第1787次会议通过 2019年12月26日最高人民法院公告公布 自2020年1月1日起施行）

为正确适用《中华人民共和国外商投资法》，依法平等保护中外投资者合法权益，营造稳定、公平、透明的法治化营商环境，结合审判实践，就人民法院审理平等主体之间的投资合同纠纷案件适用法律问题作出如下解释。

第一条 本解释所称投资合同，是指外国投资者即外国的自然人、企业或者其他组织因直接或者间接在中国境内进行投资而形成的相关协议，包括设立外商投资企业合同、股份转让合同、股权转让合同、财产份额或者其他类似权益转让合同、新建项目合同等协议。

外国投资者因赠与、财产分割、企业合并、企业分立等方式取得相应权益所产生的合同纠纷，适用本解释。

第二条 对外商投资法第四条所指的外商投资准入负面清单之外的领域形成的投资合同，当事人以合同未经有关行政主管部门批准、登记为由主张合同无效或者未生效的，人民法院不予支持。

前款规定的投资合同签订于外商投资法施行前，但人民法院在外商投资法施行时尚未作出生效裁判的，适用前款规定认定合同的效力。

第三条 外国投资者投资外商投资准入负面清单规定禁止投资的领域，当事人主张投资合同无效的，人民法院应予支持。

第四条 外国投资者投资外商投资准入负面清单规定限制投资的领域，当事人以违反限制性准入特别管理措施为由，主张投资合同无效的，人民法院应予支持。

人民法院作出生效裁判前，当事人采取必要措施满足准入特别管理措施的要求，当事人主张前款规定的投资合同有效的，应予支持。

第五条 在生效裁判作出前，因外商投资准入负面清单调整，外国投资者投资不再属于禁止或者限制投资的领域，当事人主张投资合同有效的，人民法院应予支持。

第六条 人民法院审理香港特别行政区、澳门特别行政区投资者、定居在国外的中国公民在内地、台湾地区投资者在大陆投资产生的相关纠纷案件，可以参照适用本解释。

第七条 本解释自2020年1月1日起施行。

本解释施行前本院作出的有关司法解释与本解释不一致的，以本解释为准。

最高人民法院　最高人民检察院
关于办理非法从事资金支付结算业务、非法买卖外汇刑事案件适用法律若干问题的解释

法释〔2019〕1号

（2018年9月17日最高人民法院审判委员会第1749次会议、2018年12月12日最高人民检察院第十三届检察委员会第十一次会议通过，2019年1月31日最高人民法院、最高人民检察院公告公布，自2019年2月1日起施行）

为依法惩治非法从事资金支付结算业务、非法买卖外汇犯罪活动，维护金融市场秩序，根据《中华人民共和国刑法》《中华人民共和国刑事诉讼法》的规定，现就办理非法从事资金支付结算业务、非法买卖外汇刑事案件适用法律的若干问题解释如下：

第一条　违反国家规定，具有下列情形之一的，属于刑法第二百二十五条第三项规定的“非法从事资金支付结算业务”：

（一）使用受理终端或者网络支付接口等方法，以虚构交易、虚开价格、交易退款等非法方式向指定付款方支付货币资金的；

（二）非法为他人提供单位银行结算账户套现或者单位银行结算账户转个人账户服务的；

（三）非法为他人提供支票套现服务的；

（四）其他非法从事资金支付结算业务的情形。

第二条　违反国家规定，实施倒买倒卖外汇或者变相买卖外

汇等非法买卖外汇行为，扰乱金融市场秩序，情节严重的，依照刑法第二百二十五条第四项的规定，以非法经营罪定罪处罚。

第三条　非法从事资金支付结算业务或者非法买卖外汇，具有下列情形之一的，应当认定为非法经营行为"情节严重"：

（一）非法经营数额在五百万元以上的；

（二）违法所得数额在十万元以上的。

非法经营数额在二百五十万元以上，或者违法所得数额在五万元以上，且具有下列情形之一的，可以认定为非法经营行为"情节严重"：

（一）曾因非法从事资金支付结算业务或者非法买卖外汇犯罪行为受过刑事追究的；

（二）二年内因非法从事资金支付结算业务或者非法买卖外汇违法行为受过行政处罚的；

（三）拒不交代涉案资金去向或者拒不配合追缴工作，致使赃款无法追缴的；

（四）造成其他严重后果的。

第四条　非法从事资金支付结算业务或者非法买卖外汇，具有下列情形之一的，应当认定为非法经营行为"情节特别严重"：

（一）非法经营数额在二千五百万元以上的；

（二）违法所得数额在五十万元以上的。

非法经营数额在一千二百五十万元以上，或者违法所得数额在二十五万元以上，且具有本解释第三条第二款规定的四种情形之一的，可以认定为非法经营行为"情节特别严重"。

第五条　非法从事资金支付结算业务或者非法买卖外汇，构成非法经营罪，同时又构成刑法第一百二十条之一规定的帮助恐怖活动罪或者第一百九十一条规定的洗钱罪的，依照处罚较重的规定定罪处罚。

第六条 二次以上非法从事资金支付结算业务或者非法买卖外汇，依法应予行政处理或者刑事处理而未经处理的，非法经营数额或者违法所得数额累计计算。

同一案件中，非法经营数额、违法所得数额分别构成情节严重、情节特别严重的，按照处罚较重的数额定罪处罚。

第七条 非法从事资金支付结算业务或者非法买卖外汇违法所得数额难以确定的，按非法经营数额的千分之一认定违法所得数额，依法并处或者单处违法所得一倍以上五倍以下罚金。

第八条 符合本解释第三条规定的标准，行为人如实供述犯罪事实，认罪悔罪，并积极配合调查，退缴违法所得的，可以从轻处罚；其中犯罪情节轻微的，可以依法不起诉或者免予刑事处罚。

符合刑事诉讼法规定的认罪认罚从宽适用范围和条件的，依照刑事诉讼法的规定处理。

第九条 单位实施本解释第一条、第二条规定的非法从事资金支付结算业务、非法买卖外汇行为，依照本解释规定的定罪量刑标准，对单位判处罚金，并对其直接负责的主管人员和其他直接责任人员定罪处罚。

第十条 非法从事资金支付结算业务、非法买卖外汇刑事案件中的犯罪地，包括犯罪嫌疑人、被告人用于犯罪活动的账户开立地、资金接收地、资金过渡账户开立地、资金账户操作地，以及资金交易对手资金交付和汇出地等。

第十一条 涉及外汇的犯罪数额，按照案发当日中国外汇交易中心或者中国人民银行授权机构公布的人民币对该货币的中间价折合成人民币计算。中国外汇交易中心或者中国人民银行授权机构未公布汇率中间价的境外货币，按照案发当日境内银行人民币对该货币的中间价折算成人民币，或者该货币在境内银行、国际外汇市场对美元汇率，与人民币对美元汇率中间价进行套算。

第十二条　本解释自2019年2月1日起施行。《最高人民法院关于审理骗购外汇、非法买卖外汇刑事案件具体应用法律若干问题的解释》（法释〔1998〕20号）与本解释不一致的，以本解释为准。

司法部

关于认真执行我部委托香港律师办理发往内地使用的公证书必须加盖转递章的通知

1993年12月27日　　　　〔93〕司公函159号

各省、自治区、直辖市司法厅（局）公证管理处：

据了解，一些公证处在办理涉港公证，特别是涉港商品房预售（或销售）公证时，自行接受我部委托的香港律师出具的没有中国法律服务（香港）有限公司加盖的《中华人民共和国司法部委托香港律师办理内地使用的公证文书转递专用章》的公证书。有的公证处甚至擅自接受非我部委托的香港律师出具的公证证明。公证书转递制度是防止伪造和欺诈行为的发生，切实保证我部委托的香港律师出具的公证证明的真实性，维护当事人的合法权益的有效办法之一，现重申：

各公证处在办理涉港公证，特别是涉港商品房预售（或销售）公证时，必须依据司公通〔1991〕170号通知的规定，注意审查当事人所提交的我部委托的香港律师出具的公证书，是否有中国法律服务（香港）有限公司加盖的公证文书《转递专用章》。今后在办证质量检查时，凡是接受了未加盖转递章的我部委托的香港律师出具的公证书的，一律按不符合办证程序处理；凡是擅自接受非我部委托的香港律师出具的公证证明的，一律按错证处理。同时给予有关公证处、公证员以必要处罚。

中国法律服务（香港）有限公司应定期将转递情况报司法部公证司。并作为委托香港律师注册考核的依据之一。

请即通知所属办理涉港公证的公证处。

外交部　最高人民法院　最高人民检察院 公安部　安全部　司法部

关于处理涉外案件若干问题的规定

1995 年 6 月 20 日　　　　　　　　　　外发〔1995〕17 号

各省、自治区、直辖市人民政府外事办公室、高级人民法院、人民检察院、公安厅（局）、国家安全厅（局）、司法厅（局）、海关、交通厅（局）、渔政厅（局）、民政厅（局），国务院各部委、各直属机构外事司（局），计划单列市人民政府外事办公室：

随着我国改革开放的不断深化，涉外案件工作中出现了许多新情况、新问题。为进一步妥善处理涉外案件的有关问题，明确分工，减少中间环节，提高效率，便于操作，特制定如下规定。

一、总则

（一）本规定中“涉外案件”是指在我国境内发生的涉及外国、外国人（自然人及法人）的刑事、民事经济、行政、治安等案件及死亡事件。

（二）处理涉外案件，必须维护我国主权和利益，维护我国国家、法人、公民及外国国家、法人、公民在华合法权益，严格依照我国法律、法规，做到事实清楚，证据确凿。适用法律正确，法律手续完备。

（三）处理涉外案件，在对等互惠原则的基础上，严格履行我国所承担的国际条约义务。当国内法或者我内部规定同我国所承担的国际条约义务发生冲突时，应当适用国际条约的有关规定（我国声明保留的条款除外）。各主管部门不应当以国内法或者内部规定为由拒绝履行我国所承担的国际条约规定的义务。

（四）处理涉外案件，必须依照有关规定和分工，密切配合，互相协调，严格执行请示报告，征求意见和通报情况等制度。

（五）对应当通知外国驻华使、领馆的涉外案件，必须按规定和分工及时通知。

（六）与我国无外交关系的，按对等互惠原则办理。

二、关于涉外案件的内部通报问题

（一）遇有下列情况之一，公安机关、国家安全机关、人民检察院、人民法院，以及其他主管机关应当将有关案情、处理情况，以及对外表态口径于受理案件或采取措施的四十八小时内报上一级主管机关，同时通报同级人民政府外事办公室。

1. 对外国人实行行政拘留、刑事拘留、司法拘留、拘留审查、逮捕、监视居住、取保候审、扣留护照、限期出境、驱逐出境的案件；

2. 外国船舶因在我国内水或领海损毁或搁浅，发生海上交通、污染等事故，走私及其他违法或违反国际公约的行为，被我主管部门扣留或采取其他强制措施的案件；

3. 外国渔船在我管辖水域违法捕捞，发生碰撞或海事纠纷，被我授权执法部门扣留的案件；

4. 外国船舶因经济纠纷被我法院扣留、拍卖的案件；

5. 外国人在华死亡事件或案件；

6. 涉及外国人在华民事和经济纠纷的案件；

7. 其他认为应当通报的案件。

同级人民政府外事办公室在接到通报后应当立即报外交部。案件了结后，也应当尽快向外交部通报结果。

（二）重大涉外案件，或外国政府已向我驻外使、领馆提出交涉或已引起国内外新闻界关注的涉外案件，在案件受理、办理、审理过程中，以及在判决公布前，中央一级主管部门经商外交部后，应当单位或者会同外交部联名将案件进展情况、对外表态口径等及时通报我驻外使、领馆，并答复有关文电。

三、关于通知外国驻华使、领馆问题

（一）凡与我国订有双边领事条约的，按条约的规定办理；未与我签订双边领事条约，但参加《维也纳领事关系公约》的，按照《维也纳领事关系公约》的规定办理；未与我国签订领事条约，也未参加《维也纳领事关系公约》，但与我国有外交关系，可按互惠和对等原则，根据有关规定和国际惯例办理。

在外国驻华领事馆领区内发生的涉外案件，应通知有关外国驻该地区的领事馆；在外国领事馆领区外发生的涉外案件应通知有关外国驻华大使馆。与我国有外交关系，但未设使、领馆的国家，可通知其代管国家驻华使、领馆。无代管国家或代管国家不明的，可不通知。当事人本人要求不通知的，可不通知，但应当由其本人提出书面要求。

（二）通知内容

外国人的外文姓名、性别、入境时间、护照或证件号码、案件发生的时间、地点及有关情况，当事人违章违法犯罪的主要事实，已采取的法律措施及法律依据，各有关主管部门可根据需要制定固定的通知格式。

（三）通知时限

双边领事条约明确规定期限的（四天或七天），应当在条约规定的期限内通知；如无双边领事条约规定，也应当根据或者参照《维也纳领事关系公约》和国际惯例尽快通知，不应超过七天。

（四）通知机关

1. 公安机关、国家安全机关对外国人依法作出行政拘留、刑事拘留、拘留审查、监视居住、取保候审的决定的，由有关省、自治区、直辖市公安厅（局）、国家安全厅（局）通知有关外国驻华使、领馆。

公安机关、国家安全机关对外国人执行逮捕的，由有关省、自治区、直辖市公安厅（局）、国家安全厅（局）通知有关外国驻华使、领馆。

人民法院对外国人依法做出司法拘留、监视居住、取保候审决定的，人民检察院依法对外国人作出监视居住，取保候审决定的，由有关省、自治区、直辖市高级人民法院、人民检察院通知有关外国驻华使、领馆。

依照本规定应予通报并决定开庭审理的涉外案件，人民法院在一审开庭日期确定后，应即报告高级人民法院，由高级人民法院在开庭七日以前，将开庭审理日期通知有关外国驻华使、领馆。

2. 外国船舶因在我国内水或领海损毁、搁浅或发生重大海上交通、污染等事故，各港务监督局应立即报告中华人民共和国港务监督局，由该局通知有关外国驻华使馆。

3. 外国船舶在我国内水或领海走私或有其他违法行为，被我海关、公安机关扣留，有关海关、公安机关应当立即逐级上报海关总署和公安部，由所在省、自治区、直辖市海关或者公安厅（局）通知有关外国驻华使、领馆。

4. 外国渔船在我管辖水域违法捕捞，被我授权执法部门扣留，由公安边防部门监护，渔政渔港监督管理部门处理。有关情况应立即上报国家渔政渔港监督管理局，由该局通知有关外国驻华使馆。

5. 外国船舶因经济纠纷被我海事法院扣留、拍卖的，由海事法院通知有关外国驻华使、领馆。如船籍国与我有外交关系，不论是否订有双边领事条约，均应通知。

6. 外国人在华正常死亡，由接待或者聘用单位通知有关外国驻华使、领馆。如死者在华无接待或者聘用单位，由有关省、自治区、直辖市公安厅（局）通知。

外国人在华非正常死亡，由有关省、自治区、直辖市公安厅（局）通知有关外国驻华使、领馆；在羁押期间或者案件审理中死亡，分别由受理案件的省、自治区、直辖市公安厅（局）、国家安全厅（局）、人民检察院或者高级人民法院通知；在监狱服刑期间死亡的，由省、自治区、直辖市司法厅（局）通知。

外国人在灾难性事故（包括陆上交通事故，空、海难事故）中死亡的，由当事部门通知有关外国驻华使、领馆。省、自治区、直辖市外事办公室予以协助。

7. 在对无有效证件证实死者或者被取保候审、监视居住、拘留审查、拘留、逮捕的人犯的国籍，或者其主要证件存在明显伪造、变造疑点的情况下，我主管机关可以通过查询的方式通告有关外国驻华使、领馆。

外国边民在我国边境地区死亡或者被取保候审、监视居住、拘留审查、拘留、逮捕的，按双边条约规定办理。如无双边条约规定的，也可考虑通过边防会晤的方式通知有关国家。

四、外国驻华使、领馆索要材料、交涉等问题

（一）外国驻华使、领馆如向我索要其公民被取保候审、拘留审查、监视居住、拘留或逮捕等有关材料，请其向省、自治区、直辖市高级人民法院、人民检察院、公安厅（局）、国家安全厅（局）或司法厅（局）提出。凡公开的材料或者法律规定可以提供的材料，我应予提供。地方外事办公室或者外交部予以协助。

（二）如外国驻华使、领馆要一审和终审判决书副本，可请其向省、自治区、直辖市高级人民法院提出，我可以提供。

（三）外国驻华使馆就有关案件进行交涉，可请其向外交部或者省级外事办公室提出，或者向中央或者省级主管部门直接提出。外国驻华使馆向主管部门提出的重要交涉，主管部门商外交部后答复外国驻华使馆。外国驻华领馆只同其领区内省级主管部门联系。外事办公室与主管部门之间互通情况，共商对外表态口径及交涉事宜。

五、关于探视被监视居住、拘留审查、拘留、逮捕或正在监狱服刑的外国公民以及与其通信问题

（一）外国驻华外交、领事官员要求探视被监视居住、拘留、拘留审查、逮捕或正在服刑的本国公民，我主管部门应在双边领事条约规定的时限内予以安排，如无条约规定，亦应尽快安排。如当事人拒绝其所属国家驻华外交、领事官员探视的，我可拒绝安排，但应由其本人提出书面意见。探视要求可请其向省、自治区、直辖市高级人民法院、人民检察院、公安厅（局）、国

家安全厅（局）、司法厅（局）提出。地方外事办公室或者外交部可予以协助。外国驻华外交、领事官员探视时应遵守我有关探视规定。

（二）在侦查终结前的羁押期间，探视的有关事宜由立案侦查的公安机关、国家安全机关或者人民检察院安排；侦查终结后移送人民检察院审查起诉的羁押期间，探视的有关事宜由审查起诉的人民检察院安排；人民法院受理案件后在作出终审判决前的羁押期间，探视的有关事宜由审理案件的人民法院安排；人民法院将案件退回人民检察院，或者人民检察院将案件退回公安机关、国家安全机关补充侦查的羁押期间，探视的有关事宜由补充侦查的人民检察院、公安机关、国家安全机关安排；经人民法院判决后在监狱服刑期间，探视的有关事宜由司法行政机关安排。

（三）主办机关需要就探视事宜同有关外国驻华使、领馆联系时，应当分别经过各省、自治区、直辖市高级人民法院、人民检察院、公安厅（局）、国家安全厅（局）、司法厅（局）进行。地方外事办公室或者外交部予以协助。

（四）外国驻华外交、领事官员与其本国在华被监视居住、拘留审查、拘留、逮捕或者正在服刑的本国公民往来信件，我主管部门应按有关领事条约及《维也纳领事关系公约》的规定迅速转交。

六、旁听、新闻报道、司法协助、扣留护照等问题

（一）外国驻华使、领馆官员要求旁听涉外案件的公开审理，应向各省、自治区、直辖市高级人民法院提出申请，有关法院应予安排。旁听者应遵守人民法院的法庭规则。

对于依法不公开审理的涉外案件，外国驻华使、领馆官员要

求旁听的，如有关国家与我国已签订的领事条约中明确承担有关义务的，应履行义务；未明确承担有关义务的，应根据我国法律规定，由主管部门商同级外事部门解决。

（二）主管部门就重大涉外案件发布新闻或者新闻单位对于上述案件进行报道，要从严掌握，应当事先报请省级主管机关审核，征求外事部门的意见。对危害国家安全的涉外案件的新闻报道，由主管部门商外交部后定。对于应通知外国驻华使、领馆的案件，应当在按规定通知有关外国驻华使、领馆后，再公开报道。

（三）对与我国订有双边司法协助协定、条约或者我与其共同参加载有司法协助条款的公约的国家，我中央机关和各主管部门应按照协定、条约或者公约的有关规定办理。未签订上述协定或条约、也未共同参加上述公约的，在对等互惠的基础上通过外交途径解决。

（四）扣留外国人护照问题

根据《中华人民共和国外国人入境出境管理法》和最高人民法院、最高人民检察院、公安部、国家安全部《关于依法限制外国人和中国公民出境问题的若干规定》（〔87〕公发 16 号），除我公安机关、国家安全机关、司法机关以及法律明确授权的机关外，其他任何单位或者个人都无权扣留外国人护照，也不得以任何方式限制外国人的人身自由；公安机关、国家安全机关、司法机关以及法律明确授权的机关扣留外国人护照，必须按照规定的权限报批，履行必要的手续，发给本人扣留护照的证明，并把有关情况及时上报上级主管部门，通报同级人民政府外事办公室，有关外事办公室应当及时报告外交部。

本规定自发文之日起生效。以前有关规定凡与本规定相抵的，一律以本规定为准。1987年《关于处理涉外案件若干问题的规定》（外发〔1987〕54号）同时废止。

附件一：

外国人在华死亡后的处理程序

一、死亡的确定

死亡分正常死亡和非正常死亡。因健康原因自然死亡的，谓正常死亡；因意外事故或突发事件死亡的，谓非正常死亡。

发现外国人在华死亡，发现人（包括个人或单位）应立即报告死者接待或聘用单位或当地公安机关、人民政府外事办公室。如属正常死亡，善后处理工作由接待或聘用单位负责。无接待或聘用单位的（包括零散游客），由公安机关会同有关部门共同处理。如属非正常死亡，应保护好现场，由公安机关进行取证并处理。

尸体在处理前应妥为保存（如防腐、冷冻）。

二、通知外国驻华使、领馆及死者家属

根据《维也纳领事关系公约》或双边领事条约的规定，以及国际惯例，外国人在华死亡后应尽快通知死者家属及其所属国家驻华使、领馆。

外国人在华正常死亡，在通报公安机关和地方外办后，由接待或聘用单位负责通知；如死者在华无接待或聘用单位，由有关省、自治区、直辖市公安厅（局）负责通知。

凡属非正常死亡的，由案件查处机关负责通知，在案件审理中死亡的，由案件审理机关负责通知，在监狱服刑过程中死亡的，由司法行政机关负责通知。

通知时限。如死者所属国家已同我国签订领事条约，应按条约规定办；如条约中没有规定，或无双边领事条约，应按《维也纳领事关系公约》的规定和国际惯例尽快通知，但不应超过七天。

通知内容应简单明了。如死因不明，需要调查后方能确定的，可先通知死亡事，同时告死因正在调查中。

三、尸体解剖

正常死亡者或死因明确的非正常死亡者，一般不需作尸体解剖。若死者家属或其所属国家驻华使、领馆要求解剖，我可同意，但必须有死者家属或其所属国家驻华使、领馆有关官员签字的书面要求。

死因不明的非正常死亡者，为查明死因，需进行解剖时由公安、司法机关按有关规定办理。

四、出具证明

正常死亡，由县级或县级以上医院出具“死亡证明书”。如死者生前曾住医院治疗或抢救，应其家属要求，医院可提供“诊断书”或“病历摘要”。

非正常死亡，由公安机关的法医出具“死亡鉴定书”。案件审理中正常死亡，由案件审理机关的法医出具“死亡鉴定书”。在监狱服刑中死亡，由司法行政机关的法医出具“死亡鉴定书”。如案件审理机关或司法行政机关没有法医，可由公安机关代为出具。

“死亡证明书”、“死亡鉴定书”交死者家属或死者所属国家驻华使、领馆。对外公司死因要慎重。如死因尚不明确，或有其他致死原因，待查清或内部意见统一后，再向外公布和提供证明。

外国人死在我村、镇或公民家中，县级或县级以上医院无法出具“死亡证明书”，或者死者所属国家要求或者有关驻华使、领馆提出办理“死亡公证书”时，则应办理“死亡公证书”等公证文件。

“诊断证书”、“病历摘要”、“死亡证明书”、“死亡鉴定书”、“防腐证明书”等证明，如办理认证手续，必须先在死者居所地公证处申办公证，而后办理外交部领事司或外国驻华领馆领区内我地方外办的认证和有关外国驻华使、领馆认证。在“死亡证明书”或“死亡鉴定书”中注明尸体已进行防腐处理的，可不再另行办理“防腐证明书”。

五、对尸体的处理

在华死亡的外国人尸体，可在当地火化，亦可运回其国内。处理时，应尊重死者家属或所属国家驻华使、领馆的意愿。

尸体火化应由死者家属或所属国家驻华使、领馆提出书面要求并签字，由当地殡仪馆负责火化，骨灰由他们带回或运回其国内。

如外方不愿火化，可将尸体运回其国内。运输（尸体及骨灰）手续和费用原则上均由外方自理。接待或聘用单位可在办理手续等方面给予必要的协助。

为做好外方工作和从礼节上考虑，对受聘或有接待单位的死者，在尸体火化或运回其国内前，可由聘用或接待单位酌情为死者举行简单的追悼仪式。有关单位可送花圈。可将追悼仪式拍照送死者家属。

如外方要求举行宗教仪式，应视当地条件，如有教堂和相应的神职人员，条件允许，可安排举行一个简单的宗教仪式。宗教仪式应在我规定的宗教场所举行。

如外方要求将死者在我国土葬，可以我国殡葬改革，提倡火葬为由，予以婉拒。

如外方要求将骨灰埋或撒在我国土地上，一般亦予以婉拒。但如死者是对我国作出特殊贡献的友好知名人士，应报请省级或中央民政部门决定。

六、骨灰和尸体运输出境

1. 骨灰运输：托运人必须提供医院出具的“死亡证明书”或法医出具的“死亡鉴定书”，及殡葬部门出具的“火化证明书”。各证明书一式二份，一份留始发站，一份附在货运单后，随骨灰盒带往目的站。

骨灰应装在封妥的罐内或盒内，外面用木箱套装。

骨灰自带出境，亦需备妥上述证明。

2. 尸体运输：可由中国国际运尸网络服务中心办理（见民事发〔1993〕2 号文），也可由其他适当途径办理。尸体运输的包装要求是：首先应做防腐处理，然后装入厚塑料袋中密封，放入金属箱内。箱内应放木屑或碎木炭等吸湿物。连接处用锌焊牢，以防气味或液体外溢。金属箱应套装木棺，木棺两侧应装有便于搬运的把手。

尸体、棺柩出境须备以下证明：（1）由医院或公安、司法机关出具的“死亡证明书”或者“死亡鉴定书”，亦可由有关涉外公证处出具的“死亡公证书”代替上述证明书；（2）由殡仪部门出具的“防腐证明书”；（3）由防疫部门出具的“尸体检疫证明书”；（4）海关凭检疫机关出具的“尸体、棺柩出境许可证明书”放行。

七、遗物的清点和处理

清点死者遗物应有死者家属或其所属国家驻华使、领馆官员和我方人员在场。如家属或者驻华使、领馆官员明确表示不能到场时，可请公证处人员到场，并由公证员将上述人员不能到场的事实和原因注明。遗物清点必须造册，列出清单，清点人均应签字。移交遗物要开出移交书，一式二份，注明移交时间、地点、在场人、物品件数、种类和特征等。签字后办理公证手续。如死者有遗嘱，应将遗嘱拍照或复制，原件交死者家属或其所属国家驻华使、领馆。

八、写出《死亡善后处理情况报告》

死者善后事宜处理结束后，由接待或聘用单位写出《死亡善后处理情况报告》。无接待或聘用单位的，由处理死者善后事宜的公安机关或司法机关写出。《死亡善后处理情况报告》，内容应包括死亡原因、抢救措施、诊断结果、善后处理情况，以及外方反应等。上述死亡报告应报上级主管单位、地方外办、公安厅（局），抄外交部。

附件二：

维也纳领事关系公约有关条款

（1963年4月24日订于维也纳）

第三十六条　与派遣国国民通讯及联络

一、为便于领馆执行其对派遣国国民之职务计：

（一）领事官员得自由与派遣国国民通讯及会见。派遣国国民与派遣国领事官员通讯及会见应有同样自由。

（二）遇有领馆辖区内有派遣国国民受逮捕或监禁或羁押候审、或受任何其他方式之拘禁之情事，经其本人请求时，接受国主管当局应迅即通知派遣国领馆。受逮捕、监禁、羁押或拘禁之人致领馆之信件亦应由该当局迅予递交。该当局应将本款规定之权利迅即告知当事人。

（三）领事官员有权探访受监禁、羁押或拘禁之派遣国国民，与之交谈或通讯，并代聘其法律代表。领事官员并有权探访其辖区内依判决而受监禁、羁押或拘禁之派遣国国民。但如受监禁、羁押或拘禁之国民明示反对为其采取行动时，领事官员应避免采取此种行动。

二、本条第一项所称各项权利应遵照接受国法律规章行使之，但此项法规规章务须使本条所规定之权利之目的得以充分实现。

第三十七条　关于死亡、监护或托管及船舶毁损与航空事故之通知倘接受国主管当局获有有关情节，该当局负有义务：

（一）遇有派遣国国民死亡时，迅即通知辖区所及之领馆；

（二）遇有为隶籍派遣国之未成年人或其他无充分行为能力人之利益计，似宜指定监护人或托管人时，迅将此项情事通知主管领馆。惟此项通知不得妨碍接受国关于指派此等人员之法律规章之施行。

（三）遇具有派遣国国籍之船舶在接受国领海或内河水域毁损或搁浅时，或遇在派遣国登记之航空机在接受国领域内发生意外事故时，迅即通知最接近出事地点之领馆。

最高人民法院　司法部
关于涉港公证文书效力问题的通知

1996 年 2 月 18 日　　　　　　　　　司发通〔1996〕026 号

各省、自治区、直辖市高级人民法院、司法厅（局）：

为解决香港居民回内地处理民事、经济法律事务所需公证证明问题，从 1981 年开始，司法部经商中央有关主管部门同意，建立了委托公证人制度，即由司法部考核后委托部分香港律师作为委托公证人，负责出具有关公证文书，经司法部在香港设立的中国法律服务（香港）有限公司审核并加章转递后，送回内地使用。十多年来的实践证明，该项制度维护了当事人的合法权益，为人民法院和内地其他机关处理涉港案件提供了真实合法有效的证明文件。1997 年 7 月 1 日中国政府恢复对香港行使主权后，这一制度仍将继续实行。

随着香港与内地民事、经济和其他交往的不断增多，各类公证事务也日益增加。到 1995 年 10 月底为止，司法部共委托了 207 名香港律师作为中国委托公证人。各级人民法院办理涉港案件时，应严格审核确认公证文书的合法性，防止未经授权的机构、人员出具的无效证明和不法人员伪造的公证文书。为此，现将该 207 名委托公证人名单和司法部中国法律服务（香港）有限公司审核转递专用章式样印发给你们。在办理涉港案件中，对于发生在香港地区的有法律意义的事件和文书，均应要求当事人提交上述委托公证人出具并经司法部中国法律服务（香港）有限公司审核加章转递的公证证明；对委托公证人以外的其他机构、人员出具的或未经审核加章转递程序的证明文书，应视为不具有《中华人民共和国民事诉讼法》中规定的公证文书的证明效力和执行效力，也不具有《中华人民共和国担保法》第四十三条规定的对抗第三人的效力，所涉及的行为不受法律保护。

附件：

中国法律服务（香港）有限公司转递专用章式样

中华人民共和国司法部委托香港

律师办理内地使用的公证文书

转递专用章

★

中国法律服务（香港）有限公司

深办第　　　号

日期

司法部
关于严格执行委托公证人和证书转递制度的通知

1996 年 3 月 1 日　　　　　　　　司发通〔1995〕032 号

各省、自治区、直辖市司法厅（局），新疆生产建设兵团司法局：

为解决香港居民回内地处理法律事务所需公证书问题，从1981 年开始，我部经商有关部门同意，建立了委托公证人制度和证明转递制度，即香港居民回内地处理法律事务所需公证书须由我部香港委托公证人出具，并经中国法律服务（香港）有限公司加章转递，才能发往内地使用。最近，最高人民法院与司法部又联合就涉港公证文书效力问题发出了通知，明确非经上述程序的公证文书为无效证书。

最近一个时期以来，发现内地一些公证处擅自接受非委托公证人出具或未经转递的公证书，内地一些律师擅自在香港出具发往内地使用的法律文书，这些做法严重违反了上述规定。为维护委托公证人制度和证书转递制度，防止伪造、欺诈行为的出现，保护香港居民的合法权益，现重申：

一、公证处办理涉港公证时，不得接受非委托公证人出具的和未经中国法律服务（香港）有限公司加章转递的公证书。

二、公证员不得擅自在香港执行职务。

三、未经司法部批准，内地有关地方和部门不得在香港设立法律服务机构。

四、对违反上述规定的机构和人员，由司法部和有关省、自治区、直辖市司法厅（局）给予以下处罚：

1. 公证处违反上述规定出具的公证书，一律按错证处理，予以撤销；

2. 对擅自接受非委托公证人出具的和未经转递的公证书的公证员给予延缓注册或撤销公证员职务的处分；

3. 对擅自在域外执行职务的公证员按严重违纪论处，撤销公证员职务。

4. 对擅自往香港等域外派公证员执行职务的公证处，停止其办理涉外公证的资格。

五、为严格执行本通知精神，中国法律服务（香港）有限公司，对发现有违反本通知行为的内地公证人员，要及时书面报告司法部和有关司法厅（局），以便处理。

最高人民法院

关于审理和执行涉外民商事案件应当注意的几个问题的通知

2000 年 4 月 17 日　　　　　　　　　　　法〔2000〕51 号

各省、自治区、直辖市高级人民法院：

为了依法及时、公正地处理好涉外民商事案件，促进我国对外经济贸易和招商引资等重大经济活动，适应即将加入世贸组织的新形势，现就审理和执行涉外民商事案件中应当注意的问题通知如下：

一、严格执行涉外民商事案件审查程序，切实保护各方当事人的诉讼权利。各级人民法院要严格遵守《中华人民共和国民事诉讼法》和最高人民法院及其批准的高级人民法院有关案件管辖的规定，对诉至法院的涉外民商事案件认真进行审查。对属于人民法院受理范围、符合级别管辖、地域管辖和专属管辖规定并符合法律规定的起诉条件的，应当在法定期限内及时立案，不得拖延、推诿；对不属于人民法院受理范围的要及时告知当事人采取其他救济方式，不得违法滥用管辖权或无故放弃管辖权。对涉外合同中订有仲裁条款或者当事人事后达成书面仲裁协议的，人民法院不予受理；根据当事人的申请，依照法律规定，拟裁定涉外合同仲裁协议无效的，应先逐级呈报最高人民法院，待最高人民法院答复同意后才可以确认仲裁协议无效。涉外民商事案件法律文书的送达手续必须合法；如用公告方式送达，必须严格按照《中华人民共和国民事诉讼法》第八十四条[①]规定办理，并应当在《人民法院报》或省级以上对外公开发行的报纸上和在受案法院公告栏内同时刊登。

二、严格依照冲突规范适用处理案件的民商事法律，切实做到依法公开、公正、及时、平等地保护国内外当事人的合法权益。各级人民法院审理涉外民商事案件时，要坚持国家主权原则和依法独立审判原则，保证案件处理的程序公正和实体公正。涉外民商事案件除法律另有规定的以外一律公开审理，允许新闻媒体自负其责地进行报道。审理案件必须做到认定事实客观、全面，适用法律准确、适当，实体处理公正、合法，除《中华人民共和国合同法》第一百二十六条第二款规定的三类合同必须适用中国法律外，均应依照有关规定或者当事人约定，准确选用准据法；对我国参加的国际公约，除我国声明保留的条款外，应予优先适用，同时可以参照国际惯例。制作涉外法律文书应文字通畅，逻辑严密，格式规范，说理透彻。

三、严格遵守涉外民商事案件生效法律文书的执行规定，切实维护国家司法权威。各级人民法院在强化执行工作过程中，应从维护国家司法形象和法制尊严的高度认识涉外执行工作的重要性，进一步加强涉外案件的执行，要注意执行方法，提高执行效率，注重执行效果。对涉外仲裁裁决和国外仲裁裁决的审查与执行，要严格依照有关国际公约和《中华人民共和国民事诉讼法》、《最高人民法院关于适用〈中华人民共和国民事诉讼法〉若干问题的意见》、《最高人民法院关于人民法院执行工作若干问题的规

① 现为2021年修正的《民事诉讼法》第九十五条。

定（试行）》中有关涉外执行的规定和最高人民法院（法）经发〔1987〕5号通知、法发〔1995〕18号通知、法释〔1998〕28号规定及法〔1998〕40号通知办理。各级人民法院凡拟适用《中华人民共和国民事诉讼法》第二百六十条①和有关国际公约规定，不予执行涉外仲裁裁决、撤销涉外仲裁裁决或拒绝承认和执行外国仲裁机构的裁决的，均应按规定逐级呈报最高人民法院审查，在最高人民法院答复前，不得制发裁定。

四、各级人民法院要加强对国际条约、国际惯例等国际经贸规范的学习，不断提高审查涉外民商事案件的水平。对在适用法律上有重大争议的，应按最高人民法院《关于建立经济纠纷大案要案报告制度的通知》（法经函〔1989〕第4号）执行。审判人员要严格遵守审判纪律，不得私自接待国外当事人或其他有关人员；严格执行回避制度，不得单独接触一方当事人及其关系人；对于涉外案件外国当事人所在国家外交机构代表的正式询问，应由受案法院负责接待，有关情况应及时报告上级法院。

① 现为2021年修正的《民事诉讼法》第二百八十一条。

最高人民法院
关于对涉外行政案件的审理期限应当如何掌握的复函

2002年11月20日　　　　〔2002〕行立他字第2号

广东省高级人民法院：

你院粤高法〔2002〕63号有关涉外涉港澳台行政案件审理期限的请示收悉。经研究，答复如下：

一、《行政诉讼法》中有关案件审理期限的规定，并无一般行政案件与涉外（含涉港澳台，下同）行政案件的区分，涉外行政案件的审限应当适用该法有关案件审理期限的规定。

二、我国加入世界贸易组织议定书中的有关规定，要求我国对与WTO规则有关的具体行政行为迅速进行司法审查。如对涉外行政案件审限不加以限制，不符合上述规定的要求。

三、我国司法审查制度应当遵循世界贸易组织规则有关国民待遇的基本原则，如对涉外行政案件没有审限要求，不符合国民待遇的基本原则。

四、在审判实践中，涉外行政案件的诉讼程序比一般行政案件的诉讼程序需要更多的时间，但这涉及排除不计入审限事项的时间，与涉外行政案件执行有关审限的规定并不冲突。

综上，同意你院请示中的第二种意见，即涉外行政案件的审理期限，应当适用《行政诉讼法》及我院《关于严格执行案件审理期限制度的若干规定》中有关行政案件审理期限的相关规定。

最高人民法院

关于涉外股权质押未经登记在执行中质押权人是否享有优先受偿权问题的复函

2003 年 10 月 9 日　　　　〔2003〕执他字第 6 号

江苏省高级人民法院：

你院（2002）苏执监字第 114 号报告收悉，经研究，答复如下：

同意你院审判委员会第一种意见。（香港）越信隆财务有限公司（以下简称越信隆）与香港千帆投资有限公司（以下简称香港千帆）于 1995 年 7 月 13 日签订的《抵押契约》所涉及的质押物，是香港千帆在南京千帆房地产开发有限公司（以下简称南京千帆）持有的 65%股权。虽然我国法律对涉外动产物权的法律适用没有明确的规定，但根据《民法通则》第 142 条第 3 款规定的精神，本案可参照世界各国目前普遍采用的物之所在地法原则。因南京千帆系在中华人民共和国注册成立的有限责任公司，故该公司股权的质押是否有效，应根据中华人民共和国的法律法规来认定。上述《抵押契约》订立时，《中华人民共和国担保法》已经全国人大常委会通过并颁布，且于 1995 年 10 月 1 日实施。《担保法》实施后，越信隆应当按照该法第 78 条第 3 款的规定，将香港千帆在南京千帆持有的 65%股权在内地办理股份出质记载手续，但越信隆未办理股份出质登记。因此，其抵押权不具有对抗第三人的效力。鉴于香港千帆所持南京千帆 65%股权已经南京有关行政主管部门批准转让，非经法定程序不得撤销。

此复。

取得内地法律职业资格的香港特别行政区和澳门特别行政区居民在内地从事律师职业管理办法

（2003年11月30日司法部令第81号发布　根据2005年12月28日司法部令第99号、2006年12月22日司法部令第105号和2009年9月1日司法部令第117号和2013年8月7日司法部令第128号修正）

第一章　总　则

第一条　为了落实国务院批准的《内地与香港关于建立更紧密经贸关系的安排》和《内地与澳门关于建立更紧密经贸关系的安排》，规范取得内地法律职业资格的香港、澳门居民在内地从事律师职业的活动及管理，根据《中华人民共和国律师法》（以下简称《律师法》）及有关规定，制定本办法。

第二条　参加内地举行的国家司法考试合格，取得《中华人民共和国法律职业资格证书》的香港、澳门居民，可以在内地申请律师执业。

第三条　取得内地法律职业资格的香港、澳门居民申请在内地律师事务所执业，应当依照司法部的有关规定参加实习，申请领取律师执业证。

第四条　取得内地律师执业证的香港、澳门居民在内地律师事务所执业，可以从事内地非诉讼法律事务，可以代理涉港澳民事案件，代理涉港澳民事案件的范围由司法部以公告方式作出规定。

取得内地律师执业证的香港、澳门居民在内地从事涉港澳民事案件的代理活动应当依据有关具体规定办理。

第五条 取得内地律师执业证的香港、澳门居民在内地律师事务所执业，应当遵守国家法律、法规和规章，恪守律师职业道德和执业纪律，接受内地司法行政机关的监督和管理，接受内地律师协会的行业管理。

第二章 实习管理

第六条 取得内地法律职业资格的香港、澳门居民申请在内地律师事务所执业的，除有本办法第十一条规定情形外，应当依照《律师法》、司法部和中华全国律师协会有关申请律师执业人员实习管理的规定，先在内地律师事务所参加为期 1 年的实习。香港居民参加实习，可以安排在内地律师事务所设在香港的分所进行。

第七条 取得内地法律职业资格的香港、澳门居民在内地律师事务所参加实习，应当向拟选择进行实习的内地律师事务所提出申请。拟选择在内地律师事务所设在香港的分所进行实习的，可直接向内地律师事务所分所提出申请。

香港、澳门居民申请实习，由拟接收其实习的内地律师事务所向所在地的地（市）级律师协会办理实习登记，并按规定向地（市）级司法行政机关备案。

第八条 在内地律师事务所或者内地律师事务所设在香港的分所实习的香港、澳门居民，应当按照内地实习管理的有关规定参加集中培训和实务训练，实务训练以办理非诉讼法律事务及代理有关涉港澳民事案件的训练为主，并遵守有关实习的规定和纪律。

接受香港、澳门居民实习的内地律师事务所或其分所，应当指派擅长办理非诉讼法律事务及代理涉港澳民事案件的律师指导实习人员进行实务训练。每名指导律师只能指导一名香港或者澳门的实习人员。

第九条　在内地律师事务所或者内地律师事务所设在香港的分所实习的香港、澳门居民，应当确保参加实习的时间。因故暂停实习的时间最长不得超过3个月，并应当由接收实习的内地律师事务所将其暂停实习的原因和时间报所在地的地（市）级律师协会备案。

第十条　取得内地法律职业资格的香港、澳门居民在内地律师事务所或者内地律师事务所设在香港的分所实习，由该内地律师事务所所在地的地（市）级律师协会依照规定予以监督和考核。

香港、澳门居民实习期满，由内地律师事务所出具实习鉴定意见，报所在地的地（市）级律师协会审查，并由其对实习人员进行考核。律师事务所的实习鉴定意见和律师协会的考核结果，由地（市）级律师协会报当地地（市）级司法行政机关备案。

第十一条　取得内地法律职业资格的香港、澳门居民属于具有5年以上执业经历的香港法律执业者、澳门律师的，在内地申请律师执业，应当参加由内地地方律师协会组织的不少于1个月的集中培训，并经考核合格。

前款规定的香港法律执业者、澳门律师应当通过拟聘其执业的内地律师事务所向住所地的地（市）级律师协会申请参加培训。申请培训，除按照实习管理规定提交相关材料外，应当同时提交由香港律师会、大律师公会或者澳门律师公会出具并经内地认可的公证人公证的申请人在香港、澳门执业经历、年限的证明。

第三章 执业管理

第十二条 取得内地法律职业资格的香港、澳门居民，在内地律师事务所或者内地律师事务所设在香港的分所实习期满，经律师事务所鉴定和律师协会考核合格的，可以在内地申请律师执业。

第十三条 获准在内地执业的香港、澳门居民，只能在一个内地律师事务所执业，不得同时受聘于外国律师事务所驻华代表机构或者香港、澳门律师事务所驻内地代表机构。

第十四条 取得内地法律职业资格的香港、澳门居民在内地申请律师执业，应当依照《律师法》和司法部制定的《律师执业管理办法》的规定，向拟聘其执业的内地律师事务所住所地设区的市级或者直辖市区（县）司法行政机关提出申请，由其出具审查意见后报省级司法行政机关审核，作出是否准予申请人在内地执业的决定。

申请人按规定提交的文件中，其身份证明复印件和未受过刑事处罚的证明材料须经内地认可的公证人公证，同时还须说明是否具有香港、澳门、台湾地区或者外国律师资格以及是否受聘于香港、澳门、台湾地区或者外国律师事务所的情况。符合本办法第十一条规定情形的申请人应当同时提交由香港律师会、大律师公会或者澳门律师公会出具并经内地认可的公证人公证的申请人在香港、澳门的执业经历、年限的证明。

省级司法行政机关经审核予以颁发律师执业证的，应当自颁证之日起30日内将获准在内地执业的香港、澳门居民名单及执业登记材料报司法部备案。

第十五条　获准在内地执业的香港、澳门居民，可以采取担任法律顾问、代理、咨询、代书等方式从事内地非诉讼法律事务，也可以采取担任诉讼代理人的方式代理涉港澳民事案件，享有相应的律师权利，履行相应的律师义务。

第十六条　获准在内地执业的香港、澳门居民，符合规定条件的，可以成为内地律师事务所的合伙人。

第十七条　获准在内地执业的香港、澳门居民，应当加入内地律师协会，享有会员的权利，履行会员的义务，参加内地律师协会组织的业务培训和交流活动。

第十八条　获准在内地执业的香港、澳门居民，有违反《律师法》、司法部有关律师执业管理规章和本办法规定的行为的，依法给予相应的行政处罚；有违反律师职业道德和执业纪律行为的，给予相应的行业处分。

第十九条　司法行政机关工作人员在行政管理活动中，有违反法律、法规和规章规定的行为的，依法给予行政处分。构成犯罪的，依法追究刑事责任。

第四章　附　则

第二十条　在内地实行国家司法考试前已考取内地律师资格的香港、澳门居民，申请在内地律师事务所实习和执业，依照本办法办理。

第二十一条　本办法由司法部解释。

第二十二条　本办法自2004年1月1日起施行。

全国人民代表大会常务委员会

关于授权国务院在粤港澳大湾区内地九市开展香港法律执业者和澳门执业律师取得内地执业资质和从事律师职业试点工作的决定

（2020 年 8 月 11 日第十三届全国人民代表大会常务委员会第二十一次会议通过）

为促进粤港澳大湾区建设，发挥香港法律执业者和澳门执业律师的专业作用，第十三届全国人民代表大会常务委员会第二十一次会议决定：授权国务院在广东省广州市、深圳市、珠海市、佛山市、惠州市、东莞市、中山市、江门市、肇庆市开展试点工作，符合条件的香港法律执业者和澳门执业律师通过粤港澳大湾区律师执业考试，取得内地执业资质的，可以从事一定范围内的内地法律事务。具体试点办法由国务院制定，报全国人民代表大会常务委员会备案。试点期限为三年，自试点办法印发之日起算。试点期间，国务院要依法加强对试点工作的组织指导和监督检查，就试点情况向全国人大常委会作出报告。试点期满后，对实践证明可行的，修改完善有关法律。

本决定自公布之日起施行。

国务院办公厅

关于印发香港法律执业者和澳门执业律师在粤港澳大湾区内地九市取得内地执业资质和从事律师职业试点办法的通知

2020 年 10 月 5 日　　　　　　　国办发〔2020〕37 号

各省、自治区、直辖市人民政府，国务院各部委、各直属机构：

《香港法律执业者和澳门执业律师在粤港澳大湾区内地九市取得内地执业资质和从事律师职业试点办法》已经国务院同意，现予印发。

在粤港澳大湾区内地九市开展香港法律执业者和澳门执业律师取得内地执业资质和从事律师职业试点工作，对于促进粤港澳大湾区建设，发挥香港法律执业者和澳门执业律师的专业作用，具有重要意义。各有关地区要按照试点办法要求，做好相关工作。司法部要加强组织指导，稳妥有序推进试点工作，重大情况和问题及时报告国务院。

附：

香港法律执业者和澳门执业律师在粤港澳大湾区内地九市取得内地执业资质和从事律师职业试点办法

根据《全国人民代表大会常务委员会关于授权国务院在粤港澳大湾区内地九市开展香港法律执业者和澳门执业律师取得内地执业资质和从事律师职业试点工作的决定》，在广东省广州市、深圳市、珠海市、佛山市、惠州市、东莞市、中山市、江门市、肇庆市开展试点工作，符合条件的香港法律执业者和澳门执业律师通过粤港澳大湾区律师执业考试，取得内地执业资质的，可以从事一定范围内的内地法律事务。现就做好试点工作制定本办法。

一、报名

符合以下条件的人员，可以报名参加粤港澳大湾区律师执业考试：

（一）香港特别行政区、澳门特别行政区永久性居民中的中国公民；

（二）拥护《中华人民共和国宪法》，拥护《中华人民共和国香港特别行政区基本法》、《中华人民共和国澳门特别行政区基本法》；

（三）依据香港特别行政区有关法律，经香港特别行政区高等法院认许，在律师、大律师登记册上登记，且未被暂时吊销执业资格的律师、大律师，或者在澳门律师公会有效确定注册的执业律师；

（四）具有累计五年以上律师执业经历；

（五）职业道德良好，未有因不良名誉或者违反职业道德受惩处的记录；

（六）能用中文书写法律文书，能用普通话进行业务活动。

二、考试

报名参加粤港澳大湾区律师执业考试的人员应当参加由司法部组织的有关法律知识培训，经培训后方可参加考试。

具体考试时间、考查科目和相关安排由司法部在考试前公布。通过考试的人员，由司法部发出考试合格的通知。

三、申请执业

考试合格的人员，经广东省律师协会集中培训并考核合格后，可以向广东省司法厅申请粤港澳大湾区律师执业，由广东省司法厅颁发律师执业证书（粤港澳大湾区）。

四、业务范围

取得律师执业证书（粤港澳大湾区）的人员，可以在粤港澳大湾区内地九市内，办理适用内地法律的部分民商事法律事务（含诉讼业务和非诉讼业务）。其中，诉讼案件为位于大湾区内地九市的高级、中级、基层人民法院和有关专门人民法院受理的民商事案件，案件范围参照取得国家统一法律职业资格并获得内地律师执业证书的港澳居民可以在内地人民法院代理的民事案件范围执行；非诉讼业务应当满足以下条件之一：

（一）当事人为自然人的，户籍地或者经常居所地在大湾区内地九市内；

（二）当事人为法人或者其他组织的，住所地或者登记地在大湾区内地九市内；

（三）标的物在大湾区内地九市内；

（四）合同履行地在大湾区内地九市内；

（五）产生、变更或者消灭民商事关系的法律事实发生在大湾区内地九市内；

（六）大湾区内地九市内仲裁委员会受理的商事仲裁案件。

持有律师执业证书（粤港澳大湾区）人员办理上述法律事务，与内地律师享有相同的权利，履行相同的义务。

五、执业管理

取得律师执业证书（粤港澳大湾区）的人员，可以受聘于粤港澳大湾区内地九市的内地律师事务所或者大湾区内地九市的香港、澳门与内地合伙联营律师事务所，不得受聘于外国律师事务所驻华代表机构或者香港、澳门律师事务所驻内地代表机构。取得律师执业证书（粤港澳大湾区）的人员，可以成为大湾区内地九市的内地律师事务所合伙人。

取得律师执业证书（粤港澳大湾区）的人员，依照《中华人民共和国律师法》接受广东省司法厅及所在地司法行政机关的监督管理，加入所在地的地方律师协会，参加年度考核，同时是中华全国律师协会会员，接受律师协会的行业管理。

取得律师执业证书（粤港澳大湾区）的人员，不能保持报名条件或者申请律师执业条件的，由广东省司法厅注销其律师执业证书（粤港澳大湾区）；有违法违纪行为的，由有关司法行政机关、律师协会依法依规给予行政处罚、行业处分。

六、组织实施

司法部负责组织实施粤港澳大湾区律师执业考试，做好命题、评卷等工作，加强对考试工作的监督，确保考试公平公正和组织严密；指导广东省司法厅认真做好组织实施报名、报名资格初审、培训、考务等具体工作。培训地点和考场设在广东省深圳市，视澳门报名人员规模，也可以同时在广东省珠海市设立考场。

考试经费来源为财政经费和考试收费。考试收费项目和标准，按照有关规定确定后执行。

试点期限为三年，自本办法印发之日起算。

最高人民法院

关于在涉外民商事案件审理中如何确定主要外币贷款利率的请示的复函

2010 年 1 月 15 日　　〔2006〕民四他字第 23 号

上海市高级人民法院：

你院沪高法〔2006〕181 号《关于在涉外民商事案件审理中如何确定主要外币贷款利率的请示》收悉。经研究，答复如下：

根据我国的金融制度，只有金融机构才能从事金融业务，确定非金融机构债权人主张的利息损失计算标准以存款利率为宜；当金融机构债权人主张利息损失且需要以外币贷款利率为计算标准的，应根据当事人的诉讼请求以及案件的具体情况进行确定。

此复。

附：

上海市高级人民法院关于在涉外民商事案件审理中如何确定主要外币贷款利率的请示

2006年6月20日　　　　沪高法〔2006〕181号

最高人民法院：

我市法院在审理涉外民商事案件中，以往凡遇需支持当事人利息损失主张时，均认为当事人的资金需从商业资金市场获得。所以，判决支持当事人利息损失主张，利率都按中国人民银行公布的同期贷款利率为准。

但目前，中国人民银行自2000年9月21日开始，改革我国外币利率管理体制，放开外币贷款利率。各种外币贷款利率及其计息方式由金融机构根据国际金融市场利率变动以及资金成本、风险差异等因素自行确定，中国人民银行不再公布统一的外币贷款利率。因此，若在涉外民商事案件判决中一律按中国人民银行同期贷款利率作为利息计算的利率标准，则在当事人诉请币种为外币的情况下，已缺乏相应的利率标准。若采用以外币存款利率计算利息的方式，则因存款利率相应偏低，以其为计息方式不利于弥补受损一方当事人遭受的损失，故判决以外币存款利率计算利息缺乏公正性。其次，外币存款利率按金额大小实行不同的利率政策。外币存款利率中的小额存款（指300万美元以下）利率由中资商业银行、外资银行分行根据国际金融市场利率变化情况自主确定。大额存款（指300万美元及300万美元以上）利率由金融机构与客户协商确定。由此可见，目前我国的外币存款利率也缺乏被普遍接受的参照基数。因此，判决以外币存款利率计算利息也缺乏可操作性。

为解决涉外民商事判决中如何确定外币贷款利率的问题，我们分别赴中国银行业监督委员会、中国人民银行上海市分行、中国银行上海市分行、中国工商银行上海市分行等相关金融机构进行了调研，并组织上述金融机构的相关专业人员进行研讨，了解有关情况。

据了解，目前我国各商业银行中均以伦敦银行同业拆借利率，即 Libor 作为外币贷款的基础利率，在此基础利率上加一定的百分点形成外币贷款利率，所增加的上浮比例，在实践中由各商业银行根据市场情况规定上浮比例的范围。另据了解，我国各商业银行除以 Libor 作为外币贷款的基础利率外，目前尚不存在以其他数值为基数确定外币贷款利率的方式。

关于 Libor。首先，Libor 分为不同期限的七日 Libor、一个月 Libor、三个月 Libor、六个月 Libor 等不同的利率。其次，Libor 涉及币种广泛，美元、英镑、加拿大元、欧元、日元、澳元、瑞士法郎及丹麦克朗等主要币种均有 Libor 可供查询。再次，具体的 Libor 数值可从路透（Reuter）咨询提供平台获取。

因此，我们认为法院的涉外民商事案件的审理必须与我国的金融制度的发展相联系和适应，在我国目前的金融制度和商业银行确定外币贷款利率实务操作背景下，以 Libor 为确定外币贷款基础利率成为必须。

为此，我们认为确定外币贷款利率有三个要素：明确的日期；明确的 Libor 种类；加上一定的上浮。

1. 明确的日期，应根据案件处理的需要，确定以哪一天的 Lihor 为准。如：可以是合同约定的履行日、起诉日或支付日等。

2. 明确的 Libor 种类，应根据已明确的日期，联系案件处理的需要确定这一日的 Libor 种类。如：这日的 Libor 种类是三个月 Libor，还是六个月 Libor 等。

3. 一定的上浮。Libor 单独不可能构成外币贷款利率，它必须有上浮。由于这上浮没有确定的数值，各商业银行为竞争对上浮的范围也作保密。但我们从几家商业银行传给我们的信息看，该上浮一般在 1.5%~2%左右或以下。

对上浮问题司法实践中如何掌握，我们希望在下列两种方式里选择确定：1. 确定一个固定的上浮数值。我们认为确定 1.5%或 2%较为恰当。此种上浮确定方式操作简单，易于掌握，也能适应较长期的审判需要。2. 上浮可根据案件的事实，由法官根据案件当事人违约的恶性程度等因素，自行在 0~2%范围内确定。我们认为此种上浮确定方式与我国金融政策和制度相一致，也利于法官在案件审理中主观能动性的发挥，但不利于在我国某一地区乃至全国对同一问题的统一执法标准的把握。

综上，我们认为外币贷款利率的构成如下：

1. 日期+Libor 种类+1.5%（或 2%）。

2. 日期+Libor 种类+法官确定的上浮（0~2%）。

我们意见是采用第一种外币贷款利率的构成法。

以上意见妥否，请最高人民法院复示。

最高人民法院

关于进一步做好边境地区涉外民商事案件审判工作的指导意见

2010年12月8日　　法发〔2010〕57号

各省、自治区、直辖市高级人民法院：

随着我国边境地区经贸及人员往来的日益频繁，边境地区涉外民商事案件逐渐增多，并呈现出新的特点。为充分发挥人民法院的审判职能，进一步提高我国边境地区涉外民商事纠纷案件的审判效率，切实做好边境地区涉外民商事审判工作，特提出如下意见：

一、发生在边境地区的涉外民商事案件，争议标的额较小、事实清楚、权利义务关系明确的，可以由边境地区的基层人民法院管辖。

二、为更有效地向各方当事人送达司法文书和与诉讼相关的材料，切实保护当事人诉讼程序上的各项权利，保障当事人参与诉讼活动，人民法院可以根据边境地区的特点，进一步探索行之有效的送达方式。采用公告方式送达的，除人身关系案件外，可以采取在边境口岸张贴公告的形式。采用公告方式送达时，其他送达方式可以同时采用。

三、境外当事人到我国参加诉讼，人民法院应当要求其提供经过公证、认证的有效身份证明。境外当事人是法人时，对其法定代表人或者有权代表该法人参加诉讼的人的身份证明，亦应当要求办理公证、认证手续。如果境外当事人是自然人，其亲自到人民法院法官面前，出示护照等有效身份证明及入境证明，并提交上述材料的复印件的，可不再要求办理公证、认证手续。

四、境外当事人在我国境外出具授权委托书，委托代理人参加诉讼，人民法院应当要求其就授权委托书办理公证、认证手续。如果境外当事人在我国境内出具授权委托书，经我国的公证机关公证后，则不再要求办理认证手续。境外当事人是自然人或法人时，该自然人或者有权代表该法人出具授权委托书的人亲自到人民法院法官面前签署授权委托书的，无需办理公证、认证手续。

五、当事人提供境外形成的用于证明案件事实的证据时，可以自行决定是否办理相关证据的公证、认证手续。对于当事人提供的证据，不论是否办理了公证、认证手续，人民法院均应当进行质证并决定是否采信。

六、边境地区受理案件的人民法院应当及时、准确地掌握我国缔结或者参加的民商事司法协助国际条约，在涉外民商事审判工作中更好地履行国际条约义务，充分运用已经生效的国际条约，特别是我国与周边国家缔结的双边民商事司法协助条约，必要时，根据条约的相关规定请求该周边国家协助送达司法文书、协助调查取证或者提供相关的法律资料。

七、人民法院在审理案件过程中，对外国人采取限制出境措施，应当从严掌握，必须同时具备以下条件：（一）被采取限制出境措施的人只能是在我国有未了结民商事案件的当事人或当事人的法定代表人、负责人；（二）当事人有逃避诉讼或者逃避履行法定义务的可能；（三）不采取限制出境措施可能造成案件难以审理或者无法执行。

八、人民法院审理边境地区的涉外民商事纠纷案件，也应当充分发挥调解的功能和作用，调解过程中，应当注意发挥当地边检、海关、公安等政府部门以及行业协会的作用。

九、人民法院应当支持和鼓励当事人通过仲裁等非诉讼途径解决边境地区发生的涉外民商事纠纷。当事人之间就纠纷的解决达成了有效的仲裁协议，或者在无协议时根据相关国际条约的规定当事人之间的争议应当通过仲裁解决的，人民法院应当告知当事人通过仲裁方式解决纠纷。

十、人民法院在审理边境地区涉外民商事纠纷案件的过程中，应当加强对当事人的诉讼指导。对在我国没有住所又没有可供执行的财产的被告提起诉讼，人民法院应当给予原告必要的诉讼指导，充分告知其诉讼风险，特别是无法有效送达的风险和生效判决在我国境内无法执行的风险。

败诉一方当事人在我国境内没有财产或者其财产不足以执行生效判决时，人民法院应当告知胜诉一方当事人可以根据我国与其他国家缔结的民商事司法协助国际条约的相关规定，向可供执行财产所在地国家的法院申请承认和执行我国法院的民商事判决。

十一、各相关省、自治区高级人民法院可以根据各自辖区内边境地区涉外民商事纠纷案件的不同情况和特点，制定相应的具体执行办法，并报最高人民法院备案。

最高人民法院

关于进一步规范人民法院涉港澳台调查取证工作的通知

2011年8月7日　　　　　　　　　　　　法〔2011〕243号

各省、自治区、直辖市高级人民法院，解放军军事法院，新疆维吾尔自治区高级人民法院生产建设兵团分院：

近年来，内地与香港特别行政区、澳门特别行政区、台湾地区司法协（互）助的范围和领域不断扩展，方式和内容不断深化，案件数量不断增加。与此同时，人民法院在案件审判尤其是涉港澳台案件审判中需要港澳特区、台湾地区协助调查取证的情况日渐增多。根据《关于内地与澳门特别行政区法院就民商事案件相互委托送达司法文书和调取证据的安排》，内地与澳门特区法院之间可就民商事案件相互委托调查取证；根据《海峡两岸共同打击犯罪及司法互助协议》及《最高人民法院关于人民法院办理海峡两岸送达文书和调查取证司法互助案件的规定》，最高人民法院与台湾地区业务主管部门之间可就民商事、刑事、行政案件相互委托调查取证；内地法院与香港特区目前在调查取证方面尚未建立制度性的安排，但在实践中也存在以个案处理的方式相互协助调查取证的情况。为确保人民法院涉港澳台调查取证工作规范有序地开展，现就有关事项通知如下：

一、人民法院在案件审判中，需要从港澳特区或者台湾地区调取证据的，应当按照相关司法解释和规范性文件规定的权限和程序，委托港澳特区或者台湾地区业务主管部门协助调查取证。除有特殊情况层报最高人民法院并经中央有关部门批准外，人民法院不得派员赴港澳特区或者台湾地区调查取证。

二、人民法院不得派员随同公安机关、检察机关团组赴港澳特区或者台湾地区就特定案件进行调查取证。

三、各高级人民法院应切实担负起职责，指导辖区内各级人民法院做好涉港澳台调查取证工作。对有关法院提出的派员赴港澳特区或者台湾地区调查取证的申请，各高级人民法院要严格把关，凡不符合有关规定和本通知精神的，应当予以退回。

四、对于未经报请最高人民法院并经中央有关部门批准，擅自派员赴港澳特区或者台湾地区调查取证的，除严肃追究有关法院和人员的责任，并予通报批评外，还要视情暂停审批有关法院一定期限内的赴港澳台申请。

请各高级人民法院接此通知后，及时将有关精神传达至辖区内各级人民法院。执行中遇有问题，及时层报最高人民法院港澳台司法事务办公室。

特此通知。

最高人民法院办公厅
关于印发《人民法院办理涉港澳司法协助案件文书样式（试行）》的通知

2012年8月30日　　法办发〔2012〕10号

各省、自治区、直辖市高级人民法院，解放军军事法院，新疆维吾尔自治区高级人民法院生产建设兵团分院：

自《关于内地与香港特别行政区法院相互委托送达民商事司法文书的安排》和《关于内地与澳门特别行政区法院就民商事案件相互委托送达司法文书和调取证据的安排》签署以来，人民法院办理了大量涉港澳司法协助案件。为规范和统一人民法院办理涉港澳司法协助案件文书格式，提高人民法院涉港澳司法协助工作质量和效率，根据《最高人民法院关于内地与香港特别行政区法院相互委托送达民商事司法文书的安排》《最高人民法院关于内地与澳门特别行政区法院就民商事案件相互委托送达司法文书和调取证据的安排》（以下简称《安排》）的有关规定，参考最高人民法院2011年制定的《人民法院办理海峡两岸司法互助案件文书样式（试行）》，特制定《人民法院办理涉港澳司法协助案件文书样式（试行）》（以下简称《文书样式》），自2012年10月1日起执行。现将《文书样式》印发给你们，请依照适用。同时，就人民法院办理涉港澳司法协助案件和适用《文书样式》中的有关问题通知如下：

一、办理涉港澳司法协助案件的几点要求

（一）适当简化办理程序。根据《安排》的相关规定，为加快有关案件的办理，参考涉台司法互助案件的办理程序，地方人民法院对于内地与港澳法院相互委托送达民商事司法文书的案件、内地与澳门法院相互委托调查取证司法协助的案件，应当按照以下程序办理：对于委托协助案件，案件审理法院应当直接向高级人民法院提出委托请求，由高级人民法院审查并委托香港特别行政区高等法院或者澳门特别行政区终审法院予以协助；对于受托案件，一般由高级人民法院审查后，直接转交中级人民法院或者基层人民法院具体负责办理；高级人民法院如认为有必要，也可以直接办理；对于是否提供协助以及协助的范围，一般由高级人民法院负责审查决定，必要时可以报请最高人民法院审查决定。

（二）进一步明确办理时限。《安排》对送达民商事司法文书规定了自收到委托书之日起最迟不得超过两个月的时限，对调查取证规定了自收到委托书之日起最迟不得超过三个月的时限。为尽可能提高司法协助工作效率，合理安排审查、转送、立案、办理等工作环节的时间，尽最大努力及时予以协助，办理涉港澳司法协助案件既要严格执行《最高人民法院关于涉港澳民商事案件司法文书送达问题若干规定》中有关时限的规定，也要参照执行《最高人民法院关于人民法院办理海峡两岸送达文书和调查取证司法互助案件的规定》中有关办理时限的规定。即，无论是委托还是协助港澳法院送达民商事司法文书或者调查取证，高级人民法院一般应当在七个工作日内完成审查转送工作，具体办理司法协助案件的人民法院应当在收到高级人民法院转送的材料之日起五个工作日内立案并指定专人负责办理，尔后应当在立案之日

起十五日内完成协助送达或者在立案之日起一个月内完成协助调查取证。成功协助的，具体办理司法协助案件的法院应当自成功协助之日起七个工作日内将送达回证或者取得的证据材料以及《完成协助澳门特别行政区调查取证情况说明》送交高级人民法院；未能成功协助的，应当自确认不能协助之日起七个工作日内将已注明妨碍送达的原因、拒收事由和日期的送达回证或者未能《完成协助澳门特别行政区调查取证情况说明》和委托书及所附全部文书送交高级人民法院。为节省文件在途时间，办理有关司法协助案件中的文件转递包括对港澳法院寄送材料应当一律采用特快专递方式。

（三）立案、案由和案号的确定。就人民法院对港澳法院提供协助而言，系因接受港澳法院的委托而启动人民法院的案件办理程序，具体办理案件的人民法院应当作为特殊程序案件予以立案办理。对于立案案由的确定，参照2011年修订的《民事案件案由规定》有关适用特殊程序案件案由的确定规则，可以编立“协助香港特区送达民商事司法文书”、“协助澳门特区送达民商事司法文书”和“协助澳门特区民商事调查取证”三种案由；相应地，具体案号可以分别确定为“（××××）×法助港请（送）字第××号”、“（××××）×法助澳请（送）字第××号”和“（××××）×法助澳请（调）字第××号”。

（四）使用专门的人民法院送达回证。内地与香港、澳门分属不同法域，对送达文书也有不同规定。目前内地人民法院协助港澳法院送达民商事司法文书时，有的使用内地人民法院民事诉讼中使用的送达回证，也有的直接使用委托方附送的送达证明书。为规范和统一内地人民法院的做法，《文书样式》设计了专门的送达回证，供内地人民法院在办理协助港澳特区送达民商事司法文书案件中使用。需要特别注意的是，在代收人代收的情况下，务必要在代收理由中注明代收人与受送达人的关系，否则就难以确认是否属于有效送达。

二、制作涉港澳法律文书注意事项

（一）人民法院制作的涉港澳法律文书包括委托港澳法院协助送达的司法文书一律使用简体汉字。其中，委托书、回复书和请求函、催办函、说明函等涉港澳司法协助案件文书的标题使用小二号黑体字，正文使用小三号仿宋国标（仿宋_ GB2312）字体。

（二）涉港澳司法协助案件文书使用空白 A4 纸张打印，不使用带有人民法院名称抬头的公文用纸，但均须加盖有关人民法院印章。同时，请求港澳特区予以协助的委托书附录页由案件审理法院加盖其院印，办理协助港澳特区送达民商事司法文书案件时使用的送达回证由送达法院加盖其院印。

（三）在表述或者填写地方人民法院名称时，无需在法院全称前冠以“中华人民共和国”字样。

（四）日期使用公元纪年，其中正文中的日期可使用阿拉伯数字，落款日期一律使用汉字小写数字。

三、文书样式内容填写说明

（一）《文书样式》中“（）”内的内容系根据案件具体情况的选择性或者示例性表述。属于选择性内容的，应当就括弧内外的对应表述择一使用；属于示例性内容的，可以根据具体情况作原样保留或者适当变通。

（二）《文书样式》中“[ ]”内的内容系对填写内容的指示性说明，不得在正式文书中出现。

四、文书样式的参照适用

对于办理涉港澳司法协助案件中需要制作的文书在《文书样式》中没有对应文书样式的，参照适用最相类似的文书样式，并可根据案件的具体情况作出适当变通处理。

在适用《文书样式》中有何问题，请及时报告最高人民法院。

特此通知。

附：

人民法院办理涉港澳司法协助案件文书样式（试行）

第一部分　委托香港特别行政区送达文书样式

样式 1-1

×××高级人民法院
送达文书委托书

（××××）×法助请港（送）字第××号

香港特别行政区高等法院：

××省（自治区、直辖市）××××人民法院所受理之（××××）××字第××号［案号］×××与×××［当事人］××［案由］案，有请你院协助送达司法文书之必要。

根据《关于内地与香港特别行政区法院相互委托送达民商事

司法文书的安排》第二条之规定，惠请就本委托书附录所述之司法文书×件予以协助送达。

请在完成送达后，将送达证明书，或者在无法送达时将注明妨碍送达原因、拒收事由和日期的送达证明书连同委托书及所附全部司法文书，寄回本院港澳台司法事务办公室。

寄送名址：邮政编码：××××××；地址：××省（自治区、直辖市）××市××区××路××号×××高级人民法院港澳台司法事务办公室；收件人：×××。

如有任何问题，请即与本院港澳台司法事务办公室联络。联络人：×××法官。电话：++86（0）××××××××××；传真：++86（0）××××××××××。

特此委托。

（×××高级人民法院印）

××××年××月××日

样式 1-2

送达文书委托书

（附录）

（案件审理法院院印）

审理法院	××省（自治区、直辖市）××××人民法院
案　号	
案　由	

续上表

当事人	原告（上诉人、申请再审人）：××× 被告（被上诉人、被申请人）：××× 第三人：×××
受送达人	姓名（名称）：
送达地址及联络方式	送达地址： 联络方式：［尽可能提供受送达人固定和移动电话、电子信箱、家庭成员及社会关系的联络方式等信息］
关于送达方式的特别说明	
需要送达之司法文书及件数	□起诉状副本　□上诉状副本 □授权委托书（空白）　□传票 □判决书　□调解书 □裁定书　□决定书 □通知书　□证明书 □送达回证　□其他 以上文书，各一式两份。
案件联系人及联系方式	姓名：××× 职务：××××人民法院××××庭书记员（法官） 电话：++86（10）×××××××××× 传真：++86（10）××××××××××
备　注	1. 案件审理法院《请求委托香港特别行政区送达文书函》文号：（××××）×法助请港（送）字第××号。 2. 其他：
填写日期	××××年××月××日

样式2

×××× 人民法院

请求委托香港特别行政区送达文书函

（××××）×法助请港（送）字第××号

×××高级人民法院：

本院受理的（××××）××字第××号［案号］×××与×××［当事人］××［案由］案，需要香港特别行政区法院协助送达有关司法文书。

根据《最高人民法院关于内地与香港特别行政区法院相互委托送达民商事司法文书的安排》第二条、第三条第一款及第九条之规定，现随函送上本案《送达文书委托书（附录）》及需要协助送达的司法文书各一式三份，请你院予以审查并委托香港特别行政区高等法院协助送达。

联系方式：邮政编码：××××××；地址：××省（自治区、直辖市）××市××区××路××号××××人民法院××庭（室）；收件人（联系人）：×××；电话：0××××××××××；传真：0××××××××××。

特此函请。

（××××人民法院印）

××××年××月××日

样式3

×××高级人民法院
香港特别行政区完成送达文书函

（××××）×法助请港（送）复字第××号

××××人民法院：

关于你院（××××）×法助请港（送）字第××号函请求委托香港特别行政区协助送达（××××）××字第××号［案号］×××与×××［当事人］××［案由］案司法文书事，经香港特别行政区高等法院（和香港特别行政区××法院）协助，业已完成。

现将送达证明材料×件×页（香港特别行政区高等法院关于未能成功送达的××号说明函及相关材料×件×页）随函转送你院。

如有任何问题，请即与本院港澳台司法事务办公室联系。联系人：×××；电话：0××××××××××；传真：0××××××××××。

特此函复。

（×××高级人民法院印）
××××年××月××日

样式 4

×××高级人民法院
委托送达文书补充材料请求函

（××××）×法助请港（送）补字第××号

香港特别行政区高等法院：

你院××号［填写文号］送达证明书（说明函）收悉。

对送达证明书（说明函）所附（述）之×××，因欠缺……，惠请你院补充提供……。请将补充提供之相关材料寄至本院。

寄送名址：邮政编码：××××××；地址：××省（自治区、直辖市）××市××区××路××号×××高级人民法院港澳台司法事务办公室；收件人：×××。

如有任何问题，请即与本院港澳台司法事务办公室联络。联络人：×××法官；电话：++86（0）××××××××××；传真：++86（0）××××××××××。

特此函请。

（×××高级人民法院印）

××××年××月××日

样式 5

×××高级人民法院
委托送达文书催办函

（××××）×法助请港（送）催字第××号

香港特别行政区高等法院：

本院（××××）×法助请港（送）字第××号送达文书委托书自××××年××月××日寄送你院，至今已逾×个月，本院尚未收到你院回复。

根据《关于内地与香港特别行政区法院相互委托送达民商事司法文书的安排》第四条第二款之规定，受委托方应于收到委托书之日起两个月内及时协助送达。惠请你院尽速协助完成上述委托书所述之委托事项并即时回复本院。

寄送名址：邮政编码：××××××；地址：××省（自治区、直辖市）××市××区××路××号×××高级人民法院港澳台司法事务办公室；收件人：×××。

如有任何问题，请即与本院港澳台司法事务办公室联络。联络人：×××法官；电话：++86（0）××××××××××；传真：++86（0）××××××××××。

特此函请。

（×××高级人民法院印）
××××年××月××日

第二部分　协助香港特别行政区送达文书样式

样式6

×××高级人民法院
协助香港特别行政区送达文书函

（××××）×法助港请（送）字第××号

××××人民法院：

根据《最高人民法院关于内地与香港特别行政区法院相互委托送达民商事司法文书的安排》第二条之规定，现随函转去香港特别行政区高等法院××号送达文书委托书及所附需要你院协助送达的香港特别行政区××法院“××诉讼××××年第××号×××诉×××案件”的司法文书×件，请在收到本函之日起五个工作日内完成立案手续，并应当在立案之日起十五日内完成协助送达。

成功送达的，应当由送达人在送达回证上签名或者盖章，并在成功送达之日起七个工作日内将该送达回证送交本院；未能成功送达的，应当由送达人在送达回证上注明妨碍送达的原因、拒收事由和日期并签名或者盖章，在确认不能送达之日起七个工作日内将送达回证和该委托书及所附全部文书送交本院。

联系方式：邮政编码：××××××；地址：××省（自治区、直辖市）××市××区××路××号×××高级人民法院港澳台司法事务办公室；收件人（联系人）：×××；电话：0××××××××××；传真：0××××××××××。

特此函转。

（×××高级人民法院印）
××××年××月××日

样式 7

×××高级人民法院
协助送达文书补充材料说明函

（××××）×法助港请（送）补字第××号

香港特别行政区高等法院：

你院××号［填写文号］送达文书委托书收悉。

对委托书所附香港特别行政区××法院“××诉讼××××年第××号×××诉×××案件”之司法文书，因欠缺……，内地人民法院不能即时提供协助。

根据《关于内地与香港特别行政区法院相互委托送达民商事司法文书的安排》第三条第三款之规定，惠请你院补充提供……，以便内地人民法院及时开展协助。

寄送名址：邮政编码：××××××；地址：××省（自治区、直辖市）××市××区××路××号×××高级人民法院港澳台司法事务办公室；收件人：×××。

如有任何问题，请即与本院港澳台司法事务办公室联络。联络人：×××法官；电话：++86（0）××××××××××；传真：++86（0）××××××××××。

特此函告。

（×××高级人民法院印）

××××年××月××日

样式 8

××××人民法院
完成协助香港特别行政区送达文书函

（××××）×法助港请（送）复字第××号

×××高级人民法院：

就你院（××××）×法助港请（送）字第××号函所要求提供协助的香港特别行政区高等法院××号［填写文号］委托书所述香港特别行政区××法院“××诉讼××××年第××号×××诉×××案件”之送达文书事项，本院已成功（因……未能成功）送达。

现随函送上送达回证（［未能成功送达时］和委托书及所附全部文书），请你院予以审查并回复香港特别行政区高等法院。

如有任何问题，请即与本院××庭（室）联系。联系人：×××；电话：0××××××××××；传真：0××××××××××。

（××××人民法院印）

××××年××月××日

样式9

×××高级人民法院
协助送达文书回复书

（××××）×法助港请（送）复字第××号

香港特别行政区高等法院：

你院××号［填写文号］送达文书委托书收悉。

对委托协助送达香港特别行政区××法院“××诉讼××××年第××号×××诉×××案件”之司法文书，经××省（自治区、直辖市）××××人民法院协助，已成功（未能成功）送达。

根据《关于内地与香港特别行政区法院相互委托送达民商事司法文书的安排》第五条之规定，现将送达回证（［未能成功送达时］和委托书及所附全部文书×件）随函寄送你院。

如有任何问题，请即与本院港澳台司法事务办公室联络。联络人：×××法官；电话：++86（0）××××××××××；传真：++86（0）××××××××××。

特此函复。

（×××高级人民法院印）

××××年××月××日

样式 10

××××人民法院
送达回证

（送达法院院印）

送达法院案号	（××××）×法助港请（送）字第××号
香港特别行政区高等法院委托书编号	
香港特别行政区审理法院及案号案由	香港特别行政区××法院“××诉讼××××年第××号×××诉×××案件”
送达文书名称和件数	（1. ……，×件； 2. ……，×件； ……）
受送达人	
指定送达地址	
实际送达地址	□同上址。 □改送地址（如未注明即同上址）：
受送达人签名或盖章	年　月　日
代收人	签名或盖章： 代收理由（注明与受送达人的关系）： 年　月　日
妨碍送达的原因、拒收事由和日期	（注明妨碍或者拒收事由的发生日期）

续上表

送达人 签名或盖章	年　月　日
备　注	1. 高级人民法院《协助香港特别行政区送达文书函》文号：（××××）×法助港请（送）字第××号。 2. 其他：

第三部分　委托澳门特别行政区送达文书样式

样式 11-1

×××高级人民法院
送达文书委托书

（××××）×法助请澳（送）字第××号

澳门特别行政区终审法院：

××省（自治区、直辖市）××××人民法院所受理之（××××）××字第××号［案号］×××与×××［当事人］××［案由］案，有请你院协助送达司法文书之必要。

根据《关于内地与澳门特别行政区法院就民商事案件相互委托送达司法文书和调取证据的安排》第二条之规定，惠请就本委托书附录所述之司法文书×件予以协助送达。

请在完成送达后，将送达证明书，或者在无法送达时将注明妨碍送达原因、拒收事由和日期的送达证明书连同委托书及所附全部司法文书，寄回本院港澳台司法事务办公室。

寄送名址：邮政编码：××××××；地址：××省（自治区、直辖市）××市××区××路××号×××高级人民法院港澳台司法事务办公室；收件人：×××。

如有任何问题，请即与本院港澳台司法事务办公室联络。联络人：×××法官。电话：++86（0）××××××××××；传真：++86（0）××××××××××。

特此委托。

（×××高级人民法院印）

××××年××月××日

样式 11-2

送达文书委托书

（附录）

（案件审理法院院印）

审理法院	××省（自治区、直辖市）××××人民法院
案　号	
案　由	
当事人	原告（上诉人、申请再审人）：××× 被告（被上诉人、被申请人）：××× 第三人：×××
受送达人	姓名（名称）：

续上表

送达地址 及联络方式	送达地址： 联络方式：［尽可能提供受送达人固定和移动电话、电子信箱、家庭成员及社会关系的联络方式等信息］
关于送达方式 的特别说明	
需要送达 之司法文书 及件数	□起诉状副本　□上诉状副本 □反诉状副本　□答辩状副本 □授权委托书（空白）□传票 □判决书　□调解书 □裁定书　□支付令 □决定书　□通知书 □证明书　□送达回证 □其他司法文书　□所附相关文件 □其他 以上文书，各一式两份。
案件联系人 及联系方式	姓名：××× 职务：××××人民法院××××庭书记员（法官） 电话：++86（0）×××××××××× 传真：++86（0）××××××××××
备　注	1. 案件审理法院《请求委托澳门特别行政区送达文书函》文号：（××××）×法助请澳（送）字第××号。 2. 其他：
填写日期	××××年××月××日

样式 12

×××× 人民法院
请求委托澳门特别行政区送达文书函

（××××）×法助请澳（送）字第××号

×××高级人民法院：

本院受理的（××××）××字第××号［案号］×××与×××［当事人］××［案由］案，需要澳门特别行政区法院协助送达有关司法文书。

根据《最高人民法院关于内地与澳门特别行政区法院就民商事案件相互委托送达司法文书和调取证据的安排》第二条、第九条及第十四条之规定，现随函送上本案《送达文书委托书（附录）》及需要澳门特别行政区终审法院协助送达的司法文书各一式三份，请你院予以审查并委托澳门特别行政区终审法院协助送达。

联系方式：邮政编码：××××××；地址：××省（自治区、直辖市）××市××区××路××号××××人民法院××庭（室）；收件人（联系人）：×××；电话：0××××××××××；传真：0××××××××××。

特此函请。

（××××人民法院印）

××××年××月××日

样式 13

×××高级人民法院
澳门特别行政区完成送达文书函

（××××）×法助请澳（送）复字第××号

××××人民法院：

关于你院（××××）×法助请澳（送）字第××号函委托澳门特别行政区法院协助送达（××××）××字第××号［案号］×××与×××［当事人］××［案由］案司法文书事，经澳门特别行政区终审法院（和澳门特别行政区××法院）协助，业已完成。

现将送达证明材料×件×页（澳门特别行政区终审法院关于未能成功送达的××号说明函及相关材料×件×页）随函转送你院。

如有任何问题，请即与本院港澳台司法事务办公室联系。联系人：×××；电话：0××××××××××；传真：0××××××××××。

特此函复。

（×××高级人民法院印）
××××年××月××日

样式 14

×××高级人民法院

委托送达文书补充材料请求函

（××××）×法助请澳（送）补字第××号

澳门特别行政区终审法院：

你院××号［填写文号］送达证明书（说明函）收悉。

对送达证明书（说明函）所附（述）之×××，因欠缺……，惠请你院补充提供……。请将补充提供之相关材料寄至本院。

寄送名址：邮政编码：××××××；地址：××省（自治区、直辖市）××市××区××路××号×××高级人民法院港澳台司法事务办公室；收件人：×××。

如有任何问题，请即与本院港澳台司法事务办公室联络。联络人：×××法官；电话：++86（0）××××××××××；传真：++86（0）××××××××××。

特此函请。

（×××高级人民法院印）

××××年××月××日

样式 15

×××高级人民法院
委托送达文书催办函

（××××）×法助请澳（送）催字第××号

澳门特别行政区终审法院：

本院（××××）×法助请澳（送）字第××号送达文书委托书自××××年××月××日寄送你院，至今已逾×个月，本院尚未收到你院回复。

根据《关于内地与澳门特别行政区法院就民商事案件相互委托送达司法文书和调取证据的安排》第五条第二款之规定，完成受托事项的期限，送达文书最迟不得超过自收到委托书之日起两个月。惠请你院尽速协助完成上述委托书所述之委托事项并即时回复本院。

寄送名址：邮政编码：××××××；地址：××省（自治区、直辖市）××市××区××路××号×××高级人民法院港澳台司法事务办公室；收件人：×××。

如有任何问题，请即与本院港澳台司法事务办公室联络。联络人：×××法官；电话：++86（0）××××××××××；传真：++86（0）××××××××××。

特此函请。

（×××高级人民法院印）

××××年××月××日

第四部分　协助澳门特别行政区送达文书样式

样式 16

×××高级人民法院
协助澳门特别行政区送达文书函

（××××）×法助澳请（送）字第××号

××××人民法院：

根据《最高人民法院关于内地与澳门特别行政区法院就民商事案件相互委托送达司法文书和调取证据的安排》第二条之规定，现随函转去澳门特别行政区终审法院××号送达文书委托书及所附需要你院协助送达的澳门特别行政区××法院“××××［案件编号］×××诉×××案件”的司法文书×件，请在收到本函之日起五个工作日内完成立案手续，并应当在立案之日起十五日内完成协助送达。

成功送达的，应当由送达人在送达回证上签名或者盖章，并在成功送达之日起七个工作日内将该送达回证送交本院；未能成功送达的，应当由送达人在送达回证上注明妨碍送达的原因、拒收事由和日期并签名或者盖章，在确认不能送达之日起七个工作日内将该送达回证和委托书及所附全部文件送交本院。

联系方式：邮政编码：××××××；地址：××省（自治区、直辖市）××市××区××路××号×××高级人民法院港澳台司法事务办公室；收件人（联系人）：×××；电话：0××××××××××；传真：

0××××××××××。

特此函转。

（×××高级人民法院印）

××××年××月××日

样式 17

×××高级人民法院

协助送达文书补充材料说明函

（××××）×法助澳请（送）补字第××号

澳门特别行政区终审法院：

你院××号［填写文号］送达文书委托书收悉。

对委托书所附澳门特别行政区××法院“××××［案件编号］×××诉×××案件”之司法文书，因欠缺……，内地人民法院不能即时提供协助。

根据《关于内地与澳门特别行政区法院就民商事案件相互委托送达司法文书和调取证据的安排》第三条第二款之规定，惠请你院补充提供……，以便内地人民法院及时开展协助。

寄送名址：邮政编码：××××××；地址：××省（自治区、直辖市）××市××区××路××号×××高级人民法院港澳台司法事务办公室；收件人：×××。

如有任何问题，请即与本院港澳台司法事务办公室联络。联络人：×××法官；电话：++86（0）××××××××××；传真：++86（0）

××××××××××。

特此函告。

（×××高级人民法院印）
××××年××月××日

样式 18

×××高级人民法院
协助送达文书退回材料说明函

（××××）×法助澳请（送）还字第××号

澳门特别行政区终审法院：

你院××号［填写文号］送达文书委托书收悉。

对委托书所附澳门特别行政区××法院“××××［案件编号］×××诉×××案件”之……，因该事项不属于内地人民法院职权范围（因执行该事项将违反内地基本法律原则或社会公共利益），根据《关于内地与澳门特别行政区法院就民商事案件相互委托送达司法文书和调取证据的安排》第八条第二款之规定，内地人民法院不能提供协助。

根据《关于内地与澳门特别行政区法院就民商事案件相互委托送达司法文书和调取证据的安排》第十一条之规定，现将委托书及所附全部文件退回。

如有任何问题，请即与本院涉港澳台司法事务办公室联络。联络人：×××法官［涉港澳台司法协助归口管理工作机构或者部门的负责人员]；电话：++86（0）×××××××××；传真：++86（0）××××××××××。

特此函告。

（×××高级人民法院印）

××××年××月××日

样式 19

××××人民法院

完成协助澳门特别行政区送达文书函

（××××）×法助澳请（送）复字第××号

×××高级人民法院：

就你院（××××）×法助澳请（送）字第××号函所要求提供协助的澳门特别行政区终审法院××号［填写文号］委托书所述澳门××法院“××××［案件编号］×××诉×××案件”之送达文书事项，本院已成功（因……未能成功）送达。

现随函送上送达回证（［未能成功送达时］和委托书及所附全部文件），请你院予以审查并回复澳门特别行政区终审法院。

如有任何问题，请即与本院××庭（室）联系。联系人：×××；电话：0××××××××××；传真：0××××××××××。

（××××人民法院印）

××××年××月××日

样式 20

×××高级人民法院
协助送达文书回复书

（××××）×法助澳请（送）复字第××号

澳门特别行政区终审法院：

你院××号［填写文号］送达文书委托书收悉。

对委托协助送达澳门特别行政区××法院“××××［案件编号］×××诉×××案件”之司法文书，经××省（自治区、直辖市）××××人民法院协助，已成功（未能成功）送达。

根据《关于内地与澳门特别行政区法院就民商事案件相互委托送达司法文书和调取证据的安排》第十一条之规定，现将送达回证（［未能成功送达时］和委托书及所附全部文件×件）随函寄送你院。

如有任何问题，请即与本院港澳台司法事务办公室联络。联络人：×××法官；电话：++86（0）××××××××××；传真：++86（0）××××××××××。

特此函复。

（×××高级人民法院印）

××××年××月××日

样式 21

×××× 人民法院

送达回证

（送达法院院印）

送达法院案号	（××××）×法助澳请（送）字第××号
澳门特别行政区终审法院委托书编号	
澳门特别行政区审理法院及案号案由	澳门特别行政区××法院“××××［案件编号］×××诉×××案件”
送达文书名称和件数	（1. ……，×件； 2. ……，×件； ……）
受送达人	
指定送达地址	
实际送达地址	□同上址。 □改送地址（如未注明即同上址）：
受送达人签名或盖章	年　月　日
代收人	签名或盖章： 代收理由（注明与受送达人的关系）： 年　月　日

续上表

送达法院案号	（××××）×法助澳请（送）字第××号
妨碍送达的原因、拒收事由和日期	（注明妨碍或者拒收事由的发生日期）
送达人 签名或盖章	年　月　日
备　注	1. 高级人民法院《协助澳门特别行政区送达文书函》文号：（××××）×法助澳请（送）字第××号。 2. 其他：

第五部分　委托澳门特别行政区调查取证文书样式

样式 22-1

×××高级人民法院
调查取证委托书

（××××）×法助请澳（调）字第××号

澳门特别行政区终审法院：

××省（自治区、直辖市）××××人民法院所受理之（××××）××字第××号［案号］×××与×××［当事人］××［案由］案，有请澳门特别行政区法院协助调查取证之必要。

根据《关于内地与澳门特别行政区法院就民商事案件相互委托送达司法文书和调取证据的安排》第二条第一款之规定，惠请就本委托书附录所述之（下列）调查取证事项协助调查取证。随附……（原件）、……（复印件）等相关材料×份供参。

在完成调查取证后，请将取得的证据材料连同书面说明，或者在未能成功调查取证时书面说明妨碍调取证据的原因连同前已寄送你院之委托书及所附全部文件寄回本院。

寄送名址：邮政编码：××××××；地址：××省（自治区、直辖市）××市××区××路××号×××高级人民法院港澳台司法事务办公室；收件人：×××。

如有任何问题，请即与本院港澳台司法事务办公室联络。联络人：×××法官；电话：++86（0）××××××××××；传真：++86（0）××××××××××。

特此委托。

（×××高级人民法院印）

××××年××月××日

样式 22-2

调查取证委托书

（附录）

（案件审理法院院印）

审理法院	××省（自治区、直辖市）××××人民法院
案　号	（××××）××字第××号
案　由	
当事人	原告（上诉人、申请再审人）：×××，地址： 被告（被上诉人、被申请人）：×××，地址： 第三人：×××，地址：
案情摘要	[说明委托调取证据的原因，包括案件基本事实、与委托事项有关联的事实、所涉及的法律条文和目前审理进展情况等]
请求目的	□询问当事人、证人和鉴定人 □鉴定和司法勘验 □调取其他与诉讼有关的证据

续上表

委托调取证据的具体事项及说明	(1. 针对×××，请求询问及调取下列事项：（1）……；（2）……。 2. 针对……，请求协助查明下列事项：（1）……；（2）……。 3. 请求确认×××之身份及协寻其所在，并询问及调取下列事项：(1) ……；(2) ……。 ……。) [应分别说明被调查人的身份信息和联络方式，如姓名、出生日期、职务、地址、固定和移动电话、证件号码等一切有助于辨别其身份和所在的相关信息，以及需要向被调查人提出的问题；书证、物证及视听资料所在及请求提供的范围；鉴定和司法勘验的对象及所在；调取证据需采用的特殊方式；有助于执行委托事项的其他一切情况]
所附相关材料清单	(1.……［注明系原件或复印件及页数，下同］ 2.…… ……)
案件联系人及联系方式	姓名：××× 职务：××××人民法院××审判庭书记员（法官） 电话：++86（0）×××××××××× 传真：++86（0）××××××××××
备　注	1. 为配合本案审理程序之进行，请于三个月内查复协助调查之结果。 2. 案件审理法院《委托澳门特别行政区调查取证函》文号：(××××) ×法助请澳（调）字第××号。 3. 其他：
填写日期	××××年××月××日

样式23

×××× 人民法院
请求委托澳门特别行政区调查取证函

(××××) ×法助请澳 (调) 字第××号

×××高级人民法院:

本院受理的 (××××) ××字第××号 [案号] ×××与××× [当事人] ×× [案由] 案，需要澳门特别行政区法院协助调查取证。

根据《最高人民法院关于内地与澳门特别行政区法院就民商事案件相互委托送达司法文书和调取证据的安排》第二条第一款、第十六条、第十七条之规定，现随函送上本案《调查取证委托书（附录）》及相关材料各一式三份，请你院予以审查并委托澳门特别行政区终审法院协助调查取证。

联系方式：邮政编码：××××××；地址：××省（自治区、直辖市）××市××区××路××号××××人民法院××庭（室）；收件人（联系人）：×××；电话：0××××××××××；传真：0××××××××××。

特此函请。

(××××人民法院印)

××××年××月××日

样式 24

×××高级人民法院
澳门特别行政区完成调查取证函

（××××）×法助请澳（调）复字第××号

××××人民法院：

关于你院（××××）×法助请澳（调）字第××号函请求委托澳门特别行政区就（××××）××字第××号［案号］×××与×××［当事人］××［案由］案调查取证事，经澳门特别行政区终审法院（和澳门特别行政区××法院）协助，业已完成。

现将澳门特别行政区终审法院××号调查取证回复书（澳门特别行政区终审法院未能成功调查取证的××号说明函）和相关材料×件转送你院。

如有任何问题，请即与本院港澳台司法事务办公室联系。联系人：×××；电话：0××××××××××；传真：0××××××××××。

特此函复。

（×××高级人民法院印）

××××年××月××日

样式 25

×××高级人民法院
调查取证补充材料函

（××××）×法助请澳（调）补字第××号

澳门特别行政区终审法院：

你院××号［填写文号］调查取证回复书收悉。

对回复书所附（述）之×××，因欠缺……，惠请你院补充提供……。请将补充提供之相关材料寄至本院。

寄送名址：邮政编码：××××××；地址：××省（自治区、直辖市）××市××区××路××号×××高级人民法院港澳台司法事务办公室；收件人：×××。

如有任何问题，请即与本院港澳台司法事务办公室联络。联络人：×××法官；电话：++86（0）××××××××××；传真：++86（0）××××××××××。

特此函请。

（×××高级人民法院印）

××××年××月××日

样式 26

×××高级人民法院
调查取证催办函

（××××）×法助请澳（调）催字第××号

澳门特别行政区终审法院：

本院（××××）×法助请澳（调）字第××号调查取证委托书自××××年××月××日寄送你院，至今已逾×个月，本院尚未收到你院回复。

根据《关于内地与澳门特别行政区法院就民商事案件相互委托送达司法文书和调取证据的安排》第五条第二款之规定，完成受托事项的期限，调取证据最迟不得超过自收到委托书之日起三个月。惠请你院尽速协助完成上述委托书所述之委托事项并即时回复本院。

寄送名址：邮政编码：××××××；地址：××省（自治区、直辖市）××市××区××路××号×××高级人民法院港澳台司法事务办公室；收件人：×××。

如有任何问题，请即与本院港澳台司法事务办公室联络。联络人：×××法官；电话：++86（0）××××××××××；传真：++86（0）××××××××××。

特此函请。

（×××高级人民法院印）

××××年××月××日

第六部分　协助澳门特别行政区调查取证文书样式

样式 27

×××高级人民法院
协助澳门特别行政区调查取证函

（××××）×法助澳请（调）字第××号

××××人民法院：

根据《最高人民法院关于内地与澳门特别行政区法院就民商事案件相互委托送达司法文书和调取证据的安排》第二条第一款之规定，现随函转去澳门特别行政区终审法院××号调查取证委托书及所附澳门特别行政区××法院“××××［案件编号］×××诉×××案件”相关材料×件，请就该委托书所述全部（第×项）调查取证事项（如下调查取证事项）提供协助。

你院应当在收到本函之日起五个工作日内完成立案手续，并应当在立案之日起一个月内完成协助调查取证，最迟不得超过两个月；因故不能完成的，应当在期限届满前函告本院。

成功调查取证的，应当在完成调查取证之日起七个工作日内将取得的证据材料一式两份，连同澳门特别行政区终审法院提供的材料，并附具书面说明，送交本院；未能成功调查取证的，应当出具说明函一式两份，连同澳门特别行政区终审法院提供的材料，在确认不能成功调查取证之日起七个工作日内送交本院。证据材料不适宜复制或者难以取得备份的，可不提供备份材料。

联系方式：邮政编码：××××××；地址：××省（自治区、直辖市）××市××区××路××号×××高级人民法院港澳台司法事务办公室；收件人（联系人）：×××；电话：0××××××××××；传真：0××××××××××。

特此函转。

（×××高级人民法院印）

××××年××月××日

样式 28

×××高级人民法院

协助调查取证补充材料说明函

（××××）×法助澳请（调）补字第××号

澳门特别行政区终审法院：

你院××号［填写文号］调查取证委托书收悉。

对委托书所附澳门特别行政区××法院“××××［案件编号］×××诉×××案件”之委托调查取证事项，因欠缺……，内地人民法院不能即时提供协助。

根据《关于内地与澳门特别行政区法院就民商事案件相互委托送达司法文书和调取证据的安排》第三条第二款之规定，惠请你院补充提供……，以便内地人民法院及时开展协助。

寄送名址：邮政编码：××××××；地址：××省（自治区、直辖市）××市××区××路××号×××高级人民法院港澳台司法事务办公室，收件人：×××。

如有任何问题，请即与本院港澳台司法事务办公室联络。联络人：×××法官；电话：++86（0）××××××××××；传真：++86（0）××××××××××。

特此函告。

（×××高级人民法院印）

××××年××月××日

样式 29

×××高级人民法院

协助调查取证退回材料说明函

（××××）×法助澳请（调）还字第××号

澳门特别行政区终审法院：

你院××号［填写文号］调查取证委托书收悉。

对委托书所附之澳门特别行政区××法院“××××［案件编号］×××诉×××案件”之调查取证委托事项，因该事项不属于内地人民法院职权范围（因执行该事项将违反内地基本法律原则或社会公共利益），根据《关于内地与澳门特别行政区法院就民商事案件相互委托送达司法文书和调取证据的安排》第八条第二款之规定，内地人民法院不能提供协助。

根据《关于内地与澳门特别行政区法院就民商事案件相互委

托送达司法文书和调取证据的安排》第二十条第二款之规定，现将委托书及所附全部文件退回。

如有任何问题，请即与本院港澳台司法事务办公室联络。联络人：×××法官；电话：++86（0）××××××××××；传真：++86（0）××××××××××。

特此函告。

（×××高级人民法院印）

××××年××月××日

样式 30-1

××××人民法院

完成协助澳门特别行政区调查取证函

（××××）×法助澳请（调）复字第××号

×××高级人民法院：

就你院（××××）×法助澳请（调）字第××号函所要求提供协助的澳门特别行政区终审法院××号［填写文号］调查取证委托书所述澳门特别行政区××法院“××××［案件编号］×××诉×××案件”之调查取证事项，本院已成功（因……未能成功）调查取证。

现随函送上《完成协助澳门特别行政区调查取证情况说明》和清单所列相关材料一式两份（其中，×××证据材料因不适宜复制/难以取得备份，仅提供一份）以及澳门特别行政区终审法院提供的材料，请你院予以审查并回复澳门特别行政区终审法院。

如有任何问题，请即与本院××庭（室）联系。联系人：×××；电话：0××××××××××；传真：0××××××××××。

（××××人民法院印）

××××年××月××日

附：相关材料清单

1.《完成协助澳门特别行政区调查取证情况说明》×页（一式两份）

2.……×页（一式两份）

3.……×页（一式两份）

样式 30-2

××××人民法院

完成协助澳门特别行政区调查取证情况说明

×××高级人民法院：

就你院（××××）×法助澳请（调）字第××号函所要求提供协助的澳门特别行政区终审法院××号［填写文号］调查取证请求书所述澳门特别行政区××法院“××××［案件编号］×××诉×××案件”之调查取证事项，本院已成功（未能成功）调查取证。现将有关情况说明如下：

1.……［说明具体负责调查取证工作的部门和承办法官及书记员的姓名、职务等］

2. ……［调查取证的过程］

3. ……［其他重要说明的情况］

4. ……［未能成功调查取证的原因］

（××××人民法院印）

××××年××月××日

样式 31

××× 高级人民法院

调查取证回复书

（××××）×法助澳请（调）复字第××号

澳门特别行政区终审法院：

你院××号［填写文号］调查取证委托书收悉。

对委托书所附澳门特别行政区××法院“××××［案件编号］×××诉×××案件”之调查取证事项，经××省（自治区、直辖市）××××人民法院协助，已成功调查取证（因……，未能成功调查取证）。

根据《关于内地与澳门特别行政区法院就民商事案件相互委托送达司法文书和调取证据的安排》第二十条之规定，现将相关材料×件和××××人民法院《完成协助澳门特别行政区调查取证情况说明》（［未能成功调查取证时］和委托书及所附全部文件×件）随函寄送你院。

如有任何问题，请即与本院港澳台司法事务办公室联络。联络人：×××法官；电话：++86（0）××××××××××；传真：++86（0）

××××××××××。

特此函复。

（×××高级人民法院印）

××××年××月××日

附：相关材料清单

1. ××××人民法院《完成协助澳门特别行政区调查取证情况说明》×页

2. ……×页

……

最高人民法院

关于印发《涉外商事海事裁判文书写作规范》的通知

2015 年 3 月 16 日　　　　　　　　　　　　法〔2015〕67 号

各省、自治区、直辖市高级人民法院，解放军军事法院，新疆维吾尔自治区高级人民法院生产建设兵团分院：

为进一步规范和统一涉外商事海事裁判文书写作标准，提高裁判文书质量，最高人民法院研究制定了《涉外商事海事裁判文书写作规范》，现予印发，请认真遵照执行。在适用本规范过程中有何问题，请及时报告最高人民法院。

附：

涉外商事海事裁判文书写作规范

裁判文书应当全面、准确地记载案件的审理过程和裁判的依据、理由与结果。撰写裁判文书应当做到要素齐全、结构完整、逻辑严谨、条理清晰、语句规范、繁简得当。为进一步规范和统一涉外商事海事裁判文书的写作标准，提高文书质量，现就涉外商事海事裁判文书的写作提出如下规范意见。

一、裁判文书的首部应当分别写明文书标题、案号、当事人及其法定代表人（或代表人）和委托代理人的基本情况以及案件由来、案由和审理过程等。

（一）裁判文书标题一般表述为“中华人民共和国××××人民法院民事判决书（调解书、裁定书）”。海事法院裁判文书标题中法院前不需冠以“人民”字样。

（二）案件当事人中如果没有外国人、无国籍人、外国企业或组织的，除最高人民法院制作的裁判文书外，其他各级人民法院制作的裁判文书标题中的法院名称无需冠以“中华人民共和国”字样。

（三）法院名称应当与院印文字一致。除海事法院外，基层人民法院、中级人民法院的裁判文书标题应当冠以省、自治区、直辖市的名称。

二、裁判文书应当准确列明当事人的诉讼地位、姓名或名称及其住所地。

（一）二审裁判文书在列明当事人二审诉讼地位的同时，亦应用括号注明其一审诉讼地位（例如一审原告、一审被告等）。既非上诉人、亦非被上诉人的二审当事人，直接列明其一审诉讼地位。

（二）申请再审或再审案件的裁判文书应当分别列明当事人在申请再审过程中或再审诉讼中的地位，同时用括号注明其一、二审诉讼地位。既非再审申请人、亦非被申请人的，直接列明其一、二审诉讼地位。抗诉案件应当列明抗诉机关。

（三）当事人是自然人的，写明其姓名、性别、民族、出生日期、职业、住所地，职业不明确的，可以不表述；对于其身份证件号码一般应予注明，提交中华人民共和国居民身份证的应注明其公民身份号码。

自然人的住所地以其提交的合法有效的身份证件载明的地址为准；住所地与经常居住地不一致，且根据案件审理的需要需明确当事人经常居住地的，写明经依法查明的经常居住地。

（四）自然人为证明其身份提交的护照、往来港澳通行证、台湾居民来往大陆通行证等证件，无需再办理公证认证等证明手续。

（五）外国自然人，应当写明其国籍，无国籍人亦应予以注明。

港澳台地区的居民亦应予以注明。

（六）法人或其他组织的名称、住所地等，以其注册登记文件记载的内容为准。

（七）境外企业、组织提交的证明其主体资格的注册登记文件，需依法办理公证认证等证明手续；证明文件是外文的，应当附有中文译本。

（八）对于外国当事人，在裁判文书首部应当写明其经过翻译的中文姓名或名称和住所地，并在中文姓名或名称和住所地后括号中注明其外文姓名或名称和住所地。

（九）当事人姓名或名称变更的，裁判文书首部应当列明变更后的姓名或名称，变更前姓名或名称无需在此处列明。对于姓名或名称变更的事实可根据需要在案件由来或者查明事实部分写明。

（十）当事人诉讼地位的称谓后面使用冒号。当事人为公司、企业、其他组织的，其名称后面使用句号，“住所地”后面使用冒号。当事人为自然人的，其姓名后均使用逗号，基本信息阐述完毕后使用句号。

（十一）当事人中有外国当事人或无国籍人的，表述住所地时应当分别写明中外当事人的国别名称或无国籍情况。当事人国别名称应当使用全称。

没有外国当事人或无国籍人的，表述国内当事人住所地时省略“中华人民共和国”字样。

（十二）表述港澳地区当事人住所地时，应当使用香港特别行政区、澳门特别行政区的全称。

表述台湾地区当事人住所地时，应当写明“台湾地区××市……”，不应使用“台湾省”或“台湾”等表述。

（十三）当事人住所地、代理人情况相同的，应当各自列明，不应当使用“情况同上”进行表述。

三、法人或其他组织作为当事人的，应当写明其法定代表人或代表人及其身份信息。

（一）法定代表人后面使用冒号，写明法定代表人的姓名及其职务。

（二）当事人为不具备法人资格的其他组织的，应当写明其“代表人”，不应表述为“负责人”或“授权代表人”。

（三）外国或者港澳台地区的企业、组织作为当事人的，亦应使用“代表人”的表述。

四、裁判文书中应当写明代理人的姓名及其身份信息。

（一）当事人委托本单位工作人员担任代理人的应当列在第一位，其委托外单位的人员或者律师担任代理人的列在第二位。

（二）当事人委托本单位人员作为代理人的，其身份信息可表述为“该公司（或该机构如该委员会、该厂等）工作人员”。

（三）律师、基层法律服务工作者担任代理人的，其身份信息表述为“××律师事务所律师”或“××法律服务所法律工作者”。

（四）当事人的近亲属或者其所在社区、单位以及有关社会团体推荐的公民担任代理人的，写明代理人的姓名、性别、出生日期、民族、职业、住所地。代理人是当事人近亲属的，还应当在住所地之后注明其与当事人的关系。

（五）代理人变更的，裁判文书首部只列写变更后的代理人。对于代理人变更的事实可根据需要在案件由来或者查明事实部分写明。

五、案由应当准确反映案件所涉及的民事法律关系的性质，并应当与最高人民法院《民事案件案由规定》中所列案由相一致。

二审法院或再审法院经审理认为原审裁判文书所列案由不当的，二审或再审裁判文书中应当写明经审理后最终确定的案由，并在裁判理由部分予以说明。

六、裁判文书应当写明案件的由来以及开庭审理过程。

（一）根据一审、二审或再审程序的不同，在案件由来部分简要写明当事人起诉、上诉、发回重审或者申请再审、指令再审、提审等情况。一审裁判文书应当写明当事人起诉的时间。

（二）此部分叙述时可在当事人全称后面括号注明其简称。简称要清楚、得当，避免引起歧义，不应以当事人诉讼地位的称谓（如原告、上诉人、答辩人等）或甲方、乙方等作为其简称。

（三）合议庭组成成员的情况不必具体表述，但如果合议庭成员有回避、变更情况的，应当在此部分写明。

（四）经过多次开庭审理的，应当分别简述开庭情况，以充分体现开庭审理的经过。开庭审理前组织证据交换、召集庭前会议的，亦应将相关情况予以阐述。

（五）当事人未到庭应诉或者中途退庭的，写明“经本院传票传唤，无正当理由拒不到庭”或者“未经法庭许可中途退庭”的情况。

（六）存在中止诉讼后又恢复审理等情况的，应当在此部分写明过程。

七、裁判文书应当依次写明当事人的起诉（包括诉讼请求）、答辩、第三人陈述等情况，写明当事人的诉讼主张及其所依据的事实、理由。

（一）转述当事人起诉、答辩的事实、理由时，应当对较长的起诉状、答辩状进行提炼、归纳，对其病句、错字进行修正，同时注意准确全面，忠实原意，不得遗漏要点。

（二）原告庭审时变更诉讼请求、提出新的诉讼请求，被告未作书面答辩或第三人未提交书面意见，但在庭审中进行口头答辩或陈述以及对原书面答辩或陈述意见予以补充的，应当在此节中予以表述。

（三）被告提出反诉的，亦应在此部分概述其反诉请求、依据的事实、理由以及对方的答辩情况。

（四）二审当事人的上诉、答辩等情况，在转述一审判决结果后进行概述，并应当按照前述第（一）、（二）项的要求进行提炼、归纳和表述。

八、一审裁判文书应当写明当事人提交证据的名称、证明目的、各方当事人的质证意见，人民法院同时应当结合当事人举证、质证的意见，依照相关法律、司法解释的规定，对当事人提交证据的真实性、关联性、合法性进行分析，最终对证据是否应予采信及其证明力作出认定，明确阐明人民法院的认证意见。

九、根据质证认证情况，对业经查明认定的基本事实进行综合陈述。

（一）本部分以“本院查明”作为引言，其后用冒号，另起一行写明查明的事实。

（二）综述所查明的事实时，可以划分段落层次，亦可根据情况以“另查明”为引语表述其他相关事实，该另查明的事实可以多项；避免使用“还查明”“再查明”“又查明”等引语。

（三）在适用外国法的情况下，对于外国法查明的客观事实可在此部分予以表述。

十、二审裁判文书应当在“案件由来”部分之后，写明一审审理情况，包括原告的诉讼请求、一审法院认定的事实、裁判的理由和最终的裁判结果。

（一）简要概括一审原告起诉的事实、理由及其具体的诉讼请求、一审被告的答辩意见、第三人的陈述，以明确案件争议的焦点。一审被告提起反诉的，亦应写明。

（二）写明一审查明的事实，该部分以“一审法院查明”为引语开始，“一审法院查明”后面使用冒号。对一审查明的事实原则上予以照抄，有错字、漏字或者语法错误的，可适当修改。

（三）对于一审裁判文书中表述的当事人为支持自己主张提供的证据、当事人的质证意见及一审法院对证据的认证意见等内容，在二审裁判文书中可以省略，不再援引。当事人有争议的除外。

（四）写明一审裁判文书理由和结果，该部分以“一审法院认为”为引语开始，一审法院认为后面使用冒号。对一审认为部分原则上予以照抄，有错字、漏字或者语法错误的，可适当修改。

（五）一审裁判文书主文即裁判结果应当全文照抄，不得遗漏和更改，此前部分当事人名称使用简称的，此部分表述时仍使用简称，注意不得遗漏当事人负担的诉讼费及保全费、鉴定费等内容的表述。

十一、二审裁判文书应当根据上诉审的特点，结合相关证据材料，依据相关法律规定，针对当事人对一审认定事实提出的异议，重点予以分析、阐述。

（一）对于二审中当事人提交的新证据的名称、证明目的、各方当事人的质证意见等详细写明。

（二）结合当事人举证、质证的意见，依照相关法律、司法解释的规定，对有关证据的真实性、关联性、合法性进行分析，最终对证据是否应予采信及其证明力作出认定。

（三）根据不同情况，二审查明事实部分可分四种表述方式：

1. 当事人未提交新的证据，对一审查明的事实无异议，二审中也没有新查明的事实的，可写明："一审查明的事实，有相关证据予以佐证，各方当事人均未提出异议，亦未提交新的证据，本院对一审查明的事实予以确认。"

2. 当事人对一审查明的事实无异议，但提交新证据或者二审法院根据自行调查收集的证据，有新查明的事实的，可写明"一审查明的事实，有相关证据予以佐证，各方当事人均未提出异议，本院对一审查明的事实予以确认。本院另查明：……（在综合列举当事人提交的新证据或法院调查收集的证据、阐述各方当事人的质证意见及本院对证据的认证意见的基础上，对另查明的事实作出认定。）"

3. 当事人对部分事实提出异议，并提交新的证据，但经审查其异议不能成立的。

首先，对于当事人无异议部分的事实，可写明"一审查明的××部分的事实，有相关证据予以佐证，各方当事人均未提出异议，本院对一审判决查明的××部分的事实予以确认。"

其次，对于当事人提出异议部分的事实，可写明"上诉人×

××对一审查明的××部分的事实提出异议……（写明当事人对相关事实提出异议的具体意见及对方的反驳意见，并列举当事人为支持其主张提交的新证据，各方当事人对证据的质证意见以及本院对各证据的认证意见，在此基础上写明本院最终意见，最后可总结性写明‘上诉人××虽然对一审查明的××部分的事实提出异议，但其未能提供充分的证据予以证明，其异议不能成立，本院不予支持，对于一审查明的××部分的事实，本院予以确认’）”。

4. 当事人对部分事实提出异议，根据当事人提交的新证据或者本院调查收集的证据，经审理发现一审查明的事实确实存在部分错误的。

首先，对于当事人无异议的正确部分的事实，可写明“一审查明的××部分的事实，有相关证据予以佐证，各方当事人均未提出异议，本院对一审查明的××部分的事实予以确认。”

其次，对于一审认定错误的事实，可写明“上诉人××对一审查明的××部分的事实提出异议……（写明当事人对相关事实提出异议的具体意见及对方的反驳意见，并列举当事人为支持其主张提交的新证据或本院调查收集的证据，各方当事人对证据的质证意见以及本院对各证据的最终认证意见，在此基础上写明本院查明的事实，最后可总结性写明‘一审对××部分的事实认定有误，应予纠正，上诉人××对此提出的异议成立，本院予以支持’）”。

上述部分具体措辞可由承办人视案件情况灵活掌握。

十二、再审裁判文书应当在“案件由来”部分之后，写明原一、二审审理情况以及申请再审及答辩情况。

上述两部分的具体书写分别参照适用二审裁判文书“一审审理情况”和一审裁判文书关于“当事人起诉及答辩情况”部分

的要求。

十三、再审裁判文书应当根据再审案件特点，结合相关证据材料，依据相关法律规定，针对当事人提出的对原一、二审认定事实的异议，重点予以分析、阐述。

该部分的具体书写参照适用二审裁判文书关于“二审认定的事实”部分的要求。

十四、裁判理由是裁判文书的核心部分，要有针对性和说服力，二审及再审裁判文书要防止照抄原判理由或者公式化的套话。

（一）本部分以“本院认为”作为引言，其后用冒号，另起一行写明具体意见。

（二）应明确纠纷的性质、案由。原审确定案由错误，二审或者再审予以改正的，应在此部分首先进行叙述并阐明理由。

（三）涉外、涉港澳台民商事案件，应当依照《中华人民共和国涉外民事关系法律适用法》及《最高人民法院关于适用〈中华人民共和国涉外民事关系法律适用法〉若干问题的解释（一）》《最高人民法院关于审理涉台民商事案件法律适用问题的规定》等司法解释的规定，对解决纠纷应当适用的法律作出分析认定。涉外涉港澳台海事案件，应当依照《中华人民共和国海商法》的相关规定对法律适用问题作出分析认定，《中华人民共和国海商法》没有规定的，适用《中华人民共和国涉外民事关系法律适用法》及其司法解释的相关规定。

（四）涉外案件应当适用我国法律的，表述为“适用中华人民共和国法律”。

涉港澳案件，应当适用内地法律的，表述为“适用内地法律”，应适用港澳地区法律的，表述为“适用香港特别行政区

（澳门特别行政区）法律”。

……

案件中既有港澳地区当事人，也有台湾地区当事人的，如果应当适用内地（大陆）法律，表述为“适用内地法律”即可。

（五）一审裁判文书应当围绕当事人争议的焦点问题及原告的最终诉讼请求能否成立进行论述。

（六）二审或再审裁判文书应当围绕当事人争议的焦点问题及上诉或再审请求能否成立进行论述。原审裁判正确，上诉或申请再审无理的，指出其理由的不当之处；原审裁判不当，上诉或申请再审理由成立的，应当阐明原判错之处、上诉或申请再审请求和理由成立的事实和法律依据、改判的理由等等。

（七）人民法院审理合同纠纷案件，对于合同是否成立、效力等问题应当主动予以审查，即使当事人未就此提出异议，亦应予以分析阐述。

（八）对于案件复杂，当事人争议问题较多的，可以根据庭审时归纳的当事人争议焦点，分别逐项予以阐述。

（九）在该部分引用法律法规、司法解释时，应当严格适用《最高人民法院关于裁判文书引用法律、法规等规范性法律文件的规定》。并列引用多个法律文件的，引用顺序如下：法律及法律解释、行政法规、地方性法规、自治条例或者单行条例、司法解释；同时引用两部以上法律的，应当先引用基本法律，后引用其他法律；引用包括实体法和程序法的，先引用实体法，后引用程序法。

引用最高人民法院的司法解释时，应当按照公告公布的格式书写。

适用公约时，应当援引适用的公约具体条款。引用公约条款的顺序应置于法律、司法解释之前。

（十）二审或再审改判的，对于改判所依据的实体法应当予以援引。

（十一）如果案件因为涉及商业秘密或者隐私等问题不公开开庭审理，裁判文书中应当援引《中华人民共和国民事诉讼法》第一百三十四条[①]的规定。如果是缺席判决的，应当根据具体情况援引《中华人民共和国民事诉讼法》第一百四十三条[②]或者第一百四十四条[③]的规定。

（十二）指导性案例及非司法解释性的规范性文件，如各种指导性意见、会议纪要、个案答复等不得作为法律依据予以援引，但其体现的原则和精神可在说理部分予以阐述。

（十三）案件经审判委员会讨论决定的，应予以写明。

（十四）案件管辖权问题在判决书理由部分不需要予以阐述。

十五、裁判主文即裁判结果，是对案件实体问题作出的处理决定，裁判结果要明确、具体、完整。裁判结果应对当事人争议的实体问题作出终审结论。二审或再审裁判文书要对原审裁判作出明确表态，写明维持原裁判或者撤销原裁判，或者维持哪几项、撤销哪几项；对改判或加判的内容，要区别确认之诉、变更之诉、给付之诉等不同情况，作出明确、具体的处理决定。

（一）裁判文书主文部分中当事人名称应当用全称，主文的各项之间统一用分号。

（二）裁判文书主文内容必须明确具体、便于执行。如原审判决中未明确履行期限的，二审或再审裁判文书应写明判项的履

---

① 现为2021年修正的《民事诉讼法》第一百三十七条。

② 现为2021年修正的《民事诉讼法》第一百四十六条。

③ 现为2021年修正的《民事诉讼法》第一百四十七条。

行日期。

（三）对于金钱给付的利息，当事人要求计算至判决执行之日止，而原审裁判计算出绝对数的，二审或再审应予以纠正，应当明确利息计算的起止点。

（四）根据最高人民法院法〔2007〕19号通知的要求，1. 一审判决中具有金钱给付义务的，应当在所有判项之后另起一行写明：如果未按本判决指定的期间履行给付金钱的义务，应当依照《中华人民共和国民事诉讼法》第二百五十三条[①]的规定，加倍支付迟延履行期间的债务利息。2. 二审判决作出改判的案件，无论一审判决是否写入了上述告知内容，均应在所有判项之后另起一行写明第一条的告知内容。3. 如一审判决已经写明上述告知内容，二审维持原判的判决，可不再重复告知。

十六、裁判文书尾部应写明诉讼费用的负担，合议庭成员署名和判决日期等。

（一）诉讼费用是人民法院根据《诉讼费用交纳办法》的有关规定来决定的，不属于诉讼争议的问题，不应列为判决结果的一项内容，应在判决结果后另起一行写明。

根据《诉讼费用交纳办法》第五十五条的规定，诉讼费用应以人民币为计算单位。

（二）一、二审诉讼费用应当分别表述。按照《诉讼费用交纳办法》第十七条的规定："对财产案件提起上诉的，按照不服一审判决部分的上诉请求数额交纳案件受理费。"二审要根据当事人上诉请求的数额重新计算诉讼费，不能完全按照一审的标准收取。根据《诉讼费用交纳办法》第二十九条的规定，共同诉讼

① 现为2021年修正的《民事诉讼法》第二百六十条。

当事人败诉的，应明确当事人各自负担的诉讼费用数额。

如果一审诉讼费用不作调整，可表述为“一审案件受理费××元人民币，财产保全费（或其他费用）××元人民币，按一审判决承担。”

（三）裁判文书尾部由合议庭成员共同署名。助理审判员参加合议的，署代理审判员。院长、庭长参加合议庭审判的案件，院长、庭长担任审判长。

（四）“本件与原本核对无异”字样的印戳，应加盖在年月日与书记员署名之间空行的左边。

十七、其他注意问题。

（一）为避免引起混淆，裁判文书中当事人的名称应当统一，只使用其名称或简称，除以引号转引相关书证原文的情形外，若当事人之间的合同、协议中有“甲方”“乙方”等表述时，应统一变换为当事人的名称。

二审、再审裁判文书使用当事人简称时，应当确保与所引用原审文书对应简称表述一致。

二审、再审裁判文书在表述原审法院名称时，可视情况使用“一审法院”“二审法院”的表述，亦可使用法院简称。

（二）在援引一审裁判文书相关内容时，应当将其中的“本院”修改为“一审法院（或其简称）”。

（三）裁判文书中表述阿拉伯数字时，数字之间不使用逗号。

（四）涉台案件裁判文书的书写，适用《最高人民法院关于贯彻执行〈关于审理涉台民商事案件法律适用问题的规定〉的通知》（法〔2011〕180号）的要求。

第二章　管　辖

最高人民法院
关于涉外民商事案件诉讼管辖若干问题的规定

（2001年12月25日最高人民法院审判委员会第1203次会议通过　根据2020年12月23日最高人民法院审判委员会第1823次会议通过的《最高人民法院关于修改〈最高人民法院关于人民法院民事调解工作若干问题的规定〉等十九件民事诉讼类司法解释的决定》修正）

为正确审理涉外民商事案件，依法保护中外当事人的合法权益，根据《中华人民共和国民事诉讼法》第十八条①的规定，现将有关涉外民商事案件诉讼管辖的问题规定如下：

第一条　第一审涉外民商事案件由下列人民法院管辖：

（一）国务院批准设立的经济技术开发区人民法院；

（二）省会、自治区首府、直辖市所在地的中级人民法院；

（三）经济特区、计划单列市中级人民法院；

（四）最高人民法院指定的其他中级人民法院；

① 现为2021年修正的《民事诉讼法》第十九条。

（五）高级人民法院。

上述中级人民法院的区域管辖范围由所在地的高级人民法院确定。

第二条 对国务院批准设立的经济技术开发区人民法院所作的第一审判决、裁定不服的，其第二审由所在地中级人民法院管辖。

第三条 本规定适用于下列案件：

（一）涉外合同和侵权纠纷案件；

（二）信用证纠纷案件；

（三）申请撤销、承认与强制执行国际仲裁裁决的案件；

（四）审查有关涉外民商事仲裁条款效力的案件；

（五）申请承认和强制执行外国法院民商事判决、裁定的案件。

第四条 发生在与外国接壤的边境省份的边境贸易纠纷案件，涉外房地产案件和涉外知识产权案件，不适用本规定。

第五条 涉及香港、澳门特别行政区和台湾地区当事人的民商事纠纷案件的管辖，参照本规定处理。

第六条 高级人民法院应当对涉外民商事案件的管辖实施监督，凡越权受理涉外民商事案件的，应当通知或者裁定将案件移送有管辖权的人民法院审理。

第七条 本规定于2002年3月1日起施行。本规定施行前已经受理的案件由原受理人民法院继续审理。

本规定人发布前的有关司法解释、规定与本规定不一致的，以本规定为准。

附录 1：

最高人民法院关于认真学习贯彻《关于涉外民商事案件诉讼管辖若干问题的规定》的通知

2002 年 3 月 1 日　　　　法〔2002〕22 号

各省、自治区、直辖市高级人民法院，解放军军事法院，新疆维吾尔自治区高级人民法院生产建设兵团分院：

为适应我国加入世界贸易组织形势的需要，依法及时公正地审理涉外民商事案件，切实保护中外当事人的合法权益，最高人民法院审判委员会近日通过了《关于涉外民商事案件诉讼管辖若干问题的规定》（以下简称《规定》）。为学习贯彻好这一司法解释，现通知如下：

一、要深刻领会实施《规定》的重要意义，尽快做好各项准备工作。对涉外民商事案件实行集中管辖，是因应“入世”后面临的新形势而采取的一项重要改革举措；是优化案件管辖，充分发挥审判效能所作出的一项重要决策。各高级人民法院要积极做好各项准备工作，按照《规定》要求，尽快明确实行集中管辖的法院的区域划分，并及时运作，坚决维护国家大局和法制统一。

二、根据《规定》有权管辖涉外民商事案件的中级人民法院应当设立专门审理涉外民商事案件的审判庭，此类案件较少的地区的中级人民法院应当设立专门的合议庭。

三、要针对涉外民商事审判工作的特点，采取切实有效的措施，大力开展不同形式的业务培训，使涉外民商事法官尽快熟悉世界贸易组织规则、相关国际公约和国际惯例，努力建设一支懂法律、懂国际贸易、懂外语的专家型涉外民商事审判队伍。

四、对涉外民商事生效裁判的申请再审和申诉案件，由人民法院负责审理涉外民商事案件的审判庭负责办理。对本级法院作出的涉外民商事生效裁判的申请再审和申诉案件，由审判监督庭负责办理。

五、各高级人民法院要对集中管辖的实施加强监督与协调，积极做好相关工作。在执行《规定》过程中遇到的问题，请及时报告我院。

特此通知。

附录2：

最高人民法院关于加强涉外商事案件诉讼管辖工作的通知

2004年12月29日　　　　法〔2004〕265号

各省、自治区、直辖市高级人民法院，解放军军事法院，新疆维吾尔自治区高级人民法院生产建设兵团分院：

最高人民法院2002年3月1日法释〔2002〕5号《关于涉外民商事案件诉讼管辖若干问题的规定》施行以来，各地法院认真贯彻落实，建立了涉外商事审判工作的新格局，提高了审判质量和涉外商事法官素质，为应对我国加入世界贸易组织后所面临的挑战作出了较大贡献。为进一步方便当事人诉讼，防止涉外商事案件流失，培育并充分利用司法资源，不断提高涉外商事审判能力，现根据最高人民法院《关于涉外民商事案件诉讼管辖若干问题的规定》第一条第（四）项的规定，通知如下：

一、受理边境贸易纠纷案件法院的上诉审中级人民法院，国务院批准设立的经济技术开发区法院的上诉审中级人民法院，以及其他中级人民法院，需要指定管辖一审涉外商事案件的，由其所在地的高级人民法院报请最高人民法院审批。

各高级人民法院要在调研的基础上，于 2005 年 3 月底前将需要指定管辖的上列中级人民法院上报指定。

二、授权广东省和各直辖市的高级人民法院根据实际工作需要指定辖区内的基层人民法院管辖本区的第一审涉外（含涉港澳台）商事案件，明确基层人民法院与中级人民法院的案件管辖分工，并将指定管辖的情况报最高人民法院备案。

三、指定管辖一审涉外商事案件的法院，必须坚持标准。要设立专门的涉外商事审判庭或者合议庭，配备足够的审判力量，确保审判质量。需要管辖第一审涉外商事案件但暂不具备条件的，要加强法官培训，待符合条件后再报请指定。

四、指定管辖一审涉外商事案件的法院，要及时确定其管辖区域，并向社会公布，确保最高人民法院《关于涉外民商事案件诉讼管辖若干问题的规定》的正确贯彻实施。

五、各高级人民法院要切实加强对涉外商事案件诉讼管辖工作的监督指导，坚决纠正不当管辖，认真解决涉外商事案件管辖中存在的问题，正确行使涉外商事案件的管辖权，维护我国的司法权威。

特此通知。

最高人民法院

关于明确第一审涉外民商事案件级别管辖标准以及归口办理有关问题的通知

2017 年 12 月 7 日　　　　法〔2017〕359 号

各省、自治区、直辖市高级人民法院、解放军军事法院、新疆维吾尔自治区高级人民法院生产建设兵团分院：

为合理定位四级法院涉外民商事审判职能，统一裁判尺度，维护当事人的合法权益，保障开放型经济的发展，现就第一审涉外民商事案件级别管辖标准以及归口办理的有关问题，通知如下：

一、关于第一审涉外民商事案件的级别管辖标准

北京、上海、江苏、浙江、广东高级人民法院管辖诉讼标的额人民币 2 亿元以上的第一审涉外民商事案件；直辖市中级人民法院以及省会城市、计划单列市、经济特区所在地的市中级人民法院管辖诉讼标的额人民币 2000 万元以上的第一审涉外民商事案件，其他中级人民法院管辖诉讼标的额人民币 1000 万元以上的第一审涉外民商事案件。

天津、河北、山西、内蒙古、辽宁、安徽、福建、山东、河南、湖北、湖南、广西、海南、四川、重庆高级人民法院管辖诉讼标的额人民币 8000 万元以上的第一审涉外民商事案件；直辖市中级人民法院以及省会城市、计划单列市、经济特区所在地的

市中级人民法院管辖诉讼标的额人民币1000万元以上的第一审涉外民商事案件，其他中级人民法院管辖诉讼标的额人民币500万元以上的第一审涉外民商事案件。

吉林、黑龙江、江西、云南、陕西、新疆高级人民法院和新疆生产建设兵团分院管辖诉讼标的额人民币4000万元以上的第一审涉外民商事案件；省会城市、计划单列市中级人民法院，管辖诉讼标的额人民币500万元以上的第一审涉外民商事案件，其他中级人民法院管辖诉讼标的额人民币200万元以上的第一审涉外民商事案件。

贵州、西藏、甘肃、青海、宁夏高级人民法院管辖诉讼标的额人民币2000万元以上的第一审涉外民商事案件；省会城市、计划单列市中级人民法院，管辖诉讼标的额人民币200万元以上的第一审涉外民商事案件，其他中级人民法院管辖诉讼标的额人民币100万元以上的第一审涉外民商事案件。

各高级人民法院发布的本辖区级别管辖标准，除于2011年1月后经我院批复同意的外，不再作为确定第一审涉外民商事案件级别管辖的依据。

二、下列案件由涉外审判庭或专门合议庭审理：

（一）当事人一方或者双方是外国人、无国籍人、外国企业或者组织，或者当事人一方或者双方的经常居所地在中华人民共和国领域外的民商事案件；

（二）产生、变更或者消灭民事关系的法律事实发生在中华人民共和国领域外，或者标的物在中华人民共和国领域外的民商事案件；

（三）外商投资企业设立、出资、确认股东资格、分配利润、合并、分立、解散等与该企业有关的民商事案件；

（四）一方当事人为外商独资企业的民商事案件；

（五）信用证、保函纠纷案件，包括申请止付保全案件；

（六）对第一项至第五项案件的管辖权异议裁定提起上诉的案件；

（七）对第一项至第五项案件的生效裁判申请再审的案件，但当事人依法向原审人民法院申请再审的除外；

（八）跨境破产协助案件；

（九）民商事司法协助案件；

（十）最高人民法院《关于仲裁司法审查案件归口办理有关问题的通知》确定的仲裁司法审查案件。

前款规定的民商事案件不包括婚姻家庭纠纷、继承纠纷、劳动争议、人事争议、环境污染侵权纠纷及环境公益诉讼。

三、海事海商及知识产权纠纷案件，不适用本通知。

四、涉及香港、澳门特别行政区和台湾地区的民商事案件参照适用本通知。

五、本通知自2018年1月1日起执行。之前已经受理的案件不适用本通知。

本通知执行过程中遇到的问题，请及时报告我院。

最高人民法院

关于我国公民周芳洲向我国法院申请承认香港地方法院离婚判决效力，我国法院应否受理问题的批复

1991年9月20日　　〔91〕民他字第43号

黑龙江省高级人民法院：

你院（1991）民复字第5号请示收悉。经研究，我们同意你院意见，即：我国公民周芳洲向人民法院提出申请，要求承认香港地方法院关于解除英国籍人卓见与其婚姻关系的离婚判决的效力，有管辖权的中级人民法院应予受理。受理后经审查，如该判决不违反我国法律的基本原则和社会公共利益，可裁定承认其法律效力。

此复。

附：

黑龙江省高级人民法院关于我国公民周芳洲向我国法院申请承认香港地方法院离婚判决效力案件的请示报告

（1991年7月24日）

最高人民法院：

最近，哈尔滨市中级人民法院向我院请批关于如何处理中国公民周芳洲申请承认香港地方法院解除英国籍人卓见与其婚姻关系的判决效力的案件。

目前从现行法律和最高法院的司法解释来看，对确认香港地方法院离婚判决的效力问题没有明文规定，院审判委员会决定报请最高人民法院审批。现将案情及我院意见报告如下：

申请人：周芳洲，男，42岁，汉族，中国国籍，铁道部哈尔滨车辆厂医院主治工程师，现住哈市道里区西头道街27号。

申请确认事项：承认香港地方法院1985年1月29日对周芳洲与卓见（女，41岁，汉族，英国国籍，原系哈市歌剧院演奏员，现住英国伦敦）解除婚姻关系判决的效力。

案件事实

双方于1978年1月24日在哈市登记结婚，婚后生一名女孩周宓（现年十二岁），婚后感情一般。1979年3月，卓见的父母卓明礼、邓宛生（原系哈尔滨市歌剧院指挥、导演）去香港定居。1981年6月，卓见经申请携女儿去香港探视父母（两年后办理了退职手续）。嗣后，卓见于1982年1月曾两次给周芳洲来信要求离婚。周均未同意。1983 年 7 月至 1984 年 9 月，周芳洲先后收到香港卓振威（卓见伯父）律师行的四份来函，言明其行已接受卓见的委托，向香港地方法院提出离婚申请，并奉法庭指示给周来函，要求周填写诉讼文书。对此周均未予以理睬。1991 年 2 月 1 日周芳洲向哈市中院起诉提出与卓见解除婚姻关系。在哈市中院审理期间，经周芳洲提供证实，卓见早在 1985 年 1 月经香港地方法院办理了离婚手续，并又与英籍人结婚生育了子女，现居住在伦敦，但其亲属不提供详细住址。于是周芳洲又于今年 5 月持香港地方法院离婚判决向哈市中院提出申请，请求承认香港地方法院对双方解除婚姻关系的判决效力。

哈市中院认为，香港地方法院于 1985 年 1 月 29 日对卓见与周芳洲作出的解除婚姻关系的判决符合我国法律规定的承认条件，因此，拟裁定承认该判决的效力并报我院请批。

我院请批意见

经审查认为：卓见去香港已长达十年之久，并且已经再婚，现已移居英国伦敦。从客观上看，卓见与周芳洲的夫妻感情确已达到破裂程度。现香港地方法院对卓见与周芳洲离婚案件已作出离婚判决，且该判决已于 1985 年 1 月 29 日生效。审查该判决，并未有违反我国法律基本原则或国家主权、安全和社会公共利益之内容。如果从保护在大陆一方当事人的合法权益来看，应尽快解除这种名存实亡的婚姻，承认香港地方法院的判决。但是，目前最高法院对确认香港地方法院离婚判决的效力问题没有明文规定。我院审判委员会会议能否参照《中华人民共和国民事诉讼法》第268条[①]之规定和参考最高院法（民）复（1990）12号批复："外国法院判决不违反我国法律的基本准则或我国国家、社会利益，裁定承认其拘束力。"及最高院1990年12月5日下发的《关于中国公民申请承认外国法院离婚判决程序的问题规定》（讨论稿）第12、13、14条的规定，拟裁定承认香港地方法院对卓见与周芳洲解除婚姻关系的判决效力。

以上意见，当否，请批复。

① 现为2021年修正的《民事诉讼法》第二百八十九条。

第三章　送　达

最高人民法院
关于涉港澳民商事案件司法文书送达问题若干规定

法释〔2009〕2号

（2009年2月16日最高人民法院审判委员会第1463次会议通过
2009年3月9日最高人民法院公告公布　自2009年3月16日起施行）

为规范涉及香港特别行政区、澳门特别行政区民商事案件司法文书送达，根据《中华人民共和国民事诉讼法》的规定，结合审判实践，制定本规定。

第一条　人民法院审理涉及香港特别行政区、澳门特别行政区的民商事案件时，向住所地在香港特别行政区、澳门特别行政区的受送达人送达司法文书，适用本规定。

第二条　本规定所称司法文书，是指起诉状副本、上诉状副本、反诉状副本、答辩状副本、传票、判决书、调解书、裁定书、支付令、决定书、通知书、证明书、送达回证等与诉讼相关的文书。

第三条　作为受送达人的自然人或者企业、其他组织的法定代表人、主要负责人在内地的，人民法院可以直接向该自然人或者法定代表人、主要负责人送达。

第四条 除受送达人在授权委托书中明确表明其诉讼代理人无权代为接收有关司法文书外，其委托的诉讼代理人为有权代其接受送达的诉讼代理人，人民法院可以向该诉讼代理人送达。

第五条 受送达人在内地设立有代表机构的，人民法院可以直接向该代表机构送达。

受送达人在内地设立有分支机构或者业务代办人并授权其接受送达的，人民法院可以直接向该分支机构或者业务代办人送达。

第六条 人民法院向在内地没有住所的受送达人送达司法文书，可以按照《最高人民法院关于内地与香港特别行政区法院相互委托送达民商事司法文书的安排》或者《最高人民法院关于内地与澳门特别行政区法院就民商事案件相互委托送达司法文书和调取证据的安排》送达。

按照前款规定方式送达的，自内地的高级人民法院或者最高人民法院将有关司法文书递送香港特别行政区高等法院或者澳门特别行政区终审法院之日起满三个月，如果未能收到送达与否的证明文件且不存在本规定第十二条规定情形的，视为不能适用上述安排中规定的方式送达。

第七条 人民法院向受送达人送达司法文书，可以邮寄送达。

邮寄送达时应附有送达回证。受送达人未在送达回证上签收但在邮件回执上签收的，视为送达，签收日期为送达日期。

自邮寄之日起满三个月，虽未收到送达与否的证明文件，但存在本规定第十二条规定情形的，期间届满之日视为送达。

自邮寄之日起满三个月，如果未能收到送达与否的证明文件，且不存在本规定第十二条规定情形的，视为未送达。

第八条　人民法院可以通过传真、电子邮件等能够确认收悉的其他适当方式向受送达人送达。

第九条　人民法院不能依照本规定上述方式送达的，可以公告送达。公告内容应当在内地和受送达人住所地公开发行的报刊上刊登，自公告之日起满三个月即视为送达。

第十条　除公告送达方式外，人民法院可以同时采取多种法定方式向受送达人送达。

采取多种方式送达的，应当根据最先实现送达的方式确定送达日期。

第十一条　人民法院向在内地的受送达人或者受送达人的法定代表人、主要负责人、诉讼代理人、代表机构以及有权接受送达的分支机构、业务代办人送达司法文书，可以适用留置送达的方式。

第十二条　受送达人未对人民法院送达的司法文书履行签收手续，但存在以下情形之一的，视为送达：

（一）受送达人向人民法院提及了所送达司法文书的内容；

（二）受送达人已经按照所送达司法文书的内容履行；

（三）其他可以确认已经送达的情形。

第十三条　下级人民法院送达司法文书，根据有关规定需要通过上级人民法院转递的，应当附申请转递函。

上级人民法院收到下级人民法院申请转递的司法文书，应当在七个工作日内予以转递。

上级人民法院认为下级人民法院申请转递的司法文书不符合有关规定需要补正的，应当在七个工作日内退回申请转递的人民法院。

最高人民法院

关于如何确定涉港澳台当事人公告送达期限和答辩、上诉期限的请示的复函

2001 年 8 月 7 日　　〔2001〕民四他字第 29 号

上海市高级人民法院：

你院 2000 年 8 月 15 日沪高法〔2000〕485 号《关于如何确定涉港澳台当事人公告送达期限和答辩、上诉期限的请示》收悉。经研究认为：香港、澳门和台湾地区的当事人在内地法院起诉、应诉或者上诉时，需要履行一定的认证、公证或者转递手续，人民法院的司法文书目前尚无法采用与内地当事人完全相同的方式对港澳台当事人送达。因此，对港澳台当事人在内地诉讼时的公告送达期限和答辩、上诉的期限，应参照我国《民事诉讼法》涉外编的有关规定执行。

此复。

最高人民法院
关于涉外民事或商事案件司法文书送达问题若干规定

（2006 年 7 月 17 日最高人民法院审判委员会第 1394 次会议通过
根据 2020 年 12 月 23 日最高人民法院审判委员会第 1823 次会议
通过的《最高人民法院关于修改〈最高人民法院关于人民法院
民事调解工作若干问题的规定〉等十九件民事诉讼类司法
解释的决定》修正）

为规范涉外民事或商事案件司法文书送达，根据《中华人民共和国民事诉讼法》（以下简称民事诉讼法）的规定，结合审判实践，制定本规定。

第一条　人民法院审理涉外民事或商事案件时，向在中华人民共和国领域内没有住所的受送达人送达司法文书，适用本规定。

第二条　本规定所称司法文书，是指起诉状副本、上诉状副本、反诉状副本、答辩状副本、传票、判决书、调解书、裁定书、支付令、决定书、通知书、证明书、送达回证以及其他司法文书。

第三条　作为受送达人的自然人或者企业、其他组织的法定代表人、主要负责人在中华人民共和国领域内的，人民法院可以向该自然人或者法定代表人、主要负责人送达。

第四条　除受送达人在授权委托书中明确表明其诉讼代理人无权代为接收有关司法文书外，其委托的诉讼代理人为民事诉讼法第二百六十七条第（四）项①规定的有权代其接受送达的诉讼代理人，人民法院可以向该诉讼代理人送达。

第五条 人民法院向受送达人送达司法文书，可以送达给其在中华人民共和国领域内设立的代表机构。

受送达人在中华人民共和国领域内有分支机构或者业务代办人的，经该受送达人授权，人民法院可以向其分支机构或者业务代办人送达。

第六条 人民法院向在中华人民共和国领域内没有住所的受送达人送达司法文书时，若该受送达人所在国与中华人民共和国签订有司法协助协定，可以依照司法协助协定规定的方式送达；若该受送达人所在国是《关于向国外送达民事或商事司法文书和司法外文书公约》的成员国，可以依照该公约规定的方式送达。

依照受送达人所在国与中华人民共和国缔结或者共同参加的国际条约中规定的方式送达的，根据《最高人民法院关于依据国际公约和双边司法协助条约办理民商事案件司法文书送达和调查取证司法协助请求的规定》办理。

第七条 按照司法协助协定、《关于向国外送达民事或商事司法文书和司法外文书公约》或者外交途径送达司法文书，自我国有关机关将司法文书转递受送达人所在国有关机关之日起满六个月，如果未能收到送达与否的证明文件，且根据各种情况不足以认定已经送达的，视为不能用该种方式送达。

第八条 受送达人所在国允许邮寄送达的，人民法院可以邮寄送达。

邮寄送达时应附有送达回证。受送达人未在送达回证上签收

---

① 现为2021年修正的《民事诉讼法》第二百七十四条第四项。

但在邮件回执上签收的，视为送达，签收日期为送达日期。

自邮寄之日起满三个月，如果未能收到送达与否的证明文件，且根据各种情况不足以认定已经送达的，视为不能用邮寄方式送达。

第九条　人民法院依照民事诉讼法第二百六十七条第（八）项[①]规定的公告方式送达时，公告内容应在国内外公开发行的报刊上刊登。

第十条　除本规定上述送达方式外，人民法院可以通过传真、电子邮件等能够确认收悉的其他适当方式向受送达人送达。

第十一条　除公告送达方式外，人民法院可以同时采取多种方式向受送达人进行送达，但应根据最先实现送达的方式确定送达日期。

第十二条　人民法院向受送达人在中华人民共和国领域内的法定代表人、主要负责人、诉讼代理人、代表机构以及有权接受送达的分支机构、业务代办人送达司法文书，可以适用留置送达的方式。

第十三条　受送达人未对人民法院送达的司法文书履行签收手续，但存在以下情形之一的，视为送达：

（一）受送达人书面向人民法院提及了所送达司法文书的内容；

（二）受送达人已经按照所送达司法文书的内容履行；

（三）其他可以视为已经送达的情形。

第十四条　人民法院送达司法文书，根据有关规定需要通过上级人民法院转递的，应附申请转递函。

---

① 现为2021年修正的《民事诉讼法》第二百七十四条第八项。

上级人民法院收到下级人民法院申请转递的司法文书，应在七个工作日内予以转递。

上级人民法院认为下级人民法院申请转递的司法文书不符合有关规定需要补正的，应在七个工作日内退回申请转递的人民法院。

第十五条 人民法院送达司法文书，根据有关规定需要提供翻译件的，应由受理案件的人民法院委托中华人民共和国领域内的翻译机构进行翻译。

翻译件不加盖人民法院印章，但应由翻译机构或翻译人员签名或盖章证明译文与原文一致。

第十六条 本规定自公布之日起施行。

最高人民法院办公厅
关于向外国送达涉外行政案件司法文书的通知

2004年7月20日　　　　　　　　法办〔2004〕346号

各省、自治区、直辖市高级人民法院，解放军军事法院，新疆维吾尔自治区高级人民法院生产建设兵团分院：

我国加入世界贸易组织以后，我国法院审理的涉外行政案件将不断增加，为保护中外当事人的合法权益，确保我国法院审判工作顺利进行，现可参照我国加入的海牙民商事送达公约，请求外国协助送达我国涉外行政案件司法文书。现就我国向外国送达涉外行政案件司法文书的做法通知如下：

对于需要向海牙民商事送达公约成员国送达涉外行政案件司法文书的，可参照1965年订立于海牙的《关于向国外送达民事或商事司法文书和司法外文书公约》和我国内相关程序向有关外国提出司法协助请求，通过公约规定的途径送达。

最高人民法院

关于香港特别行政区企业在国内开办全资独资企业法律文书送达问题的请示的复函

2011 年 10 月 27 日　　〔2011〕民四他字第 44 号

湖南省高级人民法院民三庭：

你庭《关于香港特别行政区企业在国内开办全资独资企业法律文书送达问题的请示》收悉。经研究，答复如下：

一、在涉港商事案件的审理过程中，如果当事人提交了经合法公证认证的香港特别行政区受送达人（以下简称受送达人）的登记注册资料，首先，人民法院应当对该受送达人的主体资格予以确认；其次，人民法院可以通过《最高人民法院关于涉港澳民商事案件司法文书送达问题若干规定》中规定的途径向该受送达人登记注册资料中载明的地址进行送达。即使人民法院向受送达人登记注册资料中载明的地址无法成功送达的，亦不能必然得出受送达人登记注册资料不实的结论，人民法院亦不能主动对此予以纠正。

二、参照《最高人民法院关于涉港澳民商事案件司法文书送达问题若干规定》第五条第二款的相关规定，受送达人在内地设立的独资企业未经其明确授权的，人民法院不能直接向该独资企业送达司法文书，但有证据证明通过该独资企业送达的司法文书成功送达到了受送达人的除外。参照《最高人民法院关于涉港澳民商事案件司法文书送达问题若干规定》第三条的规定，受送达人的董事一般可以被认定为有权代表该受送达人接受司法文书的主体。如果有证据证明受送达人的现任董事在内地出现，人民法院可以将送达给受送达人的司法文书向其董事本人进行送达。

今后此类案件应以你院的名义而非你庭的名义报送请示。

此复

附：

湖南省高级人民法院关于香港特别行政区企业在国内开办全资独资企业法律文书送达问题的请示

（湖南省高级人民法院民三庭　2011年7月29日）

最高人民法院民四庭：

我院最近相继受理了福州九歌万派房地产顾问有限公司、广州凌峻中国销售代理公司与冠都国际集团有限公司（以下简称冠都集团公司）、冠都（衡阳）房地产开发有限公司（以下简称冠都衡阳公司）委托合同纠纷，冠都集团公司属于在香港注册的港资企业，由于冠都集团公司经过香港律师公证认证的公司地址无法送达，一审法院和我院为送达起诉书副本、开庭传票、判决书等，只能多次以公告的方式送达，导致案件审理时间拖延，引起了我省人大内司委和相关法院的关注。现将有关问题请示如下：

一、冠都集团公司在香港注册，来境内投资创办房地产开发公司，注册资料经过香港律师公证认证，公司地址是明确的，但经过一、二审法院多次送达，均以查无此人退回。我们认为，经过了香港律师公证认证的企业注册资料应该是可信的，但这种公司地址改变不能送达的情形是否可以归为港资企业注册资料不实？对这种注册资料不实的情形应该如何处理？

二、通过对冠都衡阳公司的工商登记注册资料查询为冠都集团公司的独资企业，并由冠都集团公司向冠都衡阳公司出具了委托书，委派该公司董事为冠都衡阳公司的执行董事。在一、二审法院向冠都阳公司送达法律文书的过程中，冠都衡阳公司一直拒收冠都集团公司的法文书。我们认为，按照公司法以及最高人民法院关于涉外审判送达的相关定，冠都衡阳公司应为冠都集团公司在境内的分支机构，冠都衡阳公司的定代表人也是冠都集团公司的董事，并被委派为境内公司的执行董事，所以向冠都衡阳公司送达文书的同时向该公司法定代表人送达冠都集团公司的相关法律文件能否视为向冠都集团公司送达？

特此请示，盼复！

第四章　判决的承认和执行

最高人民法院

关于中国法院作出的离婚判决书是否生效由谁证明问题的复函

1987年11月17日　　〔87〕民他字第65号

外交部领事司：

你司（87）领四转字第25号文收悉。奥地利驻华大使馆就北京市中级人民法院关于耿敏华与华锡圻离婚案的（83）中民字第468号判决书，是否已经生效问题，来照要求出具证明。经阅，照会所附的判决书，是一审判决书。根据我国《民事诉讼法（试行）》第一百五十六条、第一百二十三条等条的规定，当事人不服地方各级人民法院第一审判决，有权向上一级人民法院提起上诉，第二审人民法院作出的判决，是终审判决。上诉期限届满，当事人没有提起上诉的，一审判决即发生法律效力。据此，该判决书是否已生效，你司可与作出该判决的北京市中级人民法院联系，由该院出具证明，以便你司回照。

最高人民法院
关于人民法院如何出具判决书法律效力证明问题的函

1987年11月18日　　　　〔87〕民他字第65号

北京市中级人民法院:

我院收到外交部领事司转来奥地利驻华大使馆的照会，询问你院关于耿敏华与华锡圻离婚案的（83）中民字第468号民事判决书，是否已经生效，并请求出具证明。我们经研究认为，你院可根据具体情况出具证明。如果本案已上诉，第二审法院正在审理，证明内容可为:“耿敏华诉华锡圻离婚案现正在上诉审审理期间，本院（83）中民字第468民事判决书不具有法律效力”；如果第二审审理终结，证明内容则为:“耿敏华诉华锡圻离婚案的判决，应以北京市高级人民法院的终审判决为准”；如果本案第一审终结后，当事人没有上诉，证明内容可为“本院关于耿敏华诉华锡圻离婚案的（83）中民字第468号民事判决书，已于年月日生效”。请你院查明情况，及时出具证明，并加盖院印，由外交部领事司转给奥地利驻华大使馆。

以上意见供你们答复时参考。

最高人民法院
关于中国公民申请承认外国法院离婚判决程序问题的规定

（1991 年 7 月 5 日最高人民法院审判委员会第 503 次会议通过
根据 2020 年 12 月 23 日最高人民法院审判委员会第 1823 次会议
通过的《最高人民法院关于修改〈最高人民法院关于人民法院
民事调解工作若干问题的规定〉等十九件民事诉讼类
司法解释的决定》修正）

第一条　对与我国没有订立司法协助协议的外国法院作出的离婚判决，中国籍当事人可以根据本规定向人民法院申请承认该外国法院的离婚判决。

对与我国有司法协助协议的外国法院作出的离婚判决，按照协议的规定申请承认。

第二条　外国法院离婚判决中的夫妻财产分割、生活费负担、子女抚养方面判决的承认执行，不适用本规定。

第三条　向人民法院申请承认外国法院的离婚判决，申请人应提出书面申请书，并须附有外国法院离婚判决书正本及经证明无误的中文译本。否则，不予受理。

第四条　申请书应记明以下事项：

（一）申请人姓名、性别、年龄、工作单位和住址；

（二）判决由何国法院作出，判结结果、时间；

（三）受传唤及应诉的情况；

（四）申请理由及请求；

（五）其他需要说明的情况。

第五条 申请由申请人住所地中级人民法院受理。申请人住所地与经常居住地不一致的，由经常居住地中级人民法院受理。

申请人不在国内的，由申请人原国内住所地中级人民法院受理。

第六条 人民法院接到申请书，经审查，符合本规定的受理条件的，应当在7日内立案；不符合的，应当在7日内通知申请人不予受理，并说明理由。

第七条 人民法院审查承认外国法院离婚判决的申请，由三名审判员组成合议庭进行，作出的裁定不得上诉。

第八条 人民法院受理申请后，对于外国法院离婚判决书没有指明已生效或生效时间的，应责令申请人提交作出判决的法院出具的判决已生效的证明文件。

第九条 外国法院作出离婚判决的原告为申请人的，人民法院应责令其提交作出判决的外国法院已合法传唤被告出庭的有关证明文件。

第十条 按照第八条、第九条要求提供的证明文件，应经该外国公证部门公证和我国驻该国使、领馆认证，或者履行中华人民共和国与该所在国订立的有关条约中规定的证明手续。同时应由申请人提供经证明无误的中文译本。

第十一条 居住在我国境内的外国法院离婚判决的被告为申请人，提交第八条、第十条所要求的证明文件和公证、认证有困难的，如能提交外国法院的应诉通知或出庭传票的，可推定外国法院离婚判决书为真实和已经生效。

第十二条 经审查，外国法院的离婚判决具有下列情形之一的，不予承认：

（一）判决尚未发生法律效力；

（二）作出判决的外国法院对案件没有管辖权；

（三）判决是在被告缺席且未得到合法传唤情况下作出的；

（四）该当事人之间的离婚案件，我国法院正在审理或已作出判决，或者第三国法院对该当事人之间作出的离婚案件判决已为我国法院所承认；

（五）判决违反我国法律的基本原则或者危害我国国家主权、安全和社会公共利益。

第十三条　对外国法院的离婚判决的承认，以裁定方式作出。没有第十二条规定的情形的，裁定承认其法律效力；具有第十二条规定的情形之一的，裁定驳回申请人的申请。

第十四条　裁定书以“中华人民共和国××中级人民法院”名义作出，由合议庭成员署名，加盖人民法院印章。

第十五条　裁定书一经送达，即发生法律效力。

第十六条　申请承认外国法院的离婚判决，申请人应向人民法院交纳案件受理费人民币 100 元。

第十七条　申请承认外国法院的离婚判决，委托他人代理的，必须向人民法院提交由委托人签名或盖章的授权委托书。委托人在国外出具的委托书，必须经我国驻该国的使、领馆证明，或者履行中华人民共和国与该所在国订立的有关条约中规定的证明手续。

第十八条　人民法院受理离婚诉讼后，原告一方变更请求申请承认外国法院离婚判决，或者被告一方另提出承认外国法院离婚判决申请的，其申请均不受理。

第十九条　人民法院受理承认外国法院离婚判决的申请后，

对方当事人向人民法院起诉离婚的，人民法院不予受理。

第二十条 当事人之间的婚姻虽经外国法院判决，但未向人民法院申请承认的，不妨碍当事人一方另行向人民法院提出离婚诉讼。

第二十一条 申请人的申请为人民法院受理后，申请人可以撤回申请，人民法院以裁定准予撤回。申请人撤回申请后，不得再提出申请，但可以另向人民法院起诉离婚。

第二十二条 申请人的申请被驳回后，不得再提出申请，但可以另行向人民法院起诉离婚。

最高人民法院
关于人民法院受理申请承认外国法院离婚判决案件有关问题的规定

（1999年12月1日最高人民法院审判委员会第1090次会议通过 根据2020年12月23日最高人民法院审判委员会第1823次会议通过的《最高人民法院关于修改〈最高人民法院关于人民法院民事调解工作若干问题的规定〉等十九件民事诉讼类司法解释的决定》修正）

1998年9月17日，我院以法〔1998〕86号通知印发了《关于人民法院受理申请承认外国法院离婚判决案件几个问题的意见》，现根据新的情况，对人民法院受理申请承认外国法院离婚判决案件的有关问题重新作如下规定：

一、中国公民向人民法院申请承认外国法院离婚判决，人民法院不应以其未在国内缔结婚姻关系而拒绝受理；中国公民申请承认外国法院在其缺席情况下作出的离婚判决，应同时向人民法院提交作出该判决的外国法院已合法传唤其出庭的有关证明文件。

二、外国公民向人民法院申请承认外国法院离婚判决，如果其离婚的原配偶是中国公民的，人民法院应予受理；如果其离婚的原配偶是外国公民的，人民法院不予受理，但可告知其直接向婚姻登记机关申请结婚登记。

三、当事人向人民法院申请承认外国法院离婚调解书效力的，人民法院应予受理，并根据《关于中国公民申请承认外国法院离婚判决程序问题的规定》进行审查，作出承认或不予承认的裁定。

自本规定公布之日起，我院法〔1998〕86号通知印发的《关于人民法院受理申请承认外国法院离婚判决案件几个问题的意见》同时废止。

最高人民法院

关于当事人申请承认澳大利亚法院出具的离婚证明书人民法院应否受理问题的批复

（2005 年 7 月 11 日最高人民法院审判委员会第 1359 次会议通过　根据 2008 年 12 月 16 日公布的《最高人民法院关于调整司法解释等文件中引用〈中华人民共和国民事诉讼法〉条文序号的决定》第一次修正　根据 2020 年 12 月 23 日最高人民法院审判委员会第 1823 次会议通过的《最高人民法院关于修改〈最高人民法院关于人民法院民事调解工作若干问题的规定〉等十九件民事诉讼类司法解释的决定》第二次修正）

广东省高级人民法院：

你院报送的粤高法民一他字〔2004〕9 号"关于当事人申请承认澳大利亚法院出具的离婚证明书有关问题"的请示收悉。经研究，答复如下：

当事人持澳大利亚法院出具的离婚证明书向人民法院申请承认其效力的，人民法院应予受理，并依照《中华人民共和国民事诉讼法》第二百八十一条①和第二百八十二条②以及最高人民法院《关于中国公民申请承认外国法院离婚判决程序问题的规定》的有关规定进行审查，依法作出承认或者不予承认的裁定。

此复。

---

① 现为 2021 年修正的《民事诉讼法》第二百八十八条。

② 现为 2021 年修正的《民事诉讼法》第二百八十九条。

最高人民法院

关于申请人弗拉西动力发动机有限公司申请承认和执行澳大利亚法院判决一案的请示的复函

2007 年 3 月 1 日　　〔2006〕民四他字第 45 号

广东省高级人民法院：

你院〔2006〕粤高法民四他字第 11 号《关于申请人弗拉西动力发动机有限公司申请承认和执行澳大利亚法院判决一案的请示》收悉。经研究认为，我国与澳大利亚联邦之间没有缔结或者参加相互承认和执行法院民事判决、裁定的国际条约，亦未建立相应的互惠关系。弗拉西动力发动机有限公司的申请没有法律依据，应予驳回。依照最高人民法院《关于适用〈中华人民共和国民事诉讼法〉若干问题的意见》第 318 条的规定，当事人可以向有管辖权的人民法院另行起诉。

此复。

附：

广东省高级人民法院关于申请人弗拉西动力发动机有限公司申请承认和执行澳大利亚法院判决一案的请示报告

2006年11月28日　　　　〔2006〕粤高法民四他字第11号

最高人民法院：

深圳市中级人民法院于2006年5月16日受理申请人弗拉西动力发动机有限公司与被申请人郑锡勇申请承认和执行澳大利亚法院判决一案。深圳市中级人民法院经审查认为我国与澳大利亚之间没有缔结或者参加相互承认和执行法院判决、裁定的国际条约，亦未建立相应的互惠关系，弗拉西公司的申请缺少法律依据，拟不予承认和执行该判决，故向我院请示。我院经审查后认为对澳大利亚法院民事判决的承认和执行应由最高人民法院予以规定，统一做法，故特将该案有关情况向钧院报告如下：

一、当事人的基本情况

申请人：弗拉西动力发动机有限公司。住所地：Unit 118 Crocker Drive Malaga Wa 6090 Australia。

法定代表人：Michael Pastorelli，总经理。

被申请人：郑锡勇，男，1960年3月22日出生，住所地：广东省深圳市福田区松岭路，身份证号码：×××××××××××××××。

二、案件的基本事实

申请人弗拉西动力发动机有限公司是澳大利亚公司，注册号码为086174343。弗拉西动力发动机有限公司（原告）因与郑锡勇（第一被告）、魏兵兵（第二被告）存在债务纠纷，于2002年诉至澳大利亚国西澳大利亚最高法院，案号为CIV1469 OF 2002。澳大利亚国西澳大利亚最高法院于2005年11月28日作出判决，内容为：（1）第一被告向原告支付300000澳大利亚元；（2）第一被告向原告支付60854.79澳大利亚元的利息；（3）第一被告向原告支付就诉讼所发生的费用及相关税费（依据1999年法令，货物和服务税）以及其他任何形式的税费；（4）第一被告赔偿原告因此判决所发生的任何相关税费（依据1999年法令，货物和服务税）以及其他任何形式的税费。弗拉西公司于2006年5月11日向深圳市中级人民法院申请承认并执行上述判决。

三、深圳市中级人民法院的处理意见

深圳市中级人民法院认为：《中华人民共和国民事诉讼法》第二百六十八条①规定："人民法院对申请或者请求承认和执行的外国法院作出的发生法律效力的判决、裁定，依照中华人民共和国缔结或者参加的国际条约，或者按照互惠原则进行审查后，认为不违反中华人民共和国法律的基本原则或者国家主权、安全、社会公共利益的，裁定承认其效力，需要执行的，发出执行令，依照本法的规定执行。违反中华人民共和国法律的基本原则或者国家主权、安全、社会公共利益的，不予承认和执行。"我国与澳大利亚之间没有缔结或者参加相互承认和执行法院判决、裁定的国际条约，亦未建立相应的互惠关系。故弗拉西公司的申请缺少法律依据。弗拉西公司可以根据最高人民法院《关于适用

① 现为2021年修正的《民事诉讼法》第二百八十九条，下同。

〈中华人民共和国民事诉讼法〉若干问题的意见》第 318 条的规定，向我国有管辖权的人民法院起诉。综上，应驳回申请人弗拉西动力发动机有限公司的请求。案件受理费人民币 500 元，由申请人弗拉西公司承担。

四、我院的审查意见

依照《中华人民共和国民事诉讼法》第二百六十八条的规定，申请承认和执行外国法院民事判决或裁定的必要条件是我国与作出判决法院所在国缔结或参加相互承认和执行法院判决、裁定的国际条约，或建立了相应的互惠关系。经审查，涉案外国判决系澳大利亚法院作出。我院倾向认为：目前我国尚未与澳大利亚缔结或参加相互承认和执行法院判决、裁定的国际条约，亦未建立相应的互惠关系。因此，本案申请人弗拉西公司的申请不符合我国关于承认和执行外国判决、裁定的有关规定，应驳回申请人的请求。

以上意见妥否，请予批复。

第五章　仲裁裁决的承认和执行及仲裁的司法监督

最高人民法院
关于仲裁司法审查案件报核问题的有关规定

（2017 年 11 月 20 日最高人民法院审判委员会第 1727 次会议通过　根据 2021 年 11 月 15 日最高人民法院审判委员会第 1850 次会议通过的《最高人民法院关于修改〈最高人民法院关于仲裁司法审查案件报核问题的有关规定〉的决定》修正，该修正自 2022 年 1 月 1 日起施行）

为正确审理仲裁司法审查案件，统一裁判尺度，依法保护当事人合法权益，保障仲裁发展，根据《中华人民共和国民事诉讼法》《中华人民共和国仲裁法》等法律规定，结合审判实践，制定本规定。

第一条　本规定所称仲裁司法审查案件，包括下列案件：

（一）申请确认仲裁协议效力案件；

（二）申请撤销我国内地仲裁机构的仲裁裁决案件；

（三）申请执行我国内地仲裁机构的仲裁裁决案件；

（四）申请认可和执行香港特别行政区、澳门特别行政区、台湾地区仲裁裁决案件；

（五）申请承认和执行外国仲裁裁决案件；

（六）其他仲裁司法审查案件。

第二条　各中级人民法院或者专门人民法院办理涉外涉港澳台仲裁司法审查案件，经审查拟认定仲裁协议无效，不予执行或者撤销我国内地仲裁机构的仲裁裁决，不予认可和执行香港特别行政区、澳门特别行政区、台湾地区仲裁裁决，不予承认和执行外国仲裁裁决，应当向本辖区所属高级人民法院报核；高级人民法院经审查拟同意的，应当向最高人民法院报核。待最高人民法院审核后，方可依最高人民法院的审核意见作出裁定。

各中级人民法院或者专门人民法院办理非涉外涉港澳台仲裁司法审查案件，经审查拟认定仲裁协议无效，不予执行或者撤销我国内地仲裁机构的仲裁裁决，应当向本辖区所属高级人民法院报核；待高级人民法院审核后，方可依高级人民法院的审核意见作出裁定。

第三条　本规定第二条第二款规定的非涉外涉港澳台仲裁司法审查案件，高级人民法院经审查，拟同意中级人民法院或者专门人民法院以违背社会公共利益为由不予执行或者撤销我国内地仲裁机构的仲裁裁决的，应当向最高人民法院报核，待最高人民法院审核后，方可依最高人民法院的审核意见作出裁定。

第四条　依据本规定第二条第二款由高级人民法院审核的案件，高级人民法院应当在作出审核意见之日起十五日内向最高人民法院报备。

第五条　下级人民法院报请上级人民法院审核的案件，应当将书面报告和案件卷宗材料一并上报。书面报告应当写明审查意见及具体理由。

第六条　上级人民法院收到下级人民法院的报核申请后，认为案件相关事实不清的，可以询问当事人或者退回下级人民法院补充查明事实后再报。

第七条 上级人民法院应当以复函的形式将审核意见答复下级人民法院。

第八条 在民事诉讼案件中，对于人民法院因涉及仲裁协议效力而作出的不予受理、驳回起诉、管辖权异议的裁定，当事人不服提起上诉，第二审人民法院经审查拟认定仲裁协议不成立、无效、失效、内容不明确无法执行的，须按照本规定第二条的规定逐级报核，待上级人民法院审核后，方可依上级人民法院的审核意见作出裁定。

第九条 本规定自 2018 年 1 月 1 日起施行，本院以前发布的司法解释与本规定不一致的，以本规定为准。

最高人民法院
关于审理仲裁司法审查案件若干问题的规定

法释〔2017〕22号

（2017年12月4日最高人民法院审判委员会第1728次会议通过 2017年12月26日最高人民法院公告公布　自2018年1月1日起施行）

为正确审理仲裁司法审查案件，依法保护各方当事人合法权益，根据《中华人民共和国民事诉讼法》《中华人民共和国仲裁法》等法律规定，结合审判实践，制定本规定。

第一条　本规定所称仲裁司法审查案件，包括下列案件：

（一）申请确认仲裁协议效力案件；

（二）申请执行我国内地仲裁机构的仲裁裁决案件；

（三）申请撤销我国内地仲裁机构的仲裁裁决案件；

（四）申请认可和执行香港特别行政区、澳门特别行政区、台湾地区仲裁裁决案件；

（五）申请承认和执行外国仲裁裁决案件；

（六）其他仲裁司法审查案件。

第二条　申请确认仲裁协议效力的案件，由仲裁协议约定的仲裁机构所在地、仲裁协议签订地、申请人住所地、被申请人住所地的中级人民法院或者专门人民法院管辖。

涉及海事海商纠纷仲裁协议效力的案件，由仲裁协议约定的仲裁机构所在地、仲裁协议签订地、申请人住所地、被申请人住所地的海事法院管辖；上述地点没有海事法院的，由就近的海事法院管辖。

第三条 外国仲裁裁决与人民法院审理的案件存在关联，被申请人住所地、被申请人财产所在地均不在我国内地，申请人申请承认外国仲裁裁决的，由受理关联案件的人民法院管辖。受理关联案件的人民法院为基层人民法院的，申请承认外国仲裁裁决的案件应当由该基层人民法院的上一级人民法院管辖。受理关联案件的人民法院是高级人民法院或者最高人民法院的，由上述法院决定自行审查或者指定中级人民法院审查。

外国仲裁裁决与我国内地仲裁机构审理的案件存在关联，被申请人住所地、被申请人财产所在地均不在我国内地，申请人申请承认外国仲裁裁决的，由受理关联案件的仲裁机构所在地的中级人民法院管辖。

第四条 申请人向两个以上有管辖权的人民法院提出申请的，由最先立案的人民法院管辖。

第五条 申请人向人民法院申请确认仲裁协议效力的，应当提交申请书及仲裁协议正本或者经证明无误的副本。

申请书应当载明下列事项：

（一）申请人或者被申请人为自然人的，应当载明其姓名、性别、出生日期、国籍及住所；为法人或者其他组织的，应当载明其名称、住所以及法定代表人或者代表人的姓名和职务；

（二）仲裁协议的内容；

（三）具体的请求和理由。

当事人提交的外文申请书、仲裁协议及其他文件，应当附有中文译本。

第六条 申请人向人民法院申请执行或者撤销我国内地仲裁机构的仲裁裁决、申请承认和执行外国仲裁裁决的，应当提交申请书及裁决书正本或者经证明无误的副本。

申请书应当载明下列事项：

（一）申请人或者被申请人为自然人的，应当载明其姓名、性别、出生日期、国籍及住所；为法人或者其他组织的，应当载明其名称、住所以及法定代表人或者代表人的姓名和职务；

（二）裁决书的主要内容及生效日期；

（三）具体的请求和理由。

当事人提交的外文申请书、裁决书及其他文件，应当附有中文译本。

第七条 申请人提交的文件不符合第五条、第六条的规定，经人民法院释明后提交的文件仍然不符合规定的，裁定不予受理。

申请人向对案件不具有管辖权的人民法院提出申请，人民法院应当告知其向有管辖权的人民法院提出申请，申请人仍不变更申请的，裁定不予受理。

申请人对不予受理的裁定不服的，可以提起上诉。

第八条 人民法院立案后发现不符合受理条件的，裁定驳回申请。

前款规定的裁定驳回申请的案件，申请人再次申请并符合受理条件的，人民法院应予受理。

当事人对驳回申请的裁定不服的，可以提起上诉。

第九条 对于申请人的申请，人民法院应当在七日内审查决定是否受理。

人民法院受理仲裁司法审查案件后，应当在五日内向申请人和被申请人发出通知书，告知其受理情况及相关的权利义务。

第十条 人民法院受理仲裁司法审查案件后，被申请人对管辖权有异议的，应当自收到人民法院通知之日起十五日内提出。人民法院对被申请人提出的异议，应当审查并作出裁定。当事人对裁定不服的，可以提起上诉。

在中华人民共和国领域内没有住所的被申请人对人民法院的管辖权有异议的，应当自收到人民法院通知之日起三十日内提出。

第十一条 人民法院审查仲裁司法审查案件，应当组成合议庭并询问当事人。

第十二条 仲裁协议或者仲裁裁决具有《最高人民法院关于适用〈中华人民共和国涉外民事关系法律适用法〉若干问题的解释（一）》第一条规定情形的，为涉外仲裁协议或者涉外仲裁裁决。

第十三条 当事人协议选择确认涉外仲裁协议效力适用的法律，应当作出明确的意思表示，仅约定合同适用的法律，不能作为确认合同中仲裁条款效力适用的法律。

第十四条 人民法院根据《中华人民共和国涉外民事关系法律适用法》第十八条的规定，确定确认涉外仲裁协议效力适用的法律时，当事人没有选择适用的法律，适用仲裁机构所在地的法律与适用仲裁地的法律将对仲裁协议的效力作出不同认定的，人民法院应当适用确认仲裁协议有效的法律。

第十五条 仲裁协议未约定仲裁机构和仲裁地，但根据仲裁协议约定适用的仲裁规则可以确定仲裁机构或者仲裁地的，应当认定其为《中华人民共和国涉外民事关系法律适用法》第十八条中规定的仲裁机构或者仲裁地。

第十六条 人民法院适用《承认及执行外国仲裁裁决公约》审查当事人申请承认和执行外国仲裁裁决案件时，被申请人以仲裁协议无效为由提出抗辩的，人民法院应当依照该公约第五条第一款（甲）项的规定，确定确认仲裁协议效力应当适用的法律。

第十七条 人民法院对申请执行我国内地仲裁机构作出的非涉外仲裁裁决案件的审查，适用《中华人民共和国民事诉讼法》

第二百三十七条[①]的规定。

人民法院对申请执行我国内地仲裁机构作出的涉外仲裁裁决案件的审查，适用《中华人民共和国民事诉讼法》第二百七十四条[②]的规定。

第十八条　《中华人民共和国仲裁法》第五十八条第一款第六项和《中华人民共和国民事诉讼法》第二百三十七条第二款第六项[③]规定的仲裁员在仲裁该案时有索贿受贿，徇私舞弊，枉法裁决行为，是指已经由生效刑事法律文书或者纪律处分决定所确认的行为。

第十九条　人民法院受理仲裁司法审查案件后，作出裁定前，申请人请求撤回申请的，裁定准许。

第二十条　人民法院在仲裁司法审查案件中作出的裁定，除不予受理、驳回申请、管辖权异议的裁定外，一经送达即发生法律效力。当事人申请复议、提出上诉或者申请再审的，人民法院不予受理，但法律和司法解释另有规定的除外。

第二十一条　人民法院受理的申请确认涉及香港特别行政区、澳门特别行政区、台湾地区仲裁协议效力的案件，申请执行或者撤销我国内地仲裁机构作出的涉及香港特别行政区、澳门特别行政区、台湾地区仲裁裁决的案件，参照适用涉外仲裁司法审查案件的规定审查。

第二十二条　本规定自2018年1月1日起施行，本院以前发布的司法解释与本规定不一致的，以本规定为准。

---

① 现为2021年修正的《民事诉讼法》第二百四十四条。

② 现为2021年修正的《民事诉讼法》第二百八十一条。

③ 现为2021年修正的《民事诉讼法》第二百四十四条第二款第六项。

最高人民法院
关于香港仲裁裁决在内地执行的有关问题的通知

2009 年 12 月 30 日　　　　　　　　　　　法〔2009〕415 号

各省、自治区、直辖市高级人民法院，新疆维吾尔自治区高级人民法院生产建设兵团分院：

近期，有关人民法院或者当事人向我院反映，在香港特别行政区做出的临时仲裁裁决、国际商会仲裁院在香港作出的仲裁裁决，当事人可否依据《关于内地与香港特别行政区相互执行仲裁裁决的安排》（以下简称《安排》）在内地申请执行。为了确保人民法院在办理该类案件中正确适用《安排》，统一执法尺度，现就有关问题通知如下：

当事人向人民法院申请执行在香港特别行政区作出的临时仲裁裁决、国际商会仲裁院等国外仲裁机构在香港特别行政区作出的仲裁裁决的，人民法院应当按照《安排》的规定进行审查。不存在《安排》第七条规定的情形的，该仲裁裁决可以在内地得到执行。

特此通知。

最高人民法院
关于人民法院处理与涉外仲裁及外国仲裁事项有关问题的通知

1995 年 8 月 28 日　　　　　　　　　　法发〔1995〕18 号

各省、自治区、直辖市高级人民法院，解放军军事法院：

为严格执行《中华人民共和国民事诉讼法》以及我国参加的有关国际公约的规定，保障诉讼和仲裁活动依法进行，现决定对人民法院受理具有仲裁协议的涉外经济纠纷案、不予执行涉外仲裁裁决以及拒绝承认和执行外国仲裁裁决等问题建立报告制度。为此，特作如下通知：

一、凡起诉到人民法院的涉外、涉港澳和涉台经济、海事海商纠纷案件，如果当事人在合同中订有仲裁条款或者事后达成仲裁协议，人民法院认为该仲裁条款或者仲裁协议无效、失效或者内容不明确无法执行的，在决定受理一方当事人起诉之前，必须报请本辖区所属高级人民法院进行审查；如果高级人民法院同意受理，应将其审查意见报最高人民法院。在最高人民法院未作答复前，可暂不予受理。

二、凡一方当事人向人民法院申请执行我国涉外仲裁机构裁决，或者向人民法院申请承认和执行外国仲裁机构的裁决，如果人民法院认为我国涉外仲裁机构裁决具有民事诉讼法第二百六十条[①]情形之一的，或者申请承认和执行的外国仲裁裁决不符合我国参加的国际公约的规定或者不符合互惠原则的，在裁定不予执行或者拒绝承认和执行之前，必须报请本辖区所属高级人民法院进行审查；如果高级人民法院同意不予执行或者拒绝承认和执行，应将其审查意见报最高人民法院。待最高人民法院答复后，方可裁定不予执行或者拒绝承认和执行。

① 现为2021年修正的《民事诉讼法》第二百八十一条。

最高人民法院
关于人民法院撤销涉外仲裁裁决有关事项的通知

1998 年 4 月 23 日　　　　　　　　　　　法〔1998〕40 号

各省、自治区、直辖市高级人民法院，解放军军事法院：

为严格执行《中华人民共和国仲裁法》（以下简称仲裁法）和《中华人民共和国民事诉讼法》（以下简称民事诉讼法），保障诉讼和仲裁活动依法进行，现决定对人民法院撤销我国涉外仲裁裁决建立报告制度，为此，特作如下通知：

一、凡一方当事人按照仲裁法的规定向人民法院申请撤销我国涉外仲裁裁决，如果人民法院经审查认为涉外仲裁裁决具有民事诉讼法第二百六十条第一款①规定的情形之一的，在裁定撤销裁决或通知仲裁庭重新仲裁之前，须报请本辖区所属高级人民法院进行审查。如果高级人民法院同意撤销裁决或通知仲裁庭重新仲裁，应将其审查意见报最高人民法院。待最高人民法院答复后，方可裁定撤销裁决或通知仲裁庭重新仲裁。

二、受理申请撤销裁决的人民法院如认为应予撤销裁决或通知仲裁庭重新仲裁的，应在受理申请后三十日内报其所属的高级人民法院，该高级人民法院如同意撤销裁决或通知仲裁庭重新仲裁的，应在十五日内报最高人民法院，以严格执行仲裁法第六十条的规定。

① 现为 2021 年修正的《民事诉讼法》第二百八十一条第一款。

最高人民法院

关于福建省生产资料总公司与金鸽航运有限公司国际海运纠纷一案中提单仲裁条款效力问题的复函

1995 年 10 月 20 日　　　　法函〔1995〕135 号

广东省高级人民法院：

你院〔1994〕粤法经二上字第 146 号请示收悉。经研究，现答复如下：

涉外案件，当事人事先在合同中约定或争议发生后约定由国外的临时仲裁机构或非常设仲裁机构仲裁的，原则上应当承认该仲裁条款的效力，法院不再受理当事人的起诉。

本案上诉人福建省生产资料总公司虽然不是租船合同和海上货物运输合同的签约人，但其持有承运人签发的含有合并租约和仲裁条款的提单，并明示接受该仲裁条款，因此，该条款对承运人和提单持有人均有约束力。此案中，我国法院应承认该临时仲裁条款的效力。

最高人民法院
关于博而通株式会社申请承认外国仲裁裁决一案的请示的复函

2006年12月14日　　〔2006〕民四他字第36号

北京市高级人民法院：

你院京高法〔2006〕323号“关于博而通株式会社申请承认外国仲裁裁决一案的请示”收悉。经研究，答复如下：

根据你院请示认定的事实，大韩商事仲裁院第05113-0010号仲裁裁决案的仲裁开庭通知和仲裁裁决书是采用邮寄送达的方式，向被申请人的工商注册地址寄送的。仲裁程序中的送达不适用《中华人民共和国和大韩民国关于民事和商事司法协助的条约》和《关于向国外送达民事或商事司法文书和司法外文书公约》，而应依照仲裁规则确定送达是否适当。被申请人不能证明邮寄送达违反有关仲裁规则。被申请人地址变更后未给予通知，由此导致其未及时收到邮件，不属于《承认及执行外国仲裁裁决公约》第五条第一项（乙）款规定的情形。因此，不应依照《承认及执行外国仲裁裁决公约》第五条第一项（乙）款的规定拒绝承认和执行上述仲裁裁决。如无其他可不予承认和执行的法定情形，大韩商事仲裁院第005113-0010号仲裁裁决应予承认和执行。

此复。

附：

北京市高级人民法院关于博而通株式会社申请承认外国仲裁裁决一案的请示报告

2006年9月8日　　　　　　京高法〔2006〕323号

最高人民法院：

我市第二中级人民法院审理的博而通株式会社申请承认外国仲裁裁决一案，该院拟不予承认大韩商事仲裁院于2005年8月26日作出的“第05113-0010号”仲裁裁决，并向我院请示。经研究，现将该案有关情况报告并请示如下：

一、当事人情况

申请人：博而通株式会社（以下简称申请人）。住所地：大韩民国首尔特别市瑞草区瑞草洞××××-×。

法定代表人：李宇正，代表理事。

被申请人：北京联泰昌商贸有限公司（以下简称被申请人）。住所地：中华人民共和国北京市朝阳区西坝河东里×××号。

二、基本案情

2000年8月7日，申请人与被申请人签订一份《独家销售代理合同》，双方约定：申请人将产品供应给被申请人，由被申请人独家经销；并对产品价格、付款条件等进行了约定。其中《独家销售代理合同》第11.5条为双方选择准据法的条款，约定：“本合同上发生的一切纷争将根据大韩民国法处理。”第11.6条为仲裁条款，约定："所有纷争事项将在汉城透过仲裁解决同时根据大韩民国法院认可的商事仲裁人及大韩商社仲裁院之规定。"

申请人以被申请人未依上述合同约定支付货款为由于 2005 年 5 月向大韩商事仲裁院申请仲裁。该仲裁院分别于 2005 年 5 月 26 日、8 月 4 日向被申请人的工商注册地址以邮寄方式发送开庭通知（被申请人无人签收），于 2005 年 8 月 26 日作出"第 05113-0010 号"仲裁裁决并以相同方式向被申请人发送裁决书。裁决内容为：（1）被申请人支付给申请人 431382.23 美元，并按照 6%年利率支付从 2005 年 3 月 23 日起至支付日的利息。（2）仲裁费用由被申请人承担。

经查，被申请人未收到过大韩商事仲裁院邮寄送达的开庭通知及仲裁裁决。2006 年 2 月 22 日，申请人向本市第二中级人民法院提出承认和执行大韩商事仲裁院"第 05113-0010 号"仲裁裁决的申请。

被申请人答辩称：（1）被申请人从来没有收到过大韩商事仲裁院邮寄送达的开庭通知及仲裁裁决。因此，被申请人在大韩商事仲裁院的仲裁过程中，没有得到适当的通知，未能对案件有申辩的机会。根据中国加入 1958 年在纽约通过的《承认和执行外国仲裁裁决公约》（以下简称《1958 年纽约公约》）第五条第一项及中国法律的相关规定，该裁决应当被拒绝承认和执行。（2）中国在加入 1965 年订于海牙的《关于向国外送达民事或商事司法文书和司法外文书公约》（以下简称《海牙公约》）时，对邮寄送达做出了保留。因此，即使大韩商事仲裁院采取了邮寄送达方式，此种送达方式在中国境内也是无效的，应驳回申请人的申请。

另查：中国与韩国均加入了《1958 年纽约公约》，并且双方签订有民事和商事司法协助的条约。

三、我院拟处理意见

根据中国与韩国双方签订有民事和商事司法协助的条约规定，如果文书已被送达，该证明书应当注明受送达人的姓名、身份、送达日期和地点等内容。本案申请人未举证证明大韩商事仲裁院已合法送达，且被申请人否认收到过大韩商事仲裁院邮寄送达的开庭通知及仲裁裁决书。

由于中国、韩国均为《1958 年纽约公约》成员国，根据最高人民法院《关于执行我国加入的〈承认及执行外国仲裁裁决公约〉的通知》精神，被申请人抗辩其未收到大韩商事仲裁院邮寄的仲裁开庭通知及仲裁裁决，符合《1958 年纽约公约》第五条第一款（乙）项关于拒绝承认及执行的规定情形。

综上所述，本院同意我市第二中级人民法院拟不予承认本案所涉及的大韩商事仲裁院“第 05113-0010 号”仲裁裁决。应当裁定驳回申请人博而通株式会社的申请，拒绝承认及执行。

以上意见，妥否，请指示。

最高人民法院
关于玉林市中级人民法院报请对东迅投资有限公司涉外仲裁一案不予执行的请示的复函

2006年9月13日　　〔2006〕民四他字第24号

广西壮族自治区高级人民法院：

你院〔2006〕桂法执复字第2号、〔2006〕桂法执议字第4号《关于玉林市中级人民法院报请对东迅投资有限公司涉外仲裁一案不予执行的请示报告》收悉。经研究，答复如下：

关于你院请示的第一个问题，涉及人民法院是否应予执行我国仲裁机构作出的涉外仲裁裁决，应当根据《中华人民共和国民事诉讼法》第二百六十条①的规定进行审查。

从本案有关事实看，合作合同中明确约定合作双方为广西玉林市恒通有限公司（以下简称恒通公司）和东迅投资有限公司（以下简称东迅公司）。广西壮族自治区玉林市人民政府（以下简称玉林市政府）作为恒通公司的主管部门，路劲基建有限公司（以下简称路劲公司）作为东迅公司的主管部门，尽管亦在该合作合同上签署，但是合作合同第二章明确约定合作公司的合作双方为恒通公司和东迅公司。因此，玉林市政府和路劲公司均不是合作合同的当事人，合作合同中的仲裁条款不能约束玉林市政

① 现为2021年修正的《民事诉讼法》第二百八十一条，下同。

府。玉林市政府提供的担保函中没有约定仲裁条款，玉林市政府与东迅公司之间亦未就他们之间的担保纠纷的解决达成仲裁协议。仲裁庭依据合作合同中的仲裁条款受理本案，就涉及玉林市政府的担保纠纷而言，仲裁裁决已经超出了仲裁协议的范围。

综上，根据《中华人民共和国民事诉讼法》第二百六十条第一款第（四）项以及最高人民法院《关于适用〈中华人民共和国民事诉讼法〉若干问题的意见》第二百七十七条的规定，人民法院应当裁定不予执行涉及玉林市政府部分的仲裁裁决，其余部分应予执行。对此，同意你院的处理意见。

关于你院请示的第二个问题，对于人民法院作出的中止执行的裁定，当事人不能申请复议，因此，你院不应受理东迅公司申请复议一案。

此复。

附：

广西壮族自治区高级人民法院关于玉林市中级人民法院报请对东迅投资有限公司涉外仲裁一案不予执行的请示报告

2006年6月15日

〔2006〕桂法执复字第2号
〔2006〕桂法执议字第4号

最高人民法院：

申请执行人东迅投资有限公司与被申请人玉林市恒通有限公司、玉林市人民政府合作合同涉外仲裁一案，玉林市中级人民法院于2005年10月17日立案执行。在执行过程中，恒通公司、玉林市政府于同年10月30向玉林市中院提出申辩，认为仲裁程序违法，请求法院对本案仲裁裁决不予执行。玉林市中院依法组成合议庭，对中国国际经济贸易仲裁委员会作出的仲裁裁决进行了审查核实，并经该院审判委员会讨论决定，认为应裁定对仲裁裁决不予执行，并按有关规定报我院审查。本院依法组成合议庭对该案进行了审查，并经本院审判委员会讨论决定。现将本案的案件事实情况及处理意见报告如下：

一、案件的当事人

申请执行人：东迅投资有限公司。住所地：香港九龙尖沙咀广东道9号港威大厦第6座5楼。

被申请人：广西玉林市恒通有限公司。住所地：广西玉林市一环东路167号。

被申请人：广西壮族自治区玉林市人民政府。住所地：广西玉林市人民东路449号。

二、基本案情及仲裁裁决结果

1996年11月2日，申请执行人东迅公司与被申请人恒通公司签订了合作合同，约定双方投资设立中外合作企业——广西路通公路开发有限公司，开发建设、经营及管理玉林市环城路，包括环城公路（一环），绕城公路和前技路段。合作公司的投资额为人民币24890.6万元，其中恒通公司（中方，即甲方）占30%。申请执行人（外方，即乙方）占70%。根据合作合同的规定：合作期限为25年。合作期满，合作公司在本公路范围内的固定资产归甲方所有，在合作公司营业执照签发之日起计5年内，若乙方按合同规定日期入资，甲方担保乙方每半年（6个月）收入不少于乙方按合同规定的投资总额的十分之一，即人民币1742.342万元，若乙方在以上结算日时从合作公司分得的收益少于以上担保的数额时，甲方将于结算后一个月内将不足之数补给乙方。若甲方未能完全按本合同履行担保乙方回报时，甲方就乙方应得到担保回报和乙方实际收入的差额，按月息2%计算，偿还给乙方，直至本息还清止。

合作合同7.03项对担保人及担保责任作了如下规定：玉柴集团出具承诺函，作为担保人。当甲方未能于结算一个月内履行担保责任时，玉柴集团将于结算后两个月内将不足之数补给乙方。

合作合同21.01项规定：按照本合同规定的各项原则订立的附属协议文件，包括合作公司章程、公路规模明细表、甲方出资作价协议及广西玉柴机器集团公司出具的承诺函均为本合同的组成部分。

为保证东迅公司于首5年收回投资本金，签订合作合同的当日，恒通公司、原县级玉林市财政局和原县级玉林市人民政府共同向东迅公司出具了《广西玉林市恒通公司对于合作公司的担保机制说明》，以恒通公司的其他收入：公路沿线的房地产收入、路桥工程收入、上级补助费作为担保基础，保证履行其在合作合同中的回报义务；原县级玉林市政府作为保证人向东迅公司出具了《玉林市人民政府关于中外合资合作经营广西路通公路开发有限公司的承诺函》，以市政府财政为恒通公司回报义务的履行提供担保（如果恒通公司没有彻底履行或不履行合作合同规定的义务，玉林市政府将以市政府财政担保履行上述条款，于结算后一个半月将不足之数补给东迅公司，并全部承担玉林市路通公司的责任和义务)；玉柴集团作为保证人也向东迅公司出具了《玉柴集团关于中外合作经营广西路通公路开发有限公司合同有关条款的承诺函》，对合作合同中的担保责任作了进一步的承诺和约定，承诺当甲方未能于结算一个月内履行担保责任时，玉柴集团将于结算后两个月内将不足之数补给乙方。

在合作合同履行过程中，恒通公司向东迅公司支付了部分回报款后，拒绝继续向东迅公司支付回报款，双方发生争议。中国国际经济贸易仲裁委员会根据 1996 年 11 月 2 日东迅公司及其主管单位路劲基建有限公司与恒通公司、原县级玉林市政府签订的《广西路通公路开发有限公司合同》的仲裁条款，同日玉柴集团出具的《玉柴集团关于中外合作经营广西路通公路开发有限公司合同有关条款的承诺函》，原县级玉林市政府出具的《玉林市人民政府关于中外合作经营广西路通公路开发有限公司的承诺函》及 2003 年 8 月 27 日东迅公司、路劲基建公司的仲裁申请，受理了合同项下争议仲裁案，被申请人地级玉林市政府、玉柴集团在收到仲裁通知后，分别于 2003 年 10 月 27 日、2004 年 6 月 1 日提出了管辖权异议，仲裁委员会分别于 2003 年 11 月 25 日、2004 年 7 月 20 日作出管辖权决定书，认定地级玉林市政府和玉柴集团均为本案适格的被申请人。2005 年 6 月 23 日仲裁庭作出〔2005〕中国贸仲京裁字第 0233 号裁决，裁决如下：

1. 恒通公司向东迅公司支付未付的回报款（回收投资款）人民币 99973005.00 元。2. 恒通公司不向东迅公司支付上述金额人民币99973005.00时，由玉林市政府支付该金额之二分之一，即人民币49986502.50元。恒通公司向东迅公司支付的金额不足人民币 99973005.00 元时，由玉林市政府支付不足部分的二分之一。3. 驳回东迅公司要求玉柴集团承担连带清偿责任的请求。4. 本案仲裁费为 107213.00 美元，由恒通公司全部承担；东迅公司已向仲裁委员会预缴仲裁费 107213.00 美元，全部冲抵后，恒通公司应向东迅公司支付 107213.00 美元，以补偿东迅公司代其垫付的仲裁费。5. 恒通公司应向东迅公司支付人民币 250000 元，以补偿后者因办理本案而支出的部分合理费用。6. 上述第 1 款、4 款、5 款所述的恒通公司应向东迅公司支付的款项，应于 2005 年 8 月 1 日之前（含 8 月 1 日）支付；逾期支付，加计自 2005 年 8 月 2 日起至实际支付之日止月利率 3‰的利息。7. 上述第 2 款所述玉林市政府应承担赔偿责任的款项金额应于 2005 年 8 月 1 日之前（含 8 月 1 日）支付给东迅公司，逾期支付，加计自 2005 年 8 月 2 日起至实际支付之日止月利率 3‰的利息。

三、审查认定的基本事实情况

1. 1996 年 11 月 2 日，东迅公司与恒通公司、原县级玉林市政府签订《广西路通公路开发有限公司合同》。

2. 1996 年 11 月 2 日，玉柴集团出具《玉柴集团关于中外合作经营广西路通公路开发有限公司合同有关条款的承诺函》。

3. 1996 年 11 月 2 日，原县级玉林市政府向东迅公司出具《玉林市人民政府关于中外合资合作经营广西路通公路开发有限公司的承诺函》。

4. 1997 年 4 月 22 日，国务院国函〔1997〕26 号批准撤销玉林地区和县级玉林市，同时设立地级玉林市，地级玉林市管辖原玉林地区的容县、陆川县、博白县和新设立的玉州区、兴业县，玉州区辖原县级玉林市的玉林、福绵、南江等 15 个镇、乡；兴业县辖原县级玉林市的石南、城隍、大平山等 15 个镇、乡。原玉林地区的北流市由自治区直辖。

5. 玉林撤地设市筹备工作领导小组玉设市筹〔1997〕5号文件《关于县级玉林市恒通有限公司移交地级玉林市管理的通知》，从1997年8月1日起，县级恒通公司移交地级玉林市管理。恒通公司的主管部门为地级玉林市人民政府；恒通公司的工商登记变更手续，待地级市挂牌成立后办理。

四、执行情况

2005年10月13日，东迅公司向玉林市中院提出强制执行申请。2005年10月25日，玉林市中院立案执行。地级玉林市政府、广西恒通公司于10月30日对东迅投资有限公司申请执行〔2005〕中国贸仲京裁字第0233号裁决书提出申辩和异议，并于11月7日各自提供了担保，申请中止执行。恒通公司以该公司拥有的广西路通公路开发有限公司30%的股权提供担保，玉林市政府以依照法律规定可以作为清偿债务的财产提供担保。

2005年12月7日，玉林市中院作出〔2005〕玉中执字第209-1号民事裁定书，裁定本案中止执行。

2005年12月20日，东迅公司不服玉林中院的中止裁定，向本院提出复议申请，以被申请人恒通公司、玉林市政府未依法提供担保，本案不应裁定中止执行为由，要求本院撤销玉林中院的中止裁定。

五、当事人申辩请求及理由

（一）被申请人恒通公司与玉林市政府于2005年10月30日共同提出《对〔2005〕中国贸仲京裁字第0233号、0246号裁决实体处理和适用法律问题的异议》，称：1. 被申请人认为仲裁案所涉合作合同中关于固定回报的约定内容，违反国家法律规定，不是公平、平等和等价有偿的，该约定无效，外方合作者不能依该无效约定取得固定回报款。2. 仲裁庭既已查明外方合作者存在入资时间违约、入资不足的事实，但裁决书却按合作合同约定外方合作者应出资额而不是按实际出资额计算回报款，显然不公平、不合理，也没有依据。3. 原县级玉林市政府为合作合同出具的承诺函，其性质与玉柴机器集团有限公司提供的担保一样，属于一般保证的担保，同样具有先诉抗辩权和保证责任期间已超过的问题，仲裁裁决权仅对玉柴集团公司提供担保涉及的上述两个问题作出仲裁理由的说明，并裁决认定抗辩成立。但对玉林市政府提出的同样两个抗辩问题并未作出是否成立的仲裁理由说明，更没有作出相应的仲裁裁决。因此，仲裁裁决既存在程序不当，也存在实体处理不当。4. 根据我国现行法律制度，国务院依法享有对法律、法规规章和国家政策的解释权和适用法律、规章的裁决权。国务院解释是一种立法性的解释，具有法律效力，其效力始于对适用法律、法规生效之日，必须遵守。裁决书仅以《国务院办公厅关于妥善处理现有保证外方投资固定回报项目有关问题的通知》（国发〔1998〕31号文）不是行政法规，就排斥其法律效力，排除其对仲裁案的适用，完全是错误的。本案仲裁审理违反了《民事诉讼法》第二百六十条第一款第（一）、（三）项规定，请求法院对本案仲裁裁决裁定不予执行。

（二）被申请人玉林市政府又于2005年10月30日单独提出《玉林市人民政府对东迅投资有限公司申请执行〔2005〕中国贸仲京裁字第0233号裁决书的申辩、异议书》，称：1. 现地级玉林市政府与东迅公司没有签订过任何合同，亦没有签订或达成仲裁条款、仲裁协议，仲裁审理把地级玉林市政府列为当事人，并且在仲裁开庭前异议人已书面提出管辖异议后仍不予纠正，本案仲裁程序违法。2. 本案仲裁裁决与适用的仲裁规则不符。在仲裁审理过程中，被申请人在仲裁开庭前的两次书面答辩及开庭时均反复阐述被申请人不是本仲裁案的当事人；东迅公司向保证人提出仲裁请求，超过了六个月的保证责任期间，保证人免除保证责任。但仲裁庭在判决书中对被申请人提出的问题，没有阐述任何裁决理由，就径行作出裁决。请求法院对本案仲裁裁决裁定不予执行。

六、处理意见

人民法院应当根据《中华人民共和国仲裁法》第七十一条和《中华人民共和国民事诉讼法》第二百六十条的规定，就被申请人提出的证据和申辩理由对所涉仲裁裁决进行审查。

（一）玉林中院审查意见

第一，关于地级玉林市政府是否是适格仲裁主体的问题。首先当事人签订的《路通公司合同》其时间在地级玉林市政府设立之前，对此，应认定县级玉林市人民政府是签订本合同的当事人，县级玉林市人民政府所出具的承诺函应认定是本案合同的担保人，而地级玉林市政府既没有自愿承担担保，亦没有决定下级政府提供担保的意思表示，其并不是本案合同担保主体。其次，县级玉林市人民政府是具有法律意义的独立法人，依法独立承担民事责任。事实上，在县级玉林市被撤销后，已在原行政辖区相应分立一区一县，因此，合同上约定的仲裁条款仅对中外合作双方的争议解决选择仲裁委员会仲裁，法律约束力并不当然及于地级玉林市政府，并不能由地级玉林市人民政府承担县级玉林市人民政府应承担的民事责任，地级玉林市人民政府不是县级玉林市人民政府权利义务的承受人。尽管设立地级玉林市政府后，恒通公司移交地级玉林市管理，主管部门归为地级玉林市政府，但并不由此而改变其独立法人的法律地位，改变县级玉林市政府仍然是签订合同当事人的事实，显然现玉林市人民政府并未是仲裁案的被申请人，而本案仲裁裁决并未就本案的主体事实进行认定，直接将现玉林市政府作为仲裁案件的主体，显属不当。

第二，由于被申请人提出的其他异议涉及案件实体处理的法律关系及法律适用等问题应不属审查核实范围，在此并不需作出处理，但是就本案被执行主体的审查，是否必须就被申请人的申辩和查实的事实进行核查后方能执行，法律虽未有具体规定，我们是否应以具体的事实为依据来进一步确定。

综观本案的具体程序上的事实，玉林中院认为仲裁机构作出的仲裁属违反法定程序，依照《中华人民共和国民事诉讼法》第二百六十条第一款第（一）项“当事人在此合同中没有订有仲裁条款或者事后没有达成书面仲裁协议的”的规定，应裁定对仲裁裁决不予执行。因本案属涉外仲裁执行案件，依照最高人民法院《关于人民法院处理与涉外仲裁及外国仲裁事项有关问题的通知》第二条的规定，将本案报请区高院审查。

（二）本院审查意见

第一，根据我国有关法律规定，人民法院对涉外仲裁裁决仅进行程序性审查，对认定事实和适用法律方面不作审查。经查，被申请人恒通公司和玉林市政府共同提出的第 1、2、4 点异议均系涉及案件实体处理的法律关系和法律适用等问题，不属于人民法院对涉外仲裁裁决的司法审查范围。

第二，恒通公司与玉林市政府共同提出的第 3 点异议与玉林市政府单独提出的第 2 点异议属同一问题。经查，对于申请人提出的仲裁时效已过的问题，仲裁庭已经在裁决书第 94 页第三自然段中认定玉林市政府的担保承诺函依法无效，既然担保无效，那么也就不存在超过六个月保证责任期间的问题。对于被申请人阐述的被申请人不是本仲裁案件的当事人的问题，仲裁委员会已经做出管辖权决定书，认定玉林市政府系本案适格当事人。因此，本院认为，仲裁委员会和仲裁庭已分别在管辖权异议决定书及仲裁裁决书中对被申请人提出的问题阐述了裁决理由，并没有违反仲裁规则。

第三，对于玉林市政府单独提出的第1点异议，即关于争议各方是否订有仲裁条款问题。玉林市政府辩称，为恒通公司提供的担保法律引起的纠纷，不属于仲裁管辖范畴。本案的关键问题是：主合同约定有仲裁条款，而从合同即保证合同没有约定仲裁条款，主合同一方当事人提起仲裁时，担保人是否应受主合同约定的仲裁条款约束的问题。《仲裁法》第四条规定："当事人采用仲裁方式解决纠纷，应当双方自愿，达成仲裁协议。没有仲裁协议，一方申请仲裁的，仲裁委员会不予受理。"从上述规定看，当事人双方是否达成仲裁协议是确定纠纷究竟是以诉讼方式还是仲裁方式解决的唯一依据。仲裁更多地体现当事人双方的意志，是由当事人双方的意思自治决定的，当事人采用仲裁方式解决纠纷，应当双方自愿，达成仲裁协议。没有达成仲裁协议，就不能通过仲裁方式解决。自愿原则是仲裁制度赖以存在与发展的基石，没有当事人意思自治的仲裁不是真正意义上的仲裁。当事人发生纠纷，是否选择仲裁的方式解决，由当事人双方自己决定，任何一方不能将自己的意志强加于另一方，必须通过双方当事人平等协商达成书面协议。

本院认为：申请人东迅公司与保证人原县级玉林市政府在双方签订的《承诺函》中并未有仲裁条款，亦未单独签订仲裁协议，没有请求仲裁解决纠纷的意思表示。本案分为合作合同履约纠纷以及履约担保纠纷，基于东迅公司与县级玉林市政府之间的担保法律关系发生的纠纷，与东迅公司和恒通公司之间的合作合同纠纷是两个不同的法律关系，合作合同中的仲裁条款不能适用于担保法律关系发生的纠纷，即东迅公司与县级玉林市政府之间的履约担保法律关系不受恒通公司与东迅公司合作合同中的仲裁条款的约束。因此，原县级玉林市政府（包括现地级玉林市政府）不是本案适格被申请人，对仲裁裁决中涉及玉林市政府的部分应不予执行。

第四，关于申请人东迅公司提出的要求撤销玉林中院中止执行裁定的复议申请问题。申请人提出如下复议理由：1. 广西路通公路开发有限公司该30%股权的价值估计为539万元，而该案的执行标的为1亿元，该担保财产的数额与执行标的相距太大，且该担保股权未向工商机关办理登记司法冻结手续，随时可能被转让，故不可作为担保财产。2. 玉林市政府以依照法律规定可以作为清偿债务的财产提供担保，但在担保书中未列出明确的担保财产名称、数量、质量等，无可供执行的财产，故该担保不符合要求。本院认为，复议问题应与仲裁裁决的执行审查问题一并解决，对此先暂不予答复，以免与审查结果不统一。

综上，本院认为：一、对中国国际经济贸易仲裁委员会〔2005〕中国贸仲京裁字第0233号裁决中涉及恒通公司的部分应予执行；对涉及玉林市政府的部分不予执行。二、对申请人提出的中止执行复议问题先暂不予答复。

当否？请批复。

最高人民法院

关于中基宁波对外贸易股份有限公司申请不予执行香港国际仲裁中心仲裁裁决一案的审核报告的复函

2009 年 12 月 9 日　　　　　　〔2009〕民四他字第 42 号

浙江省高级人民法院：

你院〔2009〕浙执他字第 2 号《关于中基宁波对外贸易股份有限公司申请不予执行香港国际仲裁中心仲裁裁决一案的审核报告》收悉，经研究，答复如下：

本案因 Addax Bv 向宁波市中级人民法院申请执行香港国际仲裁中心作出的仲裁裁决，中基宁波对外贸易股份有限公司（以下简称中基宁波公司）提出抗辩申请不予执行而提起。因此，本案应根据法释〔2000〕3 号《最高人民法院关于内地与香港特别行政区相互执行仲裁裁决的安排》第七条的规定进行审查。中基宁波公司申请不予执行的主要理由是：未接到指派仲裁员的适当通知。

按照你院报告所述案件事实，2006 年 7 月 18 日，香港国际仲裁中心以传真和双挂号信的方式，按中基宁波公司在《混合芳烃分期供货合同》中载明的传真号码和地址，向其发送了指派仲裁员的通知，并要求其“于 8 月 1 日前提出意见”。对此，中基宁波公司提出：上述传真号码在香港国际仲裁中心发出传真时已不使用，而上述双挂号信则“在 8 月 17 日才收到，无法在 8 月 1

日前提出意见。”对于中基宁波公司以上主张，首先，根据《联合国国际贸易法委员会仲裁规则》第二条“通知和时间计算”有关规定，中基宁波公司在合同中载明的传真号码，为其在本案中最后确定的通讯方式，香港国际仲裁中心按该传真号码所发送的指派仲裁员通知，应视为中基宁波公司业已收到；其次，中基宁波公司提出双挂号信“在8月17日才收到”，但其并未提交充分证据予以证明。因此，中基宁波公司申请不予执行的理由不能成立。

综上，本案不存在《最高人民法院关于内地与香港特别行政区相互执行仲裁裁决的安排》第七条所规定不予执行仲裁裁决的情形。香港国际仲裁中心作出的仲裁裁决应予执行。

此复

附：

浙江省高级人民法院关于中基宁波对外贸易股份有限公司申请不予执行香港国际仲裁中心仲裁裁决一案的审核报告

2009年9月22日　　〔2009〕浙执他字第2号

最高人民法院执行局：

宁波市中级人民法院报送的中基宁波对外贸易股份有限公司（以下简称中基宁波公司）申请不予执行香港国际仲裁中心于2008年3月5日作出的终局裁决及同年5月20日作出决定及引申诉讼费用的裁决，我院已审查完毕。现按《最高人民法院关于人民法院处理与涉外仲裁及外国仲裁事项有关问题的通知》的规定，将审查意见报钧院。

一、基本案情

申请执行人：Addax Bv，住所地：荷属安的列斯库拉索岛威廉姆斯塔德范安格伦—波尔埃库瑞威格 6A。

法定代表人：Anoushka Rolanda Sprock 和 Engelmindus George-praag，该公司执行董事。

被执行人：中基宁波对外贸易股份有限公司，住所地：浙江省宁波市雅戈尔大道 1 号。

法定代表人：周巨乐，该公司董事长。

二、申请不予执行仲裁的理由

中基宁波公司没有得到指定仲裁员或进行仲裁程序的通知，仲裁庭违反仲裁规则拒不对裁决进行解释并强行收取费用，因而香港国际仲裁中心的仲裁裁决程序不当。此外，裁决的事项涉及诈骗，依法不属于仲裁机构管辖。

三、事实

2004 年 12 月 3 日，Addax Bv 与中基宁波公司签订了混合芳烃分期供货合同一份，约定：中基宁波公司以不可撤销信用证的付款方式向 Addax Bv 公司购买混合芳烃 33000 公吨至 6 万公吨，双方对价格、交付方式、所有权与风险、保险、数量与质量的确定、装卸时间与滞期、转让条款等作了约定。合同还约定适用英国法律管辖解释，因履行合同产生纠纷，若当事人双方无法友好协商解决，则应根据联合国国际贸易法委员会现行有效的仲裁法规通过仲裁解决，仲裁地点为香港，仲裁语言为英语。

在履行合同过程中，双方因货物质量问题曾进行协商，并于2005年4月21日达成解决问题的备忘录，由Addax Bv公司将改正后的质量指标经中基宁波公司确认后执行后续合同。因Addax Bv公司未按约履行，中基宁波公司以信用证单据不符为由拒付信用证项下的款项。Addax Bv公司向香港国际仲裁中心申请仲裁。2006年4月3日，Addax Bv公司以长期合同第17条没有规定仲裁员的人数为由，认为仲裁庭应由三名仲裁员组成，并将此情况发信函给中基宁波公司，要求中基宁波公司15天内答复，否则将根据联合国国际贸易法委员会仲裁规则的规定任命三名仲裁员。同月18日，在未收到中基宁波公司回复的情况下，Addax Bv公司选任Julian Lister为本公司的仲裁员。同月25日，Addax Bv公司向中基宁波公司发送了快件和传真，要求中基宁波公司尽快指定仲裁员。同年5月2日，Addax Bv公司在未收到中基宁波公司答复的情况下，发函海牙常设仲裁法院，要求海牙常设仲裁法院按联合国国际贸易法委员会仲裁规则指派香港国际仲裁中心为任命机构任命中基宁波公司的仲裁员。

同月，Addax Bv公司的代理行比利时ING银行就中基宁波公司以信用证单据不符为由拒付信用证项下的款项向巴黎国际商会申请裁决。同年6月22日，海牙常设仲裁法院以电邮及传真方式通知中基宁波公司，要求对任命机构于2006年6月30日前提出意见。同年6月27日，巴黎国际商会就Addax Bv公司的代理行比利时ING银行单据不符案作出262号裁决，判定信用证单据不符，中基宁波公司无需支付信用证项下的款项。同年7月4日，在未得到中基宁波公司回复的情况下，海牙常设仲裁法院通知中基宁波公司已指派香港国际仲裁中心为任命机构。同月10日，宁波市外经贸局国际商务总顾问李道金回复常设仲裁法院，明确指出香港国际仲裁中心没有将仲裁事项通知中基宁波公司，不符合程序。同月 21 日，香港国际仲裁中心任命了Lee Fook Choon为中基宁波公司的仲裁员并向中基宁波公司发送了传真和双挂号信，同时要求中基宁波公司于 8 月 1 日前提出意见。同年 8 月 18 日，中基宁波公司回函香港国际仲裁中心，明确提出其于 8 月 17 日才收到信函，无法在 8 月 1 日前提出意见。同月 21 日，中基宁波公司与比利时 ING 银行就信用证项下的款项达成解决协议，约定由中基宁波公司的代理行中国农业银行宁波市分行在收到单据后 3 个工作日内将 1853236.62 美元汇入比利时 ING 银行指示的账户，比利时 ING 银行同意并确认一旦收到付款金额，有关发票的一切责任即刻失效，其他争议应在中基宁波公司与 Addax Bv 公司之间解决。

9 月 3 日，在未对中基宁波公司的异议作出决定的情况下，Julian Lister 和 Lee Fook Choon 共同任命 Robin Peard 为第三位仲裁员。之后，中基宁波公司提出反索赔申请。2007 年 11 月 12 日、13 日，香港国际仲裁中心对本案进行了审理。2008 年 3 月 5 日，香港国际仲裁中心作出了仲裁裁决，裁定由中基宁波公司支付 Addax Bv 公司 1142731.80 美元及利息。同年 4 月 10 日，中基宁波公司以书面形式要求仲裁庭按照联合国国际贸易法委员会仲裁规则第 35 条对最终裁决进行了解释，按照第 36 条进行更正，并按照第 37 条作出附加裁决。同年 5 月 20 日，香港国际仲裁中心又作出了决定及引申诉讼费用之裁决。同年 9 月 4 日，Addax Bv 公司向宁波中院申请承认与执行香港国际仲裁中心的裁决。同年 10 月 10 日，中基宁波公司提出不予执行仲裁裁决申请。

另查明：中基宁波公司在 2005 年 12 月 30 前租用宁波华禧国际贸易有限公司的办公用房，期间借用宁波华禧国际贸易有限公司的两部电话，号码为87148359、87118100。在中基宁波公司搬离后，宁波华禧国际贸易公司收回了上述两部电话。2005年12月30日，中基宁波公司租用了宁波森达机电设备有限公司位于宁波市雅戈尔大道1号的办公用房，并与宁波森达机电设备有限公司共用传真机，号码为（86）574-87425460。宁波森达机电设备有限公司于2009年3月30日出具证明一份，内容为：我公司自2005年始没有收到过中基宁波公司与Addax Bv纠纷案间的任何传真，包括海牙常设仲裁法院、香港国际仲裁中心及其仲裁员的任何传真。同日，鄞州电信政企客户部经理出具证明一份，内容为：电话号码87425460不属于中基宁波公司化学品部，87148359、87118100、87156944三部电话不属于中基宁波公司。

还查明：在宁波中院对仲裁裁决审查期间，宁波市公安局于2008年12月4日出具函件一份，内容为：因Addax Bv公司涉嫌信用证诈骗，我局于同年11月13日依法立案审查，要求宁波中院执行局暂缓执行。

四、宁波中院处理意见

案件经宁波中院合议庭讨论后，一致意见为不予执行香港国际仲裁中心作出的仲裁裁决。后经宁波中院审委会讨论，一致意见为本案有不予执行的情形，同意合议庭意见。

五、我院处理意见

经合议庭讨论后一致意见为现有证据表明，仲裁程序的启动及Addax Bv公司致函海牙常设仲裁法院要求根据联合国国际贸易法委员会仲裁规则指派香港国际仲裁中心为中基宁波公司仲裁员的任命机构，这些事项未有效通知到中基宁波公司。而在中基宁波公司通过相关渠道得知这一情况并提出异议的情况下，香港国际仲裁中心又在未通知到中基宁波公司之前作出了对中基宁波公司仲裁员的任命，并进而由前两名仲裁员任命了第三位仲裁员。在中基宁波公司明确提出于8月17日才收到信函无法在8月1号前提出意见的情况下，仲裁庭未对此进行处理就开庭仲裁，程序不当。此外，因货物质量问题，中基宁波公司申请对信用证予以拒付，开证行和预付行在巴黎商会进行了裁决，在裁决后中基宁波公司与比利时ING银行就信用证项下的款项达成了解决协议，故没有理由认为中基公司故意不应诉。其次，中基宁波公司出席仲裁的行为是否表示其对异议的放弃。根据联合国国际贸易法委员会仲裁规则的规定，当事人一方知道有不遵照本规则的任何规定或要求的情况，仍进行仲裁程序而不迅速对此种不遵照规定或要求行事的情况表示反对，则应视为他已放弃提出反对的权利。而在本案中，中基宁波公司在出庭前已提出异议，因而其出庭行为不能表明他已经接受了仲裁庭的指派，不应当视为中基宁波公司放弃了反对的权利。本案属于经济纠纷，双方系在履行合同中产生争议，故不涉及刑事犯罪。基于上述考虑，香港国际仲裁中心所作仲裁裁决程序上存在不当，中基宁波公司申请对该仲裁裁决不予执行的部分理由成立，同意宁波中院的报核意见。

是否妥当，请指示。

最高人民法院

关于 FAMOUS APEX LIMITED 与珠海市保利三好有限公司借款合同一案涉外仲裁条款效力的请示的复函

2013 年 3 月 5 日　　〔2013〕民四他字第 7 号

广东省高级人民法院:

你院〔2012〕粤高法仲复字第 5 号《关于 FAMOUS APEX LIMITED 与珠海市保利三好有限公司借款合同一案涉外仲裁条款效力的请示》收悉。经研究，答复如下:

本案系确认涉外仲裁协议效力案件。双方当事人签订的《贷款合同》和《股权质押协议》中均约定了内容相同的仲裁协议。当事人并未约定确定仲裁协议效力所应适用的法律。案涉仲裁协议有在中国国际经济贸易仲裁委员会华南分会仲裁时“仲裁地点在深圳市”的表述，但同时又约定可以在香港国际仲裁中心依据其规则仲裁。《香港国际仲裁中心机构仲裁规则》第 15.1 条规定:“除非当事人另有明确约定，依本规则仲裁的，仲裁地为中华人民共和国香港特别行政区。”案涉仲裁协议在约定由香港国际仲裁中心依据其规则仲裁时，没有另外约定仲裁地，故应认为仲裁地在香港。案涉仲裁协议约定了两个仲裁地，仲裁地约定不明。根据《最高人民法院关于适用〈中华人民共和国仲裁法〉若干问题的解释》第十六条的规定，在当事人没有约定适用的法律且仲裁地约定不明的情况下，应适用法院地法即中华人民共和国法律来审查涉案仲裁协议的效力。

《最高人民法院关于适用〈中华人民共和国仲裁法〉若干问题的解释》第五条规定："仲裁协议约定两个以上仲裁机构的，当事人可以协议选择其中的一个仲裁机构申请仲裁；当事人不能就仲裁机构选择达成一致的，仲裁协议无效。"案涉仲裁协议既约定在中国国际经济贸易仲裁委员会华南分会仲裁，又约定在香港国际仲裁中心仲裁，现 FAMOUS APEX LIMITED 向珠海市中级人民法院起诉，表明其已经放弃通过仲裁方式解决纠纷。在没有证据证明双方已就仲裁机构的选择达成一致意见的情况下，涉案仲裁协议应认定无效。同意你院关于案涉仲裁协议无效的意见。

此复

附：

广东省高级人民法院
关于 FAMOUS APEX LIMITED 与珠海市保利三好有限公司借款合同一案涉外仲裁条款效力的请示

2012 年 11 月 28 日　　〔2012〕粤高法仲复字第 5 号

最高人民法院：

FAMOUS APEX LIMITED 与珠海市保利三好有限公司（以下简称保利三好公司）借款合同纠纷一案，双方当事人在 2007 年 9 月 5 日签订的《贷款合同》和《股权质押协议》中有仲裁条款。珠海市中级人民法院（以下简称珠海中院）经审查认为，在当事人一方已经向人民法院提起诉讼的情况下，可以认定双方无法就选择仲裁机构问题达成补充协议，故仲裁协议应认定无效。珠海中院作为被告住所地法院，对本案享有管辖权。根据《最高人民法院关于人民法院处理与涉外仲裁及外国仲裁事项有关问题的通知》（法发〔1995〕18号）的规定，珠海中院上报我院审查。经审查，我院倾向同意珠海中院意见，拟确认双方当事人之间仲裁条款无效，故向钧院请示。

一、当事人的基本情况

原告：FAMOUSAPEXLTMITED。住所地：P. O. Box957，Offshore In-corporations Centre，Road Town，Tortola，British Virginlslands。

法定代表人：LiuFuWah，Patrick。

被告：珠海市保利三好有限公司。住所地：广东省珠海市夏美路161号（南夏丰泽园）4栋257、259铺。

法定代表人：蓝宁。

二、案件的基本事实

FAMOUS APEX LIMITED与保利三好公司于2007年9月5日签订《贷款合同》约定，贷款方FAMOUS APEX LIMITED在合同项下向借款方保利三好公司提供人民币1亿元的贷款，贷款将以等值外币支付。该合同第12.2条约定："在本合同履行期间，如发生争议，各方应友好协商解决，如协商不成，任何一方均有权向中国国际经济贸易仲裁委员会华南分会按照申请仲裁时有效的仲裁规则进行仲裁，仲裁地点在深圳市，或香港国际仲裁中心依据其规则和规定通过仲裁解决，仲裁结果是终局的，对各方均有约束力。除非仲裁机构另行裁决，仲裁费用由败诉方承担。"FA-MOUS APEX LIMITED与保利三好公司双方在合同书上盖章，并由各方的授权代表在合同上签字。此《贷款合同》经国家外汇管理局珠海市中心支局核准，并办理了外债登记。另 FAMOUS APEX LIMITED 与保利三好公司及珠海市中广置业有限公司于 2007 年 9 月 5 日签订《股权质押协议》，约定由保利三好公司以其持有的珠海市中广置业有限公司 85% 股权向 FAMOUS APEX LIMITED 提供不可撤销的持续性连带责任担保。该合同第 24.2 条约定："在本合同履行期间，如发生争议，各方应友好协商解决，如协商不成，任何一方均有权向中国国际经济贸易仲裁委员会华南分会按照申请仲裁时有效的仲裁规则进行仲裁，仲裁地点在深圳市，或香港国际仲裁中心依据其规则和规定通过仲裁解决，仲裁结果是终局的，对各方均有约束力。除非仲裁机构另行裁决，仲裁费用由败诉方承担。" FAMOUS APEX LIMITED 与保利三好公司及珠海市中广置业有限公司在合同书上盖章，并由各方的授权代表在合同上签字。

在合同履行过程中，FAMOUS APEX LIMITED 称其已于 2008 年 1 月 23 日向保利三好公司的外债账户发放了与人民币 1 亿元等值的港币贷款，已完全履行了 FAMOUS APEX LIMITED 在《贷款合同》项下的发放贷款义务，而保利三好公司尚欠 FAMOUS APEX LIMITED 本金人民币 81736489 元及相关罚息没有偿还，为此 FAMOUS APEX LIMITED 向珠海中院请求保利三好公司履行还款义务，并请求确认 FAMOUS APEX LIMITED 有权就被质押股权在上述债权范围内优先受偿。

另查明，珠海中院在送达案件诉讼材料时，因保利三好公司下落不明而对其采取了公告送达。

FAMOUS APEX LIMITED 于 2011 年 10 月 12 日向珠海中院提起诉讼，要求保利三好公司履行还款义务，偿还本金人民币

81736489元及利息，确认FAMOUS APEX LIMITED与保利三好公司签订的《股权质押协议》有效，FAMOUS APEX LIMITED有权就被质押股权在上述债权范围内优先受偿。

三、珠海中院的审查处理意见

珠海中院审查认为，FAMOUS APEX LIMITED是在英属维尔京群岛注册成立的公司，案件应为涉外商事合同纠纷。在涉案《贷款合同》及《股权质押协议》中均载有仲裁条款，约定任何一方均有权向中国国际经济贸易仲裁委员会华南分会按照申请仲裁时有效的仲裁规则进行仲裁，仲裁地点在深圳市，或香港国际仲裁中心依据其规则和规定通过仲裁解决。《最高人民法院关于适用〈中华人民共和国仲裁法〉若干问题的解释》第五条规定："仲裁协议约定两个以上仲裁机构的，当事人可以协议选择其中的一个仲裁机构申请仲裁；当事人不能就仲裁机构选择达成一致的，仲裁协议无效。"因保利三好公司下落不明，且无证据显示双方当事人就仲裁机构的选择达成了一致意见，在FAMOUS APEX LIMITED已向人民法院提起诉讼的情况下，可以认定双方无法就选择仲裁机构问题达成补充协议，仲裁协议应认定无效。无效的仲裁协议不能排斥人民法院对民事纠纷的管辖权。《中华人民共和国民事诉讼法》第二十四条规定："因合同纠纷提起的诉讼，由被告住所地或者合同履行地人民法院管辖。"保利三好公司的住所地在广东省珠海市，故珠海中院作为被告住所地法院对案件有管辖权。

四、我院的处理意见

我院认为，FAMOUS APEX LIMITED是在英属维尔京群岛登记注册成立的公司，FAMOUS APEX LIMITED 与保利三好公司因《贷款合同》产生纠纷，故本案属涉外商事借款合同纠纷。FAMOUS APEX LIMITED 与保利三好公司在《贷款合同》和《股权质押协议》中均约定有仲裁条款，依据《最高人民法院关于适用〈中华人民共和国仲裁法〉若干问题的解释》第十六条的规定，“对涉外仲裁协议的效力审查，适用当事人约定的法律；当事人没有约定适用的法律但约定了仲裁地的，适用仲裁地法律；没有约定适用的法律也没有约定仲裁地或者仲裁地约定不明的，适用法院地法律。”由于 FAMOUS APEX LIMITED 与保利三好公司签订的《贷款合同》和《股权质押协议》均未约定仲裁条款效力适用的法律，仲裁条款中约定的仲裁地也不明确。故本案仲裁条款效力审查应适用法院地法，即中华人民共和国法律。

FAMOUS APEX LIMITED 与保利三好公司签订的《贷款合同》和《股权质押协议》均约定：“在本合同履行期间，如发生争议，各方应友好协商解决，如协商不成，任何一方均有权向中国国际经济贸易仲裁委员会华南分会按照申请仲裁时有效的仲裁规则进行仲裁，仲裁地点在深圳市，或香港国际仲裁中心依据其规则和规定通过仲裁解决，仲裁结果是终局的，对各方均有约束力。除非仲裁机构另行裁决，仲裁费用由败诉方承担。”可见，双方所选定的仲裁机构不具有唯一性，且保利三好公司现下落不明，双方无法再就仲裁机构的选定进行协商达成一致意见，故依照《最高人民法院关于适用〈中华人民共和国仲裁法〉若干问题的解释》第五条的规定，本案仲裁条款应认定无效。根据《中华人民共和国民事诉讼法》第二十四条的规定，“因合同纠纷提起的诉讼，由被告住所地或者合同履行地人民法院管辖。”FAMOUS APEX LIMITED 向法院提起诉讼主张权利，珠海中院作为本案被告所在地法院，其对本案享有管辖权，可依法受理。

综上，我院经审查拟同意珠海中院处理意见，根据《最高人民法院关于人民法院处理与涉外仲裁及外国仲裁事项有关问题的通知》（法发〔1995〕18号）第一条“凡起诉到人民法院的涉外、涉港澳和涉台经济、海事海商纠纷案件，如果当事人在合同中订有仲裁条款或者事后达成仲裁协议，人民法院认为该仲裁条款或者仲裁协议无效、失效或者内容不明确无法执行的，在决定受理一方当事人起诉之前，必须报请本辖区所属高级人民法院进行审查；如果高级人民法院同意受理，应将其审查意见报最高人民法院。在最高人民法院未作出答复前，可暂不予受理”的规定，特向钧院请示，请予批复。

最高人民法院
关于对江苏省高级人民法院就香港柏藤贸易有限公司诉云南惠嘉进出口贸易有限公司买卖合同纠纷一案仲裁条款效力问题的请示的复函

2016 年 5 月 25 日　　　　〔2016〕最高法民他 10 号

江苏省高级人民法院：

你院〔2015〕苏商外仲审效他字第 00001 号《关于香港柏藤贸易有限公司诉云南惠嘉进出口贸易有限公司买卖合同纠纷一案仲裁条款效力问题的请示》收悉。经研究，答复如下：

本案一方当事人为香港公司，案涉仲裁协议为涉港仲裁协议。根据《最高人民法院关于适用〈中华人民共和国涉外民事关系法律适用法〉若干问题的解释（一）》第十九条规定确定的原则，应当参照适用涉外民事关系的有关规定确定本案应当适用的法律。根据你院附送卷宗中的证据材料显示，案涉仲裁协议签订于《中华人民共和国涉外民事关系法律适用法》施行之后，因此本案应当适用《中华人民共和国涉外民事关系法律适用法》第十八条的规定确定审理案涉仲裁协议效力应当适用的法律。

本案当事人签订的仲裁协议未约定明确的仲裁机构，仅约定仲裁地点为北京（Any dispute arising out of or in connection with this contract，includingany question regarding its existence，validity or termination，shall be referred toand finally resolved by arbitration in

BEIJING，CHINA），且当事人未选择仲裁协议效力适用的法律，故依据《中华人民共和国涉外民事关系法律适用法》第十八条的规定，本案应当适用当事人约定的仲裁地即我国内地的法律确认仲裁协议的效力。

《中华人民共和国仲裁法》第十八条规定："仲裁协议对仲裁事项或者仲裁委员会没有约定或者约定不明确的，当事人可以补充协议；达不成补充协议的，仲裁协议无效。"《最高人民法院关于适用〈中华人民共和国仲裁法〉若干问题的解释》第六条规定："仲裁协议约定由某地的仲裁机构仲裁且该地仅有一个仲裁机构的，该仲裁机构视为约定的仲裁机构。该地有两个以上仲裁机构的，当事人可以协议选择其中的一个仲裁机构申请仲裁；当事人不能就仲裁机构选择达成一致的，仲裁协议无效。"由于本案当事人未约定明确的仲裁机构，在其约定的仲裁地北京有两个以上的仲裁机构，现当事人未就仲裁机构的选择达成一致，故依据上述规定，案涉仲裁协议无效。同意你院关于仲裁协议无效的请示意见。

此复。

附：

江苏省高级人民法院关于香港柏藤贸易有限公司诉云南惠嘉进出口贸易有限公司买卖合同纠纷一案仲裁条款效力问题的请示

2015 年 4 月 15 日　　〔2015〕苏商外仲审效他字第 00001 号

最高人民法院：

香港柏藤贸易有限公司起诉云南惠嘉进出口贸易有限公司买卖合同纠纷一案，江苏省泰州市中级人民法院经审查，拟认定仲裁协议无效，受理该案，并就此报送我院审查。我院经审查后拟同意泰州市中级人民法院的意见。根据《最高人民法院关于人民法院处理与涉外仲裁及外国仲裁事项有关问题的通知》的规定，现将该案有关情况向贵院报告如下：

一、案件的由来及经过

原告香港柏藤贸易有限公司（以下简称柏藤公司）起诉被告云南惠嘉进出口贸易有限公司（以下简称惠嘉公司）买卖合同纠纷一案，因涉外仲裁协议的效力问题，江苏省泰州市中级人民法院（以下简称泰州中院）经审查拟认定仲裁协议无效，并就此报送我院审查。

二、当事人的基本情况

原告香港柏藤贸易有限公司，住所地香港九龙旺角弥敦道 707-713 号银高国际大厦 9 楼 A1 室。

代表人张某，该公司董事。

委托代理人张某某，该公司职员。

委托代理人赵某某，该公司职员。

被告云南惠嘉进出口贸易有限公司，住所地云南省昆明市关上关兴路288号12层。

法定代表人张某某。

三、当事人的诉辩主张及案件的基本情况

柏藤公司主张，其与惠嘉公司签订销售合同（合同编号BTHJ140602）双方约定的结算方式为信用证，因惠嘉公司延期开立信用证，造成船舶到港不能卸货，导致产生船舶滞期费及延期利息损失。因上述合同履行地江苏省靖江市位于泰州中院辖区，故向泰州中院提起诉讼，请求判决：惠嘉公司给付柏藤公司船舶滞期费及延期利息损失。

四、泰州中院的处理意见

泰州中院经审理认为，柏藤公司系在香港注册，注册办事处地址位于香港。双方在销售合同中约定，CFR中国靖江；就争议解决方式约定，凡有关执行合同所发生的一切争议，均提交中国北京的仲裁委进行仲裁。泰州中院的审理意见为：因双方仅选择仲裁地点而对仲裁机构没有约定，而北京市具备受理涉外仲裁案件资质的仲裁机构不止一家，故双方约定的仲裁机构并不明确，该仲裁条款无效。

五、我院的审查意见

1. 涉案仲裁协议应适用内地法律

涉案仲裁协议的一方当事人柏藤公司是在香港注册登记的企

业，因此涉案仲裁条款属于涉外仲裁协议，认定涉案仲裁条款的效力应首先确定其应适用的准据法。《最高人民法院关于适用〈中华人民共和国仲裁法〉若干问题的解释》第十六条规定，对涉外仲裁协议的效力审查，适用当事人约定的法律；当事人没有约定适用的法律但约定了仲裁地的，适用仲裁地法律；没有约定适用的法律也没有约定仲裁地或者仲裁地约定不明的，适用法院地法律。在本案中，虽然双方当事人在合同中约定本合同适用法律为中国实体法，但该约定是双方当事人对合同应适用的实体法作了约定，不能视为对仲裁条款的效力应适用的准据法作了约定。双方当事人约定仲裁地为中国北京。涉案仲裁条款的效力应适用仲裁地法律，即内地法律。

2. 涉案仲裁协议因无法确定仲裁机构而无效

《最高人民法院关于适用〈中华人民共和国仲裁法〉若干问题的解释》第六条规定，仲裁协议约定由某地的仲裁机构仲裁且该地仅有一个仲裁机构的，该仲裁机构视为约定的仲裁机构。该地有两个以上仲裁机构的，当事人可以协议选择其中的一个仲裁机构申请仲裁，当事人不能就仲裁机构选择达成一致的，仲裁协议无效。本案中，当事人约定，凡有关执行合同所发生的一切争议，包括对合同的存在、有效性及终止的疑问，均在中国北京进行仲裁。因为北京的仲裁机构不止一个，柏藤公司已向人民法院提起诉讼，双方当事人无法就选定明确的仲裁机构达成一致，仲裁条款无效。

综上，由于双方当事人在合同中约定的仲裁条款无效，人民法院对本案有管辖权，应受理柏藤公司的起诉。依据《最高人民法院关于人民法院处理与涉外仲裁及外国仲裁事项有关问题的通知》第一条的规定，特向钧院请示，请予批复。

第六章 相关会议纪要

最高人民法院
关于印发《第二次全国涉外商事海事审判工作会议纪要》的通知

2005 年 12 月 26 日　　　　法发〔2005〕26 号

各省、自治区、直辖市高级人民法院，新疆维吾尔自治区高级人民法院生产建设兵团分院：

现将《第二次全国涉外商事海事审判工作会议纪要》印发给你们，请遵照执行。执行中有何问题，望及时报告我院。

附：

第二次全国涉外商事海事审判工作会议纪要

为进一步贯彻“公正司法，一心为民”的方针，落实“公正与效率”工作主题，规范涉外商事海事司法行为，增强司法能力，提高司法水平，开创涉外商事海事审判工作新局面，最高人民法院于 2005 年 11 月 15 日至 16 日在江苏省南京市召开了第二次全国涉外商事海事审判工作会议。各高级人民法院的分管院长、涉外商事海事审判部门的庭长、具有涉外商事审判管辖权的中级人民法院的分管院长、海事法院院长以及中央有关部门的代表共200人参加了会议。最高人民法院院长肖扬发表了书面讲话，副院长万鄂湘到会讲话。

会议总结交流了2001年来涉外商事海事审判工作的经验，研究了审判实践中亟待解决的问题，讨论了进一步规范涉外商事海事审判工作，为改革开放和经贸、航运事业提供了司法保障的措施。会议达成以下共识，并形成纪要：

一、关于案件管辖

1. 人民法院在审理国内商事纠纷案件过程中，因追加当事人而使得案件具有涉外因素的，属于涉外商事纠纷案件，应当按照最高人民法院《关于涉外民商事案件诉讼管辖若干问题的规定》确定案件的管辖。当事人协议管辖不得违反前述规定。

无管辖权的人民法院不得受理涉外商事纠纷案件；已经受理的，应将案件移送有管辖权的人民法院审理。

2. 涉及外资金融机构（包括外国独资银行、独资财务公司、合资银行、合资财务公司、外国银行分行）的商事纠纷案件，其诉讼管辖按照最高人民法院《关于涉外民商事案件诉讼管辖若干问题的规定》办理。

3. 一方当事人以外国当事人为被告向人民法院提起诉讼，该外国当事人在我国境内设有来料加工、来样加工、来件装配或者补偿贸易企业（以下简称“三来一补”企业）的，应认定其在我国境内有可供扣押的财产，该“三来一补”企业所在地有涉外商事案件管辖权的人民法院可以对纠纷行使管辖权。

4. 人民法院在认定涉外商事纠纷案件当事人协议选择的法院是否属于《中华人民共和国民事诉讼法》第二百四十四条[①]规定的“与争议有实际联系的地点的法院”时，应该考虑当事人住所地、登记地、营业地、合同签订地、合同履行地、标的物所在地等因素。

5. 中外合资经营企业合同、中外合作经营企业合同，合资、合作企业的注册登记地为合同履行地；涉及转让在我国境内依法设立的中外合资经营企业、中外合作经营企业、外商独资企业股份的合同，上述外商投资企业的注册登记地为合同履行地。根据《中华人民共和国民事诉讼法》的规定，合同履行地的人民法院对上述合同纠纷享有管辖权。

6. 当事人申请确认涉外仲裁协议效力的案件，由申请人住所地、被申请人住所地或者仲裁协议签订地有权受理涉外商事案件的中级人民法院管辖；申请执行我国涉外仲裁裁决的案件，由被申请人住所地、财产所在地有权受理涉外商事案件的中级人民法院管辖；申请撤销我国涉外仲裁裁决的案件，由仲裁机构所在地有权受理涉外商事案件的中级人民法院管辖；申请承认与执行外国仲裁裁决的案件，由被申请人住所地或者财产所在地有权受理涉外商事案件的中级人民法院管辖。

7. 涉外商事合同的当事人之间签订的有效仲裁协议约定了因合同发生的或与合同有关的一切争议均应通过仲裁方式解决，原告就当事人在签订和履行合同过程中发生的纠纷以侵权为由向人民法院提起诉讼的，人民法院不享有管辖权。

8. 人民法院根据《中华人民共和国民事诉讼法》的规定仅

---

① 2012 年修正的《民事诉讼法》已删除该条。

对主合同纠纷或者担保合同纠纷享有管辖权，原告以主债务人和担保人为共同被告向人民法院提起诉讼的，人民法院可以对主合同纠纷和担保合同纠纷一并管辖，但主合同或者担保合同当事人订有仲裁协议或者管辖协议，约定纠纷由仲裁机构仲裁或者外国法院排他性管辖的，人民法院对订有此类协议的主合同纠纷或者担保合同纠纷不享有管辖权。

9. 担保合同的主债务人在我国境外，债权人在我国仅起诉担保人的，人民法院应根据《中华人民共和国民事诉讼法》的相关规定行使管辖权。在审理过程中，如发现依据担保合同的准据法，担保人享有先诉抗辩权或者该案需要先确定主合同债权额的，可以根据不同情况分别作如下处理：(1) 人民法院对主合同纠纷享有管辖权的，可以要求原告在一定期限内追加主债务人为共同被告；(2) 人民法院对主合同纠纷不享有管辖权的，应裁定中止审理，并指定一定的期限，告知债权人对主债务人提起诉讼或仲裁，或者以其他方式确定主债权额。债权人在指定的期限内对主债务人提起诉讼或仲裁，或者经其他方式可以明确主债权额的，人民法院应在债权人提交相应的生效裁判文书或者其他证明文件后恢复审理。

债权人在指定的期限内拒绝申请追加主债务人为共同被告，或者未对主债务人提起诉讼或仲裁，或者经其他方式仍未能明确主债权额，且人民法院调解不成的，裁定驳回债权人的起诉。

10. 我国法院和外国法院都享有管辖权的涉外商事纠纷案件，一方当事人向外国法院起诉且被受理后又就同一争议向我国法院提起诉讼，或者对方当事人就同一争议向我国法院提起诉讼的，外国法院是否已经受理案件或者作出判决，不影响我国法院行使管辖权，但是否受理，由我国法院根据案件具体情况决定。外国法院判决已经被我国法院承认和执行的，人民法院不应受理。我国缔结或者参加的国际条约另有规定的，按规定办理。

11. 我国法院在审理涉外商事纠纷案件过程中，如发现案件存在不方便管辖的因素，可以根据“不方便法院原则”裁定驳回原告的起诉。“不方便法院原则”的适用应符合下列条件：(1) 被告提出适用“不方便法院原则”的请求，或者提出管辖异议而受诉法院认为可以考虑适用“不方便法院原则”；(2) 受理案件的我国法院对案件享有管辖权；(3) 当事人之间不存在选择我国法院管辖的协议；(4) 案件不属于我国法院专属管辖；(5) 案件不涉及我国公民、法人或者其他组织的利益；(6) 案件争议发生的主要事实不在我国境内且不适用我国法律，我国法院若受理案件在认定事实和适用法律方面存在重大困难；(7) 外国法院对案件享有管辖权且审理该案件更加方便。

12. 涉外商事纠纷案件的当事人协议约定外国法院对其争议享有非排他性管辖权时，可以认定该协议并没有排除其他国家有管辖权法院的管辖权。如果一方当事人向我国法院提起诉讼，我国法院依照《中华人民共和国民事诉讼法》的有关规定对案件享有管辖权的，可以受理。

二、关于诉讼当事人

13. 外国企业在我国境内依法设立并领取营业执照的分支机构，具有民事诉讼主体资格，可以作为当事人参加诉讼。因分支机构不能独立承担民事责任，其作为被告时，人民法院可以根据原告的申请追加设立该分支机构的外国企业为共同被告。

外国企业在我国境内设立的代表机构不具有诉讼主体资格的，涉及代表机构的纠纷案件应由外国企业作为当事人参加诉讼。

14. 根据《中华人民共和国民事诉讼法》第四十九条①和最高人民法院《关于适用〈中华人民共和国民事诉讼法〉若干问题的意见》第四十条的规定，外国企业、自然人在我国境内设立的“三来一补”企业具有民事诉讼主体资格，可以作为当事人参加诉讼。因“三来一补”企业不能独立承担民事责任，其作为被告时，人民法院可以根据原告的申请追加设立该“三来一补”企业的外国企业、自然人为共同被告。

15. 人民法院在审理案件过程中查明外国当事人被宣告破产或者进入清算程序的，应通知外国当事人的破产财产管理人或者清算人参加诉讼。

16. 外国当事人作为原告时，应根据《中华人民共和国民事诉讼法》第一百一十条第（一）项②的规定，向人民法院提供身份证明，证明材料应符合我国法律要求的形式。拒不提供的，应裁定不予受理。案件已经受理的，可要求原告在指定期限内补充提供相关资料，期满无正当理由仍未提供的，可以裁定驳回起诉。

17. 外国当事人作为被告时，应针对不同情况分别作如下处理：(1) 原告起诉时提供了被告存在的证明，但未提供被告的明确住址或者依据原告所提供的被告住址无法送达（公告送达除外）的，应要求原告补充提供被告的明确住址。依据原告补充的材料仍不能确定被告住址的，应依法向被告公告送达相关司法文书；(2) 原告起诉时没有提供被告存在的证明，但根据起诉状所

① 现为2021年修正的《民事诉讼法》第五十一条。

② 现为2021年修正的《民事诉讼法》第一百二十四条第一项。

列明的被告的姓名、名称、住所、法定代表人的姓名等情况对被告按照法定的送达途径（公告送达除外）能够送达的，送达后被告不在法定的期限内应诉答辩，又拒不到庭的，可以依法缺席审判；（3）原告在起诉时没有提供被告存在的证明，根据起诉状所列明的情况对被告按照法定的送达途径（公告送达除外）无法送达的，应要求原告补充提供被告存在的证明，原告拒不提供或者补充提供后仍无法确定被告真实存在的，可以认定为没有明确的被告，应根据《中华人民共和国民事诉讼法》第一百零八条第（二）项①的规定裁定驳回原告的起诉。

18. 外国当事人在我国境外出具的授权委托书，应当履行相关的公证、认证或者其他证明手续。对于未履行相关手续的诉讼代理人，人民法院对其代理资格不予认可。

19. 外国自然人在人民法院办案人员面前签署的授权委托书无需办理公证、认证或者其他证明手续，但在签署授权委托书时应出示身份证明和入境证明，人民法院办案人员应在授权委托书上注明相关情况并要求该外国自然人予以确认。

20. 外国自然人在我国境内签署的授权委托书，经我国公证机关公证，证明该委托书是在我国境内签署的，无需在其所在国再办理公证、认证或者其他证明手续。

21. 外国法人、其他组织的法定代表人或者负责人代表该法人、其他组织在人民法院办案人员面前签署的授权委托书，无需办理公证、认证或者其他证明手续，但在签署授权委托书时，外国法人、其他组织的法定代表人或者负责人除了向人民法院办案人员出示自然人身份证明和入境证明外，还必须提供该法人或者

① 现为2021年修正的《民事诉讼法》第一百二十二条第二项。

其他组织出具的能够证明其有权签署授权委托书的证明文件，且该证明文件必须办理公证、认证或者其他证明手续。人民法院办案人员应在授权委托书上注明相关情况并要求该法定代表人或者负责人予以确认。

22. 外国法人、其他组织的法定代表人或者负责人代表该法人、其他组织在我国境内签署的授权委托书，经我国公证机关公证，证明该委托书是在我国境内签署，且该法定代表人或者负责人向人民法院提供了外国法人、其他组织出具的办理了公证、认证或者其他证明手续的能够证明其有权签署授权委托书的证明文件的，该授权委托书无需在外国当事人的所在国办理公证、认证或者其他证明手续。

23. 外国当事人将其在特定时期内发生的或者将特定范围的案件一次性委托他人代理，人民法院经审查可以予以认可。该一次性委托在一审程序中已办理公证、认证或者其他证明手续的，二审或者再审程序中无需再办理公证、认证或者其他证明手续。

三、关于司法文书送达

（一）涉外商事纠纷案件司法文书的送达

24. 人民法院向在我国境内没有住所的当事人送达司法文书，可以直接送达给其在我国境内委托的诉讼代理人或者其在我国境内设立的代表机构。外国人、无国籍人或者外国公司、企业、其他组织的法定代表人或者负责人在我国境内的，人民法院可直接向其送达。当事人在我国境内有分支机构或者业务代办人的，经该当事人授权，人民法院可以向其分支机构或者业务代办人送达相关司法文书。人民法院向当事人的诉讼代理人、法定代表人或者负责人、代表机构以及有权接受的分支机构、业务代办人送达司法文书，适用留置送达。

25. 外国当事人如果在我国境内没有可以代其接受送达的代理人或者相关机构，若该当事人所在国与我国签订有司法协助协定或者其所在国是1965年海牙《关于向国外送达民事或商事司法文书和司法外文书公约》（以下简称《海牙送达公约》）的成员国，向该当事人送达司法文书依照司法协助协定或者公约的规定执行。具体程序可以分别按照最高人民法院发布的法（办）发〔1988〕3号《关于执行中外司法协助协定的通知》，最高人民法院、外交部、司法部联合发布的外发〔1992〕8号《关于执行〈关于向国外送达民事或商事司法文书和司法外文书公约〉有关程序的通知》、司发通〔1992〕093号《关于执行〈海牙送达公约〉的实施办法》的规定办理。如果当事人所在国既与我国签订有司法协助协定，又是《海牙送达公约》的成员国，送达司法文书依照司法协助协定的规定办理。

对在我国境内没有住所的当事人，如果不能适用前述方式送达，可以通过外交途径送达。具体程序可以按照最高人民法院、外交部、司法部联合发布的外发〔1986〕47号《关于我国法院和外国法院通过外交途径相互委托送达法律文书若干问题的通知》的规定办理。

26. 按照司法协助协定、《海牙送达公约》或者外交途径送达司法文书，自我国有关机关将司法文书转递受送达当事人所在国有关机关之日起满六个月，如果未能收到送达与否的证明文件，且根据其他情况也不足以认定已经送达的，视为不能适用该种方式送达。

27. 在我国境内没有住所的当事人，其所在国允许邮寄送达的，可以邮寄送达。邮寄送达时应附有送达回证，如果当事人未在送达回证上签收，但在邮件回执上签收，视为已经送达。自邮寄之日起满六个月，如无法得到送达与否的证明文件，且根据其他情况也不足以认定已经送达的，视为不能适用邮寄方式送达。

28. 人民法院通过公告方式送达司法文书，公告内容应该在国内外公开发行的报纸上刊登，同时可以在中国涉外商事海事审判网（http：//www. ccmt. org. cn）上公布。

29. 传真、电子邮件等送达方式，如果不违反受送达人住所地法律禁止性规定，人民法院在送达司法文书时可以采用。通过传真、电子邮件方式送达的，应当要求当事人在收到后七日内予以回复，当事人回复时确认收到的时间为送达的时间；若当事人回复时未确认收到的时间，其回复的时间为送达的时间。当事人未回复的，视为未送达。

30. 除公告送达方式外，人民法院可以同时采取多种方式对当事人进行送达，但应根据最先实现送达的送达方式确定送达时间。

31. 人民法院送达司法文书，根据有关规定须通过上级人民法院转递的，应附申请转递函。上级人民法院收到下级人民法院申请转递的司法文书，应当在七个工作日内予以转递。上级人民法院认为下级人民法院申请转递的司法文书不符合有关规定需要补正的，亦应在七个工作日内退回申请转递的人民法院。

32. 人民法院送达司法文书，根据有关规定需提供翻译件的，应由受理案件的人民法院委托我国境内的翻译机构进行翻译。翻译件不加盖人民法院印章，但应由翻译机构或翻译人员签名或盖章证明译文与原文一致。

33. 当事人虽未对人民法院送达的司法文书履行签收手续，但存在以下情形的，视为已经送达：（1）当事人通过口头或者书面形式向人民法院提及了所送达的司法文书的内容；(2) 当事人已经按照所送达司法文书的内容履行。

（二）涉港澳台案件司法文书的送达

34. 住所地在香港特别行政区、澳门特别行政区的当事人如果在内地没有可以代其接受送达的代理人或者相关机构，需要向其送达司法文书时，分别按照最高人民法院《关于内地与香港特别行政区法院相互委托送达民商事司法文书的安排》或者最高人民法院《关于内地与澳门特别行政区法院就民商事案件相互委托送达司法文书和调查取证的安排》办理。按照上述两个安排送达司法文书，自内地的高级人民法院或者最高人民法院将有关司法文书递送香港特别行政区高等法院或者澳门特别行政区终审法院之日起满三个月，如未收到送达与否的证明文件，且根据其他情况不足以认定已经送达的，视为不能适用上述安排中规定的方式送达。

35. 人民法院向住所地在香港特别行政区、澳门特别行政区、台湾地区的当事人送达司法文书，可以邮寄送达。邮寄送达时应附有送达回证，如果当事人未在送达回证上签收，但在邮件回执上签收，视为已经送达。自邮寄之日起满二个月，虽未得到送达与否的证明文件，但根据其他情况足以认定已经送达的，期间届满之日视为送达。自邮寄之日起满二个月，未得到送达与否的证明文件，且根据其他情况不足以认定已经送达的，视为不能适用邮寄方式送达。

36. 住所地在香港特别行政区、澳门特别行政区的当事人如果在内地没有可以代其接受送达的代理人或者相关机构，人民法院也不能通过两个安排规定的方式或者邮寄方式送达的，可以通过公告方式送达。

37. 住所地在台湾地区的当事人如果在大陆没有可以代其接受送达的代理人或者相关机构，人民法院也不能通过邮寄方式送达的，可以通过公告方式送达。

38. 通过公告方式向住所地在香港特别行政区、澳门特别行政区、台湾地区的当事人送达司法文书，自公告之日起满六十日，即视为送达。

四、关于诉讼证据

39. 对当事人提供的在我国境外形成的证据，人民法院应根据不同情况分别作如下处理：（1）对证明诉讼主体资格的证据，应履行相关的公证、认证或者其他证明手续；（2）对其他证据，由提供证据的一方当事人选择是否办理相关的公证、认证或者其他证明手续，但人民法院认为确需办理的除外。

对在我国境外形成的证据，不论是否已办理公证、认证或者其他证明手续，人民法院均应组织当事人进行质证，并结合当事人的质证意见进行审核认定。

40. 对当事人提供的在我国境外形成的应履行相关公证、认证或者其他证明手续的证据，应当经所在国公证机关公证，并经我国驻该国使领馆认证，或者履行我国与该所在国订立的有关条约中规定的证明手续。如果其所在国与我国没有外交关系，则该证据应经与我国有外交关系的第三国驻该国使领馆认证，再转由我国驻该第三国使领馆认证。

41. 当事人向人民法院提供外文视听资料的，应附有视听资料中所用语言的记录文本及中文译本。

42. 当事人提交的证据材料不属于新的证据，人民法院经审查认为该证据可能影响裁判结果的，应予以质证。

43. 当事人在一审时未申请鉴定，或者申请鉴定后无正当理由不预交鉴定费用或拒不提交相关材料致使无法鉴定，而在二审或者再审期间申请鉴定的，视下列情况分别处理：(1) 人民法院经审查认为，不鉴定不会影响裁判结果的，对当事人的申请不予准许；(2) 人民法院经审查认为，不鉴定可能导致案件的主要事实不清的，对当事人的申请应予准许。

44. 当事人在一审时申请人民法院调取证据未获准许，而在二审或者再审期间申请调取证据的，视下列情况分别处理：(1) 人民法院经审查认为，不调取证据不会影响裁判结果的，对当事人的申请不予准许；(2) 人民法院经审查认为，不调取证据可能导致案件的主要事实不清的，对当事人的申请应予准许。

45. 对经合法传唤的被告未到庭而进行缺席审判的案件，不能免除原告对其诉讼请求的证明责任，人民法院仍应对原告所提交的证据材料进行审查。

五、关于涉外商事合同法律适用

46. 涉外商事合同的当事人可以在订立合同时或者订立合同后，经过协商一致，以明示方式选择合同争议所适用的法律。合同争议包括合同是否成立、成立的时间、效力、内容的解释、履行、违约责任，以及合同的解除、变更、中止、转让、终止等争议。

47. 涉外商事合同的当事人可以在订立合同后至一审法庭辩论终结前通过协商一致改变订立合同时选择的法律，但不得损害第三人的合法利益。

48. 当事人协议选择的法律，是指有关国家及地区的实体法规范，不包括冲突规范和程序法规范。

49. 人民法院按照最密切联系原则确定的涉外商事合同应适

用的法律，是指有关国家及地区的实体法规范，不包括冲突规范和程序法规范。

50. 当事人规避中华人民共和国法律、行政法规的强制性或禁止性规定的行为，不发生适用外国法律的效力，人民法院应适用中华人民共和国法律。

51. 涉外商事纠纷案件应当适用的法律为外国法律时，由当事人提供或者证明该外国法律的相关内容。当事人可以通过法律专家、法律服务机构、行业自律性组织、国际组织、互联网等途径提供相关外国法律的成文法或者判例，亦可同时提供相关的法律著述、法律介绍资料、专家意见书等。

当事人对提供外国法律确有困难的，可以申请人民法院依职权查明相关外国法律。

52. 当事人提供的外国法律经质证后无异议的，人民法院应予确认。对当事人有异议的部分或者当事人提供的专家意见不一致的，由人民法院审查认定。

53. 外国法律的内容无法查明时，人民法院可以适用中华人民共和国法律。

54. 适用外国法律违反中华人民共和国法律的基本原则和社会公共利益的，该外国法律不予适用，而应适用中华人民共和国的法律。

55. 涉外商事合同的当事人没有选择合同所适用的法律的，人民法院受理案件后，当事人可以在一审法庭辩论终结前作出选择。如果当事人不能协商一致作出选择，适用与合同有最密切联系地的法律。

56. 人民法院根据最密切联系原则确定合同应适用的法律时，应根据合同的特殊性质，以及当事人履行的义务最能体现合同的本质特性等因素，确定与合同有最密切联系国家的法律作为合同的准据法。在通常情况下，下列合同的最密切联系地的法律是：(1) 国际货物买卖合同，适用合同订立时卖方住所地法；如果合同是在买方住所地谈判并订立的，或者合同主要是依买方确定的条件并应买方发出的招标订立的，或者合同明确规定卖方须在买方住所地履行交货义务的，适用买方住所地法。(2) 来料加工、来件装配以及其他各种加工承揽合同，适用加工承揽人住所地法。(3) 成套设备供应合同，适用设备安装运转地法。(4) 不动产买卖、租赁或者抵押合同，适用不动产所在地法。(5) 动产租赁合同，适用出租人住所地法。(6) 动产质押合同，适用质权人住所地法。(7) 借款合同，适用贷款人住所地法。(8) 赠与合同，适用赠与人住所地法。(9) 保险合同，适用保险人住所地法。(10) 融资租赁合同，适用承租人住所地法。(11) 建设工程合同，适用建设工程所在地法。(12) 仓储、保管合同，适用仓储、保管人住所地法。(13) 保证合同，适用保证人住所地法。(14) 委托合同，适用受托人住所地法。(15) 债券的发行、销售和转让合同，分别适用债券发行地法、债券销售地法和债券登记地法。(16) 拍卖合同，适用拍卖举行地法。(17) 行纪合同，适用行纪人住所地法。(18) 居间合同，适用居间人住所地法。

上述合同明显与另一国家或者地区有更密切联系的，适用该国或者地区的法律。

57. 具有中华人民共和国国籍的自然人、法人或者其他组织与外国的自然人、法人或者其他组织订立的在我国境内履行的下列合同，适用中华人民共和国法律：(1) 中外合资经营企业合同；(2) 中外合作经营企业合同；(3) 中外合作勘探、开发自然资源合同；(4) 转让中外合资经营企业、中外合作经营企业、外商独资企业股份的合同；（5）外国自然人、法人或者其他组织承包经营在我国境内设立的企业的合同。

六、关于国际商事海事仲裁的司法审查

（一）涉外仲裁协议效力的审查

58. 当事人在合同中约定的适用于解决合同争议的准据法，不能用来确定涉外仲裁条款的效力。当事人在合同中明确约定了仲裁条款效力的准据法的，应当适用当事人明确约定的法律；未约定仲裁条款效力的准据法但约定了仲裁地的，应当适用仲裁地国家或者地区的法律。只有在当事人未约定仲裁条款效力的准据法亦未约定仲裁地或者仲裁地约定不明的情况下，才能适用法院地法即我国法律作为确认仲裁条款效力的准据法。

59. 当事人达成的仲裁协议对仲裁事项或者仲裁机构没有约定或者约定不明，应认定仲裁协议无效，但当事人达成补充协议的除外。

60. 当事人在订立仲裁协议后合并、分立或者死亡的，该仲裁协议对承受仲裁事项所涉权利义务的人具有约束力，但当事人在订立仲裁协议时另有约定的除外。

61. 当事人在订立仲裁协议后转让全部或部分债权债务的，仲裁协议对受让人有效，但当事人另有约定、明确反对或者受让人在受让债权债务时不知有单独仲裁协议的除外。

62. 仲裁协议仅约定纠纷适用的仲裁规则的，视为未约定仲裁机构，但当事人达成补充协议或者按照约定的仲裁规则能够确定仲裁机构的除外。

63. 仲裁协议明确约定两个以上仲裁机构的，当事人可以协议选择其中的一个仲裁机构申请仲裁；当事人无法就仲裁机构达

成一致的，仲裁协议无效。

64. 仲裁协议约定由某地的仲裁机构仲裁且该地仅有一个仲裁机构的，该仲裁机构为约定的仲裁机构。该地有两个以上仲裁机构的，当事人可以协议选择其中的一个仲裁机构申请仲裁；当事人无法就仲裁机构达成一致的，仲裁协议无效。

65. 仲裁条款独立于合同中的其他条款。当事人在订立合同时就争议达成仲裁协议的，合同未成立不影响仲裁协议的效力；合同成立后未生效以及生效后变更、解除、终止或者被撤销、被认定无效的，不影响合同中仲裁条款的效力。

66. 仲裁协议应当采用书面形式。是否具有书面形式，按照《中华人民共和国合同法》第十一条的规定办理。当事人在订立的涉外合同中援引适用其他合同、文件中的有效仲裁条款的，是书面形式的仲裁协议。

67. 一方当事人向仲裁机构或者仲裁庭申请仲裁，对方当事人未提出管辖异议且按照仲裁规则的要求指定仲裁员并进行实体答辩的，视为当事人同意接受仲裁。

68. 当事人约定争议可以向仲裁机构申请仲裁也可以向人民法院起诉的，仲裁协议无效。但一方向仲裁机构申请仲裁，另一方未在《中华人民共和国仲裁法》第二十条第二款规定的期间内提出异议的除外。

69. 仲裁协议中约定的仲裁机构名称不准确，但能够确定受理纠纷的具体仲裁机构的，应当认定选定了仲裁机构。

70. 涉外合同应当适用的有关国际条约中有仲裁规定的，发生合同争议时，当事人应当按照国际条约中的仲裁规定提请仲裁。

（二）涉外仲裁裁决的审查

71. 对在我国境内依法成立的仲裁委员会作出的仲裁裁决，

人民法院应当根据案件是否具有涉外因素而适用不同的法律条款进行审查。上述仲裁委员会作出的不具有涉外因素的仲裁裁决，按照《中华人民共和国仲裁法》第五章、第六章和《中华人民共和国民事诉讼法》第二百一十七条①的规定审查；上述仲裁委员会作出的具有涉外因素的仲裁裁决，按照《中华人民共和国仲裁法》第七章和《中华人民共和国民事诉讼法》第二十八章②的规定进行审查。是否具有涉外因素，应按照最高人民法院《关于贯彻执行〈中华人民共和国民法通则〉若干问题的意见（试行）》第178条的规定确定。

72. 人民法院对在香港特别行政区作出的仲裁裁决或者台湾地区仲裁机构作出的仲裁裁决，应当按照最高人民法院《关于内地与香港特别行政区相互执行仲裁裁决的安排》或最高人民法院《关于人民法院认可台湾地区有关法院民事判决的规定》办理。

73. 涉及执行香港特别行政区、澳门特别行政区、台湾地区仲裁裁决的收费及审查期限问题，参照法释〔1998〕28号最高人民法院《关于承认和执行外国仲裁裁决收费及审查期限问题的规定》办理。

74. 人民法院受理当事人撤销涉外仲裁裁决的申请后，另一方当事人又申请执行同一仲裁裁决的，受理申请执行仲裁裁决案件的人民法院应在受理后裁定中止执行。

75. 当事人在仲裁程序中未对仲裁庭的管辖权提出异议，在仲裁裁决作出后以仲裁庭无管辖权为由主张撤销或者提出不予执行抗辩的，人民法院不予支持。

---

① 现为2021年修正的《民事诉讼法》第二百四十四条。

② 现为2021年修正的《民事诉讼法》第二十六章。

76. 当事人向人民法院申请撤销仲裁裁决被驳回后，又在执行程序中提出不予执行抗辩的，人民法院不予支持。

77. 当事人主张不予执行仲裁调解书或者根据当事人之间的和解协议作出的仲裁裁决书的，人民法院不予支持。

78. 涉外仲裁裁决超出仲裁协议范围的，可以撤销超裁部分的裁决；超裁部分与其他裁项不可分的，应撤销该仲裁裁决。

79. 对存在《中华人民共和国民事诉讼法》第二百六十条①规定情形的涉外仲裁裁决，人民法院可以视情况通知仲裁庭在一定期限内重新仲裁。通知仲裁庭重新仲裁的，应裁定中止撤销程序；仲裁庭在指定的期限内开始重新仲裁的，应裁定终止撤销程序；仲裁庭拒绝重新仲裁或者未在指定的期限内重新仲裁的，应通知或裁定恢复撤销程序。对仲裁庭重新仲裁作出的裁决有异议的，有关当事人可以依法申请撤销。

80. 人民法院根据案件的实际情况，可以向相关仲裁机构调阅案件卷宗或者要求仲裁机构作出说明，人民法院作出的有关裁定也可以抄送相关的仲裁机构。

（三）外国仲裁裁决的审查

81. 外国仲裁机构或者临时仲裁庭在我国境外作出的仲裁裁决，一方当事人向人民法院申请承认与执行的，人民法院应当依照《中华人民共和国民事诉讼法》第二百六十九条②的规定办理。

82. 对具有执行内容的外国仲裁裁决，当事人仅申请承认而未同时申请执行的，人民法院仅对应否承认进行审查。承认后当

① 现为 2021 年修正的《民事诉讼法》第三百八十一条。

② 现为 2021 年修正的《民事诉讼法》第二百九十条。

事人申请执行的，人民法院应予受理并对是否执行进行审查。

83. 经当事人提供证据证明外国仲裁裁决尚未生效、被撤销或者停止执行的，人民法院应当拒绝承认与执行。外国仲裁裁决在国外被提起撤销或者停止执行程序尚未结案的，人民法院可以中止承认与执行程序；外国法院在相同情况下不中止承认与执行程序的，人民法院采取对等原则。

84. 外国仲裁裁决当事人向仲裁员支付仲裁员费用的，因仲裁员不是仲裁裁决的当事人，其无权申请承认与执行该裁决中有关仲裁员费用的部分，但有关仲裁员可以单独就仲裁员费用以仲裁裁决为依据向有管辖权的人民法院提起诉讼。

七、关于外商投资企业纠纷案件

（一）中外合资经营企业合同、中外合作经营企业合同纠纷

85. 中外合资经营企业合同、中外合作经营企业合同应当报经有关审查批准机关审查批准，在一审法庭辩论终结前当事人未能办理批准手续的，人民法院应当认定该合同未生效。由于合同未生效造成的损失，应当判令有过错的一方向另一方承担损害赔偿责任；双方都有过错的，应当根据过错大小判令双方承担相应的民事责任。

86. 在中外合资经营企业合同、中外合作经营企业合同有效的前提下，中外合资经营企业、中外合作经营企业的投资者应当根据合同约定的方式、数额、期限等全面履行各自的出资义务或者提供合作条件的义务，否则应当承担相应的违约责任。对于中外合资经营企业合同、中外合作经营企业合同中约定以土地使用权、厂房、机器设备等需要办理过户手续的方式出资或者提供合作条件的，应当区分已交付合资、合作企业使用但未办理过户手

续的情形和未交付使用且未办理过户手续的情形，判令负有履行该义务的一方当事人承担相应的违约责任。

（二）外商投资企业的股权纠纷

87. 外商投资企业股东及其股权份额应当根据有关审查批准机关批准证书记载的股东名称及股权份额确定。外商投资企业批准证书记载的股东以外的自然人、法人或者其他组织向人民法院提起民事诉讼，请求确认其在该外商投资企业中的股东地位和股权份额的，人民法院应当告知该自然人、法人或者其他组织通过行政复议或者行政诉讼解决；该自然人、法人或者其他组织坚持向人民法院提起民事诉讼的，人民法院在受理后应当判决驳回其诉讼请求。

外商投资企业批准证书记载的股东以外的自然人、法人或者其他组织根据其与外商投资企业的股东之间的协议，向人民法院提起民事诉讼，请求外商投资企业的股东向其支付约定利益的，人民法院应予受理。

88. 外商投资企业的股权转让合同，应当报经有关审查批准机关审查批准，在一审法庭辩论终结前当事人未能办理批准手续的，人民法院应当认定该合同未生效。由于合同未生效造成的损失，应当判令有过错的一方向另一方承担损害赔偿责任；双方都有过错的，应当根据过错大小判令双方承担相应的民事责任。

（三）外商投资企业的经营管理纠纷

89. 中外合资经营企业、中外合作经营企业的承包经营合同应当报经有关审查批准机关审查批准，在一审法庭辩论终结前当事人未能办理批准手续的，人民法院应当认定该合同未生效。由于合同未生效造成的损失，应当判令有过错的一方向另一方承担损害赔偿责任；双方都有过错的，应当根据过错大小判令双方承担相应的民事责任。

90. 外商投资企业的股东以该外商投资企业为被告向人民法院提起诉讼，请求分配利润的，人民法院应予受理。

91. 外商投资企业以持有该外商投资企业公章的自然人、法人或者其他组织为被告向人民法院提起诉讼，请求返还公章的，人民法院应予受理。

（四）外商投资企业的清算

92. 外商投资企业终止之前，必须根据《外商投资企业清算办法》的规定进行清算。外商投资企业不能进行普通清算而进行特别清算的，由企业审批机关或其委托的部门负责组织。人民法院对清算过程中发生的纠纷享有管辖权的，应予受理。

在清算终结前，外商投资企业的诉讼主体资格依然存在；已经成立清算组织的，在清算期间，清算组织代表企业参与民事诉讼活动。

八、关于限制当事人出境

93. 人民法院在审理涉外商事纠纷案件中，对同时具备下列条件的有关人员，可以采取措施限制其出境：（1）在我国确有未了结的涉外商事纠纷案件；（2）被限制出境人员是未了结案件中的当事人或者当事人的法定代表人、负责人；（3）有逃避诉讼或者逃避履行法定义务的可能；（4）其出境可能造成案件难以审理、无法执行的。

采取限制出境措施必须严格依照最高人民法院、最高人民检察院、公安部、国家安全部〔87〕公发16号《关于依法限制外国人和中国公民出境问题的若干规定》审查办理，从严掌握。

94. 限制出境措施在案件一方当事人提出申请后采取。人民法院在必要时，可以责令申请人提供有效的担保。

95. 限制出境采取扣留有效出境证件方式的，被扣证人或者其担保人向人民法院提供有效担保（提供担保的数额应相当于诉讼请求的数额）或者履行了法定义务后，人民法院应立即口头通知被扣证人解除限制，收回扣留证件证明，发还所扣留的证件，由被扣证人签收，限制其出境的扣证决定自行撤销。作出扣证决定的人民法院应将解除出境限制的有关情况书面通知公安、边检部门。

96. 人民法院采取限制出境措施过程中产生的费用，由申请人预交，最终应判令由败诉一方当事人负担。

九、关于海上货物运输无正本提单放货纠纷案件

（一）承运人交付货物

97. 根据《中华人民共和国海商法》第七十一条的规定，承运人应当向持有记名提单的记名人交付货物。

98. 实际承运人应当凭承运人签发的正本提单向正本提单持有人交付货物。

99. 无船承运人作为承运人，应当凭其本人签发的正本提单交付货物。实际承运人应无船承运人请求，为履行海上运输合同签发本人提单的，根据本人签发提单的记载，应当在目的港或者中转港向无船承运人或其代理人交付货物。

100. 承运人依据《中华人民共和国海商法》第八十六条的规定，将货物在卸货港卸在港务公司或者仓储公司的，不构成无正本提单放货。

（二）赔偿责任

101. 承运人因无正本提单放货给正本提单持有人造成损失的，应当承担违约责任；提货人因无正本提单提货或者其他责任人因无正本提单放货给正本提单持有人造成损失的，无正本提单提货人或者其他责任人应当承担侵权责任。

102. 承运人承担无正本提单放货责任，不得援引《中华人民共和国海商法》第五十六条关于限制赔偿责任的规定。

103. 承运人与实际承运人对无正本提单放货均负有赔偿责任的，依据《中华人民共和国海商法》第六十三条的规定，应当承担连带责任。

104. 承运人倒签提单或者预借提单，不影响正本提单持有人向承运人主张无正本提单放货的权利。

105. 承运人凭伪造的正本提单放货，应当承担无正本提单放货的赔偿责任。

106. 承运人的代理人根据承运人的指示无正本提单放货，或者承运人的代理人超越代理权无正本提单放货后得到承运人追认的，由承运人承担无正本提单放货的赔偿责任。

（三）赔偿范围

107. 承运人承担的无正本提单放货违约赔偿责任，应当相当于承运人本人违反运输合同所造成的损失。赔偿范围可以包括：（1）货物装船时的价值。货物装船时的价值可以依据贸易合同约定的价格、结算单据或者核销单据确定，数额不一致的，依实际支付的货款额确定；（2）实际支付货款的利息损失；（3）实际支付的运费和保险费。

108. 无正本提单放货后，正本提单持有人虽然占有货物，但仍有损失的，承运人应当予以赔偿。

109. 提货人因无正本提单提货或者其他责任人因无正本提单放货承担的侵权赔偿责任，应当相当于权利人因此所遭受的实际损失。赔偿范围可以包括：（1）货物装船时的价值。货物装船时的价值可以依据贸易合同约定的价格、结算单据或者核销单据确定，数额不一致的，依实际支付的货款额确定；（2）实际支付的运费和保险费；（3）实际发生的其他损失。

（四）赔偿责任的免除

110. 有下列情况之一的，承运人不承担无正本提单放货的赔偿责任：（1）承运人有充分证据证明正本提单持有人认可无正本提单放货；（2）提单载明的卸货港所在地法律强制性规定到港的货物必须交付给当地海关或港口当局；（3）目的港无人提货，承运人按照托运人的指示交付货物。

无正本提单放货后，正本提单持有人已经占有货物但没有发生损失的，或者虽有损失但已经挽回，正本提单持有人向人民法院提起诉讼，请求承运人承担赔偿责任的，人民法院不予支持。

（五）举证责任、索赔请求人、诉讼时效

111. 正本提单持有人以承运人无正本提单放货为由提起诉讼，应当提交正本提单，并提供初步证据，证明凭正本提单在卸货港无法提取货物的事实或者承运人凭无正本提单放货的事实。

112. 根据《中华人民共和国海商法》第二百五十七条的规定，正本提单持有人以无正本提单放货为由向承运人提起的诉讼，时效期间为一年，从承运人应当交付货物之日起计算。

113. 根据《中华人民共和国民法通则》第九十二条、第一百三十五条的规定，正本提单持有人以提货人无正本提单提货或者其他责任人无正本提单放货为由提起侵权诉讼的，时效期间为二年，从正本提单持有人知道或者应当知道货物被提取或者权利被侵害之日起计算。

114. 正本提单持有人向承运人主张权利的，诉讼时效期间中断适用《中华人民共和国海商法》第二百六十七条的规定；正本提单持有人向无正本提单提货人或者承运人以外的其他责任人主张权利的，诉讼时效期间中断适用《中华人民共和国民法通则》第一百四十条的规定。

十、关于海上保险合同纠纷案件

（一）法律适用

115. 审理海上保险合同纠纷案件，适用《中华人民共和国海商法》的有关规定；《中华人民共和国海商法》没有规定的，适用《中华人民共和国保险法》等其他法律规定。

116. 港口设施及码头等作为保险标的的保险事故，不属于海上事故，亦不属于与海上航行有关的发生于内河或者陆上的事故，海事法院审理港口设施及码头等作为保险标的的保险合同纠纷案件，应当适用《中华人民共和国保险法》的规定。

发生船舶碰撞码头保险事故时，码头保险人行使代位请求赔偿权利向船舶所有人追偿的，适用《中华人民共和国海商法》的规定。

（二）海上保险合同的订立、解除和转让

117. 保险人知道或者应当知道被保险人故意不履行《中华人民共和国海商法》第二百二十二条第一款规定的如实告知义务，仍继续收取保险费或者支付保险赔款的，不得再以被保险人

未如实告知重要情况为由行使《中华人民共和国海商法》第二百二十三条规定的解除合同的权利。

118. 被保险人违反合同约定的保证条款但未立即书面通知保险人的，从违反保证条款之日起，保险人有权解除合同，但对于被保险人违反保证条款之前发生的保险事故造成的损失，保险人应负赔偿责任。合同解除前被保险人尚未支付保险费的，保险人有权按照比例收取合同解除前的保险费。保险人已经全部收取保险费的，不予退还。

119. 保险人收到被保险人违反合同约定的保证条款通知后，仍收取保险费或者支付保险赔偿的，不得再以被保险人违反合同约定的保证条款为由，行使《中华人民共和国海商法》第二百三十五条规定的解除合同的权利。

保险人根据《中华人民共和国海商法》第二百三十五条的规定要求修改承保条件、增加保险费，被保险人不同意的，保险人可以以书面形式解除合同。

120. 船舶航次保险中，保险船舶应保证开航时适航。被保险人违反此项规定的，从违反之日起，保险人不负赔偿责任。

在船舶定期保险中，被保险人明知船舶不适航而同意开航的，保险人对此种不适航造成的损失，不负赔偿责任。

121. 船舶转让发生在航次之中的，船舶保险合同至航次终了时解除。船舶转让时起至航次终了时止的船舶保险合同的权利、义务转让给船舶受让人。

船舶受让人根据前款规定向保险人请求保险赔偿时，应当提交有效的保险单证。

122. 被保险人已经知道依据预约保险合同分批装运的货物发生保险事故仍以正常情况通知保险人签发保险单证的，保险人可以免除保险赔偿责任。合同另有约定的除外。

（三）保险利益

123. 订立保险合同时被保险人对保险标的不具有保险利益但发生保险事故时被保险人对保险标的具有保险利益的，保险人应当对被保险人承担保险赔偿责任；订立保险合同时被保险人对保险标的具有保险利益但保险事故发生时不具有保险利益的，保险人对被保险人不承担保险赔偿责任。

（四）委付

124. 保险人根据《中华人民共和国海商法》第二百四十九条的规定不接受委付的，不影响被保险人要求保险人按照全部损失赔偿的权利。

（五）保险人行使代位请求赔偿权利

125. 受理保险人行使代位请求赔偿权纠纷的法院应当仅就第三者与被保险人之间的法律关系进行审理，第三者对保险人行使代位请求赔偿权利依据的保险合同效力提出异议的，海事法院不予审查。

126. 保险人向被保险人支付保险赔偿前，被保险人向第三者提起诉讼、提交仲裁或者第三者同意履行义务导致诉讼时效中断的，效力及于保险人。

127. 保险人向被保险人实际赔付保险赔偿取得代位请求赔偿权利后，被保险人与第三者之间就解决纠纷达成的管辖协议以及仲裁协议对保险人不具有约束力。

十一、关于船舶碰撞纠纷案件

（一）法律适用

128.《中华人民共和国海商法》第八章的规定不适用于内河船舶之间发生的碰撞；军事船舶、政府公务船舶在从事商业活动时与《中华人民共和国海商法》第一百六十五条第二款所称的船舶发生碰撞产生纠纷的，适用《中华人民共和国海商法》的有关规定。

129.船舶触碰造成损害引起的侵权纠纷案件，适用《中华人民共和国民法通则》确定各方当事人的权利义务，适用最高人民法院《关于审理船舶碰撞和触碰案件财产损害赔偿的规定》确定损害赔偿责任范围。

（二）责任主体

130.船舶所有人对船舶碰撞负有责任，船舶被光船租赁且依法登记的除外。船舶经营人或者管理人对船舶碰撞有过失的，与船舶所有人或者光船承租人承担连带责任，但不影响责任主体之间的追偿。

船舶所有人是指依法登记为船舶所有人的人；船舶没有依法登记的，指实际占有船舶的人。

（三）第三人

131.《中华人民共和国海商法》第一百六十九条第二款规定的第三人财产损失，是指除互有过失的船舶上所载货物或船员、旅客或船上其他人员的物品外，由于船舶碰撞事故所直接造成的其他财产损失。

132.《中华人民共和国海商法》第一百六十九条第三款规定

的第三人的人身伤亡，包括碰撞当事船舶上的船员、旅客和其他人员的人身伤亡。

133. 船舶碰撞纠纷的当事人之间已经就船舶碰撞纠纷提起诉讼的，海事法院对船舶碰撞造成第三人财产损失赔偿纠纷案件应当中止审理，待船舶碰撞纠纷案件审理终结后恢复审理。

（四）举证责任和证据认定

134. 第三人因船舶碰撞造成的财产损失提出赔偿请求的，船舶碰撞纠纷的当事人对有关船舶碰撞中的过失程度比例承担举证责任。无法举证的，应承担举证不能的后果。

135. 船舶碰撞纠纷的当事人之间就过失程度比例达成协议的，可以按照约定的比例对第三人的财产损失承担相应的赔偿责任，但不得损害第三人的合法利益。

船舶碰撞纠纷的当事人之间仅就相互赔偿数额达成协议，而未明确相互过失程度比例的，按照赔偿数额确定的比例对第三人的财产损失承担相应的赔偿责任，但不得损害第三人的合法利益。

136. 海事法院根据当事人的申请向有关部门调查收集的证据，在当事人完成举证并出具完成举证说明书后出示。

137. 若无相反证据，船舶碰撞事故发生后，主管机关进行事故调查过程中由海事事故当事人确认的海事调查材料，可以作为海事法院认定案件事实的证据。

（五）强制打捞清除沉船沉物

138. 强制打捞清除沉船沉物而产生的费用，由沉船沉物的所有人或者经营人承担。

139. 就沉船沉物强制打捞清除费用提出的请求为海事赔偿请求，责任人不能依照《中华人民共和国海商法》第十一章的规定享受海事赔偿责任限制。

140. 清除搁浅或者沉没船舶所产生的费用，可以在行使船舶优先权所拍卖船舶的价款中先行拨付。

十二、关于船舶油污损害赔偿纠纷案件

（一）法律适用

141. 我国加入的《1992 年国际油污损害民事责任公约》（以下简称《1992 年油污公约》）适用于具有涉外因素的缔约国船舶油污损害赔偿纠纷，包括航行于国际航线的我国船舶在我国海域造成的油污损害赔偿纠纷。非航行于国际航线的我国船舶在我国海域造成的油污损害赔偿纠纷不适用该公约的规定。

142. 对于不受 1992 年油污公约调整的船舶油污损害赔偿纠纷，适用《中华人民共和国海商法》、《中华人民共和国海洋环境保护法》以及相关行政法规的规定确定当事人的责任；油污责任人亦可以依据《中华人民共和国海商法》第十一章的规定享有海事赔偿责任限制。

143. 对于受 1992 年油污公约调整的船舶油污损害赔偿纠纷，船舶所有人及其责任保险人或者提供财务保证的其他人为取得公约规定的责任限制的权利，向海事法院申请设立油污损害赔偿责任限制基金的，适用《中华人民共和国海事诉讼特别程序法》第九章的规定。

（二）索赔主体

144. 因船舶油污直接遭受财产损失的公民、法人或其他组织，有权向油污责任人提起索赔诉讼。

145. 国家海事行政主管部门或其他企事业单位为防止或减轻

油污损害而支出的费用，包括清污费用，可直接向油污责任人提起诉讼。

146.《中华人民共和国海洋环境保护法》授权的海洋环境监督管理部门，有权在授权范围内代表国家，就船舶油污造成的海洋环境损失向油污责任人提起诉讼。

(三) 举证责任

147. 国家海事行政主管部门作出的调查报告，若无相反证据，可以作为海事法院审理案件的依据。

148. 因船舶油污引起的损害赔偿诉讼，受损害人应对油污损害承担举证责任，责任人应对法律规定的免责事由及船舶油污与损害之间不存在因果关系承担举证责任。

(四) 油污责任

149. 对于受1992年油污公约调整的船舶油污损害赔偿纠纷，因船舶油污造成损害的，由漏油船舶所有人承担赔偿责任。

对于不受1992年油污公约调整的油污损害赔偿纠纷，因船舶碰撞造成油污损害的，由碰撞船舶所有人承担连带赔偿责任，但不影响油污损害赔偿责任人之间的追偿。

(五) 油污损害赔偿范围

150. 油污损害赔偿范围包括：（1）船舶油污造成的公民、法人或其他组织的财产损失；（2）为防止或减轻污染支出的清污费用损失。清污费用的计算，应当结合污染范围、污染程度、溢油数量、清污人员和设备的费用以及有关证据合理认定；（3）因船舶油污造成的渔业资源和海洋资源损失，此种损失应限于已实际采取或将要采取的合理恢复措施的费用。

（六）清污费用的清偿

151. 在船舶油污损害赔偿纠纷中，权利人就清污费用的请求与其他污染损害赔偿的请求按照法院所确定的债权数额比例受偿。

十三、其他

152. 涉外海事纠纷案件，本纪要没有特别规定的，适用本纪要关于涉外商事纠纷案件的有关规定。

153. 涉及香港特别行政区、澳门特别行政区以及台湾地区的商事海事纠纷案件，本纪要没有特别规定的，参照适用本纪要关于涉外商事海事纠纷案件的有关规定。

最高人民法院

关于印发《全国法院涉港澳商事审判工作座谈会纪要》的通知

2008年1月21日　　　　法发〔2008〕8号

各省、自治区、直辖市高级人民法院，新疆维吾尔自治区高级人民法院生产建设兵团分院：

2007年11月21日至22日，最高人民法院召开了全国法院涉港澳商事审判工作座谈会。现将《全国法院涉港澳商事审判工作座谈会纪要》印发给你们，请结合工作实际，贯彻执行。

附：

全国法院涉港澳商事审判工作座谈会纪要

为进一步贯彻“公正司法，一心为民”的方针，落实“公正与效率”工作主题，规范涉港澳审判工作，增强司法能力，提高司法水平，最高人民法院于2007年11月21日至22日在广西壮族自治区南宁市召开了全国法院涉港澳商事审判工作座谈会。各高级人民法院分管院长和庭长，以及具有涉港澳商事案件管辖权的中级人民法院分管院长参加了会议。最高人民法院副院长万鄂湘出席会议并讲话。

会议总结交流了近年来涉港澳商事审判工作的经验，研究了审判实践中亟待解决的问题，讨论了促进内地与香港特别行政区、内地与澳门特别行政区司法协助的措施。现就会议达成共识的若干问题纪要如下：

一、关于案件管辖权

1. 人民法院受理涉港澳商事案件，应当参照《中华人民共和国民事诉讼法》第四编和最高人民法院《关于涉外民商事案件诉讼管辖若干问题的规定》确定案件的管辖。

2. 有管辖权的人民法院受理的涉港澳商事案件，如果被告以存在有效仲裁协议为由对人民法院的管辖权提出异议，受理案件的人民法院可以对案件管辖问题作出裁定。如果认定仲裁协议无效、失效或者内容不明确无法执行的，在作出裁定前应当按照最高人民法院《关于人民法院处理与涉外仲裁及外国仲裁事项有关问题的通知》（法发〔1995〕18号）逐级上报。

3. 人民法院受理涉港澳商事案件后，被告以存在有效仲裁协议为由对人民法院的管辖权提出异议，且在人民法院受理商事案件的前后或者同时向另一人民法院提起确认仲裁协议效力之诉的，应分别以下情况处理：

（1）确认仲裁协议效力之诉受理在先或者两案同时受理的，受理商事案件的人民法院应中止对管辖权异议的审理，待确认仲裁协议效力之诉审结后，再恢复审理并就管辖权问题作出裁定；

（2）商事案件受理在先且管辖权异议尚未审结的，对于被告另行提起的确认仲裁协议效力之诉，人民法院应不予受理；受理后发现其他人民法院已经先予受理当事人间的商事案件并正在就管辖权异议进行审理的，应当将案件移送受理商事案件的人民法院在管辖权异议程序中一并解决。

(3) 商事案件受理在先且人民法院已经就案件管辖权问题作出裁定，确认仲裁协议无效的，被告又向其他人民法院提起确认仲裁协议效力之诉，人民法院应不予受理；受理后发现上述情况的，应裁定驳回当事人的起诉。

4. 下级人民法院违反最高人民法院《关于涉外民商事案件诉讼管辖若干问题的规定》受理涉港澳商事案件并作出实体判决的，上级人民法院可以程序违法为由撤销下级人民法院的判决，将案件移送有管辖权的人民法院审理。

5. 人民法院受理破产申请后，即使该人民法院不享有涉外民商事案件管辖权，但根据《中华人民共和国企业破产法》第二十一条的规定，有关债务人的涉港澳商事诉讼仍应由该人民法院管辖。

6. 内地人民法院和香港特别行政区法院或者澳门特别行政区法院都享有管辖权的涉港澳商事案件，一方当事人向香港特别行政区法院或者澳门特别行政区法院起诉被受理后，当事人又向内地人民法院提起相同诉讼，香港特别行政区法院或者澳门特别行政区法院是否已经受理案件或作出判决，不影响内地人民法院行使管辖权，但是否受理由人民法院根据案件具体情况决定。

内地人民法院已经受理当事人申请认可或执行香港特别行政区法院或者澳门特别行政区法院就相同诉讼作出的判决的，或者香港特别行政区法院、澳门特别行政区法院的判决已获内地人民法院认可和执行的，内地人民法院不应再受理相同诉讼。

7. 人民法院受理的涉港澳商事案件，如果被告未到庭应诉，即使案件存在不方便管辖的因素，在被告未提出管辖权异议的情况下，人民法院不应依职权主动适用不方便法院原则放弃对案件的管辖权。

二、关于当事人主体资格

8. 香港特别行政区、澳门特别行政区的当事人参加诉讼，应提供经注册地公证、认证机构公证、认证的商业登记等身份证明材料。

9. 人民法院受理香港特别行政区、澳门特别行政区的当事人作为被告的案件的，该当事人在内地设立“三资企业”时向“三资企业”的审批机构提交并经审批的商业登记等身份证明材料可以作为证明其存在的证据，但有相反证据的除外。

10. 原告起诉时提供了作为被告的香港特别行政区、澳门特别行政区的当事人存在的证明，香港特别行政区、澳门特别行政区的当事人拒绝提供证明其身份的公证材料的，不影响人民法院对案件的审理。

三、关于司法文书送达

11. 作为受送达人的香港特别行政区、澳门特别行政区的自然人或者企业、组织的法定代表人、主要负责人在内地的，人民法院可以向该自然人或者法定代表人、主要负责人送达。

12. 除受送达人在授权委托书中明确表明其诉讼代理人无权代为接收有关司法文书外，其委托的诉讼代理人为有权代其接受送达的诉讼代理人，人民法院可以向该诉讼代理人送达。

13. 人民法院向香港特别行政区、澳门特别行政区的受送达人送达司法文书，可以送达给其在内地依法设立的代表机构。

受送达人在内地有分支机构或者业务代办人的，经该受送达人授权，人民法院可以向其分支机构或者业务代办人送达。

14. 人民法院向香港特别行政区、澳门特别行政区受送达人送达司法文书，可以分别按照最高人民法院《关于内地与香港特别行政区法院相互委托送达民商事司法文书的安排》或者最高人民法院《关于内地与澳门特别行政区法院就民商事案件相互委托送达司法文书和调取证据的安排》送达。

按照前款规定方式送达的，自内地的高级人民法院或者最高人民法院将有关司法文书递送香港特别行政区高等法院或者澳门特别行政区终审法院之日起满三个月，如果未能收到送达与否的证明文件且根据各种情况不足以认定已经送达的，视为不能适用上述安排中规定的方式送达。

15. 人民法院向香港特别行政区、澳门特别行政区受送达人送达司法文书，可以邮寄送达。

邮寄送达时应附有送达回证。受送达人未在送达回证上签收但在邮件回执上签收的，视为送达，签收日期为送达日期。

自邮寄之日起满三个月，虽未收到送达与否的证明文件，但根据各种情况足以认定已经送达的，期间届满之日视为送达。

自邮寄之日起满三个月，如果未能收到送达与否的证明文件，且根据各种情况不足以认定已经送达的，视为不能适用邮寄方式送达。

16. 除上述送达方式外，人民法院可以通过传真、电子邮件等能够确认收悉的其他适当方式向受送达人送达。

17. 人民法院不能依照上述方式送达的，可以公告送达。公告内容应当在境内外公开发行的报刊上刊登，自公告之日起满三个月即视为送达。

18. 除公告送达方式外，人民法院可以同时采取多种方式向香港特别行政区、澳门特别行政区的受送达人进行送达，但应当根据最先实现送达的送达方式确定送达时间。

19. 人民法院向在内地的香港特别行政区、澳门特别行政区的自然人或者企业、组织的法定代表人、主要负责人、诉讼代理人、代表机构以及有权接受送达的分支机构、业务代办人送达司法文书，可以适用留置送达的方式。

20. 香港特别行政区、澳门特别行政区的受送达人未对人民法院送达的司法文书履行签收手续，但存在以下情形之一的，视为送达：

（1）受送达人向人民法院提及了所送达司法文书的内容；

（2）受送达人已经按照所送达司法文书的内容履行；

（3）其他可以视为已经送达的情形。

21. 人民法院送达司法文书，根据有关规定需通过上级人民法院转递的，应附申请转递函。

上级人民法院收到下级人民法院申请转递的司法文书，应在七个工作日内予以转递。

上级人民法院认为下级人民法院申请转递的司法文书不符合有关规定需要补正的，应说明需补正的事由并在七个工作日内退回申请转递的人民法院。

四、关于“三资企业”股权纠纷、清算

22. 在内地依法设立的“三资企业”的股东及其股权份额应当根据外商投资企业批准证书记载的股东名称及股权份额确定。

23. 外商投资企业批准证书记载的股东以外的自然人、法人或者其他组织向人民法院提起民事诉讼，请求确认委托投资合同的效力及其在该“三资企业”中的股东地位和股权份额的，人民法院可以对当事人间是否存在委托投资合同、委托投资合同的效力等问题经过审理后作出判决，但应驳回其请求确认股东地位和

股权份额的诉讼请求。

24. 在内地设立的“三资企业”的原股东向人民法院提起民事诉讼，请求确认股权转让合同无效并恢复其在该“三资企业”中的股东地位和股权份额的，人民法院审理后可以依法对股权转让合同的效力作出判决，但应驳回其请求恢复股东地位和股权份额的诉讼请求。

五、关于仲裁司法审查

25. 人民法院审理当事人申请撤销、执行内地仲裁机构作出的涉港澳仲裁裁决案件，申请认可和执行香港特别行政区、澳门特别行政区仲裁机构作出的仲裁裁决或者临时仲裁庭在香港特别行政区、澳门特别行政区作出的仲裁裁决案件，对于事实清楚、争议不大的，可以经过书面审理后径行作出裁定；对于事实不清、争议较大的，可以在询问当事人、查清事实后再作出裁定。

26. 当事人向人民法院申请执行涉港澳仲裁裁决，应当在《中华人民共和国民事诉讼法》第二百一十九条①规定的期限内提出申请。如果裁决书未明确履行期限，应从申请人收到裁决书正本或者正式副本之日起计算申请人申请执行的期限。

27. 当事人对内地仲裁机构作出的涉港澳仲裁裁决分别向不同人民法院申请撤销及执行的，受理执行申请的人民法院应当按照最高人民法院《关于适用〈中华人民共和国仲裁法〉若干问题的解释》第二十五条的规定中止执行。受理执行申请的人民法院如果对于受理撤销申请的人民法院作出的决定撤销或者不予撤销的裁定存在异议，亦不能直接作出与该裁定相矛盾的执行或者

① 现为2021年修正的《民事诉讼法》第二百四十六条。

不予执行的裁定，而应报请它们的共同上级人民法院解决。

当事人对内地仲裁机构作出的涉港澳仲裁裁决向人民法院申请执行且人民法院已经作出应予执行的裁定后，如果一方当事人向人民法院申请撤销该裁决，受理撤销申请的人民法院认为裁决应予撤销且该人民法院与受理执行申请的人民法院非同一人民法院时，不应直接作出撤销仲裁裁决的裁定，而应报请它们的共同上级人民法院解决。

28. 当事人向人民法院申请执行内地仲裁机构作出的涉港澳仲裁裁决或者申请认可和执行香港特别行政区、澳门特别行政区仲裁机构作出的仲裁裁决或者临时仲裁庭在香港特别行政区、澳门特别行政区作出的仲裁裁决，人民法院经审查认为裁决存在依法不予执行或者不予认可和执行的情形，在作出裁定前，应当报请本辖区所属高级人民法院进行审查；如果高级人民法院同意不予执行或者不予认可和执行，应将其审查意见报最高人民法院，待最高人民法院答复后，方可作出裁定。

29. 当事人向人民法院申请撤销内地仲裁机构作出的涉港澳仲裁裁决，人民法院经审查认为裁决存在依法应予撤销或者可以重新仲裁的情形，在裁定撤销裁决或者通知仲裁庭重新仲裁之前，应当报请本辖区所属高级人民法院进行审查；如果高级人民法院同意撤销或者通知仲裁庭重新仲裁，应将其审查意见报最高人民法院，待最高人民法院答复后，方可裁定撤销或者通知仲裁庭重新仲裁。

30. 当事人申请内地人民法院撤销香港特别行政区、澳门特别行政区仲裁机构作出的仲裁裁决或者临时仲裁庭在香港特别行政区、澳门特别行政区作出的仲裁裁决的，人民法院应不予受理。

六、其他

31. 有管辖权的基层人民法院审理事实清楚、权利义务关系明确、争议不大的涉港澳商事案件，可以适用《中华人民共和国民事诉讼法》规定的简易程序。

32. 人民法院审理涉港澳商事案件，在内地无住所的香港特别行政区、澳门特别行政区当事人的答辩、上诉期限，参照适用《中华人民共和国民事诉讼法》第二百四十八条①、第二百四十九条②的规定。

33. 本纪要中所称涉港澳商事案件是指当事人一方或者双方是香港特别行政区、澳门特别行政区的自然人或者企业、组织，或者当事人之间商事法律关系的设立、变更、终止的法律事实发生在香港特别行政区、澳门特别行政区，或者诉讼标的物在香港特别行政区、澳门特别行政区的商事案件。

① 现为2021年修正的《民事诉讼法》第二百七十五条。

② 现为2021年修正的《民事诉讼法》第二百七十六条。

第七章　国际司法协助的公约及相关规定

承认及执行外国仲裁裁决公约（中英文版）

（1958 年 6 月 10 日订于纽约）

第一条

一、仲裁裁决，因自然人或法人间之争议而产生且在声请承认及执行地所在国以外之国家领土内作成者，其承认及执行适用本公约。本公约对于仲裁裁决经声请承认及执行地所在国认为非内国裁决者，亦适用之。

二、“仲裁裁决”一词不仅指专案选派之仲裁员所作裁决，亦指当事人提请仲裁之常设仲裁机关所作裁决。

三、任何国家得于签署、批准或加入本公约时，或于本公约第十条通知推广适用时，本交互原则声明该国适用本公约，以承认及执行在另一缔约国领土内作成之裁决为限。任何国家亦得声明，该国唯于争议起于法律关系，不论其为契约性质与否，而依提出声明国家之国内法认为系属商事关系者，始适用本公约。

第二条

一、当事人以书面协定承允彼此间所发生或可能发生之一切或任何争议，如关涉可以仲裁解决事项之确定法律关系，不论为契约性质与否，应提交仲裁时，各缔约国应承认此项协定。

二、称“书面协定”者，谓当事人所签订或在互换函电中所载明之契约仲裁条款或仲裁协定。

三、当事人就诉讼事项订有本条所称之协定者，缔约国法院受理诉讼时应依当事人一造之请求，命当事人提交仲裁，但前述协定经法院认定无效、失效或不能实行者不在此限。

第三条

各缔约国应承认仲裁裁决具有拘束力，并依援引裁决地之程序规则及下列各条所载条件执行之。承认或执行适用本公约之仲裁裁决时，不得较承认或执行内国仲裁裁决附加过苛之条件或征收过多之费用。

第四条

一、声请承认及执行之一造，为取得前条所称之承认及执行，应于声请时提具：

（甲）原裁决之正本或其正式副本，

（乙）第二条所称协定之原本或其正式副本。

二、倘前述裁决或协定所用文字非为援引裁决地所在国之正式文字，声请承认及执行裁决之一造应备具各该文件之此项文字译本。译本应由公设或宣誓之翻译员或外交或领事人员认证之。

第五条

一、裁决唯有于受裁决援用之一造向声请承认及执行地之主管机关提具证据证明有下列情形之一时，始得依该造之请求，拒予承认及执行：

（甲）第二条所称协定之当事人依对其适用之法律有某种无行为能力情形者，或该项协定依当事人作为协定准据之法律系属无效，或未指明以何法律为准时，依裁决地所在国法律系属无效者；

（乙）受裁决援用之一造未接获关于指派仲裁员或仲裁程序之适当通知，或因他故，致未能申辩者；

（丙）裁决所处理之争议非为交付仲裁之标的或不在其条款之列，或裁决载有关于交付仲裁范围以外事项之决定者，但交付仲裁事项之决定可与未交付仲裁之事项划分时，裁决中关于交付仲裁事项之决定部分得予承认及执行；

（丁）仲裁机关之组成或仲裁程序与各造间之协议不符，或无协议而与仲裁地所在国法律不符者；

（戊）裁决对各造尚无拘束力，或业经裁决地所在国或裁决所依据法律之国家之主管机关撤销或停止执行者。

二、倘声请承认及执行地所在国之主管机关认定有下列情形之一，亦得拒不承认及执行仲裁裁决：

（甲）依该国法律，争议事项系不能以仲裁解决者；

（乙）承认或执行裁决有违该国公共政策者。

第六条

倘裁决业经向第五条第一项（戊）款所称之主管机关声请撤销或停止执行，受理援引裁决案件之机关得于其认为适当时延缓关于执行裁决之决定，并得依请求执行一造之声请，命他造提供妥适之担保。

第七条

一、本公约之规定不影响缔约国间所订关于承认及执行仲裁裁决之多边或双边协定之效力，亦不剥夺任何利害关系人可依援引裁决地所在国之法律或条约所认许之方式，在其许可范围内，援用仲裁裁决之任何权利。

二、一九二三年日内瓦仲裁条款议定书及一九二七年日内瓦执行外国仲裁裁决公约在缔约国间，于其受本公约拘束后，在其受拘束之范围内不再生效。

第八条

一、本公约在一九五八年十二月三十一日以前听由任何联合国会员国及现为或嗣后成为任何联合国专门机关会员国或国际法院规约当事国之任何其他国家，或经联合国大会邀请之任何其他国家签署。

二、本公约应予批准。批准文件应送交联合国秘书长存放。

第九条

一、本公约听由第八条所称各国加入。

二、加入应以加入文件送交联合国秘书长存放为之。

第十条

一、任何国家得于签署、批准或加入时声明将本公约推广适用于由其负责国际关系之一切或任何领土。此项声明于本公约对关系国家生效时发生效力。

二、嗣后关于推广适用之声明应向联合秘书长提出通知为之，自联合国秘书长收到此项通知之日后第九十日起，或自本公约对关系国家生效之日起发生效力，此两日期以较迟者为准。

三、关于在签署、批准或加入时未经将本公约推广适用之领土，各关系国家应考虑可否采取必要步骤将本公约推广适用于此等领土，但因宪政关系确有必要时，自须征得此等领土政府之同意。

第十一条

下列规定对联邦制或非单一制国家适用之：

（甲）关于本公约内属于联邦机关立法权限之条款，联邦政府之义务在此范围内与非联邦制缔约国之义务同；

（乙）关于本公约内属于组成联邦各州或各省立法权限之条款，如各州或各省依联邦宪法制度并无采取立法行动之义务，联邦政府应尽速将此等条款提请各州或各省主管机关注意，并附有利之建议；

（丙）参加本公约之联邦国家遇任何其他缔约国经由联合国秘书长转达请求时，应提供叙述联邦及其组成单位关于本公约特定规定之法律及惯例之情报，说明以立法或其他行动实施此项规定之程度。

第十二条

一、本公约应自第三件批准或加入文件存放之日后第九十日起发生效力。

二、对于第三件批准或加入文件存放后批准或加入本公约之国家，本公约应自各该国存放批准或加入文件后第九十日起发生效力。

第十三条

一、任何缔约国得以书面通知联合国秘书长宣告退出本公约。退约应于秘书长收到通知之日一年后发生效力。

二、依第十条规定提出声明或通知之国家，嗣后得随时通知联合国秘书长声明本公约自秘书长收到通知之日一年后停止适用于关系领土。

三、在退约生效前已进行承认或执行程序之仲裁裁决，应继续适用本公约。

第十四条

缔约国除在本国负有适用本公约义务之范围外，无权对其他缔约国援用本公约。

第十五条

联合国秘书长应将下列事项通知第八条所称各国：

（甲）依第八条所为之签署及批准；

(乙) 依第九条所为之加入；

(丙) 依第一条、第十条及第十一条所为之声明及通知；

(丁) 依第十二条本公约发生效力之日期；

(戊) 依第十三条所为之退约及通知。

第十六条

一、本公约应存放联合国档库，其中文、英文、法文、俄文及西班牙文各本同一作准。

二、联合国秘书长应将本公约正式副本分送第八条所称各国。

附：英文版

CONVENTION ON THE RECOGNITION AND ENFORCEMENT OF FOREIGN ARBITRAL AWARDS

(Done at New York, on 10 June 1958)

Article I

1. This Convention shall apply to the recognition and enforcement of arbitral awards made in the territory of a State other than the State where the recognition and enforcement of such awards are sought, and arising out of differences between persons, whether physical or legal. It shall also apply to arbitral awards not considered as domestic awards in the State where their recognition and enforcement are sought.

2. The term "arbitral awards" shall include not only awards made by arbitrators appointed for each case but also those made by permanent

arbitral bodies to which the parties have submitted.

3. When signing, ratifying or acceding to this Convention, or notifying extension under article X hereof, any State may on the basis of reciprocity declare that it will apply the Convention to the recognition and enforcement of awards made only in the territory of another Contracting State. It may also declare that it will apply the Convention only to differences arising out of legal relationships, whether contractual or not, which are considered as commercial under the national law of the State making such declaration.

Article II

1. Each Contracting State shall recognize an agreement in writing under which the parties undertake to submit to arbitration all or any differences which have arisen or which may arise between them in respect of a defined legal relationship, whether contractual or not, concerning a subject matter capable of settlement by arbitration.

2. The term "agreement in writing" shall include an arbitral clause in a contract or an arbitration agreement, signed by the parties or contained in an exchange of letters or telegrams.

3. The court of a Contracting State, when seized of an action in a matter in respect of which the parties have made an agreement within the meaning of this article, shall, at the request of one of the parties, refer the parties to arbitration, unless it finds that the said agreement is null and void, inoperative or incapable of being performed.

Article III

Each Contracting State shall recognize arbitral awards as binding and enforce them in accordance with the rules of procedure of the territory where the award is relied upon, under the conditions laid down in the following articles. There shall not be imposed substantially more onerous conditions or higher fees or charges on the recognition or enforcement of arbitral awards to which this Convention applies than are imposed on the recognition or enforcement of domestic arbitral awards.

Article IV

1. To obtain the recognition and enforcement mentioned in the preceding article, the party applying for recognition and enforcement shall, at the time of the application, supply:

(a) The duly authenticated original award or a duly certified copy thereof;

(b) The original agreement referred to in article II or a duly certified copy thereof.

2. If the said award or agreement is not made in an official language of the country in which the award is relied upon, the party applying for recognition and enforcement of the award shall produce a translation of these documents into such language. The translation shall be certified by an official or sworn translator or by a diplomatic or consular agent.

Article V

1. Recognition and enforcement of the award may be refused, at the request of the party against whom it is invoked, only if that party furnishes to the competent authority where the recognition and enforcement is sought, proof that:

(a) The parties to the agreement referred to in article II were, under the law applicable to them, under some incapacity, or the said agreement is not valid under the law to which the parties have subjected it or, failing any indication thereon, under the law of the country where the award was made; or

(b) The party against whom the award is invoked was not given proper notice of the appointment of the arbitrator or of the arbitration proceedings or was otherwise unable to present his case; or

(c) The award deals with a difference not contemplated by or not falling within the terms of the submission to arbitration, or it contains decisions on matters beyond the scope of the submission to arbitration, provided that, if the decisions on matters submitted to arbitration can be separated from those not so submitted, that part of the award which contains decisions on matters submitted to arbitration may be recognized and enforced; or

(d) The composition of the arbitral authority or the arbitral procedure was not in accordance with the agreement of the parties, or, failing such agreement, was not in accordance with the law of the country where the arbitration took place; or

(e) The award has not yet become binding on the parties, or has been set aside or suspended by a competent authority of the country in which, or under the law of which, that award was made.

2. Recognition and enforcement of an arbitral award may also be refused if the competent authority in the country where recognition and enforcement is sought finds that:

(a) The subject matter of the difference is not capable of settlement by arbitration under the law of that country; or

(b) The recognition or enforcement of the award would be contrary to the public policy of that country.

Article VI

If an application for the setting aside or suspension of the award has been made to a competent authority referred to in article V (1) (e), the authority before which the award is sought to be relied upon may, if it considers it proper, adjourn the decision on the enforcement of the award and may also, on the application of the party claiming enforcement of the award, order the other party to give suitable security.

Article VII

1. The provisions of the present Convention shall not affect the validity of multilateral or bilateral agreements concerning the recognition and enforcement of arbitral awards entered into by the Contracting States nor deprive any interested party of any right he may have to avail himself of an arbitral award in the manner and to the extent allowed by the law or the treaties of the country where such award is sought to be relied upon.

2. The Geneva Protocol on Arbitration Clauses of 1923 and the Geneva Convention on the Execution of Foreign Arbitral Awards of 1927 shall cease to have effect between Contracting States on their becoming bound and to the extent that they become bound, by this Convention.

Article VIII

1. This Convention shall be open until 31 December 1958 for signature on behalf of any Member of the United Nations and also on behalf of any other State which is or hereafter becomes a member of any specialized agency of the United Nations, or which is or hereafter becomes a party to the Statute of the International Court of Justice, or

any other State to which an invitation has been addressed by the General Assembly of the United Nations.

2. This Convention shall be ratified and the instrument of ratification shall be deposited with the Secretary-General of the United Nations.

Article IX

1. This Convention shall be open for accession to all States referred to in article VIII.

2. Accession shall be effected by the deposit of an instrument of accession with the Secretary–General of the United Nations.

Article X

1. Any State may, at the time of signature, ratification or accession, declare that this Convention shall extend to all or any of the territories for the international relations of which it is responsible. Such a declaration shall take effect when the Convention enters into force for the State concerned.

2. At any time thereafter any such extension shall be made by notification addressed to the Secretary-General of the United Nations and shall take effect as from the ninetieth day after the day of receipt by the Secretary-General of the United Nations of this notification, or as from the date of entry into force of the Convention for the State concerned, whichever is the later.

3. With respect to those territories to which this Convention is not extended at the time of signature, ratification or accession, each State concerned shall consider the possibility of taking the necessary steps in order to extend the application of this Convention to such territories,

subject, where necessary for constitutional reasons, to the consent of the Governments of such territories.

Article XI

In the case of a federal or non-unitary State, the following provisions shall apply:

(a) With respect to those articles of this Convention that come within the legislative jurisdiction of the federal authority, the obligations of the federal Government shall to this extent be the same as those of Contracting States which are not federal States;

(b) With respect to those articles of this Convention that come within the legislative jurisdiction of constituent states or provinces which are not, under the constitutional system of the federation, bound to take legislative action, the federal Government shall bring such articles with a favourable recommendation to the notice of the appropriate authorities of constituent states or provinces at the earliest possible moment;

(c) A federal State Party to this Convention shall, at the request of any other Contracting State transmitted through the Secretary-General of the United Nations, supply a statement of the law and practice of the federation and its constituent units in regard to any particular provision of this Convention, showing the extent to which effect has been given to that provision by legislative or other action.

Article XII

1. This Convention shall come into force on the ninetieth day following the date of deposit of the third instrument of ratification or accession.

2. For each State ratifying or acceding to this Convention after the deposit of the third instrument of ratification or accession, this Convention shall enter into force on the ninetieth day after deposit by such State of its instrument of ratification or accession.

Article XIII

1. Any Contracting State may denounce this Convention by a written notification to the Secretary-General of the United Nations. Denunciation shall take effect one year after the date of receipt of the notification by the Secretary-General.

2. Any State which has made a declaration or notification under article X may, at any time thereafter, by notification to the Secretary-General of the United Nations, declare that this Convention shall cease to extend to the territory concerned one year after the date of the receipt of the notification by the Secretary-General.

3. This Convention shall continue to be applicable to arbitral awards in respect of which recognition or enforcement proceedings have been instituted before the denunciation takes effect.

Article XIV

A Contracting State shall not be entitled to avail itself of the present Convention against other Contracting States except to the extent that it is itself bound to apply the Convention.

Article XV

The Secretary-General of the United Nations shall notify the States contemplated in article VIII of the following:

(a) Signatures and ratifications in accordance with article VIII;

(b) Accessions in accordance with article IX;

(c) Declarations and notifications under articles I, X and XI;

(d) The date upon which this Convention enters into force in accordance with article XII;

(e) Denunciations and notifications in accordance with article XIII.

Article XVI

1. This Convention, of which the Chinese, English, French, Russian and Spanish texts shall be equally authentic, shall be deposited in the archives of the United Nations.

2. The Secretary-General of the United Nations shall transmit a certified copy of this Convention to the States contemplated in article VIII.

附录 1：

全国人民代表大会常务委员会关于我国加入《承认及执行外国仲裁裁决公约》的决定

（1986 年 12 月 2 日通过）

第六届全国人民代表大会常务委员会第十八次会议决定：中华人民共和国加入《承认及执行外国仲裁裁决公约》，并同时声明：

（一）中华人民共和国只在互惠的基础上对在另一缔约国领土内作出的仲裁裁决的承认和执行适用该公约；

（二）中华人民共和国只对根据中华人民共和国法律认定为属于契约性和非契约性商事法律关系所引起的争议适用该公约。

附录 2：

最高人民法院关于执行我国加入的《承认及执行外国仲裁裁决公约》的通知

1987 年 4 月 10 日　　　　　　　　法（经）发〔1987〕5 号

全国地方各高、中级人民法院，各海事法院、铁路运输中级法院：

第六届全国人民代表大会常务委员会第十八次会议于 1986 年 12 月 2 日决定我国加入 1958 年在纽约通过的《承认及执行外国仲裁裁决公约》（以下简称《1958 年纽约公约》），该公约将于 1987 年 4 月 22 日对我国生效。各高、中级人民法院都应立即组织经济、民事审判人员、执行人员以及其他有关人员认真学习这一重要的国际公约，并且切实依照执行。现就执行该公约的几个问题通知如下：

一、根据我国加入该公约时所作的互惠保留声明，我国对在另一缔约国领土内作出的仲裁裁决的承认和执行适用该公约。该公约与我国《民事诉讼法（试行）》有不同规定的，按该公约的规定办理。

对于在非缔约国领土内作出的仲裁裁决，需要我国法院承认和执行的，应按《民事诉讼法（试行）》第二百零四条①的规定办理。

二、根据我国加入该公约时所作的商事保留声明，我国仅对

① 现为 2021 年修正的《民事诉讼法》第二百八十九条。

按照我国法律属于契约性和非契约性商事法律关系所引起的争议适用该公约。所谓“契约性和非契约性商事法律关系”，具体的是指由于合同、侵权或者根据有关法律规定而产生的经济上的权利义务关系，例如货物买卖、财产租赁、工程承包、加工承揽、技术转让、合资经营、合作经营、勘探开发自然资源、保险、信贷、劳务、代理、咨询服务和海上、民用航空、铁路、公路的客货运输以及产品责任、环境污染、海上事故和所有权争议等，但不包括外国投资者与东道国政府之间的争端。

三、根据《1958 年纽约公约》第四条的规定，申请我国法院承认和执行在另一缔约国领土内作出的仲裁裁决，是由仲裁裁决的一方当事人提出的。对于当事人的申请应由我国下列地点的中级人民法院受理：

1. 被执行人为自然人的，为其户籍所在地或者居所地；

2. 被执行人为法人的，为其主要办事机构所在地；

3. 被执行人在我国无住所、居所或者主要办事机构，但有财产在我国境内的，为其财产所在地。

四、我国有管辖权的人民法院接到一方当事人的申请后，应对申请承认及执行的仲裁裁决进行审查，如果认为不具有《1958 年纽约公约》第五条第一、二两项所列的情形，应当裁定承认其效力，并且依照《民事诉讼法（试行）》规定的程序执行；如果认定具有第五条第二项所列的情形之一的，或者根据被执行人提供的证据证明具有第五条第一项所列的情形之一的，应当裁定驳回申请，拒绝承认及执行。

五、申请我国法院承认及执行的仲裁裁决，仅限于《1958 年纽约公约》对我国生效后在另一缔约国领土内作出的仲裁裁决。该项申请应当在《民事诉讼法（试行）》第一百六十九条[①]规定的申请执行期限内提出。

附：

本通知引用的《承认及执行外国仲裁裁决公约》有关条款

第四条

一、声请承认及执行之一造，为取得前条所称之承认及执行，应于声请时提具：

（甲）原裁决之正本或其正式副本；

（乙）第二条所称协定之原本或其正式副本。

二、倘前述裁决或协定所用文字非为援引裁决地所在国之正式文字，声请承认及执行裁决之一造应具备各该文件之此项文字译本。译本应由公设或宣誓之翻译员或外交或领事人员认证之。

第五条

一、裁决唯有受裁决援用之一造向声请承认及执行地之主管机关提具证据证明有下列情形之一时，始得依该造之请求，拒予承认及执行；

（甲）第二条所称协定之当事人依对其适用之法律有某种无行为能力情形者，或该项协定依当事人作为协定准据之法律系属无效，或未指明以何法律为准时，依裁决地所在国法律系属无效者；

① 现为2021年修正的《民事诉讼法》第二百四十六条。

（乙）受裁决援用之一造未接获关于指派仲裁员或仲裁程序之适当通知，或因他故，致未能申辩者；

（丙）裁决所处理之争议非为交付仲裁之标的或不在其条款之列，或裁决载有关于交付仲裁范围以外事项之决定者，但交付仲裁事项之决定可与未交付仲裁之事项划分时，裁决中关于交付仲裁事项之决定部分得予承认及执行；

（丁）仲裁机关之组成或仲裁程序与各造间之协议不符，或无协议而与仲裁地所在国法律不符者；

（戊）裁决对各造尚无拘束力，或业经裁决地所在国或裁决所依据法律之国家之主管机关撤销或停止执行者。

二、倘声请承认及执行地所在国之主管机关认定有下列情形之一，亦得拒不承认及执行仲裁裁决：

（甲）依该国法律，争议事项系不能以仲裁解决者；

（乙）承认或执行裁决有违该国公共政策者。

关于向国外送达民事或商事司法文书和司法外文书公约（中英文版）

（1965年11月15日订于海牙）

本公约缔约国：

希望创立适当方法，以确保须予送达到国外的司法文书和司法外文书在足够的时间为收件人所知悉，

希望通过简化并加快有关程序，改进为此目的而进行相互司法协助的体制，

为此目的，兹决定缔结一项公约，并议定下列各条：

第一条 在所有民事或商事案件中，如有须递送司法文书或司法外文书以便向国外送达的情形，均应适用本公约。

在文书的受送达人地址不明的情况下，本公约不予适用。

第一章 司法文书

第二条 每一缔约国应指定一个中央机关，负责根据第三条至第六条的规定，接收来自其它缔约国的送达请求书，并予以转递。

每一缔约国应依其本国法律组建中央机关。

第三条 依文书发出国法律有权主管的当局或司法助理人员应将符合本公约所附范本的请求书送交文书发往国中央机关，无须认证或其它类似手续。

请求书应附有须予送达的文书或其副本。请求书和文书均须一式两份。

第四条　如中央机关认为该请求书不符合本公约的规定，应及时通知申请者，并说明其对请求书的异议。

第五条　文书发往国中央机关应按照下列方法之一，自行送达该文书，或安排经由一适当机构使之得以送达：

（一）按照其国内法规定的在国内诉讼中对在其境内的人员送达文书的方法，或

（二）按照申请者所请求采用的特定方法，除非这一方法与文书发往国法律相抵触。

除本条第一款第（二）项规定外，均可通过将文书交付自愿接受的收件人的方法进行送达。

如依上述第一款送达文书，则中央机关可要求该文书以文书发往国的官方文字或其中之一写成，或译为该种文字。

依本公约所附格式填写的请求书中包括被送达文书概要的部分应连同文书一并送达。

第六条　文书发往国中央机关或该国为此目的可能指定的任何机关应依本公约所附范本格式出具证明书。

证明书应说明文书已经送达，并应包括送达的方法、地点和日期，以及文书被交付人。如文书并未送达，则证明书中应载明妨碍送达的原因。

申请者可要求非中央机关或司法机关出具的证明书由上述一个机关副署。

证明书应直接送交申请者。

第七条　本公约所附范本的标准栏目均应用法文或英文写成，亦可用文书发出国的官方文字或其中之一写成。

相应空格应用文书发往国文字或法文或英文填写。

第八条 每一缔约国均有权直接通过其外交或领事代表机构向身在国外的人完成司法文书的送达，但不得采用任何强制措施。

任何国家均可声明其对在其境内进行此种送达的异议，除非该文书须送达给文书发出国国民。

第九条 此外，每一缔约国有权利用领事途径将文书送交另一缔约国为此目的指定的机关，以便送达。

如有特殊情况需要，每一缔约国可为同一目的使用外交途径。

第十条 如送达目的地国不表异议，本公约不妨碍：

（一）通过邮寄途径直接向身在国外的人送交司法文书的自由；

（二）文书发出国的司法助理人员、官员或其他主管人员直接通过送达目的地国的司法助理人员，官员或其他主管人员完成司法文书的送达的自由；

（三）任何在司法程序中有利害关系的人直接通过送达目的地国的司法助理人员、官员或其他主管人员完成司法文书的送达的自由。

第十一条 本公约不妨碍两个或更多缔约国达成协议，允许采用上述各条所规定的递送途径以外的途径，特别是通过其各自机关直接联系的途径，以便送达司法文书。

第十二条 发自缔约一国的司法文书的送达不应产生因文书发往国提供服务所引起的税款或费用的支付或补偿。

申请者应支付或补偿下列情况产生的费用：

（一）有司法助理人员或依送达目的地国法律主管人员的参与；

（二）特定送达方法的使用。

第十三条　如果送达请求书符合本公约的规定，则文书发往国只在其认为执行请求将损害其主权或安全时才可拒绝执行。

一国不得仅根据下列理由拒绝执行，即：依其国内法，该国主张对该项诉讼标的专属管辖权，或其国内法不允许进行该项申请所依据的诉讼。

在拒绝执行的情况下，中央机关应迅速通知申请者，并说明拒绝的理由。

第十四条　在为了送达而递送司法文书的过程中可能产生的困难，应通过外交途径解决。

第十五条　如须根据本公约向国外递送传票或类似文书，以便送达，而被告没有出庭，则在确定以下情况之前，不得作出判决：

（一）该文书已依文书发往国的国内法所规定的在国内诉讼中对在其境内的人送达文书的方法予以送达；或

（二）该文书已依本公约规定的其它方法被实际交付被告或其居所。并且，在上述任何一种情况下，送达或交付均应在能保证被告进行答辩的足够时间内完成。

每一缔约国均可声明，只要满足下述条件，即使未收到送达或交付的证明书，法官仍可不顾本条第一款的规定，作出判决：

（一）已依本公约所规定的一种方法递送该文书；

（二）法官根据具体案件认为自递送文书之日起不少于6个月的适当期间已满；

（三）尽管为获取证明书已通过文书发往国的主管机关尽了一切合理的努力，但仍未收到任何种类的证明书。

虽有上述各款规定，法官仍可在紧急情况下决定采取任何临时性或保护性的措施。

第十六条 如须根据本公约向国外递送传票或类似文书，以便送达，且已对未出庭的被告作出败诉判决，则在满足下述条件的情况下，法官有权使被告免于该判决因上诉期间届满所产生的丧失上诉权的效果：

（一）被告非因自己的过失，未能在足够期间内知悉该文书，以便提出答辩，或未能在足够期间内知悉该判决，以便提起上诉，并

（二）被告对该案的实质问题提出了表面可以成立的答辩理由。

被告只能在其知悉该判决后的合理期间内提出免除丧失上诉权效果的申请。

每一缔约国均可声明对在该声明中所指明的期间届满后提出的申请不予受理，但这一期间在任何情况下均不得少于自判决之日起的1年。

本条不适用于有关人的身份或能力的判决。

第二章 司法外文书

第十七条 缔约一国的机关和司法助理人员发出的司法外文书可依本公约的方法并按照本公约各条规定递送到缔约另一国，以便送达。

第三章 一般条款

第十八条 每一缔约国除指定中央机关外，还可指定其它机关，并应确定这些机关的主管范围。

但在任何情况下，申请者均有权将请求书直接送交中央机关。

联邦制国家有权指定一个以上的中央机关。

第十九条　只要缔约国的国内法允许使用上述各条规定之外的其它方法递送来自国外的文书，以便在其境内送达，本公约不影响此类规定。

第二十条　本公约不妨碍两个或更多的缔约国达成协议，以免除下列规定的适用：

（一）第三条第二款关于须予递送的文书必须一式两份的要求；

（二）第五条第三款和第七条关于文字的要求；

（三）第五条第四款的规定；

（四）第十二条第二款的规定。

第二十一条　每一缔约国均应在其交存批准书或加入书时或在此之后，就下述事项通知荷兰外交部：

（一）根据第二条和第十八条指定的机关；

（二）根据第六条指定的有权出具证明书的机关；

（三）根据第九条指定的有权接收通过领事途径递送的文书的机关。

适当时，每一缔约国还应通知荷兰外交部：

（一）对使用第八条和第十条所规定的递送方法所提出的异议；

（二）根据第十五条第二款和第十六条第三款所作出的声明；

（三）对上述指定、异议和声明的任何修改。

第二十二条　如本公约当事国亦为 1905 年 7 月 17 日和 1954 年 3 月 1 日订于海牙的两个《民事诉讼程序公约》或其中之一的

缔约国，则本公约应在这些国家之间取代上述两公约第一条至第七条的规定。

第二十三条 本公约不应影响1905年7月17订于海牙的《民事诉讼程序公约》第二十三条和1954年3月1日订于海牙的《民事诉讼程序公约》第二十四条的适用。

但只在使用与上述公约规定一致的联系方法时才应适用这些条款。

第二十四条 1905年和1954年公约当事国之间缔结的补充协定应被认为同样适用于本公约，除非上述当事国另有协议。

第二十五条 在不损害第二十二条和第二十四条规定的情况下，本公约不损及缔约国已经或将要成为当事国并含有本公约所规定事项的条款的其它公约。

第二十六条 本公约应开放供出席海牙国际私法会议第十届会议的国家签署。

本公约须经批准，批准书应交存荷兰外交部。

第二十七条 本公约自第二十六条第二款所指的第三份批准书交存后的第60天起生效。

对于此后批准本公约的签署国，本公约自其交存批准书后的第60天起对其生效。

第二十八条 在本公约依第二十七条第一款规定生效后，任何未出席海牙国际私法会议第十届会议的国家均可加入本公约。加入书应交存荷兰外交部。

如该加入书交存前已批准本公约的国家在荷兰外交部将这一加入行为通知该国之日后6个月期间内并未通知荷兰外交部表示异议，则本公约对该加入国生效。

如未提出任何异议，则本公约自前款所指的最后期间届满后下个月的第一天起对该加入国生效。

第二十九条　任何国家均可在签署、批准或加入时声明，本公约应扩展适用于其为之负责国际关系的全部领土，或其中一个或几个部分。这类声明自本公约对有关国家生效之日起发生效力。

在其后任何时候，此类扩展适用事项均应通知荷兰外交部。

本公约自前款所指的通知发出后第 60 天起对扩展适用通知中所提及的领土生效。

第三十条　本公约自依第二十七条第一款规定生效之日起 5 年有效，即使对后来批准或加入本公约的国家亦如此。

如未经通知退出，本公约应每 5 年自动展期一次。

任何退出通知均须在 5 年期满的至少 6 个月前通知荷兰外交部。

这类退出通知可仅限于适用本公约的某些领土。

此项退出通知只对通知退出的国家有效。本公约对其它缔约国应继续有效。

第三十一条　荷兰外交部应将下述事项通知第二十六条所指的国家以及已依第二十八条加入本公约的国家：

（一）第二十六条所指的签署和批准；

（二）本公约依第二十七条第一款生效的日期；

（三）第二十八条所指的加入及其生效日期；

（四）第二十九条所指的扩展适用及其生效日期；

（五）第二十一条所指的指定、异议和声明；

（六）第三十条第三款所指的退出通知。

下列签署人经正式授权，签署本公约，以昭信守。

1965 年 11 月 15 日订于海牙，用英文和法文写成，两种文本同一作准。正本一份，存于荷兰政府档案库。经证明无误的副本应通过外交途径送交出席海牙国际私法会议第十届会议的各国。

附：英文版

CONVENTION ON THE SERVICE ABROAD OF JUDICIAL AND EXTRAJUDICIAL DOCUMENTS IN CIVIL OR COMMERCIAL MATTERS

(Concluded 15 November 1965)

The States signatory to the present Convention,

Desiring to create appropriate means to ensure that judicial and extrajudicial documents to be served abroad shall be brought to the notice of the addressee in sufficient time,

Desiring to improve the organisation of mutual judicial assistance for that purpose by simplifying and expediting the procedure,

Have resolved to conclude a Convention to this effect and have agreed upon the following provisions:

Article 1

The present Convention shall apply in all cases, in civil or commercial matters, where there is occasion to transmit a judicial or extrajudicial document for service abroad.

This Convention shall not apply where the address of the person to be served with the document is not known.

CHAPTER I JUDICIAL DOCUMENTS

Article 2

Each Contracting State shall designate a Central Authority which will undertake to receive requests for service coming from other Contracting States and to proceed in conformity with the provisions of Articles 3 to 6.

Each State shall organise the Central Authority in conformity with its own law.

Article 3

The authority or judicial officer competent under the law of the State in which the documents originate shall forward to the Central Authority of the State addressed a request conforming to the model annexed to the present Convention, without any requirement of legalisation or other equivalent formality.

The document to be served or a copy thereof shall be annexed to the request. The request and the document shall both be furnished in duplicate.

Article 4

If the Central Authority considers that the request does not comply with the provisions of the present Convention it shall promptly inform the applicant and specify its objections to the request.

Article 5

The Central Authority of the State addressed shall itself serve the document or shall arrange to have it served by an appropriate agency, either -

a) by a method prescribed by its internal law for the service of documents in domestic actions upon persons who are within its territory, or

b) by a particular method requested by the applicant, unless such a method is incompatible with the law of the State addressed.

Subject to sub-paragraph (b) of the first paragraph of this Article, the document may always be served by delivery to an addressee who accepts it voluntarily.

If the document is to be served under the first paragraph above, the Central Authority may require the document to be written in, or translated into, the official language or one of the official languages of the State addressed.

That part of the request, in the form attached to the present Convention, which contains a summary of the document to be served, shall be served with the document.

Article 6

The Central Authority of the State addressed or any authority which it may have designated for that purpose, shall complete a certificate in the form of the model annexed to the present Convention.

The certificate shall state that the document has been served and shall include the method, the place and the date of service and the person to whom the document was delivered. If the document has not been served, the certificate shall set out the reasons which have prevented service.

The applicant may require that a certificate not completed by a Central Authority or by a judicial authority shall be countersigned by one of these authorities.

The certificate shall be forwarded directly to the applicant.

Article 7

The standard terms in the model annexed to the present Convention shall in all cases be written either in French or in English. They may also be written in the official language, or in one of the official languages, of the State in which the documents originate.

The corresponding blanks shall be completed either in the language of the State addressed or in French or in English.

Article 8

Each Contracting State shall be free to effect service of judicial documents upon persons abroad, without application of any compulsion, directly through its diplomatic or consular agents.

Any State may declare that it is opposed to such service within its territory, unless the document is to be served upon a national of the State in which the documents originate.

Article 9

Each Contracting State shall be free, in addition, to use consular channels to forward documents, for the purpose of service, to those authorities of another Contracting State which are designated by the latter for this purpose.

Each Contracting State may, if exceptional circumstances so require, use diplomatic channels for the same purpose.

Article 10

Provided the State of destination does not object, the present Convention shall not interfere with -

a) the freedom to send judicial documents, by postal channels, directly to persons abroad,

b) the freedom of judicial officers, officials or other competent persons of the State of origin to effect service of judicial documents directly through the judicial officers, officials or other competent persons of the State of destination,

c) the freedom of any person interested in a judicial proceeding to effect service of judicial documents directly through the judicial officers, officials or other competent persons of the State of destination.

Article 11

The present Convention shall not prevent two or more Contracting States from agreeing to permit, for the purpose of service of judicial documents, channels of transmission other than those provided for in the preceding Articles and, in particular, direct communication between their respective authorities.

Article 12

The service of judicial documents coming from a Contracting State shall not give rise to any payment or reimbursement of taxes or costs for the services rendered by the State addressed.

The applicant shall pay or reimburse the costs occasioned by –

a) the employment of a judicial officer or of a person competent under the law of the State of destination,

b) the use of a particular method of service.

Article 13

Where a request for service complies with the terms of the present Convention, the State addressed may refuse to comply therewith only if it deems that compliance would infringe its sovereignty or security.

It may not refuse to comply solely on the ground that, under its internal law, it claims exclusive jurisdiction over the subject-matter of the action or that its internal law would not permit the action upon which the application is based.

The Central Authority shall, in case of refusal, promptly inform the applicant and state the reasons for the refusal.

Article 14

Difficulties which may arise in connection with the transmission of judicial documents for service shall be settled through diplomatic channels.

Article 15

Where a writ of summons or an equivalent document had to be transmitted abroad for the purpose of service, under the provisions of the present Convention, and the defendant has not appeared, judgment shall not be given until it is established that -

a) the document was served by a method prescribed by the internal law of the State addressed for the service of documents in domestic actions upon persons who are within its territory, or

b) the document was actually delivered to the defendant or to his residence by another method provided for by this Convention,

and that in either of these cases the service or the delivery was effected in sufficient time to enable the defendant to defend.

Each Contracting State shall be free to declare that the judge, notwithstanding the provisions of the first paragraph of this Article, may give judgment even if no certificate of service or delivery has been received, if all the following conditions are fulfilled -

a) the document was transmitted by one of the methods provided for in this Convention,

b) a period of time of not less than six months, considered adequate by the judge in the particular case, has elapsed since the date of the transmission of the document,

c) no certificate of any kind has been received, even though every reasonable effort has been made to obtain it through the competent authorities of the State addressed.

Notwithstanding the provisions of the preceding paragraphs the judge may order, in case of urgency, any provisional or protective measures.

Article 16

When a writ of summons or an equivalent document had to be transmitted abroad for the purpose of service, under the provisions of the present Convention, and a judgment has been entered against a defendant who has not appeared, the judge shall have the power to relieve the defendant from the effects of the expiration of the time for appeal from the judgment if the following conditions are fulfilled –

a) the defendant, without any fault on his part, did not have knowledge of the document in sufficient time to defend, or knowledge of the judgment in sufficient time to appeal, and

b) the defendant has disclosed a prima facie defence to the action on the merits.

An application for relief may be filed only within a reasonable time after the defendant has knowledge of the judgment.

Each Contracting State may declare that the application will not be entertained if it is filed after the expiration of a time to be stated in the declaration, but which shall in no case be less than one year following the date of the judgment.

This Article shall not apply to judgments concerning status or capacity of persons.

CHAPTER II EXTRAJUDICIAL DOCUMENTS

Article 17

Extrajudicial documents emanating from authorities and judicial officers of a Contracting State may be transmitted for the purpose of service in another Contracting State by the methods and under the provisions of the present Convention.

CHAPTER III GENERAL CLAUSES

Article 18

Each Contracting State may designate other authorities in addition to the Central Authority and shall determine the extent of their competence.

The applicant shall, however, in all cases, have the right to address a request directly to the Central Authority.

Federal States shall be free to designate more than one Central Authority.

Article 19

To the extent that the internal law of a Contracting State permits methods of transmission, other than those provided for in the preceding Articles, of documents coming from abroad, for service within its territory, the present Convention shall not affect such provisions.

Article 20

The present Convention shall not prevent an agreement between any two or more Contracting States to dispense with –

a) the necessity for duplicate copies of transmitted documents as required by the second paragraph of Article 3,

b) the language requirements of the third paragraph of Article 5 and Article 7,

c) the provisions of the fourth paragraph of Article 5,

d) the provisions of the second paragraph of Article 12.

Article 21

Each Contracting State shall, at the time of the deposit of its instrument of ratification or accession, or at a later date, inform the Ministry of Foreign Affairs of the Netherlands of the following –

a) the designation of authorities, pursuant to Articles 2 and 18,

b) the designation of the authority competent to complete the certificate pursuant to Article 6,

c) the designation of the authority competent to receive documents transmitted by consular channels, pursuant to Article 9.

Each Contracting State shall similarly inform the Ministry, where appropriate, of –

a) opposition to the use of methods of transmission pursuant to Articles 8 and 10,

b) declarations pursuant to the second paragraph of Article 15 and the third paragraph of Article 16,

c) all modifications of the above designations, oppositions and declarations.

Article 22

Where Parties to the present Convention are also Parties to one or both of the Conventions on civil procedure signed at The Hague on 17th July 1905, and on 1st March 1954, this Convention shall replace as between them Articles 1 to 7 of the earlier Conventions.

Article 23

The present Convention shall not affect the application of Article 23 of the Convention on civil procedure signed at The Hague on 17th July 1905, or of Article 24 of the Convention on civil procedure signed at The Hague on 1st March 1954.

These Articles shall, however, apply only if methods of communication, identical to those provided for in these Conventions, are used.

Article 24

Supplementary agreements between Parties to the Conventions of 1905 and 1954 shall be considered as equally applicable to the present Convention, unless the Parties have otherwise agreed.

Article 25

Without prejudice to the provisions of Articles 22 and 24, the present Convention shall not derogate from Conventions containing provisions on the matters governed by this Convention to which the Contracting States are, or shall become, Parties.

Article 26

The present Convention shall be open for signature by the States represented at the Tenth Session of the Hague Conference on Private International Law.

It shall be ratified, and the instruments of ratification shall be deposited with the Ministry of Foreign Affairs of the Netherlands.

Article 27

The present Convention shall enter into force on the sixtieth day after the deposit of the third instrument of ratification referred to in the second paragraph of Article 26.

The Convention shall enter into force for each signatory State which ratifies subsequently on the sixtieth day after the deposit of its instrument of ratification.

Article 28

Any State not represented at the Tenth Session of the Hague Conference on Private International Law may accede to the present Convention after it has entered into force in accordance with the first paragraph of Article 27. The instrument of accession shall be deposited with the Ministry of Foreign Affairs of the Netherlands.

The Convention shall enter into force for such a State in the absence of any objection from a State, which has ratified the Convention before such deposit, notified to the Ministry of Foreign Affairs of the Netherlands within a period of six months after the date on which the said Ministry has notified it of such accession.

In the absence of any such objection, the Convention shall enter into force for the acceding State on the first day of the month following the expiration of the last of the periods referred to in the preceding paragraph.

Article 29

Any State may, at the time of signature, ratification or accession, declare that the present Convention shall extend to all the territories for the international relations of which it is responsible, or to one or more of them. Such a declaration shall take effect on the date of entry into force of the Convention for the State concerned.

At any time thereafter, such extensions shall be notified to the Ministry of Foreign Affairs of the Netherlands.

The Convention shall enter into force for the territories mentioned in such an extension on the sixtieth day after the notification referred to in the preceding paragraph.

Article 30

The present Convention shall remain in force for five years from the date of its entry into force in accordance with the first paragraph of Article 27, even for States which have ratified it or acceded to it subsequently.

If there has been no denunciation, it shall be renewed tacitly every five years.

Any denunciation shall be notified to the Ministry of Foreign Affairs of the Netherlands at least six months before the end of the five year period.

It may be limited to certain of the territories to which the Convention applies.

The denunciation shall have effect only as regards the State which has notified it. The Convention shall remain in force for the other Contracting States.

Article 31

The Ministry of Foreign Affairs of the Netherlands shall give notice to the States referred to in Article 26, and to the States which have acceded in accordance with Article 28, of the following –

a) the signatures and ratifications referred to in Article 26;

b) the date on which the present Convention enters into force in accordance with the first paragraph of Article 27;

c) the accessions referred to in Article 28 and the dates on which they take effect;

d) the extensions referred to in Article 29 and the dates on which they take effect;

e) the designations, oppositions and declarations referred to in Article 21;

f) the denunciations referred to in the third paragraph of Article 30.

In witness whereof the undersigned, being duly authorised thereto, have signed the present Convention.

Done at The Hague, on the 15th day of November, 1965, in the English and French languages, both texts being equally authentic, in a single copy which shall be deposited in the archives of the Government of the Netherlands, and of which a certified copy shall be sent, through the diplomatic channel, to each of the States represented at the Tenth Session of the Hague Conference on Private International Law.

附件：

（表　格）

向国外送达司法文书或司法外文书的
请　求　书

关于向国外送达民事或商事司法文书和司法外文书公约

1965年11月15日订于海牙

申请者身份及地址	接收机关的地址

签署本请求书的申请者荣幸地转去下面开列的文书一式两份，并依上述公约第五条规定请求迅速将其中一份送达给收件人，即：

（身份和地址）：________________

1. 请依公约第五条第一款第（一）项的规定进行送达。*

2. 请依下述特定方法送达［第五条第一款第（二）项］*

____

3. 如收件人自愿接受，请予以交付（第五条第二款）。*

请贵机关将该文书（及其附件*）的副本连同背后所附的证明书一并退还或使之退还给申请者。

文件清单：____

____

____

制于______（日期）______（地点）

签名和（或）盖章

*如不适用，则请删去

（请求书背面）

证 明 书

根据公约第六条，签署本证明书的机关荣幸地证明：

1. 文书已予送达

日期：______________________________

地点（城镇、街、号）：____________________

采用的第五条所规定的送达方法为：

（1）依公约第五条第一款第（一）项的规定。*

（2）依下述特定方法*______________

（3）交付给自愿接受的收件人。*

请求书中所列文书已交付给：

（收件人身份和说明）：______________

与受送达人的关系（家庭、业务及其它）：____________

2. 由于下列事实文书未能送达＊ ____________________

____

按照公约第十二条第二款，请申请者支付或补偿后附说明中开列的费用。

附：

退还的文书：________________________________

适当时，确认送达的文书：____________________

制于______（日期）______地点

签名和（或）盖章

＊如不适用，则请删去

被送达文书概要

关于向国外送达民事或商事司法文书和司法外文书公约

1965 年 11 月 15 日订于海牙

（第五条第四款）

请求机关的名称和地址：________________

当事人详情＊ ____________________________

司法文书

文书的性质和目的：____________

诉讼的性质和目的，适当时，争讼金额：____________

出庭的日期和地点：＊＊ ________________________

作出判决的法院：＊＊______________________________

判决日期：＊＊__________________________________

文书中所指明的期限：＊＊__________________________

司法外文书

文书的性质和目的：__________________

文书中所指明的期限：________________

＊适当时，应填写与递送文书有利害关系的人的身份和地址。

＊＊如不适用，则请删去

附录1：

全国人民代表大会常务委员会关于批准加入《关于向国外送达民事或商事司法文书和司法外文书公约》的决定

（1991年3月2日通过）

第七届全国人民代表大会常务委员会第十八次会议决定：批准加入1965年11月15日订于海牙的《关于向国外送达民事或商事司法文书和司法外文书公约》，同时：

一、根据公约第二条和第九条规定，指定中华人民共和国司法部为中央机关和有权接收外国通过领事途径转递的文书的机关。

二、根据公约第八条第二款声明，只在文书须送达给文书发出国国民时，才能采用该条第一款所规定的方式在中华人民共和国境内进行送达。

三、反对采用公约第十条所规定的方式在中华人民共和国境内进行送达。

四、根据公约第十五条第二款声明，在符合该款规定的各项条件的情况下，即使未收到任何送达或交付的证明书，法官仍可不顾该条第一款的规定，作出判决。

五、根据第十六条第三款声明，被告要求免除丧失上诉权效果的申请只能在自判决之日起的一年内提出，否则不予受理。

附录2：

最高人民法院 外交部 司法部
关于执行《关于向国外送达民事或商事司法文书和司法外文书公约》有关程序的通知

1992年3月4日　　　　外发〔1992〕8号

全国各有关法院、各驻外使领馆：

1991年3月2日，第七届全国人民代表大会常务委员会第十八次会议决定批准我国加入1965年11月15日订于海牙的《关于向国外送达民事或商事司法文书和司法外文书公约》（以下简称《公约》），并指定司法部为中央机关和有权接收外国通过领事途径转递的文书的机关。该公约已自1992年1月1日起对我国生效。现就执行该公约的有关程序通知如下：

一、凡公约成员国驻华使、领馆转送该国法院或其他机关请求我国送达的民事或商事司法文书，应直接送交司法部，由司法部转递给最高人民法院，再由最高人民法院交有关人民法院送达给当事人。送达证明由有关人民法院交最高人民法院退司法部，再由司法部送交该国驻华使、领馆。

二、凡公约成员国有权送交文书的主管当局或司法助理人员直接送交司法部请求我国送达的民事或商事司法文书，由司法部转递给最高人民法院，再由最高人民法院交有关人民法院送达给当事人。送达证明由有关人民法院交最高人民法院退司法部，再由司法部送交该国主管当局或司法助理人员。

三、对公约成员国驻华使、领馆直接向其在华的本国公民送达民事或商事司法文书，如不违反我国法律，可不表示异议。

四、我国法院若请求公约成员国向该国公民或第三国公民或无国籍人送达民事或商事司法文书，有关中级人民法院或专门人民法院将请求书和所送达司法文书送有关高级人民法院转最高人民法院，由最高人民法院送司法部转送给该国指定的中央机关；必要时，也可由最高人民法院送我国驻该国使馆转送给该国指定的中央机关。

五、我国法院欲向在公约成员国的中国公民送达民事或商事司法文书，可委托我国驻该国的使、领馆代为送达。委托书和所送司法文书应由有关中级人民法院或专门人民法院送有关高级人民法院转最高人民法院，由最高人民法院径送或经司法部转送我国驻该国使、领馆送达给当事人。送达证明按原途径退有关法院。

六、非公约成员国通过外交途径委托我国法院送达的司法文书按最高人民法院、外交部、司法部 1986 年 8 月 14 日联名颁发的外发〔1986〕47 号《关于我国法院和外国法院通过外交途径相互委托送达法律文书若干问题的通知》办理。公约成员国在特殊情况下通过外交途径请求我国法院送达的司法文书，也按上述文件办理。

七、我国与公约成员国签订有司法协助协定的，按协定的规定办理。

八、执行公约中需同公约成员国交涉的事项由外交部办理。

九、执行公约的其他事项由司法部商有关部门办理。

注：截至1991年12月，下列国家批准或加入了该公约：中国、比利时、加拿大、塞浦路斯、捷克和斯洛伐克、丹麦、埃及、芬兰、法国、德国、希腊、以色列、意大利、日本、卢森堡、荷兰、挪威、葡萄牙、西班牙、瑞典、土耳其、英国、美国、安提瓜与巴布达、巴巴多斯、博茨瓦纳、巴基斯坦、马拉维、塞舌尔；下列国家签署了该公约：爱尔兰、瑞士。

附录3：

司法部　最高人民法院　外交部
关于印发《关于执行海牙送达公约的实施办法》的通知

1992年9月19日　　司发通〔1992〕093号

有关人民法院、驻外使领馆、司法厅（局）：

1992年3月4日，我们发出了《关于执行〈关于向国外送达民事或商事司法文书和司法外文书公约〉有关程序的通知》。现将根据该通知制定的《关于执行海牙送达公约的实施办法》印发给你们，请遵照执行。

附：

关于执行海牙送达公约的实施办法

为了正确、及时、有效地按照《关于向国外送达民事或商事司法文书和司法外文书公约》（下称《公约》）向在《公约》成员国的当事人送达文书和执行成员国提出的送达请求，根据最高人民法院、外交部和司法部“外发〔1992〕8号”《关于执行〈关于向国外送达民事或商事司法文书和司法外文书公约〉有关程序的通知》（下称《通知》），制定本实施办法。

一、司法部收到国外的请求书后，对于有中文译本的文书，应于五日内转给最高人民法院；对于用英文或法文写成，或者附有英文或法文译本的文书，应于七日内转给最高人民法院；对于不符合《公约》规定的文书，司法部将予以退回或要求请求方补充、修正材料。

二、最高人民法院应于五日内将文书转给送达执行地高级人民法院；高级人民法院收文后，应于三日内转有关的中级人民法院或者专门人民法院；中级人民法院或者专门人民法院收文后，应于十日内完成送达，并将送达回证尽快交最高人民法院转司法部。

三、执行送达的法院不管文书中确定的出庭日期或期限是否已过，均应送达。如受送达人拒收，应在送达回证上注明。

四、对于国外按《公约》提交的未附中文译本而附英、法文译本的文书，法院仍应予以送达。除双边条约中规定英、法文译本为可接受文字者外，受送达人有权以未附中文译本为由拒收。凡当事人拒收的，送达法院应在送达回证上注明。

五、司法部接到送达回证后，按《公约》的要求填写证明书，并将其转回国外请求方。

六、司法部在转递国外文书时，应说明收到请求书的日期、被送达的文书是否附有中文译本、出庭日期是否已过等情况。

七、我国法院需要向在公约成员国居住的该国公民、第三国公民、无国籍人送达文书时，应将文书及相应文字的译本各一式三份（无需致外国法院的送达委托书及空白送达回证）按《通知》规定的途径送最高人民法院转司法部。译文应由译者签名或翻译单位盖章证明无误。

八、司法部收到最高人民法院转来向国外送达的文书后，应按《公约》附录中的格式制作请求书、被送达文书概要和空白证明书，与文书一并送交被请求国的中央机关；必要时，也可由最高人民法院将文书通过我国驻该国的使馆转交该国指定的机关。

九、我国法院如果需要通过我驻公约成员国的使领馆向居住在该国的中国公民送达文书，应将被送达的文书、致使领馆的送达委托书及空白送达回证按《通知》规定的途径转最高人民法院，由最高人民法院径送或经司法部转送我驻该国使领馆送达当事人。

十、司法部将国内文书转往公约成员国中央机关两个半月后，如果未收到证明书，将发函催办；请求法院如果直接收到国外寄回的证明书，应尽快通报最高人民法院告知司法部。

十一、本办法中的“文书”兼指司法文书和司法外文书。

十二、本办法自下发之日起施行。

注：

（1）截至1992年9月，我国与外国签订的双边司法协助条约（协定）中允许被送达文书附第三种文字译本的情况：

国家名称	第三语种	国家名称	第三语种
一、已生效的			
波兰	英文	蒙古	英文
二、已签署的			
意大利	英文、法文	俄罗斯	英文
西班牙	英文、法文	罗马尼亚	英文
三、已草签的			
土耳其	英文	古巴	英文
泰国	英文	保加利亚	英文

（2）本《实施办法》适用于香港地区。

关于从国外调取民事或商事证据的公约（中英文版）

（1970年3月18日订于海牙）

本公约签字国：

希望便利请求书的转递和执行，并促进他们为此目的而采取的不同方法的协调，

希望增进相互间在民事或商事方面的司法合作，

为此目的，兹决定缔结一项公约，并议定下列各条：

第一章　请求书

第一条　在民事或商事案件中，每一缔约国的司法机关可以根据该国的法律规定，通过请求书的方式，请求另一缔约国主管机关调取证据或履行某些其他司法行为。

请求书不得用来调取不打算用于已经开始或即将开始的司法程序的证据。

“其他司法行为”一词不包括司法文书的送达或颁发执行判决或裁定的任何决定，或采取临时措施或保全措施的命令。

第二条　每一缔约国应指定一个中央机关负责接收来自另一缔约国司法机关的请求书，并将其转交给执行请求的主管机关。各缔约国应依其本国法律组建该中央机关。

请求书应直接送交执行国中央机关，无需通过该国任何其他机关转交。

第三条 请求书应载明：

（一）请求执行的机关，以及如果请求机关知道，被请求执行的机关；

（二）诉讼当事人的姓名和地址，以及如有的话，他们的代理人的姓名和地址；

（三）需要证据的诉讼的性质，及有关的一切必要资料；

（四）需要调取的证据或需履行的其他司法行为。

必要时，请求书还应特别载明：

（五）需询问的人的姓名和地址；

（六）需向被询问人提出的问题或对需询问的事项的说明；

（七）需检查的文书或其他财产，包括不动产或动产；

（八）证据需经宣誓或确认的任何要求，以及应使用的任何特殊格式；

（九）依公约第九条需采用的任何特殊方式或程序。

请求书还可以载明为适用第十一条所需的任何资料。

不得要求认证或其他类似手续。

第四条 请求书应以被请求执行机关的文字作成或附该种文字的译文。

但是，除非缔约国已根据第三十三条提出保留，缔约国应该接受以英文或法文作成或附其中任何一种文字译文的请求书。

具有多种官方文字并且因国内法原因不能在其全部领土内接受由其中一种文字作成的请求书的缔约国，应通过声明方式指明请求书在其领土的特定部分内执行时应使用的文字或译文。如无正当理由而未能遵守这一声明，译成所需文字的费用由请求国负担。

每一缔约国可用声明方式指明除上述各款规定的文字以外，

送交其中央机关的请求书可以使用的其他文字。

请求书所附的任何译文应经外交官员、领事代表或经宣誓的译员或经两国中的一国授权的任何其他人员证明无误。

第五条 如果中央机关认为请求书不符合本公约的规定，应立即通知向其送交请求书的请求国机关，指明对该请求书的异议。

第六条 如被送交请求书的机关无权执行请求，应将请求书及时转交根据其国内法律规定有权执行的本国其他机关。

第七条 如请求机关提出请求，应将进行司法程序的时间和地点通知该机关，以便有关当事人和他们已有的代理人能够出席。如果请求机关提出请求，上述通知应直接送交当事人或他们的代理人。

第八条 缔约国可以声明，在执行请求时，允许另一缔约国请求机关的司法人员出席。对此，声明国可要求事先取得其指定的主管机关的授权。

第九条 执行请求书的司法机关应适用其本国法规定的方式和程序。

但是，该机关应采纳请求机关提出的采用特殊方式或程序的请求，除非其与执行国国内法相抵触或因其国内惯例和程序或存在实际困难而不可能执行。

请求书应迅速执行。

第十条 在执行请求时，被请求机关应在其国内法为执行本国机关的决定或本国诉讼中当事人的请求而规定的相同的情况和范围内，采取适当的强制措施。

第十一条 在请求书的执行过程中，在下列情况下有拒绝作证的特权或义务的有关人员，可以拒绝提供证据：

（一）根据执行国法律，或

（二）根据请求国法律，并且该项特权或义务已在请求书中列明，或应被请求机关的要求，已经请求机关另行确认。

此外，缔约国可以声明在声明指定的范围内，尊重请求国和执行国以外的其他国家法律规定的特权或义务。

第十二条 只有在下列情况下，才能拒绝执行请求书：

（一）在执行国，该请求书的执行不属于司法机关的职权范围；或

（二）被请求国认为，请求书的执行将会损害其主权和安全。

执行国不能仅因其国内法已对该项诉讼标的规定专属管辖权或不承认对该事项提起诉讼的权利为理由，拒绝执行请求。

第十三条 证明执行请求书的文书应由被请求机关采用与请求机关所采用的相同途径送交请求机关。

在请求书全部或部分未能执行的情况下，应通过相同途径及时通知请求机关，并说明原因。

第十四条 请求书的执行不产生任何性质的税费补偿。

但是，执行国有权要求请求国偿付支付给鉴定人和译员的费用和因采用请求国根据第九条第二款要求采用的特殊程序而产生的费用。

如果被请求国法律规定当事人有义务收集证据，并且被请求机关不能亲自执行请求书，在征得请求机关的同意后，被请求机关可以指定一位适当的人员执行。在征求此种同意时，被请求机关应说明采用这一程序所产生的大致费用。如果请求机关表示同意，则应偿付由此产生的任何费用；否则请求机关对该费用不承担责任。

第二章　外交官员、领事代表和特派员取证

第十五条　在民事或商事案件中，每一缔约国的外交官员或领事代表在另一缔约国境内其执行职务的区域内，可以向他所代表的国家的国民在不采取强制措施的情况下调取证据，以协助在其代表的国家的法院中进行的诉讼。

缔约国可以声明，外交官员或领事代表只有在自己或其代表向声明国指定的适当机关递交了申请并获得允许后才能调取证据。

第十六条　在符合下列条件的情况下，每一缔约国的外交官员或领事代表在另一缔约国境内其执行职务的区域内，亦可以向他执行职务地所在国或第三国国民在不采取强制措施的情况下调取证据，以协助在其代表的国家的法院中进行的诉讼：

（一）他执行职务地所在国指定的主管机关已给予一般性或对特定案件的许可，并且

（二）他遵守主管机关在许可中设定的条件。

缔约国可以声明，无须取得事先许可即可依本条进行取证。

第十七条　在符合下列条件的情况下，在民事或商事案件中，被正式指派的特派员可以在不采取强制措施的情况下在一缔约国境内调取证据，以协助在另一缔约国法院中正在进行的诉讼：

（一）取证地国指定的主管机关已给予一般性或对特定案件的许可；并且

（二）他遵守主管机关在许可中设定的条件。

缔约国可以声明在无事先许可的情况下依本条进行取证。

第十八条 缔约国可以声明，根据第十五条、第十六条、第十七条被授权调取证据的外交官员、领事代表或特派员可以申请声明国指定的主管机关采取强制措施，对取证予以适当协助。声明中可包含声明国认为合适的条件。

如果主管机关同意该项申请，则应采取其国内法规定的适用于国内诉讼程序的一切合适的强制措施。

第十九条 主管机关在给予第十五条、第十六条或第十七条所指的许可或同意第十八条所指的申请时，可规定其认为合适的条件，特别是调取证据的时间和地点。同时，它可以要求得到有关取证的时间、日期和地点的合理的事先通知。在这种情况下，该机关的代表有权在取证时出席。

第二十条 根据本章各条取证时，有关人员可以得到合法代理。

第二十一条 如果外交官员、领事代表或特派员根据第十五条、第十六条或第十七条有权调取证据：

（一）他可以调取与取证地国法律不相抵触并不违背根据上述各条给予的任何许可的各种证据，并有权在上述限度内主持宣誓或接受确认；

（二）要求某人出庭或提供证据的请求应用取证地国文字作成或附有取证地国文字的译文，除非该人为诉讼进行地国国民；

（三）请求中应通知该人，他可得到合法代理；在未根据第十八条提出声明的国家，还应通知该人他的出庭或提供证据不受强制；

（四）如果取证地国法律未禁止，可以依受理诉讼的法院所适用的法律中规定的方式调取证据；

（五）被请求提供证据的人员可以引用第十一条规定的特权

和义务拒绝提供证据。

第二十二条　因为某人拒绝提供证据而未能依本章规定的程序取证的事实不妨碍随后根据第一章提出取证申请。

第三章　一般条款

第二十三条　缔约国可在签署、批准或加入时声明，不执行普通法国家的旨在进行审判前文件调查的请求书。

第二十四条　缔约国可以指定除中央机关以外的其他机关，并应决定它们的职权范围。但是在任何情况下，都可以向中央机关送交请求书。

联邦国家有权指定一个以上的中央机关。

第二十五条　有多种法律制度的缔约国可以指定其中一种制度内的机关具有执行根据本公约提出的请求书的专属权利。

第二十六条　如果因为宪法的限制，缔约国可以要求请求国偿付与执行请求书有关的送达强制某人出庭提供证据的传票的费用，该人出庭的费用，以及制作询问笔录的费用。

如果一国根据前款提出请求，任何其他缔约国可要求该国偿付同类费用。

第二十七条　本公约的规定不妨碍缔约国：

（一）声明可以通过第二条规定的途径以外的途径将请求书送交其司法机关；

（二）根据其国内法律或惯例，允许在更少限制的情况下实行本公约所规定的行为；

（三）根据其国内法律或惯例，允许以本公约规定以外的方式调取证据。

第二十八条　本公约不妨碍任何两个或两个以上的缔约国缔结协定排除下列条款的适用：

（一）第二条有关送交请求书方式的规定；

（二）第四条有关使用文字的规定；

（三）第八条有关在执行请求书时司法机关人员出席的规定；

（四）第十一条有关证人拒绝作证的特权和义务的规定；

（五）第十三条有关将执行请求书的文书送回请求机关的方式的规定；

（六）第十四条有关费用的规定；

（七）第二章的规定。

第二十九条　在同为1905年7月17日或1954年3月1日在海牙签订的两个《民事诉讼程序公约》或其中之一的当事国的本公约当事国之间，本公约取代上述两公约第八条至第十六条的规定。

第三十条　本公约不影响1905年公约第二十三条或1954年公约第二十四条规定的适用。

第三十一条　1905年和1954年公约当事国之间的补充协定应被认为同样适用于本公约，除非当事国之间另有约定。

第三十二条　在不影响本公约第二十九条和第三十一条规定的前提下，本公约不影响缔约国已经或即将成为当事国的包含本公约事项的其他公约的适用。

第三十三条　一国可在签署、批准或加入公约时，部分或全部排除第四条第二款和第二章的规定的适用。不允许作其他保留。

缔约国可随时撤回其保留；保留自撤回通知后第60日起失去效力。

如果一国作出保留，受其影响的任何其他国家可以对保留国适用相同的规则。

第三十四条　缔约国可随时撤销或更改其声明。

第三十五条　缔约国应在交存批准书或加入书时或其后，将根据第二条、第八条、第二十四条和第二十五条指定的机关通知荷兰外交部。

缔约国还应在适当时通知荷兰外交部：

（一）根据第十五条、第十六条和第十八条的相关规定外交官员或领事代表调取证据时应向其递交通知、获取许可、请求协助的机关的指定；

（二）根据第十七条特派员取证时应获其许可和根据第十八条提供协助的机关的指定；

（三）根据第四条、第八条、第十一条、第十五条、第十六条、第十七条、第十八条、第二十三条和第二十五条所作的声明；

（四）任何对上述指定或声明的撤销或更改；

（五）保留的撤回。

第三十六条　缔约国之间因实施本公约产生的任何困难应通过外交途径解决。

第三十七条　本公约应对出席海牙国际私法会议第十一届会议的国家开放签署。

本公约需经批准。批准书应交存荷兰外交部。

第三十八条　本公约自第三十七条第二款所指的第三份批准书交存后第60日起生效。

对于此后批准公约的签署国，公约自该国交存批准书后第60起生效。

第三十九条 任何未出席第十一届海牙国际私法会议的海牙国际私法会议的成员国、联合国或该组织专门机构的成员国、或国际法院规约当事国可在公约根据第三十八条第一款生效后加入本公约。

加入书应交存荷兰外交部。

自交存加入书后第60日起公约对该加入国生效。

加入行为只在加入国和已声明接受该国加入的公约缔约国之间的关系方面发生效力。上述声明应交存荷兰外交部；荷兰外交部应将经证明的副本通过外交途径转送各缔约国。

本公约自加入国和接受该国加入的国家之间自交存接受声明后第60日起生效。

第四十条 任何国家可在签署、批准或加入公约时声明，本公约扩展适用于该国负责其国际关系的全部领域或其中一个或几个部分。此项声明自本公约对有关国家生效之日起生效。

此后任一时间的上述扩展适用均应通知荷兰外交部。

本公约自前款所指的通知后第60日起对声明所提及的领域生效。

第四十一条 本公约自根据公约第三十八条第一款生效后5年内有效，对后来批准或加入本公约的国家同样如此。

如未经退出，本公约每5年自动延续一次。

退出应最迟于5年期满前6个月通知荷兰外交部。

退出可仅限于公约适用的特定区域。

退出仅对通知退出的国家有效。公约对其他缔约国仍然有效。

第四十二条 荷兰外交部应将下列事项通知第三十七条所指的国家和根据第三十九条加入的国家：

（一）第三十七条所指的签署和批准；

（二）公约根据第三十八条第一款生效的日期；

（三）第三十九条所指的加入及其生效日期；

（四）第四十条所指的扩展及其生效日期；

（五）根据第三十三条和第三十五条所作的指定、保留和声明；

（六）第四十一条第三款所指的退出。

下列经正式授权的签署人签署本公约，以昭信守。

1970 年 3 月 18 日订于海牙，用英文和法文写成，两种文本同等作准。正本一份，存放于荷兰政府档案库，其经证明无误的副本应通过外交途径送交出席海牙国际私法会议第十一届会议的国家。

附：英文版

CONVENTION ON THE TAKING OF EVIDENCE ABROAD IN CIVIL OR COMMERCIAL MATTERS

(Concluded 18 March 1970)

The States signatory to the present Convention,

Desiring to facilitate the transmission and execution of Letters of Request and to further the accommodation of the different methods which they use for this purpose,

Desiring to improve mutual judicial co-operation in civil or commercial matters,

Have resolved to conclude a Convention to this effect and have agreed upon the following provisions –

CHAPTER I LETTERS OF REQUEST

Article 1

In civil or commercial matters a judicial authority of a Contracting State may, in accordance with the provisions of the law of that State, request the competent authority of another Contracting State, by means of a Letter of Request, to obtain evidence, or to perform some other judicial act.

A Letter shall not be used to obtain evidence which is not intended for use in judicial proceedings, commenced or contemplated.

The expression "other judicial act" does not cover the service of judicial documents or the issuance of any process by which judgments or orders are executed or enforced, or orders for provisional or protective measures.

Article 2

A Contracting State shall designate a Central Authority which will undertake to receive Letters of Request coming from a judicial authority of another Contracting State and to transmit them to the authority competent to execute them. Each State shall organise the Central Authority in accordance with its own law.

Letters shall be sent to the Central Authority of the State of execution without being transmitted through any other authority of that State.

Article 3

A Letter of Request shall specify –

a) the authority requesting its execution and the authority requested to execute it, if known to the requesting authority;

b) the names and addresses of the parties to the proceedings and their representatives, if any;

c) the nature of the proceedings for which the evidence is required, giving all necessary information in regard thereto;

d) the evidence to be obtained or other judicial act to be performed.

Where appropriate, the Letter shall specify, inter alia -

e) the names and addresses of the persons to be examined;

f) the questions to be put to the persons to be examined or a statement of the subject-matter about which they are to be examined;

g) the documents or other property, real or personal, to be inspected;

h) any requirement that the evidence is to be given on oath or affirmation, and any special form to be used;

i) any special method or procedure to be followed under Article 9.

A Letter may also mention any information necessary for the application of Article 11.

No legalisation or other like formality may be required.

Article 4

A Letter of Request shall be in the language of the authority requested to execute it or be accompanied by a translation into that language.

Nevertheless, a Contracting State shall accept a Letter in either English or French, or a translation into one of these languages, unless it has made the reservation authorised by Article 33.

A Contracting State which has more than one official language and cannot, for reasons of internal law, accept Letters in one of these languages for the whole of its territory, shall, by declaration, specify the language in which the Letter or translation thereof shall be expressed for execution in the specified parts of its territory. In case of failure to comply with this declaration, without justifiable excuse, the costs of translation into the required language shall be borne by the State of origin.

A Contracting State may, by declaration, specify the language or languages other than those referred to in the preceding paragraphs, in which a Letter may be sent to its Central Authority.

Any translation accompanying a Letter shall be certified as correct, either by a diplomatic officer or consular agent or by a sworn translator or by any other person so authorised in either State.

Article 5

If the Central Authority considers that the request does not comply with the provisions of the present Convention, it shall promptly inform the authority of the State of origin which transmitted the Letter of Request, specifying the objections to the Letter.

Article 6

If the authority to whom a Letter of Request has been transmitted is not competent to execute it, the Letter shall be sent forthwith to the authority in the same State which is competent to execute it in accordance with the provisions of its own law.

Article 7

The requesting authority shall, if it so desires, be informed of the time when, and the place where, the proceedings will take place, in order that the parties concerned, and their representatives, if any, may be present. This information shall be sent directly to the parties or their representatives when the authority of the State of origin so requests.

Article 8

A Contracting State may declare that members of the judicial personnel of the requesting authority of another Contracting State may be present at the execution of a Letter of Request. Prior authorisation by the competent authority designated by the declaring State may be required.

Article 9

The judicial authority which executes a Letter of Request shall apply its own law as to the methods and procedures to be followed.

However, it will follow a request of the requesting authority that a special method or procedure be followed, unless this is incompatible with the internal law of the State of execution or is impossible of performance by reason of its internal practice and procedure or by reason of practical difficulties.

A Letter of Request shall be executed expeditiously.

Article 10

In executing a Letter of Request the requested authority shall apply the appropriate measures of compulsion in the instances and to the same extent as are provided by its internal law for the execution of orders issued by the authorities of its own country or of requests made by parties in internal proceedings.

Article 11

In the execution of a Letter of Request the person concerned may refuse to give evidence in so far as he has a privilege or duty to refuse to give the evidence –

a) under the law of the State of execution; or

b) under the law of the State of origin, and the privilege or duty has been specified in the Letter, or, at the instance of the requested authority, has been otherwise confirmed to that authority by the requesting authority.

A Contracting State may declare that, in addition, it will respect privileges and duties existing under the law of States other than the State of origin and the State of execution, to the extent specified in that declaration.

Article 12

The execution of a Letter of Request may be refused only to the extent that –

a) in the State of execution the execution of the Letter does not fall within the functions of the judiciary; or

b) the State addressed considers that its sovereignty or security would be prejudiced thereby.

Execution may not be refused solely on the ground that under its internal law the State of execution claims exclusive jurisdiction over the subject-matter of the action or that its internal law would not admit a right of action on it.

Article 13

The documents establishing the execution of the Letter of Request shall be sent by the requested authority to the requesting authority by the same channel which was used by the latter.

In every instance where the Letter is not executed in whole or in part, the requesting authority shall be informed immediately through the same channel and advised of the reasons.

Article 14

The execution of the Letter of Request shall not give rise to any reimbursement of taxes or costs of any nature.

Nevertheless, the State of execution has the right to require the State of origin to reimburse the fees paid to experts and interpreters and the costs occasioned by the use of a special procedure requested by the State of origin under Article 9, paragraph 2.

The requested authority whose law obliges the parties themselves to secure evidence, and which is not able itself to execute the Letter, may, after having obtained the consent of the requesting authority, appoint a suitable person to do so. When seeking this consent the requested authority shall indicate the approximate costs which would result from this procedure. If the requesting authority gives its consent it shall reimburse any costs incurred; without such consent the requesting authority shall not be liable for the costs.

CHAPTER II TAKING OF EVIDENCE BY DIPLOMATIC OFFICERS, CONSULAR AGENTS AND COMMISSIONERS

Article 15

In a civil or commercial matter, a diplomatic officer or consular agent of a Contracting State may, in the territory of another Contracting State and within the area where he exercises his functions, take the evidence without compulsion of nationals of a State which he represents in aid of proceedings commenced in the courts of a State which he represents.

A Contracting State may declare that evidence may be taken by a diplomatic officer or consular agent only if permission to that effect is given upon application made by him or on his behalf to the appropriate authority designated by the declaring State.

Article 16

A diplomatic officer or consular agent of a Contracting State may, in the territory of another Contracting State and within the area where he exercises his functions, also take the evidence, without compulsion, of nationals of the State in which he exercises his functions or of a third State, in aid of proceedings commenced in the courts of a State which he represents, if -

a) a competent authority designated by the State in which he exercises his functions has given its permission either generally or in the particular case, and

b) he complies with the conditions which the competent authority has specified in the permission.

A Contracting State may declare that evidence may be taken under this Article without its prior permission.

Article 17

In a civil or commercial matter, a person duly appointed as a commissioner for the purpose may, without compulsion, take evidence in the territory of a Contracting State in aid of proceedings commenced in the courts of another Contracting State if -

a) a competent authority designated by the State where the evidence is to be taken has given its permission either generally or in the particular case; and

b) he complies with the conditions which the competent authority has specified in the permission.

A Contracting State may declare that evidence may be taken under this Article without its prior permission.

Article 18

A Contracting State may declare that a diplomatic officer, consular agent or commissioner authorised to take evidence under Articles 15, 16 or 17, may apply to the competent authority designated by the declaring State for appropriate assistance to obtain the evidence by compulsion. The declaration may contain such conditions as the declaring State may see fit to impose.

If the authority grants the application it shall apply any measures of compulsion which are appropriate and are prescribed by its law for use in internal proceedings.

Article 19

The competent authority, in giving the permission referred to in Articles 15, 16 or 17, or in granting the application referred to in Article 18, may lay down such conditions as it deems fit, inter alia, as to the time and place of the taking of the evidence. Similarly it may require that it be given reasonable advance notice of the time, date and place of the taking of the evidence; in such a case a representative of the authority shall be entitled to be present at the taking of the evidence.

Article 20

In the taking of evidence under any Article of this Chapter persons concerned may be legally represented.

Article 21

Where a diplomatic officer, consular agent or commissioner is authorised under Articles 15, 16 or 17 to take evidence –

a) he may take all kinds of evidence which are not incompatible with the law of the State where the evidence is taken or contrary to any permission granted pursuant to the above Articles, and shall have power within such limits to administer an oath or take an affirmation;

b) a request to a person to appear or to give evidence shall, unless the recipient is a national of the State where the action is pending, be drawn up in the language of the place where the evidence is taken or be accompanied by a translation into such language;

c) the request shall inform the person that he may be legally represented and, in any State that has not filed a declaration under Article 18, shall also inform him that he is not compelled to appear or to give evidence;

d) the evidence may be taken in the manner provided by the law applicable to the court in which the action is pending provided that such manner is not forbidden by the law of the State where the evidence is taken;

e) a person requested to give evidence may invoke the privileges and duties to refuse to give the evidence contained in Article 11.

Article 22

The fact that an attempt to take evidence under the procedure laid down in this Chapter has failed, owing to the refusal of a person to give evidence, shall not prevent an application being subsequently made to take the evidence in accordance with Chapter I.

CHAPTER III GENERAL CLAUSES

Article 23

A Contracting State may at the time of signature, ratification or accession, declare that it will not execute Letters of Request issued for the purpose of obtaining pre-trial discovery of documents as known in Common Law countries.

Article 24

A Contracting State may designate other authorities in addition to the Central Authority and shall determine the extent of their competence. However, Letters of Request may in all cases be sent to the Central Authority.

Federal States shall be free to designate more than one Central Authority.

Article 25

A Contracting State which has more than one legal system may designate the authorities of one of such systems, which shall have exclusive competence to execute Letters of Request pursuant to this Convention.

Article 26

A Contracting State, if required to do so because of constitutional limitations, may request the reimbursement by the State of origin of fees and costs, in connection with the execution of Letters of Request, for the service of process necessary to compel the appearance of a person to give evidence, the costs of attendance of such persons, and the cost of any transcript of the evidence.

Where a State has made a request pursuant to the above paragraph, any other Contracting State may request from that State the reimbursement of similar fees and costs.

Article 27

The provisions of the present Convention shall not prevent a Contracting State from –

a) declaring that Letters of Request may be transmitted to its judicial authorities through channels other than those provided for in Article 2;

b) permitting, by internal law or practice, any act provided for in this Convention to be performed upon less restrictive conditions;

c) permitting, by internal law or practice, methods of taking evidence other than those provided for in this Convention.

Article 28

The present Convention shall not prevent an agreement between any two or more Contracting States to derogate from –

a) the provisions of Article 2 with respect to methods of transmitting Letters of Request;

b) the provisions of Article 4 with respect to the languages which may be used;

c) the provisions of Article 8 with respect to the presence of judicial personnel at the execution of Letters;

d) the provisions of Article 11 with respect to the privileges and duties of witnesses to refuse to give evidence;

e) the provisions of Article 13 with respect to the methods of returning executed Letters to the requesting authority;

f) the provisions of Article 14 with respect to fees and costs;

g) the provisions of Chapter II.

Article 29

Between Parties to the present Convention who are also Parties to one or both of the Conventions on Civil Procedure signed at The Hague on the 17th of July 1905 and the 1st of March 1954, this Convention shall replace Articles 8-16 of the earlier Conventions.

Article 30

The present Convention shall not affect the application of Article 23 of the Convention of 1905, or of Article 24 of the Convention of 1954.

Article 31

Supplementary Agreements between Parties to the Conventions of 1905 and 1954 shall be considered as equally applicable to the present Convention unless the Parties have otherwise agreed.

Article 32

Without prejudice to the provisions of Articles 29 and 31, the present Convention shall not derogate from conventions containing provisions on the matters covered by this Convention to which the Contracting States are, or shall become Parties.

Article 33

A State may, at the time of signature, ratification or accession exclude, in whole or in part, the application of the provisions of paragraph 2 of Article 4 and of Chapter II. No other reservation shall be permitted.

Each Contracting State may at any time withdraw a reservation it has made; the reservation shall cease to have effect on the sixtieth day after notification of the withdrawal.

When a State has made a reservation, any other State affected thereby may apply the same rule against the reserving State.

Article 34

A State may at any time withdraw or modify a declaration.

Article 35

A Contracting State shall, at the time of the deposit of its instrument of ratification or accession, or at a later date, inform the Ministry of Foreign Affairs of the Netherlands of the designation of authorities, pursuant to Articles 2, 8, 24 and 25.

A Contracting State shall likewise inform the Ministry, where appropriate, of the following –

a) the designation of the authorities to whom notice must be given, whose permission may be required, and whose assistance may be invoked in the taking of evidence by diplomatic officers and consular agents, pursuant to Articles 15, 16 and 18 respectively;

b) the designation of the authorities whose permission may be required in the taking of evidence by commissioners pursuant to Article 17 and of those who may grant the assistance provided for in Article 18;

c) declarations pursuant to Articles 4, 8, 11, 15, 16, 17, 18, 23 and 27;

d) any withdrawal or modification of the above designations and declarations;

e) the withdrawal of any reservation.

Article 36

Any difficulties which may arise between Contracting States in connection with the operation of this Convention shall be settled through diplomatic channels.

Article 37

The present Convention shall be open for signature by the States represented at the Eleventh Session of the Hague Conference on Private International Law.

It shall be ratified, and the instruments of ratification shall be deposited with the Ministry of Foreign Affairs of the Netherlands.

Article 38

The present Convention shall enter into force on the sixtieth day after the deposit of the third instrument of ratification referred to in the second paragraph of Article 37.

The Convention shall enter into force for each signatory State which ratifies subsequently on the sixtieth day after the deposit of its instrument of ratification.

Article 39

Any State not represented at the Eleventh Session of the Hague Conference on Private International Law which is a Member of this Conference or of the United Nations or of a specialised agency of that Organisation, or a Party to the Statute of the International Court of Justice may accede to the present Convention after it has entered into force in accordance with the first paragraph of Article 38.

The instrument of accession shall be deposited with the Ministry of Foreign Affairs of the Netherlands.

The Convention shall enter into force for a State acceding to it on the sixtieth day after the deposit of its instrument of accession.

The accession will have effect only as regards the relations between the acceding State and such Contracting States as will have declared their acceptance of the accession. Such declaration shall be deposited at the Ministry of Foreign Affairs of the Netherlands; this Ministry shall forward, through diplomatic channels, a certified copy to each of the Contracting States.

The Convention will enter into force as between the acceding State and the State that has declared its acceptance of the accession on the sixtieth day after the deposit of the declaration of acceptance.

Article 40

Any State may, at the time of signature, ratification or accession, declare that the present Convention shall extend to all the territories for the international relations of which it is responsible, or to one or more of them. Such a declaration shall take effect on the date of entry into force of the Convention for the State concerned.

At any time thereafter, such extensions shall be notified to the Ministry of Foreign Affairs of the Netherlands.

The Convention shall enter into force for the territories mentioned in such an extension on the sixtieth day after the notification indicated in the preceding paragraph.

Article 41

The present Convention shall remain in force for five years from the date of its entry into force in accordance with the first paragraph of Article 38, even for States which have ratified it or acceded to it subsequently.

If there has been no denunciation, it shall be renewed tacitly every five years.

Any denunciation shall be notified to the Ministry of Foreign Affairs of the Netherlands at least six months before the end of the five year period.

It may be limited to certain of the territories to which the Convention applies.

The denunciation shall have effect only as regards the State which has notified it. The Convention shall remain in force for the other Contracting States.

Article 42

The Ministry of Foreign Affairs of the Netherlands shall give notice to the States referred to in Article 37, and to the States which have acceded in accordance with Article 39, of the following -

a) the signatures and ratifications referred to in Article 37;

b) the date on which the present Convention enters into force in accordance with the first paragraph of Article 38;

c) the accessions referred to in Article 39 and the dates on which they take effect;

d) the extensions referred to in Article 40 and the dates on which they take effect;

e) the designations, reservations and declarations referred to in Articles 33 and 35;

f) the denunciations referred to in the third paragraph of Article 41.

In witness whereof the undersigned, being duly authorised thereto, have signed the present Convention.

Done at The Hague, on the 18th day of March, 1970, in the English and French languages, both texts being equally authentic, in a single copy which shall be deposited in the archives of the Government of the Netherlands, and of which a certified copy shall be sent, through the diplomatic channel, to each of the States represented at the Eleventh Session of the Hague Conference on Private International Law.

附录:

全国人民代表大会常务委员会关于我国加入《关于从国外调取民事或商事证据的公约》的决定

(1997 年 7 月 3 日通过)

第八届全国人民代表大会常务委员会第二十六次会议决定,中华人民共和国加入 1970 年 3 月 18 日订于海牙的《关于从国外调取民事或商事证据的公约》,同时:

一、根据公约第二条,指定中华人民共和国司法部为负责接收来自另一缔约国司法机关的请求书,并将其转交给执行请求的主管机关的中央机关;

二、根据公约第二十三条声明,对于普通法国家旨在进行审判前文件调查的请求书,仅执行已在请求书中列明并与案件有直接密切联系的文件的调查请求;

三、根据公约第三十三条声明,除第十五条以外,不适用公约第二章的规定。

最高人民法院

关于依据国际公约和双边司法协助条约办理民商事案件司法文书送达和调查取证司法协助请求的规定

（2013年1月21日最高人民法院审判委员会第1568次会议通过 根据2020年12月23日最高人民法院审判委员会第1823次会议通过的《最高人民法院关于修改〈最高人民法院关于人民法院民事调解工作若干问题的规定〉等十九件民事诉讼类司法解释的决定》修正）

为正确适用有关国际公约和双边司法协助条约，依法办理民商事案件司法文书送达和调查取证请求，根据《中华人民共和国民事诉讼法》《关于向国外送达民事或商事司法文书和司法外文书的公约》（海牙送达公约）、《关于从国外调取民事或商事证据的公约》（海牙取证公约）和双边民事司法协助条约的规定，结合我国的司法实践，制定本规定。

第一条 人民法院应当根据便捷、高效的原则确定依据海牙送达公约、海牙取证公约，或者双边民事司法协助条约，对外提出民商事案件司法文书送达和调查取证请求。

第二条 人民法院协助外国办理民商事案件司法文书送达和调查取证请求，适用对等原则。

第三条 人民法院协助外国办理民商事案件司法文书送达和调查取证请求，应当进行审查。外国提出的司法协助请求，具有海牙送达公约、海牙取证公约或双边民事司法协助条约规定的拒绝提供协助的情形的，人民法院应当拒绝提供协助。

第四条 人民法院协助外国办理民商事案件司法文书送达和调查取证请求，应当按照民事诉讼法和相关司法解释规定的方式办理。

请求方要求按照请求书中列明的特殊方式办理的，如果该方式与我国法律不相抵触，且在实践中不存在无法办理或者办理困难的情形，应当按照该特殊方式办理。

第五条 人民法院委托外国送达民商事案件司法文书和进行民商事案件调查取证，需要提供译文的，应当委托中华人民共和国领域内的翻译机构进行翻译。

翻译件不加盖人民法院印章，但应由翻译机构或翻译人员签名或盖章证明译文与原文一致。

第六条 最高人民法院统一管理全国各级人民法院的国际司法协助工作。高级人民法院应当确定一个部门统一管理本辖区各级人民法院的国际司法协助工作并指定专人负责。中级人民法院、基层人民法院和有权受理涉外案件的专门法院，应当指定专人管理国际司法协助工作；有条件的，可以同时确定一个部门管理国际司法协助工作。

第七条 人民法院应当建立独立的国际司法协助登记制度。

第八条 人民法院应当建立国际司法协助档案制度。办理民商事案件司法文书送达的送达回证、送达证明在各个转递环节应当以适当方式保存。办理民商事案件调查取证的材料应当作为档案保存。

第九条 经最高人民法院授权的高级人民法院，可以依据海牙送达公约、海牙取证公约直接对外发出本辖区各级人民法院提出的民商事案件司法文书送达和调查取证请求。

第十条　通过外交途径办理民商事案件司法文书送达和调查取证，不适用本规定。

第十一条　最高人民法院国际司法协助统一管理部门根据本规定制定实施细则。

第十二条　最高人民法院以前所作的司法解释及规范性文件，凡与本规定不一致的，按本规定办理。